내가 걸어 온 人生길: 學問과 政策

—申熙錫 敎授의 自敍傳—

박영사

〈APPRECIATION〉

감사의 말씀

The writer, Professor Shin, Hee-Suk,
deeply appreciates to those distinguished individuals
who have successfully made
this small publication possible.

반기문 안종만 김홍식 장준규 윤세리
윤병세 오재희 유종하 최용환 최재근
유주열 변대호 최진규 차주완 김판규
안희도 송근호 이문석 변형균 성윤환
오덕근 민동석 최승호 김명진 조성호
소치형 신동익 이성헌 신현돈 권준욱
신미화 우창록 김경옥 강희철 신유미
신희수 신동철 신혜정 신경희 장유나

Hirayama, Mitsue Otani, Toru Catalin Blanc
Sudo, Tsudomu Niijima, Yuji Ishida, Shinichi
Iga, Hisataka Higashiura, Michinao Fujii, Shigeo
Hashimoto, Yoshihiro Takasugi, Nobuya Nakajima, Takumi
Suzuki, Hidehiro Hayashi, Yoshikatsu Furuta, Motoo

人事의 말씀

나는 대전중고등학교를 거쳐서 연세대학교 정치외교학과를 졸업하였다. 그 후 일본 東京大學국제관계론연구실에서 박사학위를 취득한 후(1978년 9월), 귀국하여 그해 말에 외무부외교안보 연구원 조교수로 부임과 동시에 바로 모교인 연세대 정치외교학과와 대학원정치외교학과 그리고 행정대학원에서 오랫동안 후학을 양성하면서 오랜만에 국내생활을 재개하였다.

또한 고려대, 한양대, 중앙대, 건국대, 경찰대, 이화여대, 숙명여대, 성신여대, 가톨릭대 등 여러 대학에서도 후학들과 함께 공부하면서 외교안보현안에 관한 국가정책연구활동과 주요 대학에서 의 교육활동을 통하여 "학문"이라고 하는 세계의 무한대성과 심오함을 느끼게 되었다. 나는 대학에서는 주로 '동북아국제관계론', '미일관계론', '일본정치외교론', '외교정책결정과정론', '한국외 교론'과 같은 전공필수과목을 담당하였다.

하지만 나의 뇌리 속에는 학문의 세계와 국책연구활동의 세계와의 심리적 갈등과 이질감이 부단히 존재하고 있었다. 이는 이상과 현실, 학문과 정책 간의 대립이었다. 말하자면 학문의 세계는 '理想鄕'을 추구하는 Sollen의 세계요, 한편 정책의 세계는 '現實'에 기초를 둔 Sein의 세계이다.

정치권으로부터도 적지 않은 유혹이 있었지만 나는 이를 과감히 뿌리쳤다. 지금 내가 직면하 고 있는 학문의 세계는 현실이요 오랜 바람이었다. '12/3 계엄령선포'를 둘러싸고 전개되는 각종 중상, 모략, 비방 그리고 극한투쟁과 대립으로 점철되고 있는 최근 한국정치구도의 병폐적 요인 을 감안한다면, 정치의 세계에 관여하지 않고 오로지 학문의 길만을 걸어왔음을 나는 다행스럽게 생각한다. 이는 또한 나를 너무나도 사랑하고 길러 주셨던 우리 부모님, 특히 先親의 유언이기도 하였다.

뿐만 아니라, 나는 하버드대학과 동경대학에서의 연구생활을 위하여 통산 약 20년 가까이 미 국 Boston과 일본 Tokyo에 살면서 학문의 세계에 가일층 접근하는 것이 얼마나 괴로운 苦行의 길인가 하는 것을 부단히 터득하였다. 그럴 때마다 나는 사회과학초년생으로서의 보람을 느끼면 서 학문의 세계에 줄기차게 도전하는 자신의 부족함을 깨닫게 되었다.

실로 학문의 길은 멀고도 험한 고행의 길이요, 종착역이 보이지 않는 도전성 작업이다. 하지만 나는 후학들에게도 이 길을 권장하고 싶다. 왜냐하면, 나와 함께 공부하였던 문하생들은 훗날 국가발전과정에 직간접적으로 기여할 수 있는 미래의 초석이라고 판단하고 있기 때문이다.

인생 팔십을 맞이하면서 이제 나는 더욱 공부하고 땀을 흘리는 사회과학의 초년생으로 다시 돌아가서 새롭게 탈바꿈을 하고 재출발해야 한다는 사명감과 책임감을 느끼고 있다. 말하자면 무한대의 학문의 세계와 정책연구의 세계는 나의 이상과 현실을 접목시키는 중요한 작업인 것이다.

이 작은 자서전은 이와 같은 학문적 욕구와 정책적 사명감에서 비롯된 것이다. 그러므로 이 소책자에 수록되어 있는 작품은 한국의 정치권력과 정치적 리더십 상황하에서의 나의 극히 미세한 관련성(제4장 및 제5장 참조)과 최근의 동북아국제환경을 바라보는 나의 학문적 번뇌와 현실정책의 상호이질적인 방향이 동시에 투영되고 접목된 결과물(Resultants)이라고 하겠다.

최근 한반도를 둘러싸고 전개되고 있는 오늘날의 동북아국제환경은 마치 미국, 러시아, 일본, 그리고 청나라를 중심으로 전개되었던 100여 년 전의 구한말 국제외교정세와 동북앙국제환경을 방불하고 있다고 하겠다.

구한말 정치외교사가 주는 현대적 교훈은 다음과 같이 요약할 수 있다.

첫째, 국력신장의 필요성이다. 1910년의 경술국치(한일합방)는 당시의 조선이 일본보다 국력이 약했기 때문이다. 모름지기 힘을 길러야 한다. 최근의 Russia와 Ukraine와 같은 약육강식의 Power Politics Mechanism은 오늘날도 여전히 존재하고 있다.

둘째는 국론통일의 필요성이다. 동인과 서인, 남인과 북인, 그리고 노론과 소론 같은 당쟁사화는 조정을 분열시키고 국가권력을 약화시켰다. 오늘날의 한국정치과정에서도 볼 수 있는 여야권내부에서의 분열과 대립양상은 이를 방불케하고 있다. 북한의 김정은은 이를 주시하고 있다.

셋째는 동북아국제환경과 격변하는 정세에 대한 정확한 판단과 분석 그리고 적절한 정책대응의 필요성이다. 친미파(서재필, 박정양), 친일파(김옥균, 박영효, 유길준), 친청파(대원군), 친로파(명성황후) 등과 같은 조정내부의 세력분열은 당시 조선의 국력을 약화시켰을 뿐이었다. 오늘날의 한반도는 국토 분단상태인고로, 우리는 특히 이와 같은 교훈을 재인식하고 현실을 직시하면서 시의적절한 외교안보정책을 입안하고 추구해야 한다.

그러므로, 북양대신 李鴻章의 뜻을 이어받아 親淸連日結美를 강조한 구한말 주일청국공사 黃遵憲의 "朝鮮策略"은 현대에 살고 있는 우리들에게 커다란 교훈과 시사를 주고 있다고 하겠다. 상기 황준현은 동경을 방문한 수신사 김홍집에게 이 책자를 전달하였다. 김홍집은 귀국과 동시에 고종에게 이 책자내용을 보고하면서 '조선도 서양의 문물을 받아들여 개화함으로써 나라를 부강하게 해야 한다'라고 주장하였다. 우리는 모름지기 이와 같은 구한말 정치외교사가 우리들에게 주는 현대적 교훈과 시사점을 염두에 두고, 향후의 외교안보 정책대응에 박차를 가하여야 하겠다.

이 자서전은 다음과 같은 소장으로 구성되어져 있다.

제 1 장은 내가 이사장으로 근무해 온 아태정책연구원(APPRI) 주최 340회에 걸친 정책연구포럼에서 발표한 반기문 제 8 대 유엔사무총장을 포함하여 국내외 저명인사의 기고문을 선별발췌하여 수록하고 있다. 후학들에게 적지 않은 학구적 문제의식과 정책적 탐구의욕을 제공하고 있다.

제 2 장은 한국의 4강외교를 중시하는 차원에서 아태정책연구원(APPRI)의 정책연구포럼에서 발표된 4강외교에 관한 외국인전문가(학자 및 고위관료)들의 기고문을 게재하였다. 미, 일, 중, 러에 대한 4강외교야말로 한국의 외교안보생존권을 좌우하는 가장 중요한 종속변수인 동시에 한국외교의 알파요 오메가이기 때문이다. 또한 4강의 저명인사들이 최근의 한반도상황과 한국의 장래를 어떻게 인식하고 있느냐 하는 점은 오늘을 살고 있는 우리들에게도 적지 않은 문제의식을 주고 있다고 하겠다.

제 3 장은 나의 작품이다. '근현대 일본의 외교정책결정과정연구'라고 하는 나의 평생연구테마의 연장선상에서 동경대학원 국제관계론연구실에 제출한(1978년 9월, 일본을 대표하는 국제정치학자 Eto, Shinkichi 教授指導) 博士學位請求論文은 中國大陸을 둘러싼 美日間의 協調와 對立관계를 Harvard 대학의 Graham Allison 교수가 강조하는 소위 '관료정치모델(Bureaucratic/Governmental Politics Model)'의 관점에서 분석하고 있다(제목: '近代日本의 對外政策決定硏究試論1918-1920').

거의 10년에 가까웠던 동경대학대학원 국제관계론연구실에서의 나의 연구생활은 너무나도 힘든 과정이었고, 박사과정입학과 과정수료 및 박사학위 취득자체가 실로 하늘의 별따기였다. 나는 동경대학에서 말하는 '昭和48年度(1973년)' 국제관계론연구실 박사과정의 유일한 합격자이었다. 그 후 Eto, Shinkichi 教授, Honma Nagayo 教授, Sato Seizaburo 教授, Mitani Daiichiro 教授, Watanabe Akio 教授, Hirano Kenichiro 教授, Sakamoto Yoshikazu 教授, Nakamura Takahusa 教授, Seki Hiroharu 教授 등 일본학계를 대표하는 탁월한 동경대학의 교수진으로부터 실로 많은 것을 듣고 보고 생각하고 토론하고 배웠다.

한편 일본 최고의 국제정치학자인 Hosoya, Chihiro 教授가 指導한 碩士學位論文(제목: 前後日本의 外交政策決定過程硏究, ICU, 1973)은 韓日國交正常化를 둘러싼 Sato내각의 對韓政策決定過程을 분석하고 있으며, 서론과 결론만을 이곳에 添附, 수록하였다. 나는 이 논문을 작성하기 위하여 Sato Eisaku 전일본수상을 Tokyo-Ikenoue私邸에서 2회에 걸쳐서 장시간 직접 인터뷰하기도 하였다(1973년 1월 21일&28일, 각 2시간 정도씩).

특히 치밀성, 정확성 그리고 논리를 중시하는 동경대학의 박사학위청구논문집필 과정 5년간은 나 자신과의 투쟁의 기록이었다. 내 인생 80년 중에서 가장 힘든 피눈물을 흘렸고 괴로웠던 시절이었지만, 그러한 힘든 시절이 있었기 때문에 오늘날의 내가 존재하는 것이라고 생각한다. Harvard대학의 Weidner Library와 Harvard-Yenching Library, Baker's Library에 소장중인 Lansing Paper(美국무장관)와 Lamont Paper(美 Mor－gan Company의 Geneal-Manager)를 탐독하기 위하여 배고픈 젊은 시절에 오로지 라면(Anchorag국제공항)과 햄버거(Logan국제공항)로 끼니를 때우면서 두 차례에 걸쳐서 Tokyo와 Boston을 손가방 하나들고 나홀로 왕복하던 기억은 지금도 내 눈앞에 너무나도 생생하여 가슴뭉클하기도 하다.

제 4 장은 '한국의 정치권련과 정치적 리더십'이라는 타이틀로 내가 역대 대통령들과 가졌던 극히 미세하고도 보잘 것 없는 자그마한 경험과 관련성을 비교적 상세하게 기술하면서, 소장학자시설 학문과 정책의 세계를 줄달음질하던 나의 모습을 묘사하고 있다. 말하자면 역대 대통령들의 정치적 리더십과 그분들과의 보잘 것 없는 "작은 관계"를 설명하면서 학문과 정책과의 소용돌이 속에서 방황하는 나의 모습을 묘사하는 '비유방법론'을 선택하였다.

아울러서 역대 대통령들과 어느 일정한 관계에 있었음에도 불구하고 한국에서 말하는 소위 '한국적 출세를 왜 아니(못?)하였는가'라고 하는 질문에 대하여 명쾌한 해답을 제공하고 있다.

제 5 장은 북한 김정일 국방위원장의 초청으로 박근혜 전 대통령과 함께 4박 5일간에 걸쳐서 평양을 방문(북경 경유), 북한의 영빈관인 '백화원초대소'에 숙박하면서 김정일 국방위원장과의 만찬간담회를 비롯하여 북한 정권의 요인들과 접촉하여 대화한 비공식 일화를 가능한 범위 내에서 수록하고 있다.

사실상 김영남 최고인민회의의장, 김용순 아태평화위원장, 김일철 인민무력부장, 장성택 노동당 제1부장, 조명록 총참모장, 강석주 외무차관, 김성희 (당시 40대 여성, 항상 검정색투피스를 착용하면서 박근혜 대표의 의전과 경호를 담당 사진 참조), 최선희 등은 오늘날의 북한을 건설한 지도층 인사들이라고 하겠다.

귀국전야 김정일 위원장 초청 백화원초대소의 공식만찬간담회 석상에서 나누었던 흥미진진한 대화의 비공개기록은 이미 상당한 세월이 흘렀기 때문에 이 자서전에서 실로 처음으로 공개하는 소중한 내용이다. 또한, 이 비공개기록은 남북한관계와 한반도국제정치를 전공하는 후학들을 위한 중요한 정책연구자료이기도 하다.

특히, 제 5 장 제 6 절에서는 '박근혜 대표'를 대통령 만들기 위한 '대외비 보고서'가 발견되었기에 이곳에서 적나라하게 공개하고 있다. 60년대 초의 어려운 시기에 한국의 근대화에 결정적인 역할을 한 박정희 대통령의 딸인 박근혜 대표는 '한국 어머니의 표상'이라고 할 수 있는 육영수 여사의 장점을 적지 않게 갖고 있었다. 더구나 First Lady로서의 교육과 훈련을 5년간 받으면서(1974.8~79.10) 대통령 업무에 관한 실무경험을 쌓았으며, 한국 정치의 메커니즘을 잘 아는 정치인이었기 때문에 나는 박근혜 대표가 대통령 후보로서 적격자라고 판단하였다. 더구나, 김정일 위원장의 초정을 받고 박 대표를 동행하고 평양에 다녀 온 이후, 나의 박근혜 대표에 대한 평가는 더욱 높아졌다. 특히 박근혜 대표의 겸손한 자세와 온후한 인품을 나는 높이 평가한다.

그러한 인식과 상황 속에서 나는 박 대표의 요청을 받고 가칭 '한국미래연합'의 창당요원으로 위촉되었으며, 외교부에서의 지인인 최필립 대사와 함께 여의도 63빌딩에서 개최된 창당모임에 여러 차례 참석하였다. 이곳에서 게재하는 '박근혜 대표를 대통령 만들기 위한 대외비 보고서'는 이 당시에 작성된 것이며, 수차례 작성하여 전달한 바 있다. 하지만, 오로지 학문과 국가정책연구에 전념하라는 선친의 뜻에 따라서 박근혜 대표와 자주 접촉하였던 정치의 세계에서 나는 조용히 도중하차 할 수밖에 없었다.

그리하여 나는 오로지 학문의 세계만을 걸어왔으며, 또한 나는 오로지 한 우물만을 파온 나의 인생을 자랑스럽게 생각하고 있다. 연세대 등지에서 나와 함께 공부했던 나의 제자들은 향후 대한민국 국가발전의 초석이 될 것이라고 나는 굳게 믿고 있기 때문이다.

제 6 장은 한미일관계를 중심으로 하여 내가 집필한 250여 편에 걸친 주요 학술논문과 정책연구논문(한, 영, 일) 중에서 중요한 것만 발췌하여 수록하였다. '78년에 동경대학에서 박사학위를 취득한 이래 작성하여 국내외의 다양한 전문서적과 학술지에 발표한 250여편의 정책연구논문 중에서 20편만을 엄선(?)하여 정리, 보강하는 작업도 결코 간단한 작업은 아니었다. 이 논문들은 일본의 국내정치과정론, 외교정책론, 안보방위정책론, 한미일관계론, 동북아국제관계론 등으로 기능적 측면에서 분류가 되어 있다.

또한, 제 7 장은 여러 장소에서 발표한 간략한 정치과학 에세이로써, 2022대선결과의 평가분석(결론요지), 당원임원들에게 보내는 미국출장보고서, 부모님 영전에 드리는 弔詩, 연세대정치외교학과 동기생들에게 보낸 백두산등반기와 방중단상, 연세대행정대학원제자들과의 대화, 일본지인들로부터의 축하메시지, 대전고등학교동기생들에의 서신 등을 발췌, 수록하고 있으며, 부모님의 자필이력서와 나의 딸과 아들에게 보낸 '아버지'로서의 편지 그리고 일본수필가(영문학자)의 단가(短歌, 俳句)등도 함께 포함되어져 있다(한미일의 언론보도를 통한 신문기고문 등은 지면관계상 생략하였음).

제 8 장은 나의 팔십인생을 총망라하는 각종 기념사진을 발췌수록하였다. 이 부분은 나의 어린 시절부터 아태정책연구원의 국책연구활동을 총정리하는 최근에 이르기까지 마치 주마등과 같은 나의 '80인생길' 기록을 사진으로 일별할 수 있는 보잘 것 없는 인생

파노라마의 현장이라고 하겠다.

이 자서전의 출판을 위하여 물심양면으로 협조하여 주신 나의 오랜 벗 반기문 제 8 대 유엔사무총장을 비롯하여 아태정책연구원의 이사, 연구위원, 정책자문위원, 한국외교협회회원, 역사와 자연을 사랑하는 “歷自會”(김홍식 先學 외)회원 여러분 그리고 내가 수년간 비상근고문으로 재직하였던 법무법인 “율촌”의 우창록 명예회장변호사, 윤세리 회장변호사 등 한국을 대표하는 “율촌”의 여러 변호사 분들에게도 진심으로 감사의 말씀을 드린다.

특히, 세계를 활동무대로 날아다니는 ‘제일바쁜사나이’ 반기문 총장은 필요한 부분을 직접 감수하고 E-Mail로 여러 차례 수정본을 작성하여 보내주면서 귀중한 조언을 들려주셨기에 그 오랜 우정에 깊이 감사하고 있다.

오랫동안 정책연구활동과 교육활동에 종사하는 나를 적극적으로 보살펴주는 처 경옥과 우리 가족에게 감사한다. 나의 ‘全 가족’은 우리의 영원한 동지요, 전우인 동시에 동반자이다. 변화무쌍한 인생여정의 격변과 불가역적인 인생살이로 인하여 아버지 역할을 충분히 못한 점, 유감스럽게 생각하고 있다. 하지만, 불가피한 그 상황 속에서도 나는 내 나름대로의 베스트를 다하였다고 생각하고 있다. 동경대학대학원 국제관계론연구실 박사학위과정에서 학위논문을 작성하고 있을 무렵부터(Since 1974) 나를 총애하고 지도하여 주신 강영훈 前 국무총리와 같은 훌륭한 덕망과 경륜을 소유하기 위하여 앞으로도 인격수양을 위한 피눈물나는 가일층의 노력이 절실히 요청되는 시점이라고 하겠다.

끝으로 이 자서전의 출판을 가능하게 해주신 ‘도서출판 박영사’의 안종만 회장과 조성호 출판기획이사와 장유나 편집부 차장을 비롯한 직원 여러분들에게 감사의 말씀을 드린다. 특히 박영사의 출판편집진에서는 老학자의 ‘아날로그원고’를 ‘디지털원고’로 변형하는 과정에서 적지 않은 고생을 하였으리라고 생각된다. 또한 길고도 긴 장편원고를 처음부터 끝까지 탐독하고 감수하고 채찍질하여 준 당원(APPRI)의 연구위원이신 안희도 선생(동경대학공학박사)과 다재다능한 만능예술인이며 나의 평생동지인 신희수 선생에게도 진심으로 감사드린다.

이제 종착역에 도착하였습니다. 건배를 제의하겠습니다. 다 같이 ‘브라보!’

정말 감사합니다.

2025년 4월 29일 ‘경희궁의아침’ 연구실에서 申熙錫 글

目 次

第 1 章

東北亞의 國際環境과 韓國의 外交安保
(APPRI Forum 寄稿文 I)

第 1 節

21世紀 東北亞의 平和와 繁榮을 爲하여

— 亞太協力時代 韓國의 進路와 國際政治 —

金 泳 三
前 大統領

오늘 亞太政策硏究院(APPRI) 申熙錫 이사장과 이사진 그리고 정책자문위원 여러분의 끈질긴 노력의 결과로 정책연구논문집『동북아국제정치경제와 한반도』를 출판하게 된 것을 매우 기쁘게 생각합니다.

이 책의 출판에 즈음하여 저는 여러분과 함께 21세기 동북아의 平和와 번영을 위하여 어떠한 진로를 선택할 것인가 하는 문제에 관하여 진지한 대화를 나누게 된 것을 참으로 기쁘게 생각합니다.

여러분께서 잘 알고 있는 바와 같이, 지나간 20세기는 서구문명이 주도하는 시대였습니다. 그러나 21세기는 東北亞 · 太平洋 시대, 아세아의 세기가 될 것이라는 전망이 널리 퍼져 있습니다. 뿐만 아니라, 우리는 현재 엄청난 문명사적 격변기에 살고 있습니다. 그 문명사적 변화의 요체는 바로 世界化와 정보화입니다.

우리가 이 격변의 21세기를 명실상부한 亞細亞의 시대로 만들기 위해서는 아세아 국가 상호간의 진정한 交流와 協力을 강화해 나가야 하겠습니다. 그렇게 함으로써 아세아의 세기를 함께 열어 나갈 수 있다고 저는 생각하고 있습니다.

지난 2002년 아세아 지역에서 역사상 최초로 한국과 일본이 World Cup을 공동 개최한 것이 그 좋은 예가 될 수 있을 것입니다. 저는 대통령 재임 당시 일본의 橋本龍太郎 총리와 함께 World Cup을 공동 유치한 사람으로서 무한한 보람과 자부심을 느끼고 있습니다. 한일 World Cup의 성공적 개최는 양국 간의 友好協力關係를 공고히 함은 물론 나아가서는 아세아의 平和와 번영에 크게 기여한 것이기 때문입니다.

이러한 차원에서 한국과 일본은 동북아 공동체를 만드는 데 앞장서야 하겠습니다. 東北亞에서 열린 지역주의는 두 가지 차원에서 진행되어야 할 것입니다. 하나는 경제적 차원입니다. 경제협력을 강화하면서 장기적으로는 單一市場과 단일경제권을 목표로 하여야 할 것입니다.

다른 하나는 安保的 · 軍事的 차원입니다. 단기적으로 불가침과 긴장완화를 모색하면서, 장기적으로는 이 지역에 다자간 평화 · 안보체제의 구축을 목표로 해야 할 것입니다. 몇 년 전 서해안에서 發生한 북한의 무력도발 사태만 보더라도 동북아 安保體制의 구축과 平和定着의 중요성을 실감할 수 있으리라고 생각됩니다.

동북아에서 열린 地域共同體를 구축하는 데 있어서 가장 심각한 문제는 이 지역의 정치지도자들이 아직 동북아의 장래에 대한 확고한 비전을 갖지 못하고 있다는 것입니다. 이제 개별 국가를 뛰어넘어서 동북아 전체의 이익과 장래를 생각해야 할 때입니다. 저는 풍부한 상상력과 지도력을 가진 '亞細亞의 指導者'가 21세기에는 많이 나오기를 갈망합니다.

저는 일본이 아세아의 지도적 국가가 될 수 있는 적지 않은 조건을 갖추고 있다고 믿습니다. 지도적 역할을 할 수 있는 경제력과 知力을 가지고 있습니다. 본래 指導力이란 솔선수범과 자기희생에서 나오는 것입니다. 이렇게 함으로써만, 세계 문명사의 흐름에 부응하면서 東北亞 지역의 平和와 번영을 선도해 나갈 수 있는 지도력을 형성할 수 있습니다.

21세기는 知識의 힘, 네트워크의 힘, 환경과 文化의 힘이 지배하는 시대입니다. 경직되기보다는 유연함을, 경쟁과 질시보다는 화해와 협력의 정신을 갖춘 사람이 곧 미래의 지도자입니다. 저는 自國은 물론 亞細亞의 未來, 世界의 未來를 열어 나가는 리더십을 가진 큰 지도자들이 일본과 한국에서 많이 나오기를 진심으로 기대해 마지않습니다.

끝으로, 申熙錫 교수를 비롯하여 이사진과 정책자문위원 여러분이 주도하는 亞太政策硏究院의 무궁한 발전과 아울러 동북아세아의 발전을 위한 커다란 기여를 기원하는 바입니다.

대단히 감사합니다.

▲ 21C 동북아의 평화와 번영'을 주제로 한 정책연구포럼에서 정치외교철학을 피력하고 있는 金泳三 前大統領(Hotel Lotte, 2002년 7월)

※ 편집자 주: 아태정책연구원 이사장 신희석 교수의 저서『동북아국제정치경제와 한반도』박영사 刊의 출판기념회에서 발표한 김영삼 전 대통령의 축하연설 요약임(2009년 11월, 롯데 호텔 36층 벨뷰룸).

▲ 정책연구포럼 종료 후 당원정책자문위원일동과 기념사진을 촬영하고 있는 金泳三 前大統領 부부(Hotel Lotte, 2002년 7월)

第 2 節

韓國政治展望과 우리 民族의 나아갈 길

朴 槿 惠
前 大統領

小目次

1. 韓國의 政治改革方案

존경하는 申熙錫 理事長님과 아태정책연구원의 정책자문위원 여러분을 만나 뵙게 되어 정말 반갑습니다. 그리고 이런 소중한 자리에 저를 초청해 주셔서 감사합니다.

제 생각에 韓國에서 사업을 하시고 생활하시는 투자기업체 대표 여러분께서는 아마 한국의 각 분야에 대해 많이 알고 계실테고, 어쩌면 당사자인 우리 한국인들이 느끼지 못하고, 보지 못하는 부분까지 세밀하게 알고 계실지도 모르겠습니다.

그래서 올해 韓國政治가 어떻게 될 것 같은가, 21세기에 한국이 선진강국이 되기 위해서는 어떻게 해야 할 것인가에 대해 어쩌면 여러분께서 더 관심이 많으시리라고 생각합니다. 오늘 저는 이런 문제들에 대해 제가 생각하는 바를 간단히 말씀드리고자 합니다.

저는 우리나라를 21세기의 선진강국으로 만들고, 국민들이 合理的이고 효율적인 制度 속에서 편안하게 생활할 수 있도록 만들고 싶다는 꿈이 있습니다. 비록 政治를 하면서 어려운 점도 많이 있었지만 정치를 시작한 것을 후회한 적이 없고, 그래도 할 만한 가치가 있다고 생각하는 이유는 바로 그 꿈을 향해 나아가고 있다고 생각하기 때문입니다.

여러분께서도 잘 아시겠지만 한국은 1960~70년대에 압축성장을 통해서 급격하게 産業化를 이루었고, 그것을 기반으로 해서 民主化도 이루었습니다. 불과 40년도 채 안 되는 단기간에 이렇게 外面的으로 큰 성과를 이루었지만, 內面的으로는 아직 그것을 담아낼 수 있는 합리적이고 효율적인 제도를 만들어내지는 못했고, 성숙한 文化가 자리 잡지 못했습니다. 그래서 이 순간에 우리가 할 일은 각 분야에서 보다 未來指向的이고 합리적인 시스템을 갖추어서 대통령이 바뀌고, 사람이 바뀌어도 그런 틀 속에서 합리적으로 나라가 운영될 수 있도록 만드는 일이라고 생각합니다.

이런 일들이 제대로 이루어지기 위해서는 무엇보다도 그러한 틀을 만드는 政治가 중요한데, 지금 그 정치가 제 기능을 발휘하지 못하고 있고, 오히려 국가발전의 장애가 되고 있다는 극단적인 평가마저 받고 있습니다. 이러한 평가들은 단순히 정치권 밖에 있는 분들뿐만이 아니라 저 역시 실제로 정치권에 몸담으면서 정말 정치가 바뀌지 않으면 안 되겠다는 것을 절실히 느꼈습니다. 그리고 저는 정치가 바뀌어야 한다는 것은 단순히 말로 하는 것이 아니라 실제로 정치의 중심에 있는 정당이 改革되어야만 가능하다는 결론을 내렸습니다.

지금까지 한국의 정당은 총재 1인이 공천권과 당의 財政을 모두 장악하고 마치 帝王과도 같이 군림해 왔는데 아무리 새롭고 능력 있는 정치 신인들이 충원된다고 해도 이러한 구조가 바뀌지 않는 한 결코 정치가 바로 될 수 없습니다. 그래서 저는 상향식 공천제도와 투명한 정당 재정운영 방안에 합의하고, 공천권과 자금을 독점하면서 國會議員들을 지배하는 총재직을 폐지하며, 대선 후보를 선출하는 데 있어서 국민이 참여할 수 있는 경선방식을 만들어 시스템화한다면 이러한 문제를 해결할 수 있을 것이라고 판단해서 과거 제가 속했던 한나라당 내에서 외롭게 이러한 改革方案을 주장했지만 안타깝게도 그것이 받아들여지지 않아서 결국 탈당을 할 수밖에 없었습니다. 그러나 제가 탈당한 이후에 뒤늦게라도 한나라당이 그러한 정당개혁 방안을 받아들이게 되어서 우리 정치발전을 위해 정말 다행스런 일이라고 생각하고, 그러한 變化를 이끌어내는 데 제가 一助를 했다는 것을 기쁘게 생각합니다.

이렇게 정당개혁 방안이 받아들여졌다고 해서 바로 우리 정치가 바뀔 것이라고 할 수는 없겠지만, 아마 2002년은 한국이 政治改革의 첫 단추를 끼고 그것을 위해 본격적인 행보를 시작한 해로 기록될 것이라고 생각합니다. 제가 듣기에 지금 많은 분들이 올해 한국정치를 전망하면서 상당히 큰 비중과 의미를 두고 있는 것이 곧 모습을 드러낼 新黨이 과연 어떤 당일까 하는 점이라고 합니다.

앞으로 제가 뜻을 같이 하는 분들과 함께 만들고자 하는 정당은 국익을 최우선으로 하는 정당, 政策中心의 정당, 중앙당을 最小化하고 저비용 고효율의 정치를 할 수 있는 정당입니다. 처음에는 비록 힘들고 어려울지라도 바르고 당당한 길을 갈 것입니다. 여러분께서도 많은 관심을 가지고 지켜봐 주시기 바랍니다.

2. 바람직한 統一政策

저는 정치개혁과 함께 대북정책, 통일정책이야말로 21세기의 대한민국과 우리 민족의 未來를 좌우할 수 있는 중요한 事項이라고 생각합니다. 세계 유일한 분단국인 한국에서 통일만을 최대의 지상목표로 한다면 쉽게, 빨리할 수도 있을 것입니다. 북한에서 要求하는 것을 그대로 받아들이면 되기 때문입니다. 그러나 통일은 반드시 국민들의 삶을 質을 增進시키는 수단이 되어야 합니다. 그리고 인류보편의 가치인 自由와 인간의 존엄성이 보장되는 방향으로 推進되어야 합니다. 이것이야말로 통일 자체보다 더 중요한 문제라고 할 것입니다.

그렇게 통일의 방향과 正體性만 분명히 한다면 저는 굳이 정치적·영토적 통일을 고집할 필요 없이 남북한이 서로 자유로운 왕래가 보장되고 軍事的인 대결이 사라진 '경제공동체' 정도의 수준도 통일과 같은 개념으로 받아들일 수도 있다고 생각합니다.

이렇게 남북한이 평화공존할 수 있는 관계를 만들어가기 위해서는 한국정부가 對北政策의 기본원칙을 확고히 세워 남북관계를 제도화하며, 통일이 가능한 대외환경을 만들어 나가도록 외교적 노력을 기울여 나가는 것이 중요할 것입니다.

저는 離散家族 相逢이나 남북장관급회담을 비롯해서 남북한 간의 각종 현안문제들이 그때그때 이벤트식으로 다루어지는 것이 아니라, 다소 늦더라도 차근차근 制度化하면서 질적 발전을 추진해 나가는 것이 필요하다고 생각합니다. 그리고 굳건한 韓美日 공조체제의 토대 위에서 북한을 국제사회에 편입시키는 노력을 기울여야 한다고 봅니다. 이를 위해서는 북한도 핵이나 대량살상무기를 통해서 경제문제를 해결하려 하지 말고 국제사회 속에서 발전의 動力을 얻도록 노력하는 것이 중요합니다. 그러기 위해서는 북한이 국제사회에 신뢰를 주어야 할 것입니다. 전면적인 對北交流와 투자는 북한에 대한 국제사회의 신뢰를 바탕으로 이루어지기 때문입니다. 그러나 대북정책에 있어서 무엇보다 중요한 것은 統一韓國의 바람직한 未來像을 우리 스스로 구현하는 것이 아닐까 합니다.

3. 맺는 말

과거 1970년대에 한국은 북한에게 어느 쪽이 더 국민의 삶을 행복하게 해줄 수 있는지 '善意의 競爭'을 할 것을 제의했고, 결국 그 경쟁에서 이겼습니다. 그러나 아직까지 통일이 안 된 이유 중 하나는 한국의 내적 역량이 통일을 이룰 만큼 强化되지 못했기 때문이라고 생각합니다.

따라서 경제적으로 선진국 수준의 競爭力을 확보하고, 외교적으로 국제사회의 믿을 수 있는 일원이 되고 社會的으로는 사회적 약자들의 생존을 보장해 주는 등 국가 全般的인 力量을 키워서 북한이 통일한국의 미래상으로서 우리의 국가발전 모델에 접근해 오고, 경우에 따라서는 남한 체제를 대안으로 선택할 수 있도록 국내적 통일 기반을 확충해야 할 것입니다.

제가 정치를 개혁해서, 정치에 대한 국민의 신뢰를 회복하고, 국민의 역량을 결집해서 국가발전을 이루고자 하는 궁극적인 목표도 바로 통일한국의 바람직한 미래상인 국민들이 合理的이고 효율적인 제도 속에서 편안하게 생활할 수 있는 나라를 만드는 것입니다.

이러한 꿈을 이루기 위해서 저는 앞으로 더욱 노력할 것입니다. 여러분께서도 많은 관심을 가지고 지켜봐 주시기를 바랍니다.

감사합니다.

※ 편집자 주: 본 고는 박근혜 전 대통령이 아태정책연구원(ARPRI) 주최 제85차 정책연구포럼에 참석하여 연구발표한 요지를 발췌 수록하는 것임(2002년 4월 16일).

<補 論>

韓半島의 平和와 統一

小目次

1. 韓國 統一政策의 흐름
2. 統一의 原則과 方向
3. 成功的 統一政策을 위한 課題
4. 마치는 말

1. 韓國 統一政策의 흐름

(1) 韓半島 分斷의 現實

존경하는 신사 숙녀 여러분, 이곳 Cambridge 대학의 동아시아 연구소가 주관하는 'KOREA CONFERENCE'에서 여러분을 뵙게 되어 반갑습니다. 그리고 이렇게 영광스런 자리에 초청해 주셔서 대단히 감사합니다.

올해는 한반도가 남한과 북한으로 분단된 지 57년째 되는 해입니다. 분단 이후 남북한은 수백만 명의 사상자를 낸 비극적인 전쟁을 치렀고, 각기 서로 다른 發X過程을 걸으며 오늘에 이르렀습니다. 한국은 지난 50여 년 동안 열심히 노력한 결과, 한국전쟁의 폐허 위에서 자본과 기술, 자원이 없이도 단기간에 산업화를 이루었습니다. 그리고 북한에 의한 적화통일의 위협으로부터 自由民主主義와 시장경제체제를 지켜냈고, 그 발전의 토대 위에서 상당부분 民主化를 이루어냈습니다.

최근 25명의 북한인들이 중국 북경 주재 스페인 대사관에 집단적으로 들어가서 한국으로 보내달라고 요구한 사건이 미리 대기하고 있던 기자들에 의해 전 세계에 생생하게 보도되었습니다. 아마 여러분 중에도 뉴스에서 그 장면을 보신 분들이 많을 것이라고 생각합니다. 이들은 결국 NGO와 유엔난민고등판무관실 그리고 중국, 스페인, 필리핀 등 관련 국가들의 도움 덕분에 무사히 한국에 올 수 있었습니다.

이번 사건을 보면서 저와 우리 한국인들은 다시금 분단의 現實과 아픔을 느낄 수 있었습니다. 지금 적게는 1만 명에서, 많게는 약 30만 명에 이르는 북한 주민들이 목숨을 걸고 북한을 탈출해서 도망자의 신분으로 떠돌면서 비참한 생활을 하고 있습니다. 과거에는 한두 명씩 북한을 탈출하던 양상이 지금은 가족 단위의 탈출로 바뀌고 있는데, 이번 사건 이후에 단속이 강화되고 있어서 많은 탈북자들이 체포나 强制送還의 두려움 속에서 살아가고 있습니다.

그동안 한국 정부는 對北包容政策, 즉 '햇볕정책'을 추진하면서 북한과의 관계 악화를 우려해 탈북자 문제에 대해 다소 소극적으로 대응한 측면이 있습니다. 그러나 이제 탈북자 문제에보다 적극적이고 체계적으로 대비해야만 할 시기가 다가오고 있다고 생각합니다. 이 문제의 해결을 위해서는 한국정부뿐만 아니라 國際社會의 도움이 대단히 중요합니다. 자유와 인권의 소중함을 잘 아시는 여러분께서 이 문제에 보다 깊은 관심을 가져주신다면 바람직한 방향으로 해결될 수 있으리라 생각합니다.

(2) 韓國 統一政策의 흐름

지정학적 위치로 볼 때, 한반도는 동북아의 '平和의 軸'이 될 수도 있고 '紛爭의 軸'이 될 수도 있습니다. 大陸勢力과 海洋勢力이 만나고, 미국, 일본, 중국, 러시아 등 주변 강국들의 利害關係가 交叉하고 있는 한반도에 平和體制가 구축되고, 자유와 인권, 평화를 지향하는 統一國家가 건설된다면 아시아의 평화뿐 아니라 세계 평화에도 크게 기여하게 될 것입니다.

그러나 안타깝게도, 20세기 말 전세계적인 탈냉전 추세에도 불구하고 한반도는 여전히 냉전의 孤島로 남아있습니다. 2000년 6월의 남북정상회담으로 남북관계가 급진전될 것으로 예상되고, 통일에 대한 논의가 크게 일어났었지만 남북관계는 다시 교착상태에 빠졌고, 현재는 오히려 '2003년 안보위기론'마저 제기되고 있는 상황입니다.

이러한 현실은 새삼 한반도의 平和와 統一이 얼마나 어려운 문제인가를 냉정하게 보여주고 있고, 대북정책의 우선순위는 '통일이 아니라 平和定着'이라는 것을 말해 주고 있다고 생각합니다.

평화와 통일은 단기적으로 볼 때는 서로 모순되는 면이 있습니다. 남북한이 서로 대치하고 있는 상황에서 平和는 현상유지를 의미하며, 統一은 현상타파를 뜻하기 때문에 평화를 우선시하면 통일이 멀어지고, 통일을 우선시하면 평화가 깨질 수 있는 것입니다.

그러나 장기적으로 보면 平和와 통일은 서로 만나게 됩니다. 독일통일은 평화를 유지하면서 상호 신뢰를 쌓는 것이 통일의 지름길이라고 보여주는 좋은 사례라고 할 것입니다. 한국의 統一政策은 이러한 '先 平和, 後 統一'의 원칙에 따라 추진되어 왔고, 1973년에 이런 원칙이 확립된 이후 30여 년 동안 한국의 국력과 국제정세의 변화에 따라 조금씩 수정 · 보완되면서 일관되게 추진되고 있습니다.

여러분께서도 잘 아시겠지만 남북한관계는 근본적으로 상호 모순적입니다. 한국전쟁을 치른 지 50여 년이 지난 지금까지도 아직 전쟁이 끝나지 않은 휴전상태에 있는 남북한은 서로가 서로에게 적이기도 하지만, 동시에 같은 민족으로서 통일을 이루고 함께 발전해야 할 동반자이기도 합니다. 따라서 軍事的 억지력을 통해 평화를 유지하면서 다른 한편으론 교류와 협력을 통한 긴장완화와 國家安保라는 목표는 때때로 상호 조화되기도 하고, 상호 배타적으로 작용하기도 하는 것이 현실입니다. '금강산 관광 대금이 북한의 핵개발에 사용되었다'거나 '남한의 대북지원으로 인해서 북한의 군사적 위협이 더욱 증대되었다'라는 의혹들이 바로 그런 예라고 할 것입니다.

분단 이후 한국의 統一政策의 흐름은 북한에 비해 국력이 열세였던 때에는 통일에 대한 논의보다 통일을 위한 力量을 키우는 데에 주력했고, 경제성장으로 북한과의 경쟁에서 어느 정도 자신감을 갖게 된 1970년대부터는 보다 적극적으로 통일정책을 추진했다고 할 수 있습니다. 대체적으로 1970년대 이후의 韓國의 통일정책은 남한과 북한 간에 가능한 것과 비정치적인 것부터 점진적 · 단계적으로, 해결해 나가자는 기능주의적 접근방법에 따르고 있다고 할 수 있습니다.

통일정책을 본격적으로 추진하기 시작한 1970년대에 한국은 북한의 유엔 가입을 인정했고, 1972년에 '자주, 평화, 민족대단결'이란 統一의 3原則에 남북한이 최초로 합의했으며 1973년엔 이념과 체제를 달리하는 국가에도 문호를 개방하면서 소위 '할슈타인 원칙'을 폐기했습니다. 이후 1980년대에 들어서는 평화통일을 위해서 먼저 민족 간에 화합이 선행되어야 함을 강조했고, 1988년에는 북한을 더 이상 대결의 상대가 아니라 '통일의 동반자'로 규정하고, 교류와 협력을 통해 먼저 民族共同體를 회복하자는 통일의 기본방향이 제시되기도 하였습니다. 그리고 1990년대에 들어선 세계적인 탈냉전 상황에 발맞춰 한반도에서도 냉전을 종식시키는 것을 목표로 남북한에 <기본합의서>가 체결되었고, 통일방안으로 和解協力 → 南北聯合 → 統一이라는 3단계 통일방안이 발표되기도 했습니다.

현재 김대중 정부 들어서는 이러한 대북정책을 계승하여 이른바 '햇볕정책'을 추진하고 있습니다. 무력도발을 용인하지 않고, 흡수통일을 배제하며, 남북 간의 화해, 협력을 적극적으로 추진한다는 3원칙을 토대로 하는 '햇볕정책'은 지난 30년간 한국정부가 일관되게 추진해 온 對北政策을 발전적으로 계승한 정책이라고 할 수 있을 것입니다.

비록 상호 모순적인 남북관계 속에서 포용과 억지의 양 측면 중 너무 포용만을 강조하고 있고, 단기간에 성과를 내기 위해 대북정책의 원칙을 어기면서 무리하게 추진되는 측면이 있지만 남북한의 和解와 交流, 협력을 추진하는 정책기조는 정권이 바뀌어도 변하지 않고 계승될 것이라고 생각합니다.

2. 統一의 原則과 方向

우리 한국인들은 꿈을 가지고 있습니다. 그 꿈은 平和統一을 이루고, 한반도에 동서양의 문화가 평화롭게 조화되고 공존하는 21세기적 평화문명을 창조하는 것입니다.

그러나 통일은 현실입니다. 이상과 낭만으로만 바라볼 수는 없습니다. 우리는 베트남과 예멘의 통일사례에서 이데올로기 대립과 체제경쟁의 바탕에서 통일을 지향할 경우엔 결국 전쟁으로 귀결된다는 교훈을 얻었고, 독일통일 사례에서도 아무리 막강한 경제력을 바탕으로 통일이 된다고 하더라도 갑작스런 통일은 경제적·사회적으로 심각한 부작용을 초래한다는 점을 볼 수 있었습니다.

따라서 한국이 바람직한 통일을 이루기 위해서는 통일에 대비한 준비를 보다 철저히 해야 합니다.

먼저 통일의 方向과 정체성에 대해서 분명히 해야 할 것입니다. 통일은 반드시 평화적 방법으로, 한민족의 복리를 증진시키는 수단이 되어야 합니다. 그런 의미에서 한국의 통일정책은 세계사의 발전방향과 흐름을 같이 해야 하는데, 어느 체제가 세계사적 흐름에 적합하고, 인류보편의 가치인 自由와 인간의 존엄성, 福祉 등을 제대로 구현할 수 있는가는 이미 분명해졌습니다.

이렇게 통일의 방향과 정체성만 분명히 한다면 한국이 추진하는 통일의 최종적인 모습을 미리 정할 필요는 없다고 생각합니다. 굳이 정치적·영토적 통일을 고집할 필요 없이, 남북한이 서로 자유로운 왕래가 보장되고 군사적인 대결이 사라진 '經濟共同體' 정도의 수준도 통일과 같은 개념으로 받아들일 수도 있는 것입니다.

따라서 남북한이 바람직한 통일을 이루기 위해서 당장 중요한 것은 통일 자체보다도 한반도에 평화를 공고히 정착시키고 화해와 협력을 고취시키는 것입니다.

전쟁이 없는 상태를 평화라고 한다면 지난 반세기 동안 한반도에서 평화를 위협해 온 많은 요소들에도 불구하고 평화는 유지되어 왔습니다. 그러나 그 평화는 불안한 평화였습니다. 21세기 통일정책 속에서의 평화는 단순히 '전쟁이 없는 상태'에 그치는 것이 아니라, 한 차원 높은 개념으로 인식되어야 하고, 군사적인 억제력 통한 평화유지(Peace-Keeping)를 넘어서 남북한의 平和共存을 공고히 하는 적극적인 개념으로의 평화구축(Peace-Making)이 되어야 합니다.

이를 위해서는 체제붕괴의 위기에 처한 북한을 경제적·사회적으로 안정화시키는 노력이 필요하고, 남북한이 공동 발전할 수 있는 토대를 구축하는 것이 중요합니다. 남북한이 공동발전하기 위한 전제조건은 북한이 國際社會에 편입되는 것입니다.

현재 북한이 공장가동률 20%대의 산업붕괴의 늪에서 벗어나 국가재건을 이루기 위해서는 국제사회의 협조가 필수적이고, 더욱이 경제의 상호 의존성이 더욱 심화되고 있는 상황에서 북한이 세계경제체제에 적극 편입되지 않고서는 도태되고 낙오될 뿐입니다. 이와 관련해서 이제 북한의 결단만이 남았습니다. 북한이 국제사회의 지원을 받기 위해서는 국제사회에 신뢰를 주어야 합니다. 신뢰란 어느 한쪽만의 노력으로 생기는 것이 아니라 서로서로 믿을 수 있는 행동을 반복적으로 할 때 저절로 생기는 것입니다. 한국은 북한이 국제사회에 편입되기 위해 노력한다면 아낌없이 지원해 줄 것입니다. 그리고 경험을 통해 남한의 노동집약적 사양산업들과 부품산업들을 북한에 이전하여 南韓의 산업구조 개편에 활용될 수 있도록 만들면 서로에게 이익이 될 수 있을 것입니다.

한반도 평화체제는 단순히 협정이나 조약의 체결로 보장되는 것이 아니라 이렇게 북한이 세계경제체제에 능동적으로 들어와 작지만 의미 있는 성공의 체험을 하나하나 축적해 나가고, 남북한이 서로 정치·군사적으로 신뢰를 구축해 나가며, 社會文化的인 交流를 늘리면서 하나둘 制度化되어갈 때 가능한 것이 될 것입니다.

저는 統一이란 그것을 준비하는 지속적인 과정의 산물이라고 봅니다. 통일로 가는 방법상의 문제는 국가연합과 연방제 등 다양한 방안이 있을 수 있으나 어떤 특정한 통일 방안이 있다고 해도, 그에 따라 통일되기보다는 장기적으로 통일을 준비하는 과정에서 통일시점의 남북한의 상황에 적합한 방식으로 통일이 될 것이라고 생각합니다. 그런 의미에서 볼 때, 이렇게 남북한이 공동발전할 수 있는 틀을 짜고 平和體制를 구축하면서 각종 접촉과 남북경협, 합작투자, 식량지원, 탈북자, 경수로 문제 등 당면한 현안들을 서두르지 말고 차근차근 풀어간다면 統一은 意外로 어느 순간에 갑자기 올 수도 있는 것이라고 생각합니다.

통일은 작은 일에서부터 시작되는 것입니다.

3. 成功的 統一政策을 위한 課題

저는 한국이 한반도에 평화체제를 구축하고 궁극적으로 통일을 이루기 위해서는 크게 세 가지 課題를 해결해야 한다고 생각합니다. 그것은

첫째, 國內的으로는 통일을 준비할 수 있도록 국가의 역량을 키우고

둘째, 대북정책의 기본원칙을 확고히 세워 남북관계를 제도화하고

셋째, 통일이 가능한 對外環境을 만들어 나가는 것입니다.

① 첫째, 국가역량을 키운다는 것은 대한민국 내부의 민주화와 개혁을 통해 통일한국의 바람직한 미래상을 스스로 구현하는 것을 말합니다.

과거 1970년대에 한국은 북한에게 어느 쪽이 더 국민의 삶을 행복하게 해줄 수 있는지 '선의의 경쟁'을 할 것을 제의했고, 결국 그 경쟁에서 이겼습니다. 그러나 아직까지 통일이 안 된 이유 중의 하나는 한국의 內的 力量이 통일을 이룰 만큼 강화되지 못했기 때문이라고 생각합니다. 따라서 경제적으로 선진국 수준의 경쟁력을 확보하고, 외교적으로 국제사회의 믿을 수 있는 일원이 되고, 사회적으로는 사회적 약자들의 생존을 보장해 주는 등 국가의 전반적인 역량을 키워서 북한이 통일한국의 미래상으로서, 우리의 국가발전 모델에 접근해 오고, 경우에 따라서는 남한체제를 대안으로 선택할 수 있도록 국내적 통일기반을 확충해야 하는 것입니다.

남한체제와 북한체제가 상호 수렴되는 제3의 길은 이론상으로는 존재할 수 있으나 구체적으로 역사상 존재한 적이 없고, 남북한이 아닌 '제3의 국가' 설립은 곧 대한민국의 소멸을 의미합니다. 통일은 대한민국의 소멸이 아니라 發展을 통해 이루어져야 할 것입니다.

② 다음, 對北政策의 기본원칙을 바로 세우는 문제인데, 저는 지금까지 대북정책의 기본원칙으로 크게 3가지를 강조해 왔습니다.

첫째, 대북정책은 國民的 合意와 공감대 위에서 추진되어야 한다는 것입니다. 현 정부의 대북정책이 비판받는 가장 큰 원인은 그러한 과정을 생략하고, 무리하게 대북관계를 추진했기 때문입니다. 대북정책이 어느 한 정권의 전유물이 되지 않고 장기적이고 전략적으로 추진되기 위해서는 무엇보다도 국내정치와 분리되어야 하고, 초당적 협의과정이 필요한 것입니다.

둘째, 相互主義를 지켜야 합니다.

처음에는 북한을 대화의 마당에 끌어내기 위해 약속이행을 안 해도 묵인한 적이 많았지만, 이제는 보다 현실적인 접근으로 상호주의를 적용해야만 북한도 기존 합의사항의 실천에 좀 더 진지해질 것입니다.

제가 강조하는 상호주의는 당근과 채찍의 정책이 아니라, 북측이 호의를 보이면 거기에 상응하는 대우를 해주면서 북한의 변화를 유도하되, 북한이 협박만으로 자신들의 문제를 해결할 수 없다는 것을 알게 하자는 것입니다. 이러한 상호주의 적용으로 남북관계가 설사 短期的으로는 어려워질 수 있어도 장기적으로는 오히려 원칙에 입각한 올바른 남북관계로 갈 가능성이 더 커질 수 있습니다.

셋째, 남북관계를 制度化해야 합니다.

남북 간의 화해협력, 평화를 위해 요구되는 것은 협력과 평화를 보장할 수 있는 제도를 정착시키는 것입니다. 제가 강조하는 제도화란 남북한 양자 간에는 물론이고 한반도에 이해관계를 가지고 있는 주변국들과의 관계를 포괄하는 제도를 말합니다. 남북관계는 빨리 진척되는 것보다 다소 늦더라도 차근차근 制度化하면서 질적 발전을 추전하는 것이 중요합니다.

③ 세 번째 과제는, 統一이 가능한 대외환경을 만들어 나가는 것입니다. 먼저 확고한 한미동맹관계와 한미일 공조체제를 굳건히 해야 합니다. 이러한 굳건한 공조체제는 우리의 대북협상력을 강화시켜 줄 것입니다. 그리고 주변 강대국들이 보장할 수 있는 실질적인 평화체제를 구축해야 하는데, 그러기 위해서는 미국-북한, 일본-북한이 정상적인 국가관계를 맺고, 미국과 중국, 러시아, 일본 등이 각기 남북문제에 공동의 協力的인 合意點을 만들어 나가야 할 것입니다. 이렇게 해서 한반도를 중심으로 한 동북아국가들 간의 평화체제의 구축은 남북한뿐만 아니라 이질적 정치체제와 이념이 공존하고 있는 동북아시아의 번영과 발전에도 크게 기여할 것입니다. 남북한 통일논의는 이러한 국제적 조건이 이루어지면 좀 더 현실성을 갖게 될 것입니다.

그리고 동북아 갈등구조를 완화하기 위해서 미국과의 긴밀한 관계뿐만 아니라 중국, 러시아, 일본 등의 협조를 최대한 이끌어내야 할 것입니다. 과거 유럽안보협력회의(CSCE)의 성과를 교훈삼아 동북아에 지역안보대화체를 만들고, 한국이 거기에 적극 참여하여 동북아에서의 대립과 갈등을 완화한다면 대북정책 추진에 유리한 환경을 조성할 수 있을 것으로 보입니다. 9·11테러 이후 반테러 전쟁을 위한 국제 연대가 강화되고 있기 때문에 동북아 지역의 다자간 협력도 더욱 증가할 것으로 보입니다.

그리고 안보협력체 외에도 東北亞 經濟協力에도 적극 참여해야 할 것입니다. 현재 중국, 러시아, 일본 등 동북아 지역의 열강들의 최우선 목표가 바로 경제발전이므로 경제적 상호 의존성을 심화시키는 노력에 앞장선다면 동북아의 역내 갈등완화는 물론이고, 남북한의 긴장완화에도 크게 도움이 될 것입니다.

그런 측면에서 저는 남북한을 철도로 연결하고, 한반도와 유럽을 잇는 유라시아 철도 건설을 대단히 중요하게 생각하고 있습니다.

유라시아 철도를 통해서 남북한 간에, 그리고 주변국 간에 경제협력이 심화된다면, 그것은 단순히 남북한의 경제통합에 그치지 않고, 동아시아의 地域經濟統合을 앞당기고, 궁극적으로는 지역의 발전과 평화에 크게 기여하게 될 것입니다. 그리고 유럽과 아시아를 육로로 연결함으로써 21세기 유라시아 시대를 구현할 수 있게 될 것입니다.

서울에서 런던까지 기차로 여행하게 되는 날, 그러한 꿈은 현실로 될 것입니다.

4. 마치는 말

남북한이 언제 통일이 될지 그 統一의 시기는 아무도 장담할 수 없습니다. 통일 문제는 기본적으로 수십 년이 걸릴 사안이고 그러다 보면 진전도 있고 후퇴도 있을 것입니다. 다만 저는 지금 우리가 하나하나 실천해 나가는 과정의 순간 하나하나가 통일의 시기를 만들어 나가는 것이라 생각합니다.

이제 한국사회도 탈이념적, 탈냉전적인 국제사회의 변화에 맞추어 극단의 정치세력이 아닌 合理的인 중도세력들이 주도해 나가야 할 때라고 봅니다. 이를 위해 정치적 민주화가 제도적 차원에서뿐만 아니라 모든 개인들의 삶을 질적으로 향상시킬 수 있는 민주주의로 발전해야 되고, 경제적 개혁은 지속적으로 추진되어야 할 것입니다. 이러한 과제는 정도의 차이는 있지만 남과 북 모두가 지향하고 수렴되어야 할 統一의 접점이 될 것입니다.

앞으로 남한과 북한이 각기 서로를 부정하고 배격하는 과거의 '정통성 대결'에서 벗어나 다수 국민들이 보다 더 풍요롭고 질 높은 생활을 향유할 수 있도록 상호 노력해 나간다면 한반도의 平和와 統一은 불가능한 것이 아니라고 생각합니다.

第 3 節

韓國外交政策의 바람직한 推進方向

— 國民과 함께하는 外交 —

潘基文 第8代
UN 事務總長

小目次

1. 政府의 外交業務成果

① 북핵문제의 平和的 解決 적극 추진 및 6자회담 개최

② 굳건한 한미동맹 강화 및 주요 우방국과의 관계 강화

- 성공적인 미국, 일본, 중국 정상 방문 및 한러정상회담

③ 평화번영 외교정책에 대한 국제사회의 지지 확보

④ 한중일정상회담 공동선언 채택

⑤ 대 이라크 파병 및 인도적 지원 제공

⑥ 세계화, 개방화에 능동 대응

- WTO DDA 협상 적극 참가, 한칠레 FTA 타결 및 주요 교역 상대국과 FTA 추진

⑦ 외교통상부 혁신 추진

2. 주요 事業計劃

— 均衡的 實用外交를 통한 참여정부 외교의 구현 —

(1) 平和繁榮 外交

① 北韓 核問題의 평화적 해결

○ 6자회담을 통해 북핵 문제의 조속한 평화적 해결 추진 실무그룹 조기 구성, 3차 6자회담 6월 말 이전 개최 및 6자회담을 통해 상황의 안정적 관리 및 해결 진전 모색

1단계		2단계		3단계
• 핵폐기/안전보장 제공용의 표명 교환	→	• 핵폐기 이행 및 검증 • 안보우려 해소 • 경제협력 및 에너지 지원	→	• 핵폐기 완료 • 여타 사안 해결 • 과감한 경제지원 • 북미/북일관계 정상화

○ 6자회담 과정에서 우리의 촉진자 역할 지속 강화 한미일 공조 강화, 중러의 협력 확보 및 대북 설득 노력도 병행

② 포괄적 · 역동적인 한미동맹관계 구축 노력

○ 양국간 고위 협의체제 활성화 및 한미간 협력 증진

• 굳건한 동맹 기초 위에 북핵 해결과 한반도 평화체제 구축 추구

○ 韓美同盟의 현대화 · 효율화 추진 '미래 韓美同盟 정책구상' 협의가 연합방위력을 제고토록 추진 및 용산기지 이전 등 주한미군 재배치 계획의 원만한 이행 확보

○ 우리의 최대 교역국인 미국과의 원만한 통상협력관계 지속적 증진 및 한미 양 국민간 상호 이해증진 노력 강화

○ 대 테러 협력, 인권, 민주주의 등 범세계적 문제에서의 협조 증진

• 이라크 재건지원, 아프간 파병, 민주주의 공동체회의 등 관련 협조

③ 韓半島 平和體制 구축을 위한 대외 환경 조성

○ 平和繁榮政策에 대한 국제사회의 지지 확보 및 남북 교류협력 심화를 위한 외교 환경 조성

○ 북한의 개혁 · 개방을 위한 국제사회의 지원 유도 및 南北韓 외교당국간 접촉 활성화 (ARF, UN 등 채널 활용)

○ 동북아 평화협력체 구성을 위한 여건 조성

○ 해외 탈북자 문제 대처

④ 동북아 경제중심 실현을 위한 외교적 기반 확충

○ 한중일 정상선언의 충실한 이행 및 발전 3국 외교장관간 3자 위원회 개최 및 각종 장관급 협의체 활성화 등 3국간 경제협력 제도화

○ 동북아 물류 협력 강화: 남북 및 대륙간 철도연결 사업의 지속 추진 및 한중일 3국간 항공자유화 추진을 위한 민간 협의 추진

○ 동북아 에너지 · 환경협력 강화: 미일중러와 양자 에너지 협의체 구성 추진 및 황사예방, 환경협력 사업 강화

(2) 글로벌 外交

① 이라크 파병의 외교성과 거양

○ 대아랍권 우호적 여건 조성

• 이라크 추가파병 관련 대통령 특사 방문 결과 지속 확산
• 외교통상부장관 외 4개 특사의 중동 15개국 방문(아랍주변국가에 '04년 중 3천만불 지원)
• 아랍권 주요 인사 방한 초청 및 대이라크 재건지원 무상원조('04~'07년간 2억불, '04년 중 6천만불)

○ 이라크 재건사업에의 우리 업체 진출 적극 지원
• 「이라크 재건 핵심그룹」 참가 활동 강화

○ 파병병력 등에 대한 대테러 안전 확보 및 파병의 긍정효과 적극 활용, 파병 이후 단계에 대한 준비

② 미래지향적 글로벌 外交의 전개

○ 주요 주변국 관계강화
• 韓日關係
- 미래지향적 협력 사업 추진 한일 FTA 교섭, '한일 우정의 해 2005' 사업 준비
- 북핵문제 해결, 북일관계개선 등 한반도 평화 · 안정 협력 강화 및 과거사 문제 등 잠재적 갈등요인에 대한 예방외교 전개
• 韓中關係
- 「전면적 협력 동반자 관계」 내실화(대통령 방중시 합의사항) 10대 협력사업, 5년 내 1,000억불 교역 달성 등
- 북핵문제 해결 및 북한 개혁 · 개방을 위한 중국의 적극적 협력 확보
• 한러관계
- 한반도 평화체제 구축을 위한 러시아의 기여 확보
- 우주 · 과학기술 협력 강화

○ 지역별 외교강화
• EU와의 정치 · 경제 협력 강화
• ASEAN과의 협력 동반자 관계 강화
• 서남아대양주 주요 거점국가(인도, 호주)와의 경제 · 통상 협력관계 강화
• 중남미와의 실리외교 전개
• 대 아중동외교의 적극 추진

○ 다자외교 강화
• 대량파괴무기 확산방지 및 국제테러 방지에 적극 참여 WMD 확산방지 국제규범 수립 및 수출통제체제 참여활동 강화제반 반테러 국제협력에 적극 동참
• 민주주의 · 인권 신장 및 환경 보전 · 개발 지원 노력에 기여 UN인권위 계속 진출, 활동 강화
• 국제기구 진출 확대 우리 국민의 국제기구 진출 적극 추진
• 지역협력체에서의 주도적 역할 ASEAN+3, APEC, ASEM, FEALAC(동아시아 · 중남미협

력포럼) 발전에 적극 기여 및 2005년 부산 APEC 정상회의 개최 준비

○ 在外同胞社會 발전 지원

- 모국과의 유대증진을 위한 법적 · 제도적 기반 강화 在中國 · CIS 동포들의 출입국, 국내 취업활동 및 국적취득 기회 확대, 관련국의 이해 및 협조 확보
- 러시아 고려인 이주 140주년 기념행사 지원 북러 수호통상조약체결 120주년 기념행사, 한러 상호 이해 협력사업 등과 연계
- 한민족네트워킹과 동북아 경제중심 건설에 기여 유도 제 3 차 세계한상대회개최(2004. 10, 제주) 추진 한민족네트워크(Korean.net)를 한민족 정보교류센터로 활용
- 재외동포재단을 통한 동포사회 지원 내실화

○ 文化外交 적극 추진

- 대외 홍보 및 문화교류 강화 우리 문화산업의 해외진출(韓流) 지원 민간예술단체 해외 공연 지원(27개국에 17개 단체 파견)
- 우리 문화 및 역사에 대한 국제사회의 이해 제고 고구려사 문제에 대한 효과적 대응 북한 고구려 유적의 유네스코 문화유산 등재 지원
- 아테네 올림픽('04. 8월) 국가이미지 고양, 2014년 동계올림픽 유치의 발판으로 활용 남북 공동 협력 분위기 제고
- 한국국제교류재단을 통한 문화 교류 · 협력 증진

(3) 經濟通商 外交

① 先進開放經濟 실천 외교

○ WTO DDA 협상 적극 참여

- DDA 협상이 성공적으로 타결될 수 있도록 최대한 노력
- 공산품 수출시장 확대, 농업의 점진적 개방 등 우리 입장 최대한 반영 노력
- 국내 의견 수렴 및 홍보활동의 적극 추진

○ 쌀 협상에 적극 대응

- 관세화 유예를 우선적으로 추진하되 우리 쌀 산업에 미치는 영향을 최소화하는 방향으로 결정하고 수출국들의 요구조건이 과도할 경우 관세화 가능성도 신중히 검토
- 4월 이후 주요 쌀 수출국들과 양자협상 추진

○ FTA의 효율적 추진

- 한칠레 FTA의 차질 없는 이행(04. 4. 1차 협정 발효) 및 본격적인 FTA 시대를 열기 위한 다면적 협상 추진
- 한싱가포르 FTA의 연내 및 한일 FTA의 '05년 협상 타결 추진
- 한 · 아세안 전문가 공동연구 결과 11월 정상회의시 보고 추진

○ 우리 경제 위상에 걸맞는 공적개발원조(ODA) 확대

- 개발원조 확대를 통한 장기 수출 기반 확보 및 우리 외교수단으로 활용 개도국: 우리

총 수출의 50% 이상 차지 및 우리 무역 흑자 기반

• 참여정부 임기 중 무상원조 예산의 단계적 확대 국민소득대비 ODA 비중의 제고('02년 0.06%, OECD 평균 0.23%) 양자원조 중 무상원조 비율 제고('02년 32%, OECD 평균 90%)

② 일자리 창출 支援 外交

○ 우리 국민의 해외취업 사이버 정보 지원 국제기구, 외국취업 관련정보 및 전 세계 韓商 네트워크와 연계한 일자리 정보 포함

○ 外國人投資誘致 지원확대를 통한 고용기회 창출

○ 해외투자 및 우리 기업의 해외수주 확대 지원 관계부처 협조하에 해외진출기업의 애로사항 신속 해결

○ 개발 원조사업 적극 활용 무상원조: 해외봉사단 파견 확대('03년 220명 → '04년 720명) 유상원조: 우리 인력의 해외진출에 유리한 분야 EDCF 우선 지원

3. 外交通商部의 革新業務

(1) 추진성과 및 평가

① 추진성과 人事分野 · 대 언론 정례브리핑 · 민원업무분야에서의 부분적 성과

② 평가

○ 변화 추진 의지와 주도 역량 강화 필요

○ 조직 구성원의 革新 마인드와 참여 부족

○ 철저한 자성에 기초한 근본적 혁신 긴요

(2) 추진계획

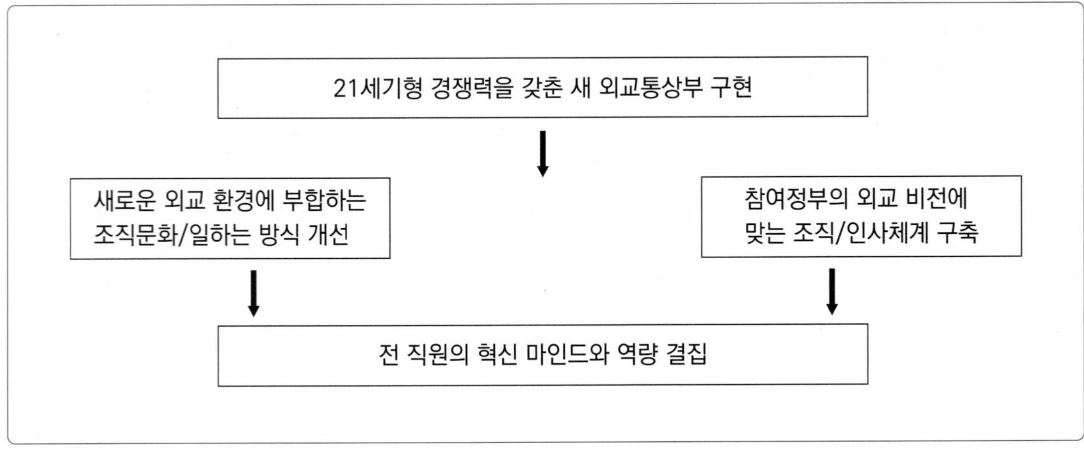

① 장·차관 주도의 상시 혁신체제 정착

○ 革新의 비전 제시 및 직원 革新 마인드·역량 집결

○ 외교부 전 직원 워크숍, 전 재외공관장 워크숍 시행 및 장·차관의 직원과의 직접 대화 모임 정례화(월 2회)

○ 혁신의 지속적 추진 및 전파

○ 일일 혁신점검 회의(차관 주재) 등 모니터링 체제 가동

○ 재외공관 및 산하기관으로의 혁신 확산

② 革新課題의 지속 발굴 및 실천

○ 업무혁신

• 장·차관에 집중된 업무를 실·국장 중심으로 전환 참여정부의 "分權과 自律" 원리 구현, 위임전결규정 대폭 하향조정, 실·국·과장의 대외교섭 역량 제고 및 활동·강화

• 업무방식의 효율화로 대외협상력 강화 문서작업 위주의 업무관행 개선, 일일보고, 면담자료 등 타성적 문서 보고 폐지 등 불필요한 일 버리기 대외협상과 대국민 대화에 역량 집중, 정보화를 활용한 업무 효율화, 협상력 강화를 위한 통합 외교정보시스템 구축

○ 組織·人事革新: 21세기 세계화형 조직 지향

• 선진국 외교부를 벤치마킹, "選擇과 集中"으로 현 인력·예산 내에서 구조 조정 추진, 본부 고정근무 전문지원인력 확보 등 조직 정비

• 정부 혁신위와 기능 조정/조직개편 작업 조기 완료 통상교섭본부와 외교안보연구원 기능 조정, 고위직 신분보장 완화와 고급 외교인력 유지간의 조화, 이체인력 해소

• 신인사제도의 장점 확대·발전 능력·성과위주 인사제도 정착/외교관 및 공관장 적격심사 강화, 직위분류제의 운영상 문제 개선책 검토

• 새 외교통상부 프로젝트 추진/민간 컨설팅 활용 외교통상부 전반에 대한 심층점검과 근본적 변화 기틀 마련, 외교통상부에 대한 대국민 및 전문 집단 여론조사 실시, 민간 경영 기법 접목, 업무프로세스·조직·인력관리 혁신 실천 방안 마련

○ 服務姿勢 일신

• 회계 부조리 및 사증발급 비리 재발 방지 회계 비리 발생시 관련자 면직, 소환 등 엄중 조치, 실비정산제 도입/지역 통합 회계센터 설치 추진 등 회계시스템 투명화, 사증발급 절차 개선

• 엄정하고 실효성 있는 自體監査 強化 상시감사체제 구축, 재외공관 서면감사 활성화, 비리에 대한 엄중 조치 및 비위사례 공개

③ 國民과 함께하는 外交

○ 국민과의 대화 활성화

• 국민참여외교 강화

• 외교부 견학 프로그램(월 1회), 외교부 인턴공무원제 운영 확대

• 과단위 '정책고객단' 운영으로 전문가 집단과의 지속적 정책 대화 지방 주민들과의 '외교대화' 추진(주요 지방대학 및 자치단체 대상) 주 1회 E-mail 뉴스레터 발송 온라인 여론 조사

• 言論에 대한 능동적 대처 수동적 대응에서 능동적·적극적 홍보 자세로 전환, 대외 응답요지(Press Guidance) 매일 작성 배포, 정례 내·외신 브리핑의 내실화, 수요자 중심의 정보제공

○ 國民을 위한 서비스 向上

• 고객중심의 효율적인 민원서비스 사이버 민원 등 電子領事(E-Consular) 서비스 강화, 창구 근무자 친절교육 강화 및 민원인 평가제도 강화, 사진전사식 여권발급 개시

• 영사민원 콜센터 설치: 해외 사건·사고에 대한 즉시 대응체제 구축

• 영사인력 구조개선 노력 병행 필요시 타 부처 직원의 영사업무지원 확보, 영사인력에 대한 인센티브제 도입

※ 편집자 주: 이 글은 신희석 저 "동북아국제정치경제와 한반도" (박영사, 2005년)에서 발췌한 것임.

▲ 大統領 外交補佐官 반기문大使는 4강 외교의 현 주소와 바람직한 정책추진방향을 主題로 연구발표를 한 후 당원의 정책 자문들과 함께 포즈를 취하고 있음(2003년 6월).

▲ 반기문 外交通商部長官초청 정책포럼의 모습
(당원의 수석이사인 노창희 前 外務次官, 박준우 外交通商部 亞太局長, 조태열 地域通商局長의 얼굴이 보임, Hilton Hotel, 2004년 4월)

▲ 한국외교정책의 바람직한 추진 방향에 관한 정책포럼에서 기조강연을 하고 있는 반기문 外交通商部長官(Hilton Hotel, 2004년 4월)

第 4 節

Peace in Asia–Pacific Era of the 21st Century & Prospect of Korea–Japan Relations

Nakasone Yasuhiro
Former Prime Minister of Japan

▲ Nakasone Yasuhiro(中曾根康弘) 前日本首相초청 한국외교안보정책심포지움 회의장(Grand Hyatt Seoul이의 Grand Ball Room, 1997년 9월) 공로명 전 외교부장관, 한승주 전 외교부장관, 박태준 포항제철회장의 뒷모습이 보인다.

Since the aftermath of the end of the Cold War, international relations have been facing a turning point. Russia's admittance into G7 Summit created G8, and today's political power layout of the world is changing rapidly. The collapse of former USSR led to the disappearance of a potential threat to the free world bringing substantial changes to the past concept of the security for the world.

During the Cold War, the leading(military) strategy was that of deterrence and balance with nuclear weapons of its background, However, after the fall of the Berlin Wall, which triggered military transformation such as succession of Eastern European countries from the Warsaw Treaty Organization and the unification of East and West Germany, the established deterrence and balance strategy fell apart. This created a military vacuum. In order to sup–

plement this vacuum, the wisdom of the mankind added a concept of political stability to aforementioned deterrence and balance strategy.

The new international political system based on the confidence building measures bore Organization on Security and Cooperation in Europe(OSCE) and the stability of this organi-zation brought today's reinforced solidarity to the European nations. Furthermore, it laid out a foundation for forming a single currency system. By providing these kind of stable foundations through ensuring security, the economy was set to face further development. This kind of new concept of political stability also has been introduced into Asia, for example, APEC(Asia-Pacific Economic Council) and ARF(Asia Regional Forum), forming a new framework of international cooperation in the Asian-Pacific Era.

In Europe, the political stability was built on the military foothold of the North Atlantic Treaty Organization(NATO) but in Asia, we have not yet formed a combined military foothold even a second to European Combined Command. What we have is a military alliance network in a form of a spork, centering on the United States. In other world, what we have in Asia is Japan-U.S. Security Agreement, Republic of Korea-U.S. Mutual Defense Agreement, U.S.-Thai, U.S.-Singapore, and U.S.-Australia Alliance Agreement. These moving power lines forming a spork form, each prongs coming out of the United States, have been installed in Asia-Pacific's undersea, switching on the lights of APEC and ARF.

Today, I believe, Japan and Korea are two countries strongly supporting the detering power possessed by the Pacific Command with the US Seventh to establish a closer mutual cooperation for the survival of the nations, happiness of its people and for the peace and prosperity of Asia-Pacific. I regard our close mutual cooperation to be the vital point, a hidden potential for the future of Asia-Pacific in the 21 Century.

Although there existed an unfortunate past between Korea and Japan which calls for Japan's self-reflection I think it is our destiny to prosper together to cooperate in the areas of economy and culture with its base forming on mutual self reflection. During my service as a Prime Minister of Japan, I had been moved by a statement made by the Korean President stating that Korea and Japan need to be a ever-lasting partner for the peace and prosperity of Asia-Pacific.

Between independent nations attaching a great importance to liberal democracy and market economy, it is inevitable to avoid momentous discrepancy and disharmony with each other. However, with the efforts of the people of both countries, I believe, we can overcome these trials and difficulties.

In conclusion, I believe that Korea and Japan should endeavor to grant a concrete proposal that promotes a deep understanding and cooperation as we consider the world trend and the destiny of both nations that has continued exchanges for the past 2000 years.

This is the opportune moment for Korea and Japan to attain such concrete proposal with bona-fide and mutual understanding.

21世紀 亞太協力時代의 平和와 韓日關係展望

中曾根康弘
前 日本國 內閣總理大臣

냉전종결을 맞이한 이후의 國際關係는 크게 전환하고 있습니다. 세계 강대7개 국정상회의(G7 Summit)에 러시아도 가입하여 G8가 되었으며 오늘날 세계의 정치적 기압배치도 크게 변화하고 있습니다. 구 소련이 붕괴함으로써 이에 따른 自由世界에 대한 적성국이 없어지게 되었고, 따라서 종래의 안전보장 개념에도 적지 않은 변화를 가져오게 되었습니다.

냉전시대에는 핵무기를 배경으로 하는 억지와 균형이 그 주도적 전략으로 되어 있었습니다.

그러나 베를린장벽이 붕괴된 이후, 동구라파 제국은 바르샤바조약기구(Warsaw Treaty Organization)로부터 이탈하였고, 동서독일이 합동하는 등의 군사적 대변화가 야기되어, 기존 억지와 균형의 Balance가 무너지고 말았습니다. 따라서 군사적 공백이 생겨 이것을 보완하기 위한 인류의 예지는 政治的 安定의 개념을 앞서 말한 억제와 균형에 추가하게 되었습니다.

신뢰구축조치(Confidence-Building Measures) 등에 기초를 두고 있는 새로운 합의정치 System은 전구주안보협력기구(OSCE)를 탄생케 하였고, 이의 안정은 오늘날 구주의 결속강화를 가져왔으며, 나아가서는 單一通貨 형성을 이룩하는 데 기초가 된 바 있습니다.

安全保障에 있어서 이와 같은 안정적 기초가 마련됨으로써 경제도 비로소 발전가능하게 되었습니다.

이와 같은 정치적 안정의 신개념은 아시아에도 도입되어 새로운 아시아태평양시대에 있어서 국제적 협력의 틀(Framework)을 만들어 가고 있습니다. 그 실례로서 APEC(Asia-Pacific Economic Council)이나 ARF(Asia Regional Forum) 등을 들 수 있습니다.

구주에서는 북대서양조약기구(North Atlantic Treaty Organization)의 군사적 기반 위에 이러한 政治的 安定이 구축되어 있습니다만, 아시아에 있어서는 구주에 버금가는 통합력을 갖고 있는 단일적인 군사적 기초는 아직 형성되지 않고 있습니다. 미국을 중심으로 하는 Spork형상의 군사동생망이 전개되고 있습니다. 다시 말해서, 아시아에 있어서는 미일안보조역, 한미동맹조약, 미태국협정, 미싱가폴협장, 미호주동맹조약 등이 있습니다. 이러한 미국을 중심으로 한 Spork형의 동력선이 아시아태평양의 해저에 부설되어 있기 때문에, APEC이나 ARF의 전등이 밝혀지고 있는 것이라고 생각합니다.

오늘날 미국 제7함대(U.S. Seventh Fleet)의 태평양군이 보유하는 抑止力을 아시아太平洋地域에서 현실적으로 강력하게 지원하고 있는 나라는 한국과 일본이라고 생각됩니다. 그와 같은 현실을 감안하여 볼 때, 국가의 생존과 국민의 행복, 그리고 아시아태평양의 평화와 번영을 위하여 한국과 일본이 긴밀한 相互協力을 실현해 가는 것은 매우 바람직한 것이며, 21세기의 아시아태평양 시대의 미래를 위하여 잠재하고 있는 Vital Point라고 사료됩니다.

한국과 일본 사이에는 일본이 반성해야 하는 과거의 불행한 시대가 있었지만, 그러한 상호 성찰의 토대 위에서 經濟나 文化의 면에서도 협력해 가며, 한일양국이 함께 번영해 나가야 하는 것이 숙명이라고 생각됩니다.

본인은 지난 총리대신시절에 한국대통령으로부터, 한국과 일본은 아시아태평양지역의 평화와 번영을 위한 동반자가 되어야 한다는 말을 듣고 큰 감명을 받았던 경험이 있습니다. 自由主義와 시장경제를 중시하는 독립국가간에 있어서는 일시적인 모순이나 불협화음을 회피할 수는 없다고 생각되며 이는 극복될 수 있습니다.

그러나 우리들은 이와 같은 커다란 세계적 추세와 장장 2천년 동안 지속하여 온 교류의 역사를 갖고 있는 두 민족의 숙명을 다시금 숙고하면서, 더욱더 깊은 이해와 협력을 지향하는 구체적인 제안을 인정해 나가도록 노력해야만 할 것이라고 생각합니다.

지금이야말로, 한일양국이 서로 선의의 상호 이해심을 갖고 그러한 구체적인 제안을 실천할 수 있는 기회에 돌입하고 있다는 생각을 하게 됩니다.

※ 편집자주: 본고는 나까소네 야스히로 전 일본수상이 당원(APPRI) 주최 제12차 정책연구포럼에서 발표한 요지를 발췌수록하는 것임(1997. 9. 6. 그랜드 하얏트호텔 그랜드볼룸).

▲ 상기 Nakasone 前日本首相초청 특별강연회의 만찬장모습
사진은 왼편으로부터 Curtin駐韓美國副大使, 박근 前駐UN大使, 한승주 前外部長官, 송자 延世大總長, Nakasone日本首相, 공로명 前外務部長官, 박태준 自民聯總裁, 오재희 前外務次官(1997년 9월)

第 5 節

Northeast Asian Politics & Major Powers' Inter-Korean Policy

Kang, Young-Hoon
Former ROK Prime Minister

It is my great pleasure and privilege to have this opportunity to welcome, on behalf of the Asia-Pacific Policy Research Institute, all of you distinguished participants in the APPRI's 36th International Symposium.

I believe the topic of this APPRI's International Symposium, "the Northeast Asian Politics and the 4 Major Powers' Inter-Korean Policies" is a very timely and important topic given the fact that the world's attention is currently focused on the threat of development of nuclear weapons by the North Korean leaders.

For Centuries, the Korean Peninsula has been a focal point of geopolitical ambition of various continental and maritime powers. Even in the modern time, we saw the national interests of the four major powers, namely, the U.S., China, Japan and Russia, intersecting one or around the Korean Peninsula. Due to the interests of these major powers in the Northeast Asia in general, and on the Korean Peninsula in particular, the Korean Peninsula was divided into two parts-North and South in 1945, and since that time, the divided Korea has been serving the four major powers as a buffer zone for their balance of power politics in Northeast Asia.

For more than half a century, the Korean people have been coping with the diverse interests and policies of the four major powers in their attempt to find a way toward national reunificiation. In recent years, with the end of Cold War era, the Korean people have also been keenly interested in the process of globalization as a namely emerging international political environment for their foreign policy and national reunification.

This is especially the case since the world is becoming smaller and even more integrated as the science and technology are rapidly advancing and the environmental issue, have become a common sense for all global citizens.

According to the futurists' view, in the continuing process of globalization, the entire surface of the earth has developed into a single living environment of the mankind, while people and the politics of the world are still constrained by the state interests and national boundaries. In this context, a nuclear war between countries which possess advanced nuclear weapons implies not only a possibility of mutual destruction but also a political world holocaust in terms of its long term damage to the environment.

Also, as Huntington hinted, "the Clash of Civilizations" may be another factor hindering the process of globalization. Especially when such clash takes the forms of terrorism against ordinary citizen, the entire global community is threatened.

Therefore, in this era of globalization, the world leaders can no longer afford to be the solely concerned about the interest of his or her own state. In the interest of the global community, the world leaders are expected to do their utmost to deter any threat of nuclear war, and also must strive to find a way to ensure peace, prosperity and safe environment for the entire global community.

With recent events surrounding North Korea and its position on the development of nuclear capabilities, the South Korean people are very naturally sensitive to the implications of the Northeast Asian Politics and four major powers' Inter-Korean policies as Korean security, peace and prosperity as well as Korean dream of reunification are directly affected by them.

I sincerely hope that this Asia-Pacific Policy Research Institute(APPRI)'s 36th International Symposium(the 109th Policy Research Event) will be able to illuminate not only what the current status of these policies are but also what they should be for the sake of not only Korea's future but also for the peace and prosperity of the global community.

In closing, I would like to wish this Symposium a great success and also wish each and everyone of you have a very productive and pleasant time.

Thank You.

※ 편집자주: 본고는 강영훈 전 국무총리가 당원주최 정책연구포럼에서 발표한 요지를 발췌하여 수록하는 것임(서울 프라자호텔 그랜드볼룸)

▲ 당원(APPRI)의 개원2주년 기념식에 참석한 당원관계인사들
(사진은 강영훈前國務總理, 공로명 前外務長官, 노재원 前外務次官, Seoul Hilton, 1998년 11월)

▲ 상기출판기념회를 종료한 후 포즈를 취하고 있는 강영훈 前 國務總理(2005년 11월)

▲ 동북아 국제정치경제에 관한 출판기념회에서 감사의 말씀을 하고 있는 當院理事長(2005년 11월)

▲ '최근의 남북한관계와 4강의 한반도정책'을 주제로 한 한국외보안보정책심포지움회의장 (Jeju Grand Hotel, 1998년 11월)

第 2 章

韓國의 4 强外交論
(APPRI Forum 寄稿文 II)

第 1 節

Changing International Environment in Northeast Asia and the United States

Stephen W. Bosworth
U.S. Ambassador to Korea

Professor Shin, former Foreign Minister Yoo, Chong-Ha, my fellow ambassadors, ladies and gentlemen, at the beginning I would like to also congratulate APPRI and Professor Shin for organizing what I think is a very important and extremely useful conference. I have been asked to speak about the Northeast Asian political dynamic and the United States, Russia, China, and Japan. I don't think there could be a more timely or more important topic. I think one example of this is the fact that, during the APEC Summit in Brunei, in the course of a single day President Kim met with the leaders of all four nations, an historic first and a vivid testament to the importance all of our countries place on this Peninsula.

Of course, the Korean Peninsula's strategic importance to the four countries is nothing new and, although we now share the hope for peace and stability on the Korean Peninsula and in Northeast Asia, it was not always this way. Located at the crossroads of rising and falling powers, of expanding and declining empires, the Korean Peninsula has been the site of brutal international competition over the past two hundred years.

However, the past decade has seen sweeping changes in global and regional political and economic realities, changes which I believe have fundamentally altered the situation on and around the Korean Peninsula. Four-party competition, which for so long characterized the international environment around the Korean Peninsula, now seems to have yielded to a shared interest in peace, stability, and South-North reconciliation.

This shared interest in South-North reconciliation and a stable Northeast Asia has, over the past several months, manifested itself in many ways. First, I believe that consultation and coordination among the four countries have been crucial elements of both the United States' and the Republic of Korea's efforts to engage the North. For the United States, our approach to the North has been based on our strong deterrent posture, extensive consultation with our allies in Korea and Japan, and consultation and cooperation with both Russia and China.

I would expect that this basic approach will continue under the next U.S. Administration, regardless of who is the next American President. We will build on the progress we have al-ready made, including progress made during the visit to Pyongyang last month by Secretary of State Madeleine Albright.

Of course, we would have accomplished very little without President Kim's own commitment to engagement. From day one of his administration, President Kim made explaining his North Korea policy to the four countries a cornerstone of his approach to North Korea. Thanks to the soundness of engagement's mutually reinforcing principles of non- toleration of North Korean aggression, separation of politics and economics, and non-absorption of the North, President Kim was able to win support for his approach not only from the United States and Japan, but also from South Korea's former adversaries, Russia and China. I think it's safe to say that, despite our sometimes divergent policies and approaches, none of the four has an interest in instability on the Peninsula and in this region; and we all believe that President Kim's engagement policy continues to represent the wisest approach to pursuing peace and reconciliation on the Korean Peninsula.

Perhaps the most dramatic evidence of the four countries' shared interest in encouraging peace and reconciliation on the Korean Peninsula has been the flurry of "summit diplomacy" in and around the two Koreas. Most significant among these, of course, was President Kim's own visit to Pyongyang in June, and we share with the President the hope for an early visit to Seoul by National Defense Committee Chairman Kim Jong-Il. We have also seen Chairman Kim travel to Beijing, and Russian President Vladimir Putin and Secretary of State Albright have had their own meetings with Chairman Kim in Pyongyang.

There is also, I think, growing evidence of change in North Korea's thinking about its future and the outside world. There is, I think at this point, strong evidence that North Korea has decided to come out of its self-imposed isolation. I think this change in North Korean thinking is driven in some measure, perhaps in large measure, by their own economic desperation. They realize that in order to halt and then reverse the decline of the North Korean economy, they will need extensive assistance from the outside. They also appear to have begun to realize that their hopes for obtaining such assistance will require a much more normal relationship with their neighbors, and in particular a much more normal and non-hostile relationship with South Korea.

High-level diplomacy between North Korea and the four countries is important because it increases North Korea's exposure to the outside world, helping to foster dialogue and greater North Korean understanding of the outside world. It also helps to establish ties between Pyongyang and the international community, and, in doing so, will help to increase the North's stake in playing a responsible role on the world stage. Finally, summit diplomacy provides valuable opportunities for the leaders of the four countries to reinforce with Chairman Kim issues of shared concern. For example, when Chairman Kim traveled to Beijing, he was able to hear from Chinese leaders their thoughts about China's approach to economic reform and North-South reconciliation. When President Putin visited Pyongyang, he discussed with Chairman Kim the North's long-range missile program and ways to possibly end it. These talks directly with Chairman Kim are critical, because, as President Kim has noted, it seems to be Chairman Kim and Chairman Kim only who is in a position to make decisions in North Korea on the big issues of concern to us all.

The Four Party Talks represent yet another manifestation of the neighboring countries' shared interest in peace and stability on the Korean Peninsula. These talks were conceived to bring together the four principal combatants in the Korean War-North and South Korea, China, and the United States-to eventually work to replace the Armistice Agreement with a permanent peace regime on the Korean Peninsula. Through six rounds of talks, we were encouraged by China's moderating role, further evidence of our shared interest in peace and stability on the Peninsula. Although there has not been a round of these talks for nearly a year, more than anything else, the forum remains important for the opportunity it offers for North and South Korea to sit down face-to-face to discuss tension-reduction and an eventual peace mechanism. Although North and South Korea now have varied and active channels for official dialogue, like President Kim, we believe that the central players in this important forum are North and South Korea, and we believe that the Four Party process remains an important component of the overall drive for peace and stability on the Peninsula.

There is also an economic aspect to the four countries' shared interest in North-South peace and reconciliation. With work underway to reconnect the Seoul-Sinuijiu railway, a new artery-an "Iron Silk Road"-connecting the Korean Peninsula to Western Europe will be realized. This could bring significant economic benefits not only to North and South Korea, but also to the countries through which this rail line will pass, particularly China and Russia. Japan could also take advantage of this land route for shipping its products to Europe. The fact is, this "Iron Silk Road" is but one example of the economic fruits that stability, reconciliation, tension-reduction, and a lasting peace could bring to North and South Korea and the region in the years ahead.

I must add, however, that the lion's share of financial support for North Korean development and modernization will have to come from and through South Korea. South Korea will have to serve as the financial marshalling yard for investment headed North. The South's firms and financial institutions must be able to bring together and order those investments effectively and efficiently. The costs of that investment will be carried on the balance sheets of South Korean economic entities and households. To prepare for this challenge, the South Korean economy must be lean and fit. It is therefore even more imperative that South Korea continue to push ahead on its program of restructuring and reform to foster economic transparency, corporate restructuring, and the development of strong capital markets. And the North must of course do its part to create an appropriate environment for investment. Ultimately, outside companies, from whatever country, will invest in North Korea only if market conditions are right.

The interests and strategic outlooks of the United States, Japan, Russia, and China have changed in fundamental ways. We now share the goals of peace, stability, and reconciliation on the Korean Peninsula. However, the two Koreas themselves have also changed-South more than North. The Republic of Korea is a vital middle power with world-beating corporations and a global reach. Even the DPRK itself has come to realize that the "hrmit Kingdom approach" can't work and, for its part, seems to have begun to respond to the overtures from the outside world.

International values themselves have also progressed over the last one hundred years; imperialism and "great power competition" are no longer the yardsticks by which national strength is measured. Nations large and small, with diverse and frequently divergent interests, today have an increased willingness to seek win-win solutions on an increasingly small planet where the alternative is often a lose-lose scenario. The United States, Japan, China, and Russia together with North and South Korea are no different in that regard. This is a major source of support for President Kim's engagement policy, giving us all hope for a peaceful and prosperous Korean Peninsula.

※ 편집자 주: 본고는 아태정책연구원(APPRI) 주최 제23차 정책연구포럼에서 발표한 Bosworth 주한 미국대사의 연설 전문을 게재하는 것임(1998년 10월 13일, Grand Hyatt Seoul)

▲ 당원 주최 한미관계에 관한 외교통상정책심포지움에서 기조강연을 하고 있는 Stephen Bosworth 駐韓美國大使(Grand Hyatt, 1998년 3월)

▲ 한미관계에 관한 심포지움에서 토론자들과 참석자들의 질문에 대하여 답변내용을 정리하고 있는 Bosworth 駐韓美國大使(1998년 3월)

▲ 한미관계를 위한 심포지움에 참석한 당원 관계자일동
(사진은 右로부터 오재희 前 外務次官, 신국주 東國大總長, 공로명 前 外務長官, 박동진 前 外務長官 Bosworth 駐韓美國大使, 한승수 國會議員(後日 國務總理), 박근 前 UN大使, 신희석 敎授, 1998년 3월)

▲ Stephen Bosworth駐韓美國大使초청 당원정책자문위원들과의 만찬간담회
(사단법인 한남클럽 회의실에서, 1998년 10월)

▲ '미국의 한반도정책과 한국 新정부의 등장'을 주제로 하여 개최된 당원주최 심포지움에 출연한 국내외인사들(사진은 좌로부터 문하영 外交通商部政策企劃局長, 고병철 慶南極東問題研究所長, Tomas Hubbard 駐韓美國大使, 신敎授, 조순승 國會議員, 박용옥 前國防次官, 2003년 2월)

▲ Hubbard 駐韓美國大使심포지움에 참석한 국내외 인사들
(사진은 좌로부터 國家安全企劃部長 천용택 議員, 박용옥 前國防次官, Heseltine 駐韓濠洲大使, 노창희 大使, 조순승 議員, 오재희 大使, Ramishivili 駐韓러시아大使, 김한경 外交通商部次官, Hubbard 駐韓美國大使, 이정빈 外交通商部長官, 2003년 2월)

第 2 節

Alliance with the U.S. for Japan and the ROK

— For the better bilateral relations —

Sugiyama Shinsuke
former Vice Foreign Minister, Japan

Both the ROK and Japan are close allies of the U.S. and are under the bilateral Security Arrangement with the U.S. As Japan has tried, the ROK government has also tried to contribute towards the maintenance of international peace through the participation in Operation "Desert Storm" during the Gulf War, in peace-keeping operations led by the UN and in Operation "Enduring Freedom" after September 11. Security arrangements as such show quite a similarity. The key provision of the U.S.-ROK Security Treaty is given by Article 3, which reads: "Each Party recognizes that an armed attack in the Pacific area on either of the Parties would be dangerous to its own peace and safety, and declares that it would act to meet the common danger in accordance with its constitutional processes." Substantive part of this sentence is the same as the provision of Article 5 of the current U.S.-Japan Security Treaty. Indeed, some of the questions concerning the Status of Forces Agreement(SOFA) are quite similar, too.

However, there are some fundamental differences. First, because of the past history, Japan does have its Constitutional restraints while the Republic of Korea does not. Under the current interpretation of Article 9 of the Constitution by the Government, Japan can not exercise its right to collective self-defence. The fundamental underlying principle here is that Japan can not resort to the use of force, unless Japan itself is attacked. It is therefore stipulated in article 5 of the U.S.-Japan Security Treaty that an armed attack against either party "in the territories under the administration of Japan" would be dangerous and that "each party declares that it would act to meet the common danger." This means that the U.S. is obligated by this provision to defend Japan when Japan is attacked, but Japan is not when some armed attacks take place outside of the territories under the administration of Japan. On the other hand, there is no such constraint as to the ROK. Hence, the provision of Article 3 of the U.S.-ROK Security Treaty reads an armed attack "in the Pacific area on either of the Parties"-would be dangerous and that each party would declare that it would act to meet the common danger. Any armed attack in the Pacific under the control of either party triggers the joint operation. In other words, both the U.S. and the ROK are obligated to act against such aggression.

This first difference leads us to the second difference. With respect to this "one-sided" nature of the current U.S.-Japan Security Treaty, Japan is obliged to grant the use by land, air and naval forces of the U.S. of facilities and areas in Japan, not only for the purpose of contributing to the security of Japan but also for the maintenance of international peace and security "in the Far East". The use of these facilities and areas in Japan by the U.S. shall be governed by the Status of Forces Agreement and the purpose of such use by the U.S. should be the contribution to the maintenance of international peace and security in the regions of the Far East. Also, the U.S. Government is obliged to make prior consultation and to receive consent from the Government of Japan when it wishes to realize specific actions in accordance with the Exchange of Notes between Prime Minister Kishi and Secretary of State Herter. Through this mechanism, the U.S. is able to use its forces stationed in Japan not only for the purpose of the defence of Japan, but also for the purpose of the maintenance of international peace and security in this region. The U.S.-ROK Security Treaty does not have to have this kind of separate provision to stipulate specifically the regional function, since both U.S. and ROK are obliged to take part in joint operations to act against common danger in the Pacific region. Similar to Article 6 of the U.S.-Japan Security Treaty, there also exists the provision of Article 4 of the U.S.-ROK Security Treaty (which is more or less the same as the provision of Article 1 of the old U.S.-Japan Security Treaty singed on September 8, 1951), but that provision does not specify the purpose of the use of the facilities and areas by the U.S.

The second point relates to the fundamental question of alliance management. Since the beginning of the original Security Treaty entered into force in 1952 and in particular since its revision in 1960 which subsequently generated the current provisions of Article 5 (defence of Japan) and Article 6 (maintenance of peace and security in the Far East), the U.S.- Japan alliance system has had, and indeed will have, a regional aspect. The fundamental mission is for Japan's own security, but always for regional stability.

Although the U.S.-ROK Security Treaty provides its mission for the Pacific area and indeed both parties have a treaty obligation to act against the aggressions taking place in such an area, the alliance system has been considered primarily for contingencies related to the Korean Peninsula. To put in a different way, the maintenance of peace in the peninsula has always been the major role of this alliance. The question should now be asked whether the U.S.-ROK Security Arrangements have less regional meaning other than those related to the Korean Peninsular, or as stipulated in the provisions of the Preamble as well as Article 3 of the Treaty, the entire region of the Pacific can be contemplated by the alliance system.

Also the question should be asked, as is the case of Japan, to what extent the ROK would try to make contributions, either within the context of the U.S.-ROK alliance management, or through its cooperation to the international society as represented by the UN.

Naturally, these questions are deeply linked to the situations concerning North Korea. One can not easily foresee how the security situations would develop on the Korean Peninsula. It is only hoped that the existing tensions would be decreased in the future. At the same time, on-going "Global Posture Review" by the U.S. after "September 11" gives great impact on these points. It is in this context that "Future of the ROK-U.S. Alliance Policy Initiative(FOTA)" is being held. In any circumstances, the question on the alliance management with the U.S. as well as on how and to what extent both Japan and the ROK should contribute to the maintenance and the restoration of international peace and security should become even greater tasks. Some tasks may be for Japan and some of them for Korea.

In facing entirely new challenge in this century such as terrorism and danger of proliferation of weapons of mass destruction, one would have to become better prepared to answer these questions. In concluding this short article, it is the strong wish of the author to express his view that at least one thing should continuously be fundamental to the security of both Japan and the ROK. That is the firm maintenance of the alliance system with the U.S.

Through the U.S. playing a pivotal role in keeping a solid co-operation among Japan, the ROK and the U.S., peace and security in this region as well as the entire international community can be maintained and strengthened in a better manner.

※ 편집자 주: 필자인 Sugiyama 대사는 주한 일본대사관에서 정무공사로 활약한 바 있으며, 그후 승승장구하여 일본 외무성의 외무차관과 주미대사를 역임한 바 있는 탁월한 외교관임.

▲ '한반도 평화정착을 위한 6개국 국제회의'에 참석한 각국 대표단과 김종필國務總理(국무총리실, 1999년 11월)

▲ '전후 일본외교의 전개와 바람직한 동북아정책추진방향'을 주제로 연구발표를 한 후 당원의 정책자문위원들과 포즈를 취하고 있는 Yanai 前日本外務次官(Seoul Press Center, 2003년 6월)

▲ 일본대사관저에서 개최된 '2009년도의 한일관계전망과 동북아의 국제정치경제'를 주제로 한 간담회의 참석자일동(Sigeie 日本大使를 포함하여 오재희 前 駐日大使, 선준영 前 UN大使, 허준영 前 警察廳長, 일본대사관저, 2008년 3월)

▲ 일본 · 북한관계에 관한 정책심포지움의 회의장 전경(Seoul Hilton Hotel, 2000년 4월)

▲ '일본의 북한정책과 남북한 관계전망'을 주제로 발표한 Terada 駐韓日本國大使에게 감사패를 수여하고 있는 당원(APPRI)의 Okada 정책자문위원장(2000년 4월)

▲ 상기 심포지움에서 주제발표를 하고 있는 Terada 駐韓日本國大使(Hotel Lotte, 2001년 6월)

第 3 節

DPRK Nuclear Issue & Security in Northeast Asia

Tao, Jian
China Institute of International Relations(Beijing)

Contents

1. U.S.–DPRK Relationship & Northeast Asia

Situation on the Peninsula has always been so complicated that it is constantly evolving along with the ups and downs in the U.S.-DPRK relationship. Despite the seriousness of the current crisis and vague prospect of quick solution, I still believe that dialogues should and would continue so as to maintain the overall peace in Northeast Asia.

To ease tensions in Northeast Asia is critical for resolving the DPRK nuclear issue. The North Korean possession of nuclear weapons could lead to nuclear arms race in the complex Northeast Asia. Then both the regional peace and the momentum of regional economic integration would be jeopardized. The hard-earned benign situation at present is worthy of our full supporting.

None of you will underestimate the complexity and difficulty of the current nuclear issue. The DPRK has already suggested the phase-by- phase "compensation for concession" for–mula. In the eyes of Uncle Sam, that is too much and therefore unacceptable. If the stalemate continues, suspicion of the other's sincerity will increase and opportunity for compromise will skip away.

Shall we be pessimistic then? Let me remind you of some facts.

① In the past decade, the U.S.-DPRK_relationship experienced both sunny and rainy days, both confrontations and concessions. Sitting together in Beijing and talking to each other demonstrated that no matter how belligerent they appeared to be, neither of them wanted devastation.

It was said that the U.S. had planned many times to use air and naval forces against DPRK's nuclear blackmail during the past 1990-94 and 1998- 99 nuclear crisis. However, at the same time, the U.S.-DPRK relationship reached unbelievable climax and former President Clinton almost visited Pyongyang. Dialogue was terminated when President Bush, who is in favor of harsh policies toward North Korea, inaugurated. In January 2002, North Korea was labeled "axis of evil"; later on, it found itself one of the seven potential targets for nuclear attacks according to the released U.S. Nuclear Posture Review Report. The relations between the U.S. and North Korea thus dropped to the low point together with the inter-Korean relations being frozen. Owing to the efforts of all parties, situation on the peninsula was gradually moderated. The DPRK first received the special envoy of the ROK president then resumed bilateral ministerial-level talks; negotiations between the DRPK and Japan started again; U.S. Assistant Secretary of State Kelly finally visited Pyongyang.

Before the Beijing meeting, President Bush insisted on North Korea giving up nuclear program as the prerequisite for negotiation. But afterwards, the U.S. attitude changed delicately, sending out more and more signals of continuing similar talks. The DPRK also gave up previous demand for direct bilateral dialogue with the U.S. and accepted the Beijing meeting scheme in the end.

② Reconciliation is the common desire of all Koreans both in the North and South and consequently an irreversible course. The moderate and consistent policies toward the North carried out by the ROK government has cast tremendous active influences over the U.S., DPRK and the international community.

Former President Kim, Dae-Jung visited the DPRK three years ago. The Pyongyang Summit pushed inter-Korean relations onto a new historic stage. For the first time since the Peninsula split half a century ago did the international community see the possibility of reconciliation even reunification of two Koreas. Despite ups and downs in the South-North relations afterwards, the main stream remains to be reconciliation and cooperation. In the latest DPRK-ROK economic cooperation conference held from May 19-23, 2003, some agreements were reached after fierce quarrels. It shows that the reconciliation process is still on the way and both the North and the South Korea want to maintain the overall cooperation. President Roh, Moo-Hyun stressed that the North Korea nuclear issue should only be solved through the combination of diplomatic and economic approaches. He also expressed his commitment to promote South-North reconciliation and cooperation and his wish to realize the second South-North Summit by the end of this year. All these will naturally reinforce the determination of the international community to solve the North Korea nuclear issue peacefully.

③ All concerned big powers are coordinating their policies toward the DPRK in an unprecedented manner. Although these countries have different influences and involvements, their joint efforts will be conducive to the peaceful solution of the North Korea nuclear issue.

Generally speaking, peace and development remain the main stream. It is still possible for the U.S. and DPRK to solve the nuclear issue and other contradictions through diplomatic and political means. Faced with unprecedented emergency and pressures, China holds an active attitude towards peaceful solution. The top priority at the moment is to prevent contradictions from further escalating and to promote rather than to sabotage dialogues.

2. New Concept of Security Cooperation in Northeast Asia

In Northeast Asia, we need to abandon Cold War mentality, clear up Cold War legacy so as to build up new concept of security cooperation with the core of common security, seeking trust through dialogue, seeking security through cooperation and seeking consensus through consultation.

① The Korean Peninsula is the only region where the Cold War structure remains. There is a long way to go before we get rid of the Cold War configuration and mind set there.

Regarding the Cold War legacy, I mean the following well-known facts. The status quo on the Peninsula relies on the ad hoc armistice not a peace treaty. On the one hand, both China and Russia have recognized the ROK over a decade; on the other, neither the U.S. nor Japan has established diplomatic relations with the DPRK. Due to deep mistrust of the U.S., DPRK believes in playing tougher and spends large portion of its limited resources on military build-up. Due to equally deep mistrust of Pyongyang, Bush Administration regards North Korea as "axis of evils" and plans to reform the regime.

Living in the 21st century, 50 years after the Korean War ended, one can hardly imagine a hot war breaking out on Korean Peninsula again. But why should the Cold War continue here? Why should the Cold War thinking remain? On December 30, 2002, the outgoing

President Kim, Dae-Jung publicly criticized the U.S. policy towards North Korea as the unproductive relic of the Cold War.

② Preachers of the encirclement of North Korea are obsessed with the Cold War mentality.

After the Beijing meeting, the U.S., ROK and Japan strengthened coordination regarding the positions and paces of their policies toward North Korea. The U.S. emphasized that the key to the solution was all concerned parties including China to take on hard positions. It is widely anticipated that the U.S. will instigate surrounding powers to impose sanctions against North Korea once the accusation of the latter reprocessing fuel sticks is confirmed. Frankly, the iron curtain is out of the day and against the genuine interests of all. Some Americans once advocated using Hawk Engagement to force North Korea to show hand. I bet the present intense situation meets their expectation. What are the intensions behind encirclement then?

③ We should adopt new concept of security and solve regional security issues by joint efforts.

The repetitively heated DPRK nuclear issue reveals not only the lack of a security cooperation mechanism but also the absence of new concepts of security in Northeast Asia. After President Bush came to the office, he reckoned that Northeast Asia was the very place where permanent multilateral security mechanism should be built. The American plan is to set up a Northeast Asian Security Forum consisting of the U.S., China, Russian, Japan and two Koreas. Given the dangerous situation in Northeast Asia, Japan also holds that it is necessary to establish an OSCE-type regional security organization to reduce tension and prevent conflicts. Russia too shares such an idea. President Roh, Moo-Hyun suggested building a community for peace and stability around the peninsula.

3. Conclusion

(1) The evolution of Chinese attitudes toward North Korean nuclear issue: from observing to mediating and encouraging

Since the North Korean nuclear issue broke out last October, Chinese attitudes underwent three-phased evolution: to observe, to mediate and to encourage. In the beginning, uninformed China was astonished at hearing about North Korean nuclear weapon program. As the standoff remained and special envoys from other countries failed, China finally acted in response to the international expectation by encouraging and facilitating talks between the U.S.

and DPRK.

China has been handling the issue based on its own judgment and in its own manner. Given the growing power of China and traditional friendship with the DPRK, it is expected that China will play a bigger role in resolving the North Korean nuclear issue.

(2) The context for the evolution

First, China's understanding and concepts changed. As you noted, Chinese concepts of international affairs, i.e. understanding of the multilateral security cooperation, are changing. By participating in the Shanghai Cooperation Organization and ARF etc., China has successfully made its own positions known and its own interests addressed. The benign interactions helped to augment Chinese confidence and incentives regarding multilateral security cooperation and finally led to the formation of Chinese new concept of security with the key elements of mutual trust, mutual benefit, equality and cooperation.

Second, the development direction and international status of China shaped these changes. Trying to incorporate into the existing world order and comply with the existing international norms, China certainly differs from the DPRK, which in one way or another seriously challenged the international order and norms.

Third, the changes are determined by Chinese national interests. The latest development on the peninsula, namely North Korea acquiring nuclear weapons and the risk of war being high, gravely challenged Chinese national security. It is extremely important for us to cool down the situation.

(3) Recent concerns of Chinese scholars regarding the DPRK nuclear issue

① How can we continue Beijing meetings?

② How can we find the conjunction among the North Korean demands, the U.S. demands and International demands?

③ How can we guarantee the security of DPRK and create favorable conditions for its economic and social developments?

④ How do we evaluate North Korean opening measures and economic reform and their implications?

The above are some modest ideas of mine. I hope you find them informative.

In the end, I would like to thank Prof. Shin, Hee-Suk, President of APPRI, to invite me to attend this conference. And thank you all.

※ 편집자주: 본고는 당원주최 제37차 정책연구포럼(1999. 11. 25)에서 발표한 중국국제문제연구소(북경)의 Tao 수석연구원이 발표한 내용 전문임

▲ '한반도 평화정착을 위한 6개국 국제회의'에 참석한 각국 대표단과 김종필國務總理(국무총리실, 1999년 11월)

▲ '21C 아태협력시대의 한일관계전망'을 주제로 개최된 심포지움에서 열변을 토하는 Ogura Kazuo 駐韓日本國大使(토론자인 조승순 國會議員과 안병준 教授의 모습도 보임, Grand Hyatt, 1999년 9월)

第 4 節

Russian View on the Korean Peninsula Situation

Evgeny V. Afanasiev
Former Russian Ambassador to Korea

Contents

1. Situation in Northeast Asia: Russian Policy

The Asia-Pacific Region(APR) occupies a very important place in Russia's foreign policy priorities. The reasons for that are very clear: two thirds of our territory lies in Asia. Russia has enormous energy, raw materials and other economic resources in Siberian and Far Eastern regions. The APR still remains one of the most dynamically developing regions of the world whose weight and influence are steadily growing. The integration of Russia economy into world economy is owing to a large degree through our growing ties with this part of the world.

Less than two years ago, dramatic events shocked international relations including the Asian continent. Absolutely all the countries of the region condemned the terrorist acts in the USA and spoke up for a decisive struggle against any manifestations of international terrorism and extremism. This in turn lay a solid foundation for extensive regional cooperation not only in the antiterrorist struggle but also in efforts to achieve peace, security and stability in the Pacific Region.

The APR regional mechanisms must play an important role in working out a strategy to combat new challenges and threats while all the measures should be taken so that the antiterrorist struggle does not bring about new contradictions and dividing lines and does not turn into a war of civilizations. The development of practical measures to eliminate the social and economic backwardness of undeveloped regions, to implement social programs and to settle the regional conflicts that have been smoldering in Asia for several decades should be given ever higher priority. In other words, the solution to the problems that give rise to terrorism, extremism and other dangerous phenomena of today.

While shaping its policy in the Asia-Pacific Region, Russia intends to adhere to the following main guidelines and directions.

First of all, the promotion of peace and stability in the Asia Pacific as well as active participation in the integration processes underway here constitute one of the key priorities of Russia's foreign policy.

At the same time, the situation in this region in the short and medium-term perspective seems to remain quite unstable and hardly predictable.

On the one hand, the processes of economic integration gaining momentum in this part of the world as well as undoubtedly positive tradition to search for a settlement of regional problems on the basis of collective political and diplomatic efforts are quite obvious. Solid ground for optimism in this regard is based on several factors. For example, positive dynamics in bilateral relations between the leading regional powers-Russia and the USA, China and the USA, Russia and China, Japan and China, Russia and Japan-is developing steadily and actively. In addition there is a growing potential of constructive multilateral interaction in the framework of ASEAN Regional Forum(ARF), Post-Ministerial Conferences ASEAN+10 and ASEAN Meetings with Dialogue Partners, Shanghai Cooperation Organization(SCO) and Asia Pacific Economic Cooperation(APEC).

Second, the task of utmost importance is to contribute in every possible way to stengthening in the Asia-Pacific Region of the spirit of collectivism, the use of political methods to settle international problems.

On the other hand, the sources of tension capable of seriously destabilizing the situation in the Asia-Pacific Region still remain and will hardly disappear in the near future. These are challenges and threats of the global scale topical for the region (international terrorism, other kinds of organized crime etc.), as well as "specific" problems, such as situation on the Korean Peninsula.

Thirdly, the attempts to build a regional security system based mainly on bilateral military alliances in the Asia-Pacific can cause nothing but worry. The actions to deploy a TMD system on a bloc basis in the Asia Pacific seem to be the most disturbing and very dangerous leading to a new arms race and tension it this part of the world.

An important factor of strengthening regional stability is the strategic partnership of Russia and China based on the commonality of their basic national interests and the shared views on many important global and regional matters. This was vividly demonstrated during the recent successful visit to Russia by the new Chinese leader Mr. Hu Jintao, Chairman of the Peoples Republic of China. Improving Chinese-American relation also shall be assessed positively for the maintenance of security in the region. The signing of the China-ASEAN Declaration on the Conduct of Parties in the South China Sea in November 2002 constitute an important step in converging positions of the countries involved in territorial dispute in the region.

The need to mobilize the coordinated collective efforts in the Asia-Pacific is especially evident in the face of new threats and challenges brought about by the age of globalization. While opening the borders and ever-closer interlinking regional economies, globalization at the same time is widening the welfare gap between the states and different strata of society. These processes serve as the "nutrient medium" for the militant extremism and terrorism.

The problem of combating terrorism is common for all the countries of the Asia-Pacific Region, event though some of them have not to fight against terrorists on their own territory yet. At the same time, the condition indispensable for all efforts in this field shall be their full compliance with the UN Charter and generally recognized principles of international law. The anti-terrorist campaign should not be transformed into an "universal excuse" for achieving geopolitical goals, building up national and bloc potentials.

Along with individual and bilateral anti-terrorist measures taken by the Asia Pacific countries, a multilateral dialogue on combating terrorism is gaining momentum in the frame-work of existing regional and sub-regional organizations and first of all-ASEAN, which is considered in Russia to be the most important centers of political and economic influence.

Generally speaking, we can say with certainly that our foreign policy in East Asia will continue to be pragmatic, consistent and predictable. It's principal goal is to ensure the most favorable and secure external conditions for sustained social and economic development of Russia and for improving the living standards of our people. At the same Russia is interested in a stable, secure and peaceful environment along its borders in the East as well as in the West and in the South.

That's why one of the Russia's priorities is the relations with neighboring countries, including of cause countries of Korean Peninsula.

2. Difficult Situation for Peaceful Solutions on Korean Peninsula.

Russia is satisfied with the fact that for the last two or three years we have increased our positive impact with regard to the Korean Peninsula problems. We believe that our role in this region is constructive, stabilizing and without prejudice towards anyone's interests.

Taking into account the constant task which is central to Russian interests-that of strengthening peace and stability on the Korean Peninsula, we have rendered all-round support to the inter-Korean dialogue and rapprochement. Russia continues to build friendly stable relations with both the DPRK and the Republic of Korean and we are interested in the further development of the inter-Korean dialogue as well as in its successful and constructive continuation. In the interests of normalizing the situation on the Korean Peninsula, we regularly consult not only with the Republic of Korea and the DPRK but also with the USA, China, Japan, the EU and other key countries.

To be exact many if not all of important economic projects with the participation of Russian Eastern regions can be successfully implemented only if there is peace, cooperation and predictable stability on the Korean Peninsula.

Very unfortunately during last several months many important positives trends on the Korean Peninsula were either stopped or reversed. And the so called North Korean nuclear problem became one of the most acute international problems, which influences negatively the situation on the Korean Peninsula, and on the solution of which the stability of the region depends greatly.

The policy of the Russian Federation from the very beginning of this crisis was aimed first at retaining a nuclear-free status of the Korean Peninsula, second, at solving the problem exclusively through peaceful negotiations, and third at preserving and developing the positive trends of the past years in the region, including the development of dialogue and cooperation between the North and the South Korea. We also stated that the improvement of relations up to their normalization between the DPRK and the USA, the DPRK and Japan and the establishment of secure system guaranteeing peace, security and development of all countries in the Region can be a key to the unlocking of the problem.

In short we regard the North Korean nuclear problem as not only a non-proliferation concern but as a larger problem of political relationship in the region first of all between the DPRK and the USA. In fact many of the roots of this problem lies in the deep political mistrust between the concerned parties some go back to the Korean War.

Russia is seriously concerned by the rapid deterioration of the situation on Korean Peninsula and is taking publicly and quietly a very clear and active stand on this issue. By the way, we are bringing our views not only to the USA, the Republic of Korea, China, Japan but directly to the North Korea. The latter job is probably the most difficult and least appreciated by the world community since it is a "quiet diplomacy" not known to the world and because we had to go to the top-level of the North Korean political infrastructure.

We believe that there is no reasonable alternative to the peaceful resolution of the crisis. We also support the ideas of both bilateral and multilateral talks if they can satisfy all parties. It is very important to use all possible diplomatic means to solve the problem, avoiding pressure and further escalation.

The absence of peaceful negotiations on North Korean nuclear program for a long period of time had a negative effect on the Korean Peninsula situation in a whole, and led to the escalation of mutual threats. The fact of life is that political pressure tactics did not lead to expected results. On the contrary, it led to the escalation of the conflict.

I would like also to bring your attention to the fact that Russia closely cooperates with China on Korean Peninsula issues and that we have similar or very close positions on North Korea nuclear issue. To be exact on May 27 this year the President of the Russian Federation Mr. Vladimir V. Putin and the Chairman of the People's Republic of China Mr. Hu Jintao signed a joint declaration at the conclusion of their summit meeting in Moscow in which they emphasized that the preservation of peace and stability on the Korean Peninsula correspond to the interests of security of both countries as well as to the wishes of the international community. Two leaders declared that "any forceful pressure or use of force scenarios to solve existing problems are unacceptable to Russia and China."

Both sides confirmed they stand for the maintenance of nuclear-free status of the Korean Peninsula and for the non-proliferation of the weapons of mass-destruction there. At the same time, it is important to guarantee the security of the DPRK and to create favorable conditions for it's social and economic development.

The key to the solution of the Korean Peninsula problems, two leaders also stated, is the political will of the involved parties and the solution of the crisis by political-diplomatic means. Russia and China agreed to continue close cooperation for the interests of peace, stability and development on the Korean Peninsula. It's obvious that one just cannot underestimate the clearly expressed positions of the two important world powers and big neighbors of Korea.

Russia also strongly supports the continuation and development of the dialogue and cooperation between the North and South Korea and the policy of developing inter-Korean relations and contacts.

We proceed from the fact that the situation on the Korean Peninsula to the decisive degree depends on the level of the inter-Korean relations, which during the last half a century can be characterized as highly tense with periodical flashes of hostility.

One also cannot ignore the fact that the South and North Korea have managed to considerably bring together their views in June 2000 during the meeting of the heads of state of the DPRK and the ROK, which became a remarkable step in their relations improvement and cooperation.

In "the Joint Declaration between the North and the South" signed on June 15th 2000, the parties confirmed their commitment to the mutual non- aggression, reached consensus on the divided family members exchanges and came to an agreement on developing economic and cultural contacts and humanitarian cooperation.

3. Conclusion

Russia intends to actively develop the relations of mutually beneficial cooperation with both Koreas, to contribute to peace, stability and reunification of Korea in the forms acceptable to both parts of Korea.

President of the Russian Federation Mr. Vladimir V. Putin warmly congratulated new President of the Republic of Korea Mr. Roh, Moo-hyun with the election to the high post and expressed his certain belief that the policy pursuing further enhancement of the productive cooperation between Russia and the ROK and improvement of the situation on the Korean Peninsula and in the North East Asia region as a whole would be continued.

Russia will serve as an important factor of peace and stability on the Korean Peninsula in the future and will continue to help to unlock the current situation.

Among three possible scenarios towards North Korea, engagement, confrontation, or in–action Russia clearly choose constructive engagement And we hope that other countries will also choose this road.

※ 편집자 주: 본고는 당원주최 국제회의에서 발표한 Afanasiev 주한러시아 대사의 연구발표 논문의 전문을 게재하는 것임

▲ '한반도 평화정착을 위한 6개국 국제회의'에 참석한 각국대표단(발표자, 토론자, 사회자 포함, Seoul Hilton, 1999년 11월), 맨 가운데 Afanasiev 러시아 대사가 보임.

▲ 상기 심포지움에서의 주제발표자를 대표하여 만찬사를 하는 Richard A. Christenson 駐韓美國副大使(Seoul Hilton, 1999년 11월)

第 3 章

近現代日本의 外交政策決定過程研究

第 1 節

近代日本의 對外政策決定硏究試論

近代日本の対外政策決定研究試論

— 新四国借款団をめぐる原敬内閣の対米政策形成 (1918-1920) —

博 士 學 位 論 文 要 旨

1978年9月30日

国際関係論専門課程

申 熙 錫

(社 0519)

本研究の目的は、対中国新四国借款団（以下「新借款団」と略す）をめぐる原敬内閣（1918年9月29日~1921年11月4日）の対米政策決定過程を分析する事にある。それによって筆者は、近代日本（少なくとも大正中期）の対外政策形成過程に於ける特質、即ち、政策決定プロセスに現われたメカニズムを明らかにする事を試みている。

対外政策とは、国家がその国力を用いて自己の対外的目標を追求、達成していく行為を指す[①]。それは国家の対外目標と国力が有機的に結合されて現われる生きた行動である[②]。こうした対外政策の決定過程を分析する接近法は、国際政治現象を明らかにするのに極めて有効な道具(tool) であり、国際事象を把握する上に於いても最も適切な分析枠組である[③]。又、外交政策の現実的な論議を進める上で、対外政策決定過程論の提供する方法論の有効性は次第に広く認識されてきている[④]。更に、行動科学的アプローチと伝統的アプローチとの間の研究の溝が国際政治学の学問領域で広がるに伴い、政策決定論研究は両者の橋渡し的機能を果してきたのである⑤。対外政策決定研究が分析者に与える課題は、何故、どの様にして、そして何の為に当該政策決定が行なわれたかを明らかにする事である。筆者はこうした研究関心を常に覚えつつ、新借款団をめぐる政策形成過程の分析を試みたのである。

新四国借款団とは、1918年7月に、米国のウィルソン政権（1913～1921年）が日英佛三国にその組織を提案し、1920年10月に正式に結成された中国に対する国際借款計画を指す。借款団の提案段階に於いて、米国政府指導者の眼中には、中国の如何なる勢力を援助するかはもはやなく、彼らはもっぱら日本を牽制する目的でその結成を呼びかけたのである⑥。二十一ヶ条要求に代表される日本の中国侵透、西原借款の試みからも明らかな様な経済手段の動員による中国大陸への進出といった一連の日本の対外行動は、門戸開放・機会均等の原則の実現を試みる米国政治指導者を絶えず刺激したからである。この事実こそ、新借款団をめぐる日米間の政策紛争の始まりとなった。

これより先、旧四国借款団が一時的に存在していた訳であるが、⑦その主導権は英国が掌握しており、政治借款のみを扱うという意味に於いて前者とやや異なる（新借款団には政治借款のみならず、経済（実業）借款も含まれる事となった）。

新借款団の当初の企図は満州を含む中国全体に対する国際借款の全てをそれに集中的に扱わせようとする事であったが、究極的には一度も実際に借款をなす事なく終わってしまった。⑧だが、新借款団への加入をめぐる日本政府の政策決定過程は、第一次大戦（以下「大戦」と略す）後に於ける日本外交の引照基準（フレーム・オブ・レファレンス）を表わすものであり、上述した様な筆者の対外政策決定論の研究関心に最も適切且つ興味深いものである。

換言すれば、新借款団をめぐる原内閣の政

策形成過程は、単に借款団への加入如何のみに関わる短期的決定ではなく、ワシントン体制に向う緊張緩和過程の国際政治に於ける日本の進路そのものに関わる極めて重要な決定であったと考えられる。

新借款団問題は、国内的には、政党政治確立過程に於ける新たな政治指導の展開を意味する原内閣の結成[9]とほぼ同時期から始まった。又、国際的には、大戦を境として極東に於ける新国際政治システムの形成ー簡略に言えば、英国及びロシアの後退と米国及び日本の登場ーの中で、日本はそれに有効に適応しうる為の対外政策の根本的再定立ないしは既存方針の大幅な修正に迫られていたのである[10]。その意味に於いて、この問題が原内閣によってクローズ・アップされた大戦後の日本外交は転換期に直面していたと言って良い。それは、従来の外交指導者とは政治的資格を異にする政党指導者（原首相）が外交政策指導の主体となった事、そして大戦前の日本外交を規定してきた極東に於ける国際環境が変わったと言う二つの客観的事実に十分表現される[11]。

かかる状況の下で成立した原内閣は、政党政治下の日本外交の実体を規定する対外政策の基本的枠組み、即ち外交の引照基準の形成に迫られていた[12]。それは新借款団をめぐる原内閣の対米政策形成過程に明確且つ具体的に現われてくる。

新借款団への加入をめぐる原内閣の政策形成の争点は、満蒙留保要求の提起で始まる。それをめぐって日本は大きなディレンマに陥る。即ちそれは、日露戦争以来確保したと日本政府指導者の間に認識されていた満蒙に於ける日本の既得権益をどの様に新借款団の共同事業範囲と関連・処理し、国際借款団へ加入するか、という事であった。日本は新借款団の範囲から満蒙（正確に言えば、南満州と東部内蒙古）地域の除外要求を試みた。それは、1919年6月18日、日本銀行団（1919年5月結成、代表銀行は横浜正金銀行）から米国銀行団宛への書信を通じて米国側に通告された⑬。この通告は通常小田切書簡と呼ばれている。

これに対して、米国銀行団代表トーマス・A・ラモントは、同年6月23日、日本銀行団の満蒙権益留保の要求を否認した⑭。これより先、四国銀行団代表はパリで銀行団代表者会議を開き、「各本国政府の追認を條件」として新借款団組織の為の仮調印を行なった訳であるが⑮、日本側が満蒙留保要求を提起する事により、事態は大きく変わったのである。その後、銀行団レベルの問題は日米両国政府間の政治問題に迄拡大・発展したのである。

日本政府及びその銀行団は、対中国投資に於いて米国資本との協力を必要としていた⑯。そうである以上、米国政府の提案を受け入れざるを得なかった。そこで日本政府は大きな先のディレンマに陥った。新借款団への加入が前提となる以上、日本政府指導者にとって最も望ましい選択は、満蒙除外を実現しながら米英との国際協調体制を維持する事であった。換言すれば、彼らのディレンマは、国際社会からの孤立に対する怖れと大陸進出への願いとの間の矛盾と葛藤であったのである。

それをめぐる原内閣の政策決定過程、そして対米・対英交渉過程は実に紆余曲折を経た。その詳細は本論に譲る訳であるが、このプロセスに於いて、それぞれの政策決定者の間に見解の相違が明確に顕在化してくる。従来のコンベンショナルな研究はそれを単に軍部(陸軍)と外務省の対立として説明してきたが、実体はそれ程単純なものではない。上述の状況下で原首相は綿密な計算に基づいて新借款団問題の処理・解決に当たる。それは言わば、彼の外交技術とも言えるものである。即ち、

満蒙除外問題をめぐる政府内の見解の多様性をそのまま外部に放り出し、相手国からの反撥を戦術的に招き、その外圧を逆利用して政府内のコンセンサス・ビルディングを行なう典型的なやり方である。この政策形成は、主として閣議と臨時外交調査委員会で行なわ

れた。[17]

日米交渉の最終段階に於いては、両国銀行団代表者（井上ーラモント）会談の役割が極めて重要である[18]。それは日本政府間交渉そのものを延長した大詰めの段階である。日米政府間交渉は、この銀行団代表者会談の結果に基づいて妥結される。究極的には、原内閣は新借款団に加入する事により国際協調への願いを実現すると同時に、満蒙問題に関しては「日本カ日支間現行ノ諸条約及取極ニ遵拠シテ有スル」権益を確保する事により[19]、新借款団問題をめぐる日米間の政策紛争はその終止符を打つのである。

こうした新借款団をめぐる政策形成は、主として政府の中心的部分に位置していた数人の政策決定者間で行なわれた。彼らは、原首相を含め、内田康哉外相、田中義一陸相、高橋是清蔵相、そして非閣僚ではあるが臨時外交調査委員会委員の伊東巳代治（枢密院顧問官）、犬養毅（国民党総理）等である。又先の銀行団代表者会談に於ける井上準之助日銀総裁の役割も重要視されなくてはならない。

要　　旨

新四国借款団をめぐる原内閣の政策決定過程には幾つかの特質が現われてくる。それは第一に、大戦後の極東をめぐる国際環境の変化による影響である。第二に、新借款団に関する政策形成はそれに参加した各々の政策決定者の対外態度、環境認識、そして政府内外に於ける位置（地位）の相違等によるポリティカル・バーゲィニング・プロセスであったと言う事である。第三に、井上－ラモント会談の結果からも明らかな如く、日米政府間の外交交渉は両国銀行団代表者間の経済論理によって妥結される結果となった。

かかる特質を有する新四国借款団問題は、冒頭で述べた大戦後に於ける日本外交の引照基準、即ち、国際協調路線の維持と満蒙権益確保の必要性を同時に現わすものとなった。原内閣は、近代日本に於ける最初の政党内閣として、転換期の外交を規定すべき基準の原型を形成したのである。その新借款団はワシントン体制以後の緊張緩和ムードによる国際協調体制を経済的な面に於いて先取りしたものであったと言わねばならない[20]。

註

①衛藤瀋吉『国際関係論講義案』東京大学出版会、1978年、67頁。　②同上。　③細谷千博・綿貫譲治編『対外政策決定過程の日米比較』東京大学出版会、1977年、1頁参照。　④同上。⑤同上、1〜2頁参照。　⑥平野健一郎「西原借款から新四国借款団へ」細谷千博・斎藤真編『ワシントン体制と日米関係』東京大学出版会、1978年、283〜320頁（特に293〜294頁）参照　。　⑦それは、1910年5月23日にパリで成立後、1912年6月18日には日露も参加した訳であるが、第一次大戦の勃発と同時に、事実上解体されてしまった。松葉秀文『米国の中国対策（1844〜1949）』有信堂、1969年、69〜119頁及び申基碩『東洋外交史』探求堂、서울（ソウル）、1976年、323〜338頁参照。　⑧平野、前掲論文、283頁参照。　⑨三谷太一郎『日本政党政治の形成』東京大学出版会、1967年、35〜38頁及び211〜214頁；岡義武『日本近代史大系第15巻ー転換期の大正』東京大学出版会、1969年、1〜11頁及び33〜54頁をそれぞれ参照。　⑩入江昭『極東新秩序の模索』原書房、1968年、1〜23頁及び三谷、前掲書、同頁参照。⑪三谷「転換期（1918〜1921年）の外交指導」三谷・篠原編『近代日本の政治指導』東京大学出版会、1969年、293〜297頁参照。⑫同上、293〜374頁及び三谷、前掲書、215〜304頁参照。⑬『日本外交文書』大正八年第二冊上巻、第二八九（6月19日）及び二九〇文書（6月20日）参照。　⑭Foreign Relations of the United States, 1919, Vol.I, pp.451-453 & pp.470-478.　⑮横浜正金銀行編『横浜正金銀行史（復刻）』坂本経済研究所、1976年487頁。⑯三谷「ウォール・ストリートと極東」『中央公論』1975年9月号、164〜165頁。　⑱「大正九年三月支那借款問題ニ関スルラモント氏ト井上総裁会見録」外務省外交史料館所蔵『対支新借款団関係』第七巻参照。　⑰臨時外交調査委員会については、小林龍夫編『翠雨荘日記ー伊東家文書』原書房、1966年の第二編及び第三編を参照されたい。　⑲同上、607頁。　⑳三谷「ウォール・ストリートと極東」168頁〜170頁；同氏の「日本の国際金融家と国際政治」佐藤誠三郎・R・ディングズマン『近代日本の対外態度』東京大学出版会、1974年、123〜154頁（特に143頁）参照。

<完>

A Study of the Foreign Policy-Making Process in Prewar Japan

-The Hara Kei Cabinet and the New Four Power Consortium (1918 - 1920)-

近代日本の対外政策決定研究試論

── 新四国借款団をめぐる原敬内閣の対米政策形成(1918~1920) ──

Prepared for the Seminar
The Institute of Foreign Affairs and National Security
Ministry of Foreign Affairs

April, 1978

東京大学国際関係論研究室
申熙錫

1978年4月

I. 本研究の目的：

①新四国借款団をめぐる原敬内閣の対米政策決定過程を分析する。

②近代日本の対外政策形成過程に於ける特質や政党政治形成期に於ける外交政策の決定要因（Determinants）を描き出す。

③大正政治史及び外交史（転換期の日本）の基礎的研究。

II. 本事例を選択した理由

①対外政策決定研究に適切且つ有効な問題の性質（issue area）：各政策決定単位（Dicisional Unit）間の葛藤、対立及び提携。

②近代日本の外交政策形成と軍部（陸軍）による政治干渉の表面化。

③従来の研究実績の欠如。

III. 従来の研究動向から見た新四国借款団問題の位置づけ

①信夫清三郎，堀川武夫，黒羽茂：中国をめぐる日米間の資本闘争

②入江昭：第一次大戦後の米国による「新外交」（New Diplomacy）展開の一例

③平野健一郎：大戦前の「旧外交」（Old Diplomacy）の延長線から把握

※筆者の見解：大戦前の旧国際秩序からワシントン体制への移行過程を経済的な側面に於いて先取りしたもの

※挑戦的意味：これまではいずれも外務省と軍部（陸軍）との対立で説明して来たのに対し，筆者はそれらに経済界（銀行団代表）をアディショナル・プレイヤーとして追加して分析する。

IV. 執筆上の障害

①資料の限界（筆者の責任）

②日本人の意識構造や行動様式に関する完璧な理解の限界，例えば第一次資料（原敬日記等）判読の場合。

V. 参考文献及び資料の紹介（別紙参照）

VI. 論文全体の構成（別紙参照）

VII. 分析の結果と今後の研究課題 ―日本の対外政策決定過程分析モデルの創出・提起への道

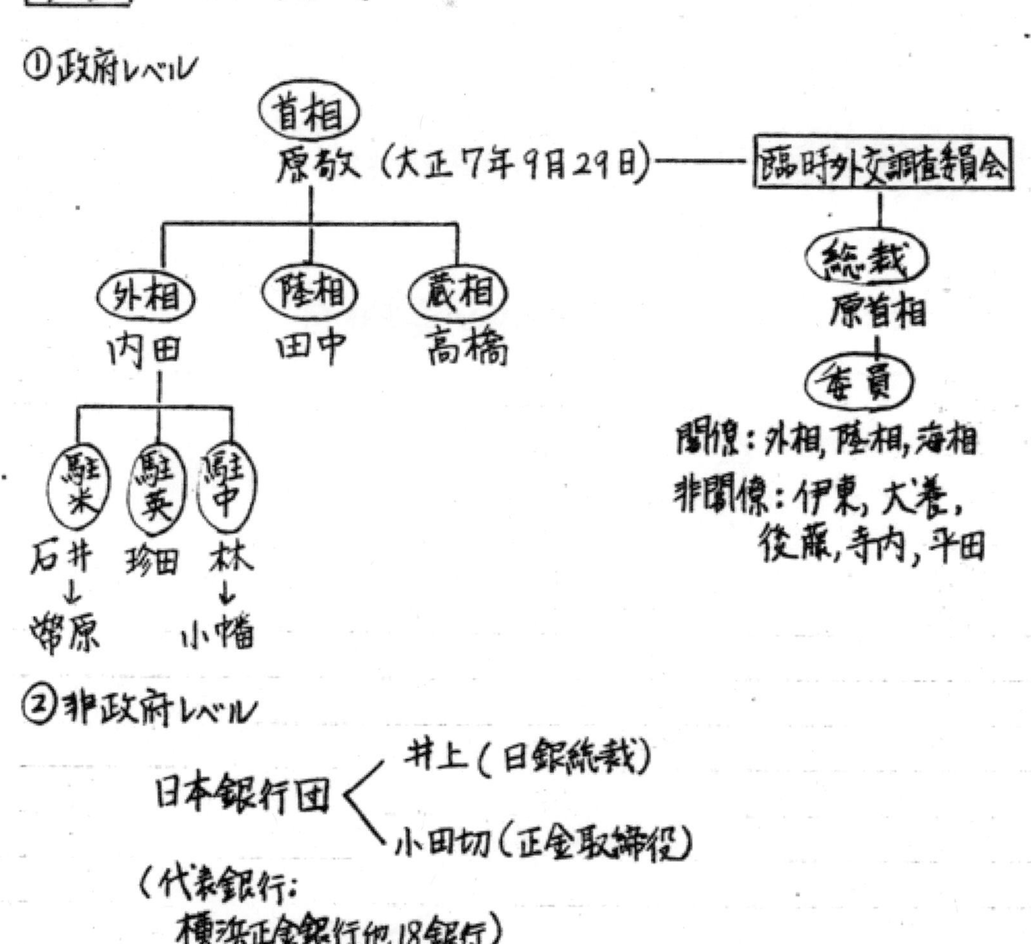

参考2　当時の新聞に現われた新借款団問題関係の記事

① 東京日日新聞（大正8年）

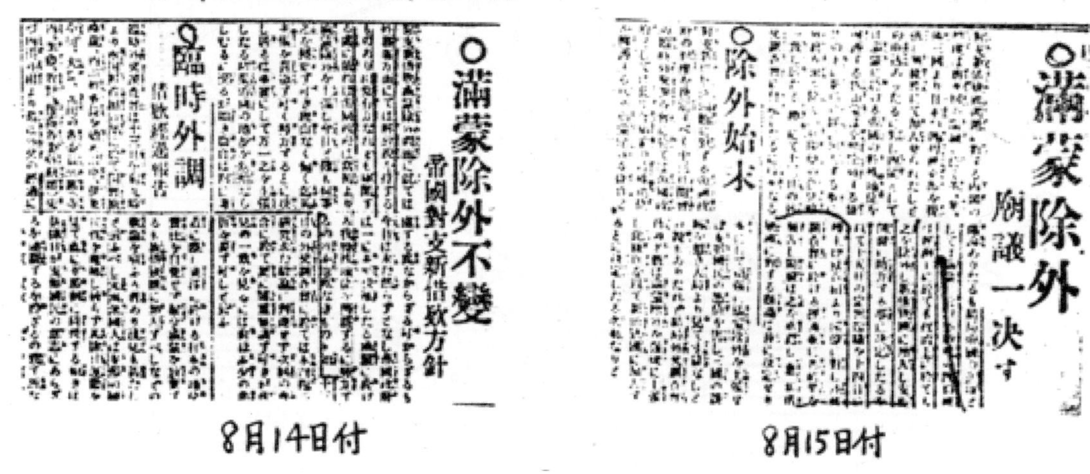

○満蒙除外不變
帝國對支新借款方針

○臨時外調

8月14日付

○満蒙除外
廟議一決す

○除外始末

8月15日付

② 東京朝日新聞（大正8年）

對支借欵態度
昨日の臨時外交調査會

八月十四日付

滿蒙除外一致

既定事實

特殊的地位

八月十五日付

参考 3 日米交渉の争点となった満蒙除外要求地図

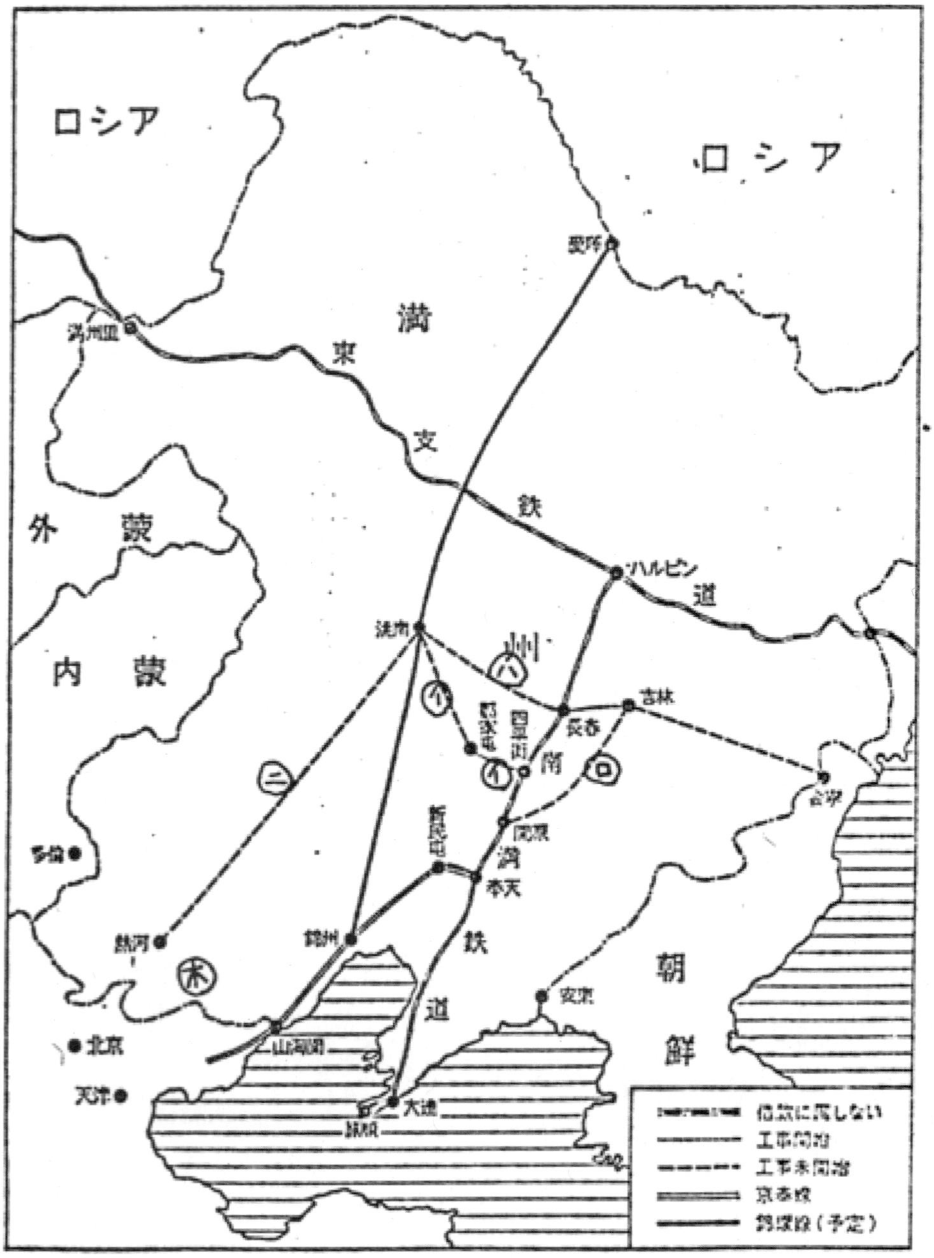

ロシア

ロシア

満

東

支

鉄

道

ハルビン

外蒙

内蒙

満

鉄

道

朝

鮮

北京

天津

大連

奉天

長春

吉林

錦州

熱河

山海関

安東

借款に関しない

工事開始

工事未開始

京奉線

鉄道線（予定）

乙案

極秘

大正八年八月十四日
閣議決定

原
内田
高橋
田中
加藤
床次
山本
中橋
野田
大木

日本政府ハ千九百十九年五月十一日及十二日巴里ニ於テ對支借款團組織ノ為開催セラレタル日英米佛各銀行團代表者會議ノ決議ヲ確認ス但シ右決議ノ確認ハ南滿洲及東部内蒙古ニ於ケル日本ノ特殊權利及利

益ニ何等不利ノ影響ヲ及ホスコトアルヘキモノナリト解釋スヘカラサルハ勿論ナリトス

1978年3月31日

博士学位請求論文の全体構成(修正案)

仮題:近代日本の対外政策決定研究試論
—— 新四国借款団をめぐる原敬内閣の対米政策形成(1918~1920)——

東京大学国際関係論研究室 申熙錫

第二編 挑戦と応戦（展開）

第三編　分析の結果

結論：　日本的政策形成メカニズムの特質
　　　　政党政治形成期に於ける対外政策の決定要因

参考文献目録
新四国借款団関係総合年表（1918年7月～1920年5月）

重要参考文献目録

1. 公文書

①「対支新借款団関係」第一巻～第十五巻 外務省外交史料館蔵：
同文書には米国による新四国借款団の提案（1918年7月）から井上ーラモント会談（1920年3月）による日本政府の政策転換（同4月）に至るまでの総ての資料が整理されている。主として外務省（本省及び在外公館）の文書が中心となっているが，大蔵省及び陸軍省からの参考資料も幾つか入っている。重要なところは『日本外交文書』に収録されているが，同文書に載っていない部分も少なからずあり，本研究において最も大事な資料である。

②「外交調査会議事録（伊東伯爵文書）」第1回～第26回 外交史料館所蔵：
新四国借款団への加入をめぐる原内閣の重要な政策決定の中，所謂概括主義的満蒙除外論はこの外交調査会の場において決定された。その意味において，同議事録は新借款団をめぐる原内閣の政策決定過程の分析の上で極めて重要な資料である。新借款団問題が審議・決定されたのは第15回（1919年5月29日）第16回（同6月26日），第17回（同7月21日），第19回（同8月7日），第20回（同8月13日），第21回（同8月15日），第22回（同9月9日），第23回（同10月21日），第26回（同12月22日）であるが，その中最も重要な決定が行われたのは第20回である。同議事録は外交調査会の委員で，発表の一番多かった伊東巳代治が記録したと言われている。

③ 外務省編『日本外交文書』大正八年第二冊上巻．
特に「対中国新借款団組織ニ関シ米国提議ノ件」：
上記の「対支新借款団関係」の中，1919年1月から12月までの重要事項が収録されている．

④ 外務省編『日本外交年表並主要文書，1921～1945』上．1955．

2. 伝記・日記等.

①『原敬日記』第8及び9巻(首相時代編)乾元社, 1950
及び
『原敬全集』上巻及び下巻, 原敬全集刊行会, 1929。

②『内田康哉』鹿島研究所出版会, 1969。

③『田中義一伝記』上巻及び下巻, 田中義一伝記刊行会 1958。

その他に 幣原喜重郎『外交五十年』
幣原平和財団編『幣原喜重郎』
石井菊次郎『外交餘録』
『高橋是清伝』
『犬養木堂伝』
及び『小幡酉吉』等があげられる。

3. 文書

①小林龍夫編『翠雨荘日記 — 臨時外交調査委員会会議筆記等』原書房, 1966。
本書は「伊東已代治家文書」の中から, 大正期の政治, 外交関係のものを選んで編集・収録したものである. 同書の文書はいずれも政策決定の最高レベルの極秘文書であり, 更に外交調査会をめぐる諸資料及び議事録も掲載されている.

②「田中義一関係文書」山口県文書館所蔵。
なお同文書の写本は本郷の法学部図書室に保存されている(マイクロフィルム)。

その他に国会図書館憲政資料室所蔵の「寺内正毅文書」もある程度の関係はあるが, 新借款団問題についての記録はあまり目立たない。

4. 一般書 及び 研究書

① 外務省百年史編纂委員会編『外務省の百年』上, 原書房, 1969.
本書は外務省内の資料を豊富に使って, 今日の研究者が分担補筆したと言う意味においては有数であるが, 全体的にはそれぞれの事象に対するダイナミックな記述よりは静的な記録の傾向が非常に強い。従って, 対外政策形成における外務省の役割, 又は外務省内部における政策決定過程を分析するには限られた価値しかない。

② 勝田龍夫『中国借款と勝田主計』ダイヤモンド社, 1972
本書は明治末期から昭和金解禁に致るまでの20余年に渡る財政経済政策を海外借款団問題に焦点をあてたものである。新借款団問題に関する記録は多くはないが, それを前後とする内外の経済状況と大蔵省の借款政策を理解するのに便利である。

③ 鹿島守之助『日本外交史』第12巻 1971
第7章において新借款団問題を扱っている。主として外交文書に基いた日本側中心的な記録で事実の詳細な説明にその重点が置かれている。研究書ではない。

④ 坂野正高『現代外交の分析 ── 情報・政策決定・外交交渉』東大出版会, 1976:
本書は都立大における筆者の政治学講議(昭37~40年)「外交論」のノートに補訂を加えたものである。現代外交論の研究に必要な基礎的かつ専門的な諸側面を鋭利に記述しており, 対外政策決定論の事例研究としての本論文作成に示唆を得るところが極めて大きい。

⑤ 入江昭『極東新秩序の模索』原書房, 1968:
従来日本外交史研究の伝統的方法は, 多くの場合, 国内政治, 経済問題等の関連の中でその流れを記述することであったが, 特に対外的要因, 又は極東におけるインターナショナルシステムの変容の中で日本の対外政策の展開と列強との関係を記述することが本書の特徴である。特に序論と

第二部の「日本のイニシャティブ」は第一次大戦期における日本をめぐる極東国際政治の構造的変動を論じており，本研究とは深い関わりがある．本研究こそ新四国借款団をめぐる原内閣の政策決定過程を国内・国際的な環境的要因を重要な分析の枠組として置いており，当時の政策決定者が与えられた状況の中でこの様な国際環境をどの様に観察・認識し，それが又政策の形成過程にどの様な決定要因として現われて来るかの分析を試みているからである．

その他に信夫清三郎『近代日本外交史』中央公論社，1942。黒羽茂『太平洋をめぐる日本抗争史』南窓社，1968．及び堀川武夫『極東国際政治史序説』有斐閣，1958．において新四国借款団問題を扱っている。尚，最近出版された細谷千博・斉藤眞『ワシントン体制と日米関係』東京大学出版会，1978年は1920年代の日米関係に関する優れた論文を掲載している。

5. 研究論文

① 三谷太一郎「転換期（1918～1921）の外交指導 —— 原敬と田中義一を中心として」篠原，三谷編『近代日本の政治指導』東大出版会，1969，293～374頁．

② R. ディングマン「日本とウィルソン的世界秩序」及び三谷「日本の国際金融家と国際政治」佐藤外編『近代日本の対外態度』東大出版会，1974，93～154頁．

③ 三谷「ウォールストリートと極東」『中央公論』1975年9月号。

④ Hirano, Kenichiro "China in Japan-U.S. Relations — from Nishihara Loans to the New Four Power Consortium" unpublished paper, 1976.

⑤ Nakamura, Takafusa "The Japanese Economy and U.S.-Japan Economic Relations in the 1920" unpublished paper, 1976.

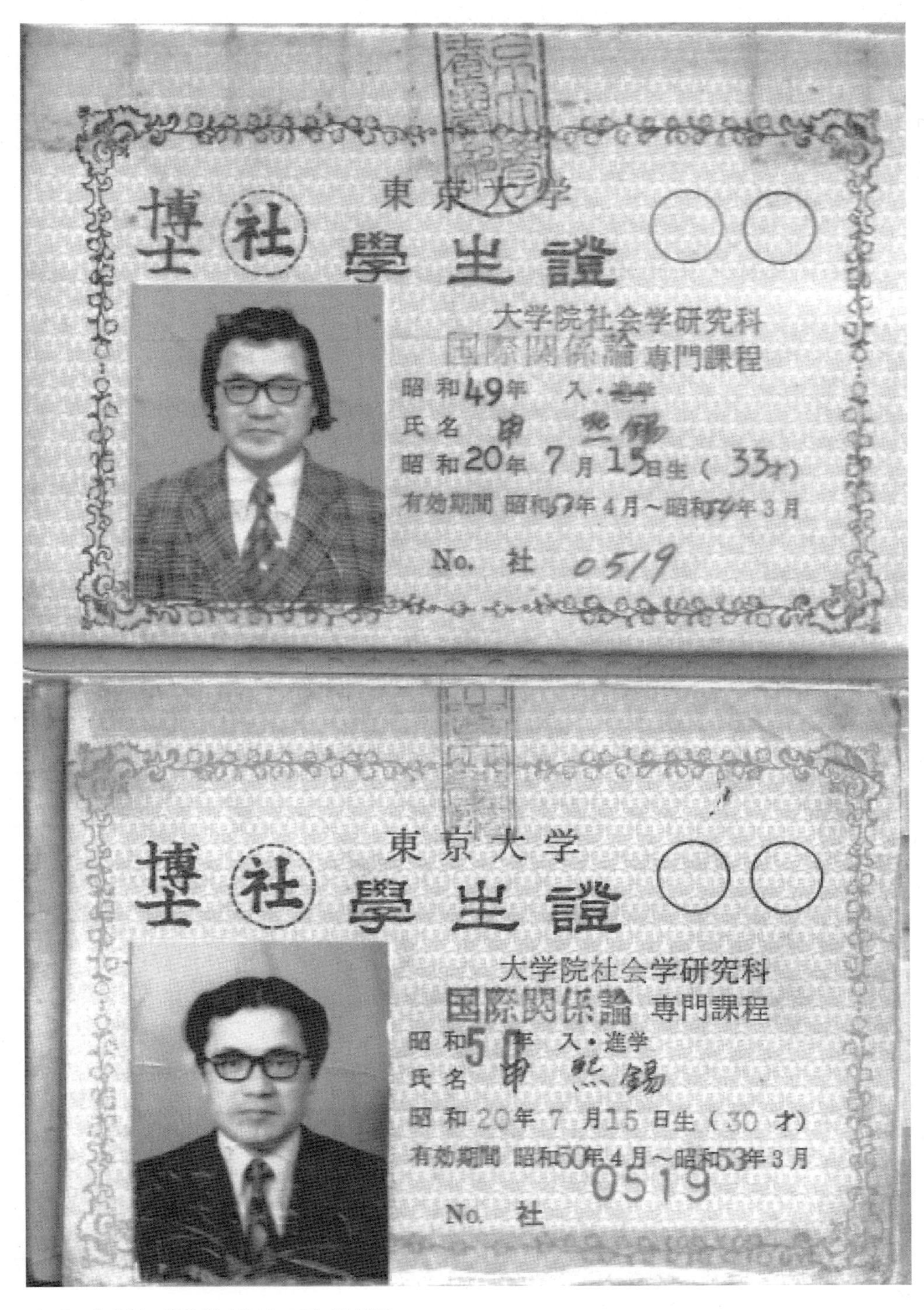
東京大学
博 社 學生證
大学院社会学研究科
国際関係論 専門課程
昭和49年 入・進学
氏名 申熙錫
昭和20年 7月 15日生（33才）
有効期間 昭和[illegible]年 4月～昭和[illegible]年 3月
No. 社 0519

東京大学
博 社 學生證
大学院社会学研究科
国際関係論 専門課程
昭和50年 入・進学
氏名 申熙錫
昭和20年 7月 15日生（30才）
有効期間 昭和50年 4月～昭和53年 3月
0519
No. 社

▲ 동경대학 대학원 박사과정 학생증

第 2 節

戰後日本의 對外政策決定過程研究

(碩士學位論文要旨, ICU-GSPA, 1973)

戦後日本の外交政策決定過程に於ける特徴に関する一考察
— 韓日国交正常化をめぐる政治過程を中心として —

Characteristic Features of Postwar Japanese Foreign Policy Decision-Making Process

---As observed in the Political Process of making the Korea-Japan Normalization Treaty---

国際基督教大学大学院委員会提出行政学修士論文

A Thesis Presented to the Graduate School Committee of the International Christian University for the Degree of Master of Arts in Public Administration

by

申 熙 錫

Shin, Hee-Suck

1974年 1月 21日

January 21, 1974.

細谷千博

Approved by Chihiro Hosoya

論文指導教授

Thesis Advisor

謝 辞

本修士論文の作成にあたり、筆者は多くの方々に御礼を申し上げなければならない。

まず、この論文の問題意識の確立より脱稿に至るまで、指導と深い示唆を与えて下さった、論文指導教授の細谷千博先生に感謝の意を表したい。

また筆者が本大学院に入学してから今日に至るまで様々な面で御助力下さった大学院部長の長清子教授に御礼を申し上げたい。

本論文を書く過程に於いて、内容と日本語について助言して下さった、明治大学の渡辺昭夫教授にも感謝せざるを得ない。多忙な時間をさいて、インタビューに応じて下さった佐藤栄作前総理をはじめ、各関係機関の担当者の方々にも御礼を申し上げたい。更に、本論文の作成に必要な資料を提供して下さった、総理府、外務省、衆・参両議院、国会図書館、各政党、及び財界の関係者に感謝を表したい。

また、その他にも数多くの先輩、友人の助言を受けた。

1974年1月21日

筆者.

戦後日本の外交政策決定過程における特徴に関する一考察
—— 韓日国交正常化をめぐる政治過程を中心として ——

目　次

2. 分析の結果

第三章：調印をめぐる政府の公式見解と政策決定過程

第一節：仮調印をめぐって
第二節：正式調印をめぐって
第三節：両調印における政策決定過程の比較

第四章：調印に対する政党の政策と態度

第一節：自民党の政策と派閥政治の影響
第二節：社会党と革新系列の反対論争

第五章：財界の動きとその影響

第一節：財界の背景と政界との関連
第二節：経済協力関係と調印過程への影響

第六章：国会における批准過程の分析

第一節：第50回「日韓国会」の性格と背景
第二節：衆議院（10月21日 ― 11月12日）
第三節：参議院（11月13日 ― 12月11日）
第四節：批准過程分析のまとめ

結 論

附録（大韓民国と日本国との間の基本関係に関する条約：
韓国語，日本語，及び英語）

参考文献

Summary in English and Japanese

修士論文要旨

戦後日本の外交政策決定過程における
特徴に関する一考察
—日韓国交正常化をめぐる政治過程を中心として—

東京大学大学院社会学研究科提出用
（国際関係論）

1975年 2月 27日

申熙錫

修士論文の要旨

申熙錫

本論文の目的とするところは、日韓国交正常化をめぐる日本政府の対韓国政策決定過程を国内政治過程の諸要素の観点から分析することにより、戦後、日本外交の政策決定過程における特徴を描き出すと同時に、国内政治の対外政策決定に与える影響や相関関係を明らかにすることにある。

この様な問題意識を展開するために、本論文で採択された方法論は、ハーバード大学のバーナード・コーエン教授が、かれの著書、The Political Process and Foreign Policy(Princeton, 1957)で用いた枠組みである。この方法論は国内政治過程における幾つかの要因を広義の政策決定単位(Decisional Unit)[1]と見なし、それらの単位が外交政策決定過程に与えた役割や影響等を動的に分析しようとするアプローチである。従って、今までの単純な制度的記述法とは異なり、公的な政策決定機構の外部にある大衆世論やビジネ

1)Richard C. Snyder,"Decision-Making Approach to the Study of Political Phenomena", in Rolan Young ed., Approaches to the Study of Politics(North Western Univ. Press,1958),pp. 15-17

20×20

スーインタレスト・グループ等の要素も含めて政策決定過程を分析出来る利点がある。

特に、これは戦後における日本の対外政策決定構造の政治的メカニズムを究明するにもかなり有効な方法であろう。D・C・ヘルマン教授が日ソ国交回復をめぐる鳩山内閣の政策決定過程の分析に[2]この方法論を持ちいたのは上記の利点を十分考慮した結果と思われる。

本論文の時期的区分は、主として日韓交渉の最終段階(第7次会談 1964年12月→仮調印 1965年2月→正式調印 1965年6月)から国会における批准過程(衆・参両議院 1965年11月12日、12月11日)に至るまでの一年間に焦点を置いた。この期間は、佐藤首相が戦後処理懸案の一つとして日韓国交正常化の早期解決の決意を国会で公式的に表明した以後[3]、これに対抗する野党側の反対運動がピークに入り始まった所謂『日韓問題』の一年間である。

本論文は、次の様な六つの章で構成されている。まず、第一章では日韓会談の妥結に至るまでの歴史的な経緯を概観しつつ、問題意識

脚注

2)Donald C. Hellmann. *Japanese Foreign Policy and Domestic Politics*. Univ. of Calif. Press, Berkeley & Los Angeles, 1969.

3) 第48回通常国会における佐藤首相の施政演説(1965年1月25日)。

20×20

を整理した。第二章に於ては総理府の世論調査結果の統計を参考とし、会談の妥結をめぐる日本人の対韓国(人)観と両調印に対する大衆世論の態度や影響等を論じた。

外務省を中心とした政府の公式見解と決定過程については第三章で論じ、次の第四章は条約の締結に対する政党の方針や態度を与党と第一野党を中心として記述したわけである。

日韓の経済協力問題のあり方をめぐっては財界の役割もかなり表面的だったので、その動きと対韓政策決定過程への影響等は第五章で扱った。第六章では衆·参両議院における日韓条約の批准過程を第50回「日韓国会」の議事録を中心として本会議及び特別委員会の審議内容を分析した。

対外政策決定過程に影響を及ぼす要素には、こう言った国内政治要因のみならず、当事国をめぐる国際情勢の動きや環境的な要素(Environmental Factors)(4)も考えられる。すなわち、日韓会談の場合には、交渉の開始から妥結に至るま

4)Harold and Margaret Sprout,"Environmental Factors in the Study of International Politics",in J. Rosenau ed., International Politics and Foreign Policy(New York:The Free Press, 1969),pp。41-56.

20×20

でアメリカ政府の影響が徐々に表面化されて来ており、調印をめぐってはかなり積極的に働きかけたので、その事実と経緯については第二章で述べられている(第四節参照)。

一般に、あらゆる外交政策決定コミュニティの場合、政策決定者相互間、及び政策決定者と非決定者との間には政策決定者の行為を支配する幾つかのルールがあると言われている。それは制度上のあるいは非制度上のものであるとを問わない。本論文で論じた国内政治過程及び国際環境の諸要素を「政策決定ルール(Decision-Making Rule)」と想定し[5]、それに従って日韓国交回復をめぐる対韓政策決定過程にそれらの与えた影響や態度を論じたわけである。

それによって、国交正常化と言った長期的な外交目標の達成をめぐる日本政府の対韓政策決定における「特徴」を明らかにしようとする試みが本論文の問題意識であった。勿論、日本政府にとって、韓国との国交正常化問題は、沖縄返還交渉や日中国交回復問題と比べ、それほど死活

5) 「政策決定ルール」は R. Snyderらの「権限の範囲(Spheres of Competence)」の概念と似ている。また M. Halperinの「Rules of the Game」とも比較出来る概念である。

的に重要性の高い問題ではなかったことは明らかである。なお、上記の方法論による研究の結果で得られた特徴は次の様にまとめられる。

第一に、保守合同(1955年11月)以来、表面化する様になった自民党内部における派閥政治(Faction Politics)の影響である(第四章)。与党内部における派閥構造の動機や形成過程については本論で論じた通りであるが、それぞれの派閥は日韓国交の正常化について原則的には賛成であるとしても方法論や時期等の問題をめぐっては若干見解を異にし、統一された党論の調停にはかなりの時間がかかった。これには党内の役職分配、政治資金の確保と言った最も基本的な問題の上、さらに日韓問題に対する見解の相違、国交回復以後生じうる諸問題、日中問題等が深くからみ合っていた。国会の批准を得るためには党論の統一が必要である。そのために、与党と内閣との意見調停や財界との相互協力問題をめぐり、三者間の「コンセンサス」が前提となって来る。かかる戦後日本外交の政策決定過程の

注 6) 衛藤瀋吉「日本における対外政策決定」、日本国際法学会『国際法外交雑誌』,第72巻6号(1974.3), p.30。

の構造において与党内の公式見解の統一は必須的な要素であった。この場合、党内における派閥政治の実態が重要な役割を果すことになる。具体的に、日韓会談の場合は、佐藤内閣の発足以来非主流派の実力者として言われていた大野派と河野派の協力が決定的な役割を果したと言えよう。

　要するに、戦後における政策決定構造は、保守党が政府の公的政策決定機構に事実上内在し、それに派閥政治がからみ合い、政策決定者の価値判断はかなりの制約を受けざるを得ない特徴が本事例研究にも見られた。従って、日本の外交政策決定過程には与党、財界、官僚の三大主流に消極的なコンセンサスが存在しており、それらの三要素は直列結合の形を取っており、いずれも拒否権を持っているので、ある政策樹立の必要性の認識過程において、どの一要素が強い拒否の姿勢を取っても、その政策は実現にいたらない特徴があると言える[6]。

　第二に、仮調印及び正式調印の決定過程に

注 7) 外務省アジア局の関係者及び北東アジア課事務官らのinterviewで確認。

おいて、当然ながら最高政策決定者及び上級政策決定者(Senior-players)の判断と機能が最終決定のポイントになったとは言える。が、具体的な問題点の処理や政策の立案過程においては、下級政策決定者(junior-players)としての外交実務者らの役割が非常に目立ったと言う点である(第三章)。これは戦前における軍部等の中堅層(middle-Echelon)らの役割とも比較出来ようが、首相の権限が戦前よりもっと拡大された構造の中で、職業外交官らの役割が目立つことは注目すべき点である。勿論、彼らの影響力の程度は最高決定者の政治的リーダーシップ、Issue-Areaの性格等が変数として作用されうるだろう。例えば、仮調印過程における前田参事官(現駐韓公使)らの役割はこの特徴を十分物語っていると言える。[17]

第三は、財界の役割が強かったと言う点である(第五章)。戦後の保守党政権の政策決定構造においては、与党、財界、官僚の三要素の間には事前交渉や話合いによる調整(Coordination)のコンセンサスが必要であることは前述の通りである。

脚注 8) 内閣官房内閣調査室編『日韓条約締結をめぐる内外の動向』、昭和41年7月、40項～42項及び同月誌86項。
毎日新聞社、『エコノミスト』第43巻第5号(1965.2.2)、25項。

日韓会談の場合、従来の傾向を脱皮するわけにはいかなかった。財界の主要グループはそれぞれの情勢判断の上、関係政党やその指導者らと政治資金の調達や海外販路の拡大の様な条件で相互提携し、行政官僚機構に接近した。特に、三菱、三井等の一連のグループは経済団体や協会等とも密接な関係を持っていた。そして、与党内の会談推進派と協力し、交渉の進展状況に従い、「オピニオン・リーダー・グループ」から「インタレスト・グループ」としての役割を果す様になった。例えば、「財界の右翼」と言われていた三菱電気の高杉相談役が最終会談の日本側首席代表となり(1965年1月)⑧、正式調印までの条約締結過程に大きな役割を果したことは財界の影響を十分物語っている。その結果、国交正常化直後から60年代後半期まで韓国の対外貿易収支の半分以上を日本が、しかも上記の両グループが過半数を占めていたのである。

　第四は、日韓交渉の妥結過程は、当時のアジアをめぐる国際情勢の動き(変化)に大きな影響を受けたと言える。換言すれば、終戦以後日韓

注

9) The New York Times. Aug. 10, 1953; Mar. 17, 1960 & Feb. 13, 1964. Department of State Bulletin. XXXXII(Apr.1960), P.549 & XXXXIII(Oct.1960), pp.561-2.

両国と緊密な関係を維持して来た米国の極東政策における北東アジアへの政治的関心や軍事的判断に基づいた外交戦略が(9)日本政府の対韓政策決定過程に働きかけたと言う事実(第一章第四節)である。占領期に日韓会談を斡旋(Good offices)した以後米国が会談の妥結過程に積極性を見せたのは60年代に入ってからである。これには主に、国内問題から起因した経済的要因と極東政策から発祥した政治的要因がある。特に、核実験(1964年9月)の成功以来徐々に国際政治の舞台に登場する北京政権に対する米国政府の60年代反共路線による現実的な判断が大きな理由となったのは再論の余地もない。(10)かかる国際環境の漸進的な変化の流れで、国連中心主義と日米安保体制の確立を戦後の外交目標と設定して来た(11)日本の政策決定者にとって、米国政府からの外交的な働きかけはほぼ避けられない現実であったと言えよう。

第五は、近代史における両国間の支配と被支配と言った特殊関係から生じた相手国に対する潜在的な優越意識や先入観が日本の政策決

脚注

10) Robert W. Barnett, "The U.S. & Japan", Department of State Bulletin, Apr. 25, 1966 参照。
Lawrence Olson, "Political Relations", The U.S. & Japan, ed.by H. Passin(Englewood Cliffs:Prentice Hall,1966), The New York Times. July 3, 1961 & Jan. 13, 1965.

20×20

た者の意識構造の根底に流れていたと言える。(第二章)
丙子(江華島)修好条規(1876年)以来、不平等条約の連続的な締結の結果、韓国は日本の植民地支配となった。その結果、日韓会談の交渉過程における日本側の対韓イメージには、平等な主権国家同士の国交正常化を目的とする外交交渉と言う認識不足がしばしば現われた。その傾向の良し悪しはまた別の問題であるが、それは国会の審議過程にも少くなからず現われた。(第6章) 具体的には、第三次会談の冒頭で大きな物議を起し、会談の中断事態の原因となった久保田代表の発言(1953年10月)や最終会談における高杉代表(1964年1月)の発言はその代表的な例である。

以上、日韓国交正常化をめぐる対韓政策決定過程における幾つかの特徴をまとめた。

一般に、日韓関係に対する従来の傾向は歴史的な事実や制度的な問題等に対する記述がその大部分であった。本論文においては、その様な傾向を脱皮し、国交正常化をめぐる日韓会談の最終段階を「外交政策決定過程」と言う接近法から動的にアプローチしようと試みたわけであ

注 11) 外務省編、『わが外交の近況』、第7号(昭和38年度)～同10号(昭和41年度)参照、
12) 佐藤栄作前首相と筆者との単独interviewで確認。(1974年1月12日午後2時45分から5時5分まで世田谷区自宅で)。

20×20

る。しかし、これには、問題自体の性格上の特殊性、現在進行型の未解決諸問題の存在、さらに参考文献やデータの限界等の障害要素があったことは認めざるを得ない。佐藤前首相は日韓国交正常化は「苦かった関係を清算し、お互いに独立国家として自由と相互尊重に基づいて、アジアの平和と安全の達成に寄与出来る歴史的な調印」であったと筆者に強調した[12]が、日韓国交正常化の達成に対する価値評価はまた別の問題である。

現代世界における国際関係を研究する方法論には従来大きく分けて二種類のアプローチがあった。それらは実質的な権力を行使する唯一の主体である個々の国家の行動様式を中心とする方法と増大しつつある人類共同の利益、戦争の防止と平和研究の手段を発見する方法である[13]。前者は研究の対象を過去から見て現実を重要視する方法であり、後者は未来に目を向け、理想を追求しようとする方法である。国際関係を国家間における外交政策決定の視

13)Joseph Frankel, *The Making of Foreign Policy: An Analysis of Decision-Making*(London: Oxford Univ. Press, 1963),pp.v-vi.

14)R.Snyder,H. Bruck,& B. Sapin(eds.), *Foreign Policy Decision-Making: An Approach to the Study of International Politics*. New York: The Free Press, 1962.

覚から分析しようとする本論文で扱われたDecision-Making Approachは前者に属すると言えよう。

政策決定過程に対する既存研究には、国家を合理的な行為者(Rational Actor)と見なし、決定作成モデルを提案したR.スナイダー(1954年)以後[14]、決定過程を政治的な取り引きゲームと見なし三つのモデル(Three Conceptual Models)を発表したG.アリソン[15]に至るまで種々の研究がある。最近は所謂「官僚政治モデル(Bureaucratic Politics Model)」を主張する研究者も多く[16]、日本の事例研究には、ある程度有効的とも言える。しかし西洋の学者によるそれらのモデルを適応し、日本の外交政策決定を分析するにはそれぞれの特徴と利点もあろうが、分析上の限界と無理も生じうるだろう。従って戦前及び戦後における日本の対外政策決定過程の分析には両者の特徴を十分受け入れ、合理的に分析出来るふさわしいタイポロジーの研究が必要となって来る。それらの諸問題及び本論文で残された疑問点等は今後の研究課題として取り扱ってまいりたい。

15) Graham T. Allison, Essence of Decision: Explaining the Cuban Missile Crisis. Boston: Little, Brown And Company, 1971.

16) 官僚政治モデルを主張する研究者には次の様な方々が居る。
G. Allison, M. Halperin, R. Hilsman, R. Neustadt, F. Rourke, I. Destler

結論

以上、筆者は、韓日国交正常化をめぐる、日本側の政策決定過程を、B.コーエン教授がその著書「政治過程と外交政策」(The Political Process and Foreign Policy)で用いた国内政治過程の方法論を、本論文の枠組みとして採用し論じて来たわけである。

この方法論は、序論でも述べた様に、歴史的、かつ制度的な既存のアプローチとは違い、公的な政策決定機構の外部に置かれている世論や、その他の国内政治過程の諸要素が、外交政策決定過程に及ぼした影響を立体的に分析出来るという利点がある。従って戦後日本の外交政策決定過程における特徴を明らかにする為に、ある特定の事例研究にこの様な枠組みを適用することは、戦後日本の政治外交史の研究や、政治体制における公的決定機構間の、ダイナミックな相互作用を研究する為にも有意義なことである。

本論文で取扱った韓日国交正常化をめぐる日本側の対韓政策決定過程を政治過程の観点から見ようとする場合、上述の枠組みは、この研究に最もふさわしいモデルであると思われる。何故ならば、サンフランシスコ講和条約の締結(1951年9月9日)によって始まった韓日国交回復をめぐる両国間の交渉過程は予備会談(1951年10月20日)から、韓日協定の正式調印(1965年6月22日)まで、13年8ヶ月という長期間に渡り、戦後日本のほとんどの内閣がこれを取扱ったからである。又、近代史における両国関係は支配と被支配という特殊関係により断絶していた。そして両国間の国交回復に伴う諸問題が本論文でも論じた様に、問題の性格上多様な要素を有しており、政府内の各公的決定機構のみならず、国内政治過程における諸機関も何らかの形で関与していたからである。

一般に事例研究の問題に関しては、多くの政府刊行物、新聞記事、雑誌、論文等で既に論議されて来ているが、その大部分は、学問的な立場から客観的、又、包括的に書かれたというより、むしろ特殊イデオロギーによる論争の主張であるが、ジャーナリスティックなものに過ぎないと思われる。この傾向は戦後の韓日関係に限られているものではなく、戦前の研究においても歴史的なイベントに対する制度的な記述が大半を占めていることがわかる。従って、この様な傾向を克服する為に、筆者は本論文で現代日本政治過程における諸機構の外交問題に関する態度や動きを韓日国交正常化をめぐって論じて来たわけである。そしてこの事例研究を通じて戦後日本の外交政策決定過程における特徴を発掘しようと試みたわけである。

本来特定の問題を選びある政治過程における一般的な特徴を描き出そうとする所謂ケース・スタディには、一定の方法的限界があるということは明らかである。なぜならば、政策決定過程の特徴はその政策決定の主体(個人またはグループ)の個性(信条、経験、力量等)とその決定がなされる機構的、制度的枠組みの性格によってと同じく、どの様な性質の問題(Issue)がどの様な具体的な政策決定の状況で立ち現われて来るかによって決まる事柄であるからである(この場合の枠組みの性格は、というのは、たとえば、公的権威の憲法上の規定、政府と議会との関係、官僚の役割、政党の内部構造とその政治過程全体の中での地位、野党や、圧力団体や世論の役割等を示すものである)。[1]

従って特定の問題に関する事例研究においては、たとえ限られたデータであっても、その範囲内で研究に適用出来る様に分析し、総合出来る、鋭利な目と充分な理論的知識が必要であることは言うまでもない。

今、本論文を一応終えるに当り、筆者は自分の研究結果に対して客観的に価値評価を下して見るとき、深遠なる「学問の道」を感ぜざるを得ない。

当初の序論の問題意識の記述で意図した、対韓政策決定過程に何らかの形で影響を及ぼした諸機構に対する動的な分析には達せなかったものの、韓日関係に関する既存の一般的な静的な記述の傾向から、ある程度脱皮することが出来たと考えられる。しかし、国内政治過程を構成する諸要素を抽出し、外交問題に関する夫々の活動の展開や態度を分析し、外交政策決定過程における特徴をみようとする枠組みには、方法論上多少の限界があると思われる。即わち、政策決定の公式機構と政治過程の構成要素間の求心的な関係は分析出来るものの、政策決定過程をめぐる後者間の相互作用や時間的な流れ等が変数として作用する為、論文の全体像の明確さが欠ける点がある。それだけでなく政治過程の諸要素間の相互関係が意識的な分析の対象となっていない為に、外交政策決定過程における特徴の解明がどの程度出来るかという限界もある。ワシントン大学のヘルマン教授が、この方法論で日ソ平和交渉を分析し、戦後日本の外交政策決定を研究した「戦後日本の政治と外交」(Japanese Foreign Policy and Domestic Politics)を著わした時にも、おそらくこの限界を認めていたのではなかろうか。

外交政策決定を国内政治過程の連続的な動きから分析する場合、国際政治と国内政治との相互関連をはっきり位置づけしなければならない。現代世界に於ける国際政治を研究する方法論には、従来大きく分けて二種類のアプローチがあった。まず実質的な権力を行使する唯一の主体である個々の国家の行動様式を中心とする方法、と増大しつつある人類共同の利益、戦争の防止と平和的変革の手段を発見する方法がそれである。②

前者は2国間又は数ヶ国間の関係を中心とし、その背景で行なわれる政治現象の諸原則を研究の対象としているが、後者の場合は、国家間に於ける、経済的、社会的、文化的な協力と統合し、この様な目的に奉仕するのに役立つ国際諸制度を中心としている。従って、両方法論に対して時間的な概念から見ると、前者は過去からみたアプローチであり、後者は未来に目を向けたアプローチであろう。両者を問わず、この様な発想から出発した国家間の政治現象が現われる場は国際社会である。その国際社会は国家という単位概念の総合的な集合体である。その国家内部に於ても政治現象が存在しているが、我々はこれを国内政治と呼んでいる。従来、国際政治と国内政治に於いて際だって異なっているのは、両者における政治現象の中心となる抽象的概念としての主権の所在の問題であった。国内政治過程に於ける少数の支配エリートは自国を国際社会に於ける政治現象に参加させようとする時に、自国の行動と状況に関する特有の公式的な方針を、対外的にあらわす必要がある。これは、一般に外交政策と呼ばれており、本論文の対象となっているものである。従って、国内政治と国際政治を関連づけ接点にある外交政策の決定過程を研究する場合、国内政治過程を中心としてアプローチすることは極めて有意義なことである。そして、政策決定者が外交政策の決定を行なう場合は、彼等の行動を支配したり影響を与えるいくつかのルールがあるが、筆者はそれに従って本論で論じたわけである。

最後に筆者は外交政策決定の研究に関する、本事例研究において感じた、問題意識の一端を述べ、それを今後の研究課題として取り扱いたい。

従来、国際政治における外交政策決定の研究に於いては、国家を政策決定の行為者（Actor）とみなし、政策決定単位（Decisional Unit）や政治的な取引（Political Bargaining）から分析して来たわけである。この場合政策決定の分析は相互作用分析や国際体系の分析とは違って国家の対外行動の決定に影響を及ぼす変数を設定するには、一定に決められた基準があいまいであるという短所がある。国内要因にせよ、国外要因にせよ、変数の設定や政策決定過程の動的分析の為には、数量的、統計的、アプローチが必要であろう。従って国際政治への行動科学的な接近法や、ゲーム・モデル等による、数理的分析が既存アプローチの限界を補充するためにも要求されるだろう。

今、本修士論文を終わるにあたり、筆者は、本論で述べたいくつかの問題点や、残された課題の継続的な研究への意欲を感じながら、この筆を置きたい。

（完）

第 3 節 The Foreign Policy-Making Process in Prewar & Postwar Japan (Harvard University, USJP Program Paper 91-18)

The Foreign Policy Making Process in Prewar and Postwar Japan : An Analytical Framework

USJP Occasional Paper 91 - 18

Hee-Suk Shin

Program on U.S.-Japan Relations
Harvard University
1737 Cambridge Street
Cambridge, MA 02138

1991

Acknowledgments

The editing and production of the 1990 Occasional Papers of the Program on U.S.-Japan Relations has been possible through the diligent and careful attention of a number of fine people. We would like to acknowledge the assistance of Terry Kawashima, Peter Swanger, Celia Pantle, John Jacobsson, Greg Feldberg, Robert Gulino, Elizabeth Hughes, John McVey, Carrie Cable, Kim Bettcher, Courtney Purrington, Ellen Widmer, Kendra McCleskey, Joanne Cullinane, and Grace Moy. Robert Choo was the Editorial Coordinator and Nicholas De Baun was the Production Editor, and each deserves special thanks.

Jon D. Mills

Editor,
and
Administrative Director
Program on U.S.-Japan Relations

ABOUT THE AUTHOR

Professor Hee-Suk Shin was an Advanced Research Fellow of the Program on U.S.-Japan Relations for 1985-1987 of Harvard University, as well as professor and Director-General, Asia-Pacific Studies Program, Institute of Foreign Affairs and National Security of the Korean Ministry of Foreign Affairs. He holds a B.A. from Yonsei University in Seoul, an M.A. from International Christian University and University of Tokyo, and a Ph.D. in International Relations from University of Tokyo, Japan. He has published extensively in both English and Japanese on Japan's foriegn policy, domestic politics and USA-Japan-Korea relations.

TABLE OF CONTENTS

INTRODUCTION

Each nation has its own peculiar national goals, and foreign policy is a means and way to attain those national goals. One of the major tasks for researchers engaged in the study of external behavior of a nation-state is to examine the foreign policy-making process with special emphasis on the decision-making behavior and typology of policy makers. In this case, the formulation of foreign policy-making can be construed as a series of foreign policy actions of a human group.

Studies of the conduct of Japanese foreign policy have been vague and complex. This is not only because of the peculiarities of Japanese decision-making process, but also because of barriers to Westerners such as language and differences in culture. Yet studies have been made by Japanese as well as foreign scholars.[1]

The central purpose of this research is to present an analytical framework, which would help in understanding the conduct of foreign policy of prewar and postwar Japan.

Since World War II, two prominent methodologies, among others, have been developed in the study of Japan's foreign policy-making behavior.[2] The first is the "historical approach" which analyzes foreign policies in the context of the historical development of Japanese external relations.[3] In contrast, the second is the "policy process" approach, which stresses the process of foreign policy-making within Japan.[4]

Two more models have been prepared to supplement these two basic approaches since the early 1970s: the so-called "the Bureaucratic Politics Model" and the "Organizational Model." These models put an emphasis on the "Conflicts and Compromising Process" among individual bureaucrats and organizations, respectively in the policy-making process within Japan.[5]

Since this paper is a piece of basic research on the Japanese foreign policy-making process, this author will focus primarily on the system and process of Japan's decision making procedure, i.e., the basis and characteristics of Nihonteki mechanism.[6]

This paper is divided into three chapters. Chapter One will discuss the historical background and characteristics of Japanese foreign policy-making behavior. It will examine the interaction and changes in influence among the military, Emperor, and prime ministers, in the foreign policy-making process.

Chapter Two, the principal part of this paper, will scrutinize the evolution and problems embedded in the system of decision making. This chapter will pay attention to changes in the framework of foreign policy-making system which was reorganized during the postwar reformation and establishment. It will also stress three major decisional units of foreign policy-making in postwar Japan: the Gaimusho (Japanese Ministry of Foreign Affairs, Bureaucrats), which is the official foreign policy-making machinery; the Jiminto (the Liberal Democratic Party), the ruling conservative party; and the Zaikai (the financial circles), composed mainly of big business and their leaders.

The last part of this paper will apply the theoretical discussions for the present to U.S.-Japanese relations in general. It will explain U.S.-Japanese relations in the context of the interaction among the tripartite groups.

* * * * * * * *

This paper is a product of the author's long term research project on Japanese government and politics. The author, being in the United States, regrets not having been able to contact directly those who make Japan's foreign policy. Other portions not included in this paper will be published in the author's future works.

THE HISTORICAL BACKGROUND AND CHARACTERISTICS OF PREWAR JAPANESE FOREIGN POLICY-MAKING

Background

Prewar Japanese foreign policy had largely been formulated as an instrument for accomplishing the external goal of the country, i.e., to expand her sphere of influence by making inroads into the Asian continent. In doing so, most Japanese political leaders, including the first Japanese Prime Minister (1885-1888) Hirobumi Ito, made multilateral diplomatic attempts. They pursued international cooperation via alliances with the United States, Great Britain, Russia, Germany, and Italy. The alliance formation between Japan and other powers alternated between the "cooperation and conflicts" or "alliance and confrontation."

Domestically, Japan underwent political turmoil and chaos. Several Japanese prime ministers were assassinated: e.g., Shingenobu Okuma (1914-1916), Kei Hara (1918-1921), Korekiyo Takahashi (1921-1922), Yuko Hamaguchi (1929-1931), Tsuyoshi Inukai (1931-1932), and Keisuke Okada (1934-1936). The assassinations were the result of discordant opinions between the military (the army and navy), which advocated the policy of encroaching the continent, and the Ministry of Foreign Affairs (bureaucrats), which preferred the maintenance of an international cooperative system particularly with the U.S. The assassinations also originated from the congested internal problems and prejudices embodied in Japan's internal and external politics.[7]

Characteristics

Military Influence: The Upper Echelon

In the prewar Japan, the military (the army centered around the Choshu faction and the navy around the Satsuma faction) exercised a strong influence in Tokyo's policy-making. The military inserted a strong voice in the decision making process, for example, on the use of armed forces for the Russo-Japanese War (1904-1905) and the Pacific War (1941-1945). Furthermore, the military played a decisive role in securing the military alliances with the Axis, Germany and Italy, at the beginning of World War II.

It is a well-known fact that the voice of the Japan's military reached its peak in the foreign policy-making processes in the 1930s. Particularly after the Manchurian Incident (1931), the military began to assume an extremely important role in formulating and executing Tokyo's foreign and domestic policies. On par with this, military expenditures in the government budget increased dramatically, which brought forth a boom in military industry.[8]

Experts on Japanese politics have discussed two institutional bases of the military intervention in Japan's foreign policy-making. The first was provision for the independent prerogative of supreme command under the Meiji Constitution, and the second was originated from the system itself, allowing military generals to assume active duties in ministries.[9] Examples include the frequent military refusals to inform prime ministers and other cabinet members of the overall defense policies and annual operations. Taking advantage of the Naval Disarmament Conference of London in 1930, the military refused the government's intervention into the plan for building up Japan's naval force on the grounds that the plan was within the purview of the prerogative of supreme command.[10]

Since the 1930s, Japan's foreign policy took a militaristic nature as the voice of the military with respect to foreign policy-making increased. In other word, the military emerged as a major political factor although a military dictatorship was yet to be institutionalized.[11]

The Middle Echelon of the Military

In the prewar Japan's policy-making process, the role of the middle echelon in the military, ranging from major (who was an assistant to the section chief) to major general (who assumed the post of the bureau and department chief), was very significant.

The Naval First Committee, consisting of the departments and bureaus of the Navy and the Navy General Staff, was an important political force which carried out its intention of declaring war against the U.S. by attacking Pearl Harbor in 1941. The Naval First Committee requested the cooperation of the Navy and the Army to publicize its perception of the environment in Japan's foreign policy-making. After President Franklin Roosevelt announced the American embargo of petroleum to Japan on the eve of Pearl Harbor, the bureau and department chiefs of the navy and the army conveyed their intentions to the chief executives in the government through the military's superior authorities.[12] The council with the emperor's presence, which decided on the declaration of war against the United States on December 1, 1941, involved such a process.[13]

Another example of this process was the decision of waging war against Russia in the Russo-Japanese War. The bureau and department chiefs in the General Staff Offices decided on war through Kogetsukai, which consisted of middle echelon military officials in the navy and army as well as Gaimusho officials. The middle echelon officers' influence in Japan's decision making was also reflected in such cases as dispatching troops to Siberia in 1918 (the so-called Siberian Intervention), the Manchurian Incident of 1931, and the Tripartite Military alliance among Japan, Germany, and Italy of 1940.

In conclusion, the foreign policy-making system in prewar Japan was unique in the sense that governmental policy makers exercised relatively weak influence whereas the military, particularly the middle echelon officers, inserted a strong influence in Japanese policy-making.[14]

The prime ministers of prewar Japan had limited power in foreign policy-making. Thus, the decision making machinery assumed the shape of a trapezoid. It can be called a "truncated pyramid system."[15]

In the governmental structure of the Meiji Constitution, the authority of policy-making was largely concentrated in the emperor. The emperor held the supreme authority over important foreign policy issue areas. Soon, however, these circumstance changed. Since the 1920s, particularly after the Taisho era (1912-1926), the emperor could no longer assert an influence on the formulation of diplomatic decisions.[16]

For instance, in the case of international conflicts or making alliances, the emperor just conveyed his preference in a roundabout or indirect way, or attested certain policies which had already been deliberated through the formal councils in the emperor's presence. Historically, there were not many cases which demonstrated the emperor's direct exercise of his political influence with explicitly expressing his opinion; one example might be the emperor's acceptance of the Potsdam Declaration in 1945.[17]

The authority of the prime ministers continued to be limited. The prime minister's position as the top of the cabinet was institutionally guaranteed, but he was not granted the right of reprimanding cabinet members who refused to follow his leadership. The relationship between Prime Minister Fuminaro Konoe and Foreign Minister Yosuke Matsuoka in the second Konoe Cabinet (July 1940 - July 1941) can be cited as a good example.

In addition to the lack of political leadership, the Prime Minister was not able to reconcile divided opinion on important governmental decisions, and thus it was inevitable for him to launch the policy of "non-decision." The Hiranuma Cabinet (January 1939 - August 1939), which tried to conclude the Japanese-German Anti-Comintern Pact in 1939, was an excellent example. In this case, the prime minister, encountering the military's strong resistance, became subordinate to the military against his will.

This truncated pyramid system was greatly strengthened by the so-called Genro (older statesmen) during the period of the middle of the Meiji and the early Taisho period. The oligarchical system centered around the Genro was established particularly in the period of Hirobumi Ito and Aritomo Yamagata.[18]

Nonetheless, at the start of the Showa period, when the military power began to emerge (after a powerful Genro passed away), the elder statesmen's integrated power declined abruptly. This suggested the notion that the sphere of influence exercised by policy-makers had begun to spread inside the trapezoid. During the 1930s, some devices for coordination within the trapezoid were formed; e.g., Four Ministers' conference, Five Ministers' conference, and conferences between the Imperial Headquarters and the government. Integrated power seemed to have risen, but a machinery capable of checking the military influence had not yet been established.[19]

SYSTEM AND PROCESS OF FOREIGN POLICY-MAKING IN POSTWAR JAPAN

Changes in the Policy-Making Machinery and the Role of Prime Minister

Japan's defeat in World War II brought forth three fundamental changes in postwar Japanese policy-making. In the first place, the military which had been an important political force in the prewar Japan was virtually dissolved.[20] Second, the imperial political system which prevailed under the Meiji Constitution was temporarily abrogated. Finally, political forces outside of the constitution such as Genro and the Privy Councils disappeared. For these reasons, the Japanese foreign policy-making system underwent a dramatic change.[21]

One of the major political reforms was that the leadership of the prime minister as a supreme policymaker was strengthened both constitutionally and in substance.

Under the new constitution called Heiwakenpo, diplomatic issues are mostly entrusted to the executive government. Representing the cabinet, the prime minister exercises the authority of not only leading and supervising administrative departments but also dismissing ministers.[22]

In this way, the prime minister's power in policy-making has been greatly consolidated, compared to that in the prewar period. As for diplomatic matters, the prime minister is obliged to make reports to the Kokkai (National Diet) and to obtain Diet's ratification to conclude treaties.[23] Thus, he can exercise stronger political influence than before in making a final decision at the cabinet. Put differently, prime minister's sphere of competence in Japan's policy-making has considerably expanded due primarily to the postwar political reforms.

Structural changes in the international and national politics have also contributed to the strengthening of the prime minister's authority. The increasing permeability of international politics into domestic politics, and vice versa, resulted in the internationalization of domestic politics and, at the same time, the internalization of international politics. For example, changes in domestic politics (presidential change in the U.S.) are closely related to those in international relations and vice versa. The clear-cut boundary between international and domestic politics has become blurred. In this circumstance, the prime minister has increasingly exercised his political leadership through summit meetings and conference instead of the entrusting foreign policy issues entirely to the Ministry of Foreign Affairs.[24]

Due to changes in international environment and peculiarities in modern diplomacy, Japan's policy-making machine has become more complex. As many decisional units have emerged in the policy-making process, the necessity of prime minister's consensus-building ability has been emphasized.[25]

Appearance of Consensus-Building

In the postwar Japan, foreign policies are largely made by dynamic mechanism among three basic decisional units. They are the Zaikai (the financial circle consisting of big enterprises and their associations), Jiminto (the Liberal Democratic Party), and Gaimusho (the formal policy-making organization).[26] These three units perform the checks and balances and seek consensus in the policy-making process. If one element is strongly negative about a policy, the policy will never be realized.[27]

As discussed in Chapter One, the military was an important actor in the prewar Japan's decision-making process. The military disregarded of opposition in the government and other political forces. This is no longer the case in the postwar period. The policy-making machinery of Japan has evolved into the system of a trigonal prism, consisting of the three forenamed units, which virtually excludes military intervention into politics.

In modern Japan, there are three selected groups who largely formulate foreign policies. They are the so-called tripartite groups: political leaders of the government and the Liberal Democratic Party (LDP), high echelon bureaucrats (mostly in the Foreign Ministry), and leaders in the Zaikai. Most foreign policy issues are viewed and revised through political interaction among these three groups. They are the essential components of so-called "Japan, Incorporated."[28]

It is held that these tripartite elites compromise and negotiate in the decision-making process under the leadership of the prime minister. They formulate consensus-building in the decision-making process, which is an essential feature of Japan's foreign policy-making.[29] Each unit has horizontal mutuality while vertical mutuality exists between the units and the prime minister.

Important policies in modern Japan are made by the cabinet council (Kakugi) led by the prime minister. In many cases, the final policy-making units are the prime minister, foreign minister, cabinet members occasionally with high bureaucrats, and LDP leaders. However, the extent to which these actors assert an influence on policy-making may vary according to different issues. Depending on the issues, each actor functions individually. For example, the Jiminto played a more important role than the other actors in the Hatoyama cabinet's policy-making process toward Moscow in 1956.[30] In the case of Tanaka's visit to Peking in 1972, the Zaikai played a very significant role.[31]

Gaimusho as Bureaucratic Machinery

Gaimusho (the Ministry of Foreign Affairs) is the official foreign policy-making organization and makes policy proposals directly to the prime minister.[32] It also controls official channels of information, such as analyzing different perceptions of the international environment, extending judgements on changing situations, and classifying the nature of diplomatic issues. Further, the Foreign Ministry adjusts the prime minister's and foreign minister's judgements and presents alternatives to deal effectively with the pending issues.[33]

In case of routine or incremental decision-making, most of the bureaus, departments, and sections in the foreign ministry formulate policies on the bases of Standard Operating Procedures (SOP).[34] In this case, the so-called Ringisei, which is a Japanese traditional consensus-building process in bureaucratic organizations, is usually found.[35] In addition, Nemawashi, another unique Japanese negotiation process, is introduced among bureaus and departments.[36]

By contrast, in the case of non-routine decision-making, the related bureaus and departments deliberate on the given matters selectively, adjust different opinions at the executive meetings and later formulate policies through communication channels inside the ministry.[37]

However when greater importance is placed on given issues, particularly when they are security-oriented, the independent capability of Foreign Ministry to tackle problems weakens considerably. In that case, the prime minister and officials of other ministries have a strong voice. Depending on the issues, the Ministry of International Trade and Industry (MITI), Defense Ministry, Finance Ministry, Agriculture and Forestry Ministry, and Transportation Ministry are fully mobilized.[38] The Bureaucratic (or Governmental) Politics Model and the Organizational Process Model are fairly effective in explaining this bureau-organizational process.[39]

When the LDP intervenes in the policy-making process, the political bargaining games become more complicated. Policies are often determined by means of functional dynamics within the Party. The interrelationship between the LDP and Ministries and their stakes in a given issue is a major decision-making variable.

In other words, the mechanism of policy formulation can be either at the horizontal or vertical level within the bureaucratic machinery through mutual interaction. Mutual interaction includes, for instance, consultation, bargaining, coordination, and persuasion. This suggest that the Bureaucratic Politics Model and the Organizational Process Model have strong explanatory power in analyzing Japanese bureaucratic politics.[40]

The Jiminto (LDP) and Factional Politics

The LDP (which has been the ruling conservative party throughout postwar Japanese history) has three significant organizations in the policy-making machinery.[41] They are Seimuchosakai (Policy Affairs Research Council), its lower-level organization Gaikobukai (Foreign Affairs Committee),[42] and Anzenhoshochosakai (Security Research Committee).

In case of the urgent pending issues, it is customary for Somukai (Party Executive Council) to extend preliminary approval of policy proposals before they are submitted to Kakugi (Cabinet Council) for a final decision-making.[43] In this process, the so-called Tosanyaku (Three Leaders of the Party) in the Liberal Democratic Party respectively play a major role.[44] The Tosanyaku include Secretary General, Chairman of Policy

Affairs Research Council, and Chairman of the Executive Board of the Party.

The Liberal Democratic Party as the ruling party is significant in Japan's policy-making in the context of bureaucratic politics. However, its role is limited and problematical. The LDP's ability to gather, analyze, and coordinate information, particularly overseas information, is limited. The LDP also lacks the ability to formulate policies independently since it is a power-oriented political party rather than an administrative organization. It depends to a great extent on government organizations, particularly the Foreign Ministry, for getting more information and advice. Thus, it is not an exaggeration to say that the policy issues determined by Policy Affairs Research Council have already been reviewed by the Ministry of Foreign Affairs.[45] However, this is true only in case of the routinized and/or incremental decision-making process.

The role of the LDP in policy-making may increases, depending upon the nature of the pending issues. In the situation of highly policy-oriented issues or political issues which are directly related to domestic politics, the party assumes an important role. In other words, when the political inclination of an issue grows stronger, the party's influence becomes greater.

When the government and opposition parties are in discord in the Diet, the political influence of the LDP grows stronger. Good examples include the territorial debates on the reversion of Okinawa with the U.S. and the four northern islands (Etorofu, Kunashiri, Habomai, and Shikotan) with the Soviet Union.[46] These territorial issues are not only highly political but also need a wide range of consensus of the public based on Japanese nationalism.[47]

The LDP also asserts a positive influence on some issues with forward-looking posture. Examples include: Hatoyama's cabinet policy-making process with the Soviet

Union in 1956, Sato's cabinet's policy with the Republic of Korea in 1956[48], and Tanaka's negotiation with Peking in 1972.

In each case, the prime minister functioned not only as the head of government but also as the president of the Liberal Democratic Party. Especially in the case of the latter function, he should moderate various opinions among different factions and lead to a final consensus-building within the party. The aforementioned Nemawashi in one specific faction and later among different factions, becomes an important policy-making process within the party. Each faction has different perceptions of the international environment and its own stakes on a pending issue. This the so-called Habatsuseiji (Factional Politics) in the Liberal Democratic Party.[49]

As mentioned earlier, the influence of the Jiminto tends to grow stronger particularly when the attentive public as well as the mass public become interested in pending issues such as the importation of airplanes, iron (steel), and textile and agricultural products. Further, the LDP functions more actively when interests of party factions are deeply involved or when political funds donated by the Zaikai through Kokuminseijikyokai are concerned.[50]

It is held that the political mechanism in the LDP is largely determined in the context of interaction among major factions within the party. Throughout postwar Japanese history, numbers of major factional members and their bargaining power within the Jiminto have been altered: the Takeshida faction (38), the Nakasone faction (55), the Suzuki faction (79), the Fukuda faction (35).[51] Historically major factions of the LDP have initiated specific Japanese foreign policies, and this trend is unlikely to change in the near future.[52]

Role of the Zaikai

The Zaikai (the Financial Circles), composed of business associations and major enterprises, constitutes a major domestic factor which influences Japanese decision-makers. In fact, the Zaikai is an institutional element of power elites outside the official policy-making system. It also is one of the three significant decision-making units (i.e., the tripartite elites) in modern Japan.

There are two theoretical bases, among others, which can explain the Zaikai's significant role in Japan's policy-making process. In the first place, the financial circles provide political funds to the political machine. As far as Jiminto's funds are concerned, it has different sources of fund-raising mechanisms, including political donations to each factional leader.[53] The political funds provided by the Zaikai is one of them. The conservative Jiminto heavily depends on the Zaikai for its political funds which are provided through Kokumin Seiji Kyokai. Therefore, it is natural that the Zaikai inserts a strong voice on the Jiminto's policy-making process as well as party management.[54]

Second, financial circles usually work for policy-makers as an advisory group through bureaucrats. However, the Zaikai is sometimes in a relatively weaker position than bureaucrats since the former in many cases depends on the latter for overseas information and administrative cooperation.

In this context, the three salient elites in Japanese policy-making process, the Gaimusho, Jiminto, and Zaikai, check and balance one another. Yet the Zaikai seems to play an increasingly active role, as the Japanese economy is based upon the principle of free market system.

Japanese financial circles are organized into four major groups: the Keidanren (Keizai Dantai Rengokai), Nikkeiren (Nippon Keieisha Dantai Renmei), Keizai

Dobukai, and Nissho Nippon Shoko Kaigisho.[55] The Zaikai also consists of the Japan Trade Association, major economic organizations, and leaders of big enterprises. These groups are deeply involved in policy-making process when they have organizational and sectional interests in the pending issues.[56]

Business circles usually function as interest groups or pressure groups to achieve specific or general interests of their own. As was apparent in the case of the negotiation process for textile trade between Japan and the U.S. between 1969 and 1971, the Zaikai not only pursued their own economic interests but also successfully mediated disputes among other business leaders involved. Another example was shown in the fishery talks where the Zaikai exerted pressure through Ichiro Ono, a strong LDP leader, in the process of restoring diplomatic relations with the Soviet Union in November 1956.[57] Finally, in the case of normalizing relations with the PRC in 1972, the financial circles took the initiative.[58]

Meanwhile, Zaikai's dependence on government bureaucrats for overseas information has decreased. Big business has gradually expanded its overseas branches and communication networks. Some big business foreign networks are greater in quantity and better in quality than those of the Foreign Ministry. Thus, competition for collecting overseas information is increasing between the Gaimusho and Zaikai as well as between big businesses.

It goes without saying that financial circles constitute one of the three important policy-making units in modern Japan. Nonetheless, their role as a political factor in the decision-making process is relatively minor compared with that of the LDP and senior bureaucrats. This, however, does not undermine the fact that the Zaikai has been an indispensable element in the postwar Japan's foreign, security, and economic policy-making[59] so long as a consensus-building is built among the Gaimusho, Jiminto, and Zaikai.[60]

So far explored are the theoretical explanations of the foreign policy-making process in postwar Japan. Special emphasis was put on the system and process of the tripartite groups, and interaction among them in Japan's policy-making process. The next logical step is to apply this theoretical framework to U.S.-Japan relations today in general.

U S.-JAPANESE RELATIONS TODAY: IMPLICATIONS AND PROSPECTS

As discussed earlier, contemporary Japanese foreign policy-making is largely determined as a result of the consensus-building process among the tripartite decision-making units. They are the Gaimusho (the Ministry of Foreign Affairs), the Jiminto (LDP), and the Zaikai (the financial circle). However, these units do not always exercise the same extent of influence in the decision-making process. It varies according to the different issue areas: the extent to which each unit exercises an influence depends on the characteristics and quality of an issue area.

This different extent of influence in issues becomes evident when the postwar Japanese diplomacy is examined. In the case of the Japan-Soviet normalization meetings in 1956, it is held that the Liberal Democratic Party among others played a major role. LDP leaders, centered around Prime Minister Hatoyama, visited Moscow to take the initiative and to mobilize domestic support in signing the treaty.

The Zaikai asserted a major influence on the decision-making process of Japan-China normalization in 1972. In that case, the financial circles were composed of business associations and big corporations. Leaders from Japanese steel companies, particularly new Japan Steel Corporation, played an active role, visiting Peking and providing technology and capital to the PRC. The Peking government in return provided materials and cheap labor.

Similar cases can be seen in U.S.-Japan relations. In 1960 when the U.S.-Japan security treaty was revised by the Kishi cabinet, the Ministry of Foreign Affairs as well as the LDP were salient actors. While the Gaimusho as the official foreign policymaker worked as a window for diplomacy toward the U.S., the Jiminto initiated and mobilized public support in domestic politics.

In the negotiation of the reversion of Okinawa with the U.S. in 1971, the factional politics in the LDP, headed by Sato, and public opinion were significant. The two parties complemented each other in the negotiation to gather and articulate Japanese public opinion. Since many factions within the LDP represented various voices ranging from the left to the right, the LDP was able to express public opinion.

In the 1980s, the three groups are of relatively equivalent significance in the policy-making process, particularly in the negotiations with the U.S. to deal with increasing trade frictions. Yet the Zaikai increasingly seems to take the initiative in dealing with economic problems with Washington. Business leaders, especially from the Keidanren, often articulate public opinion and provide it to the LDP and Foreign Ministry. Also, business leaders from time to time directly negotiate with American businessmen and the Washington government. Although the meetings between American and Japanese businessmen are on a non-governmental level, they are as significant as the government-level meetings.

The near future of U.S.-Japanese relations is unlikely to be easy. This is largely because of two mutually conflicting pending issues between the two countries: the U.S. policy of burden sharing, and trade friction. These issues are mutually exclusive in character. In other words, the two countries play a zero-sum game in the two issues: one's gain will be considered as the other's loss.

Regardless of the future state of Tokyo-Washington relations, Japanese policy-making vis-a-vis the U.S. will continue to be determined by the political mechanism among the tripartite elements. Also, the extent to which each element exercises influence on decision-making is relative, and Tokyo's policy toward Washington will be, to a great extent, established in this context. Of course, the impact of opposition parties, mass media, and public opinion is not insignificant, but the three decisional units, the LDP, Foreign Ministry, and the business circles, will remain effective in the future Japanese policy-making vis-a-vis the U.S.

NOTES

1. See Shinkichi Eto, "Nippon ni Okeru Taigai Seisaka Kettei" (Foreign Policy-Making in Japan), in Kokusaiho Gaiko Zasshi (International Law and Diplomacy Magazine), no. 6, vol. 72, pp. 623-688 (Tokyo, March 1974); Chihiro Hosoya, ed., Taigai Seisaku Kettei Kateino Nichibei Hikaku (Comparison of Foreign Policy-Making Process in Japan and the U.S.) (Tokyo: Tokyo Univ. Press, 1977); Sadako Ogata, Defiance in Manchuria: The Making of Japanese Foreign Policy 1931-1932 (Berkeley: Univ. of California Press, 1964); and Akio Watanabe, Sengo Nihonno Seijito Gaiko (Prewar Japan's Politics and Diplomacy) (Tokyo: Fukumura Publishing Co., 1970).

2. For example, see Donald Hellmann, Japanese Foreign Policy and Domestic Politics (Berkeley: Univ. of California Press, 1969); James W. Morley, Japan's Foreign Policy 1868-1941 (New York: Columbia Univ. Press, 1974); and Michael Blaker, Japanese International Negotiating Style (New York: Columbia Univ. Press, 1977).

3. Chihiro Hosoya, Siberia Shuppeino Shiteki (A Historical Study of Siberian Intervention) (Tokyo: Yuhikaku, 1955), and James Morley, op. cit.

4. Sadako Ogata, op. cit.

5. Professor Allison explains three conceptual models in analyzing the Cuban Missile Crisis in terms of the foreign policy-making process. They are 1) the Rational Model, 2) the Organizational Model, and 3) the Bureaucratic Model. Graham Allison, Essence of Decision: Explaining the Cuban Missile Crisis (Boston: Little, Brown and Company, 1971).

6. See Hee Suk Shin, Kindai Nippono Taigai Seisaku Kettei Kenkyu Shiron: Shin Shinkoku Shakkandan o Meguru Hara Kei Naikakuno Taibei Seisaku Keisei 1919-1921 (A Study of Foreign Policy-Making in Modern Japan: Hara Kei Cabinet's Policy-Making Process Towards the U.S. with Special Reference to the New Consortium, 1919-1921). His doctoral dissertation submitted to the Department of International Relations in the Graduate School of the University of Tokyo, Japan.

7. However, Japan made great economic progress during the Meiji and Taisho period. For details, see A. Kelley and J. Williamson, Lessons from Japanese Development (Illinois: Chicago Univ. Press, 1974), pp. 95-220.

8. Chihiro Hosoya, "Taigai Seisaku Kettei Kateini Okeru Nichibeino Tokusitsu" (Characteristics of Foreign Policy-Making in Japan and the U.S.), in Chihiro Hosoya, ed., Taigai Seisaku Kettei Kateino Nichibei Hikaku, op. cit., pp. 2-3.

9. Ibid.

10. For details of Japanese domestic politics regarding the Naval Disarmament Conference of London, see Takashi Ito, Showa Shoki Seijishi Kenkyu-Josetsu Rondon Kaigun Gunshuku Mondao Meguru Sho Seiji Shudanno Taiko To Teiki (A Study of Political History of the Early Showa Period--Opposition and Cooperation among Various Political Groups with Special Reference to the Naval Disarmament Conference of London) (Tokyo: Tokyo Univ. Press, 1969).

11. C. Hosoya, "The Prewar Japanese Military in Political Decision-Making," in Harold Z. Schriffin, ed., Military State in Modern Asia (New York: Free Press, 1976), pp. 19-29.

12. Regarding Pearl Harbor, see Nobutaka Ike, Japan's Decision for War: Records of the 1941 Policy Conferences (Stanford: Stanford Univ. Press, 1967).

13. Ibid., pp. 262-286

14. C. Hosoya, " Characteristics of the Foreign Policy Decision-Making System in Japan", World Politics, vol. 16, no. 3, (April 1974), pp. 353-369.

15. C. Hosoya, "Tai Sankyoku Gaiko O Ikani Susumeruka (How to Pursue Tripolar Diplomacy)," Chuo Koron, no. 1035, Tokyo, (June 1973), pp. 89-115.

16. E. H. Norman, "Parties and Politics," in John Livingston, ed., Imperial Japan 1800-1945 (New York: Random House, 1973), pp. 89-115.

17. C. Hosoya, "Taigai Seisaku Kettei Kateni Okeru Nichibeino Tokusitsu," in C. Hosoya, op. cit., (1977), p. 1.

18. R. Hackett, "Political Modernization and the Meiji Genro," in R. Ward, ed., Political Development in Modern Japan (New Jersey: Princeton Univ. Press, 1973), pp. 65-94.

19. C. Hosoya, "Retrogression in Japan's Foreign Policy-Making Process," in James Morley, ed., Dilemmas of Growth in Prewar Japan (New Jersey: Princeton Univ. Press, 1971) pp. 93-99.

20. J. Halliday and G. McCormack, Japanese Imperialism Today (New York: Monthly Review Press, 1973), p. 77.

21. Ian Nish, Japanese Foreign Policy 1869-1942: Kasumigaseki to Nivakezaka (London: Routledge & Kegan Paul, 1977), pp. 62-64.

22. The Constitution of Japan, Article 68 and 72; Article 5 in Cabinet Law; and Article 3 in Law for establishing the Ministry of Foreign Affairs.

23. Ibid.

24. Refer to E. Vogel, "New Attitudes for a New Era," U.S.-Japan Relations Annual Review 1983-1984 (Cambridge: Program on U.S.-Japan Relations, Harvard Univ., 1984).

25. Akio Watanabe, "Nipponno Taigai Seisaku Keiseino Katei" (Machinery and Process of Foreign Policy-Making in Japan), in C. Hosoya, ed., op. cit., (1977), pp. 23-58.

26. Eugene J. Kaplan, Japan: The Government-Business Relationship (Washington D.C.: U.S. Department of Commerce, 1972), pp. 23-28, and pp. 55-68.

27. Eto, op.cit., pp. 30-32.

28. Eugene Kaplan, op. cit., pp. 14-16.

29. Gerald L. Curtis, "Big Business and Political Influence," Ezra F. Vogel, Modern Japanese Organization and Decision-Making (Berkeley: University of California, 1975), pp. 33-34.

30. Donald Hellmann, op. cit., pp. 41-73.

31. S. Ogata, "Nipponno Taigai Seisaku Kettei to Zaikai" (Japan's Foreign Policy-Making Process and Business Interest Groups), C. Hosoya, ed., op. cit., (1977), pp. 213-241.

32. Gaimusho Sengogaikoshi Kenkyukai, ed., Nihon Gaiko Sanzyunen (Thirty Years of Japanese Diplomacy) (Tokyo: Gaimusho, 1982), pp. 1-18

33. Akio Watanabe, op. cit., pp. 33-37.

34. Ibid., pp. 37-42.

35. For details of Ringisei, see Seimei Tsuji, "Nipponi Okeru Seisaku Kettei Katei-Ringisei ni Kanrenshite" ("Japan's Foreign Policy-Making Process with Regard to Ringisei"), S. Tsuji, Shinpan Nippon Kanryosei no Kenkyu (A Study of Japanese Bureaucratic System, New Edition) (Tokyo: Tokyo Univ. Press, 1974).

36. M. Blaker, op. cit., pp. 54-145.

37. Akio Watanabe, op. cit., pp. 42-44.

38. C. Hosoya, op. cit., (1977), pp. 7-8.

39. Concerning bureaucratic and organizational process models, see Graham Allison, op. cit., pp. 67-100, and Morton Halperin, Bureaucratic Politics and Foreign Policy (Washington D.C.: Brookings Institution, 1974).

40. Ibid.

41. The Katayama Cabinet, led by the Japanese Socialist Party, was the only non-Jiminto cabinet in the postwar Japanese political history. It lasted from May 24, 1947 to March 10, 1948.

42. The Chairman of the Policy Affairs Research Council is one of the LDP's three top executives. The others are Party Secretary General and Chairman of the Executive Council.

43. Edwin O. Reischauer, The Japanese (Cambridge: Harvard Univ. Press, 1981), pp. 286-297.

44. Haruhiro Fukui, "Jiyu-Minshuto to Seisaku Kettei Katei (The Liberal Democratic Party and Policy-Making Process)," Nippon Kokusai Mondai Kenkyujyo, ed., Kokusai Mondai (April 1972), pp. 15-27.

45. Shigeo Misawa, "An Outline of the Policy-Making Process in Japan," Hiroshi Ito, ed., Japanese Politics: An Inside View (New York: Cornell Univ. Press, 1973), pp. 12-40.

46. For the territorial problems of Japan, see Yuichi Takano, Nippon Ryodo (Territory of Japan) (Tokyo: Todai Schuppankai, 1961).

47. Japan has had controversial issues on territorial ownership with some countries since the end of World War II. The reversion of Okinawa from the U.S. was settled during the Sato cabinet. Yet Japan still has territorial issues on the ownership of the Dokdo Islands (Takeshima in Japanese) with Korea, the Senkaku Islands with China, and the four northern islands with the Soviet Union.

48. Refer to the Sato's cabinet's policy-making process during the Korea-Japan normalization talks. See Hee Suk Shin, "Sengo Nipponno Gaiko Seisaku Kettei Kateini Kansuru Ichi Kosatsu" (A Study of the Postwar Japan's Foreign Policy-Making Process). Unpublished master's essay submitted to the Graduate School of International Christian University in Tokyo, Japan.

49. H. Fukui, op. cit., pp. 15-27.

50. The total amount of political funds of the LDP in 1982 was ¥1,269.268 billion (approximately $6.050 billion). There was a slight increase, compared to that of 1981. For details, see Takayoshi Miyasaya, Seiji Hando Bukku (Handbook of Japanese Politics) (Tokyo: Seiji Koho Center, 1984), p. 178.

51. According to the Japanese Ministry of Home Affairs (Jichisho), the total amount of political funding for 1984 equaled ¥116.6 billion, which ranked second in postwar Japanese history. The Yomiuri Shimbun, Sept. 3, 1985.

52. C. Hosoya, op. cit., (1977), pp. 6-7; H. Fukui, op. cit., pp. 127-175; and Hee Suk Shin, op.cit., (1972), pp. 105-112.

53. The Yomiuri Shimbun, Sept. 3 and 4, 1985, and T. Miyakawa, op. cit., p. 178.

54. Ezra F. Vogel, Japan as No. 1 (Cambridge: Harvard University Press, 1979), pp. 113-116.

55. Ibid.

56. S. Ogata, "The Big Business Community and Japanese Foreign Policy-Making Process...Leading to Japan's Normalization of the Relations with the People's Republic of China," a monograph prepared for the conference on Japanese foreign policy in Hawai in Jan. 1974, H. Shin, op. cit., (1972), pp. 128-146.

57. D. Hellmann, op. cit., pp. 121-133.

58. C. Hosoya, op. cit. (1977), pp. 8-9.

59. Gerald Curtis, "Big Business and Political Influence," Ezra F. Vogel, ed., op cit., pp. 33-38.

60. However, regarding the role of Gaimusho, we should not overlook the problems of gaiko ichigenka (single-channel diplomacy), which is an important issue in modern Japanese policy formation and domestic politics. It is significant particularly between the Foreign Ministry and the Defense Agency, and between the Foreign Ministry and MITI. This was confirmed in personal interviews with Mr. Sadakazu Taniguchi, Japanese Consulate General in Boston, on Nov. 6 and 12, 1985.

BIBLIOGRAPHY

Blaker, Michael. Japanese International Negotiating Style. New York: Columbia Univ. Press, 1977.

Chuo Koron.

Gaimusho Sengogaikoshi Kenkyukai, ed. Nihon Gaiko Sanzyunen (Thirty Years of Japanese Diplomacy). Tokyo: Gaimusho, 1982.

Halliday, J. and G. McCormack. Japanese Imperialism Today. New York: Monthly Review Press, 1973.

Hellmann, Donald. Japanese Foreign Policy and Domestic Politics. Berkeley: Univ. of California Press, 1969.

Hosoya, Chihiro, ed. Taigai Seisaku Kettei Kateino Nichibei Hikaku (Comparison of Foreign Policy-Making Process in Japan and the U.S.). Tokyo: Tokyo University Press, 1977.

____. Siberia Shuppeino Shiteki (A Historical Study of Siberian Intervention). Tokyo: Yuhikaku, 1955.

Ito, Hiroshi, ed. Japanese Politics: An Inside View. New York: Cornell Univ. Press, 1973.

Kaplan, Eugene J. Japan: The Government-Business Relationship. Washington D.C.: U.S. Dept. of Commerce, 1972.

Kelley, A. and J. Williamson. Lessons from Japanese Development. Illinois: Chicago Univ. Press, 1974.

Kokusai Mondai, April 1972.

Livingston, John, ed. Imperial Japan 1800-1945. New York: Random House, 1973.

Morley, James W. Japan's Foreign Policy 1868-1941. New York: Columbia Univ. Press, 1974.

____. Dilemmas of Growth in Prewar Japan. New Jersey: Princeton Univ. Press, 1971.

Nish, Ian. Japanese Foreign Policy 1869-1942: Kasumigaseki to Nivakezaka. London: Routledge & Kegan Paul, 1977.

Ogata, Sadako. Defiance in Manchuria: The Making of Japanese Foreign Policy 1931-1932. Berkeley: Univ. of California Press, 1964.

Reischauer, Edwin O. The Japanese. Cambridge: Harvard Univ. Press, 1981.

Schriffin, Harold Z. ed. Military State in Modern Asia. New York: Free Press, 1976.

Vogel, Ezra F. Modern Japanese Organization and Decision-Making. Berkeley: Univ. of California, 1975.

____. Japan as No. 1. Cambridge: Harvard Univ. Press, 1979.

Ward, R., ed. Political Development in Modern Japan. New Jersey: Princeton Univ. Press, 1971.

Watanabe, Akio. Sengo Nihonno Seijito Gaiko (Prewar Japan's Politics and Diplomacy). Tokyo: Fukumura Publishing Co., 1970.

World Politics.

Yomiuri Shimbun.

第 4 章

韓國의 政治權力과 Political Leadership

第 1 節

問題의 素材와 視角

이 글의 목적은 "신희석 교수"가 한국에서 말하는 소위 "한국적 출세"를 왜 아니(못)하였는가에 대하여 명쾌한 해답을 제공하는 것이다. 여기에서 말하는 소위 "한국적 출세"라 함은 국무총리, 국회의장, 장관, 주미/주일대사 또는 이에 준하는 정부 요직의 고위직 벼슬을 취득하여 고관대작의 지위를 확보한 후 세속적인 공권력을 일정 기간 행사할 수 있는 벼슬자리를 확보하는 것을 말한다(개념규정).

나는 바로 얼마 전 시청 앞 플라자호텔에서 개최된 행사장에서 내가 이사장으로 근무하는 아태정책연구원(APPRI)이 주최하는 주한 미, 일, 중, 러 4강 대사초청 "동북아의 평화와 4강의 역할"을 주제로 하는 국제심포지움을 주재하였다. 회의종료 후 내 옆으로 다가오는 적지 않은 인사들로부터 "혹시 박근혜 후보가 이번 대선에서 대통령으로 당선되면 신 박사가 외교통상부장관이나 통일부장관 또는 국정원장을 하는 것이 아니냐"라고 문의하는 말로 나를 진정 피곤하게 하는 사람들이 적지 않았다(본고는 2012년 12월에 초안 작성된 것임).

특히, 최근에는 박근혜 대표가 여당 대선후보가 된 이후 박근혜의 대통령 당선은 곧 신희석이의 '입신출세'를 의미한다고 하는 '당치도 않고 허무맹랑한' 이야기를 걸어오는 사람들이 가일층 많아지고 있다. 나는 슬프다. 하지만 그 가능성은 0.1%도 아니 된다. 국무총리와 장관자리가 도대체 무엇이기에 많은 사람들이 이다지도 '벼슬직'에 연연하는 것일까?

외람되지만, 나는 정치학 교수로서 또한 사회과학자로서 이미 소위 "출세"한 사람임을 조용히 확신하고 있다.

한국에서는 일반적으로 나와 같이 비고위 관료 출신 인사가 정치권력의 중심부분에서 소위 요직을 쟁취하기 위하여는 최고통치권자의 정권창출과정과 그 선거운동과정에 해당캠프의 일원으로 참가하여 불철주야로 동분서주하면서 여하한 형태로 헌신적 기여를 하여야 한다. 그후 대통령 당선자는 재임기간 동안에 이러한 정권창출과정에 기여한 명부를 청와대 민정수석실과 사정수석실에 소위 '존안파일'이라는 명목으로 우선순위의 번호를 매겨서 잘 보관한 후 대선 선거운동기간 중의 노력의 결과와 정도에 대한 반대급부로 임기만료 이전에 적절한 인사에게 알맞는 요직을 "대통령 임자 마음대로" 하나씩 배분하는 것이 최고통치권자에 의한 정부 최고위 인사행정의 일반적 경향임은 주지의 사실이다.

그러한 의미에서 내 주위의 지인들로부터 박근혜 후보와 나와의 관련성 속에서 이와 비슷한 '기대말씀'을 들을 때마다 고맙기는 하지만 나를 슬프게 한다. 왜냐하면 나는 이미 학자로서 충분히 '출세'하였다고 생각하고 있기 때문이다. 내가 박근혜 대표와의 관련성 속에서 정부요직담당 가능성이 일컬어지고 있는 배경에는 수년 전 북한 김정일 국방위원장의 초청으로 나는 박근혜 대표와 함께 두 사람이 평양을 방문하여 북한요인들과 정책면담을 함과 동시에 특히 귀국전야 김정일 국방위원장초청 만찬간담회에서 적극적인 발언을 하는 나의 모습이 국내외의 언론보도를 통하여 널리 알려졌기 때문이다(제5장 참조).

국무총리나 국회의장 등의 고위관직을 해야만 '출세'라고 생각하는 한국적 사고방식은 결코 올바른 인식이 아니다. 구멍가게를 하든 가방장사를 하든 공무원을 하든지 피눈물 나는 노력과 땀의 결과를 통하여 그 분야 최고의 경지에 도달하여 행복을 누린다면 우리는 그것을 소위 '출세'라고 보아야 한다. 총리나 장관과 같은 벼슬아치만을 '출세'라고 보는 그릇된 인식은 소위 고관대작을 부러워하고 권력지향적인 일부 세속적이고도 관습적인 사람들의 편협한 사고방식에서 기인된 것이다.

이는 어쩌면 고위공직자우선의 원칙을 중시하는 '한국적 출세개념'의 한시적 유행병인지 모른다.

예컨대, 미국 하버드대학에서 나와 함께 공부하고 연구생활을 해오던 미국 친구들도 최근에는 소규모회사직원 또는 자영업 등에 종사하는 친구들이 얼마든지 있다. 또한, 일본 동경대학대학원 국제관계론연구실 또는 법학부에서 박사과정을 함께 수료한 나의 일본 친구들 중에는 이불장사, 제조업체, 도자기회사 등의 평범한 가업에 종사하는 친구들도 있는 실정이다.

오늘날 일본이 미국과 더불어 세계 경제의 3대주역으로 발돋움한 것은, 우리가 흔히 고급 화장실에서 보는 TOTO변기, Noritake도자기, Kikoman간장과 같이 가업을 중시하는 경제문화와 사회적 관습이 현대일본인들 의식구조의 저변에 내재함으로써 세계적인 대기업체로 성장하였기 때문임을 우리는 알아야 한다. 그것이 바로 일본제조업의 국제적 성공비결이다.

나는 대전고 → 연세대 정치외교학과 → 美하버드대 대학원 → 일본동경대 대학원을 거쳐서 10여년 동안의 해외유학생활을 한 결과, 1978년 가을에 동경대학 국제관계론연구실에서 정치학 박사학위를 취득하였다. 귀국 후 외교통상부 외교안보연구원 교수로 20여 년간 재직하면서 모교인 연세대정외과, 本대학원 정치학과, 특히 행정대학원에서 25년 가까이 겸임교수로 근무하고 최근에 정년퇴직한 후 지금은 아태정책연구원 이사장으로 근무하고 있다(외교부산하의 등록법인 제311호).

그 과정에서 하버드대학과 동경대학에서 수차례 객원교수로 근무한 결과 통산 20년 가까이 동경과 보스톤에서 생활하였다. 그 결과 나는 영어와 일본어를 비교적 자연스럽게 구사하는 것으로 알려져 있다. 뿐만 아니라, 지난 30여 년 동안 248편의 정책연구논문과 "동북아의 국제정치경제환경과 한반도(박영사, 2009)"를 포함하여 13권의 저서를 보유하고 있다(공저 포함).

또한 내가 이사장으로 근무하고 있는 외교부 산하의 등록법인 아태정책연구원은 2년전 반기문 제 8 대 유엔사무총장을 끝으로 학문에 대한 불타는 정열과 함께 그동안 무려 340회에 걸친 정책연구포럼을 개최하였다. 말하자면, 정치학교수로서의 나는 험난한 학문의 길이었지만 비교적 순탄한 길을 걸어왔으며, 나의 연구업적은 타의 추종을 불허한다고 해도 결코 과언이 아닐 정도로 일컬어지고 있다. 그렇다면, 이것이 바로 일반적 개념의 '출세'가 아닌가 말이다.

외교통상부 산하의 등록법인인 아태정책연구원(Aisa-Pacific Policy Research Insititute)은 그동안 국제회의, 심포지움, 포럼 등 340회에 걸친 각종 국책연구행사를 통하여 국내의 정책연구기관 중 연구업적과 생산성면에서 국내 단연 상위권을 확보하고 있다. 30년 동안 작성한 땀과 눈물의 결정체인 수많은 연구업적 그리고 700명에 가까운 제자들이 나와 함께 공부하였음을 나는 자랑스럽게 생각한다. 그것은 나의 총재산목록 중의 중요한 일부인 동시에 이것이 바로 내가 보는 "소박한 출세"인 것이다. 즉 말하자면 나는 이미 소위 "출세한 사람"으로 당연히 인정받아 마땅한 것이다.

그럼에도 불구하고 '박근혜가 대통령이 되면 신 교수가 외교통상부장관이나 국정원장이 되는 것 아니냐?'라고 하는 당치도 않고 유치한 발상은 학자의 생리와 자존심을 너무나도 모르는 무지의 소치에서 비롯된 발상이요 또한 학문에 대한 도전이요/모독이다. 학문의 종착역은 없다. 끝없이 공부하고 노력하고 생각하고 쓰고 발표하는 것이다. 사회가 타락하고 도덕성이 무너지는 한이 있더라도 우리가 옛날부터 선생님을 '은사'라고 부르면서 아직도 존경심을 버리지 않는 것은 바로 이 때문이다. 나는 그동안 내가 걸어온 이 학문의 길을 만족스럽고도 자랑스럽게 생각한다.

또한, 나는 나의 현재의 정책연구활동에 크게 만족하면서 우창록 명예회장 변호사와 윤세리 회장변호사 덕분에 한국에서 저명한 법무법인 '율촌'의 비상근 고문으로 수년간 근무하였음을 자랑스럽게 생각한다.

뿐만 아니라, 역대 대통령들과도 비교적 근거리에서 가끔 독대를 하면서 국가업무(특히 외교안보현안)에 관하여 상의하고 조언한 적은 있지만, 비겁하게 그들에게 머리 숙여 아부하면서 요직을 구걸한 적이 결코 없었음을 나는 확실하게 단언할 수 있다(양심선언).

이하, 역대 대통령들에 대한 나의 인식과 비교적 근거리에서 본 접근상황의 실체와 전모를 박정희 → 전두환 → 노태우 → 김영삼 → 김대중 → (이명박, 노무현) → 박근혜의 순서로 정책연구활동의 시각에서 간략히 공개하기로 한다.

요컨대, 나는 구한말 개화기에 조정 내외의 정치상황과 동북아국제관계환경에 관하여 고종황제에게 상소문으로 읍소한 당시의 석학 최익현 선생과 같이 학문에 대한 불타는 정열과 애착을 갖고 오로지 앞을 바라보면서 학문의 길을 묵묵히 뚜벅뚜벅 걸어갈 따름이다(다음 호에 계속: 제 2 절 내가 본 박정희 대통령)!

▲ 외국기업경영과 주요법률이슈를 다룬 제 179 차 정책포럼에서 인사의 말씀을 하고 있는 當院理事長

▲ 서울외신기자클럽에서 개최된 유창종 전 서울지방검찰청장 초청 법률문제개관에 관한 정책 포럼에 참석한 주제발표자 및 참석자대표일동(프레스센터, 2008년 2월)

▲ 한·미 관계 심포지움에서 기조강연 후 당원 이사들과 포즈를 취하고 있는 Vershbow 駐韓美國大使夫婦(사진은 뒷열 左로부터 Stanton 駐韓美國副大使, 정태익 前 駐러시아大使, 노창희 前 駐UN大使, 오재희 前 駐日大使, 유종하 前 外交通商部長官, Takasugi 政策諮問委員長, Wolf 美國大使館參事官, 선준영 前 駐UN大使, 신희석敎授 및 婦人一同, 2007년 4월)

▲ '미·북한/일·북한 수교전망과 동북아국제정치'를 주제로 하여 개최된 심포지움의 발표자 및 토론자 일동(Seoul Hilton Hotel, 2000년 4월)

第 2 節

내가 본 朴正熙 大統領: 試練期 民族中興의 歷史的 使命感

나는 박정희 대통령을 직접 대면한 사실이 없다.

다만 1978년 가을, 동경대학대학원 국제관계론연구실에서 정치학 박사학위를 취득한 후, 만 33세의 나는 우리 정부(외무부)의 부름을 받고 귀국하였다(강영훈 초대외교안보연구원장 & 박동진 외무부장관). 그 당시 외무부 외교안보연구원 조교수로 부임하기 위하여 또한 모교인 연세대학교 정치외교학과와의 최종교섭을 위한 각종 준비작업을 하는 등, 다양한 업무가 나를 기다리고 있었다.

내가 외무부 외교안보연구원 조교수로 결정되었음을 나에게 처음으로 통고해 주신 분은 오재희 주일공사(당시)이다. 아주국장, 외무차관, 외교안보연구원장, 주일대사와 주영대사를 역임한 오 대사는 다양하고도 기발한 아이디어와 탁월한 능력을 소유한 엘리트 외교관이다. 외교안보연구원장으로 직접 모시고 일하는 동안에도 많은 지도와 가르침을 주셨다.

특히, The Japan Foundation 연구프로젝트의 일환으로 Washington, NewYork, Boston을 2주일 동안 함께 방문하면서 Ezra Vogel교수(Harvard), Gerald Curtis교수(Columbia), John Perry교수(Fletcher), Gallouchi 핵대사(국무성), Victor Cha교수, Gleistin 전 주한미국대사(Japan-America Society), Owada 주 유엔일본대사 등 수많은 미일석학들과 한미일관계에 관하여 난상토론을 벌였다. 오재희 대사는 한국외교안보정책의 정통성과 우리의 국가이익을 강조하는 민족주의자이기도 하다. 지금도 아태정책연구원(APPRI)의 수석이사로 위촉하고 있으며, 나의 자서전 집필에 관하여 많은 조언과 물심양면의 협조를 해 주시는 '평생상관'이기도 하다. 오 대사의 기발한 아이디어와 창의력은 실로 타의 추종을 불허할 정도로 외교부내의 평판이 매우 높다.

이와 때를 전후로 하여 국내에서는 민주공화당과 신민당이 대결한 제 10 대 국회의원선거가 실시되었다(1978년 12월 12일). 현실정치와 전혀 관련성이 없는 나로서는 그다지 커다란 관심사는 아니었다. 그런데 청와대 정무수석실(Y모정무수석) 관계자로부터 외무부외교안보연구원 동료교수인 L모박사와 동시에 내가 유정회소속 전국구 국회의원후보로 거론되고 있다고 하는 전혀 사실무근한 연락을 받았다. 아울러 그 직후에 약간의 관련 서류제출을 요청받았다.

나는 순간 당황하였다. 사실관계를 확인할 겨를도 없이 나는 박정희 대통령과 전혀 면식도 없고 아무런 인연도 없는 입장이었기에 적지 않게 놀랄 수밖에 없었다.

더구나, 동경대학 국제관계론연구실이 나에게 박사학위를 수여한 것은 귀국 후 정치학자로서 아카데미즘의 세계와 더불어 한국에서 정책연구활동과 학술교육활동에 전념할 것을 강력히 요구한 상황이었기 때문이었다. 나는 그 당시 동경대학의 은사요, 세계적인 국제정치학자인 지도교수 Eto, Shinkichi(衛藤瀋吉) 선생을 비롯한 몇 사람의 가까운 석학들과 상의한 결과, 그들은 전원일치로 나의 한국정계진출을 극구 반대하였다. 뿐만 아니라, 내가 정계로 진출하여 국회의원이 될 경우, 우선 이미 취득한 동경대학 박사학위기의 반환을 요구할 수도 있다고 하는 협박성(?) 소식도 간접적으로 들려왔다.

나는 겁을 먹고 적지 않게 주저하였다(피눈물 흘리면서 수많은 시련과 난관을 극복하여 거의 10년간 공들여 취득한 동경대학 박사학위기를 하루아침에 뺏기다니?). '박정희 정권의 국회의원'으로서 정계에 입문하여 정치인의 길을 걸어야 할지 아니면 사회과학자(정치학 교수)로서 학문과 정책연구의 길을 걸어야 할지 나는 적지 않게 고민하였다. 그 당시 내가 만약 정치인의 길을 선택하였더라면 박정희 대통령이야말로 나의 인생을 크게 바꾸어 놓은 위대한 인물이었기에 그를 존경하고 무작정 추종하였을런지도 모른다. 박사학위의 취득을 위하여 전력투구하였던 인고의 날들이 마치 주마등처럼 스쳐 지나갔다.

나는 그 당시 어떠한 과정과 경로로 내가 유정회 국회의원 전국구 후보 중의 한 사람으로 살며시 거론되고 있었는지 확실히는 알지 못했다. 나중에 알게 되었지만, 나의 평생 은인으로서 우리 정부의 해외두뇌유치계획의 일환으로(강영훈 초대외교안보연구원장 談: 당시) 외무부로 나를 불러주신 강영훈 前 국무총리와 나를 평소에 아껴주시고 가끔 채찍질을 해 주셨던 민관식 前 국회의장 그리고 김세진 박사(훗날 주뉴욕총영사, 상공부차관 역임) 세 분의 적극적인 추천의 결과라는 사실을 나는 한참 뒤에야 알게 되었다.

특히 민관식 국회의장은 1980년 8월경, 소위 '서울의 봄'이 마무리되고 어느 정도 국내정국이 진정 기미를 보일 때 나를 데리고 일본의 政界와 官界시찰을 위하여 약 1주일 동안 동경을 방문하였다.

동경 시내 Toranomon에 있는 Hotel Okura에 체류하는 동안 우리는 Suzuki Zenko 일본수상, Nakasone Yasuhiro 행정관리청장관(? 중의원의원, 훗날 일본수상), Takeshita Noboru 자민당 간사장(중의원의원, 훗날 일본수상), SakurauchiYoshio 중의원의장(훗날 외무대신), 동경대학의 Eto Shinkichi교수(국제정치학자), Sato Seizaburo 교수(일본정치외교론), Honma Nagayo 교수(미일관계론), oo외무대신(45여 년 전의 회동이었기에 이름 기억 안 남), Sejima Ryuzo ItoChYu 일본재벌고문(거물급 경제인, 전두환-Nakasone의 교량적 역할을 한 것으로 알려지고 있음) 등의 일본 정관계 요인들과 식사 회동을 함께하면서 양국의 국내정국현황과 한미일 관계의 전망에 관하여 정책간담회의 시간을 가졌다.

그리고 그 결과를 내가 직접 "최근 일본정국동향과 일본지도층의 對韓인식/정책"이라는 제목으로 정책보고서(秘)를 작성하여 민관식 前국회의장의 지시로 주일한국대사관의 李常九 정무공사(나중에 중앙정보부차장, 주말레이시아대사로 이동)를 통하여 서울로 보고하였다. 이것이 내가 훗날 이상구 대사와 가까이 지내면서 이 대사를 아태정책연구원(APPRI)의 수석이사로 위촉하게 된 동기와 계기가 되었다.

또한, 나는 귀국 후 민관식 국회의장과의 방일결과를 박동진 외무부장관, 강영훈 외교안보연구원장, 공로명 차관보 등, 외무부 관계자들에게도 브리핑하였다. 지금 회고하건대, 그 당시 중앙정보부에 전달된 한국정치상황에 관한 민관식 국회의장의 보고서는 국가보위비상대책위원회의 전두환 상임위원장에게도 보고되어 중요한 정책현안자료로 활용된 것으로 추정된다(구체적 근거 無).

귀국길에 민관식 의장과 나는 신칸센으로 Kyoto를 방문, Kyoto대학의 국제관계전문가 Ichimura Shinichi 교수, Yano Toru 교수 등과 개별 식사회동의 시간을 가진 후 平安神宮, 龍安寺, 石庭 등 세계문화유산을 견학한 후 취중에 淸水寺의 Mawaribudai에 앉아서 상당한 시간동안(거의 반나절) 정담을 나누었던 45년 전의 옛 추억을 나는 지금도 잊지 못하고 있다.

내가 만약 78년도 가을에 학문보다도 정치에 관심이 있었더라면 교수직 취업을 과감히 버리고 전국구보다는 나의 고향 대전에서 지역구후보로 국회의원 선거에 출마하였을 것이다. 그리고 수차례의 연속당선을 기록한 후, 더 큰 자리를 향한 정치행보를 줄달음질하였음에 틀림없다. 왜냐하면, 내가 비록 미국과 일본에서 오랫동안 해외생활을 하였지만, 영광의 조국 대한민국과 그 국민을 사랑하는 마음에는 지금도 전혀 변함이 없기 때문이다.

더욱이 대전고등학교 → 대전중학교 → 대흥국민학교로 점철되는 '대전촌놈'인 나에게 있어서 대전고 졸업동창생들은 나의 커다란 힘이요, 소위 "빽"이 될 수도 있을 것이라고 생각되었기 때문이다. 정치행보의 길로 나갔었더라면 나는 소위 말하는 "한국적 출세" 또는 "세속적 출세"의 길을 걸었을런지도 모른다. 하지만 나는 오늘날과 같이 학문의 길을 선택한 것을 결코 후회하지는 아니한다. 연세대학과 기타 여러 대학에서 나와 함께 공부하였던 후학들은 먼 훗날 국가발전의 초석이 될 것이라고 확신하기 때문이다.

동경대학 은사들의 진지한 권고와 아울러 오로지 학문의 길을 걷기를 희망했던 선친의 준엄한 꾸지람은 나로 하여금 학문과 배움의 길을 선택하게 만들었다. 나의 先親께서는 "미국 하버드대학이나 일본 동경대학에서 박사학위를 취득하지 못하면 귀국하기 전에 동해바다에 차라리 빠져 죽는 것이 나을 것이다."라고 강조할 정도로 학문의 길을 권장하였다. 지금 생각하면 '천하대란의 세파속에서 뜻이 있는 사람은 항상 자신의 몸을 감추고' 불안정하고 세속적인 정계진출을 삼가하며 학문의 길을 꾸준히 걸으라고 하셨던 先親의 지침이 나에게 커다란 영향을 주었다고 생각된다.

1990년 5월 9일! 나를 낳아주시고 길러 주시고 그다지도 사랑해 주셨던 아버님의 訃報를 듣고 나는 3일간 땅을 치고 통곡하였다.

당시 나는 Japan Foundation Fellow로 동경대학법학부에 객원교수로 근무 중이었기 때문에 부친의 임종을 지켜보지 못한 것이 천추의 한이다(향년 76세). 미친 듯이 귀국하였을 때, 나의 대전중고동창생 남장수 동문이(서울공대졸, 원자력연구원장 역임) 우리 아버지의 빈소를 지키고 있었다. 눈물겹도록 고마운 고향 친구이다. 내가 해외에 있는 동안에도 남 동문은 나의 부모님에게 적지 않은 관심과 온정을 베풀어 주었다. 그는 한국을 대표하는 원자력공학의 大家이다. 대전집에 도착하여 아버지의 영정을 보는 순간 나는 그동안 참았던 눈물을 도저히 감출 수 없어서 관을 붙잡고 소리내어 엉엉 울고 말았다.

요컨대, 박정희 대통령은 내 인생에 커다란 운명적 변화를 초래할 뻔 하였던 결정적인 인물이며, 국가발전과 민족중흥을 위한 박 대통령의 성과와 업적은 높은 평가를 받아야 한다고 나는 생각하고 있다.

뿐만 아니라, 한반도의 평화정착을 위한 총력안보태세의 확립, 그 당시의 평화통일을 위한 외교안보정책의 추구, 중화학공업(포항제철 등)의 발전 등을 통한 비약적인 한국 경제성장에의 기여, 경부고속도로를 비롯한 도시 인프라의 발전을 위하여 헌신적인 노력을 경주하였다.

또한, 박정희 대통령은 건설교통부장관을 역임한 안경모 장관을 발탁하여 한국의 수자원개발과 중화학공업육성을 통한 커다란 국토발전마스타프랜의 현실화(예: 소양강 댐, 안경모 장관은 그후 한국수자원개발공사 사장을 거쳐서 산업기지개발공사 사장으로 평생을 국가건설을 위하여 바쳤음)를 위하여 전력을 투구하였다. 그리고 새마을운동의 적극적인 추진을 통하여 '우리도 땀을 흘리면 잘 살 수 있다'는 국민적 자존심과 긍지를 기르는데 박 대통령은 결정적인 기여를 하였다고 하겠다.

1960년대 초기에 한국의 1인당 국민소득은 불과 200 달러 미만이었지만, '우리도 할 수 있다' '잘 살아 보세'라고 하는 국민적 문화의식과 자존심을 심어놓은 점 등은 박정희 대통령의 커다란 업적이라고 할 수 있겠다(다음 호에 계속: 내가 만난 전두환 대통령).

第 3 節

내가 만난 全斗煥 大統領: 強力한 리더십을 通한 카리스마(現狀改革型)

내가 전두환 장군을 처음 만난 것은 1980년 봄으로 기억한다.

삼청동에 있는 국가보위비상대책위원회(국보위) 상임위원장실에서 만난 당시 전두환 장군의 모습은 늠름하고도 의욕에 찬 모습이었다. 전 위원장은 나에게 만주사변(1931)과 중일전쟁(1937) 그리고 태평양전쟁(1941)에 이르는 1930년대 일본군부의 역할과 국가발전에 기여한 군부지도자들의 리더십행태와 비군부세력과의 상호관련성과 합리성 그리고 후세 일본인들에 의한 戰前군부 역할에 대한 가치평가 등을 정책적 측면에서 고찰하여 긴급보고서를 제출하도록 요청하였다.

아울러 전두환 위원장은 우리의 국가발전을 위한 매우 중요한 보고서인 만큼 보안에 유의하여 일체의 외부노출을 자제하도록 나에게 당부하였다(하지만, 35년 이상이 경과한 이 시점에서 나는 한국현대사 기록의 일환이라는 관점에서 겸허한 자세로 보잘 것 없지만 과감히 공개하는 것이다).

이 중요한 교량적 역할을 해주신 분은 국보위 외무분과 위원장 노재원 외무부 외교안보연구원장(후일 외교부 차관)과 한국에서 가장 세련된 영어를 탁월하게 구사하는 '멋쟁이 외교관' 김세진 대사이었다. 특히 김세진 대사의 미국인을 방불케 하는 정도의 세련된 영어와 미국학연구에 관한 깊은 통찰력은 실로 타의 추종을 불허한다. 한국의 외교안보정책과 한미관계를 위하여 조금 더 커다란 역할을 하였으면 하는 아쉬움을 지금도 금할 길 없다.

이분들은 그후에도 나에게 많은 도움과 지도를 해주신 결과, 현재 내가 근무하고 있는 아태정책연구원(APPRI)의 출범에도 커다란 힘이 되었다. 제2차 세계대전前 일본의 국내정치과정과 미일관계에 관하여 박사학위논문을 집필한 나에게 있어서 이와 같은 동북아국제관계사에 관한 정책연구프로젝트는 다행히도 그다지 어려운 작업이 아니었다.

제 2 차 세계대전을 전후로 한 일본의 국내정치과정(Domestic Political Process)은 군부세력과 비군부세력간의 정치적 대립관계로 점철된다. '대륙진출정책'을 주장하는 군부세력과(Yamagata Aritomo, Terauchi Masataka, Tanaka Kiichi, Tojo Hideki 등) 미국과 영국을 비롯한 열강과의 '국제협조노선'의 중요성을 강조하는 비군부세력(Hara Takeshi, Takahashi Korekiyo, Konoe Fumi－maru, Shidehara Kijuro, Kato Takaaki 등) 양자 간의 정치적 대립과 갈등은 1920년대~40년대 초기에 이르는 20년간의 일본을 소용돌이 속으로 몰고 갔다.

Tojo Hideki와 Yamamoto Isoroku를 중심으로 하는 일본 군부(특히 육군과 해군)가 1930년대의 중후반에는 국가리더십의 중추적인 역할을 하면서 1941년 12월 8일의 진주만공격에 이르기까지 戰前일본의 국가통치권력을 전면적으로 주도하였던 것은 주지의 사실이다. 일본정치외교사의 정책연구에 있어서 만주사변(1931년 9/18)에서 진주만공격(1941년 12/8)을 거쳐서 종전(1945년 8/15)에 이르기까지의 기간을 '15년전쟁'이라고 일컬어지기도 한다.

결과적으로 일본군부의 국내정치과정에 대한 간섭과 주도권쟁탈은 태평양전쟁을 통하여 전면전쟁에 의한 파국과 항복으로 종결되었지만, 제2차 세계대전前 일본의 국가발전을 위한 군부의 주도적 역할은 결정적으로 '원폭과 패전'이라고 하는 비참하고도 치명적인 결과를 초래하였다. 그러므로 제2차 세계대전을 둘러싼 국제관계의 변용과정과 미일관계의 협조와 파국에 의한 역사적 교훈이 오늘날 동서양을 막론하고 사회과학자들의 중요한 연구테마로 등장하고 있음은 주지의 사실이라고 하겠다.

전두환 국보위상임위원장은 이와 같은 戰前 일본군부의 역할과 정책적 역할과 기능에 관하여 커다란 관심과 호기심을 갖고 있었다. 대외비로 작성된 상기 보고서는 수일내로 전 상임위원장에게 전달되었고, 노재원 국보위외교분과위원장과 김세진 대사에게 사전보고를 하였다.

전두환 위원장은 매우 도움이 되었다라고 하면서 노고를 치하한다고 격려와 감사메시지를 간접적으로 나에게 전달하였지만, 나는 국가공무원으로서 상부의 지시에 따랐을 뿐이라고 생각하였다. 전혀 확인할 길이 없지만, 이 對外秘보고서가 국가보위비상대책위원회의 운용과정과 전두환 위원장이 국가최고통치권자로 등장하는 과정에서 매우 중요한 정책참고자료 중의 하나가 되었음은 부정할 수 없다고 하겠다(나를 소개한 노재원 국보위 외무위원장과 김세진 대사 훗날談).

전두환 대통령과 나는 이러한 계기로 서로 알게 되었다. 대통령으로 재임하는 동안과 대통령직을 그만 둔 후에도 4~5차례 정도 청와대와 연희동 사저에서 전 씨와 독대를 하였다. 이 경우, 전두환 씨의 주변에서 업무를 돕고 있었던 비서실요원들이 항상 중개역할을 담당하여 주었다.

예를 들어서, 안현태 청와대경호실장을 비롯하여 송춘석 비서관, 장해석 비서관, 이진욱 비서관 등 여러 비서실 직원들이 교량적 역할을 담당하여 주었다. 이분들은 전원 내가 오랫동안 근무한 연세대학교 행정대학원 강의실에서 '동북아국제관계론', '일본정치외교론' 또는 '외교정책론'이라고 하는 나의 대학원강의를 모범생으로 수강한 분들이며, 특히 내가 총애하였던 후학들이다. 그분들은 한 학기동안 개근출석하였으며, 수업성적도 매우 양호한 우수졸업생들이다.

나는 기본적으로 "군부엘리트"에 지대한 학문적 관심을 갖고 있다. 나의 '軍'에 대한 정책적 관심은 제2차 세계대전 전의 미일관계를 다룬 박사학위논문의 작성과정에서 비롯되었다. 대외진출정책을 강조하는 군부엘리트와 국제협조노선을 추구하는 고위관료(외무성, 대장성)들과의 첨예한 대립과 갈등은 당시 일본내각의 對美정책결정과정에 적나라하게 표출되었다. 실로 홍미진진한 학위논문이였다(제3장 & 제6장 2절 및 5절 참조).

연세대행정대학원의 나의 클라스에는 의외로 현역고위장성들이 많았다. 전도봉 해병대사령관, 박춘택 공군참모총장(고위과정), 김필수 기무사령관, 신현돈 제1야전군사령관(특전사령관 역임), 박정수(해병대) 백령도사령관 등 주요군지휘관은 나와 함께 저녁 늦은 시간까지 나의 강의실을 지키며 함께 공부하였던 학문의 동지들이다.

그 중에서도 특히, '해병대의 살아있는 전설을 창조'한 전도봉 해병대사령관! 그는 강력한 리더십과 훌륭한 인품을 갖고 있는 진짜 군인이다. 해병대 3 연대장 → 사령부참모장 → 제1사단장 → 해병대사령관을 역임한 전 사령관은 강의시간출석, 연구발표, 시험성적 등의 각 측면에서 탁월한 모범생이었다. 지금도 全 장군은 거제도에서 야영생활을 하고 있으며, 우리 부부를 거주지로 초청하기도 하였다. 그리고 연세대행정대학원 출신은 아니지만, 내가 이사장으로 근무하고 있는 아태정책연구원(APPRI)의 수석이사인 김판규 육군참모총장(박춘택 총장 소개), 김태영 국방부장관(김판규 총장 소개), 장준규 육군참모총장(김태영 장관 소개), 이기식 해군작전사령관 등은 나의 주요한 軍인맥이다. 나는 이분들을 통하여 많은 것을 듣고 배운바가 결코 적지 않았다. 그래서 나는 한국의 '軍部엘리트'를 좋아한다.

뿐만 아니라, 연세대행정대학원에서 나의 강의(동북아국제관계론)를 열심히 수강한 우등생들 중에는 이문석 前보병 제 52 사단장, 변형균 장군, 성윤환 장군, 오덕근 장군과 같은 우수한 문하생들이 있었음을 나는 자랑스럽게 생각한다. 또한, 공군출신에서도 김윤주 장군, 임정빈 장군, 김팔수 장군도 잊지 못할 나의 연세대행정대학원에서 나의 과목을 이수한 우수한 후학들이다. 그 당시 나는 윤형섭 교수, 유종해 교수, 김달중 교수 그리고 정진위 교수의 호의로 모교인 연세대행정대학원과 본대학원에서 외교정책론, 동북아국제관계론, 일본정치외교론, 미일관계론, 한국외교론과 같은 전공필수과목을 담당하고 있었다.

또한 그 당시에 전 대통령을 보좌하던 윤상현 씨(현재 국민의 힘 국회의원)와 송춘석 비서관은 나와 여러 차례 테헤란로에서 자주 회동하면서 전대통령의 정치철학과 국가관에 관하여 적지 않은 시사와 경험담을 들려 주었다. 그 당시 尹의원은 나를 "사부님"이라고 불렀고, 나는 그를 "미스타 윤"이라고 불렀다. 심지어 나의 Washington출장시에도 윤 의원은 부인과 함께 숙박장소인 Dupon Circle Hotel까지 찾아와서 한국의 정치상황과 한미관계에 관하여 진지한 정담을 나누었다. 그 당시의 "미스타 윤"은 현실정치에 매우 관심이 많았다. 정치인으로서의 尹 의원의 그동안의 행적을 볼 때 앞으로도 가일층 거물급 정치인으로 발전할 가능성은 매우 높다고 하겠다.

특히 全 대통령에 관하여 언급할 때, 나는 애국심과 강력한 리더십을 갖고 있는 청와대경호실장 안현태 장군을 결코 잊지 못한다. 안 장군과는 10여 차례 회동하면서 우리민족의 나아갈 길에 관하여 진지한 의견교환을 하였다(연락담당: 전광필 보좌관, 예비역 육군대령?).

인간 안현태! 그는 대통령경호실장 & 예비역 육군소장 등 다양한 직함 이전에 국가의 공복으로서 성실한 일꾼이요, 또한 남자로서 용기와 과단성과 추진력을 갖고 있는 멋진 사나이었다. 혹은 나의 연구실에서, 혹은 연세대행정대학원 강의실 앞에서 혹은 만취 속에 연세대캠퍼스의 구석진 벤치에서 국가와 민족의 장래에 관하여 나와 난상토론을 벌였지만, 사회과학자인 나는 안 장군으로부터 오히려 많은 것을 배운 바 적지 아니하다.

내가 전 대통령을 만날 때마다 안현태 장군이 필요한 조치를 취해 주었으며, 또한 안 장군을 만날 때마다 전광필 보좌관이 충실하게 안현태 경호실장을 보좌하였다. 하루 24시간 안 장군의 머릿속에는 오로지 전 대통령에 대한 충성이 곧 국가에 대한 충성이라고 하는 수학적 도식이 존재하고 있었다. 안 장군의 국가와 민족에 대한 애국심과 전 대통령에 대한 충성심(Sense of Loyalty)을 나는 높이 평가하고 싶다.

그러한 의미에서 전 대통령은 훌륭한 부하를 두었으며, 행복한 사람이었다고 하겠다. 청와대를 떠난 이후의 전두환 씨는 여전히 국가와 민족의 장래에 관하여 심오하고도 확실한 철학과 소신을 갖고 있던 것이 생각난다. 하지만 인생 말년에는 아쉽게도 비극적인 슬픈 인생을 보냈다. 그것은 소위 '현실정치권력'의 실체요, 현실이요, 업보일런지도 모른다.

일반적으로 한 인간에 대한 평가는 보는 시각과 관점에 따라서 달라진다. 또한 때로는 '타이밍'이라고 하는 종속변수(Dependent Variables)가 작용하기도 한다. 말하자면, 언제 어느 시각에서 보느냐에 따라서 또한 어떠한 가치인조기준(Frame of Reference)과 이데올로기의 관점에서 보느냐에 따라서 그 결과가 사뭇 달라질 수밖에 없는 것이다. 전두환 씨의 경우, 독특한 개성과 최고위층인사로서의 카리스마 그리고 소기의 목적달성을 위한 그의 강력한 리더십은 그 나름대로 평가를 받을 만하다고 하겠다.

하지만, 정치권력을 쟁취하는 과정과 이를 운용하는 과정에서 좀더 민주적이고도 평화적인 수단과 방법이 동원되었더라면..... 하는 아쉬운 점을 부정할 수 없는 것이 오늘날의 정치현실이다. 오늘날 전두환 대통령에 대한 비판론의 근거는 바로 이러한 점에서 비롯된 것이라고 하겠다.

시대는 영웅을 만든다고 한다. 하지만 경우에 따라서는 영웅이 시대를 창조하기도 한다. 오늘날과 같은 후기산업사회 특히 글로벌인터넷/인공지능(AI)시대에 있어서 전세계는 지구촌을 흔드는 크고 작은 파도가 용솟음치고 있다.

우리는 모름지기 정치적으로는 자유민주주의(Liberal Democracy) 또한 경제적으로는 시장경제(Market Economy)와 자본주의경제(Capitalistic Economy), 이것이야말로 앞으로 우리 대한민국이 선택해야 할 최고의 가치체계요, 나가야 할 길이라고 나는 확신하고 있다. 이를 가리켜 나는 '전향적 보수주의' 또는 '발전적 보수주의'라고 하는 명칭을 부여한다.

이 경우의 자본주의경제하에서는 우선 전국민에게 사유재산제도가 주어지고 기업경영의 자율

권보장과 아울러 그 생존기업이 영리를 추구할 수 있는 경제체제가 형성되어야 한다.

요컨대, 나는 항상 자신의 좌표를 유지하면서 대한민국이 가야 할 올바른 길에 관하여 국가진로의 방향을 제시하면서 정치학자로서의 조언을 하였다. 하지만 결코 비굴한 자세로 전두환 씨에게 여하한 청탁을 하거나 또는 반대급부를 요구한 적이 全無하였음을 나는 자랑스럽게 생각한다.

나는 앞으로도 솟아오르는 물줄기와 같이 그칠 줄 모르는 연구집필활동과 국책연구활동을 통하여 학자로서의 자존심과 긍지를 가지고 꾸준히 학문의 길을 계속하여 걸어 나갈 것이다('Going My Way')!

第 4 節

내가 본 盧泰愚 大統領: 戰略型 狀況主義 專門家(現狀維持型)

나는 전두환 대통령과 6~7차례 독대를 하였지만, 노태우 대통령과는 개인적으로 만난 적이 없다. 하지만, 외교안보연구원의 정책연구활동의 측면에서는 가끔 동북아의 외교안보현안과 대응정책에 관한 청와대의 지시를 받고 특별연구보고서를 동료들과 함께 여러 차례 제출한 적은 있다.

1990년 5월 25일. 일본국회의 중의원 및 참의원 양원합동본회의장에서 노태우 대통령이 한국대통령으로서 최초의 일본국회연설을 하여 일본국민들의 열광적이고도 따뜻한 박수갈채를 받았는데, 이 당시 노태우연설문의 초고 작성 중의 한 사람이 바로 '신희석 교수'이다. 지금도 가장 기억에 남는 추억 중의 하나이다(청와대비서실이 발표한 노태우 대통령연설문의 최종 원고와 다소 달라질 가능성도 있었겠지만). 나는 주로 정치외교안보적 측면에서 한일관계사를 개념화(Con-ceptualization)하기 위한 작업을 시도하였다. 반면, 한일관계의 문화적 측면에 관하여는 소설가 김소운 씨가(?) 집필한 것으로 들었지만 확실한 근거는 없다.

이하, 내가 작성하여 청와대에 전달한 노 대통령의 연설문 초안을 색깔 바랜 35년 전 메모지형 노트필기의 초고를 기초로 하여 정리하여 보기로 한다.

존경하는 중의원 의장, 참의원 의장, 그리고 양원 의원 여러분!

저는 대한민국의 국가원수로는 사상 처음 일본국회연단에 서게 된 것을 매우 영광스럽게 생각합니다. 저는 한일 양국이 상호존경과 상호이해에 기초를 두고 진정 가깝고도 가까운 동반자가 되어야 한다는 신념을 갖고 일본을 방문하였습니다.

21세기를 앞둔 이 세계의 격변 속에서 가장 가까운 이웃인 우리 두 나라가 미래지향적인 관계를 열어야 한다는 시각에서 오늘 한일관계에 관한 저의 기탄없는 소견을 중참양의원의 일본국회의원 여러분들에게 말씀드리고자 합니다.

우선 한일 양국은 향후 동북아시아의 평화와 번영을 위한 공동의 노력을 본격적으로 펼쳐 나가야 하겠습니다. 저는 1988년 유엔총회에서 동북아평화협의회의를 제안한 바 있습니다. 이 협력체의 실현에는 북한의 태도변화 등 정치적인 여건의 성숙이 필요하다고 생각됩니다. 그러나 이를 실천하기 위하여 한일양국이 가능한 분야로부터 공동이익을 실현할 협력관계를 발전시켜 나아가야 하겠습니다.

한국과 일본. 두 나라는 동반자로서 아시아태평양시대를 앞장서 열어가야 합니다. 이를 위하여 우리는 이 지역의 개방성과 다양성을 바탕으로 모든 나라에게 도움을 주는 효율적인 협력의 구조적 틀을 창출하여야 합니다.

이러한 차원에서 경제협력과 교역이 지속적으로 확대, 강화되도록 여러분들의 협조를 기대하겠습니다.

주지하는 바와 같이, 한일 간에는 만성적인 무역불균형의 문제가 있습니다. 일본은 미국과 유럽에 대해 시장개방과 무역불균형을 개선하기 위한 다양한 노력을 펼치고 있습니다.

한국에 대해서도 이와 같은 정책적 의지를 갖고 불균형을 실질적으로 개선하는 조치를 취하여 주시기 바랍니다.

한국의 경제발전이 일본의 국가 이익에 직결된다고 하는 공통인식하에서 일본의 탁월한 기술이전과 기초과학협력의 교류를 적극적으로 추진하여 주시기를 아울러 부탁드립니다.

존경하는 국회의원 여러분! 오늘날 많은 것이 변화하고 발전하였음에도 불구하고, 우리 두 나라 국민 간의 진정한 우정을 가로막는 '마음의 벽'이 아직도 남아 있습니다.

전후 45년이 지난 이제 세계대전을 치렀던 유럽 각국이 하나의 공동체를 이루고 있는 이 시점에서 우리 두 나라 국민 간에는 잘못된 과거에 대한 인식과 감정이 아직도 정리되지 못하고 지난날 어두웠던 한일양국의 불편한 시절에 우리 민족이 겪었던 커다란 고통과 시련, 그 엄청난 비극을 지금 이 자리에서 재론할 필요는 없습니다.

하지만 오늘날 우리들 대한민국 국민들은 나라를 지키지 못한 스스로를 자성할 뿐이지 지난 일을 되새겨 그 누구를 탓하거나 원망하려 하지 않습니다.

제가 여러분들에게 말씀드리는 것은 정직과 진실에 바탕을 둔 두 나라 국민 간의 진실된 상호이해이며 그것을 바탕으로 밝은 미래를 열어나가자고 하는 것입니다.

오늘날의 한일관계를 정책과학적 측면에서 개념화(Conceptualization)하는 작업은 그다지 쉬운 일이 아닙니다. 한일관계의 뿌리는 조선이 일본의 Edo막부에 파견한 대규모사절단인 '조선통신사'에서 비롯됩니다. 15세기 초부터 18세기 중엽에 이르기까지 당시의 조선은 일본에 약 10여 차례에 걸쳐서 400여 명의 조선통신사를 파견하였습니다.

그 당시 조선통신사를 맞이하였던 가장 대표적인 인물은 Edo시대 일본의 주자학계의 유학자요, 외교관인 Amenomori Houshyu(雨森芳洲, 1668~1755)입니다. 그는 현대적 의미의 '외교'라고 하는 개념을 동원하면서 나라와 나라 간의 관계, 특히 가까운 이웃나라 상호간의 외교관계에는 첫째 정직성, 둘째 성실성, 그리고 셋째 상대방에 대한 배려심(Omoiyari)이 있어야 하는데 한일관계야말로 바로 이러한 정치이념과 외교철학에 기초를 두어야 한다고 강조하였습니다.

앞으로의 바람직한 한일관계의 존재양식은 이러한 기본적 개념과 외교철학의 관점에서 발전되어야 한다고 저는 생각하고 있습니다. 이 점에 관련하여 제가 특히 이 자리에서 여러분들에게 말씀드리고 싶은 것 중의 하나는 지난날의 역사로 인하여 일본에 살게 된 약 70만 명의 재일한국인문제(협정영주권자)입니다. 이분들은 일본국민과 함께 전쟁의 고통과 참화를 겪었으며, 또한 전후 일본의 재건과 발전에 직간접적으로 참여하기도 하였습니다.

이분들이 사이 좋은 이웃으로 이곳 일본에서 아무런 불편 없이 살게 될 수 있을 때, 우리 두 나라 국민은 한일우호 협력관계의 실체를 뜨거운 가슴으로 느끼게 될 것입니다.

친애하는 중참 양의원 여러분!

한국과 일본은 가깝고도 가까운 이웃으로, 또한 믿음을 공유할 수 있는 친구로 발전하여 더욱 평화롭고 번영하며 자유와 행복이 넘치는 한일양국을 우리 다 함께 만들어 나갑시다.

경청하여 주셔서 감사합니다.

이하, 노태우 대통령의 일본국회연설문 '작성배경'을 상세히 정리하기로 한다. 내가 안식년(Sabbatical Leave)을 맞이하여 일본국제교류기금(The Japan Foundation)의 초청을 받고 미국하버드대학국제문제연구소(Center for International Affairs,CFIA)를 경유하여 동경대학대학원정치학연구실의 객원 교수자격으로 동경에 도착한 것은 1990년 1월로 기억한다. 그 당시 나의 고교동기생인 유창종 동문, 황인행 동문, 강철규 동문, 정철호 동문, 정건해 동문 등 7~8명이 시청 앞 소공동에 있는 작은 식당에 모여서 나를 위한 송별회를 해주었다.

특히 유창종 동문(검사장, 훗날 서울지방검찰청장)은 약간의 현금이 들어있는 흰봉투를 나에게 전달해주면서 미국과 일본에 잘 다녀오라고 할 때 눈물을 글썽했던 그 고마운 우정을 나는 결코 잊지 못하고 있다. 또한, 강철규 동문(훗날 공정거래위원장)도 내가 아태정책연구원(APPRI) 이사장으로 자리를 옮겼을 때 약간의 현금이 들어있는 흰 봉투를 들고 나의 사무실을 방문, 직접 전달하면서 나에게 격려의 오찬을 제공하였던 그 따뜻한 우정을 나는 지금도 잊지 못하고 있다. 이 친구들은 64년 대전고교 졸업 이후부터 40여 년간을 주로 한남동에 있는 H 클럽에서 월 1회 정기적으로 만나오던 친구들인데, 나의 장기해외출장과 부덕의 소치로 인하여 최근에는 모임이 계속되지 못하고 있어서 송구스럽고 아쉽게 생각한다. 언젠가 부활할 것을 진심으로 기대하고 있다.

나는 가족과 함께 동경 시내 Suginami-Ku의 Horinouchi에 있는 작은 맨션아파트에 입주하고 주 3-4회 정도 동경대학정치학연구실에 출퇴근하였다. 일본의 정치학회를 대표하는 저명하고도 탁월한 국제파 정치학자인 동경대학의 Sato, Seizaburo(佐藤誠三郎)교수가 나를 초청해 준 카운터 파트이었다.

1990년 4 월 초 어느 날, 나는 청와대 고위층인사로부터 한 통의 국제전화를 받았다. 노태우 정권에서 중요한 역할을 하고 있던 청와대공보수석 이수정 씨이었다. 이 수석은 노태우 대통령이 5월 하순경 일본을 방문하여 일본국회에서 한국의 국가원수로서는 최초로 국회 연설을 할 예정인고로(5월 하순경), 그 원고를 작성하여 지금 송부해 달라고 하는 요청이었다. 이 수석은 노 대통령 방일의 중요성과 한국국가원수 최초의 일본국회연설의 정책적 중요성을 강조하면서 동북아국제관계와 한일관계에 관한 나의 전문지식을 총동원하여 특별히 잘 써달라고 하는 필요성과 당위성을 강조하기도 하였다.

나는 일본지식인들의 의견을 청취하기 위하여 동경대학의 Eto, Shinkichi 교수, Sato Seizaburo 교수, 그리고 Honma Nagayo교수와 진지한 의견교환을 하였으며 또한 주한일본대사직을 마치고 막 귀국한 Yanai Shinichi 대사와도 Teikoku Hotel 별실에서 한일관계에 관한 경험담과 의견을 진지하게 청취하였다. 특히 Eto 교수와 Sato 교수의 '조선통신사'에 관한 조언은 나에게 커다란 도움을 주었다.

한일관계를 정책과학(Policy Science)의 측면에서 개념화하는 작업은 그다지 쉬운 일이 아니었다. 노태우 대통령의 일본국회연설문에서도 밝힌 바와 같이, 오늘날 한일관계의 뿌리는 15세기

초엽부터 18세기 중엽에 이르기까지 조선이 Edo막부에 파견한 대규모사절단인 '조선통신사'(약 300~600명 정도)에서 비롯된다(임진왜란과 병자호란으로 인하여 잠시 중단된 적도 있었음).

그 당시 조선통신사를 맞이하는 일본측의 Amenomori 대표는 현대적 의미의 '외교'라고 하는 개념을 동원하면서 나라와 나라 간의 관계 특히 가까운 이웃나라 상호간의 외교관계에는 첫째 서로 속이지 말 것, 둘째 진실한 마음에서 우러난 자세로 대할 것, 그리고 셋째 상대방 나라에 대한 각별한 배려(Omoiyari)가 있어야 하는데 한일관계야말로 바로 이러한 정치이념과 외교철학에 기초를 두어야 한다고 강조하였다(상기 연설문 참조). 이 시기에 현대적 개념인 '외교'라고 하는 용어를 도입한 것 자체가 획기적인 발상이라고 하겠다. 나는 약간의 자극을 받고 마음속으로 조용한 동요를 느꼈다.

나 역시 동감이었다. 나는 노태우 대통령의 일본국회연설문에 이 개념을 도입하기로 마음먹었다. 다음 날 아침 나는 간단한 여행가방 하나를 들고 일본열도의 최남단 후쿠오카를 경유하여 프로펠러가 달려 있는 경비행기로 바꿔 타고 '옛날한국영토'이었던 Tsushima(長岐縣對馬島)를 혼자서 방문하였다.

Tsushima군청이 관리하는 역사기념관 내부진열사료실에서 조선통신사 Amenomori Houshyu에 관한 역사적 자료를 적지 않게 발견하였다. 앞서 말한 외교철학개념의 발상을 그곳에서 알게 되었다. 나는 기뻤다. 순간적으로 나는 가벼운 지적 흥분과 집필의욕을 느꼈다.

또한 나는 역사기념관자료실에서 그다지 멀지 않은 곳에서 고종황제에게 상소문으로 읍소한 최익현 선생의 산소도 발견하였다(서울대 정치학과 최창규 교수의 증조부임). 나는 다음날 동경자택으로 귀환한 후 현장체험의 Imagination과 Inspiration이 망각의 세계로 돌아가기 전에 마치 Beethoven이 영감을 받은 월광곡을 작성하듯이 동경대학의 작은 연구실과 Suginami－Gu의 자택에서 즉시 연설문의 집필작업을 개시하였다.

4월 중순경 나는 작성한 원고를 Yurakucho전기빌딩의 로비에서 주일한국대사관의 모1등서기관(40대초 반의 호리호리한 체격)에게 원고뭉치를 전달하였다.

그후 일본 NHK방송의 실황중계를 통하여 내가 땀과 눈물을 흘리면서 작성한 원고초안을 한국 대통령이 읽어 내려가는 장면을 바라보면서 나는 대한민국의 정치학자로서 흐뭇한 마음을 금치 못하였다. 나는 사랑하는 가족과 함께 Giuseppe Verdi가 작곡한 3막의 오페라 La Traviata에 나오는 '축배의 노래'를 콧노래부르면서 축배의 술잔을 높이 들어 올렸다.

나의 집필사실을 아는 측근인사들로부터 名연설문초고라고 하는 칭찬을 받았지만, 나는 아무런 생색을 내지도 않았다. 그저 흐뭇하고도 조용한 미소를 지으면서 자그마한 술잔을 밤새도록 기울였을 뿐이었다.

나는 대한민국의 국가공무원으로서 또한 국제정치학자로서 우리나라의 최고통치권자에게 외교안보문제에 관하여 나의 보잘것없는 소신과 사상과 철학을 전달할 수 있었던 것으로서 그저 만족할 따름이었다. 나는 국제정치학자로서 우리정부의 한 구석 특히 외교통상부에 적을 두면서 현장 그라운드를 누비고 외교작전업무를 땀 흘려 추진하는 고위외무관료들의 뒷편과 옆편에서 국제정치현상을 분석하는 틀과(Analytical Framework) 이론적 체계를 제공하는 것이 학자의 사명이요, 또한 국가공무원으로서의 당연한 업무라고 생각하고 있었기 때문이다.

일반적으로, 정치권력을 유지하기 위한 Political Leadership의 유형에는 '현상타파형'과 '현상유지형'의 두 가지 종류가 있다. 또한 시대와 영웅은 상호 함수관계를 갖고 있는 것으로 알려져 있다. 인물을 평가하는 시점과 이데올로기에 따라서 그 평가는 사뭇 달라질 수밖에 없다.

전두환 대통령은 '현상타파(개혁)형'인 반면, 노태우 대통령은 '현상유지형'에 속한다고 하겠다. 전자는 진취적이고 개혁을 부르짖는 반면, 후자는 환경을 살펴가면서 주의깊게 상황주의적으로 대응하는 것이 일반적 경향이다. 노태우 대통령은 칼을 먼저 빼지 않고 기다렸다가 조용히 자신의 좌표를 설정하는 전략형 타입이다.

오래전 외교통상부의 같은 직장에서 함께 근무하였던 이병기 청와대 의전수석(그 후 국가정보원 차장을 역임한 후, 박근혜 정권하에서는 주일대사와 국정원장을 거친 탁월하고도 우수한 엘리트 인재임)으로 부터도 비슷한 이야기를 들은 적이 있었다. 실력과 능력을 경비한 이병기 대사는 온후하면서도 원만한 성격을 가진 '나라사랑' 고위관료이다.

외무부외교안보연구원 본부대사로 잠시 함께 근무하는 동안 나는 이병기 대사와 여러 차례 식사회동을 하면서 다양한 정책현안에 관하여 진지한 대화를 나누었다. 주일대사시절, 우리 가족을 Azabu의 대사관저로 초청하여 식사회동을 하였을 때에도 나는 이 대사의 온후한 인품과 동북아 국제관계에 관한 해박한 지식을 확인할 수 있었다. 실력과 능력을 겸비한 이병기 대사야 말로 노태우 정권의 일등공신이라고 할 수 있겠다.

노태우 대통령이 현상타파형이든 또는 현상유지형이든 양자공히 일장일단이 있으며, 인간에 대한 평가는 보는 관점에 따라서 달라질 수밖에 없다. 하지만, '88서울올림픽의 성공적 개최'와 한러관계와 한중관계를 포함한 한국의 북방외교를 적극적으로 추진하여 그 나름대로 대한민국의 국가발전에 크게 기여한 노태우 대통령의 공헌과 업적은 높은 평가를 받을 만하다고 하겠다(다음호에 계속... 내가 만난 김영삼 대통령).

▲ 노태우 대통령의 일본국회연설문준비를 위하여 Tsushima를 방문, 시장실에서 Tsushima 시장과 업무 협조에 관한 환담을 나누고 있다(1990. 5월초).

▲ 조선통신사를 맞이한 일본측의 Amenomori Hoshya 대표의 비석. 바로 근처에 구한말 최익현 선생의 비석도 발견되었다(1990. 5).

▲ 외교안보정책포럼을 위하여 당원관계자 일동을 초청한 陸軍士官學校長 박준근 陸軍中將과 주요참모 일동(육군사관학교, 2001년 11월)

▲ 한국군부엘리트의 산실인 육군사관학교를 방문, 현황을 청취·견학한 후 당원(APPRI)으로부터 감사패를 증정받고 있는 박준근 陸軍士官學校長(2001년 11월)

第 5 節

내가 만난 金泳三 大統領: 軍事文化의 終熄과 所謂 '左派從北勢力'의 登場

나는 김영삼 대통령을 취임하기 전에 3~4회(제1기), 대통령 재임 기간 동안 청와대 2층 집무실에서 2회(제2기), 청와대 퇴임 후(제3기) 상도동에서 3차례 모두 합하여 8~9차례 직접 독대를 하였으며, 또한 가족동반하여 상도동에 있는 김 대통령 사저로 식사초청을 받고 만찬회동을 한 적도 있다.

*제1기: 내가 김영삼 대통령을 상도동 자택에서 처음 만나게 된 것은 1989년 초겨울로 기억한다. 나의 모교 연세대학교 행정대학원에서 국제관계론을 강의할 당시에 나의 제자인 이성헌 비서관(나중에 국회의원을 거쳐서 현재는 서대문구청장으로 재직 중임)의 적극적인 소개와 알선의 결과로 당시의 김영삼 총재를 만나게 되었다.

그 당시 나를 김영삼 총재에게 소개한 이성헌 군은 (그 당시에 나는 그를 '이성헌 군'이라고 불렀음) 내가 오랫동안 교편을 잡았던 연세대 행정대학원의 대학원생으로서 나의 이수과목인 "일본정치외교론"과 "동북아국제관계론"을 진지하게 수강한 바 있는 모범 대학원생이었다. 나의 연세대행정대학원 강좌에서는 미국정치외교와 일본정치외교의 원점을 재조명하기 위하여 대학원생들과 함께 Field Survey의 일환으로 워싱턴과 동경을 방문하기도 하였다(부록 6 참조).

김영삼 총재의 성실한 부하인 이성헌 비서관의 경우, 20명의 연세대 행정대학원의 동료대학원생들과 함께 1990년 가을에 일본을 방문하여, Nakasone Ysuhiro 전 수상을 비롯하여, Takeshita Noboru 전 수상, Miyazawa Kiichi 전 수상 그리고 Obuchi 자민당간사장(훗날 총리)을 방문하여 한일관계전반에 관한 정담을 나눈바 있었다(당원의 김홍식 연구위원도 함께 참석, 7장 6절 및 부록 6참조).

또한 李 비서관일행은 일본 여당인 자민당본부를 방문하여 Obuchi Keizo 자민당간사장(나중에 총리취임)을 비롯한 일본국회의원들 그리고 동경대학대학원 국제관계론연구실의 대학원생 등과 같은 일본지식인들과 동북아국제관계에 관한 적극적인 의견교환과 열띤 토론을 전개한 바 있었다. 이와 같은 상황속에서, 나는 이성헌 비서관의 적극적인 권유로 자연스럽게 김영삼총재를 상도동에서 만나게 된 것이었다.

처음 만났을 때의 김영삼 총재는 그다지 넓지 않은 거실에서 둥그스름한 주거용 난로를 피우면서 와인잔을 기울이고 있었다. 김 총재와 나는 처음부터 한국정치의 현주소와 우리민족의 나갈 길에 관하여 진지한 의견교환을 하였다. 와인잔을 부딪쳐 건배하면서 대한민국의 장래를 위하여 축배하던 때가 바로 엊그제 같은데 벌써 35년의 긴 세월이 흘렀다.

이와 같이 정의를 투합한 나는 그 후에도 김영삼 총재의 부름을 받고 마포의 서울가든호텔 2층식당, 롯데호텔 지하일본식당 '벤케'이 등지에서 가끔 식사 회동을 하면서 대한민국의 장래와 한미일을 중심으로 한 동북아국제환경 등에 관하여 서로 의견을 주고 받으면서 향후의 협조체제 구축을 다짐하였다. 김 총재와 회동할 때마다 앞서 말한 李성헌 비서관이 중간에서 여러 차례 연락업무를 담당해주었으며 상도동으로 갈 때는 이 비서관이 항상 pony2로 외교안보연구원 연구실로 나를 데리러 와 주었다.

*제2기(대통령재임기간): 김영삼 대통령은 1993년 2월에 제 14 대 대통령으로 취임하였다. 대통령으로 취임한 이후에도 외교통상부에서의 나의 오랜 벗인 반기문 의전수석(당시)과 김석우 의전수석, 김기수 수행실장, 이성헌 공보비서관 등 여러 김영삼 사람들의 도움으로 김 대통령과의 연결고리는 계속되었다. 하지만, 나는 아쉽게도 이때를 전후로 하여 나는 나를 낳아주고 길러주신 어머님을 잃고 이제 정말 '늙은 고아'가 되었다.

1996년 3월 29일! 일본 NHK(?후지TV?)가 주최하는 좌담회에 출연하여 녹화를 마치고 Aka－sakamitsuke에 있는 숙박장소인 ANA(전일공)Hotel에 들어서는 순간, Front에 걸려온 딸 신경희로부터 어머니의 悲報를 듣고 실신할 정도로 쇼크를 받았다. 동경에서의 주요 강연 및 일본외무성과 동경대교수들과의 모든 약속을 취소하고 아침첫 비행기로 귀국하여 대전시 홍도동소재 경성맨숀에 눈을 꼭 감고 잠들어 계시는 어머님의 모습을 보면서 나는 또 한번 땅을 치고 통곡할 수밖에 없었다.

부모님의 臨終을 두 차례에 걸쳐서 지켜보지 못한 나는 분명 불효자임에 틀림없다. 더구나 일본출장갈 때마다 부모님의 슬픈 소식을 들어야 하는 아이러니는 하늘이 너무나도 무심하지 않은가 말이다. 나에게 베풀어 주신 어머니의 따듯한 사랑을 영원히 잊을 수 없다.

또한 1997년 초가을(9월경?)에 나는 다시금 이해순 청와대 의전수석(前駐핀란드대사)으로부터 김 대통령이 나를 부른다고 하는 연락을 받았다. 청와대 2 층 대통령 집무실 넓은 방에서 김 대통령을 오랜만에 다시 만나서 약 1시간동안 독대를 하였다. "신 교수 혹시 무슨 애로사항이라도 있나요?"라고 하는 김 대통령의 날카로운 질문에 대하여 나는 "아니요, 없습니다."라고 빙그레 미소를 지으면서 답을 하였다.

그 당시 현직 대통령에게 내가 어떠한 부탁을 하였었더라면 충분히 들어줄 수 있었던 분위기였지만, 나는 김 대통령에게 아무런 부탁도 요청도 하지 않았다. 오히려 김 대통령의 관심사인 최근의 미국정치와 일본정치에 관한 특별보고서의 제출을 요청하였기에 나는 기꺼이 작성하여 나중에 전달하였다. 그리고 나는 흐뭇한 마음으로 김 대통령과 작별하고 청와대의 빨강주단이 깔려 있는 2층 계단을 서서히 밟고 귀가하였다.

국가정책연구활동은 자율성과 개념성이 보장되는 아카데미즘의 분위기속에서 자유스럽게 이루어져야 함에도 불구하고 국책연구기관으로서의 외교안보연구원(IFANS)이 외교통상부에 배속되어 있는 한, 너무나도 두꺼운 외무관료의 벽을 넘을 수가 없기 때문에 자율적인 연구활동에 약간의 제약을 받는 것이 그 당시의 현실이었다. 차라리 청와대에 배속하거나 독립국책연구기관으로 격상시키는 것이 바람직하다고 나는 생각하고 있었다.

하지만 나는 "신 교수 혹시 무슨 애로사항이라도 있나요?"라고 하는 상기 김영삼 대통령의 날카로운 질문에 대하여 차마 외교통상부를 비난하는 듯한 답을 할 수가 없었다. 왜냐하면, 내가 외교통상부에 근무하는 동안 나를 불러주신 강영훈 전 국무총리를 비롯하여 오재희 대사, 공로명 전 장관, 유종하 외교안보수석(나중에 장관), 이정빈 장관, 김석규 대사 등 외교통상부의 많은 선배들로부터 분에 넘치는 커다란 은혜와 사랑을 오랫동안 받아 왔기 때문이었다. 외교부 근무를 통하여 나는 많은 인맥을 넓혔으며, 정책연구에 크게 도움이 되었다.

*제 3 기(대통령 퇴임 후): 김영삼 대통령의 퇴임과 거의 때를 같이하여 나는 약 20년간 정들었던 외교통상부를 떠나서 오늘날 이사장으로 근무하고 있는 아태정책연구원(APPRI)으로 자리를 옮겼다. 하지만, 연세대 행정대학원에서의 대학원수업강의는 여전히 계속되고 있었다. 후학양성은 학자로서 가장 중요한 사명이라고 생각하였기 때문이다.

2002년의 어느 늦은 봄. 나는 내가 이사장으로 근무하고 있는 아태정책연구원(APPRI)이 주최하는 제 92 차 외교통상정책연구포럼에 김영삼 대통령을 특별연사로 초청하기 위하여 상도동 김영삼 대통령 사저의 비서관에게 면담신청을 하고 회신을 기다렸다. 예상한 대로 즉시 상도동으로부터 한 남성의 전화를 받았다.

김 대통령의 충실한 만년부하인 김기수 비서실장(수행실장)이었다. 김 대통령께서 상기 심포지움연사초청을 쾌히 수락함과 동시에 오랜만에 "신 교수 부부를 식사초청"하니 상도동 사저에서 식사를 함께 하면서 심포지움의 진행에 관하여 구체적으로 상의하자고 하는 매우 호의적인 메시지이었다.

나는 집사람을 동반하고 상도동을 방문하여 김 대통령의 응접실에서 잠시 환담한 후 곧바로 옆방에 있는 다이닝 키친에서 즐거운 식사를 함께 하였다. 김 대통령의 부인 손명순 여사가 함께 동석하여 맛있는 반찬도 손수 만들어서 날라 주면서 오랜만에 4명의 오붓한 식사회동을 통하여 즐거운 대화를 만끽하였다.

김영삼 대통령은 내가 외교통상부를 떠나게 된 동기에 관하여 진지하게 묻기도 하였으며, 최근의 국제정세와 한미일관계 그리고 우리의 대응책 등에 관하여 폭넓은 의견교환을 하였다. 국내정치에 관한 부분에서 김영삼 씨는 김대중 씨를 그다지 높게 평가하지 않았던 것으로 기억된다. 수십년 동안 한국정계의 거물급 인사로 상호 경쟁관계에 있었기 때문인지도 모른다는 생각이 불현듯 들었다.

그 얼마 뒤 내가 현재 근무하고 있는 아태정책연구원(APPRI)이 주최한 김영삼 대통령초청 제92차 외교안보통상정책연구포럼은 소공동 롯데호텔 2층 별실에서 약 100여 명의 당원이사, 연구위원, 정책자문위원, 각계의 전문가 등이 참석한 가운데 성공리에 개최되어 대성황을 이루었다(별첨 사진참조).

지금 생각하면 왜 김 대통령이 우리 부부를 식당도 아니고 상도동 자택으로 식사초청하였을까 하는 생각을 조용히 해 본다.

강연 일정과 내용을 단순히 협의하기 위한 식사초청이라고 보기에는 너무나도 단조로운 생각이다. 아마도 내가 여러 가지로 부족한 사람이지만, 마음속에 두었던 학자의 고독과 무엇인가의 아쉬움을 달래고 우리 부부를 격려하기 위하여 불렀던 것으로 일방적으로 추측할 뿐이다. 또는 김 대통령의 재임기간 동안에 나를 요직에 기용하지 못한 것에 대한 위로와 격려의 차원에서 식사를 초청하였는지도 모른다는 생각도 들었다(착각은 자유!).

앞서 말한 바와 같이, 어느 특정한 인간에 대한 평가는 보는 관점(시각)과 타이밍과 인조기준(Frame of Reference)에 따라서 사뭇 달라질 수밖에 없다. 일반적으로 김영삼 정권이 등장한 직후 일반국민들은 박정희, 전두환, 노태우와 같은 군부출신의 정권에 비하여 무엇인가의 정치적 변화를 기대하였던 것으로 생각된다.

또한, 순수한 한국정치구도의 핵심에서 만년야당총재를 해왔던 김영삼 대통령이 어떠한 획기적인 무엇인가의 변화제시를 국민들은 고대하였을 것이다. 말하자면, 새롭고 희망찬 정치문화의 시대적 창출이 절실히 요청되고 있던 시점이었다고 하겠다.

반면에, 김영삼 대통령이 결과적으로 그다지 높은 평가를 받지 못한 측면도 없지는 않다. 예컨대, IMF에 의한 경제적 어려움 속에서의 무리한 IMF조기가입 추진, 아들 김현철 씨에 의한 각종 비리 등에 대한 범국민적 실망도 컸으며, 또한 비록 소수이었지만 친북인사를 주위에 두면서(예, H 前부총리 등) 오늘날 소위 "좌파종북세력"이 점진적으로 부상침투하게 되는 직간접적기초를 결과적으로 제공하였다고 하는 비판적 측면도 결코 무시할 수는 없다.

그러나 한국정치의 소용돌이 속에서 자신의 몸을 수십년 간 담고 한국민주주의의 수호를 위하여 노력해 온 김영삼대통령이 박정희 → 전두환 → 노태우 체제로 이어지는 소위 군부출신정권의 종지부를 찍고 군사문화를 종식시켰다고(하나회 해체 등) 하는 또 다른 시각에서 볼 때, 한국정치와 한국민주주의의 발전과정에 크게 기여하였다고 하는 상징적 의미를 나는 높게 평가하고 싶다(다음호에 계속..... 제6화 김대중 대통령과 나).

▲ 정책연구포럼 종료 후 당원정책자문위원일동과 기념사진을 촬영하고 있는 金泳三 前大統領 부부(Hotel Lotte, 2002년 7월)

▲ 21C 동북아의 평화와 번영'을 주제로 한 정책연구포럼에서 정치외교철학을 피력하고 있는 金泳三 前大統領(Hotel Lotte, 2002년 7월)

第 6 節

내가 만난 金大中 大統領: 햇볕政策과 南北韓 첫頂上會談의 開催

나는 김대중 대통령과 여러 상황 속에서 7~8회 정도 만났으며, 한국정치는 물론 동북아국제관계, 특히 한미관계와 한일관계에 관하여 다양한 화제를 나누었다. 또한 만날 때마다 나에게 많은 것을 가르쳐 주었다.

특히 대통령 선거가 실시되기 얼마 전에 롯데호텔 36층 Bell-Vue 룸에서 개최된 현재 내가 이사장으로 근무하고 있는 아태정책연구원(Asia-Pacific Policy Reserch Institute, APPRI)의 개원 리셉션에 임동원 前국가정보원장(당시는 아태평화재단사무총장)을 포함하여 수명의 국회의원을 대동하고 참석하여, 나를 격려하여 주었던 고마운 순간을 결코 잊지 않고 있다(별첨사진 참조). 김대중 씨는 대통령 선거를 목전에 둔 상황이었지만 매우 어려운 걸음을 하였으며, 약간의 격려축의금도 지참하고 와서 나에게 직접 전달하여 주었다. 새롭게 출발하는 아태정책연구원의 창립 당일 보여준 김대중 대통령의 깊은 배려를 나는 지금도 잊지 못하고 있다.

내가 김대중 총재를 처음 만난 것은 1964년 봄으로 기억한다. 그 당시 한국의 국내정세는 3·24데모, 6·3사태의 소용돌이 속에서 굴욕적인 한일국교정상화를 반대하는 학생데모와 소요사태가 전국을 휩쓸고 있었다.

연세대학교 총학생회가 주최한 시국대강연회는 1964년 3월 24일. 연세대대강당에서 김대중 씨와 함석헌 씨를 동시에 초청하여 굴욕적인 한일회담반대 범시국강연회가 개최되었다. 나는 정치외교학과 초년생이었음에도 불구하고 총학생회선배들의 요청으로 한일회담반대 강연회의 준비과정에 어느 일정한 임무를 맡았다.

나는 강한 전라도 엑센트를 사용하는 김대중 총재의 달변과 조리있는 강연을 듣고 적지 않은 감동을 받았다. 그의 강연내용은 조리있고 상당한 설득력이 있었다. 이 시국강연회야말로 3·24데모와 아울러 추후에 6·3사태로 연결되는 귀중한 연결고리가 되어 1965년 6월 22일의 한일기본조약체결에 이르기까지 전국의 학원소요사태의 기폭제가 되었음은 주지의 사실이다.

김대중 씨와 함석헌 씨 두 분을 앞세우고 "굴욕적인 한일회담반대"라는 프래카드를 앞세우고 데모행진을 할 때 우리는 연세대정문 앞의 굴다리 밑에서 당시의 서대문경찰서장이 직접 진두지휘하는 경찰진압대와 대치하였다(서장 정성준 총경, 정보과장 대머리 윤?경정). 신장 160센티 정도의 보통 키에 비교적 뚱뚱한 정성준 서대문경찰서장은 직접 마이크를 들고 육성으로 연대생들의 즉시 해산을 요구하였다. 그 당시 경찰관들에게 학생들의 평화적인 시위를 무력으로 막지 말라고 호되게 꾸지람하던 김대중 씨와 함석헌 씨의 모습을 보고 어린 학생인 나는 적지 않은 자극을 받기도 하였다.

하지만, 우리들은 수백명이 한 덩어리가 되어 시커먼 경찰차에 분승하여 무더기로 서대문로타리 옆 화양극장 뒤에 있는 서대문경찰서에 연행되었다. 경찰서 마당에서 우리 대학의 김대준 학생처장이 경찰고위간부들과 옥신각신하는 모습이 보였다. 그 뒷편에는 김대중 씨와 함석헌 씨의 모습도 어렴풋이 창밖으로 보였다. 연행된 데모참석학생들의 대부분은 소위 '훈계방면' 되었다. 다행히 나도 당일 밤늦게 풀려난 학생무리에 섞여 있었다.

그 후 약 10년의 세월이 흘렀다.

내가 김대중 씨를 두 번째로 만난 것은 1973년 7월 말 일본동경 Kamiyacho에 있는 동경한국연구원(원장 최서면) 2층이었다. 나는 연세대 정외과를 졸업한 후 37개월의 병역의무를 완수하였다(육군방첩부대 근무). 그리고 미국 Harvard 대학의 Extension Semester를 거쳐서 동경에 도착, ICU-GSPA(Graduate School of Public Administration)에서 석사 학위를 취득한 후 동경대학대학원 국제관계론연구실 박사과정에 도전하였는데, 운좋게도 나 혼자 합격자가 되어 장학생이 되었다(昭和 48년도 대학원박사과정입학생, 1973년). 박사과정을 수료한 후 박사학위청구논문을 쓰면서 지도교수의 소개로 Kamiyacho에 있는 동경한국연구원에서 참고문헌정리, 분류, 보관 등의 아르바이트를 하고 있었다.

"어, 자네는 연세대학의 申군이 아닌가?" 다행히도 김대중 씨는 나를 알아 보았다. 아마 최서면 원장께서 나에 관한 정보를 사전에 전달한 것으로 추측된다. 연구원 2층에서 우리는 700엔짜리 생선초밥 도시락을 사무실에서 시켜 먹으면서 장시간의 대화를 나누었다. 그 당시 나는 동경대학대학원 국제관계론연구실의 박사과정에 재학중인 대학원생이었다. 돈이 별로 없었지만, 나도 가끔 밥값을 지불하였다. 김대중 씨는 최서면 원장과의 오랜 지인관계로 거의 매일 출근하였으며, 우리는 언제나 점심식사를 함께하면서 담소를 나누었다.

김대중 씨가 당시의 한국정부관계자들에 의하여 납치를 당하는 사건이 발생한 것은 바로 그 직후이었다. 아마도 납치 2-3일 전까지 나와 점심을 같이 했던 것 같다. 점심식사를 함께 하면서 김대중 씨는 한국연구원에서 아르바이트를 하고 있는 나에게 연구관심분야, 지도교수, 장래의 희망, 한미일관계의 장래 등에 관하여 진지한 어조로 물었기에 나도 성실하게 답을 하였다.

이 당시의 김대중 씨는 박정희 대통령과 김종필 국무총리의 이름을 여러 차례 거론하면서 한국정치의 바람직한 방향에 관하여 열변을 토하였다. 또한 나의 동경에서의 생활 등에 관하여 기탄없이 진지한 대화를 주고 받았다. 뿐만 아니라 우리 민족이 나가야 할 길에 관해서도 김대중 씨

나름의 독특한 어조로 이야기하던 때가 어렴풋이 생각난다. 바로 2-3일 뒤, 김대중 씨가 한국 중앙정보부에 의하여 해상납치되었다는 소식을 듣고 나는 너무나도 소스라치게 놀랐다.

내가 김대중 씨의 부름을 받고 동교동에 있는 서교호텔 2층 일본식당에 다시금 불려간 것은 그로부터 20여 년의 세월이 흐른 1996년 가을경으로 생각한다. 나는 아태평화재단의 임동원 사무총장(나중에 국가정보원장 및 청와대 외교안보수석 역임)을 통하여 김대중 씨가 오랜만에 나와 점심을 같이 하기를 원한다고 하는 전갈을 받았다.

서교호텔 2층에 있는 일본식당에 도착하니 김대중 총재가 먼저 와 있었다. 반갑게 악수를 청하면서 나에게 일본NHK방송국에서 출판한 약 500페이지가량 되는 일본어 책을 한 권 주면서 이 책을 한국어로 전문번역해 달라고 요청하였다. 나는 이 요청을 수락할 수밖에 없었다. 왜냐하면 김대중 씨의 자서전 비슷한 그 책은 김대중 씨의 인생행로를 기록한 단행본인데 이를 통하여 나는 한국 민주주의발전을 위하여 노력해 온 한 정치인의 사상과 철학, 그리고 나아가서는 해방 이후의 한국정치과정과 발전사를 공부할 수 있는 좋은 계기가 될 것이라고 판단하였기 때문이다. 더구나, 내가 평소 가까이 지내던 임동원 사무총장(전 외무부 외교안보연구원장)이 나를 적극적으로 김대중 총재에게 P.R.하고 홍보하는데 임 총장과의 오랜 의리상 거절하기 어려운 상황이었다. 임 총장은 오랫동안 나를 총애하여 주셨다.

하지만 500페이지가 넘는 커다란 단행본을 한국어로 번역한다는 작업은 그리 쉬운 일은 아니었다. 나는 그때 아태정책연구원 이사장으로 이미 자리를 옮겼기 때문에 우리 연구원의 Y사무국장과 함께 불철주야로 번역작업을 약 5개월간 걸려서 완료한 후, 하얏트호텔 지하의 프랑스식당에서 임동원 사무총장을 통하여 김대중 씨에게 전달하였다.

너무나도 힘들고 괴로운 大번역작업이었지만 김대중 씨는 나에게 1원의 번역료도 지불하지 않았다. 또한, 나 역시 번역료나 어떠한 반대급부도 요구하지 않았다. 하지만 나는 전후의 대한민국이 낳은 위대한 한 정치인의 자서전 출판에 결정적인 협조를 한 것을 흐뭇하게 생각하였지만, 大작업의 번역료를 수령하는 것은 전혀 별개의 것이라고 생각하였기 때문이다. 나는 아무 말도 하지 않았다.

1998년 초가을 어느날, 나는 임동원 사무총장으로부터 또 한 통의 전화를 받았다. 김 대중 씨가 오랜만에 일본을 방문할 예정이므로, 일본정치외교를 연구하는 정치학 교수의 관점에서 한·일관계를 중심으로 한 동북아정세일반에 관하여 긴급브리핑을 해 달라고 하는 요청이었다. 약속한 장소인 동교동 소재 상기 서교호텔 2층 중국식당에 도착하니 김대중 총재, 임동원 사무총장, 국회의원 3명, 박금옥 비서관 등 7~8명의 사람들이 나를 기다리고 있었다.

나는 준비한 자료를 배부한 후 학자의 입장에서 동북아국제관계의 변용과정에 관하여 미·일·중·러의 한반도정책을 중심으로 하여 브리핑을 하였다. 또한 정부 (외무부)의 입장에서는 나의 오랜 지인인 유병우 아주국장(나중에 주터키대사), 그리고 역사문화의 입장에서 김용운 한양대 교수가 각각 발표하였고, 상당히 장시간의 의견교환을 하였다. 물론, 나는 발표수당 또는 사례금을 전혀 받지도 않았지만 상대방 측도 전혀 줄 생각이 없었던 것 같았다.

하지만, 야당 총재의 해외 출장과 관련하여 국가공무원으로서 필요한 브리핑을 하는 것은 바람직한 일이라고 판단되었다. 정치학자로서도 흥미있는 연구작업이기에 별저항 없이 브리핑도 하고 토론에 참가하였다.

이보다 앞서 김대중 씨는, 앞서 말한 바와 같이, 현재 내가 근무하고 있는 아태정책연구원(APPRI)의 개원식에 상기 임동원 사무총장과 수명의 국회의원을 동반하고 롯데호텔 3층 벨뷰룸에서 개최된 개원식에 참석하여 주었다. 대통령선거가 가까워지고 있음에도 불구하고 참석한 내빈들은 물론 우리가족들과도 일일이 악수하고 아태정책연구원의 무궁한 발전을 축하해 주면서 격려해 준 것을 나는 기억하고 있다.

이와 같은 김대중 씨와의 만남을 주선하고 중간에서 교량적 역할을 해 준 사람은 다름 아닌 박금옥 비서관(50대 중반?여성)이다. 박금옥 씨는 김대중 씨가 대통령으로 취임함과 동시에 청와대로 입성, 총무비서관으로 근무하면서 청와대 살림을 전부 도맡아 한 것으로 알려지고 있다. 박 비서관이 청와대 입성하기 전까지는 타워호텔 등지에서 수차례 만나면서 한국정치발전과 김대중 씨의 향후의 정치행보 등에 관하여 진지한 의견교환을 가끔 하였지만, 청와대 입성 후에는 아무런 연락도 없었다. 말하자면 안면을 바꾼 것이다. 여자의 마음은 마치 갈대와 같은 것이다.

김대중 대통령과 나와의 만남을 주선해준 박금옥 씨의 역할은 매우 큰 것이었다. 1995년 어느 날 나는 미국 포틀란드대학이 주최하는 아태지역의 안전보장에 관한 국제심포지움에 참석하여 동북아국제환경과 한국의 외교정책에 관하여 영어로 연구발표를 한 적이 있다. 同심포지움은 Portland대학에서 오랫동안 교편을 잡고 있던 하만경 교수가 실무준비역할을 담당하였다.

우연히도 이 국제 심포지움의 패키지 속에는 김대중 씨에 대한 명예박사학위 수여식이 있었는데 나는 김대중총재 일행과 비슷한 타이밍에 시애틀과 포틀랜드를 동시에 방문하였다. 주시애틀 김 균 한국총영사가 주최한 김대중 씨 환영 만찬 석상에는 부인 이희호 여사도 동석하여 나와 같은 테이블의 바로 옆자리에 앉아서 함께 식사하면서 담소를 나누었던 것이 기억난다.

또한, 포틀랜드에서도 같은 호텔에 숙박하게 되었는데 상기 박금옥 비서관이 김대중 씨와 또 다른 만남을 주선하여 주었다. 약간의 와인을 함께 마시면서 김대중 총재 호텔방에서 이루어진 와인 회동은 1시간 이상 계속되는 두 사람만의 독대이었다. 김대중 씨는 80년대 초 하버드대학 국제문제연구소(CFIA, Center for International Affairs)에 2년간 객원연구원으로 방문하였을 당시를 회고하면서, 84년부터 2년간 CFIA(Center for International Affairs)에서 객원교수로 근무하였던 나와 비교하였다. 그리고 같은 Harvard동문이라고 기뻐하였다(Fellowship Program &

U.S.-Japan Program). 또한 한국외교와 남북한관계 그리고 한미일관계에 관한 자신의 철학을 들려주었다.

그리고 진지한 어조로 최근의 한반도정세와 한미일 관계에 관하여 그의 신념과 소신을 피력하였다. "언젠가 申 교수와 함께 일할 수 있는 날이 오기를 바랍니다."라고 말하면서 굳은 악수를 나누었던 김대중 씨의 모습을 나는 결코 잊지 않고 있다.

하지만 김대중 씨가 대통령으로 취임하여 5년간 재임하는 동안 나를 한 번도 청와대로 부른 적이 없다. 좋게 말하면 주위에 너무나도 많은 대선캠프참모출신들이 마치 인의 장막처럼 포진하고 있었기 때문이다. 또한, 김대중 대통령의 정권 창출과정에 나는 아무런 기여를 한 것도 없었거니와 나는 대통령선거캠프에도 전혀 관여하지도 않았던 전혀 별 볼일 없는 사람이었기 때문인 것으로 사료된다.

김대중 대통령의 취임 초기, 국민들은 김대중 씨야말로 철저한 야당출신이고 한국민주주의의 발전을 위하여 투쟁한 거물급 정치인 인고로 김영삼 씨보다는 한걸음 앞서 갈 것으로 기대하였다. 하지만 소위 햇볕정책의 추진을 통하여 북한을 감싸고 김정일 국방위원장과의 정상회담을 통하여 국내정치기반의 강화를 시도한 결과, 소위 진보세력과 좌파종북세력이 뿌리를 내리고 확장될 수 있는 기초를 구축하였다는 비판도 부정할 수 없다. 또한, 김 대통령 아들들의 각종 부정과 비리는 치명적 타격이었으며, 결과적으로는 소속정당의 위신과 권위마저 훼손되는 결과를 초래하였다.

요컨대 나는 김대중 씨와 대통령 취임하기 전까지는 500페이지의 책 번역, 한일관계전반에 관한 특별브리핑, 당원의 개원식 참석, Portland에서의 독대 등 일련의 정책차원에서의 협조 등으로 비교적 가까이 지냈지만, 대통령 재임기간 동안에 정권에 직접 참여한 적이 없다. 이에 대하여 아무런 미련도, 아쉬움도 후회도 없다. 다만 한국이 낳은 위대한 정치인의 파란만장한 생애를 바라보면서 나는 오로지 국책연구활동에만 조용히 몰두하였음을 오히려 자랑스럽게 생각한다.

하지만, 나는 두 번 다시 대한민국최고통치권자, 즉 대통령의 '지적노예'가 되어서는 아니 되겠다는 중대결심을 하기에 이르렀다(다음호에 계속.... 제 7 화 노무현 · 이명박과 나).

▲ 1996년 當院의 開院 祝賀 紀念 Reception (Lotte호텔)
(왼편으로부터 金大中 大統領, 申熙錫 院長, 林東源 나중에 靑瓦臺 外交安保首席)

▲ 開院 祝賀 紀念 Cake-Cutting
(왼편으로부터 宋 梓 總長, 申熙錫 院長, 韓昇洲 教授, 김석규 外務部外交安保研究院長, 박근大使, 柳鍾玄 大使)

第 7 節

내가 본 盧武鉉 大統領과 李明博 大統領: "Less-Prepared Presidents"

나는 전두환 · 김영삼 · 김대중, 박근혜 대통령 등 박정희 대통령 이후의 국가원수와는 각각 여러 차례 만나면서 국책연구활동에 관련되는 제반업무를 협조도 하고 조언도 하고 지시에 따르기도 하였다. 하지만 노무현 대통령과 이명박 대통령 두 사람은 개별적으로 만난 적도 없거니와 만나려고 생각한 적도 없다. '대통령자격'에 적지 않은 문제가 있다고 판단하였기 때문이다. 또한 여러 가지의 채널을 통하여 접촉할 수 있는 기회가 없지는 않았지만 나는 이 모든 유혹과 기회를 단호히 사양하였다.

왜냐하면, 나는 이미 국가공무원도 아니며 이와 같은 업무는 무의미한 것일 뿐만 아니라, 역대 대통령들에 대한 업무협조의 한계와 비효율성을 느끼게 되었기 때문이다.

말하자면, 앞서 말한 바와 같이, 나는 두 번 다시 대한민국 대통령, 즉 최고통치권자의 '지적노예'가 되어서는 아니 되겠다는 중대결심을 하기에 이르렀기 때문이다. 앞서 말한 바와 같이, 초거물급 정치인과의 교류는 일방적으로 이용당할 우려가 있는 것이다.

이 점에 관하여 좀더 상세하게 언급하기로 한다.

우선, 국가의 최고통치권자가 되기 위하여는 국가원수로서 지녀야 할 어느 정도 성숙된 인격과 경륜, 탁월한 리더십(분단국의 경우 더욱 그러함)과 아울러 대한민국을 이끌어 갈 심오한 통치철학이 선행되어야 함에도 불구하고 노무현 대통령이나 이명박 대통령의 경우에는 그러한 측면을 별로 발견할 수 없었기 때문이다.

한마디로 말하여 두 분에 대하여는 국가원수로서 그다지 커다란 인간적 매력을 느끼지 못하였다고 하는 점이다. 특히 심오한 통치철학과 훌륭한 인격(경륜)은 최고통치권자가 갖추어야 할 알파요 오메가임은 재론의 여지가 없다고 하겠다.

예컨대, 노무현 대통령은 김대중 대통령의 후광과 정몽준 대선후보의 돌연사퇴로 정권을 장악하였지만, 햇볕정책을 무작정 계승하고 한미동맹관계를 최악의 상태로 몰아넣은 결과, 한반도의 안보에 심각한 악영향을 초래하였다. 한반도의 평화정책을 위하여 북한을 끌어 안고 포용하는 정책을 추구하는 것도 그 나름대로 일리는 있다.

하지만, 국민의 피눈물나는 세금을 갹출하여 김정일 정권에게 무상전달한 결과, 대한민국 국민은 심각한 경제난과 생활난에 봉착하였다.

또한 기득권 세력을 무자비하게 몰아세우고 세금을 고도로 인상한 결과 국민들의 생활은 더욱 어려워졌다. 소위 부동산 종부세(종합부동산세)라는 명목으로 국민들로부터 적지 않은 세금을 무리하게 거두어 들인 결과, 부동산경기와 국내시장을 동결시키고 그 후유증에 의한 부동산시장은 오늘날에도 최악의 상태에 놓여져 있어 이에 관련되는 국민들은 적지 않은 곤욕을 치르고 있는 실정이다.

이러한 와중에 노무현 대통령에 대한 국회에서의 탄핵소추안의 가결(2004년 3월)은 정권안보의 수치스러운 이벤트였음에도 불구하고 철면피하게 수개월동안이나 국가의 통치권을 끌어 안고 빼기지 않으려고 요행을 기다리면서 발버둥치는 초라하고도 비열한 모습을 연출하였다. 일본의 상급무사(Samurai)나 지도층인사들은 이 경우 할복자살을 시도하는 경우도 있다. 모름지기 지도자는 책임을 지고 부끄러움을 느낄 줄 알아야 한다.

시간의 흐름과 국내정치 환경의 변화를 적당히 활용하여 노무현 씨가 다시금 청와대 집무실로 복귀한 사실은 너무나도 철면피한 행위이다(同年 6월). 국회탄핵소추안의 가결과 국민적 불신임에 대한 책임을 지고 부끄럽고 창피해서 쥐구멍이라도 찾거나 또는 대통령직에서 자진사퇴했었어야 하는 것이었다. 노무현 정권에 대한 국민적 불신임을 의미하는 탄핵소추의 가결과 동시에 즉시 하야했었더라면 국민들로부터 임기 말년에 더욱 존경과 사랑을 받았을런지도 모른다.

뿐만 아니라, 부패한 좌경종북세력과 국민적 콘센서스가 없는 사람들을 정권핵심에 등용하여 국가의 정치질서를 혼란하게 운용한 인사정책의 실패는 많은 국민들의 공통된 실망이며 특히, 대통령과의 형제 관계를 구실로 하여 방자한 행동을 하였던 친형 노건평 씨의 각종비리에 의한 구속수감은 국민들에게 커다란 충격과 실망을 주었다.

이는 마치 구한말 고종황제 시절에 중전 명성황후의 외척 친지인 민겸호와 민태호가 명성황후를 등에 없고 이를 구실로 하여 오만방자한 행동으로 백성들의 원성을 산 결과, 대원군의 친형인 흥인군과 더불어 임오군란으로 분노한 병졸과 민중의 손에 의하여 대궐안에서 무참히 구타를 당하였던 참사와 일맥상통하는 단말마적 정치현상이라고 하겠다.

또한, 이명박 대통령도 세계경제가 어려운 가운데 한국경제를 그 나름대로 발전시키려고 노력한 공로는 인정하지만 측근인사정책의 실패, 물가앙등, 실업자난, 심각한 인플레이션, 경제전문가라고 자처하면서 수년동안 동결되어 온 부동산경기를 사상유례없는 최악의 상태가 되도록 방치한 점등은 너무나도 안타까운 일이었다.

말하자면, "경제대통령"이라고 자칭했던 이명박 씨가 오히려 국민경제를 본의 아니게 도탄과 경제불황의 길로 유도한 결과가 된 것이다. 부동산시장의 활성화는 국내경제회복의 주춧돌이라고 하겠다.

그러한 와중에도 특히 심각한 부조리에 의한 친형 이상득 씨의 구속수감, 그리고 최시중 씨를 포함한 최측근 인사들의 각종비리관여는 국민들에게 커다란 실망과 회의를 안겨주었다고 하겠다. 경제인 이명박 씨는 서울시장으로 은퇴하였더라면, 오히려 국민들의 존경을 받았을 것이며, 초라한 모습으로 구속수감되어 교도소에 들어가는 일은 없었을 것이라고 판단된다.

말하자면, 이명박 대통령의 과도한 권력욕이 수년간 수감생활을 하는 등, 자신의 노년인생을 초라하게 만들었다고 하겠다.

뿐만 아니라, 이데올로기의 혼돈속에서 대한민국에는 엄연한 국가보안법과 반공법이 존재하고 있음에도 불구하고 친북내지는 종북세력의 활동을 그대로 방치한 결과 국회 내부에까지 좌경세력이 입성하도록 용인한 정치운용행태는 자유민주주의를 사랑하는 우리 국민들에게 적지 않은 실망과 충격을 주었다.

또한, 언론보도에 의하면 이명박 대통령은 퇴임 이후의 안락한 생활을 위하여 바람직하지 않은 방식으로 비자금을 마련하여 청와대경호처장과 간부직원들에게 지시하여 시흥시와 협조하여 아들 명의로 내곡동 땅을 구입하여 자신의 안녕과 실리를 먼저 추구하려고 시도하였다. 이와 같은 언론보도는 국민들로 하여금 적지 않은 의혹을 사는 부정적 요인으로 작용하였던 사실을 우리 국민은 모두 기억하고 있다.

요컨대 노무현 대통령과 이명박 대통령 두 사람은 여러 가지 측면에서 볼 때 통치철학이 결여되고 인격 미숙과 경륜 부족으로 인하여 인간적 측면에서 별로 매력을 느낄만한 인물들이 아니었던 관계로 "준비부족대통령(Less-Prepared Presidents)"이라고 하는 평가를 받고 있는 것 같다.

앞서 말한 바와 같이, 박정희 대통령 이후의 거의 모든 대통령과 일정한 관계를 맺으면서 협조체제를 유지해 온 나의 과거사교훈은 국가의 최고통치권자들에게 일방적으로 이용만 당했을 따름이지 그 자체로서 커다란 보람을 느끼지 못하였다고 하겠다. 결과적으로는 무의미한 것이었다.

이제 나는 국가공무원직과 대학캠퍼스를 떠나서 자유스러운 몸으로 아태정책연구원(APPRI, Asia-Pacific Policy Research Institute)을 통하여 국책연구활동에 종사하고 있는 바, 無에서 有를 창조한 벤처기업인 아태정책연구원의 성공을 위하여 나는 심혈을 기울여왔다. 그 결과 오늘날 아태정책연구원(APPRI)은 가장 최소의 규모로서 가장 최대의 연구업적과 생산성을 기록하는 정책연구기관으로 널리 알려져 있다.

외교통상부산하의 등록법인으로 출범한(1996年 9月, 제311호) 국가정책연구기관인 아태정책연구원(APPRI)은 한국의 정치, 외교, 안보, 행정, 경제, 통상 등 정부의 주요정책현안을 연구대상으로 하여 그동안 무려 340회에 걸친 각종 국제회의, Symposium, 정책Forum 등의 개최와 정책연구기관지 『亞太Focus』의 延 46회 출판, 각종 對정부정책건의서의 제출 등 활발한 정책연구활동을 통하여 이미 국내외에서 정평을 받는 국책연구기관으로 널리 알려져 있다.

아태정책연구원(APPRI)의 임원진(이사, 연구위원)과 사무직원들도 국책연구활동에 다 함께 종사하고 있음을 자랑스럽게 생각하고 있다. 나는 그저 현직에 만족하고 있을 따름이다.

요컨대, 노무현 · 이명박 대통령은 다른 대통령에 비하여 그다지 커다란 인간적 매력을 느낄만한 분들이 못 되었음을 아쉽게 생각한다.

예컨대 박정희 씨와 전두환 씨는 자신의 국가철학과 신념을 관철시키기 위하여 사선을 넘어온 사람들이지만, 노무현 씨와 이명박 씨 두 분의 경우는 그렇지 못하다. 또한, 김대중 씨나 김영삼 씨는 평생을 오로지 한국정치발전을 위하여 모든 것을 바쳐온 사람들이지만, 노무현 씨와 이명박 씨 두 분의 경우는 그렇지 못하다.

말하자면 김대중 씨나 김영삼 씨는 한국민주주의 발전을 위해서 만년 야당 총재로서 단식과 투쟁을 해온 인물들이며, 두 김 씨는 한국정치의 본질을 이해하고 알게 모르게 국가최고통치권자로서의 경륜과 통치철학을 평소에 쌓아 올린 직업정치인들이다.

하지만, 노무현 대통령과 이명박 대통령의 경우, 아쉽지만 그러한 경륜과 인품과 철학을 그다지 엿볼 수 없다. 특히 이분들은 가장 중요한 인사행정정책에서 커다란 부작용을 초래하였다.

예를 들어서 이명박 정권의 경우, 주로 TK대구경북 출신, 고려대 출신, 현대그룹 직 · 간접 관계자, 소망(광림)교회 관계자, 서울시청 출신 등 자신의 학연 · 지연 · 혈연 · 직장 연고 등과 여하한 형태로 연관성이 있는 사람들을 최우선적으로 채용해온 것으로 알려지고 있다.

노무현 · 이명박 정권하에서 나는 오로지 국책연구활동에만 종사한 결과 오늘날 아태정책연구원은 앞서 말한 바와 같이 가장 소규모로 가장 높은 생산성을 갖는 국책연구기관으로 정평을 받고 있다. 이를 위하여 땀을 흘리는 당원의 이사, 연구위원, 정책자문위원, 사무직원 등 모든 분들에게 감사드리면서, 오늘도 나는 광화문소재 '경희궁의 아침'연구실에서 2030년대의 새로운 한반도지평선을 마음속에 그리면서 이 글을 쓰고 있다(제4장 終).

第 5 章

朴槿惠 前大統領과의 北韓訪問記: 金正日 國防委員長과의 對座

▲ 박근혜 대표, 김정일 국방위원장과 함께 (평앙 백화원초대소)

▲ 당원 이사장 신희석 교수를 영접하는 김정일 국방위원장(평양 백화원초대소)

▲ 「2002 韓國政治展望과 우리民族의 나아갈 길」을 주제로 한 당원주최 정책자문Forum 종료 후 당원의 이사진 및 정책자문위원과 포즈를 취하고 있는 韓國未來聯合代表 朴槿惠 議員

第 1 節

訪北經緯, 背景 및 經過

새누리당 대통령 후보 박근혜 대표(그 당시에는 국회의원 겸 한국미래연합대표)와 내가 긴밀한 협조관계를 갖게 된 커다란 요인은 2005년 5월 초 북한 김정일 국방위원장의 초청을 받고 4박 5일 동안 평양방문시찰에 동행한 것에서 비롯되었다.

이 역사적 방문은 6·25 이후 박정희 대통령과 김일성 주석 간의 오랜 숙적관계를 청산하고, '박정희의 딸 박근혜와 김일성의 아들 김정일'이 평화적인 분위기 속에서 상면한다는 점에서, 심오한 한반도 국제정치역학의 역사적 의미를 갖는다고 하겠다. 말하자면, 한반도의 평화정착을 위하여 상호 솔직한 의견을 교환하면서 향후 한반도에서의 평화정착과 남북한 간의 협조체제를 구축하기 위한 전격적인 만남이었다고 하는 의미에서 전후 동북아국제정치의 긴장완화를 위한 전개과정 속에서 커다란 상징적 의미를 함축한다고 하겠다.

박근혜 대표는 어디까지나 대선후보의 한사람에 불과하지 대한민국의 대통령이 아니다(이 글은 박근혜 대표가 대통령에 당선되기도 전인 2012년 11월 시점에서 작성된 것임). 또한 제 18 대 대선에서의 당선가능성은 전혀 미지수이며, 아무도 예측할 수 없다. 지금까지 역대 대통령과 나와의 인간관계를 국가정책연구활동을 위한 협조체제의 구축이라고 하는 정책적 차원에서 언급하여 왔다.

하지만, 이곳에서 대통령 당선가능성이 미지수인 박근혜 후보에 관하여 언급하는 이유는, 위에서 말한 바와 같이, 박근혜 대표가 김정일 국방위원장의 초청을 받고 방북하는 데에 박 후보의 적극적인 요청으로 평양방문에 동행함으로써 이 글을 작성하게 하는 원천적 동기를 제공하였기 때문이다.

그러므로, 박근혜 대표와 나와의 긴밀한 관계를 아는 수많은 주위사람들로부터 "박근혜 후보가 대통령이 되면 申 박사가 외교통상부 장관이나 또는 국가요직에 기용되는 것이 아니냐"라고 말하는 당치도 않고 전혀 가능성도 없는 그릇된 인식을 불식시켜야 할 필요성에서 출발하여 이글을 작성하게 된 것이다.

왜냐하면, 앞서 말한 바와 같이, 한국적인 정치풍토에서는 일반적으로 나와 같이 비고위관료 출신 인사가 정치권력의 중심부분에서 소위 요직을 쟁취하기 위하여는 최고통치권자의 정권창출과정과 그 선거운동과정에 해당 캠프의 일원으로 참가하여 불철주야로 동분서주하면서 여하한 형태로 헌신적인 기여를 해야 하기 때문이다. 그 후 대통령 당선자는 재임기간 동안에 이러한 정권창출과정에 기여한 명부를 청와대 민정수석실과 사정수석실에 소위 '존안파일'이라는 명목으로 우선순위의 번호를 매겨서 잘 보관한 후 대선선거운동기간 중의 노력의 결과와 정도에 대한 반대급부로 임기만료 이전에 적절한 인사에게 적당한 요직을 "대통령 임자 마음대로" 하나씩 배분하는 것이 최고통치권자에 의한 정부최고위인사행정의 일반적 경향임은 주지의 사실이다.

그러므로, 박근혜 대표와의 평양방문은 대통령선거를 겨냥하고 있던 박 후보가 역사적인 북한방문의 동행인으로서 우연히 나를 발굴하여 동행한 것에 불과한 것이지 '정부의 중요요직안배'와는 아무런 관련성이 없는 것임을 확실히 밝혀둘 필요가 있다고 하겠다.

나는 북경에서 평양으로 비행하는 고려항공 특별기 안에서 "왜 저와의 동행을 요청하셨습니까?"라고 박 대표에게 물었더니 박 대표는 "신 박사님은 한국을 대표하는 정치학 교수로서 어느 정권에도 깊이 관여하지 않았고 미국과 일본에서 공부하여서 균형감각이 있기 때문"이라고 너무나도 간단명료하게 답을 해주었다.

그렇다. 박근혜 대표와 나와의 평양방문은 전혀 예상하지도 않았던 일종의 전격적 이벤트이었다. 왜냐하면 북한의 대외정책행태(Foreign Policy Behavior)를 분석하면 어느 누구도 예측할 수 없는 불확실성 요인이 너무나도 많거니와 김정일 국방위원장 한 사람의 독단적 판단에 의하여 예상하지도 않은 일이 발생할 수도 있는 종속변수가 부단히 존재하고 있기 때문에 이 어려운 시기의 평양방문은 상당한 리스크를 동반하는 것이었다.

이하, 이 점에 관하여 좀 더 상세하게 언급하기로 한다.

2005년 5월 초, 나는 남북한 관계에 관하여 급하게 상의할 일이 있다고 하는 박근혜 대표의 전화를 받았다. 조용하게 상담할 중요사항이 있으니 시내 모처로 즉시 나와달라고 하는 너무나도 간략한 내용이었다.

약소한 장소에 나갔더니 박 대표는 나를 보자마자 대뜸 "북한 김정일 위원장의 초청을 받고 신 박사와 함께 4~5일 동안 평양을 방문할 예정이니 꼭 동행하기를 바란다."라고 부드럽지만 약간 심각하고도 긴장된 어조로 말하였다. 나는 박 대표의 갑작스러운 요청에 적지 않게 놀랐다. 그리고 당황하였다. 가족과도 상의해 보아야 하고 여러 가지 주변환경을 점검해야 하는 고로 며칠 동안 생각할 수 있는 시간적 여유를 달라고 말씀드렸다.

하지만, 박 대표의 반응은 완강하고 강경하였다. 시간이 전혀 없으니 오늘 내일 중으로 조속히 결정하라고 하는 강력한 요청이 나를 적지 않게 엄습하였다. 박 대표의 말투는 부드럽고 침착하였지만, 요청내용은 실로 엄청난 것이었다. 내가 박근혜 대선후보와 함께 평양에 다녀와야 한다니 평소에는 상상도 못할 일이 아니였겠는가!

동토의 왕국 북한은 개인의 인권과 자유가 송두리째 빼앗겨 버린 지상최대의 폐쇄된 사회이며, 방북인사의 언동에 따라서 지위 고하를 막론하고 정치수용소에 일시감금하기도 한다는 다양한 소문이 나도는 상황이기에 나는 적지 않게 긴장할 수밖에 없었다. 깊이 생각할수록 눈앞이 아찔하기도 하였다. 동행요청을 받은 그날 밤, 나는 다각도로 검토하였다. 오랜 만에 느껴보는 잠 못 이루는 밤이었다.

더구나, 사유재산제도, 기업경영의 자율성 그리고 해당 기업의 영리추구라고 하는 자본주의경제의 기본원칙이 전혀 작동하지 않는 왕조국가가 바로 북한이라고 생각하니 평양방문에 신중을 기할 수밖에 없었다.

나는 가족과 함께 심각하게 상의한 결과, 박근혜 대표의 요청을 흔쾌히 수락하기로 하였다. 왜냐하면 첫째, 내가 정치학자로서 북한의 현실을 직접 체험할 수 있는 절호의 기회이며, 둘째, 김정일 국방위원장을 직접 만나서 한반도의 평화정착과 번영을 위한 그의 사상과 철학을 알고 싶었을 뿐만 아니라, 셋째, 평상시에 가까이 지내오던 박근혜 대표의 모처럼 진지한 요청을 전면적으로 거부할 수 없었기 때문이었다. 더구나 나의 평생 은사로써 지도해 주시는 강영훈 전 국무총리와도 상의한 결과, 평양방문을 쾌히 수락하였기 때문이다.

박 대표는 약간 상기된 표정이기는 하지만 부드러운 어조로 직접 또는 전화로 나를 계속하여 설득하였기에 나는 김정일 위원장과의 면담을 전제로 한 평양시찰에의 동행을 약속할 수밖에 없었다. 만약의 상황에 대비해서 나는 가족에게 간단한 가정 메모를 작성하여 '경희궁의 아침' 내 연구실의 테이블 위에 올려놓고, 박근혜 대표와 함께 평양으로 가는 북한행비행기에 함께 타기로 중대결심을 하였다.

第 2 節

特別專貫機内에서의 對話: '潘基文 U.N. 事務總長'

박근혜 대표와 내가 함께 인천공항 귀빈실을 조용히 빠져나와서 중국북경행 비행기를 탑승한 것은 그 이후 불과 2~3일도 안 되었던 것으로 기억한다. 너무나 분주하고도 바쁘게 준비작업을 서두르다 보니 최근 북한의 국내외정세와 남북한관계에 관하여 충분히 공부하고 연구검토할 시간도 없었다.

청와대(임동원 외교안보수석), 국가정보원(박근혜 대표가 직접 연락하였음), 그리고 통일부(정세현 장관: 세종연구소때부터 오랜 지인)와의 협조체제는 무난히 이루어졌으며, 박 대표와 나는 출국 전날 최종적으로 삼청동에 있는 남북회담사무국에서 신언상 사무국장(후일 통일부차관)의 특별브리핑을 받았는데 북한정세를 이해하는 데에 적지 않게 도움이 되었다.

평양행 비행기를 갈아타기 위하여 중국에 도착한 우리는 북경공항에서 주중한국대사관 고위간부직원들의 영접을 받았다. 멀찌감치 북한대사관 관계자들이 박근혜 대표와 나의 움직임을 두 눈으로 응시하고 있음을 어렴풋이나마 느꼈지만, 우리는 일부러 모르는 척하면서 대화를 나누지 않았다.

북경 시내 한복판의 Kempinski호텔에서 여장을 푼 우리는 북경 도착 첫날밤 김하중 주중한국대사 주최 환영 만찬에 참석하여, 최근 북한의 국내정세와 대외관계에 관하여 귀중한 브리핑을 듣고 진지하게 의견교환을 하였다. 외교통상부 아주국장과 유종하 장관의 보좌관을 역임한 김하중 주중대사는 내가 외교부 아태연구부장시절에 비교적 가까이 지내던 지인이었다. 따라서 북한의 국내정세에 관하여 자상한 브리핑을 경청하였으며, 방북상황자체의 전반적인 정세에 관하여 비교적 순조롭게 업무협조가 이루어졌다.

그 다음날 아침 일찍이 주중한국대사관이 보내준 리무진을 탑승하고 북경공항으로 향발하려는 순간, 우리는 호텔주변에서부터 북한사람처럼 보이는 수명의 남성들이 우리들을 주위에서 감시하고 있음을 느낄 수 있었다. 그때부터 북한 고위관리들에 의한 "박근혜 일행(EU한국대표, 프랑스인 포함) 평양수송작전"이 개시된 것 같았다.

공항 귀빈실에서 우리가 예정한 고려항공의 탑승시간이 10분밖에 남지 않았는데도 북한관리 및 항공사관계자들로부터 비행기에 탑승하라고 하는 아무런 연락이 없었다. 나는 자신도 알지 못할 막연한 불안감이 엄습해 오면서 초조하였다. 한편 불안하기도 하였다.

출발예정시간 불과 5분 전에 주중국북한대사를 포함한 검정색 정장차림의 수명의 남성들과 항공사 직원들이 우리를 정중하게 안내하면서 탑승하라고 하기에 우리는 바깥으로 걸어 나갔다. 불과 40~50m 앞에 대기하고 있던 '고려항공'이라고 쓰여져 있는 항공기를 향하여 걷고 탑승하는 과정에서 항공사직원들이 너무나도 우리를 정중하고도 친절하게 안내하는 바람에 나는 오히려 더욱 불안해지기만 하였다. 지금부터 전개될 여러 가지의 시나리오를 머릿속에 상정하면 등에서 식은 땀이 나는 것 같았다. 갑자기 돌아가신 부모님과 가족이 보고 싶어졌다.

하지만, 나는 대한민국 정치학자로서의 긍지와 자존심을 결코 잃지 말아야 한다고 자위하면서 마음속으로 결연한 의지를 굳세게 다짐하였다. 박근혜 대표와 나는 고려항공의 기내사무장이 안내하는 대로 1등석 비슷하게 생긴 매우 안락한 좌석의 앞에서 두 번째 자리 왼쪽에 함께 앉았다(2-A & 2-B).

신기한 것은 우리보다 먼저 탑승한 승객은 전혀 보이지 않았거니와 우리 뒤에도 탑승한 승객은 아무도 없었다. 승무원들은 우리가 타자마자 즉시 비행기 출입문을 닫고 말았다. 순간 나는 크게 당황하였다. 뒷자리를 아무리 바라보아도 일반승객은 전혀 한 사람도 보이지 않았다. 뒤 커튼을 열어보니 의장석 의자 한 개는 북한이 가끔 강조하는 '존엄과 권위'의 상징으로 상당한 고가품으로 보였으며, 회의실, 응접실, VIP개인사무실과 비서실 등 일반적 최고위층의 사무실 건물과 거의 비슷한 형태를 갖추고 있었기에 나는 북한의 항공기 개조기술에 적지 않게 놀랐다.

앗차! 우리는 곧 현재 타고 있는 탑승기는 북한당국이 보내온 김정일 국방위원장 전용의 특별전세기임을 즉시 알게 되었다. 비행기의 기장과 기내사무장처럼 보이는 깨끗한 한복착용의 중년여성으로부터 '조선민주주의인민공화국의 위대하신 존엄이신 김정일 장군님께서 박근혜 여사 일행을 위하여 특별전세기를 보내오셨다'라고 하는 안내설명을 듣고 나는 안도감과 불안감이 복잡하게 교차하는 미묘한 심정을 느꼈다. 특별전세기의 기장도 동일한 내용의 메시지를 특별기의 기내마이크를 통하여 방송하고 있었다.

나는 비행기 안에서 박근혜 대선후보와 옆자리에 나란히 앉아서 북한측이 마련한 기내식사를 맛있게 먹었다. 실로 별미이었다. 하지만, 지금부터 전개될 미래상황에 대하여 아무런 정보도 없고, 예측도 할 수 없는 것이었기에 초조한 마음과 작은 흥분/긴장을 금할 수 없었다. 우리는 이 초조함을 달래기 위하여 가벼운 대화를 주고받으면서 일부러 안정감을 찾고 서로를 위로하고 격려하였다. 우리는 같은 배를 타고 있는 입장이었기에 와인잔으로 성공적인 평양방문을 조용히 다짐할 뿐이었다.

심리학 관련 어느 참고문헌에서 '배경과 위상이 서로 다른 인사라도 동일한 시점에 동일하게 어려운 환경에 처하게 되면 상호간에 동지애와 운명적 공통분모가 자생적으로 형성된다'라고 하는 글이 생각났다.

▲ 박근혜 대표와 방북 중 기념촬영

그렇다! '4박 5일동안 나의 유일한 말동무는 박근혜 대표밖에 없다'라고 생각하니 나는 서로 '동지애' 또는 '전우애'와 같은 감정을 느끼게 되었고, 나에게 방북의 기회를 준 박근혜 대표가 한없이 고맙기도 하였다.

우리는 다시금 와인잔으로 여러 차례 건배하면서 여러 가지의 대화를 주고받았다. 그 중 특별히 기억나는 것은 박근혜 대표가 외교부차관과 UN총회의장 비서실장을 역임한 청와대의 반기문 외교안보수석(그 당시)의 실력, 능력 그리고 인품을 매우 높이 평가하였다고 하는 점이다. 이것을 보면 박근혜 대표가 사람을 날카롭게 잘 보는 눈이 있는 것 같기도 하다.

반기문 유엔사무총장! 그는 100년에 한 번 있을까 말까 하는 현대한국이 낳은 초엘리트관료이다. 서울대 외교학과를 졸업하고 외무고시 3회로 외교부에 입사한 그는 주인도대사관을 거쳐서 주유엔대표부, 국제연합과장, 주미대사관총영사, 미주국장, 장관특보, 주미공사, 주오스트리아대사, 외교정책실장, 차관보, 외교부차관, 의전수석, 외교안보수석, 외교부장관, 제8대유엔사무총장을 역임한 한국을 대표하는 '진정엘리트'이다. 반기문 총장은 유엔사무총장을 두 번이나 역임하였기 때문에 전 세계의 어디를 가든 모르는 사람이 없을 정도로 국제적 지명도가 매우 높다고 하겠다.

내가 미국무성 초청으로 미국대통령선거운동(나는 Clinton-Gore진영, 선거캠프모자 및 당시의 부록 사진 참조)과정을 관전하고 견학하기 위하여 워싱톤을 방문하였는데 주미대사관 총영사 시절의 반총영사는 나를 픽업하기 위하여 National Airport까지 나와 주셨다. 장시간 비행에 지친 몸을 이끌고 Hilton Hotel 근처의 한(일)식당에서 반 총영사가 사준 따끈한 갈비탕 한 그릇의 맛을 지금도 잊지 못하고 있다. 항공사(UA)착오로 늦게 도착한 내 가방을 그 다음 날 아침 일찍 나의 숙박장소인 Dupon Circle Hotel까지 직접 전달해 주는 자상함까지 보여주는 실로 훌륭하고 성실한 인품의 소유자요, 인격자이다.

반기문 총장은 서울대 외교학과 63학번으로 충청북도 음성출신이며, 나는 연세대 정치외교학과 64학번으로 충남대전출신이다. 학창시절에 두 사람 모두 국내정치보다는 '국제관계'에 관심이 있어서 반 총장은 충주고등학교 3학년 재학 중에 미국적십자사(American National Red Cross) 초청으로 미국을 방문하여 세계 43개국 학생대표들과 함께 John F. Kennedy 미국대통령을 만났으며(1962년), 나는 연세대재학 중에 세계청년회의에(WAY: World Assembly of Youth) 그리고 외교부 재직중에는 미국무성초청으로 미국대통령선거과정을 참관하기 위하여 45일간 방미하여, Clinton-Gore민주당진영을 견학한 후 Clinton 당선자 행사에 세계각국에서 온 일행들과 함께 참석한 바 있다(1992년). 그 후 반총장은 관료로서 초엘리트의 길을 걸었으며, 나는 오로지 한 우물을 파면서 학문의 길만을 걸어왔을 뿐이다.

내가 외교부에 20년간 근무하는 동안 반 총장은 공적/사적으로 가장 가까이 지내던 직장동료인 동시에 또한 나의 '직속상관'이기도 하였다. 지금도 오래된 벗으로서 윤병세 前외교부장관, 장준규 前육군참모총장, 세브란스병원의 강희철 박사, 서울대의 백진현 명예교수(전 국제해양법재판소 소장) 등과 함께 가족동반하여 1년에 3~4차례 정도 분기별로 회동하여 정담을 나누면서 오랜 벗으로서의 우정을 돈독히 하고 있음을 흐뭇하게 생각한다.

이와 같은 반기문 U.N. 사무총장을 박근혜 대표가 평양으로 가는 특별전세기 안에서 특별히 반 총장 이름을 거명하면서 그를 높게 평가하고 장시간 거론하는 것은 박근혜 대표가 사람을 볼 줄 아는 날카로운 눈이 있다고 하겠다. 반 총장은 지금도 "보다 나은 미래를 위한 반기문재단"이사장으로 지구촌을 무대로 하여 활발한 국제평화연구활동을 전개하고 있다.

반기문 총장에 관한 즐겁고도 유익한 대화를 나누는 동안, 우리가 탄 특별전세기는 벌써 평양 순안공항의 활주로를 서서히 달리고 있었다.

▲ 반기문 外交通商部 長官은 당원의 정책자문위원과 이사진들을 대상으로 하여 한국의 외교안보정책 전반에 관하여 만찬간담회를 개최하였음(Hilton Hotel, 2004년 4월)

▲ 한국외교정책에 관한 당원주최 정책연구포럼의 기초강연을 하기 위하여 행사장에 도착한 반기문 外交通商部長官(Hilton Hotel, 2004년 4월)을 반갑게 맞이하는 당원 이사장 신희석 교수

▲ 모란봉 소년 소녀 연예단장의 안내로 단원들의 상황과 환경에 관하여 설명하고 있음.

▲ 평양극장에서 연예단공연을 바라보는 신 교수를 북한 측이 촬영하여 전달해 줌.

第 3 節

平壤順安空港에서 百花園招待所로 移動

약 2시간 정도 비행하는 동안 특별전세기에서 내려다 보이는 북한땅은 한국과는 달리 벌거숭이 산이 많이 보였다. 나무가 거의 없는 민둥산뿐이었다. 특별전세기가 착륙시도를 할 때에 창밖에 내다보이는 빨간 글씨의 한양해서체로 '평양'이라고 하는 글자를 보고 나는 순간 가슴이 섬뜩뭉클하였다. '아! 이제 드디어 올 곳에 왔구나. 지금부터는 박 대표와 나의 운명을 이 사람들에게 맡길 수밖에 없구나'하고 나는 아예 체념하고 말았다.

평양순안공항에는 일반 승객들은 전혀 보이지 않았고 오로지 우리가 타고 온 특별전세기밖에 없었다. 수십명의 어린학생들이 환영깃발을 흔들어주는 가운데 우리는 북한 아태평화위원회 김용순 위원장과 남북민간교류협력위원회의 김(?) 위원장 두 사람 이외에 수십명의 북한관리처럼 보이는 사람들의 영접을 받았는데, 그들은 한결같이 검정색 양복을 입고 우리를 무표정한 얼굴로 미소없는 표정으로 바라보고 있었다.

▲ 북한 여성 대표 단장(한국의 여성부장관에 해당) 주최 환영 건배

공항 귀빈실에서 북한당국에 의한 가벼운 접견과 대화는 비교적 부드러운 분위기 속에서 진행되었으며, 응접실의 천장이 매우 높았던 것이 무척 인상적이었다. 승차개시통보를 받고 그들이 준비한 60년대형으로 보이는 구형벤츠승용차에 박 대표와 함께 탑승하려고 하였는데 북한관리들이 나의 탑승을 제지하면서 "신 박사 동무는 다른 차가 준비되어 있으니 일단 '박녀사 동무'와 헤어져야 합니다."라고 말하기에 순간 나는 당황하였지만 그들의 지시에 순순히 따르는 수밖에 없다고 생각하였다.

그들은 나를 안내하여 바로 뒷차에 별도로 탑승시켰다(2호차, EU대표 프랑스인은 3호차). 앞자리에는 북한운전기사와 40대 후반의 남성이 앉고 내바로 옆자리에 50대 중반의 정보원처럼 보이는 북한관리, 그 구석에 나 혼자 앉고 보니 이제는 꼼짝달싹을 할 수가 없었다. 운전기사를 포함하여 3명의 북한관리들이 마치 나를 '강제호송'하는 것 같은 착잡한 기분이 들기도 하였다.

자동차는 비교적 빠른 속력으로 시내를 질주하면서 양각도국제호텔, 주체사상탑, 5·1운동장 근처를 통과한 후, 김일성경기장, 인민대학습당, 류경호텔, 고려호텔, 낙원백화점, 대동강, 모란봉을 바라보면서 달렸다. 나는 서울에서 가져간 평양지도를 펼쳐서 자동차가 통과하는 곳을 대조해본 결과, 어쩐지 우리들에게 의도적으로 근사한 곳을 보이기 위하여 시내를 크게 돌아서 우회주행하는 듯한 인상을 받았다.

▲ 북한 여성 대표단 일행 환영 만찬(모란봉회관, 평양)

거의 1시간 가까이 한참동안 침묵이 계속되는 상황속에서의 평양 시내 질주는 어색한 분위기의 연속이었다. 장시간 익숙하지 않은 침묵이 계속되었기 때문이었다. 나는 차갑고 냉랭한 분위기를 바꿔보려고 드디어 침묵을 깼다. 그리고 조심스럽게 말을 걸었다. "저는 서울광화문에 있는 아태정책연구원에서 이사장으로 근무하고 있는 신 x x 교수라고 합니다. 실례지만 어느 부처에 계시는 누구이신지요?"라고 자기소개를 하면서 물었다. 내옆에 앉아있던 50대 중반의 정보원처럼 보이는 북한고위관리는 귀찮은 듯한 표정을 지으면서 "네, 나중에"라고 내 질문을 간단히 일축시켜 버렸다. 나는 무안해서 겸연쩍은 표정을 지었다. 내가 살아 온 인생살이와는 너무나도 다른 그들의 무답묵살반응에 적지 않게 실망하였다. 하지만, 우리가 탄 자동차는 계속 질주하고 있었다.

앞서 말한 바와 같이, 나는 박사학위취득과 Visiting Professorship을 위하여 미국과 일본에 오래 살았다. 일반적으로 말하여, 미국인과 일본인들은 국내외여행을 할 경우, 현지정세자료와 지도를 대부분 지참하는 문화적 특성을 갖고 있다. 특히 일본인들의 경우, 이러한 경향이 더욱 농후하여 방문지역에 관한 정부자료수집과 사전준비를 철저히 하며 온갖 준비물을 챙기는 경향이 있다.

나는 Boston과 Tokyo에서 미국인들 & 일본인들과의 자연스러운 오랜 접촉을 통하여 지도를 너무나도 좋아한다. 또한, 청년시절에도 병역의무를 위하여 육군방첩부대에서 37개월동안 병역근무를 하는 동안에 대간첩작전을 수행할 때에도 항상 '상황판지도'를 들고 묵직한 45구경 권총을 차고 다녔다.

출발 전에 통일부관계자들을 통하여 입수한 평양지도를 무릎 위에 펼쳐놓고 주요통과지역을 빨강펜으로 표시하면서 현지표정과 지도를 대조하는 나의 모습이 북한관리들에게는 신기하고도 수상하게 보였던 모양이다. 나는 북한고위관리들에게 '요주의인물'로 찍힐지도 모른다는 생각이 들었다. 하지만, 낯선 외지에서 현지지도와 대조해 가면서 드라이빙하는 것은 거의 20년에 가까웠던 오랜 동경과 보스톤 생활을 통하여 익힌 나의 취미요, 생활습관이다. 이를 거부할 수 없다. 해외출장 시에도 호텔에 도착하면 우선 시내 지도와 부근 지도를 반드시 입수하는 것이 나의 오랜 관습이다.

자동차가 모란봉을 바라보면서 대동강 강변도로를 달릴 때 나는 서울한강변의 88올림픽강변도로를 연상하였다. '아! 이 대동강이 을지문덕 장군의 살수대첩(612년)이 있었던 곳이구나'라고 생각하니 감개무량하였다. 자동차는 약 한 시간 뒤 김일성 주석이 안치되어 있는 금수산기념궁전 앞을 통과하여 북한이 자랑하는 외국 최고위층 VIP들만을 위한 그들의 영빈관 '백화원초대소'에 드디어 도착하였다.

영빈관 입구부터 북한군의 장병들이 삼엄한 경비를 하고 있었고 현관 앞에 우리가 도착하자 엄청나게 크고 높은 철문(나무 문?)이 자동으로 열리면서 검정 싱글 양복을 입은 40~50대의 북한 관리들이 박 대표와 나를 영접하여 안으로 들어갔다. 박 대표는 김대중 대통령이 숙박하였던 방으로 그리고 나는 바로 옆방인 임동원 국정원장이 묵었던 방으로 배치되었다. 냉장고와 욕실의 모든 물건들은 'Made in Japan'이었다.

나는 사회과학자로서 또한 정치학교수로서 북한최고통치권자인 김정일 국방위원장의 통치철학, 남한에 대한 인식, 리더십철학, 국가관 세계관 등에 관심이 있었다. 워싱턴의 National Reagan Airport에 도착하여 Potomac강을 건너서 Mall을 통과하면 좌측에 백악관과 舊영빈관인 건너편에 블레어하우스(Blair House)가 보인다. 모스크바에는 Kremlin궁전이, 런던에도 Birkingham Palace가 그리고 일본동경에도 총리가 있는 나가타죠(Nagata-Cho)가 있고 서울에는 청와대가 있다.

이와 같은 인식의 연장선상에서 나는 옆에 앉아 있는 50대 남성에게 "실례지만 김정일 국방위원장이 근무하는 집무실은 어디에 있습니까?"라고 물었더니 그 남성은 이번에는 날카로운 표정으로 나를 응시하더니 "모르오."라고 말을 자르면서 나의 질문을 일축시켜 버렸다. 나는 그저 무안하기 짝이 없어서 계속하여 침묵을 유지하는 수밖에 없었다. 하지만, 마음 설레면서 서울을 출발하여 북한땅 평양에 왔는데 거의 1시간 이상의 계속적인 침묵은 괴로운 진통이었다. 無에서 有를 창조한다는 마음 설레임으로 북한 땅을 밟았는데 평양 시내를 질주하는 차속의 비좁은 공간에서 이질적인 남과 북의 사람들이 한 시간 이상이나 차갑고 냉랭한 분위기 속에 앉아만 있는 것은 질식할 것 같은 불안감과 공포감을 느끼기에 충분하였다.

나중에 알게 된 일이지만 북한의 최고통치권자 김정일 위원장의 집무실과 숙소위치, 이동식숙박장소는 초특급 비밀이며, 이를 아는 사람은 아무도 없다고 한다. 또한 감히 이를 묻는 사람도 없는 고로, 북한의 고위관리들은 나를 '어처구니 없는 이상한 사람'으로 여겼을지도 모른다는 생각이 들었다. 그들은 평양 지도를 들고 있는 나를 이미 '요주의인물'로 생각하였음에 틀림없다. 하지만 나는 국제정치학자로서 해당국 최고통치권자의 사상과 철학과 대외인식에 깊은 학문적 또한 정책적 관심을 가질 수밖에 없었다. 이것도 학자로서 부정할 수 없는 나의 연구지향철학이다.

자동차는 거의 1시간 뒤 김일성 주석이 안치되어 있는 금수산기념궁전 앞을 통과하여 북한이 자랑하는 외국 최고위층 VIP들만을 위한 북한의 영빈관 '백화원초대소'에 드디어 도착하였다. 이제 겨우 안심하였다.

(방북에 관련되는 상황은 2012년 11월 시점에 작성된 것임: '박근혜와 나' 후편 계속).

▲ 김용순 아태평화위원장의 환영 영접(평양 순안공항 귀빈실)

▲ 북한 영접위원장과의 환영악수(평양 순안공항)

▲ 박근혜 대표 일행 환영 평양연예단 행사(평양극장)

第 4 節

平壤에서의 主要 日程

박근혜 대표와 나는 4박 5일 동안 북한의 영빈관에 해당되는 백화원초대소에서 체류하면서 평양 시내의 주요지역을 골고루 견학, 시찰하였다.

우리는 분명 북한의 최고통치권자인 김정일 국방위원장의 초청을 받고 평양을 방문하였음에도 불구하고 우리들이 언제, 어디에서 그리고 어떻게 김 위원장을 만나게 될 것이라고 하는 사전통보와 예비정보는 북한당국자들로부터 전혀 제공받지 못하였다. 평양 도착 직후에 문의하였지만 단순히 '기다리시오'라고 하는 퉁명스러운 답이 올 뿐이었다. 요컨대 북한사람들의 머릿속에는 '스케쥴 사전전달'이라고 하는 개념도 의식도 별로 없는 것 같다. 우리들은 그들의 안내를 받고 최고인민회의, 인민문화궁전, 주체사상탑, 모란봉소년소녀연예단, 김일성대학, 개선문, 평양종합병원, 봉제공장, 김일성광장, 노동당창건기념비 등 다양한 시설을 견학·시찰하였다.

하지만, 소위 '평양축전'에 관련되는 지역과 시설물 견학은 우리가 본의아니게 북한당국의 홍보작전에 이용당할 가능성이 있는 고로, 이름도 성도 모르는 에스코트책임자에게 즉시 '불참'통보를 하였다.

또한, 한반도 분단의 역사적 비극의 주역이요, 장본인인 김일성 전 국방위원장의 유해가 보관되어 있는 금수산기념궁전을 방문, 조문하는 일정상담은 당초부터 거부하였다. '김일성'에게 머리를 숙이다니, 대한민국국민으로써 결코 있을 수 없는 일이다. 박근혜 대표도 나와 동감이었다.

북한의 낙후된 시설과 길을 걷는 사람들의 창백한 표정, 손님 수보다 직원 수가 더 많으며 진열물자가 빈곤한 낙원백화점 등의 실상을 보고 북한의 뒤떨어진 경제상황을 재인식하였다. 자본주의경제와 사회주의 통제경제의 현격한 차이를 실감하게 되었다.

말하자면, 앞서 말한 바와 같이, 사유재산제도의 인정, 기업경영의 자유와 영리추구라고 하는 자본주의 경제의 실체와 본질이 북한사람들에게는 상당히 거리감이 있는 것 같았다.

박 대표와 내가 평양의 백화원초대소에서 4박 5일 동안 체류하면서, 북한고위관리들이 우리들과 접촉하고 우리를 안내하는 과정에서 느낀 바 소감은 다음과 같이 요약할 수 있겠다.

첫째, 북한당국은 우리들이 북한에 체류하는 기간 중의 일정표는 물론이거니와 주요시설 시찰·방문계획에 관하여 우리들에게 아무런 사전정보를 주지 않았다. 갑자기 복장을 갖추고 초대소입구의 대형로비로 나오라고 하면 우리는 부지런히 옷을 갈아 입고 아무런 설명도 없이 그들이 안내하는 장소로 정처없이 실려가서 고위인사들을 만나고 주요시설을 시찰하고 다시 영빈관초대소로 불이나케 돌아왔다. 대개 오전에 두 건, 오후에 세 건 정도의 빈도이었다. 그러므로 우리는 하루에도 여러 차례 백화원초대소의 거대한 현관문을 들락달락할 수밖에 없었다.

▲ 평양 모란봉 연예단의 환영공연(평양극장)

둘째, 우리는 북한 최고인민회의 김영남 의장을 비롯하여 김용순 아태평화위원장, 장성택 노동당 제1부장, 김 x x(민족 화해교류협의회장) 등을 비롯한 북한의 각료급 최고실세들을 거의 다 만났다. 하지만, 북한장관급요인들의 이름을 일일이 거명할 수 없는 이유는 사전에 우리들에게 아무런 정보를 제공하지 않았기 때문이다. 우리가 만나는 고위인사에게 일일이 이름과 직함을 직접 물어 볼 수도 없거니와 물어보아도 답이 없었다.

사실상 김영남 최고인민회의 의장, 김일철 인민무력부장, 조명록 총참모장/원수(차수), 백남순 외상, 강석주 외무차관, 이영희(이희영?) 여성위원장(우리의 여성부장관에 해당), 김영철(직함미상), 김 x x(박 대표를 24시간 경호, 협조한 40대 후반 여성, 훗날 판문점고위급 회담에 수차례 참석함) 등은 북한체제의 유지에 커다란 기여를 한 사람들이다.

동시에 우리들을 수행(경호)하는 약 20여 명의 북한관리들은 여러 차례 함께 움직이는 동안 얼굴을 기억하기 때문에 눈인사를 하는 정도이지 그들의 이름, 소속, 직함은 물론이요, 연락처도 전혀 알려 주지 않았다. 진실로 신기하고도 알 수 없는 수수께끼 같은 '동토의 왕국'임에 틀림없다. 사회주의체제의 경직성과 폐쇄성을 의미한다고 하겠다. 식사를 하는 동안 같은 테이블 또는 다른 테이블에서 여러 차례 마주치면 가벼운 미소로 눈인사를 하는 것이 대화의 전부이었다.

셋째, 북한 당국은 우리 두 사람 간의 상호정보교류를 차단하기 위하여 박 대표와 나를 한 번도 같은 차에 태운 적이 전혀 없고 항상 별도 차량에 '분리승차'를 시켰다(박 대표는 1호차, 나는 2호차, EU대표는 3호차). 앞에 2~3대 정도의 선도차량 그리고 뒤에 3~4대 정도의 경호안전요원들이 탑승하고 있었으며 항상 우리들을 호위 · 감시하였다.

20명에 가까운 북한관리들이 우리의 외출 시 10여 차례 우리와 함께 시찰일정에 동행하면서 일반국민들과의 접촉을 차단하였기 때문에 북한주민들과의 개별적 접촉은 전혀 불가능하였다. 뿐만 아니라, 야간자유외출 등의 임의행동도 전혀 허가되지 않았다.

넷째, 우리를 감시, 보호하는 20명의 북한관리들은 우리들에게 명함을 전달한 사실이 전혀 없고, 우리가 먼저 말을 걸기 전에 우리에게 먼저 말을 건네오는 사람도 없었거니와 자신의 직함과 이름 자체를 전혀 알려주지 않았다. 이와 같은 그들의 안내방식을 우리가 인지한 이상, 우리들도 그들의 이름과 직함을 아예 묻지도 않았다.

우리들을 경호, 감시하는 북한관리들과 함께 4박 5일 동안 함께 행동하였지만, 그들의 이름과 직함을 아는 사람은 아무도 없다. 하는 수 없이 우리는 그 사람들을 부를 때 처음부터 끝까지 "여보시오"라고 불렀다. 또는 그들의 요청에 의하여 "동무"라고 부르기도 하였다.

북한에서는 남녀노소간에 지위고하를 막론하고 '동무'라고 하는 호칭이 비교적 무난하게 사용되고 있는 것 같다. 진실로 불가사의한 나라이다. 서울을 출발하기 직전에 광화문역 앞 인쇄소에서 집사람이 근사하게 만들어 준 명함을 단 한 장도 사용하지 못하고 그냥 그대로 가져오고 말았다. 너무나도 아쉬웠다. 북한사람들은 명함을 주고받는 문화적 전통과 의례적 매너가 전혀 없는 것 같았다.

다섯째, 박근혜 대표는 김대중 대통령이 숙박하였던 VIP룸에 숙박하였고, 나는 임동원 국가정보원장이 숙박하였던 바로 옆에 있는 그 방에서 숙박하였지만, 보안관계상 구내전화로 박근혜 대표와 내가 서로 연락을 주고받는 것은 도청위협성 때문에 자제하고 '조식전 산책상담'을 하였다.

박 대표와 나는 매일 아침 일찍 기상하여 식사 전 7시경에 영빈관건물 로비에서 만나서 백화원초대소 관내에 있는 큰 호수를 한 바퀴 돌면서(약 40~50분 정도 소요) 어제 일정의 평가와 앞으로의 대응책에 관하여 진지하게 상담하였다. 또한, 그날의 일정 등에 관하여 산책하면서 의견교환을 하였다. 우리가 산책외출을 할 때마다 5~6명의 경비요원들이 약 50m 후방에서 우리를 미행감시하였지만, 우리는 끝까지 모르는 척하였다.

김용순 아태평화위원장과의 의견교환은 비교적 온화한 분위기 속에서 남북이산가족문제를 중심으로 한 남북관계전반에 걸쳐서 비교적 광범위하게 이루어졌으며 박 대표가 중심적 역할을 수행하였다. 하지만, 박근혜 대표와 나는 대한민국정부를 대표하는 입장이 아니었기 때문에 정부정책에 관하여 책임있는 발언을 할 입장이 아니였음을 아쉽게 생각하였다. 그러나, 남북한 간의 현안과 한반도의 평화정착을 위한 남북한의 상호역할에 관하여 충분한 의견교환을 한 것은 큰 성과이었다.

가장 중요한 하이라이트인 김정일 국방위원장과의 대좌일정을 그들은 직전까지 평양을 방문한 우리들에게 사전에 전혀 알려주지 않았다. 김위원장과의 면담일정에 관하여 문의하면 그들은 무조건 "모르오."라고 답하였다.

第 5 節

金正日 國防委員長과의 對座(晩餐懇談會)

평양을 출발하기 전날 오후 5시경! 드디어 때가 왔다.

우리는 "위대하신 김정일 장군님께서 박 녀사 일행을 만나러 현재 백화원초대소로 오시고 계시니 즉시 정장을 입고 나와서 초대소의 정문 현관 로비에 집합하시오."라고 하는 전갈을 받았다. 이는 마치 고종이 안국동에 있는 대원군사저를 방문하기 위하여 석파정근처에 거의 도착하자 '어서 나와서 禮를 갖추시오'라고 하는 대궐뇌관의 모습을 방불케 하였다.

박 대표와 나는 외출복장을 하고 방문을 열고 나섰다. 이미 기다리고 있던 북한당국의 요원들이 우리를 안내하여 '백화원초대소'의 정문 현관 로비로 안내한 후 일방적으로 그곳에 서 있도록 종용하였다. 박 대표와 내가 복도를 통과할 때에 북한관리들은 우리들에게 국제공항의 보안검색대와 동일한 X-Ray문을 통과하도록 요구하였다. 나는 흠칫 주저하였다.

그들은 이와 같은 치밀한 절차를 사전에 준비하였음에 틀림없었다. 하지만, "나는 일개 교수에 불과하지만 북한최고의 통치권자의 초청을 받고 특별전세기를 탑승하고 온 한국정계의 거물이요 귀빈인 박근혜 대표에게 보안검색대의 통과를 요구하는것은 무례한 행동"이라고 나는 책임자에게 항의하였다. 온후한 인품의 박 대표는 "신 박사님, 괜찮습니다."하면서 검색대를 통과하고 말았다. 할 수 없이 나도 통과할 수밖에 없었다. 나는 북한 당국에 의하여 그들의 요청과 지시에 수시로 반론을 제기하는 '要 주의인물'로 또 한 번 등록될 것이라는 생각이 들었다.

하지만, 나는 북한최고의 통치권자인 김정일 국방위원장의 초청을 받고 평양을 방문한 대한민국의 거물급 정치인 박근혜 대표에게 보안검색대의 통과를 요구하는 무례한 행동을 묵인할 수는 없었다.

우리는 긴장하였다. 초조한 시간이 흐르고 있었다. 부동자세를 취한 상태로 6~7분 정도의 조용한 침묵이 흘렀다. 긴장한 박 대표는 "신 박사님, 김 위원장을 만나면 무엇이라고 인사하면 될까요?"라고 나에게 물었다. 나는 침착하게 "안녕하십니까? 반갑습니다. 초청해주셔서 감사합니다."라고 얘기하면 된다고 말하였다. 박 대표는 침착하고 차분한 정치인이다. 자신의 의견을 개진하기보다는 상대방의 의견을 경청하는 청취형 타입이다.

잠시 후 마치 대궐과 같이 높은 정면의 현관문이 한꺼번에 웅장하게 열리면서 시커먼 썬글라스(나중에 실내에서는 보통색으로 변함)와 인민복차림의 김정일 위원장이 십수명의 부하들을 거느리고 '무서운 권력형 집단'으로 우리 앞으로 걸어들어 왔다. 나는 그의 얼굴표정과 일거수일투족을 유심히 관찰하였다. 만면의 미소를 머금고 있는 그는 상당히 여유있는 표정이었다.

박근혜 대표와 먼저 인사를 나눈 김 위원장은 박 대표의 왼쪽에 서 있는 나를 보고 "신희석 박사이지요?"라고 하는 말에 나는 "네, 그렇습니다."라고 답하였다. 또한 오른쪽에 서 있는 EU한국대표(프랑스인)에게는 무심코 악수만 하였다. 북한당국은 이미 박근혜 대표와 나의 신원 및 배경조사를 사전에 면밀하게 하였음에 틀림없다라고 추측되었다. 나는 언동에 신중을 기해야 하겠다고 생각하였다.

조금 대화를 나눈 후 우리는 곧장 만찬장으로 안내되었다. "이 방은 김대중 대통령이 오셨을 때 환영만찬을 하였던 바로 그 방입니다."라고 김 위원장이 자랑스럽게 말하였다. 만찬장의 천장은 매우 높았으며, 호화찬란한 궁전형 외국제 샹들리에가 매달려 있었다. 초대형 타원형 테이블이었다.

타원형의 초대형 만찬 테이블에는 김정일 위원장을 비롯하여 김영남 최고인민회의의장, 장성택 노동당 제 1 부장(당시), 김용순 아태평화위원장, 민족화해협의회 김모 위원장, 그 외 장관급처럼 보이는 50~60대 후반 남성이 4~5명 정도 배석하였지만 누구냐고 물어볼만한 분위기는 아니었다. 또한, 그 사람들은 자기 소개도 하지 않았거니와 우리 역시 상대방의 이름과 직함을 물어볼 수도 없었다. 특히 40대 중후반 정도로 되어 보이는 묘령의 여성 한 명이 우측 제일 모서리에 배석하였는데 그 여성이 과연 누구였는지 지금도 알 수 없는 수수께끼이다(상기 박 대표 경호여성과는 다름).

김정일 위원장이 주재하는 만찬테이블에는 아름다운 꽃이 근사하게 장식되어 있었으며, 북한이 자랑하는 '붉은포도주'(Red Wine 같음)와 '금강산술'(러시아식 Vodka와 비슷한 강한 도수이었음)이 준비되어 있었다. 또한 일본산 위스키 'Yamazaki'와 'Hibiki'가 한병씩 놓여져 있었다.

백화원초대소의 음식은 실로 절미이었다. 테이블대화는 단연 김정일 위원장이 주도권을 잡았으며, 호탕하게 좌중을 웃기기도 하였다. 그의 카리스마와 리더십은 만찬분위기를 압도하였고 흥미진진하게 테이블대화를 주도하는 독특한 모습이었다. 최초의 약 30분간은 약간의 긴장된 분위기가 감돌았다. 김정일 위원장도 술을 즐기면서 나에게 2~3차례 독한 '금강산 술'과 붉은 포도주를 부어주었다. 나는 기꺼이 마셨다. "저도 김 위원장님께 한잔 드리겠습니다."하면서 새 술잔에 술을 부었더니 Waitor가 술잔을 전달하였다.

박근혜 대표에게도 몇 잔의 술잔이 전달되었지만, 박 대표는 별로 마시지 아니하였다. 나의 역할 중의 하나는 박 대표에게 주어진 술 잔을 열심히 비워드리는 이른바 '술상무' 역할을 하는 것이었지만, 그리 간단한 작업은 아니었다. 나 혼자 북한의 10명 가까운 고위인사들을 술상대할 수 없었기 때문이다.

하지만, 선친에게서 배운 '취중광언성후회(醉中狂言醒後悔, '朱子 10 悔'에 나오는 옛말임)'라고 하는 글귀와 같이, 취중에 실언을 하지 않도록 나는 상당히 발언에 주의하였다. 나는 애주가로서 평소 서울에서 연마한 술실력을 발휘하여 조금씩만 붓도록 Waitor아저씨(북한정보원?)에게 부탁하였지만, 박 대표에게 오는 술잔을 비워야 하는 '술상무' 역할을 담당하기에는 체력적으로도 상당히 힘이 들었다. 나는 선친의 뜻을 염두에 두면서 술이 들어갈수록 더욱 정신을 바짝 차리고 김정일 위원장의 한마디 한마디를 신중하게 경청하였다. 취중에 실수를 하지 않아서 다행이었다는 생각이 들었다.

분위기가 부드러워지면서 서두에 나는 자신의 정책적 · 학문적 관심사의 연장선상에서 3~4가지 가벼운 질문을 던졌다. 그러자 맨 옆자리에 앉아있던 묘령의 여성이 벌떡 일어나면서 내 등뒤로 살며시 와서 나에게 작은 메모지를 전달하였다. 그 종이에는 "신박사 동무! 위대하신 장군님께 어려운 질문은 삼가하시고 술과 맛있는 음식을 마음껏 드십시오. 장."이라고 쓰여져 있었다. 이는 장성택 조선노동당 제 1 부장이 직접 쓴 것으로 추측되었으며, 나에 대한 일종의 경고장 비슷한 성격의 메모이었다. 하지만, 순간 나는 조금 긴장하였지만, 화기애애한 분위기를 감안하여 전혀 개의치 않았다. 북한당국에 의하여 나는 '요주의인물'로 등재될 것이라는 생각이 들었다.

장성택 노동당 제1부장은 김 위원장 다음으로 발언권이 강하였다.

나는 잠시동안 그 요청에 따라서 어려운 질문은 삼가하고 술과 음식을 즐겼다. 모든 음식은 실로 맛있었다. 그러나 시간의 흐름에 정비례하여 술기운이 돌고 분위기가 부드러워지자 그 경고장 메모는 자연적으로 효력을 상실하여 소멸되고 말았다. 김정일 위원장의 호탕한 웃음소리와 농담은 좌중을 더욱 크게 웃기게 만들었고, 이에 응대하는 박근혜 대표의 위트있는 조크와 겸손하지만 할 말을 확실히 하는 세련된 매너 역시 분위기를 더욱 진지하고 부드럽게 만드는 데 일조를 하였다.

순간적이었지만 마치 남북한 간의 긴장무드가 순간 사라지고 평화무드가 정착되는 듯한 흐뭇한 분위기가 조성되었다.

박 대표는 거의 술을 마시지 않았지만 약간 상기된 표정으로 대화를 즐겼으며, 나 역시 모처럼의 기회를 맞이하여 약간의 취중 속에 박 대표와 보조를 맞추어 가면서 "해야 할 말은 간단명료하게, 불필요한 말은 자제"하는 방침으로 응대하였다. 내 나름대로 주의는 하였지만, 약간의 취중이었기 때문에 박 대표에게 누(累)가 되지 않았던지 지금도 마음 한구석 걸리는 점이 전혀 없지는 아니하다.

앞서 말한 바와 같이, 나는 북한 최고통치권자로서의 김정일 위원장이 갖고 있는 국가관, 통치철학, 정치외교철학, 한국정부와 한국인에 대한 그의 인식을 포함하여 한반도의 평화정착을 위한 그의 비전과 소신에 관하여 알고 싶었기 때문에 짧은 질문을 가끔 하였다. 왜냐하면, 나의 외교정책결정과정연구방법론에서는 최고정책결정권자(Top-Decision-Maker)가 갖고 있는 상대국에 대한 이미지, 경험, 개성 등이 그 국가에 대한 정책결정과정에 커다란 종속변수로 영향응 미치고 있기 때문이다(Foreign Policy Behaviour). 나의 학술적 질문에 대하여 김정일 위원장은 의외로 결코 미소를 잊지 않고 주저없이 간단하고도 명쾌하게 답을 해 주었다.

약간의 취중 속에 전개된 만찬대화는 시종일관 즐거운 것이었다. 처음 만났을 때의 긴장과 초조가 북한의 '붉은포도주'와 '금강산술' 몇 잔으로 조용히 해빙되고 있음을 나는 조용히 느꼈다. 전체분위기를 보아할 때 아마도 나 이외의 다른 참석자들도 비슷하게 느꼈을 것이라고 생각하였다.

김정일 위원장은 가끔 나의 얼굴을 주시하면서 발언을 계속 하였기 때문에, 주빈인 박 대표에게 오히려 송구스러웠다. 나도 약간의 긴장을 풀었지만, 박근혜 대표의 입장을 고려하여 어느 일정한 선을 넘지 않도록 (혹은 累가 되지 않도록) 내 나름대로 말과 행동에 신중을 기하고 주의하였다.

분위기가 무르익자 나는 김 위원장의 정치철학, 핵문제, 통일관, 대남인식, 대외관계북한경제 등에 관하여 겁도 없이 당돌하게 짧은 질문을 몇 가지 하였다. 김 위원장은 비교적 간단명료하게 대답해 주었다. 취중이었지만, 박 대표는 나를 겁이 없는 당돌한 학자라고 생각하였을런지도 모른다는 생각도 들었지만, 나는 끝까지 예의를 지키면서 발언을 하였다.

또한 나는 "언젠가 서울을 한번 방문하시면 어떻습니까?"라고 물어본 즉, 김위원장은 "네, 가까운 장래에 한번 가야지요."라고 명확하게 답을 하였다. 이 점에 관련하여 한 가지 불가사의한 일은 만찬장에서 김 위원장과 내가 주고받은 간단한 대화에 불과하였음에도 불구하고 그 다음날 서울에 돌아와서 보니 대부분의 국내일간지에 "북한김정일 국방위원장, 조기 방한 가능성 시사"라고 하는 타이틀로 크게 보도되어 있기에 나는 적지 않게 놀랬다.

보도기자들이 전혀 동석하지 않은 백화원초대소 1층 귀빈만찬장 내에서의 가벼운 비밀대화에 불과하였는데 누가, 왜 & 어떻게 주요국내일간지에 언론보도로 흘렸는지 지금도 심히 궁금하다.

무려 5시간 가까이 계속된 '박정희의 딸 박근혜'와 오랫동안의 숙적이었던 '김일성의 아들 김정일'과의 세기의 만찬회동은 예상 이상의 성공적 분위기 속에서 진행되고 있었다. 이는 실로 드라마틱한 순간이었다.

이 역사적인 자리에서 보여 준 박근혜 대표의 모습은 한국 최고의 지성인답게 훌륭하고 자랑스러웠다. 오랫동안 청와대에서 육영수 여사를 대신하여 'First Lady'역할을 하여서인지 김정일 위원장을 비롯한 북한의 저명인사들을 대하는 매너와 자세, 상대방의 의견을 경청한 후 응대하는 세련된 화술과 대화방식, 국내외정세에 관한 폭넓은 전문지식, 침착하고 차분한 말씨와 자세 등 역시 대한민국을 대표하는 초거물급 정치인답게 존경스러웠다.

저녁 6시경에 시작한 만찬간담회는 흥미있는 화제와 즐거운 분위기 속에서 참석자 13~4명 모두가 시간가는 줄 몰랐다. 거의 다섯 시간 가까이 경과하였다. 모두들 상당한 취기가 돌고 있음을 알았을 때, 거의 밤 11시가 되었던 것으로 기억한다. 나는 박 대표와의 눈대화를 통하여 만찬회동을 서서히 마무리하는것이 좋겠다는 생각이 들어서 조심스럽게 입을 열었다.

“김 위원장님! 박근혜 대표님을 포함한 저희들 일행은 내일 아침 빠른 항공편으로 북경을 경유하여 귀국해야 하기 때문에 오늘밤은 이 정도로 실례하였으면 고맙겠습니다.”라고 내가 이야기하였다. 순간 김 위원장은 “가까운 육로로 가시지 뭣하러 비행기를 타고 중국을 거쳐서 돌아갑니까?”라고 말하면서 왼쪽을 바라보는 순간 뒷머리를 묶은 40대 여성이 벌떡 일어나서 김 위원장 옆으로 다가섰다.

그러자 김 위원장은 귓속말로 무엇인가 업무 지시를 하는 것 같았다. 약 10여분 후 그 여성은 A4 크기의 백지 한 장을 갖고 왔다. 맨 위를 보니 ‘전언통신문’이라고 적혀 있었고 김 위원장은 검정색 몽블랑만년필을 꺼내서 그 중 몇 군데를 직접 자구수정하는 자상한 모습을 보였다. 나는 半취중이었지만, 실수가 없도록 하기 위하여 ‘정신을 똑바로 차리고’ 김 위원장의 일거수일투족을 날카롭게 주시하였다.

잠시 후 장성택 부장이 “위원장 동무! 서울에서 김대중 대통령으로부터 내일 아침 10시 반에 박 여사 일행이 판문점을 통과해도 좋다고 하는 답장이 왔습니다.”라고 큰소리로 보고하였다.

우리는 적지 않게 놀랬다. 김정일 위원장 한 사람의 순간적인 판단과 결심에 의하여 북한의 모든 정책(의사)결정이 이루어진다고 하는 소문은 들었지만, 그 실례를 우리 눈앞에서 직접 보는 것 같았다.

우리가 북경을 출발할 때 김정일 위원장 자신만이 애용하는 특별전용기를 박근혜 대표에게 제공하는 ‘전용기탑승결정’도 이러한 김 위원장의 단독판단으로 이루어졌을 것이라고 생각하니 그 상황을 지레짐작할 수 있었다. 최고통치권자 1 인에 의한 ‘명령형 정책결정’의 본질은 장단점이 있을 것이라고 하는 생각이 들기 때문이다. 또한 리스키한 측면을 전혀 배제할 수도 없는 것이었다.

밤 11 시경, 김 위원장의 ‘전언통신문’에 대한 우리정부의 대응책결정도 매우 신속하였던 것으로 추측된다. 백화원초대소 → 판문점연락사무소(북한측) → 판문점연락사무소(남한측) → 남북회담사무국(?) → 통일부장관(정세현) → 청와대외교안보수석(임동원) → 김대중 대통령의 경로로 메시지가 전달되었다가 동일한 순서로 회신이 도착한 것으로 추정된다.

우리들 앞에서 김정일 위원장이 보낸 전언통신문에 대한 회신이 백화원초대소로 다시금 전달보고되는 소요시간이 불과 20~30밖에 걸리지 않았다. 실로 기상천외의 일이었다. 앞으로 필요하게 될지도 모르는 남북한 간의 전격적인 통신메커니즘은 오늘날의 우리들에게도 적지 않은 시사와 교훈을 주고 있다고 하겠다.

만찬간담회를 종료하면서 김정일 위원장은 우리측 일행과 일일이 악수를 교환하였다. 나에게도 굳세게 악수를 하면서 "신박사 동무! 즐거웠습니다. 오늘 우리의 대화내용은 한 20년쯤 뒤에 공개합시다." "네, 알겠습니다. 그럼, 대한민국 서울에서 뵙겠습니다."라고 나는 짧게 답하였다. 나보다 3살 위인 김 위원장의 손아귀에는 매우 강한 힘이 들어가 있었다. 이제 20년 가까운 세월이 흘렀기 때문에 나는 박근혜 대표와의 방북전모를 과감하고도 신중하게 공개하는 것이다.

김정일 위원장을 비롯한 북한수뇌들과의 의견교환내용은 고도의 보안을 요하는 사항이기 때문에 레토릭전문을 정확하게 일일이 기억할 수도 없거니와 이곳에서 공개할 수도 없다. 하지만, 장시간에 걸친 만찬간담회를 통하여 '내가 느낀 소감'과 그 결과를 다음과 같이 요약할 수 있겠다.

첫째, 김정일 위원장을 비롯한 북한의 고위수뇌부는 한국의 국내외 정세와 움직임에 해박하였으며 심지어는 서울의 지도/지리를 너무나도 잘 알고 있었음에 놀랬다. 앞으로 우리는 대북정책을 가일층 원만히 수행하기 위하여 미국/일본연구와 아울러 북한연구를 강화하여야 하겠다.

둘째, 북한의 핵무기개발은 그들의 '생존권'에 직접 관련되는 중차대한 사안이기 때문에 외교적 압력을 통하여 이를 억제하거나 금지시키는 것은 현실적으로 매우 어렵다고 하는 점이다. 따라서 6자회담을 통한 핵무기개발금지압력은 아쉽지만 상당한 한계가 있다고 생각되므로 북한의 핵보유를 기정사실로 인정하고 이와 같이 주어진 남북한관계의 여건 속에서 북한이 NPT(Non-Proliferation Treaty, 핵확산금지조약)에 가입하여 평화적 역할을 할 수 있도록 유도하는 것이 오히려 한반도의 평화정착을 위하여 바람직한 방식이라고 생각된다. 하지만 김 위원장은 핵무기 개발에 관한 직접적인 언급은 자제하는 인상이었으며, 분위기로써는 충분히 추측가능한 상황이었다.

핵문제(핵물리학)는 원자력공학과 국제정치학의 양측면을 공유하고 있다. 특히 전자에 관하여 나는 서울공대 원자력공학과를 우수한 성적으로 졸업하고 대전대덕단지에 있는 한국원자력연구원에서 젊은 시절을 불태운 명실공히 한국이 자랑하는 원자력전문가 남장수 선생으로부터 적지 않은 정보와 지식을 습득하였다. 남장수 선생은 현재도 대전유성구에 있는 원자력학회(Korean Nuclear Society)의 사무총장으로 여전히 북한핵문제를 핵물리학측면에서 과학자로서의 연구활동을 계속하고 있다. 나는 아태정책연구원의 동료임원들과 함께 남 박사를 만나고 시설견학을 위하여 대덕연구단지를 방문한 적도 있다.

셋째, 현재와 같이 경직된 남북한관계의 대치상황 속에서는 단기적으로 '남북한통일'은 거의 불가능하거나 난항을 거듭할 수밖에 없는 고로 이를 중장기적 연구과제로 남겨두고, '분단'의 주어진 현상황을 단기적으로 'a Given Situation'으로 인정하면서 한반도의 평화정착과 번영을 위한 공동노력이 선행되어야 할 것으로 생각된다.

국민, 영토, 주권의 국가구성 3 요소를 동시에 갖고 있는 북한은 엄연히 대한민국의 국가주권이 미치는 지역이 아니다. 따라서 앞으로는 북한을 '외국'으로 보는 시각의 연장선상에서 볼 필요도 있다고 생각된다.

그러므로 향후의 남북한관계는 단순한 '민족문제'에서 탈피하여 '국제문제'의 시각에서 북한을 인식하고 남북한간의 문제해결에 접근하는 시각과 발상의 전환이 필요하다고 하겠다. 이를 위하여는 '외교부의 제도적 확대개편'과 아울러 통일부의 제한적 기능을 흡수하고 외교부의 통일안보기능도 강화해야 할 필요성이 절실히 요청된다고 하겠다.

이와 같은 경위로 박 근혜 대표와 나는 다음날 아침 8:30경 백화원초대소를 출발하여 10:30경 전격적으로 판문점을 무사히 통과하여 영광의 조국 대한민국으로 귀환하였다. 도면이 별로 좋지 않은 평양 → 판문점고속도로는 약 2시간 정도 소요되었다(약 150km로 추정). 개성이 가까워졌을 때 북한관리들은 우리를 개성에 있는 '선죽교'로 안내하였다.

우리는 귀국길에 고려의 충신 정몽주가 훗날 이씨조선의 제 3 대 태종이 된 이방원이 보낸 자객에 의하여 피살된(1392년) 선죽교를 방문하였다. 나중에 보수공사를 하였는지는 모르지만, 선명한 피자국이 돌다리 위에 확실히 남아 있었다.

이 암살사건은 결국 태조 이성계가 고려의 마지막 왕인 공양왕으로부터 조선의 옥쇄를 넘겨받는 결정적인 계기가 되었다. 정몽주와 최영장군의 죽음으로 인하여 고려기둥의 잔재가 사라지고 조선개국의 걸림돌이 사라졌기 때문이다. "이 몸이 죽고 죽어 일백번 고쳐죽어, 백골이 진토되어 넋이라고 있고 없고, 임 향한 일편단심이야 가실 줄이 있으랴." 우리는 단심가를 기억하면서 선죽교를 뒤로 하였다. 언젠가 남북한간의 인적교류가 활발해지면 조선역사탐방의 차원에서 한번쯤은 방문할 가치가 있다고 하겠다.

우리들 일행이 자유의 집과 판문각 사이에 있는 군사분계선을 걸어서 통과하는 순간, 불과 5일전 통일부 남북회담사무국에서 우리에게 브리핑을 해주었던 신언상 사무국장(그 후 통일부차관)이 우리를 반갑게 맞이하면서 반가움의 첫 악수를 건넸다. 신 사무국장은 우리가 북한에서 귀환하여 만난 최초의 한국인이다.

판문점회담장 사이에 있는 벽돌블럭을 넘어오는 순간, 우리는 자유와 평화가 기다리는 대한민국의 품으로 무사히 귀국하였다는 안도감에 박근혜 대표와 나는 서로의 얼굴을 마주 보면서 따뜻한 악수를 나누었다. 실로 역사적인 방문이었다. 꿈속에 북한을 다녀온 것 같은 '영광의 평양탈출작전'이었다. 지금 생각하면 너무나도 다이나믹하고 '아찔유익'한 해외출장이었기에 그 당시의 상황이 내 눈앞에는 너무나도 생생하다.

나는 이와 같은 경로로 여권에 찍힌 아무런 출입국 도장도 없이 다음날 아침 판문점을 무사히 통과하였다. 적어도 그 당시의 내 여권에는 북한의 '법무부출입국관리사무소'라고 하는 출입국도장이 전혀 찍혀있지 않다.

신기한 일이다. 적어도 나의 여권기록에 의거하면, 나는 평양에 다녀온 적이 전혀 없는 사람이다.

여의도에 있는 박근혜 대표 사무실에 도착하였을 때 수많은 보도진들에 둘러싸여서 우리는 2층 사무실로 걸어 올라가서 기자회견에 임하였다. 나는 말을 아끼고 일부러 아무 말도 하지 않았다. 박 대표는 나에게 평양방문에 관한 기자회견, 집필, 기고, 강연 등을 '당분간' 자제해 달라고 하는 당부를 잊지 않았다. 제 18 대 대선을 의식한 거물급 정치인이 보는 선견지명의 정치적 포석이었는지도 모른다. 나는 박근혜 대표의 의견을 존중하여 공개석상에서의 강연과 연구발표 등은 자제하였다.

하지만 이제 20여년의 긴 세월이 흘렀기 때문에 내가 걸어 온 학문과 정책을 다루는 나의 자서전에서 박근혜 대표와의 방북 사실 일체의 전모를 비교적 적나라하게 공개하는 것이다.

나는 흐뭇한 기분과 만족감에 사로잡히면서 연세대 뒷산이 바라다 보이는 독립문 나의 집으로 총총 발걸음을 옮겼다. 피곤하지만, 박근혜 대표를 동행한 매우 유익한 평양 나들이의 시간이었다. 마치 꿈속에 평양을 방문하여 김정일 위원장을 만난 기분이다.

▲ 박근혜 國會議員(한국미래연합대표)과 함께 평양을 방문, 김정일 國防委員長 등 북한의 요인들과 면담한 후 당원관계자들에게 비공개 귀국보고를 하고 있는 당원이사장 신희석 敎授 (Jeju Hotel Lotte, 2003년 5월)

▲ 박재규 統一部長官초청 정책자문간담회에 참석한 정책자문위원일동(2000년 2월)

▲ 기조강연후 참석자대표들과 기념촬영을 하고있는 이재정 統一部長官(2007년 12월)

第 6 節

朴槿惠 代表의 "大統領 만들기 特別報告書(1號~5號)"

※ 편집자 주: 본 보고서는 한국미래연합의 박근혜 대표를 "대통령 만들기" 위한 전략의 일환으로 작성된 것인 바, 박 대표의 요청으로 작성된 대외비 보고서가 오랜 세월이 지나서 뒤늦게 발견되어 정책연구자료로 게재하는 것임.

1. 박근혜 총재의 대선출마시 유의사항: 十誡命(제 1 호) 〈對外秘〉

1. 오늘날의 한국국민들은 부정부패와 부조리를 척결하고 건전한 정치·사회풍토를 개선할 수 있는 지도자를 필요로 하는 고로, 이를 유념하여 청렴하고도 결백한 기존 이미지를 더욱 강화하여 참신한 분위기를 조성해야 할 것임.

2. 전 유권자의 반은 여성표이나 여성유권자들이 반드시 박 총재를 지원한다는 보장은 별로 없는 고로, 여성유권자들에 대한 적극적인 홍보전략이 필요함(현재 여성유권자들 간에는 박 총재에 대한 지도자로서의 평가가 양극화 되고 있는 현상이며, 여성대통령에 대한 국민정서가 아직 보편화되어 있지 않기 때문에, 이와 같은 정치문화를 초월·극복할 수 있는 노력이 선행되어야 하며, 향후 여성대통령의 선호경향이 높아질 것으로 예상됨).

3. 박정희 전 대통령의「은덕」에서 벗어나서「박근혜 후보」자신의 독립적 Image-Making이 중요한 고로,「국가의 최고통치권자로서 적절한 후보」라고 하는 독립적 인상을 주도록 노력해야 할 것임.

4. 국가의 최고 통치권자로서 필요한 경륜, 정치철학과 21세기의 비전을 국민들에게 제시할 수 있도록 사전에 심층적인 정책연구를 해야 할 것이며, 이 경우 미국과 일본과 같은 주요 우방국을 통한 국제적 위상제고를 국내로 Feedback하는 전략도 필요할 것임.

5. 박 총재의 정확한 판단력과 과단성은 이미 널리 알려진 사실이지만 일반국민들에게는 너무 여성적이고도 나이브한 인상을 주고 있는 고로, 이와 같은 기존 이미지에서 탈피하여 국가적 지도자로서의 Image-Building을 하도록 노력하여 국민들에게 믿음을 주어야 할 것임.

6. 한국정치의 다양한 불확실성 요인을 감안하면 4년 후를 겨냥하는 것은 Risky한 고로, 금년 12월 선거를 목표로 하여 단계적·조직적 접근을 시도해야 할 것임.

7. 무소속 출마보다는 공인정당의 추천을 통하여 당소속 후보로 입후보하는 것이 바람직함(무소속 출마는 조직성의 결여 등으로 인하여 폭넓은 국민적 지지기반을 확보하기 어려운 것이 한국정치의 특징임: 대통령과 국회의원은 다름).

8. 한나라당 소속 후보 경선에서의 승리가 어려울 경우, 범재야세력을 규합하여 후보옹립하는 것도 바람직할 것인 바, 이 경우 김종필 씨를 킹 메이커로 하여 기존의 지지세력과 폭넓게 협조·제휴하는 것이 바람직할 것으로 사료됨.

9. 경상북도 출신의 유권자가 전라도에 비하여 압도적으로 많은 것은 사실이나 과도한 지역주의 경향의 노출은 한국대통령 후보가 아니라 「경상도 대통령 후보」라고 하는 인상을 줄 우려가 있는 고로, 이는 박 총재의 지지기반약화를 초래할 우려가 있으므로 국민적 Consensus를 배경으로 한 후보로 등장해야 함.

10. 한나라당 내부에서의 경선후보결정과정에서 가능하면 국민참여의 비율을 늘리는 것이 바람직하며, 그 결과는 궁극적으로 당내기반의 약화라고 하는 박 총재의 취약점을 탈피·보강하는 효과와 연결되는 길이기도 함. 또한 당 총재와 대선후보를 분리하는 집단지도체제안을 대선 전/후에 조기구체화를 시도하는 것이 바람직할 것임.

작성: 아태정책연구원장 申 熙 錫 교수

2. 박근혜 대표(가칭 신당)에의 특별보고서(제 2 호) 〈對外秘〉

1. **탈당명분의 필충조건 성립:** 최근 한나라당으로부터의 탈당은 조금 늦은 감이 있기는 하지만, 국가와 민족의 장래를 생각하는 박 의원의 정치경력을 위해서는 불가피한 선택이었음. 오히려 탈당 이후 한나라당 측이 그동안 논쟁의 대상이었던 대선후보와 당 총재의 분리방침에 대해서 궤도수정을 한 것은, 박 의원의 탈당을 은근히 기대한 듯한 인상을 주고 있으며 결과적으로 볼 때 탈당 이후 박 의원에 대한 국민들의 인기도는 오히려 상승하고 있는 상황임. (탈당 전 14% → 탈당 후 20.4%, 한국 Gallop 여론조사).

2. **신중한 조기신당창당작업의 추진:** 12월 19일의 대선일정을 역산하여 계산하여 볼 때, 국내외 일정의 계속 때문에 오히려 주요 정치일정이 완만해질 우려가 있으므로 신당창당작업을 서두르되 신중히 추진해야 할 것으로 생각됨. 중요한 것은 신당의 창당시기와 아울러 신당의 성격, 구성요인, 연합전선(Coalition)의 실체 등이 더욱 중요할 것이며 기존 보수정당과

는 다른 이미지와 특징을 국민들에게 주어야 함. (민주당후보 4월, 한나라당후보 5월 전당대회에서 각각 최종선출예정임).

3. **신당은 보수, 개혁, 구 여권 관계자 등을 통합적으로 포섭하여 범 재야세력을 규합함으로써 국민의 다양한 목소리가 신당 내부에 반영될 수 있도록 추진해야 할 것임:** 이 경우 정몽준 씨와 상호협조체제를 구축하여 공동전선을 모색할 수도 있으나, 정 의원의 선취권요구 가능성에 대비하여 적절한 대응 전략을 사전에 강구하여야 하며, 박 의원의 우선권을 전제로 하여 협조체제의 가능성을 모색해야 함. 기타 박 의원 후원회, 육 여사 기념회, 여야의 비주류 등은 물론, 이수성, 김윤환, 김덕룡 씨 등 최근 수년간의 좌표가 확실하지 않은 건전보수 인사들도 폭넓게 포섭하는 것이 바람직함(박 의원의 지지기반은 영남, 호남, 충청, 경기이며 수도권과 강원은 아직 약세임. 또한 여성과 20대에서 강세인 반면, 남성과 50대에서는 아직 약세임).

4. **전직 국가원수들과의 등거리 교분유지:** 전두환 전 대통령을 비롯한 노태우, 김영삼 씨 등 전직 국가원수들과 긴밀한 등거리 관계를 유지하면서 그들로부터 인정을 받고 또한 지원세력으로서 협조해 줄 것을 당부함으로써 박 의원의 정치적 기반 강화를 공고히 하도록 해야 할 것임. 전직 대통령들 중 특정한 인물과 너무 가까워지거나 또는 특정 인물과 너무 멀어지는 것도 바람직하지 않으며 이는 오히려 부작용을 초래할 수도 있으므로 등거리 관계를 유지하면서 박 의원의 진실, 청렴 그리고 정치철학을 전직 국가원수들에게 갈파하여 동조를 받을 수 있도록 해야 할 것임.

5. **국제화 시대에 있어서 주요 국가(특히 미국, 일본) 지식인들과의 우호적 여론 조성:** 오늘날 국제관계의 중요한 특징 중의 하나는 국내정치의 국제화(Internationalization of Internal Politics)와 국제정치의 국내화(Internalization of International Politics)라고 할 수 있음. 국제정치와 국내정치는 상호 밀접한 함수관계를 갖고 있는 고로 미국과 일본을 중심으로 한 4강의 정부관계자 및 우방국 지식인들과의 우호적 이미지를 조성하여 21세기 한국의 지도자로서 바람직하다고 하는 국제여론이 국내에 투영됨으로써 박 의원의 국내외적 위상이 시간과 정비례하여 제고되도록 해야 함. 이를 위하여 주한 4강 대사들 및 외국지식인들과 긴밀한 협조체제를 구축함과 동시에 적당한 시기에 미국, 일본, 러시아, 중국을 순차적으로 조기방문하는 일정을 외무당국과의 협조를 통하여 구체화시키는 것이 바람직함.

작성: 아태정책연구원장 신희석 교수

3. 박근혜 총재(가칭 신당)에의 특별보고서(제 3 호) 〈對外秘〉

작성: 아태정책연구원장 申熙錫 교수

1. **여성표의 확보를 위한 전략추진:** 전 유권자의 과반수는 여성인 고로 여성 유권자들로부터 적극적이고도 전면적인 지지를 받을 수 있도록 전향적인 홍보전략이 필요함. 이를 위해서는 YMCA, 주부교실중앙연합회, 한국여성민우회, 여성유권자연맹 등과 같은 주요 여성단체에 대하여 한국의 새로운 지도자로서의 이미지를 어필하고 여성의 권익보호와 여권신장을 위한 궤적인 대안제시와 아울러, 여성 유권자들로부터 적극적인 지지를 받을 수 있도록 새로운 전략을 수립해야 할 것이며 이는 대통령선거결과에 영향을 미치는 결정적인 변수가 될 것임.

2. **Fresh하고도 변화를 추구하는 신당 이미지의 구축:** 대통령선거일을 역산할 경우, 시간이 매우 한정되어 있는 고로 신당창립을 조속히 서둘러서 지방자치제도 선거에도 입후보자를 등장시킬 수 있도록 조기창당이 바람직함. 단, 이 경우 국민들은 구태의연한 기존 정당에 대하여 적지 않은 실망과 환멸을 느끼고 있기 때문에 진부한 기존 정당양식보다는 Fresh하고도 국가발전을 위하여 새로운 「변화」를 추구하는 Image-Making이 중요할 것임(例: Bush 당선).

3. **신당의 성격규정:** 이 경우 신당의 기본적 성격을 규정하는 정책원칙으로서는 첫째, 자유민주주의적(Liberal Democracy) 정치문화의 발전, 둘째, 경제적으로는 시장경제(Market Economy) 원칙에 입각한 자본주의사회의 구현, 셋째, 「건전보수당」으로서의 정치적 이데올로기 추구, 넷째, 중산층의 기반확대를 통한 복지국가의 건설, 다섯째, 남북한 간의 화해와 협력을 통한 한반도에서의 평화정착추진을 주요정강으로 표방하는 것이 바람직하며, 이와 같은 성격규정은 유권자들로부터 커다란 지지를 받을 것으로 사료됨.

4. **단순하지만 기능적 구조의 신당:** 신당의 구성과 조직은 너무 복잡한 양상을 띠는 것보다는 오늘날 국제사회의 일반적 경향인 「작은 정부(Small Government)」를 추진하기 위하여 단순하지만 기능적인 구조를 추구하되 의결기관과 집행기관으로 구성하는 것이 바람직할 것으로 사료됨(例: 일본의 자민당의 구조와 기능 참조: 이에 관하여는 보고서 제 4 호에서 별도보고 예정임).

5. **분단국가의 강력한 지도자로서의 Image-Making:** 항간에는 남북한이 대치해 있는 분단상황 속에서 강력한 Leadership을 가진 통치권자가 필요한 고로, 여성대통령은 너무 Naive한 이미지를 주지 않느냐는 비판적 여론도 없지 않음. 이에 대응하기 위하여 「외유내강」의 강인한 면모를 보이면서도 평상시에는 부드럽고 소박한 지도자이지만 유사시에는 적극적인 대응과 강력한 리더십을 발휘할 수 있다고 하는 면모를 새로이 보이는 것이 바람직한 바, 이

를 위한 Image-Making전략이 필요할 것임. (Karismatishe Herrschaft적인 Leadership)

6. **「보통사람」으로서의 이미지 구축:** 또한, 항간에는 일반 국민의 서민적 생활의 실체를 너무나도 모르지 않느냐고 하는 반론이 제기될 수 있는 바, 이를 제어하기 위해서는 일반 대중의 서민적 생활에 침투하여 함께 호흡하고 더불어 생활하는 모습을 보여줘야 할 것이며, 평범한 한국국민의 한 사람으로서 소시민의 목소리를 대변할 수 있는 서민적 지도자의 이미지가 필요함. 특히, 한국과 같이 빈부의 차가 심한 국가에서는 「부」를 향유하는 국민의 수보다는 「빈」을 경험하고 있는 소시민 유권자의 수가 압도적으로 많음에 유의할 필요가 있음.

7. **신당권력기반의 강화:** 대통령선거일을 상정하면 시간적으로 너무 한정되어 있는 고로, 신당 구성시 육영수여사기념사업회 등과 같이 구 공화당 정권에 관련되었던 인사들은 물론 오늘날의 여당과 야당에서 소외된 인사들, 그리고 범재야세력 등을 종합적으로 규합하여 신당의 권력기반(Power Base)이 강화될 수 있도록 해야 할 것임.

8. **King-Maker 역할인사의 모색:** 한국의 정치풍토 하에서는 대통령선거 과정에서 King-Maker로서 결정적인 역할을 해 줄 거물급 인사가 필요한 바(가능하면 총리역임자), 예컨대 김종필 전 국무총리와 같은 인사를 포섭하는 것이 바람직할 것으로 사료됨. 이를 위하여는 자민련을 흡수(또는 합당)하는 방안을 적극 검토하는 것도 바람직할 것으로 사료됨.

9. **전직 국가원수들과의 등거리 외교:** 한국 정치문화의 특징으로 보건대, 전직 국가원수들의 발언과 태도가 대통령 선거에 적지 않은 영향을 주고 있는 고로, 전직 대통령들과 가능하면 우호적인 유대관계를 갖도록 하되, 어느 특정한 전직 대통령과의 우호적 관계보다는 등거리 관계를 유지하는 것이 바람직하며, 그들과의 협조체제를 가능하면 조속히 유지하는 것이 바람직할 것임(보고서 제 2 호 참조).

10. **4강대사들과의 친교관계 유지:** 미국, 일본, 중국, 러시아와 같은 4대 열강의 한반도 정책은 남북한 관계는 물론 한국의 국내정치에도 적지 않은 영향을 주는 것인 현실인 고로 4강대사들과(미국, 일본, 중국, 러시아) 우호적인 관계를 유지하는 것이 바람직할 것임. 동시에, 오늘날 국제관계의 특징은 국제정치의 국내화와 국내정치의 국제화로 볼 수 있는 바, 국제적 여론이 국내로 투영되어 한국내의 여론형성에 적지 않은 영향을 주고 있는 고로, 주한 4강 대사관 관계자들은 물론 외국지식인들과도 우호적 유대관계를 부단히 유지해야 할 것임(보고서 제 2 호 참조).

4. 박근혜 총재(가칭 신당)에의 특별보고서(제 4 호) 〈對外秘〉

작성: 아태정책연구원장 申熙錫 교수

1. 일반적으로 박근혜 신당총재에 대한 국민적 이미지는 「청렴하고도 매우 품위 있고 고상한 인격」을 갖고 있는 정치인으로 알려져 있는 고로, 이와 같은 「깨끗하고도 Fresh한 이미지」가 깨끗한 정치로 연결된다고 하는 장점을 대국민홍보용으로 강조하는 것이 바람직할 것임.

2. 이번 대통령 선거를 둘러싼 정치과정에도 지역주의(Regionalism)가 중요한 종속변수로 작용할 것인 바, 금번 대선에서도 어느 정도의 차이는 있지만 지역주의의 경향이 적지 않게 부각될 것으로 예상되므로, 이를 극복하고 국민적 단합을 호소하기 위한 선거전략을 반드시 강구해야 할 것임. 지역색이 너무 강한 이미지를 주는 것은 오히려 영호남감정을 자극할 우려가 있으며 지역감정을 가열시킬 우려가 있기 때문에 이를 자제하기 위한 노력이 선행되어야 할 것임.

3. 일반적으로, 전직 대통령의 언동은 대통령선거과정에 적지 않은 영향을 미치고 있는 고로 그들과 기본적으로는 등거리 관계를 유지하되, 특히 전두환 전 대통령과는 긴밀한 협조관계를 가지면서 지원을 받을 수 있도록 해야 할 것임. 왜냐하면, 전직 대통령들 중에서는 카리스마적인 리더십을 갖고 있는 전두환 전 대통령의 영향력이 가장 클 뿐만 아니라 시간의 흐름에 정비례하여 전 씨에 대한 국민적 이미지가 비교적 긍정적인 방향으로 이행하고 있기 때문이며, 만약 전두환 전 대통령이 우리측을 위하여 King-Maker의 역할을 할 경우, 이는 대선정국에 결정적인 변수로 작용할 수도 있음.

4. 또한, 김종필 전 국무총리가 보완적 킹메이커의 역할을 할 경우, 이는 더욱 가속적인 효과를 발휘할 수 있음. 박정희 전 대통령과 김종필 씨와의 관계, 그리고 인척관계 등, 여러 가지 사항을 감안할 경우, 김 씨가 이와 같은 역할을 하는 것은 자연적인 흐름으로 사료되는 바, 그의 연륜과 자존심을 고려하여 적극적인 접근과 교섭노력이 필요함(항간에 김 씨가 이인제 씨와 신당창당 운운하는 보도가 알려져 있는 바, 이는 김 씨 자신을 정치적으로 비하시키는 결과를 초래할 뿐임).

5. 뿐만 아니라, 현직 대통령과의 관계도 전직 대통령과의 관계 이상으로 중요한 것이기 때문에 오늘날 김대중 대통령이 청와대 비서관들의 각종 비리 관련 등으로 커다란 궁지에 몰려 있는 것은 사실이지만, 현직 대통령의 유리한 입장을 생각할 경우 김대중 대통령과의 최대한 협조체제(Political Bargaining)를 강화하여 우호적인 관계가 이루어질 수 있도록 노력해야 할 것임(금번의 출장계획도 김 대통령에게 사전 통고되어 협조를 받는 것이 바람직하며 이번 출장의 성공을 통하여 이를 대선 이미지 형성엔 촉진적 역할이 될 수 있도록 해야 하며 그리 되어야 함).

6. 오늘날 한국정치문화특징 중의 하나는 이데올로기의 개념혼란 속에서 방향감각을 상실하고 있는 듯한 인상을 주고 있으므로 「보수」와 「수구」는 확실하게 구별되어야 할 것임. 유권자들은 전통적 보수(Traditional Conservatism) 또는 관례적 보수(Conventional Conser－vatism) 보다는 개혁지향적이고 변화지향적인 자율적 보수(Liberal Conservatism) 내지는 진보적 보수(Progressive Conservatism)를 선호하고 있는 경향이 농후하므로 우리측이 강조하는 「건전보수」는 이와 같은 발상의 연장선상에서 약간의 액센트가 주어져야 할 것임(민주당 노무현 씨의 일시적 바람도 이와 같은 시각의 연장선상에서 파악될 수 있음).

7. 민주당 경선에서 모 씨가 비교적 높은 지지율을 보인 것인 첫째, 민주당 내부에서도 무엇인가 변화를 모색하는 대의원들의 바람, 둘째, 진보성 보수세력의 동조에 대한 대의원들의 정치의식이 반영된 것으로 사료되오나, 이는 어디까지나 여당 내부의 경선 과정에서 보여진 일시적 현상에 불과하며 본격적인 대선 정국에 돌입하였을 경우, 그와 같은 거품선풍이 국민적 시각으로 연결된다는 보장은 전혀 없음. 왜냐하면, 오늘날의 민주당 정권은 너무나 많은 부패와 비리에 연루되어 있을 뿐만 아니라 김대중 씨의 세 아들의 문제를 포함하여 일련의 「총체적 부조리」로 인하여 국민들의 지지도가 날이 갈수록 저하되고 있기 때문임.

8. 오늘날 한국국민들의 대부분은 진부한 정치인들의 구태의연한 언동에 식상하고 있는 고로 새로운 변화를 추구하는 정책을 모색하고 있는 바, 신당이 추구하는 정강정책에는 「변화」와 「개혁」 특히 부패척결을 모색하는 내용이 구체적이고도 실행성 있게 어필되어야 할 것임.

9. 신당창당이 이루어진 후 지구당 조직의 책임자와 간부들을 공모하는 것은 바람직한 바, 이 경우 첫째, 나라를 사랑하는 국가관과 애국심이 투철해야 하며, 둘째, 전문성이 반드시 고려되어야 하며, 셋째 당에 대한 충성심 등 세 가지 요건이 「지역안배」 원칙과 더불어 고려되어야 할 것임. 실력과 능력의 차이는 시간이 해결하는 것이므로 중장기적인 시각에서 볼 때 그다지 커다란 변수가 될 수는 없음.

10. 최근 한국정치활동의 일반적 경향은 사이버공간을 통한 인터넷통신수단의 광범위한 활용인 바, 특히 20~30대의 젊은 세대들은 사이버통신을 매우 적극적으로 사용하고 있는 고로, 인터넷 홈페이지, 각종 이메일 등 새로운 정보통신공간을 크게 활용하여 국민적 이미지의 향상에 주력할 필요가 있음.

5. 박근혜 총재에의 특별보고서(제 5 호) 〈對外秘〉

작성: 아태정책연구원장 申熙錫 교수

1. 이를 위한 구체적인 방안으로서 창당준비위원회에 참석한 발기인들이 최소한도 월 1회 이상의 정례모임을 갖고 상호이해와 친선도모를 증진하되 단순한 만남보다는 만찬 전에 1시간 정도 저명인사의 강연 또는 미니세미나를 개최하여 지적교류의 장을 도모한 후 의견교환을 계속하는 등 이념교육과 우호친선을 적극적으로 추진해야 할 것임.

2. 향후의 신당창당식에 대비하여 당기구와 조직을 구체화시킬 필요가 있는바, 최소한도 당 총재단은 고문단, 사무처, 재무, 정책, 조직(여론수집), 홍보 등의 주요 부서로 구성하되 당기구 자체가 슬림화된 벤처정당으로서의 건실한 조직이 결성되어야 할 것임.

3. 최근 항간에 떠돌고 있는 창당준비위원회의 발기인 구성에 대한 비판은 첫째, 전현직 정치인이 거의 없다고 하는 점, 둘째, 여성 발기인 수가 너무 많다는 점, 셋째, 킹 메이커의 역할을 해 줄 정계원로인사가 공식적으로는 포함되어 있지 않다는 점 등이 있는바, 이와 같은 지적(장점일수도 있음)을 해소하기 위한 조치가 필요할 것임(고문단 조직과 신당창당을 전후로 하여 참신한 전현직의원들의 단계적 포섭·영입이 필요함).

4. 앞으로의 해외출장은 향후 한국의 최고통치권자로서의 위상확립은 물론이거니와 남북한 관계를 포함한 동북아 질서의 리더십재편성과정에 적극적으로 기여한다는 관점에서 이를 반드시 성사시켜 대산주자로서의 위상제고에 크게 공헌할 수 있도록 일정조정, 접촉인물 등에 대한 각별한 배려와 사전준비가 필요함. 또한 한반도에서의 화해, 협력, 교류를 위한 김정일 위원장과의 협조체제구축에 기여할 수 있도록 정부로부터의 각종 제도적 편의 등 적극적인 협조를 받아야 할 것임. 〈이상〉

第 6 章

申熙錫 敎授의
主要政策研究 및 學術論文
(韓·英·日)

第 1 節

國內政治過程論의 展開

❶ 자민당(일본)의 현상과 정책결정과정연구

〈特 輯〉

自民黨(日本)의 現狀과 政策決定過程硏究

目 次

1. 序—問題意識의 所在

本 研究論文의 목적은 現代日本의 外交政策決定과정에 있어서 保守與黨인 自由民主黨의 역할과 기능을 규명함으로써 今後 對日政策의 효율적인 수립에 필요한 시사와 교훈을 얻는 데 있다.

現代日本의 外交政策決定機構는 戰後日本의 소위 평화헌법에 의거한 정치체제의 재편성과 保守與黨인 自由民主黨의 장기집권으로 인하여 戰前과는 그 형태를 달리하게 되었다. 周知하는 바와 같이, 오늘날 日本의 대외정책은 執權政黨으로서의 自由民主黨과 外務省을 중심으로 한 엘리뜨官僚集團 그리고 대기업체와 협회가 중심이 된 財界, 이상 三者間의 상호작용에 의해서 이루어진다고 하겠다.

本 稿는 그중에서 특히 執權政黨인 自由民主黨의 역할과 기능에 촛점을 두어 심층적으로 분석하는 데 그 목적이 있다. 이러한 문제의식에서 출발한 本 硏究論文은 數個의 小章으로 구성되어져 있다. 우선 제 2 장에서는 戰前과 戰後를 비교한 外交政策決定機構의 변용과정을 설명한 후, 主要政策決定單位間의 의견조절과정을 政務調査會(특히 同會寧下의 部會 및 調査會)를 中心으로 상세히 논술하고 있으며, 黨議決機關으로서의 黨大會, 兩院議員總會, 總務會 등의 역할과 상호관계에 관해서도 설명하고 있다. 이 곳에서 설명하는 政務調査會야말로 自民黨政策形成의 중심이 되는 기관이라고 판단된다.

또한, 제 4 장은 3장에서 기술한 정책결정과정을 기초로 하여 黨의 政策決定에 직접 내지는 간접으로 작용(내지는 기능)하는 諸般政策決定要因(Determining Factors)을 분류·설명하고 있다.

예컨대, 田中派를 중심으로 한 黨內主要派閥政治(Faction Politics)에 따른 相互力學關係, 黨機構相互間의 조직적 측면, 黨員의 질과 구성요인, 그리고 黨外 諸集團과의 관계가 바로 그러한 요인이라고 하겠다. 이와 같은 결정요인은 自民黨의 要職을 담당하고 있는 政策決定者의 對內外環境認識, 自由行動, 그리고 판단의 결과를 좌우하는 拘束要因(Restraints)으로 작용한다고 생각된다.

그리고, 제 5 장은 本稿의 맺음인 동시에 약간의 政策提言을 집약하는 항목이다. 本 研究論文은 어느 특정한 사례연구가 아니라, 現代日本의 外交政策決定과 自民黨의 역할에 관한 一般論의 전개에 불과하다. 모든 정책결정이 반드시 이와 같은 一般論에 의하지 않고 예외적인 경우도 있을 수 있는 것이다.

이러한 留保事項을 전제로 하였을 경우, 本 研究論文作成의 결과 집약되는 政策提案은 다음과 같이 집약될 수 있다.

첫째, 本論에서 기술한 現代日本의 三大政策決定單位에 대한 복합적이고도 動的인 (dynamic) 等距離接觸의 강화이다.

둘째, 戰後日本의 政治體制는 政黨政治와 議會政治에 그 특징을 두고 있는 고로, 保守與黨으로서의 對自民黨外交를 가일층 강화시켜야 하겠다는 것이다. 최소한 向後 수년간은 自民黨의 長期執權이 예상되므로 政治權力의 유형이 自民黨單獨執權이든, 群小野黨을 흡수한 聯立政權이든 保守與黨인 自民黨의 對外政策이 곧 日本政府의 外交政策으로 투영될 것은 자명의 사실인 것이다.

셋째, 執權自由民主黨을 對外政策의 主體(Actor)로 가상하여 自民黨과 외무성과의 관계, 自民黨과 경제계와의 관계와 같이 당의 기능과 外交路線, 방향 등에 관한 政策硏究를 가일층 강화시켜야 하겠다는 것이다.

本 硏究論文에서 취급된 問題意識中 미해결된 것은 금후 필자의 지속적 연구과제로 取拔·分析될 것임을 부기해 둔다.

2. 外交政策決定機構의 變容과 自由民主黨

① 變容

第二次世界大戰은 日本의 外交政策決定機構와 과정에 커다란 변화를 초래하였다. 우선 1945年을 계기로 하여 戰前 日本의 커다란 政治勢力이라 볼 수 있는 日本의 軍部(陸軍 및 海軍)는 해체되었고, 明治憲法下의 소위 天皇制는 잠정적으로 붕괴되었다. 또한 元老나 중신과 같은 憲法外的 政治勢力도 소멸되고, 天皇의 임명으로 구성되던 樞密院도 폐지되었다.

이러한 一聯의 政治制度의 변혁은 戰後 日本의 外交政策決定機構에도 적지않은 변화를 초래하였다. 가장 커다란 변화중의 하나는 軍部勢力을 중심으로 하던 大陸指向的 政策決定類型을 탈피하여 분산된 수 개의 政策決定單位間의 작용과 反作用(Action and Reaction) 과정을 통한 國際協調的 政策類型으로 바뀌어졌다는 점이다.

또 한 가지의 변화는 最高政策決定者로서의 總理大臣, 즉 保守與黨인 自由民主黨의 總裁가 갖는 권한과 政策統合能力이 戰前보다 제도적으로나, 기능적으로나 강화되었다는 사실이다.[1]

1948년에 반포된 戰後憲法下에서의 外交問題處理는 기본적으로는 행정부에 위임되어져 있다고 하겠다. 總理大臣, 즉 首相은 내각을 대표하여 行政各部를 지휘·감독하는 권한을 가질 뿐만 아니라 政策決定에 참여하는 國務大臣의 龍免權도 갖게되었다.[2]

말하자면, 自民黨總裁로서의 수상이 갖는 政策決定過程上의 기능은 戰前보다 크게 확대되어 對外政策에 관해서는 국회에서의 보고와 조약체결에 관하여 국회의 승인을 얻는 것 이외에도 公式政策決定機構인 각의를 영향력행사의 구심점으로 소정의 권한을 가일층 행사하게 된 것이다.

首相의 權限 擴大와 政策決定機構의 분산 확대는 戰後의 政治制度的 변혁뿐만 아니라, 國際政治의 구조적 변화에도 적지 않은 영향을 받았다고 하겠다. 말하자면 日本과 같은 議會制度下에서 政黨政治의 토착화를 위해서 保守與黨의 발언권이 강화되었으며, 국내정치와 국제정치와의 접점에서 적지 않은 정치세력이 등장하게 된 것이다. 資源外交·經濟外交의 중요성이 강조됨에 따라서 國內經濟界의 역할이 강조된 것도 그 중의 하나로 볼 수 있으며, 이로 인하여 該當行政府는 매우 한정된 역할밖에 수행할 수 없게 된 것이다.

國內政治의 國際化와 國際政治의 國內化 현상은 이러한 경향을 대변한다고 하겠다. 요컨대, 현대외교에 있어서의 問題領域의 다양화는—政治的 性格을 띠운 外交問題, 경제적 성격을 띤 외교문제, 또한 軍事安保的 성격을 띠운 外交問題의 登場—戰後 日本外交의 政策形成過程에 등장하는 決定單位(Decisional-Unit)의 複數化와 다양화를 초래하였다고 하겠다.[3]

② 主要政策決定單位間의 意見調節: 自民黨, 官僚, 財界

現代日本의 外交政策은 序頭에서 밝힌 바와 같이 衆·參兩議院에서 過半數議席을 확보하고 있는 保守與黨으로서의 自良黨, 대기업체와 각종 협회가 중심을 이루는 財界, 그리고 주로 外務省이 중심이 되는 官僚, 이상 三者間의 역학작용과 메커니즘에 의해서 결정된다고 하겠다.

이 세 개의 政策決定單位는 相互担否權을 가지고 있어서 어떤 政策樹立의 필요성을 인식하는 과정에 있어서 그 중 한 단위만이라도 강한 担否反應을 보이게 되면 該當政策은 실현되지 않게 되는 것이 통례라고 하겠다.[4] 하지만, 戰前과 같은 政策決定시스템하에서는 강력한 추진력을 갖

圖表 1

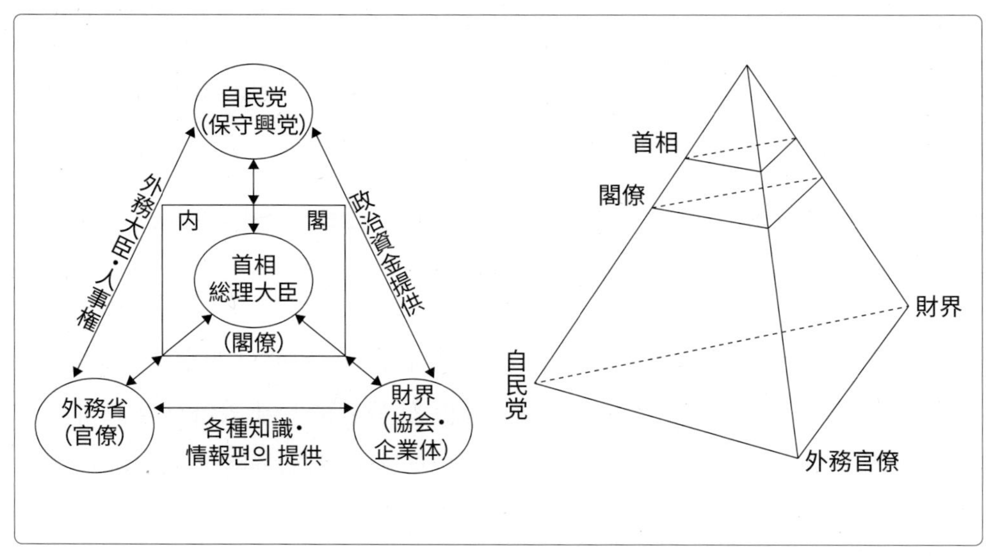

는 군부가 對外政策決定과정의 行爲者(Actor)로 등장하여 가끔 外交政策의 中心機構인 外務省이나 他政治勢力이 반대를 하더라도 軍部가 이의 강행을 시도할 경우에는 該當對外問題는 그대로 實現되고 말았다. 예컨대, 滿州事變(1931, 若機內閣), 日 · 中戰爭(1937, 林→近衛內閣), 그리고 太平洋戰爭(1941, 東染內閣)을 둘러싼 정책결정과정은 軍部(특히 陸軍) 主導의 정책결정으로 이루어진 것이라고 하겠다.

소위 외교의 一元化問題는 바로 이러한 문제점에서 출발한 발상이며, 戰後日本의 外交政策決定機構는 도표에서 보는 바와 같은 三角柱시스템을 형성하게 되기에 이르렀다.

대부분의 외교정책은 이 三者間의 정치적 메커니즘에 의하여 부단히 수정되고 또한 보강된다고 하겠다. 이들 三個 主要政策決定單位間의 작용과 反作用, 그리고 相互間의 意見調節過程이 곧 現代日本의 外交政策決定過程이라고 하겠다.[5)]

本 硏究論文에서는 이들 政策決定單位중 특히 自由民主黨의 政策形成過程과 역할에 관해서 가일층 구체적으로 논술하기로 한다.

3. 自民黨內의 政策形成過程

① 派閥政治의 役割

保守與黨으로서의 自由民主黨이 外交政策立案過程에 있어서 중심적인 역할을 하는 것은 黨內의 政務調査會특히 그 下部機關으로서의 外交調査會라고 하겠다. 그리고 安全保障調査會도 外交安保政策의 企劃과 立案의 면에서 중요한 역할을 하고 있다. 또한 간접 영역의 성격에 따라서 약간 그 양상을 달리하나, 중요한 外交懸案인 경우에는 각의의 승인에 앞서서 自民黨總務會에서 事前承認을 받는 경우도 없지는 않다.

그러므로 自民黨內의 소위 黨三役, 즉 幹事長, 政務調査會長, 그리고 總務會長은 黨內의 政策形成過程에서 가장 기본이 되는 三要素라고 하겠다.

具體的인 政策形成過程에 있어서 自民黨은 行政府內의 다른 官僚機構와 비슷한 역할을 하는 듯이 보이나,[6)] 사실상은 약간의 문제점을 내포하고 있다고 하겠다.

예컨대, 保守政黨으로서의 自民黨은 政治權力의 장기집권을 위해서 노력하는 國內政治集團이기 때문에 海外情報源의 확보, 각종 정보의 范集 · 分析 및 調停能力에 있어서 비교적 빈약하며 독자적인 政策立案能力도 그리 용이하지는 않다. 그러므로 결국 行政機關이 제공하는 정보와 조언에 전면적으로 의존할 수밖에 없으며, 外交調査會에서 결정된 사항은 外務省이 설정한 방침을 事前承認한 것에 불과한 측면도 전혀 없지는 않다. 그러나 外交慧案의 성격에 따라서는 自民黨의 역할은 外務省이나 財界以上의 능력을 발휘하는 수도 있다. 예컨대 高度의 정치성을 갖는 문제라든가, 日本의 國內政治와 직결된 문제가 되면 自民黨의 역할은 상대적으로 커진다. 말하자면 政治的 性向이 높으면 높을수록 自民黨의 영향력 정도도 상대적으로 커진다고 하겠다.[7]

日·蘇國交正常化(1956년 12월)를 둘러싼 당시의 鳩山內閣의 對蘇政策決定過程에서 보여준 自民黨의 적극적 역할이 그 좋은 예라고 하겠다. 뿐만 아니라, 外交問題의 關心層(attentive public)과 一般大衆의 關心事中 특히 日本的 내쇼날리즘을 불러 일으키는 영토문제인 경우, 예컨대 오끼나와 반환교섭을 둘러싼 日·美關係, 北方領土의 반환을 둘러싼 日·蘇關係, 첨각열도 문제를 둘러싼 日·中關係, 그리고 獨島의 領有權問題를 둘러싼 韓·日關係와 같은 경우에 그러한 경향이 비교적 높다고 하겠다. 뿐만 아니라, 日·中國交正常化, 日美安保條約 改正問題와 같이 衆·參兩議院에서 與野間의 對立과 緊張을 야기시키는 政治的 性格의 문제가 되면, 自民黨의 영향력은 더욱 강해질 수밖에 없어진다.

또한 航空機의 수입이나 제철, 섬유, 농산물관계의 무역거래와 같이 政治資金調達問題와 직접 혹은 간접으로 관련되는 성격의 경우, 黨內의 파벌정치가 이에 첨가되어 該當外交問題는 더욱 심각해지는 것이 통례라고 하겠다.[8]

이러한 경우 自民黨內의 의견조절과정에 있어서 黨內主要派閥間의 離合集散은 政治資金提供과 중요 당직의 배분문제와 관련하여 의사형성과정의 열쇠가 되고 있다. 말하자면 黨內의 派閥政治(Faction Politics)야말로 外交政策決定過程의 가장 중요한 變數라고 하겠다.[9]

② 政務調査會: 部會, 調査會(委員會)[10]

自由民主黨의 정책은 한마디로 黨本部의 政務調査會에서 만들어지고 있다. 이의 제도적 근거로서 自民黨의 黨則 第43條는 「自民黨의 對內外政策으로서 채용하는 모든 議案은 政務調査會의 결의에 의한다」라고 규정하고 있다.

政務調査會는 圖表에서 보는 바와 같이 열일곱개의 部會와 각종 조사회 및 위원회로 구성되어져 있다. 그중 部會는 行政府의 各省또는 各廳에 거의 합치하는 형식으로 구분되어져 있으며, 이중 外交政策立案에 관련되는 것은 內閣部會를 筆頭로 하여 國防, 法務, 外交, 財政, 商工部會등이 있다. 各部會에는 部會長한명과 세명에서 여덟명 정도의 副部會長으로 구성되어져 있다.

圖表 2 自民黨 組織表

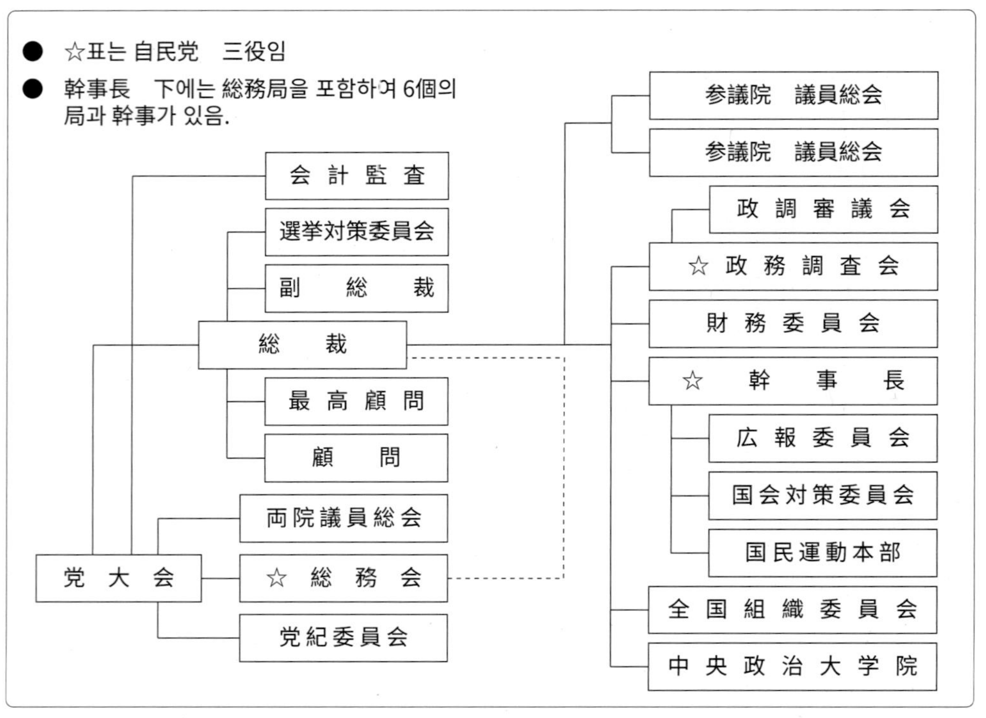

圖表 3 自民黨 政務調査會의 組織

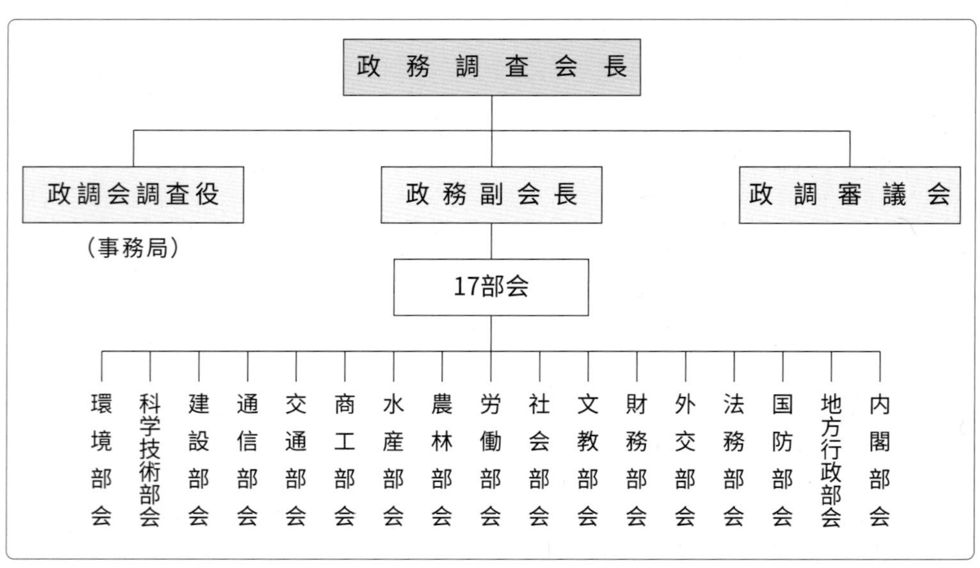

한편, 調査會에는 憲法調査會를 필두로 하여 外交, 安全保障 등 국가의 對內外政策에 직접 관련되는 형식으로 세분되어 있으며, 이들은 該當省또는 廳과 關聯議題를 구체적으로 논의하여 政策立案에 임하도록 되어있다.

自民黨所屬의 國會議員은 政府(該當閣僚) 또는 黨內의 重要補職을 갖고 있는 者 이외에는 거의 모두가 이들 政務調査會內의 어느 특정한 부문에 소속하고 있다. 各 部會長은 원칙적으로 衆議院인 경우에는 당선 4회 이상, 參議院에서는 당선 2회 이상의 의원이 담당하고 있으며, 調査會長의 대부분은 閣僚 有經驗者가, 또한 特別委員長은 閣僚 또는 準閣僚級 人士가 기용되고 있다.

구체적인 정책형성의 과정을 살펴보기로 하자. 하나의 정책은 우선 擔當部會에서 논의된 후, 行政府의 該當省또는 廳과 협의하면서 검토가 진행된다. 정부가 직접 입법하는 경우에는 該當行政府로부터 政務調査會內의 擔當部會나 調査會의 交涉工作이 사전에 전개된다.

말하자면, 日本的 意識構造와 行動樣式에 입각한 특수한 意見調節過程이 더욱 집중적이고도 적극적으로 이루어져 外交部會와 外交調査會, 安全保障調査會 등 關聯機關과의 의견조절을 통하여 該當部와의 諒解가 점진적으로 확대된다. 기본적인 「根回(Nemawashi)」가 이루어지면, 該當案은 政策審議會에 상정이 되게 된다.[11)]

한편, 政策審議會는 政務調査會長과 副會長 및 20명이내의 심의위원으로 구성되어져 있다. 部會長과 審議委員은 衆·參兩議院을 통하여 派閥間의 균형을 고려한 후, 政務調査會長이 幹事長과의 최종상담을 통하여 선출되나 종래의 예를 보면, 政務次官또는 部會長을 이미 경험한 外交政策問題의 전문가들로 구성되어져 있다. 政策審議會에서 토론된 정책의안은 黨輿論의 조절기관인 총무회에 제출된다. 총무회의 결정을 얻은 의안은 「議員立法」또는 「政府提案」의 형식으로 국회에 상정되어 성립과 동시에 정부의 손으로 실행에 옮겨지는 것이다.

自民黨內의 政策形成은 통상 이와 같은 과정을 통해서 이루어지나 정치적 색채가 농후한 外交課題나 고도의 전문적 판단을 요하는 의안일 경우에는 지금까지 설명한 통상적인 政策形成過程 이외의 형태를 취하는 경우도 있다.

예를 들어서, 1972년 여름 日·中國交正常化를 위한 田中內閣의 黨內政策形成이 이루어졌을 경우에는 「日·中國交正常化協議會」라고 하는 특별위원회를 설치 黨內輿論調停作業에 臨하였다. 당시의 정책조절과정에서는 親臺灣派 等 소위 日·中國交推進勢力과의 間에는 적지 않은 마찰과 대립이 있었으나, 최종적인 당론의 결정은 同協議會의 大勢에 추종한 바 있었다.[12)]

이와 같은 맥락에서 보았을 경우 自民黨의 정책형성과정에는 後述하는 바와 같이 官僚, 壓力團體, 國會議員, 그리고 野黨 등이 문제영역의 성격과 질에 따라서 독자적인 영향력을 행사한다고 볼 수 있다.

外務官僚는 대외문제에 관한 정보와 지식을 장악하고 있기 때문에 政策立案의 기초자료를 제공한다고 하겠다. 自民黨 소속의 국회의원 및 黨高位幹部들에 의한 정책안의 작성과정에서도 外務官僚의 역할은 중요한 의미를 갖는다고 하겠다. 이 경우의 官僚는 自民黨에게 전문적인 지식과 정보를 제공하는 反對給付로서 그들에게 政治資金과 헌금을 기탁하는 재계를 통하여 상당한 발언권을 행사한다.

한편, 壓力團體인 경우에는 관련업계 또는 협회가 중심이 되어 지역구출신의 국회의원을 경유, 당내의 정책형성과정에 기여한다.

예컨대, 오끼나와 반환교섭을 둘러싼 사또內閣의 政策形成過程에는 那覇出身의 국회의원들에게 동지역의 각종 이익 및 압력단체가 상당한 영향력을 행사하였으며, 日 · 蘇國交正常化過程에서는 北海道地域의 각종 漁民團體가 韓日國交正常化의 경우에는 주로 한국과의 경제교류에 이해관계를 갖는 협회나 각종 사회단체가 自民黨內의 여론형성과정에 기여한 것으로 평가되고 있다.

③ 黨議決機關—黨大會, 兩院議員總會, 總務會

自由民主黨의 의결기관은 黨大會, 兩院議員總會, 總務會의 세 가지라고 볼 수 있다.

黨則에 의하면, 黨大會는 黨의 최고의결기관으로서 國會議員과 都道府縣 支部聯合會別로 선출된 대의원 약간명으로 구성되어 매년 1회 총재가 소집하도록 되어있다. 이와 같은 定規黨大會 이외에 兩院議員總會는 임시당대회의 소집을 총재에게 요구할 수도 있다. 黨大會에서 논의되는 의제는 대외문제에 관한 최종적인 당론의 확정 이외에 黨總裁, 말하자면 日本의 內閣總理大臣을 선출하는 경우에도 소집되나, 그때에는 주요파벌간의 意見調節交涉이 활발히 전개된다.

이와 관련하여 兩院議員總會는 黨의 운영, 對內外政策 및 국회활동에 관한 중요사항을 심의 · 결정하기 위하여 최종적으로 소집되기도 한다.

兩院議員總會는 黨大會 다음의 議決代行機關으로서 일반적인 경우에는 통상 국회의 회기중에 개최하여 국회에서 논의하기 위한 정책문제에 관하여 사전에 토론을 한다. 1956년 日 · 蘇國交正常化를 위한 당시 鳩山首相의 소련방문, 또한 日 · 美安保條約의 개정교섭을 위한 외교안건이나, 黨總裁選出을 위해서 議員總會가 소집되기도 한다. 하지만 兩院議員總會는 정책의제에 관한 全黨的인 승인을 얻기 위한 과정에 불과한 것이지, 사실상의 의사결정은 전술한 바와 같이 黨總裁를 중심으로 한 黨의 집행부에서 이루어진다고 하겠다.

定期黨大會가 연 1회, 兩院議員總會가 연 1~2회 밖에 개최되지 않는 것과는 달리 黨의 總務會는 일상적인 黨의 의사결정기관인 고로, 수시로 개최되어 對內外政策, 黨內問題, 國會活動 등을 심의 · 결정한다. 하지만, 總務會는 黨內의 財政, 人事, 國內政治活動등에 관한 총괄적 의안을 협의하나 自民黨에 관련된 주요 대내외정책 특히 외교문제인 경우에는 앞서 말한 바와 같이 政務調査會가 그 주도권을 갖는다고 하겠다.

4. 自民黨의 政策決定要因

지금까지 記述한 自民黨內의 政策決定메커니즘을 기초로 하여, 黨內政策決定의 질과 방향을 결정하는 주요요인(Major Determining Factors)을 정리해 보기로 한다.

그 요인을 크게 분류하면 첫째, 黨內主要派間間의 정치적 역학관계, 둘째, 政務調査會로 대변되는 黨內外主要機關과 관련을 갖는 組織的 측면(黨本部, 政務調査會, 總務會, 內閣, 役員會, 總裁, 地方組織 등), 셋째, 黨貞의 質과 구성요인(소속 國會議員團, 地方政治家집단, 大衆黨員 등), 넷째, 黨外集團과의 관계(國民協會, 特殊派間支持團體, 個人後援會, 官僚, 財界를 중심으로 한 압력단체) 등으로 구분할 수 있다.[13)]

이들 각항에 관하여 약간의 보충설명을 가하기로 한다.

① 黨內主要派問間의 力學關係

현재 自民黨內에는 衆·參兩議院에서 최대파별로 활약하고 있는 田中派(114명)를 선두로 하여 鈴木派(77명), 福田派(69명), 中曾根派(66명), 河本派(36명), 石原派(7명), 舊水田派(1명), 舊船田派(4명), 無派間(24명) 등이 현존하고 있다. 이들 주요파벌들은 주류파와 비주류파로 양분되어 黨總裁選擧와 같은 대내문제는 물론이요, 대외정책을 둘러싼 의사형성과정에도 각파 相互間의 政治的 力學關係가 변수로 작용하여 커다란 영향력을 행사하고 있다.

自民黨內의 파벌은 소수의 유력자가 黨總裁 즉 總理大臣의 지위를 또한 그 외의 少數議員들이 與黨의 요직과 정치자금을 확보하기 위한 조직으로서 발전해 왔다. 이는 우선 自民黨全體, 各派 또는 議員個人이 필요로 하는 政治資金의 재원을 확보하는 문제와 관련을 가져왔다. 또한 黨內의 要職을 각파별로 배분하는 과정에 있어서도 主流와 非主流와의 갈등, 파벌 상호간의 대립은 적지 않게 표면화하였다.

黨內의 政策決定과정에 미치는 파벌정치의 영향에 관해서는, 소극적(否定的) 견해와 적극적(肯定的) 견해로 양분되어 있다.[14)]

前者에 관해서는 黨內 各派閔中 少數派들에게 지배적인 것 같다. 이에 의하면 自民黨內의 派間政治는 합리적인 정책형성을 저해하고 非能率的일 뿐만 아니라 政策決定過程을 複雜·微妙하게 하여 당론의 분열과 마찰을 더욱 조장하는 것이라고 한다.

한편, 黨內의 主流 또는 다수의 의원으로 구성되어 있는 主要派間들은 政策決定過程에 미치는 파벌의 영향을 肯定的으로 평가하고 있다. 말하자면, 파벌 정치야말로 自民黨內의 정책결정을 더욱 民主的이고도 효과적으로 추진할 뿐만 아니라, 黨員各者의 私的 見解를 파벌이라고 하는 黨組

織內의 필터를 통하여 더욱 효율적으로 여과할 수 있다고 주장한다.

少數의 派閣領袖들은 어느 특정한 외교문제에 관한 黨論이 조정되는 과정에서 우선 狀況判斷에 신경을 곤두세운다. 그리고 상황의 변화를 주시하면서 主要派間領袖들과 相議하여 가능한 범위내에서 정책결정의 열쇠 또는 Casting Vote와 같은 역할을 하고자 한다. 이러한 상황에서 협조와 대립, 타협과 양보가 오가는 政治的 協商게임(Political Bargaining Games)이 전개된다. 이 경우 政治資金의 확보, 黨主要要職의 배분, 國會議員選擧에 관련된 地域區公薦의 優先權確保 등의 요소들이 이 정치게임의 카드로 작용하게 된다. 이 경우, 특히 黨內 가장 최대파벌인 田中派의 去就야말로 정책결정의 열쇠가 된다. 최대파벌의 향방은 당론정체의 대세를 일방적으로 결정하기도 하거니와 현재와 같은 日本의 政策決定機構下에서는 그것이 곧 日本政府의 최종적인 대외정책으로 나타나는 것이다.[15)]

말하자면, 肯定的인 측면이든, 否定的인 側面이든 黨內의 파벌정치는 自民黨의 대외정책을 형성하는 기본적 요인임을 부정할 수가 없다. 이러한 측면은 對外政策形成過程 뿐만 아니라 總裁選擧와 같은 對內政策의 형성과정에서도 가장 중요한 변수로 작용하는 것이다. 1972년 9월의 日·中國交正常化過程에서 보여준 田中派와 大平派(現鈴木派)와의 합병전선은 外交政策決定過程에서 自民黨內의 派間政治가 보여준 적절한 실례라고 하겠다.

② 組織的 側面

自民黨本部內 각 조직간의 상호관계 특히 政務調査會, 總務會, 黨役員會와 같은 조직, 그리고 內閣, 심지어는 地方組織 등도 黨의 政策形成過程에 주요한 변수로 작용하고 있다. 이와 같은 조직적 측면의 몇 가지 특징을 간단히 분류하기로 하자.

첫째, 自民黨本部를 구성하는 諸機關특히 政務調査會를 중심으로 하는 政策形成過程을 조직의 측면에서 보았을 때 黨組織의 세분화는 오히려 업무수행의 기능과 효율을 저하시키는 듯한 인상을 주고 있다. 또한 黨本部 要職의 대부분은 國會議員들이 獨占하고 있기 때문에, 議員黨員의 停滯化로 要職變更과 신진대사는 그다지 쉬운 일이 아니다. 議員黨員과 非議員黨員과의 상호관계는 政策形成過程을 때로는 복잡하게 하는 측면도 있다.

둘째로, 前述한 바와 같이, 黨內의 常設機關 특히 政務調査會와 總務會와 같은 政策形成機關 및 黨首로서의 총재의 기능이라는 相互關係의 面에서 볼 때, 黨內派間의 존재는 정책결정의 신속화를 저해하는 측면도 있다. 그러므로, 自民黨近代化運動의 向後의 기본목표가 黨內의 政策決定機關에 결정권을 더욱 부여하는 것이라면, 派間政治야말로 정책형성의 조직적 측면을 더욱 복잡하게 할 것으로 전망된다. [16)]

셋째, 上述한 黨內政策決定機關의 高度化된 권위는 경우에 따라서 官僚機構나 私的利益團體를 종속화시켜 「自民黨外交」가 표면화되는 가능성도 전혀 배제할 수 없다고 하겠다.

이와 같은 自民黨의 조직적 측면은 黨內政策決定機構의 一元化問題와 관련하여 黨이 추구하는 정책의 질과 방향을 좌우하는 주요 요인으로 작용하고 있다.

③ 黨員의 質과 構成要因

모든 行政組織의 구성요원의 질과 능력은 해당기관이 모색하는 政策路線을 좌우하는데 중요한 역할을 한다.

1984년말 현재 自民黨의 등록당원은 약 250만명으로 추정되어 있다. 이들 全黨員은 연간 3,000円(韓貨 약10,000원) 黨費로써 黨員資格을 유지하며, 당원으로서의 활동을 하고 있다. 이러한 기본적 黨勢를 배경으로 하여 自民黨은 1979년 10월의 총선거에서 總有效投票中의 44.6%를 득표하였으며, 80년 6월 선거에서는 47.9%를 그리고 83년 12월 총선거에서는 45.8%를 각각 득표한 바 있었다.[17] 이와같은 黨勢를 갖는 自民黨의 黨員은 크게 나누어 黨所屬의 國會議員團, 地方政治家集團, 또한 大衆黨員으로서 구성되어져 있다.

自民黨은 원래 保守派國會議員을 중심으로 성립되었다. 그후 국제환경의 격변에 유효적절하게 대처하면서 현대 日本의 정치와 사회를 保守與黨으로써 발전시켜 왔다. 또한 自民黨은 社會黨을 중심으로 한 野黨陣營間의 역학관계와 對野鬪爭에 대응하기 위하여 大衆政黨으로서 또한 조직정당으로서 전개되어 왔다. 말하자면 脫부르죠아政黨의 면모를 갖추어 왔다고 하겠다.

自民黨의 구성요인을 좀더 상세하게 살펴보자.

自民黨이 공식발표하는 250만이라고 하는 黨員總數는 사실상 명목적인 것에 불과하며, 사실상의 積極黨員總數는 약 5만명 前後에 불과하다고 해도 과언이 아니다. 뿐만 아니라 自民黨의 對內外政策決定過程에 있어서의 실권은 앞서 말한 바와 같이 黨本部內의 주요정책기관을 거의 지배하고 있는 400명 정도의 國會議員들이 독점하고 있다.

그리고 政策決定過程에 직접 내지는 간접으로 관여하는 중요당원층은 약 9천명 정도의 地方政治家로 구성되어져 있다. 더우기 그 외곽에는 地方行政의 단위레벨에서 自民黨의 광범위한 支持者層이며, 自民黨의 票밭을 維持·확보하기 위한 행동대원으로서 약 4만명의 大衆黨員이 활약하고 있다.[18]

그러므로 250만黨員 중의 대부분은 말하자면 소극적인 自民黨支持者 내지는 잠재적인 당원예비군인 고로 自民黨所屬議員들의 개인후원회 또는 自民黨의 反好團體에 속하는 自民黨支持有權

者(上述한 득표율에 포함된 비율)와 별 差가 없다고 하겠다.

自民黨의 要職黨員인 국회의원층 특히 高級官僚出身인 국회의원들의 역할에 비하여 地方政治家群(일반대중당원포함)이 政策決定過程에 주는 영향력은 상대적으로 下降現象을 보이고 있다. 이는 要職을 맡고 있는 少數黨員指導階級에 의한 일방적인 역학관계라고도 하겠으나, 그 배후에는 要職黨員의 학력과 경력이 또 다른 변수로 작용하고 있다. 自民黨所屬國會議員의 과반수가 高級官僚出身 및 地方政治家出身(都道府縣會의 議員)들로 구성되어 있다고 하는 점은 당내정책형성과정의 엘리뜨化 또는 다원화를 의미하는 것이라고 하겠다.[19]

그러므로 自民黨에 있어서의 政策決定樣相은 官僚的인 성격이 농후하다. 黨機構全體가 관료화되어 관료적인 발상과 行動樣式에 의거하여 대외문제에 관한 黨의 정책형성이 이루어지고 있는 것이다.

④ 黨外諸集團과의 관계

本稿에서 말하는 黨外集團과의 관계라 함은 정규적인 당기관 차원에서의 黨外集團과의 관계뿐만 아니라, 「國民政治協會」와 같이 自民黨의 정치자금이 전달되는 통로와의 관계를 內包한다. 또한, 派閥指導者를 중심으로 하는 관계와 個人後援會 심지어는 壓力團體로서의 재계 및 利益團體와의 관계도 포함하고 있다.

사실상, 自民黨은 黨의 존속과 정치활동에 필요불가결한 政治資金, 국민으로부터의 정치적 지원 등을 黨外集團으로부터 받고 있다. 自民黨의 政策決定過程에 黨外集團이 소정의 영향력을 행사하는 결정요인으로 밖에 작용할 수 없는 것은 바로 이러한 因果關係에 의거하고 있다. 이러한 결과는 기본적으로 自民黨組織의 財政的 나약함과 政治的 지지기반 강화의 필요성에 의한다고 하겠다.

그러한 결과, 自民黨은 政策決定過程에 있어서의 독자적인 자유행동을 구속받고 黨外組織으로부터의 압력과 여론에 주의를 집중할 수밖에 없는 것이다. 이는 自民黨의 政策立案決定이 독립성과 자주성을 상실하게 된다는 비판을 받는 계기가 되고 있다. 하지만, 黨으로서는 이와 같은 黨外諸集團의 존재를 결코 무시할 수 없는 것이 현실정이다.

自民黨幹部들과 學者層(政策브레인) 및 기타 知識人들(評論家 및 言論人)과의 접촉 역시 여론형성에 중요한 의미를 갖는다. 自民黨은 保守合同以來 유력한 이익집단, 財界 및 官僚들과 연계된 相互依存關係를 유지하여 왔다. 이러한 관계는, 前述한 바와 같이, 相互存在가 補完關係를 갖는고로 現代日本의 對外政策決定過程을 自民黨, 外務官僚및 財界의 三者間의 역학관계로 인식하게 되는 기본적 요인이라고 하겠다.

말하자면, 自由民主黨의 政策決定過程은 黨內의 主要政治派將, 政務調査會를 중심으로 한 조직적 측면, 黨員의 질과 구성요인이 기본적인 對內的 變數로 작용하며, 이에 黨外諸集團이 소정의 영향력을 주게되는 복잡다양한 양상을 띠우고 있다고 하겠다.[20]

5. 結—若干의 政策提言

이상 필자는 現代日本의 외교정책결정과정에 있어서 保守與黨인 自由民主黨의 역할과 기반을 규명한다는 문제의식을 갖고 이를 몇 가지의 측면에서 논술하였다.

이러한 시각에서 필자는 外交政策決定機構의 변용과정과 自民黨의 기능을 우선 살펴보았고 自民黨內의 政策形成過程을 派閥政治의 역할, 政務調査會 및 黨議決機關의 관점에서 살펴보았다. 동시에 이와 같은 맥락에서 自民黨의 政策決定의 質을 좌우하는 몇 가지 결정요인으로써 첫째, 黨內主要派閥間의 力學關係. 둘째, 組織的側面. 셋째, 黨員의 質과 構成要因. 넷째, 黨外諸集團과의 관계를 중점적으로 지적·기술하였다.

상술한 연구결과를 기초로 하여, 本 硏究論文의 작성결과 집약되는 政策提案은 다음과 같이 요약·설명될 수 있겠다.

첫째, 本論 第二章에서 記述한 바와 같이 現代日本의 政策決定過程은 外務省(官僚), 自民黨(保守與黨으로서의) 및 財界 이상 三者間의 상호작용과 메커니즘에 의하여 이루어지는 고로 이러한 三大單位에 대한 복합적이고도 동태적인 (dynamic) 등거리 접촉을 강화시켜야겠다는 것이다.

이 경우 問題領域의 성격에 따라서는 이들 단위가 기능하는 농도와 형태가 달라지므로 그 결과는 항상 政策結果의 從屬變數로 작용함을 유의해야 하겠다. 그러므로 日本의 어느 특정한 行政機構또는 保守與黨의 거물급 人士 또는 어느 특정한 財界人士와의 단편적 접촉만으로 日本側의 정책결정이 이루어졌다고 생각하면 오산인 것이다. 이들 主要 三大單位를 포함한 정치세력들 間의 부단한「根回(Nemawashi)」, 즉 日本的 특징을 갖는 상호의견조절이 이루어야만 비로소 독립된 對外政策으로 투영됨은 주지의 사실이다.

둘째, 戰後日本의 政治體制는 政黨政治와 議會政治에 그 특징을 두고있는 고로 保守與黨인 自民黨에 대한 적극외교를 가일층 강화시켜야하겠다는 점이다.

최소한 向後 수년간은 自由民主黨에 의한 장기집권이 예상됨으로 政治權力의 類型이 自民黨單獨執權이든, 群小野黨을 포함한 연립정권이든, 自由民主黨이 保守與黨으로 군림하는 한, 同黨의 외교정책이 곧 日本政府의 외교정책으로 투영될 것은 자명의 사실이라고 하겠다.

하지만, 1983년 12월의 衆議院總選擧결과에서도 알 수 있는 바와 같이 自民黨이 반드시 국회에서 單獨過半數를 확보한다는 보장은 없다. 이를 감안하여, 保守型 또는 中道型聯立政權의 출현 가능성을 상정한다면, 中道勢力으로서의 新自由클럽, 無所屬, 또는 民社掌 등과의 균형있는 접촉도 무시해서는 안될 것이다.

오늘날의 日本政治風土와 같이 保守指向的인 日本國民의 정치의식에 획기적인 변화가 없는 한 社會黨政權이 등장할 가능성은 당분간은 없을 것으로 전망된다. 그러나 日本衆·參兩議院의 議席配分中 野黨이 1/2가까이를 점유하고 있으며 중요한 정치세력으로 존재하고 있기 때문에 社會黨과 公明黨에 대해서도 배려하여 대화의 통로를 평소에 확보해 두는 것이 안전할 것으로 판단된다.

셋째, 保守與黨으로서의 自民黨을 對外政策의 主體(Actor)로 假想하여 自民黨 自體는 물론이요, 自民黨과 外務省과의 관계, 自民黨과 經濟界와의 관계와 같이 黨의 기능과 方向 및 外交路線에 관한 정책연구를 가일층 강화시켜야 하겠다는 點이다.

현대외교의 주체는 國家이다. 國家는 國際政治의 行爲者요, 構成要因이기도 하다. 이 경우 국가의 대외적 방침으로 투영되는 권위적 표명이 곧 외교정책이라고 한다면, 이러한 외교정책의 작성·입안은 政策決定者(Decision-Makers)라고 하는 少數의 人間集團에 의해서 이루어지고 있다. 그러므로 외교정책의 주체는 해당정부이지만, 現代日本과 같이 保守與黨인 自民黨이 執權政黨으로 군림하는 한, 自民黨의 대외정책은 곧 日本政府의 外交政策으로 직결된다고 해도 과언이 아니다.

이러한 맥락에서 自民黨內部의 政策決定過程과 결정요인을 가일층 연구할 필요가 있겠다. 또한 外務省과 財界와의 相互關聯, 意識的輿論(Articulate Opinion)과 大衆輿論(Mass Public Opinion)이 政策決定機構에 영향을 주는 通路(Communication Filter)와 樣相, 나아가서는 환경적 요인(Environmental Factors)으로써의 국제정치가 對外政策形成에 미치는 영향 등을 가일층 연구·검토한다면 向後의 對日政策形成에 더욱 바람직한 示峻를 救할 수 있겠다.

끝으로 本 硏究論文에서 기술된 내용과 檢證된 결론(政策提案)은 필자의 영속적 연구과제의 一端에 불과함을 附記해 둔다.

〈註〉

1) 細谷千博「對外政策決定における 日本の特質」細谷千博 · 綿貫俊治編『對外政策決定過程の 日米比較」東京大学出版會, 1977年, 4-5頁.
2) 日本國憲法, 第68條 및 72條: 外務省設置法第 3 條: 內閣法第 5 條를 各參照.
3) 渡邊昭夫.「日本の對外政策形成の機構と過程」細谷編, 前揚書, 23~58頁參照.
4) 衛藤瀋吉「日本の 對外政策決定」日本國際法學會編『國際法外交雜誌』有斐閣, 第72卷 6號(1974年3月), 30~32頁.
5) Gerald L. Curtis, "Big Business and Political Influence," E.F. Vogeled, Modem Japanese Organization and Decision-Making, 1975, pp.33~34.
6) 관료기구에 있어서의 政策決定過程에 대해서는 Graham T. Allison(Haruard University)의 *Essence of Decision*: Explaining the Cuban Missile Crisis, Boston, 1971의 pp.67~100 및 pp.144~184에 詳論되어 있음. 또한 Morton H.Halperin, Richard Neustadt, Roger Hilsman, Francis Roun 等도 同모델을 확대 · 발전시키고 있음.
7) 申熙錫,「현대일본의 외교정책 결정과정 연구」현대일본연구회편『일본정책결정의해부』정음사, 1984년, 127~129頁
8) 細谷, 前提論文, 6~7頁
9) 福井治弘「自民黨の外交政策決定過程」日本國際問題研究所編『國際問題』1972年 4月號 15~27頁.
10) 筆者는 本稿의 作成을 爲하여 1984年11月 日本東京都 千代田區 永田町所在의 自由民主黨舍를 訪問, 關係實務責任者들과의 광범위한 意見交換을 통하여 적지 않은 示竣를 구하였음. 本人들은 간곡히 익명을 要求하였음. 本稿는 同 政務調査會의 最高責任者 F氏(衆議院議員), 同副會長 I氏(衆議院議員), 同 審議議員 I氏(衆議院議員), H氏, 그리고 外交調査會의 F氏(衆議員議員), 安全保障調査會의 M氏(衆議院議員)들과의 인터뷰 內容을 기초로 하여 作成 · 整理한 것임.
11) 이 점에 관해서는 Michael Blaker, *Japan's International Negotiating Behavior*의 日本語 번역판『根回し, かき回し, あと回し—日本國際交涉態度の研究』サイマル 出版, 1976年을 參照.
12) 前記 인터뷰에서 確認.
13) 福井治弘『自由民主黨の政策決定過程』福村出版社, 中 특히 第二部(63~204頁)參照.
14) 前記 인터뷰에서 確認.
15) 佐藤誠三郎「自民黨の長期政權の解剖一徹底研究」『中央公論』1984年 12月號, 80~85頁.
16) 上同.

17) 時事通信社編『戰後日本の政黨と內閣一時事世論調査による分析』時事通信社, 1982年, 11~62頁.

18) 前記 인터뷰에서 確認.

19) 佐藤, 前提論文, 74~79頁 및 95~98頁參照.

20) 福井 前掃書, 176~204頁參照.

〈参考文獻目錄〉

① 日本語

高畠通敏『現代日本の政黨と選擧』三一書房, 1980

鹿島平和硏究所編『現代日本の外交』鹿島硏究所出版會, 1970

綿貫俊治・細谷千博編『對外政策決定過程の 日米比較』東京大學出版會, 1977

坂野正高『現代外交の分析』東京大學出版會, 1976

岡義武編『現代日本の政治過程』岩波書店, 1978

渡邊昭夫『戰後日本の政治と外交』福村出版, 1970

永野信利『外務省硏究一日本外交一失態・實態と實績分析』サイマル出版會, 1975

蟻山雄雄・武者路公秀編『國際學一理論と展望』東京大學出版會, 1976

泊水幹夫『自由民主黨一現狀と將來』教育社, 1978

每日新聞社 政治部編『自民黨』每日新聞社, 1973

福井治弘『自由民主黨と政策決定』福村出版, 1969

神川彦松『日本政治の再出發一祖國の自由と民主化のために』鹿度硏究所, 1961

武者小路公秀『國際政治と日本』東京大學出版會, 1967

渡邊昭夫『外交政策と官僚』日本國際問題硏究所編『國際問題』201號 (1976.12), 2~14頁

日本國際政治學會編『國際政治』75號『日本外交の非正式チャンネル』, 1983

日本國際政治學會編『國際政治』71號『日本外交の思想』, 1982

日本國際政治學會編『國際政治』51號『日本外交の國際認識一その史的展開』, 1974

② 韓國語

現代日本硏究會編『日本硏究論嚴第四號』現代日本硏究會, 1984

現代日本硏究會編『自民黨의 長期執權연구一日本政治權力의 構造와 性格』한길사, 1982

③ 英語

Allison, Graham T., *Essence of Decision: Explaining the Cuban Missile Crisis*. Boston: Little, Brown and Company, 1971.

Dore, R.P. ed. *Aspects of Social Change in Modern Japan*. Princeton: Princeton University Press, 1973.

Frankd, Joseph, *The Making of Foreign Policy: An Analysis of Decision-Making*. London: Oxford University Press, 1963.

Hellmann, Donald C., *Japanese Domestic Politics and Foreign Policy: The Peace Agreement with the Soviet Union*. Berkeley: University of California Press, 1969.

Pempel, T.J., *Policy and Politics in Japan: Creative Conservatism*. Philadelphia: Temple University Press, 1982.

Reischauer, Edwin O., *The Japanese*. Cambridge: The Belknap Press of Harvard University Press, 1981.

Rosenau, James N. ed. *Domestic Sources of Foreign Policy*. New York: The Free Press, 1966.

Rosenau, James N., *The Scientific Study of Foreign Policy*. New York: The Free Press, 1970.

Word, Robert E. *Japan's Political System*. Englewood Cliffs: Prentice-Hall, Inc., 1978.

Hosoya, Chihiro, "Characteristics of the Foreign Policy Decision-Making System in Japan." *World Politics*, Vol.XXVI(April, 1974).

Wakazumi, Kei, "Consensus in Japan". *Foreign Policy*, Vol.XXVII(Summer, 1977).

Klein, Donald W., "Japan 1978: The Consensus Continues". *Asian Survey*, Vol.XVI, No.1(January, 1979).

Baerwald, Hans H., "Japan's 35th House of Representative Election: the LDP Toys with a Return to 1954". *Asian Survey*, Vol.XX, No.3(March, 1980).

Allinson, Gary D., "Public Servants and Public Interests in Contemporary Japan". *World Politics*, No.10(October, 1980).

Akisa, Kubota, "The Political Influence of the Japanese Higher Civil Services, *Japan Quarterly* Vol.28, No.1(Jan-March, 1981).

Takubo, Tadae, "First Round of Nakasone's Diplomacy." *Asia Pacific Community: A Quarterly Review*, No.21(Summer, 1983).

Morse, Ronald A. Olsen, Edward A., "Japan's Bureaucratic Edge," *Foreign Policy,*

Vol.52(Fall, 1983).

Baerwald, Hans H., "Japan's December 1983 House of Representatives Election: The Return of Coalition Politics," *Asian Survey* Vol.24, No.3(March, 1984).

Yagane, Taso, "Nakasone's External Policy." *Asia Pacific Community: A Quarterly Review*, No.25(Summer, 1984).

Royama, Masanichi, *Foreign Policy of Japan*: 1914-1939. *Far Eastern Conflict Series VII* Japanese Cornal Institute of Pacific Relations, 1941.

Morley, Jams W. ed., *Japan's Foreign Policy* 1868-1941. Columbia University Press, New York & London, p.74.

Hosoga, Chihiro "Characteristics of the Foreign Policy Decision-Making System in Japan" *World Politics April*, 1974.

※ 편집자 주: 본 논문은 "국책연구" 특집에서 발췌하였음(1986).

② 최근 일본의 신보수주의사조의 부상과 실체

內外情勢

최근일본의 신보수주의사조의 부상과 실체

目次

1. 서 론

1986년 7월 6일에 실시되었던 일본의 衆·參 兩議員 동시총선거에서 집권당인 自民黨은 기대 이상의 압승을 거두었다. 中曾根康弘 首相은 이러한 自民黨의 압도적인 승리를 가리켜 "하늘의 뜻"(天聲: Voice of Heaven)이라고 평가하고, 이번 승리를 中曾根政權의 국내외정책을 적극적으로 추진하는 데 기초로 할 것임을 천명하였다.[1)]

이와 같은 국내정치적 환경과 더불어, 한·일간에는 歷史敎科書問題가 또다시 야기되었다. 戰前日本의 帝國主義的 전통을 강조한 반면, 太平洋戰爭期間中의 식민지 침략에 관해서는 거의 언급을 하지 않은 日本歷史敎科書로 말미암아, 아시아의 주변국들, 특히 韓·日關係와 日·中關係는 심각한 타격을 받게 되었다.[2)] 또한 선거후 불과 2개월만에, 中曾根 首相은 韓·日合邦과 관련한 발언으로 한·일간에 심각한 외교적 갈등을 초래한 藤尾正行 前文部相을 해임시킨 바 있다.[3)]

이상과 같은 세 가지의 정치현상, 즉 총선거에서 보여 준 保守與黨의 압승과 日本歷史敎科書의 왜곡사건, 그리고 戰前日本의 대외정책과 행동에 대한 관료의 그릇된 인식 등을 자세히 고찰해 보면, 여기에는 몇 가지의 공통점이 내재되어 있음을 발견할 수 있다. 그중의 하나가 바로 일본의 「新保守主義(또는 新國家主義)경향의 高潮」라는 사실이다.

이러한 현상은 일본의 국내정치와 외교정책이 그들의 강력한 전통적 민족주의사관에 바탕을 두고 있는 右傾化 思潮의 시대로 가속화될 가능성이 있음을 간접적으로 시사한다고 해도 과언은 아니겠다. 最近 韓國內에서는 日本內에서 매우 保守指向的이고도 舊植民地史觀의 역사인식을 연

상케 하는, 소위 新保守主義의 움직임이 조금씩 胎動하고 있다고 일컬어지고 있다.[4)]

본 연구논문의 목적은 이와 같은 최근 日本의 新保守主義傾向의 胎動을 중심으로 한 국내정치 과정을 분석하고, 그것이 韓·日關係에 미칠 영향을 가능한 범위내에서 고찰함에 있다.

우선, 필자는 앞서 언급한 총선에서의 自民黨 勝利와 黨內派閒政治속에서 中曾根 首相이 갖고 있는 정치지도력과 메커니즘에 관하여 논술한 후, 소위 新保守主義의 등장배경과 발전양상을 살펴보고자 한다. 나아가 현대국가에 있어서의 국내정치과정은 필연적으로 해당국가의 대외태도 및 안보정책과 불가분의 관련성을 갖고 있으므로,[5)] 필자는 일본의 안보환경과 향후의 선택가능한 외교행태의 Option을 분류하고자 한다. 끝으로 韓·美·日 三角關係의 맥락속에서 바람직한 韓·日關係를 위한 日本의 選擇과 그 가능성에 관하여 언급하고자 한다.

2. 自民黨의 승리와 中曾根 首相의 정치지도력

현대일본의 정치체제에 있어서 일본의 국회는 국가의 最高權力機關인 동시에 유일한 立法組織機關이다.[6)] 이러한 국회는 衆議院과 參議院으로 구성되어 있는바, 兩院에서 保守與黨인 自民黨이 압도적 다수를 점유하고 있다.

오늘날 일본의 정당정치속에서 執權自民黨은 금세기 초의 (立憲)政友會에서 비롯된 오랜 정치적 유산과 전통으로 이어져 온 최대의 保守政治集團인 것이다.[7)]

1986년 7월 6일의 총선에서 自民黨은 예상을 훨씬 넘는 압승을 거두었다. 이러한 自民黨의 압도적인 大勝은 1955년 保守合同以來의 戰後日本政治史에서 최대의 승리로 기억될만한 것이었다.[8)]

그 결과, 自民黨은 衆議院에서, 親自民黨系 무소속의원들을 포함하여 340석을 확보하였는 바, 이러한 결과는 日本內外의 정치학자들 가운데에서 거의 누구도 예상치 못한 것이었다. 선거이전에 비록 自民黨의 승리가 어느 정도 예상되기는 하였지만, 이와 같은 예상밖의 결과는 선거후의 日本政治過程에 지대한 영향을 초래하여 각 政黨內部組織의 재편성, 自民黨 派閒構造間의 협조와 갈등을 더욱 심화시켰다.

또한, 그 선거의 결과는 현재 日本政治가 전통적인 日本民族主義에 그 기초를 둔 新保守主義傾向을 보이기 시작하였음을 명시해 주고 있는 것이다.[9)]

中曾根 首相이 이끄는 自民黨의 대승은 그 어느 때보다도 自民黨政權이 국민대중으로부터 전통적인 지지를 받고 있음을 의미하였으며, 自民黨政治史에서도 하나의 중요한 전기를 이루어 각 파벌들은 내부조직을 더욱 재정비하기에 이르렀다.[10)] 또한 執權自民黨內에서 中曾根 首相의 정치권력기반은 더욱 확고하게 되었으며, 이로 인한 집권기간의 연장은 당내파벌간의 집권투쟁을

더욱 격화시키는 결과를 초래하였다.

*New York Times*에 의하면, 中曾根 首相은, 흔히들 Kennedy 대통령의 카리스마적 매력과 Reagan 대통령의 정열을 동시에 갖고 있으며, 日本政治의 전통적인 價値判斷方式(*Conventional Wisdom*)을 거부하는 인물로 평가되고 있다. 中曾根 首相은 선거직후 몇몇 서구지식인들과의 사적 회견을 통하여 자신의 승리에 커다란 만족의 뜻을 표시하였다.[11)]

그는 "戰後 日本政治史上 최초로, 본인은 정부 및 黨內官僚들의 인위적 장벽을 넘어 일본국민들에게 직접 본인의 정치신념을 피력하였다. 이에 日本國民들은 1960년 당시 美國國民들이 Kennedy 대통령에게 보였던 적극적 지지와 같은 반응을 보여 주었으나, 그때와 지금의 정치상황은 양상을 크게 달리하고 있다"라고 강조하였다.[12)]

自民黨은 그동안 전쟁직후의 吉田茂 首相으로부터 오늘날의 中曾根康弘 首相에 이르기까지 실로 놀라운 정치지도력을 발휘해 왔다. 前述한 바와 같이, 총선에서의 압도적 승리를 통해 中曾根 首相은 당내에서 강력한 발언권을 확보함과 동시에 田中派의 절대적 지지를 권력기반으로 戰後政治의 총결산을 시도하고 있는 것이다. 이러한 자민당정권하에서 현재 일본의 1인당 國民總生産高(*GNP*)는 美國을 능가할 정도로 발전하고 있으며, 일본은 오늘날 세계최대의 채권국으로 부상하게 된 것이다.[13)]

그러나, 이러한 일본이 안고 있는 가장 중대한 과제 중의 하나는 일본인들의 그와 같은 성공의 배경에는 다소의 책임이 뒤따르게 된다는 사실의 인식이다. 말하자면, 세계인들이 일본에 대해서 기대하고 있는 것처럼 그들 자신들이 스스로를 동일하게 판단할 수 있느냐 하는 점이다. 실제로 현재 일본인들과 세계인들 간에는 상호간의 외교정책 이미지상의 인식과정에 있어서 상당한 격차를 보이고 있는 실정이다.[14)]

自民黨의 기록적인 압승을 기반으로 하여, 中曾根 首相은 首相任期를 연장시키는 데 합의를 봄으로써 1987년 10월까지 1년간 더 연장시킬 수 있었다. 이러한 조치는 물론 이미 예상되었던 것이었으나, 외면적으로는 自民黨所屬 의원들의 만장일치로 확정되었다. 그럼에도 불구하고, 차기 首相職을 기도하고 있는 소위 '뉴리더'(*New Leaders*)라고 불리우는 몇몇 自民黨 指導者들(예컨대 宮澤喜一·竹下登·安倍晋太郎)은 中曾根 首相의 3차집권에 적지않은 불만의 뜻을 표명하였으며, 首相任期延長問題는 일단 12개월 연장으로 해결을 보았다.[15)]

中曾根 首相의 임기연장에 관련한 최대의 관심사는 日本的 民族主義에 기초를 둔 國粹主義的 新保守主義傾向이 中曾根 首相의 외교정책과 대외태도에 어떻게, 또한 어느 정도로 투영될 것인가 하는 점이다. 때문에 이러한 국내정치 상황속에서, 많은 주변국들은 日本內에서의 新保守主義의 고조화추세에 상당한 우려를 표시하고 있다고 하겠다. 왜냐하면 아시아제국은 전전일본의 국수주의적 대외태도가 얼마나 잔혹한 것인지를 경험하였기 때문이다.

3. 日本內 新保守主義의 배경과 발전

① 日本歷史教科書의 왜곡문제

일본의 歷史教科書 왜곡문제는 1982년 이래로 제기되어 온 것이다. 戰前日本의 帝國主義的 전통을 강조하고, 아시아 주변국들에 대한 그들의 植民地侵略行爲를 정당화한 日本歷史의 왜곡으로 말미암아, 일본은 관련국가들과 적지않은 외교적 마찰과 갈등을 경험하고 있다.[16] 일본내에서 사용되기로 예정된 新歷史教科書는 과거 일본의 韓國 및 中國에서의 침략행위와 植民地統治를 美化함으로써, 오히려 일본의 대외적 체면과 국가적 위신을 추락시키는 데 크게 기여하는 결과를 초래하였다.

이 교과서는 日本의 文部省으로부터 상세하게 검토·승인되었다고 일컬어지고 있다. 소위 「國民協會」가 편찬한 동교과서는 1910년부터 1945년까지 日本이 韓國을 통치하였던 植民地政策을 적당히 변명하고 있다.[17] 또한 명백한 考證資料가 부족하고 불완전함에도 불구하고, 소위 日本古代史에서의 韓國征服說에 대해서도 그럴듯하게 언급하고 있다. 이와 같이 왜곡된 歷史教科書를 日本政府가 승인한다면, 일본은 韓國 및 中國과 또 다른 외교적 분쟁을 초래하게 될 것이다. 사실상, 최초의 教科書粉爭은 이미 4년전에 제기된 바 있었으며, 그 당시 日本政府의 시정약속으로 잠정적인 해결을 보았다. 그러나 이러한 日本側의 韓國政府에 대한 단호한 약속에도 불구하고, 1986년 여름 또다시 이 문제가 야기된 것은 日本國內의 新保守主義傾向이 점진적으로 고조화되고 있음을 입증하는 것이라고 하겠다.[18]

韓國의 관점에서 볼 때, 日本政府當局이 과연 어떠한 意圖下에서 日本의 자라나는 세대에게 왜곡된 日本政治外交史를 가르치려고 하는지 이해하기 어렵다. 대부분의 아시아인들은 일본당국이 청소년들에게 주변국들에 대한 우월감을 조성시키고, 나아가서는 太平洋戰爭期間중 수행된 帝國主義日本의 對外侵略行爲를 미화 내지는 정당화하려는 의도를 갖고 있는 것이 아닌지 매우 우려하고 있다.[19]

이와 유사한 비판들이 최근 수년동안 韓國이나 中國뿐만 아니라, 타일랜드, 홍콩 그리고 필리핀 등지로부터 제기되었다. 이에 의하면, 日本이 과거의 역사적 사실을 왜곡시키고 전전의 식민지통치를 정당화시키려는 시도가 여타 아시아국가들과의 友好關係를 크게 損傷시키게 될 것이라고 우려하고 있다.[20]

이와 같은 歷史教科書 歪曲事件은 최근 日本國內의 新保守主義傾向을 크게 입증하고 있다. 이 教科書問題가 소위 新保守主義思潮를 크게 촉진시킨다면, 그 결과는 일본의 대외태도에 반영될 것이며, 韓·日關係에도 별로 바람직하지 않은 영향을 미칠 것으로 전망된다.

② 藤尾 前文部相의 發言問題

中曾根 首相은 日本의 韓國併合에 관한 무책임한 발언으로 韓·日關係에 중대한 외교적 마찰을 불러일으켰던 藤尾正行 前文部相을 전격 해임시켰다.[21] 전후 일본의 관료가 발언문제로 해임된 전례는 그리 많지 않으며, 이는 전직 각료를 해임시킴으로써 韓·日關係의 갈등을 사전에 봉쇄하려는 中曾根 首相의 정치적 판단으로 사료된다.

과거의 일본과 주변국들간의 불편한 관계에 대한 藤尾 前文部相의 주관적 판단은, 많은 아시아인들을 자극하여, 주변국들과 우호관계를 증진하고자 하는 日本政府의 國家目標를 의심케 하는 결과를 초래하였다. 일본의 주요 월간지중의 하나인 『文藝春秋』에 기고한 글을 통하여, 藤尾 前文部相은 일본의 韓國植民地化는 한국이 이를 수락하였기 때문에 합법적인 것이며, 따라서 韓國側에게도 다소의 책임이 있다고 주장하였다.[22]

이와 같은 견해는 現代日本의 사상사적 흐름을 배경으로 하여 戰前日本의 역사인식을 정당시하는 新保守主義風潮의 전형적인 예라고 하겠다. 또한 그는 미국의 전후 일본점령에 관하여 「東京裁判(1946-1948)에서 누가 勝戰國(美國)에 敗戰國(日本)을 재판할 법적 권한을 주었는가?」라고 주장하였다.[23] 물론 그 발언의 근저에는 일본적 민족주의의식이 존재하고 있다 하더라도, 전쟁을 야기시켰던 일본의 책임은 전혀 고려치 않고 敗戰日本의 결과론만을 강조하고 있는 것이다.

이와 같이 日本의 韓國併合을 정당화한 藤尾發言은 일본내의 일부 지식층과 韓國人들로부터 커다란 분노를 야기시킨 것은 당연한 결과였다. 그의 독선적인 주장과는 반대로, 1910년의 韓·日合併이야말로 비합법적이었고 帝國日本의 강요에 의하여 이루어졌다는 사실은 명백한 역사적 사실인 것이다.[24] 즉, 그것은 戰前日本의 軍國主義에 의한 植民地侵略行爲의 일환으로 이루어진 것이었다.

山懸有朋, 寺內正毅, 田中義一 등을 중심으로 한 帝國陸軍의 수뇌들은 滿蒙地域을 日本의 생명선으로 인식하고, 그 고양적 역할을 하는 韓半島를 植民地化하였음은 주지의 사실이라고 하겠다.

또한, 藤尾 前文部相은 1937년 帝國日本에 의한 南京大虐殺(*Nanking Massacre*)과 靖國神社에 대한 日本閣僚들의 참배를 옹호하는 태도를 취하였다.[25] 日本人들 사이에서 고조되고 있는 新保守主義(내지는 韓國에서 일컬어지고 있는 新國家主義)의 기운이 그들 자신의 국내문제인 것만은 사실이다. 그러나 그것이 戰前日本의 軍國主義的歷史를 부활시켜 일본의 식민지침략을 정당시해서는 안 되는 것이며, 이는 韓國뿐만 아니라 中國을 포함한 아시아諸國의 많은 반발을 초래할 것이다. 이와 같은 맥락속에서, 中曾根 首相이 韓國民의 자존심과 국가적 위신을 크게 추락시킨 藤尾 前文部相을 해임조치하고 韓國民들에게 유감의 뜻을 표명한 것은 韓·日關係를 중시하는 평가할 만한 태도라고 하겠다.[26]

지금까지의 논술에서 밝혀진 藤尾 발언사건이 일본내 新保守主義의 고조현상을 보여주는 또

다른 징후라고 한다면, 식자는 향후 일본의 국내정치와 대외정책을 주시할 수 밖에 없다.

경제력을 기초로 한 오늘날의 일본은 국제정치에 매우 강력한 발언권을 행사하고 있는 고로, 日本國內政治構造의 변동과 대외태도의 추이는 동북아 국제환경에 적지않은 영향을 미칠 것이기 때문이다.

③ 日本內 新保守主義 浮上의 是非

지금까지 필자는 일본의 국내적 및 외교적 논쟁점, 自民黨政權의 新保守化傾向, 歷史教科書 왜곡문제, 藤尾氏의 해임문제를 현재 日本國內에서 태동하고 있는 新保守主義의 흐름을 상징하는 일련의 징후라고 하는 정치적 맥락속에서 살펴 보았다. 전술한 바와 같이, 이러한 주요 움직임들이 사실상 新保守主義의 등장을 예고하는 분명한 징후라고 한다면, 그 결과는 아시아의 평화와 안정을 위협하는 변수로 작용할 뿐만 아니라, 나아가서는 세계정치의 전개에도 적지않은 영향을 미칠 것으로 생각된다.

일본은 흔히 두 가지의 상호 이질적인 측면, 즉 소위 「建前과 本音(*Tatemae*와 *Honne*)」, 「裏와 表(*Ura*와 *Omote*)」, 그리고 「內와 外(*Uchi*와 *Soto*)」를 갖고 있다고 일컬어지고 있다.[27] 그리고 일본인들은 스스로를 平和愛好國이라고 말한다.[28] 그러면서도 일본은 國際社會에서 「政治大國」이 되기 위해서 필요불가결한 新保守主義的 民族主義를 自國民들에게 고취하기를 원하는 측면도 부정할 수는 없다.[29]

이러한 日本의 新保守主義的 思潮는 일본인들 스스로도 거의 자각하지 못하는 차원에서 점진적으로 형성되고 있음을 부인할 수 없을 것같다.

이러한 사상적 흐름이 소위 *Tatemae*(形式的·外面的)이든, 아니면 *Honne*(內容的·實質的)이든 수 년전에 비교하여 점진적으로 부상되고 있으며, 이는 日本列島를 둘러싼 국제환경의 변화에 대한 現代日本人들의 적극적 대응과 긴장이 초래된 결과라고 판단되는 것이다. 특히 총선거에서의 自民黨 압승이야말로 이러한 정치의식의 자연발생적 표현이라고 하겠다.

물론 前文部相은 과거 日本軍國主義의 부활을 꿈꾸는 한 사람의 정치지도자에 불과하다. 그러나, 자민당내에서 그와 같은 발상에 동정하는 사람들은 적지 않으며, 일본적 의식구조와 감각에서 본다면 그는 오히려 차기선거에서 더 많은 다수표를 획득할 가능성도 배제할 수 없는 것이다. 그러나, 中曾根 首相을 비롯한 대부분의 日本政治指導者들은 韓國및 中國을 포함한 주변국가들과의 우호적이며 평화적인 관계유지를 희망한다고 생각하고 싶은 것이 한국적인 시각이라고 하겠다.

藤尾 前文部相이 지금까지 韓國民에 대해서 도전적인 발언을 한 최초의 日本政治家가 아님은

周知의 사실이다. 執權自民黨內의 지도자들은 물론, 前外相들 중에서도 가끔 韓國에 대한 일본의 식민지통치가 韓國의 近代化에 기여하였다고 주장한 망언도 한국인들은 생생히 기억하고 있다.[30] 이러한 극단적인 사고방식은 불과 소수라고 하더라도 결코 아시아의 어느 국가로부터도 환영받지는 못할 것이다.

韓國人들에게 더욱이 우려되는 것은, 韓國과의 관계증진을 주장해 온 인사들 중에는 그와 같은 新保守主義思潮에 동조하는 지식인들이 많다고 하는 사실이다. 그들은 기본적으로 경제적, 그리고 군사적으로 강대한 일본을 희망하고 있는 것이다.

이는 4년전의 「安保經協」問題, 歷史教科書 왜곡사건에서도 알 수 있는 바와 같이, 親韓的인 태도를 취하는 右翼人士들일수록 오히려 戰前日本의 軍國主義에 鄕愁를 느끼고 이를 정당시하여 그 연장선상에서 현대일본을 발전시키려는 발상이 내재하고 있기 때문인 것이다.

또한 그 역으로, 평소 非親韓的인 일본의 左翼知識人들은 戰前日本의 식민지침략에 비판적이고 國粹主義的인 경향에 매우 비판적인 사실도 잊어서는 안 되겠다.

이 밖에도 일본사회내의 新保守主義의 태동을 상징하는 주요 움직임들로, 첫째, 日本民族主義의 고양을 목표로 한 자민당내 少壯派議員 19명이 발족시킨 「主權守護聯盟」(그 후, 「國家基本問題同志會」로 개칭)의 독자노선추구를 지적할 수 있다. 이들의 保守化傾向은 일본의 전통적인 의식구조와 국가주의적 애국심에 그 기초를 두고 있다.

둘째, 戰殘遺家族會의 靖國神社參拜 주장과 더불어, 전각료의 공식적 神社參拜에 동조한 自民黨內 衆·參議員 300여 명의 결의안채택을 들 수 있다. 물론 이를 요구하지 않은 자민당의원도 있지만, 대부분은 이에 반대를 하지 않고 그 필요성을 강조하는 태도를 취하고 있음을 주시하여야겠다.

셋째, 日本文部省이 1987년부터 각 지방자치제에 「道德教育振興會議」를 창설하여 日本的保守教育을 강화하기로 결정한 사실, 文部省 傘下機關인 교육과 정심의회가 1988년부터 일본의 「國旗揭揚」 및 「國歌齊唱」을 의무화할 것을 내용으로 하는 건의서를 작성한 사실 등도 또한 동일한 맥락의 연장선상에서 인식될 수 있겠다.

지금까지 논술한 바와 같이, 일본내 新保守主義의 고조에 따른 이와 같은 국내정치동향과 더불어, 일본은 국제정치무대에서 보다 적극적인 역할을 수행하기에 이르렀다. 때문에, 이러한 국내적 기반을 중심으로 한 일본의 대외정책은 많은 지식인들의 관심사가 되고 있다.

그렇다면, 일본은 향후 어떠한 성격의 외교정책노선을 선택할 것이며, 또한 어떠한 종류의 가능한 선택(*Possible Option*)이 韓國의 國家利益에 바람직할 것인가? 이에 관련한 몇 가지의 유형을 분석하기로 하자.

4. 日本의 外交環境과 對外政策의 類型分析

日本은 현재 蘇聯으로부터의 군사적 위협과 美國으로부터 防衛分擔增大의 요구라는 난제에 직면하고 있다. 말하자면, 日本은 兩者로부터의 외압에 부딪치면서 自國의 정책노선을 선택해야 하는 것이다. 이와 같은 맥락에서 선택되는 일본의 외교정책노선은 또한 韓半島의 平和와 외교환경에도 매우 커다란 영향을 주는 결정요인인 것이다. [31)]

일본은 그동안 美國의 對極東政策의 추이에 신중한 태도를 취하고 鑑意注視하면서 自國의 防衛力增强에 노력해 왔다. 일본의 이와 같은 외교형태는 앞서 언급한 일본인들의 국민성과 의식구조의 특질에서 비롯된 것으로 평가된다.

周知하는 바와 같이, 국내정치의 국제화와 국제정치의 국내화는 오늘날 국제정치의 일반적인 경향이라고 하겠다.[32)] 사실상, 국내정치과정과 대외정책의 결정과정 간에는 現代國際政治學에서 일컬어지고 있는 소위, 연계정치의 상호관계가 있음이 많은 분석가들에 의하여 연구되고 있다.[33)] 특히 自民黨, 外務省, 그리고 財界와 같은 主要政策決定單位間의 상호작용과 메커니즘에 의하여 외교정책이 형성되는 일본의 경우,[34)] 대외적으로 표출된 외교정책이야말로 이와 같은 정책결정단위를 포함한 主要國內政治勢力간에 전개되는 정치적 타협의 產物(*Resultants*)인 것이다.[35)]

이와 같은 맥락에서 보았을 경우, 오늘날의 일본이 선택가능한 대외정책노선의 유형은 다음과 같이 분류될 수 있다.

1) 첫째 類型은 美·日安保體制를 기초로 하는 현재의 방위력에 일본의 安全保障과 대외관계를 의존하는 현상유지외교노선의 선택이다. 일본은 그들 외교정책의 기본목표가 世界平和와 안정에 기여하고 國際社會 전체의 조화있는 발전에 공헌하는 것이라고 강조하고 있는 고로, 이와 같은 상황하에서 현재와 동일한 정책을 계속 유지할 것을 상정할 수가 있다. 이 경우, 일본의 역할은 經濟的·政治的 協力部門에서 가일층 광범위하게 확대될 수 있을 것으로 생각된다.

2) 두 번째 類型은, 韓國의 시각에서 볼 때 비교적 바람직한 것으로, 일본이 그 경제력에 비례하여 관련국과 공동으로 安保負擔을 공유하며 東北亞 國際環境의 안정에 기여되는 방향으로 대외정책을 추구하는 것이다. 이와 같은 정책노선의 선택하에서, 日本은 韓國과 中國을 포함한 周邊諸國에 대하여 군사적 위협의 존재로서 대두하지는 않을 것이다. 말하자면, 적극적 역할의 상대적 한계를 의미하는 것이다. 그러므로, 이 類型下에서는 소위 新保守主義 氣運의 高揚可能性은 상당히 제한 내지는 유보될 것이다.

3) 세 번째 類型은 戰前日本의 國粹主義와 軍國主義에 기초를 두고, 獨自的으로 핵무장을 하여 軍事强大國으로 發展하는 정책노선의 선택이다. 이 경우, 일본은 대외관계의 求心點인

美·日安保體制에서 벗어나, 美國과 蘇聯에 대하여 等距離外交를 추구할 것이다. 이러한 대외노선의 선택은, 再論의 여지도 없이 戰前日本의 國粹主義的 대외목표를 방불케 하는 것이며, 나아가서는 지금까지 논술한 新保守主義의 思潮에 기초를 둔 제2의 「大日本帝國」을 연상케 하는 위험한 유형인 것이다.

4) 네 번째 類型은 中立路線의 선택이다. 이 경우의 일본은 군사력을 현수준으로 유지(동결)하는 반면에, 美·蘇 兩國과는 等距離外交를 추진할 것이기 때문에, 美·日安保體制의 포기는 불가피하게 되는, 말하자면, 美·日同盟關係는 自動的으로 단절하게 되는 것이다.

이 유형하에서의 일본은 국제정치상 중립적인 정책노선을 견지할 것인바, 이는 곧 일본국내정치구조의 재편성을 의미한다. 즉, 日本이 중립노선을 선택하기 위하여서는 현재와 같은 自民黨政權下에서는 불가능할 것이다. 왜냐하면, 戰後의 自民黨內閣은 美·日安保體制의 구축을 日本外交政策의 구심점으로 간주하고 있기 때문이다.

5) 다섯 번째의 類型은 東北亞에서의 美國의 역할을 대신하고자 하는 蘇聯으로부터의 군사적 위협과 도전에 굴복하여 親蘇反美路線을 선택하는 것이다. 이 방안하에서 일본은 필연적으로 美國과는 非友好的인 關係를 갖게 될 것이다.

이상의 5가지 상이한 선택방안들 중에서, 당분간 일본은 첫 번째 유형을 견지할 가능성이 가장 유력시되고 있다. 두 번째 방안은 韓·日友好關係를 가일층 심화시킬 가능성이 있는 바, 그 결과는 韓國뿐만 아니라 美國에 있어서도 비교적 바람직스러울 것으로 생각된다. 나아가서 日本은 東北亞에서의 평화와 안정유지에 어느 정도 기여할 수 있을 것이다.

그러나 일본이 두 번째의 정책노선을 선택할 가능성에 대하여는 아무런 보장이 없다고 하겠다. 또한, 현재와 같은 國際環境과 日本의 國內政治狀況을 고려할 때, 네 번째 및 다섯 번째 유형은 이론적으로는 가능하나 현실적으로는 선택가능성이 거의 없음은 재론을 요하지 않는다.[36)]

日本이 세 번째 선택, 즉 軍事大國化의 노선을 추구할 가능성은, 지금까지 논술한 新保守主義趨勢가 더욱 가열화되고, 戰後日本의 새로운 民族主義意識이 戰前의 그것을 방불케 하는 한, 적지는 않다고 하겠다. 특히, 國家의 安全保障에 대한 日本國民들의 위기의식 고조와, 점증하는 蘇聯으로부터의 軍事的 위협인식은 이를 더욱 가속화시킬 수도 있겠다.

또한 본 연구논문에서 이미 상세하게 검토한 바와 같이, 歷史教科書의 왜곡문제, 藤尾씨와 같은 國粹主義的 지식인의 증가, 그리고 일본국내정치풍토의 右傾化와 같은 일련의 움직임은 新保守主義傾向의 전형적인 징후이며, 그와 같은 경향의 팽배는 제3의 정책노선 선택을 가속화시킬 가능성을 내포하고 있는 것이다.

물론, 세 번째 類型의 선택은 韓·日間의 友好善隣關係의 구축에 결코 바람직스럽지 못한 것일

뿐만 아니라, 이는 아시아 주변국가들에 대해서도 중대한 위협요인으로 간주될 것이다.[37)]

그렇다고 해서 필자는 본고에서 日本의 新保守主義傾向이 目下 급속히 팽배하고 있음을 강조하고 있는 것은 아니다.

다만, 수년 전에 비하여 그와 같은 경향이 점진적으로 농후해지고 있는 듯한 인상을 받고 있으며, 그와 같은 결과는 韓·日關係에도 중요한 역할을 미칠 從屬變數이므로 이를 銳意注視하며, 이에 대한 대응책을 강구할 필요가 있음을 지적하고 있을 따름이다.

이와 같은 시대적 사조는 가변적인 고로 금후의 추세를 간단히 단정할 수는 없다. 하지만, 일본열도를 둘러싼 國際環境의 변화는 앞으로도 日本人의 정치의식을 자극시키고 새로운 保守主義 風土의 가속화를 초래할 수도 있음을 잊어서는 아니되겠다.

中曾根 首相은 1982年 12月 日本首相으로 선출된 직후, 최초의 公式訪問國으로써 韓國을 선택하였다(1983年 1月). 또한, 1986年 月末에 있었던 그의 서울 訪問역시 衆·參 兩議院의 동시총선거(同 7月)에서 自民黨이 未曾有의 압승을 거둔 이후 첫 번째로 나선 해외여행이었다.[38)] 이러한 사실들은 中曾根 日本首相이 얼마나 韓·日關係를 중시하고 있는지를 잘 보여주는 사례들이다. 특히 首相으로서 두번째의 서울방문은 아시아대회뿐만이 아니라 1988年 서울올림픽 대회에 대한 日本의 적극적인 지지입장을 외교적으로 표명한 것으로 평가되고 있다.[39)]

그러나, 兩國間에는 여전히 우호적 관계발전을 가로막고 있는 未解決의 문제점들이 존재하고 있다는 사실을 간과해서는 안 된다. 이 가운데에는 貿易逆調의 심화문제, 在日韓國人에 대한 指紋捺印問題와 법적지위의 향상, 그리고 첨단기술의 이전문제 등이 포함된다.

그럼에도 불구하고 韓·日友好善隣關係의 승진을 위한 兩國間의 부단한 노력이 절실히 요구된다. 왜냐하면 韓·日關係의 긴밀화는 兩國의 國家이익을 증진시킴과 동시에, 東北亞의 平和와 安定유지에도 기여할 것으로 판단되기 때문이다. 또한 韓·日 兩國의 우방인 美國 역시 이를 바라고 있는 것이다.

〈註〉

1) *The New York Times*, July 8, 1986.

2) 일본역사교과서 왜곡 문제는 1982년의 한 여름동안 韓·日間에 격렬한 외교쟁점으로 제기된 바 있다.

3) 文藝春秋, 第64권 第10호(1986.10)와 제64권 제11호(1986.11), 특히 pp. 110-125.

4) The Korea Herald, July 10, 1986. 이러한 정치상황하에서, 나까소네 수상은 자위대의 증강과 일본군사비의 증대를 위한 자신의 정치적 구상을 적극적으로 추진할 수 있었다.

5) "連擊政治"(Linkage-Politics) 논문에 관해서는 James N. Rosenau, "Toward the Study of National-International Linkages", in Rosenau ed., *Linkage-Politics: National and International Systems*, The Free Press, New York, 1976 참조.

6) Robert E. Ward, Japan's *Political System*, Prentice-Hall, Inc., Englewood cliffs, New Jersey, 1978, pp. 149-156. 일본국회는 512석의 중의원과 252석의 참의원으로 구성되어 있다.

7) Seizaburo Sato, *Jimito Seiken*(Political Regime of Liberal Democracy Party), Chuo Koronsha, Tokyo, 1986, pp. 6-31 & 180-181; Hee-Suk Shin, "Foreign Policy-Making Process in the Liberal Democratic Party", *The International Political Trends and Korea's Policy Directions*: Annual Report 1984, IFANS, 1985, pp. 125-146.

8) 岡義武 교수는 여타 정치분석가들과 함께 전전일본의 정치과정을 포함하여, 자민당의 형성과정을 상세하게 기술하고 있다. Yoshitake Oka ed., *Gendai Nippono Seiji Katei* (Political Process in Modern Japan), Iwanami Shotem, Tokyo, 1978, 특히 pp.1-52, pp 69-166 참조.

9) *The Japan Times*, July 8 & 9, 1986; The Korea Herad, July10, 1986; 東亞日報, 1986年 6月 9日字.

10) *The New York Times,* July 16, 1986.

11) *Ibid.*

12) *Ibid.*

13) 예를 들면, 실업률은 3% 이하에 머물고 있고, 인플레는 낮으며, 저축률이 높고, 여타 국가들에 비해 부가 보다 균등하게 분배되어 있다.

14) Karl W. Deutsch and Richard L. Merritt, "Effects of Events on National and International Images," in Herbert C. Kelman ed., *International Behavior*, Holt, Rinehart and Winston, 1965; Kenneth E. Boulding, *The Image : Knowledge in Life and Society*, The University of Michigan Press, Ann Arbor, 1969, pp. 97-114.

15) *Kiichi Miyazawa, Noboru Takeshita*, 및 *Shintaro* Abe 등 3명의 '*New Leaders*'는 모두 최종승인시까지 中曾根 수상의 임기연장에 기꺼이 찬성하지는 않았다고 일컬어지고 있다.

16) 1986년에 또다시 일본의 신고교역사교과서가 주변국들과의 관계에 관한 역사적 사실들의 왜곡으로 말미암아 한국 및 중국으로부터 비난을 받아 왔다.

17) *The Korea Herald*, June 14, 1986.

18) *The New York Times*, June 10, 1986.

19) *The Korea Herald*, July 14, 1986.

20) *The New York Times*, July 10, 1986.

21) 藤尾 전문부상이 금년 9월에 수상과 집권자민당내 여타 지도자들의 사임촉구를 거부하자, 中曾根 수상은 이와 같은 解任措置를 취하였다.

22) 文藝春秋, 제64권 제11호(1986.11), pp. 110-125. 이 글의 서두부분에서 藤尾씨는 일본의 일반 지식인들의 기준으로 볼 때, 매우 난폭한 표현으로 한국인과 중국인들에 대하여 도전적인 발언을 한 바 있다.

23) *The New York Times*, September 10, 1986.

24) *Ibid.; The Korea Herald*, September 13, 1986. 그것이 전전일본에 의해 수행된 제국주의적 침략행위였음은 분명한 사실이라 하겠다.

25) *The Korea Herald*, September 13, 1986; 文藝春秋, (1986, 11), pp. 115-124.

26) *The Korea Herald*, September 10, 1986; *The Japan Times*, September 20 & 21, 1986.

27) Ezra F. Vogel, *Japan as* No. 1: *Lessons For America*, Harvard University Press, Cambridge, Mass., 1979, pp.3-26; Edwin O. Reischauer, *The Japanese*, Harvard University Press, Cambridge, Mass., 1981, pp.146-156 & pp. 225-236.

28) Gaimusho ed., *Waga Gaikono Kinkyo(Present Situation of our Diplomacy : Foreign Policy Blue Paper)*, Vol. 29(1985), pp. 1-20; Ministry of Foreign Affairs(Japan), *The Japan of Today*, 1985, pp. 29-36.

29) *The Korea Herald*, September13&20, 1986; *The New York Times*, September 20, 1986.

30) 1953年 초 韓·日회의시의 久保田 발언이나, 前외상으로서의 國田 발언 및 韓·日관계에 관한 田中 前수상의 발언 등이 좋은 실례라 하겠다.

31) Hee-Suk Shin, "Security of Northeast Asia and the Role of Japan," *Korea and World politics*, Vol. 8, No. 4 (Winter, 1984), pp. 806-811.

32) *Ibid*. 이 점에 관해서는 동경대학의 渡田昭夫 교수가 韓·日관계를 분석하였다. 그것의 자세한 내용은 Akio Watanabe, "Political Change in Japan and Korea-Japan

Relations", *Korea and Japan in World Politics*, edited by the Korean Association of International Relations, 1985, pp. 41-58 참조.

33) Rosenau, Op. cit.

34) ShinKichi Eto, "Nipponi Okeru Taigai Seisaku Kettei (Foreign Policy-Making in Japan), *Kokusaiho Gaiko Zassi* (Journal of International Law), Vol. 72, No. 6 (March, 1974); Hee-Suk Shin, "Foreign Policy-Making Process in Prewar and Postwar Japan", *Annual Report of the U.S.-Japan Program*: 1986(forthcoming), Center for International Affairs, Harvard University.

35) Graham T. Allison, *Essence of Decision: Explaining the Cuban Missile Crisis*, Little, Brown and Company, Boston, 1971, 특히 pp. 144-181.

36) Hee-Suk Shin, "Tohukuano Annpoto Nippon(Security in Northeast Asia and Japan)", *Seikai Ohrai*, Tokyo, Vol. 48, No. 1(January, 1982), pp. 72-76.

37) *Ibid*.

38) *The Korea Herald*, September 6, 1986.

39) *The Korea Herald*, September 27, 1986.

※ 편집자 주: "국책연구" 특별기고, 1986에서 발췌.

③ 현대일본의 정치과정과 衆·参양원동시선거결과분석

現代國家의 國內政治過程을 分析하는 方法은 大抵 두 가지로 나누어 說明할 수 있겠다. 첫째는 國內政治의 展開過程에 參與하여 如何한 形態로 機能하는 各 主要行爲者(Political Actors), 例컨대 政党, 利益団体, 圧力団体 等을 中心으로 하여 그들간의 相互作用(Interaction)을 究明하는 方法이요, 둘째는 어떤 특정한 이벤트를 中心으로한 國內政治의 展開過程을 個個의 行爲者에 限定시켜 그 政治的 行動을 集中的으로 分析하는 方法이라고 하겠다. 本稿는 後者를 択하고 있다. 이 경우의 "特定한 行爲者"라 함은 政党 乃至는 政党을 構成하고 있는 人的要因을 말한다. 分析의 時期的 区分은 1980年 6月 22日에 実施된 総選挙를 中心으로 하여 그 前後를 対象으로 하였다.

本稿는 于先 各党의 得票状況을 基礎로 하여 総選挙 自体에 대한 概括的인 評価를 試圖를 試図하고 있다. 이어서, 周知하는 바와 같이 自民党의 圧勝을 招来한 対内外的 要因이 무엇인가를 各種 資料와 文献에 依拠하여 그 論拠를 밝혀 내려고 한다. 또한 그 다음 章에서는 衆議院 및 参議院에서의 投票状況을 現地에서 直接 観察하고 入手된 情報에 依拠하여 綿密히 分析하고 있는 것이다.

1. 総選挙結果에 対한 概括的 評価

史上 最初의 衆·參両議院 同時選挙는 自民党의 圧勝으로 끝났다. 従来의 与·野党 伯仲状態에서 脱皮하여, 自民党은 両院에서 이른바 "安定多数"를 確保하는 데 成功하였다.

6·22 総選挙의 焦点은 이러한 伯仲状態를 一歩前進시켜, 聯合政權의 開幕을 現實化할 것인가, 아니면 自民党単独支配의 既存 權力構造를 存續시킬 것인가 하는 点이었다. 그 結果는 明確한 後者의 選択으로 終了되었다.

選挙가 終了된 時期의 意識的 与論, 例컨대 新聞을 包含한 매스 미디어는 이러한 選挙結果를 가리켜, 이는 마치 最近 10年間 論議되어 온 政治變革에의 時代的 흐름이 急転하여, 自民党 単独政權時代의 復活로 逆流하기 始作한 것임을 意味한다고 評価하고 있다.

이러한 論理의 延長을 換言하면, 첫째 自民党政権에 依한 高度経済成長政策에 대한 積極的 評価, 둘째로 政策과 理論이 欠如된 것으로 일컬어지고 있는 野党에 대한 不安한 投資보다는 保守에의 傾斜를 通한 長期的 安定追求를 意味하였다고 해도 過言이 아니겠다.

〈図表 1〉에서 보는 바와 같이, 自民党은 衆議院에서는 해산 当時의 258席을 훨씬 凌駕하는 286席을 確保하였다. 이는 衆議院 過半數보다도 28席을 超過하는 數字로, 11年만의 最大圧勝이었다.

한편, 参議院에서는 全国区 21名과 地域区 66名을 합쳐 135名을 確保함으로써 定員 252名의 過半數 126席보다는 9席이나 上廻하고 있다(〈図表 1 参照〉). 또한 自民党의 最高得票当選者는 全国 130個의 地域区 가운데서 113区를 占有하고 있다. 2位当選者 85名을 합치면 当選者의 3分

之 2以上이 上位圈 当選者라는 結論이 나오게 된다. 自民党이 独占한 地域区만도 5個이다.

이에 反해 第1野党인 社会党의 最高得票 当選者는 不過 8名에 不過하였다. 社会党의 飛島田一雄 委員長(68才, 東京一区 当選 5面)도 開票의 後半戰에야 겨우 当選圈에 들어 갔던 것이다. 뿐만 아니라, 参議院 全国区에서 100万票 以上을 獲得한 15名의 上位当選者中 10名이 自民党所属 議員이었다. 8個月前에 있었던 1979年 10月 8日의 衆議院選挙에서 過半數 256席에도 미치지 못하는 248席으로 그쳤던 自民党은 9名의 無所属議員을 無理하게 入党시켜, 겨우 第2次 大平内閣을 構成하였다. 6·22 総選挙는 自民党에게 転禍為福의 機会를 가져다 주었다. 하지만 이는 後述하는 바와 같이 日本国民이 自民党을 全面的으로 信任했기 때문에 이루어진 結果가 결코 아님을 看過해서는 아니 되겠다.

다만, 現代 日本人들은 保守党의 長期執権에서 必然的으로 生成된 老衰現象과 所謂 "金権政治"에 依한 不正腐敗의 実態를 알고 있었지만, 前述한 바와 같이 健実한 政策이 欠如된 革新野党에게 政権을 掌握하게 할 수 없다는 判断等이 招來한 結果가 自民党을 圧勝하게 한 것으로 判断된다. 말하자면, 有権者들은 "The Best"보다는 "Less Worse"를 択하였다고 하는 説明이 되겠다.

한편, 野党은 〈図表1〉에서도 알 수 있는 바와 같이 新自由클럽과 社会民主聯合을 除外하고는 모두 不振한 狀態이다. 社会党은 衆議院 107席으로 겨우 現狀維持를 하고 있으나, 参議院에서는 5席이나 喪失하고 있는 実情이다. 公明党 民社党 및 共産党은 적지않은 惨敗를 記録하고 있다. 더구나 第一野党인 社会党은 多賀谷 真稔(63歲, 福岡 二區 出身 当選 10回) 書記長의 落選으로 党中心勢力의 一部를 喪失하였으며, 다른 革新野党도 在野勢力의 拠点인 東京을 비롯한 主要都市에서 惨敗를 당하였다. 特히 共産党은 蘇联의 아프가니스탄 侵攻 等의 理由로 因하여 이번 選挙에서 적지않은 打擊을 입은 것 같다.

図表 1 **6·22 総選挙以後 日本 国会의 新勢力 分布状況**

区分 / 政党	衆議院			参議院				
	解散時議席	新議席	加減	現保有席	改選			新議席
					全国区	地域区	非改選	
自民党	258	286	+28	124	21	48	66	135
社会党	107	107	0	52	9	13	25	47
公明党	58	34	-24	28	9	4	14	27
民社党	36	33	-3	10	4	2	6	12
共産党	41	29	-12	16	3	4	5	12
新自由클럽	4	12	+8	2	0	0	2	2
社会·民主連合	2	3	+1	3	0	0	2	2
諸派	0	0	0	0	1		0	2
無所属	4	7	+3	11	3	4	5	12
合計	510 (欠員1)	511	+1	246 (欠員6)	50	76	125 (欠員1)	251

이로써 自民党은 院内의 保守와 革新間의 伯仲狀況을 脫皮하였다. 同時에 第2次 佐藤榮作內閣当時(1967年 2月 17日~1970年 1月 14日)에 301席을 確保한 破格的인 記錄에 接近하여 政治安定을 指向하는 日本国民들의 与望에 따라 10年만에 保守政権의 政治的 基盤을 再構築하는데 成功하였다. 하지만 自民党도 党内의 対立勢力을 仲裁해 오던 西村英一 当時 副總裁의 落選과 같이 党 重鎖을 잃은 것은 否定할 수 없는 打擊이라 하겠다.

図表 2 自民党 各派의 議席分布図(衆議院)

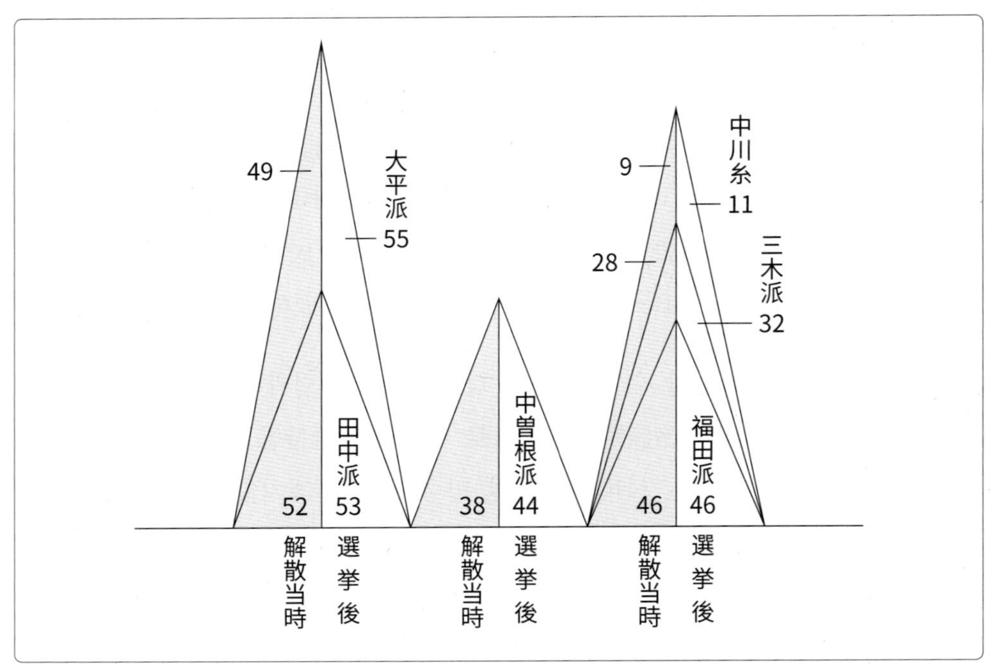

自民党의 壓勝現狀은 여러 가지로 나타났다. 例컨대, 衆議院의 경우 16個 分科委員会의 委員長職을 確保함과 同時에 全分科委員의 過半數를 維持하게 됨으로써 国会運営을 비롯한 政治日程에 余裕를 갖게된 것이다. 이로써 防衛力 增强, 赤字財政의 改善, 原子力發電所의 建設等, 從來, 그들이 强調해 오던 主要 国内外政策을 더욱 强力하게 推進할 수 있게 된 것이다.

6·22 総選挙에 따른 党内의 派閥分布를 보면 〈図表 2〉에서 보는 바와 같이 福田派를 除外하고는 各派 共히 若干의 增加를 보이고 있다. 全体的으로는 衆議院에서 28票 增加라고 하는 莫大한 勝利를 記錄하였던 것이다. 그런데 自民党의 籍을 갖고 있는 議員들은 286名에 不過하다. 田中角栄(65歲 新潟 三区 出身, 13回 当選)前首相과 같이 体面上 党外에 머물러 있는 實質的인 自民党勢力까지 合치면 自民党系의 当選者는 290名을 훨씬 超過한다는 事実을 留意해 둘 必要가 있겠다.

自民党 圧勝의 要因分析

그러면, 이와 같은 自民党 圧勝의 要因을 어떻게 說明할 수 있을까?

첫째, 大平內閣에 對한 不信任決議案의 通過로 因한 衆·參両議院 同時選擧의 突然한 實施는 野党 各 勢力間의 联合協力本制(例컨대, 社公+公明+民社)를 構成할 만한 時間的 余裕를 提供하지 못하였기 때문에 野党은 相互間에 多量投票의 追求에만 及及함으로써, 結果的으로는 自民党을 有利하게 하였던 것이다. 序頭에서는 밝힌 바와 같이, 이는 今般 選挙의 特徵인 同時에, 自民党의 大勝을 超米하게 한 重要한 要因이라고 判断되어진다. 이러한 意味에서 面院 同時 選挙를 通한 投票率의 相当한 引上으로 參議院에서의 野党勢力의 無力化를 期하려 했던 自民党의 選挙漸略, 即 衆·參両議院의 同時選挙決定은 自民党의 同時選挙決定은 自民党의 大勝을 招來하였다고 하겠다.

図表 3 自民党内 各派間의 相互競争에 의한 挙党的 効果

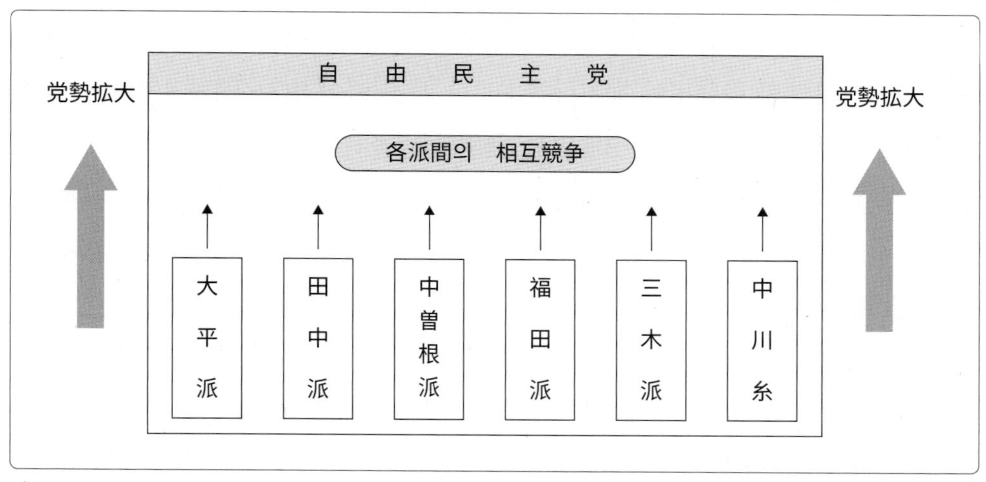

過去, 自民党의 絶対得票率의 統計資料에 依하면, 例컨대, 投票率이 거의 비슷했던 1974年의 參議院 選挙와 1976年의 衆議院選挙에서는 2.3%, 또한 이와 同一하게 1977年의 參議院選挙에서는 3.9%로 各各 衆議院의 得票率이 上廻하고 있었다.

이를 얼핏 살펴 보면, 200~300万의 有權者가 自民党을 脫皮하여 他党을 支持하게 된다는 結論이 나오게 된다. 그러므로, 同日選挙를 実施함으로써, 이러한「浮動層」을 自民党에 應着시키는 것이 同時 総選挙 実施의 意図였던 것이다. 田中角栄을 中心으로 한 自民党의 派閥党首들은 이러한 事前計劃이 반드시 效果的인 結果를 招來할 것이라는 絶対的인 保障은 갖고 있지 않았던 것 같다. 그렇지만 自民党에 有利하리라고는 생각지 않았다. 그러므로 그들의 計算이 意外로 成功的인 結果를 超來한 데에 歡喜의 喝声을 올렸던 것이다. 말하자면, 同時 總選挙는 保守政権을 有利하게 한다는 仮說이 実証되었다고 할 수 있겠다.

둘째, 〈図表 3〉에서 보는 바와 같이, 自民党內 各 派閥間의 內粉과 相互競争状況이 結果的으로는 自民党 全体의 議席數를 大量으로 確保하는 데 크게 寄与하였다고 볼 수 있겠다. 野党으로부터의 온갖 攻勢에 몰리면서도, 自民党의 首脳들은 派閥싸움을 一時的으로 中止, 自派의 票를 多量確保하기 위하여 奮闘를 한 結果, 挙党的인 勝利를 超來하였다. 이는 細胞를 構成하는 核組織間의 相互競争이 細胞自体를 大型으로 批大시키는 데 크게 寄与하는 것과 마찬가지 論理라고 볼 수 있겠다.

셋째, 日本人의 政治文化(Political Culture)에 依한 作用, 即 大平首相의 急逝에 際하여, 「義理人情」을 貴重히 여기는 日本人들의 意識構造의 特徵은 自民党에 対하여 적지않은 同情票를 던지게 된 契機를 創出한 것으로 判断된다. 그러한 意味에서, 自民党에 対한 支持率이 높았던 理由中의 하나는 基本的 条件이 갖추어진 "浮動型 安定"이 招來한 것이라고 하겠다.

이 点에 関하여는 『朝日新聞社』 世論調査室의 統計結果가 이를 立証하는 適切한 資料가 될 것 같다. 同新聞은 与論調査의 結果를 基礎로 하여, 投票日에 各党의 相対得票率을 推定하는 方式을 取하고 있다. 이 方式은 過去의 資料를 使用하여 与論調査地点에서 投票日까지의 変化를 予測하도록 되어 있다. 特別한 情勢変化가 없는 限, 그 予測 結果는 大概 的中해 왔다. 그런데, 前回의 総選挙에서는 自民党의 得票率이 推定得票率보다 若干 떨어졌다(〈図表 4 參照〉). 農村을 中心으로 한 A地区와 都市를 中心으로 한 B地区를 別個로 調査하였을 境遇, 開票結果는 実際의 自民党 得票率보다 両地区 共히 若干 下降하는 結果를 보였다. 從來는 거의 的中해 온 推定得票率보다 自民党이 낮은 得票率 밖에 獲得하지 않은 것은 前回의 選挙 期間中의 増税論議라든가, 所謂 "公費天国"의 批判이 影響을 주었던 것이라고 推測된다. 이 때문에 大平首相의 死亡이 影響을 주었다고 한다면, 自民党의 推定得票率과 実際得票率과의 差異로써 表出된다고 보아도 過言이 아니지 않을까 하는 発想이다. 이러한 論理의 展開에 根拠를 두고 〈図表 4〉를 살펴보도록 한다. 이는 偶然한 일이지만, 이번 選挙에서의 A調査는 大平首相이 死亡하기 前, B調査는 그 다음 날부터 이루어졌다고 한다. 全般的인 自民党支持率의 快調도 있었거니와, 投票当日 A地区의 自民党得票率은 前回의 46.9%에서 47.9%로, 한편 B地区에서는 44.3%에서 45.3%로 各各 上昇한 것으로 推定된다. 하지만, 実際의 自民党得票率은 A地区 全体에서 49.5%로, 또한 B地区에서 46.8%로, 当初의 推定을 크게 뒤엎는 結果가 나왔다. 이 隔差야말로 大平首相의 死亡이 自民党에게 가져다 준 膳物이었다고 解析할 수 있는 것이다.

넷째, 投票率의 上昇은, 不動票를 確保하는데 別로 익숙치 못한 所謂 「組織政党」, 例를 들어, 共産党이나 公明党에게 不利한 影響을 주었다는 点이다. 上記 面党의 경우, 1979年의 衆議院 選挙 때와 거의 비슷한 得票를 하면서도, 다른 政党에게 于先権을 빼앗기는 選挙区가 적지 않았다.

図表 4 大平首相의 死亡과 自民党得票率과의 相関関係(自民党得票率에 나타난 支持動向)

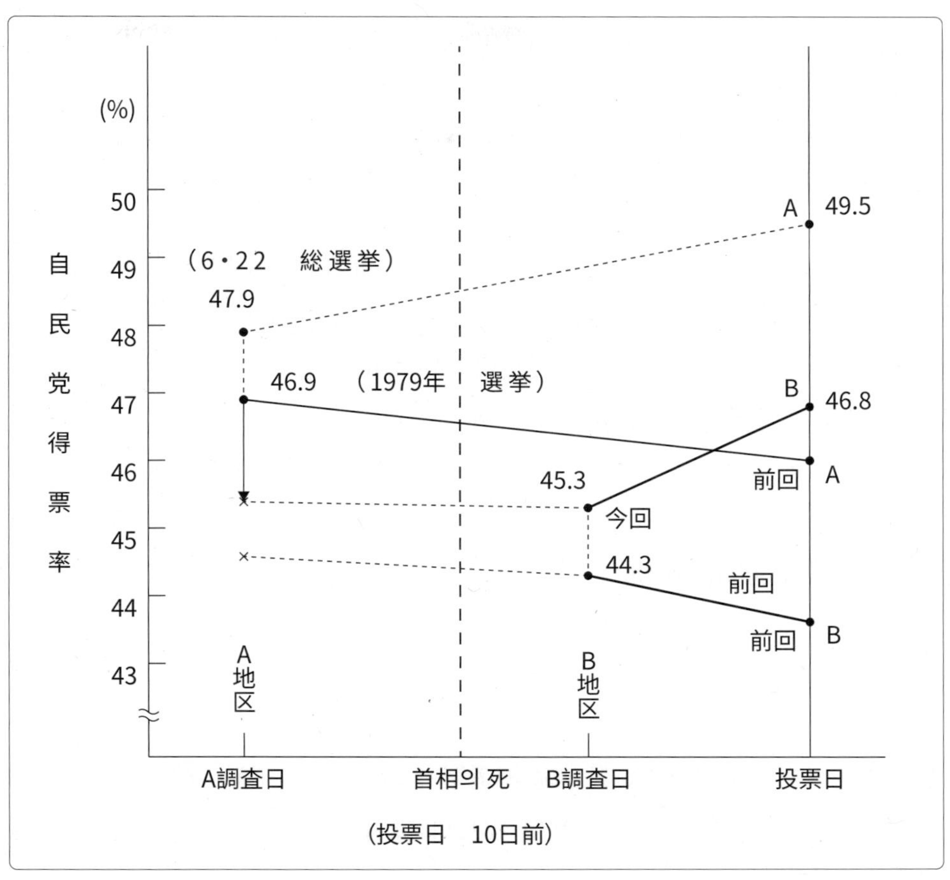

得票準備에 相当한 期間을 必要로 하는 組織政党에 있어서, 突然한 衆議院 解散과 예기치 않은 選挙에 対한 準備作業은 결코 容易한 일은 아니었다. 이에 反하여 新自由클럽이나 社会民主聯盟이 善漸할 수 있었던 것은, 이들은 上記 2党과는 달리, 組織政党으로써의 性格이 別로 뚜렷하지 아니하였기 때문이었다.

다섯째, 現代 日本人들은 政治的 비전이 欠如되고 政治改革問題에 対해서도 消極的인 野党에 대한 不安한 冒険投資보다는, 安定을 追求하기 위해서 保守政権을 選択하였다고 判斷된다. 周知하는 바와 같이, 自民党은 "金權政治"라는 面에서는 腐敗한 것으로 일컬어 지고 있으나, "政策論争"이라는 面에서는 積極的이고 建設的인 것으로 評個받고 있다. 有権者들은 野党의 朋立政権構想에 대하여 적지않은 不安感을 갖고 있었던 것 같다. 結局, 그들은 国内政治의 安定을 위하여 保守指向性을 追求했다고 하겠다.

여섯째, 日本 国内外의 環境的 要因, 即 国内的으로 政治的 不安定과 인플레에 依한 怪消的 沈溝가 거듭되고, 国外的으로는 이란 및 아프간事件에서도 알 수 있는 바와 같은 国際環境의 不安定한 要素가 有権者들에게 環境的 危機意識을 助長하게 한 것으로 생각된다. 이러한 対外認識의 助長은 結果的으로 「保守政権의 選根」으로 投影된 것이다.

일곱째 上記와 같은 要因以外에 한 가지를 더 追加한다면, 投票当日은 日本 列島의 天候가 比較的 快晴하였기 때문에 投票率의 上昇을 加一層 에스컬레이트 시켰다. 그 結果는 前述한 바와 같이, 自民党을 有利하게 하는 要因이 된 것이다.

以上의 論述을 通하여 밝혀진 바와 같이, 6·22 総選挙에 있어서 自民党 圧勝의 要因은 이와 같은 몇 가지의 要素가 同時免生的으로 이루어졌기 때문인 것으로 判断된다.

지금까지 衆·參両議院総選挙의 結果를 概括的으로 評価하고, 이어서 自民党이 圧勝한 原因을 可能한 範囲内에서 分析하여 보았다. 그러면, 今般의 選挙過程을 衆議院과 參議院으로 区分하여 살펴 보았을 경우, 激漸의 內容과 投票結果는 어떠한 様式으로 說明할 수 있을 것인가를 衆·參両議院에서의 投票狀況으로 綿密히 觀察하기로 한다.

2. 両院에서의 投票狀況 分析

① 衆議院

6·22 總選擧는 1979年의 第35次 衆議院 總選擧가 終了한 后 不過 8個月 밖에 經過하지 아니하였기 때문인지, 立候補者의 數가 予想했던 것보다 많지는 않았다. 그래서, 識者는 同選挙結果를 가리켜「少數激漸」이라고 불렀다.

投票結果와 內容을 觀察하였을 경우, 当選者와의 票差가 그리 크지 않았다는 面에서,「激漸」이라고 불러도 좋을 것 같다. 말하자면, 衆議院 選挙의 경우, 地域区의 最下位로 当選된 候補者와 次点으로 落選된 候補者와의 票差가 刻当 選挙区 總有權者의 몇 퍼센트를 占有하는가(이를 가리켜, 以下「当落距離」라고 定義해 두기로 함)를 測定하여, 그 絶対数差가 적으면 적을수록「激漸」의 濃度가 짙었다고 할 수 있는 것이다. 故로, 最高得票를 얻기 위한 首位競爭漸과 같은 選挙様相은「激漸」으로 看做하기에는 어렵다고 하겠다.

周知하는 바와 같이, 從來의 衆議院議員選挙의 경우, 그 大部分이 全国 選挙区의 過半數前后가「当落距離」의 1%未滿이라고 하는 槿少한 差異로 当落与否가 決定되어졌다. 今般選挙에 있어서도 130個의 選挙区中에서 59個区에 刻当하는 45%가「当落距離」 1% 未滿이라고 하는 槿少한 差異를 보였다. 하지만, 1979年 7月의 衆議院 総選挙에서는 이와 같은 激漸区가 61個区나 있었고, 1976年의 選挙当時에는 68個区나 있었던 것을 留意해야 할 必要가 있다. 그렇다면, 마치 激漸区의 數가 漸減一路에 있는 듯한 印象을 받기 쉬운 것 같다.

그러나, 今般選挙에, 나타난「当落距離」를 좀 더 細心하게 分析하면 몇 가지 새로운 現象을 発見할 수도 있다. 例컨대, 同一한 1%未満이라고 하더라도 0.5%以上과 그 以下로 両分하여 觀察하여, 単只 激漸地의 數가 漸減一路에 있다는 簡単한 結論으로써 衆議院選挙結果를 說明하기에는 너무 軽率한 듯한 印象을 준다.

〈図表 5〉에서도 보는 바와 같이 当落距離가 0.5%未満인 地域의 選挙区는 지난해의 35個区에서 41個区로 増加하고 있다. 換言하면, 「激漸区」는 減少하였지만, 「超激漸区」는 増加하였다는 結論이 必然的으로 産出되는 것이다.

図表 5 衆議院 当落距離의 年度別比較

年度別選挙区数 / 当落퍼센트	1979年度	1980年度	絶対差
0.00~0.49	35	41	+6
0.50~0.99	26	18	−8
1.00~1.49	16	17	+1
1.50~1.99	15	10	−5
2.00~2.49	11	7	−4
2.50~2.99	4	2	−2
3.00~3.49	4	2	−2
3.50~3.99	3	4	+1
4.00~4.99	4	5	+1
5.00~	13	24	+11

또한, 〈図表 5〉를 좀 더 詳細히 観察하면, 또 한 가지의 興味있는 結論을 얻을 수가 있다. 말하자면, 当落距離가 5%以上이라고 하는 相当한 票差를 보인 選挙区数가 지난해의 13個区에서 24個区로 急増하였다는 点이다. 이는 選挙結果만을 観察하였을 경우, 「無風選挙区」의 数가 庄倒的인 増加를 보이고 있음을 示峻하고 있는 것이다.

이와 같은 두 가지의 発見을 綜合·整理하면, 다음과 같은 暫定的인 結論을 얻을 수가 있겠다.

即, 今般選挙에 있어서 「激較区」가 더욱 激化되어 「超激漸区」가 増加하는 한편, 「無風選挙区」도 이에 比例하여 많아진다는 両極化 現状은, 選挙漸의 「還熟」을 意味하는 것이라고 評価할 수 있다. 反復되는 選挙過程을 通하여 優勝劣敗가 明確히 浮刻되어지고, 淘汰되는 勢力도 나타나게 될 것이다.

이렇게 되면, 選挙自体는 刻当 選挙区에 接排된 同一한 数의, 事実上의 强力候補만이 殘存하거나 定数를 1名程度밖에 超越하지 않는 実力者間의 超激漸과 같은 様相을 띠게 되는 것이다. 이러한 경우, 上述한 說明을 通하여 밝혀진 바와 같이, 前者는 「無風選挙」요, 後者는 「激漸選挙」가 되는 것이다.

換言하면 選挙漸의 様相은, 많은 候補者가 乱立하는 相互闘争의 形式이 아니요, 少数 候補者의 競争에 의한 아슬아슬한 当落의 決定이나 Zero-Sum-Game의 形式을 取하게 된다는 말이다.

이러한 選挙現象을 政党別로 觀察하면, 今般選挙의 特徵이 더욱 顯著하게 나타난다. 例컨대, 〈図表 6〉을 보면, 次点別 項目의 公明党欄과 最下位当選者別 項目의 杜会党桐을 보면 數字 6 (4)에 마주치게 된다. 이는 最下位 当選者가 杜会党에서, 그리고 次点 当選者가 公明党이었던 選挙区가 6個区있었는데, 그中 当落距離 1%未満의 選挙区는 4個区이었다는 事実을 말해 주고 있는 것이다.

図表 6 最下位当選者와 次点者의 政党別 現況(괄호 안은 当落距離 1%未満을 말함)

最下位当選者別 \ 次点別	自民党	社会党	公明党	民社党	共産党	新自由	社民連	其他	次点計
自民党	14(4)	8(4)	3(-)	1(-)	4(1)	-	-	-	29(9)
社会党	9(4)	5(4)	6(4)	4(3)	3(3)	1(1)	-	-	28(19)
公明党	5(3)	9(5)	-	7(3)	4(4)	2(2)	-	-	27(17)
民社党	1(-)	6(1)	1(-)	-	3(3)	-	-	-	11(4)
共産党	7(-)	15(3)	8(6)	-	-	1(-)	-	-	31(9)
新自由	-	2(1)	1(-)	-	-	-	-	-	3(1)
社民連	-	-	-	-	1(-)	-	-	-	-
其他	-	-	-	-	-	-	-	-	1(1)
最下位当選者計	36(11)	45(18)	18(10)	12(6)	15(11)	4(3)	-	-	130(59)

또한, 自民党(保守系 無所屈을 包含)과 野党과의 対決이라는 觀点에서 〈図表 6〉을 살펴 보았을 경우, 自民党이 最下位로 当選되고 野党이 次点으로 脫落된 選挙区는 22個所(9+5+1+7)인 바, 그중 当落距離 1%未満의 아슬아슬한 勝利는 7個所(4+3)밖에 없다. 万若에 野党이 조금만 더 奮闘努力했더라면 좀 더 많은 議席을 確保할 수 있었을 것이라는 仮說을 無理하게 提起한다손 치더라도, 뷰野党의 票差는 14 票밖에 短縮시킬 수 없을 것이다.

때문에, 自民党系列은 어느 정도 余裕을 갖고 安定多數를 獲得하였으며, 選挙過程에서 보여준 「激戦」의 에네르기는 野党과 与党과의 対決이 아니라 野党相互間의 得票競争을 위해 消耗되고 말았다는 前述한 結論에 帰着될 수 밖에 없는 것이다.

이는 本稿의 序頭에서 言及한 바와 같이, 今般, 縮選挙의 特徵, 即 大平內閣에 대한 不信任決議案의 예기치 않은 通過로 말미암아(5月 16日), 野党相互間의 政治的 結託(Political Coalition)과 野党相互間에 联合共同漸線의 確保가 保障되지 않은 狀態에서 諸野党은 오로지 그들만의 多量得票作漸에 急急한채로 選挙戦에 임한 結果가 派生시킨 必然的 結果라고 할 수 있겠다. 同時에 이는 自民党의 安定過半數 確保를 可能하게 한 要因이기도 한 것이다.

이러한 自民党의 「余裕」을 갖는 超勢는 自民党의 最下位 区選者가 36名에 不過하였다는 事実

에서도 알 수 있다. 本米, 最下位 当選者数는 衆議院議員 給数 511名中의 130人(総選挙区 数), 即 25.4%에 不過한 것이기 때문에, 이에 比하여 自民党의 最下位 当選者가 折半以下라고 하는 것은 与党이 無難하게 安定過半数를 確保했음을 計量的으로 証明해 주고 있다고 하겠다.

요컨대, 今般 衆議院 選挙의 結果를 簡単하게 給括한다면, 前述한 바와 같이, 投票率의 上昇이 招來한 結果는 自民党의 多量得票에 直結되었다고 볼 수 있겠다. 하지만 選挙結果의 様相은 너무 当然한 것이지만 各 選挙区에 따라서 若干의 相違点을 보이거나 固有의 特色을 지니고 있었다고 하는 点도 留意해 둘 必要가 있겠다.

② 参議院

自民党이나 新自由클럽과 같은 終保守勢力이 衆議院 選挙에서 보여준 快調는 議席数 確保의 面이나 得票率의 面에서나 与党이 原米 安定勢力을 確保하고 있던 10年前으로 復婦한 듯한 印象을 주었다. 그러면 参議院에서는 어떠했던가?

自民党은 1962年에 142議席을 確保한 것을 頂点으로 하여(参議院 給議席数는 252席), 그 后 毎年 2~3名씩 議席을 喪失해 왔다. 그리하여 1971年에는 1名 選出地区가 8個地域이나 野党에게 빼앗긴 것을 契機로하여, 1974年以來 野党과는 「莫上莫下」의 狀況이 総統되고 있었다. 그러나, 今般選挙에서는 이러한 低落과 莫上莫下의 傾向을 크게 脫皮하여, 安定勢力時代로 得婦하였다는 事実은 注目해 둘 価値가 있다고 하겠다.

어느 程度의 増加였는가를 說明해 둘 必要가 있겠다. 総議席으로는 9年前의 135議席과 同一線을 確保하는 結果로 原狀回復을 期하였으며, 当選者数만 限定시켰을 경우, 이는 1960年代의 選挙結果와 同一한 水準에 達하였다. 이러한 点에서는, 衆議院과 마찬가지로 約 10年만의 「回復」이라고 해도 過言은 아닐 것 같다. 이러한 回復을 招來한 커다란 原因中의 하나는 衆議員의 경우와 同一하게 投票率의 上昇에 있음은 再論의 余地도 없다.

原來, 参議院 選挙에 있어서의 自民党의 得票狀況은 投票率에 의한 影響을 매우 强하게 받아온 것이 지금까지의 前例이었다. 〈図表 7〉을 보면, 그 傾向은 더욱 明確하게 알 수 있다. 그림에서 보는(棄権+無効)의 움직임과 自民党의 推移를 나타내는 두 개의 꺾은 금 図表만을 限定시켜 보았을 경우 両者의 線分은 거의 上下対称에 가까운 形態를 取하고 있음을 発見할 수 있다. 말하자면, 両者는 相互 거의 相似図型을 이루고 있는 것이다.

이는 말하자면, 棄権이 많으면 많을수록(投票率이 낮으면 낮을수록), 自民党票는 이에 反比例하여 줄어 들고, 棄橋이 적으면 적을수록(投票率이 높으면 높을수록), 自民党의 得票率은 相対的으로 増加한다는 函数関係가 明若觀火하게 나타나는 것이다.

図表 7 参議院 全国区 絶対得票率의 年度別 推移

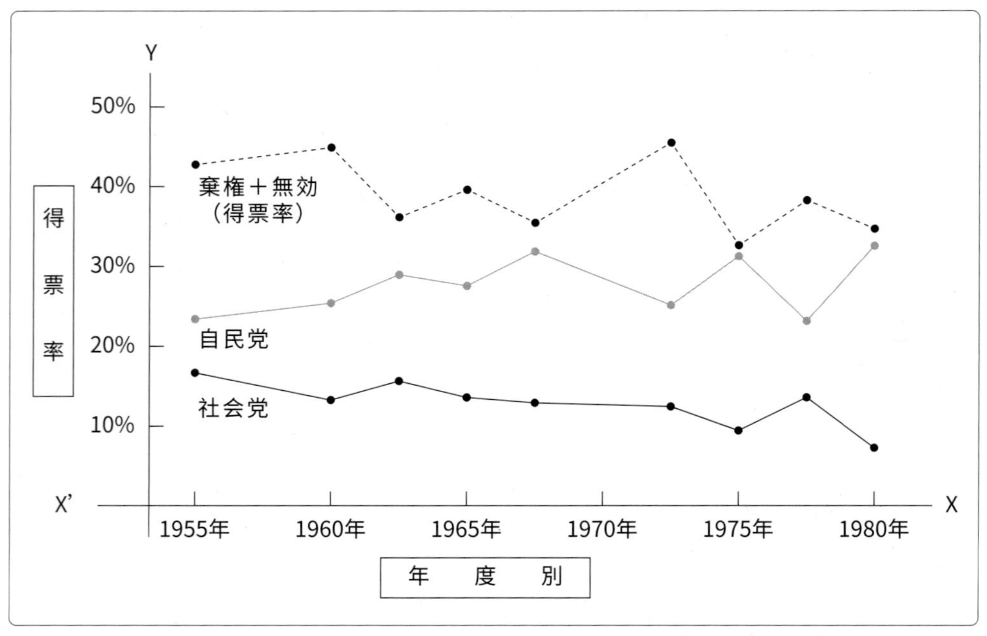

今般 全国区의 投票結果에 限定하여 보았을 경우, 自民党은 絶対得票率을 지난 選挙 때보다 6.2%나 増加시켰다. 棄權·無効는 4.4%가 줄었다. 有効投票의 増加分을 上回한 趨勢는 近來에 보기 드문 것이지만, 自民党의 得票率과 投票率과 特徵은 6·22 総選挙에서도 나타났다고 볼 수 있겠다.

事実上, 自民党의 主流派가 前述한 바와 같이 衆·参両議院의 同日選挙를 主張했던 것은 이와 같은 特徵을 念頭에 두었기 때문인 것으로 判斷된다. 이의 主要한 目的은, 同時 選挙를 通하여 参議院地域選挙区에서 野党相互間의 選挙協力을 困難하게 함으로써, 一人選出地域에서의 自民党의 議席을 確保하는 것에 있었음은 再論의 余地도 없다.

図表 8 参議院에서 当選된 自民党 議席数

区分 / 年度別	1人 選挙区	2人 選挙区	3人 選挙区	4人 選挙区	地域 区計	全国 区計	総計
1965	21	17	6	2	46	25	71
1968	22	22	4	3	51	21	72
1971	18	16	6	3	43	21	64
1974	25	16	4	1	46	19	65
1977	24	16	4	3	47	19	66
1980	24	18	4	3	49	21	70

뿐만 아니라, 選挙結果를 綜合的으로 觀察하여 볼 때, 參議院에 있어서도, 自民党의 得票率을 增加시킬 수 있을 것이라는 事前認識도 自民党의 中心部에 있었던 것으로 判浙된다. 그들의 予測대로, 이번 選挙에서의 投票率은 參議院 選挙로서는 史上 最高인 74.5%를 記錄하였던 것이다.

自民党의 勝利는 全国区뿐만 아니라, 〈図表 8〉에서도 보는 바와 같이, 地域区에서도 마찬가지였다. 地域区와 全国区를 合하여 12年만에 70席을 確保하는 데 成功하였던 것이다.

以上, 6·22 日本総選挙의 結果를 概括的으로 評価한 然後, 이를 衆議院과 參議院으로 各各 区分하여 両院에 있어서의 投票結果를 分析하였다. 이로써 自民党의 圧勝은 保守政權의 安定 基盤構築을 可能케 하였고, 巷間에 論議되어 오던 革新 冊合政権의 出現可能性은「当分間」封鎖되었다고 하겠다. 同時에 6·22総選挙야말로 戦后日本政治史의 展開過程에서 当代의 保守指向的인 日本人의 政治意識과 意識構造가 正確히 投影된 杜会心理字的 現狀이었으며, 自民党에 의한 長期執椎을 対內外的으로 더욱 可能하게 한 政治現狀이었던 것이다.

※ 편집자 주: “한일협력” 특집, 1987에서 발췌.

第 2 節

外交政策決定過程論의 展開

1 근대일본의 대외정책결정연구시론(1920): 중국을 둘러싼 미일간의 협조와 대립

목 차

1. 本硏究의 目的과 背景

1920年 10月 11 日, 對中國新四國借款團(The New Four Powers Consortium: 以下「借款團」으로 略稱)을 結成하기 爲하여 美 · 英 · 佛 · 日의 各銀行團(The Banking Groups)代表者들은 New York에 會合하였다. 그들은 一年前 Paris會議의 決議案을 正式으로 承認하였다. 이보다 앞서 四國代들은 Paris 에서 열린 實務委員會를 通하여 新借款團의 組織에 必要한 規定을 草案하여 假調印을 實施하였다(1919年 5月13日).

New York에서의 公式會合은, 假調印以後 日本과 美 · 英 · 佛의 三國 間에 展開되었던 滿蒙(正確히는 南滿州와 東部內蒙古)權益을 둘러싼 兩者間의 迂餘曲折의 不協和音을 解消하고, 新借款團組織에 必要한 規定을 確認 · 批准하기 爲한 이른바 正式調印이었던 것이다.

滿州와 蒙古에 있어서의 旣得權益을 主張함과 同時에 同地域을 新借款團 의 共同事業範圍에서 除外할 것을 要求하는 日本과, 日本의 要求條件을 否定하고 그 撤回를 종용하는 美國 始終一貫 갈등을 되풀이하고 있었다. 그러한 意味에서 美國과 日本은 本硏究의 中心的인 行爲者(Actor)라고 하여도 過言이 아니겠다."[1]

---

1 周知하는 바와같이 外交政策決定過程의 硏究에 있어서 行爲者(actor)라 함은 該當政策을 立案, 決定 및 實

同調印式에서 美國政府는 Wall Street의 國際金融家 Thomas W. Lamont(Morgan Company의 Partner)를, 한편 日本政府는 新借款團問題의 初期부터 Paris에서 活躍해온 日本銀行團代表 小田切萬壽之助(橫浜正金銀行의 代表取役)를 各各 代表로 派遣하고 있었다.

本研究의 第一次的인 目的은 上述한 新借款團의 結成을 둘러싼 當時 日本의 原敬內閣(1918年 9月29日~1921年 11月 4日)의 對美政策決定過程을 分析하여, 近代日本의 外交政策形成過程에서 諸特質을 찾아 내고자 함에 있다. 무릇 國際關係에 있어서 一定한 政治現象의 特質을 規明하기 爲해서는, 同種의 現象을 他의 現象과 比較分析하는 것이 常例이다. 그러나 筆者는, 單一케이스(single case)의 綿密하고도 集中的인 分析을 通하여 新借款團을 둘러싼 對美政策決定過에서 顯在化된 相對的 特質을 밝혀 내고자 하는 것이다. 同時에, 우리는 日本의 政黨政治形成期에 있어서의 外交政策決定要因(Decision-Making Determinants)을 規明해낼 수도 있겠다.[2]

한 國家의 外交目標는——長期·中期·短期를 不問하고——當事國의 對外政策決定에 基礎가 되는 法이다.[3] 本事例研究의 경우, 第一世界大戰(以下「大戰」으로 略稱) 直後의 狀況은, 日本의 政治指導者에 있어서 對內外政策의 再定立을 不可避하게 한 轉換點이었던 것이다.[4] 大戰의 結果로 生成된, 日本을 둘러싼 國際環境의 變化(<圖 1> 및 <圖 2>를 參照)는, 當時의 日本政府指導者

施하는 主體를 稱한다. 이는 分析의 level에 따라서 多少 그 內容을 달리하는 것이 常例인 바, 本文의 경우에는 單一的인 國家自體를 合理的인 行爲者(Rational actor)로 看做하고 있다. 그러나 本研究全體에 있어서의 分析 level은 基本的으로 各政策決定의 對外行動樣式에 두고 있는 故로, 政策形成過程에 直接내지는 間接으로 參加하여 所定의 役割(Role)을 하는 決定者個人(Individual Decision-Maker)을 말하는 것으로 通用되어지고 있다. 그러한 概念의 延長에서 筆者는 Player라고 하는 用語를 代用하기로 한다. 이러한 點에 關하여 筆者는 다음과 같은 旣存研究書에서 그 示唆를 求하였다. Richard C. Snyder, H.W. Bruck, and Burton Sapin, "Decision-Making *as* an Approach to the Study of International Politics," *Foreign Policy Dicision-Making* (New York: The Free Press of Glencoe, 1962), esp. pp.14~185; A.M.スユット著, 原彬久譯「國際政治の機能と分析」(東京:福村出版社, 1973年), 54~64項을 各各 參照.

2 對外政策決定要因이라 함은 外交政策의 立案과 形成過程에서 直接 내지는 間接的으로 影響을 주어 選擇된 Output의 性質과 內容을 規定하는 諸條件을 稱한다. 一般的으로 國家의 地政學的인 要因, 天然資源을 포함한 國力, 社會·文化的 條件, 國民性, 國內政治 體系와 그 變容, 國家目標와 ideology 等을 例로 들 수 있다. 이점에 關해서는 K.J.Holsti, *International Politics: A Framework for Analysis* (New Jersy: Prentice Hall, 1967), pp.155~190; *Joseph Frankel, International Relations* (Oxford University Press, 1964), pp.57~58; R.C. Snyder et. al., *ibid.*, pp. 106~173을 參照. 한편 基本的인 概念은 거의 一致하나 政策決定에 如何한 形態로 制約을 준다는 意味에서「拘束要因(Restraints)」이라는 用語를 導入하는 說도 있다. 例를 들어 Stanley Hoffmann, *The State of War: Essays on the Theory and Practice of International Politics* (London: Pall Mall Press, 1965), pp.160~197을 參照.

3 衛藤瀋吉, "日本における對外政策決定,"「(日本) 國際法學會編, 國際法外交雜誌 第72巻 6號」(1974年 3月), 623~628頁; Joseph Frankel, *The Making of Foreign Policy: An Analysis of Decision-Making*(London: Oxford University Press, 1963), pp. 136~139.

4 三谷太一朗, "轉換郎(1918~1921年)の外交指導-原敬及び田中義-を心中心として-,"「篠原, 三谷編, 近代日本刃政治指導-政治家研究Ⅱ」(東京大學出版會, 1969年), 293~374頁 (特히 293~298頁).

가 갖고 있던 旣存 對外認識의 修正을 要求하였다."[5]

圖表 1 **第1차세계 大戰前의 国際政治구도**

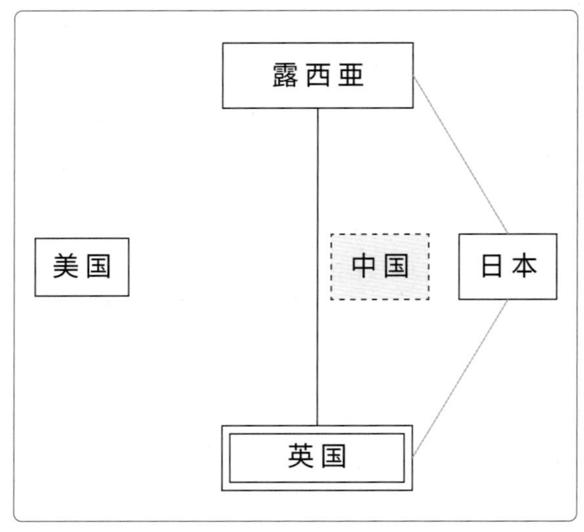

圖表 2 **第1차세계 大戰後의 国際関係의 変容**

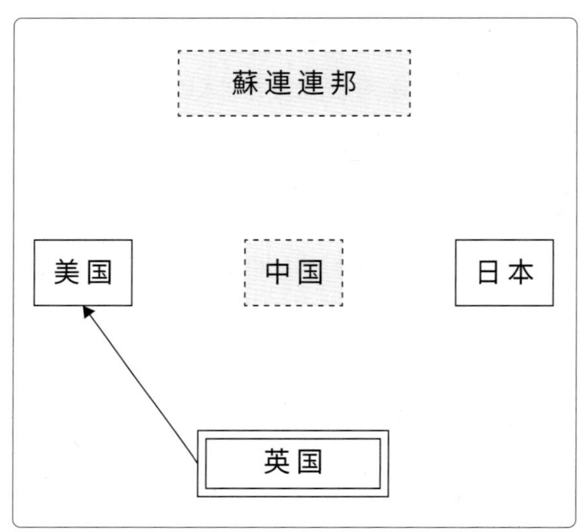

日本은 新國際秩序(New International Order)에 順應進하기 爲하여, 新外交(New Diplomacy)를 展開해야 할 心要性을 認識했던 것이다. 말하자면 이는 帝國主義外交로 점철된 大戰前의 國際秩序에서 脫皮하고, 美·英과의 國際協調體制를 維持하면서 大戰中 急增한 經濟力을 背景으로 하

5 平野健一郎, "日米關係の中の中國一西原借款から新四國借款團へ", 「細谷千博·齊藤眞 編ワシントン體制と日米關係」(東京大學出版會, 1978年), 283~320頁(特히 311頁).

여 日本獨自의 進路를 擇하는 것을 意味하였다.[6]

뿐만 아니라, 大戰期日本의 國內環境에도 적지 않은 變化가 엿보였다.「大正デモクラシー」를 背景으로 하여, 元老政治와 政黨政治와의 對立關係로 特徵지워지는 大正期는, 原敬가 指導하는 政黨內閣의 出現으로 重要한 政治史的 意義를 부여하는 時期이다.[7] 伊藤博文가 帝國憲法에 依據하여 立憲內閣 政府의 初代首相으로 登場한 것은 明治18年(1885年) 12月 22日의 일이었다. 그後, 寺內(第18代)首相에 이르기까지, 軍部出身의 指導者들은 明治政府의 主軸을 이루어 왔다. 原內閣은 日本政治史에서 보는 未曾有의 政黨內閣으로, 外交指導의 主體를 再編成하기에 이르렀다.

本硏究의 副次的 目的은 大正政治外交史의 基礎的 硏究에 있다. 近代日本外交史에 있어서, 大正時代는 通常 1912年부터 1926年에 이르기까지의 15年間을 가리킨다. 이는 便宜上, 大正天皇의 在位期間을 中心으로 한 日本史의 時代的區分에 不過한 것이지, 그의 登場에 따른 近代史의 변혁임을 意味하는 것이 아님은 말할 必要도 없다.

大正期는 經濟的으로는 近代日本資本主義의 獨占體制 高度로 成長하는 時代이며,[8] 政治的으로는 日本帝國主義가 確立發展하는 時期이다.[9] "同時에 明治末期와 昭和의 初頭를 連結하는 橋梁的인 過渡期라고도 볼 수 있다. 特히 大戰直後는, 前述한 바와 같이, 國內外的으로 커다란 變革을 招來하는 轉換期이기도 한 것이다.[10] 그럼에도 불구하고 從來의 近代日本治外交의 硏究動向 觀察하건대, 明治와 昭和에 關한 旣存硏究實績에 比하여 大定期에 關한 것은——日本人學者나 外國人學者 不問하고——比較的 缺如되어 있는 것이 現在의 實이다.[11]

本硏究의 特徵은, 이러한 現象을 勘案한 然後에 近代日本의 大正政治外交史硏究의 一環으로서 特히 現代國際, 정치分析의 接近方法을 動員한다는 점에 있다고 볼 수 있겠다.

---

6 入江昭,「極東新秩序の模索」(After Imperialism: *The Search* for a New Order in *Far East*, 1921~1931(東京, 原書房, 1968年), 1~23頁;「細谷 · 齊藤編, 上揭書」iii頁.

7 坂野正高,「現代外交の分析」(東京大學出版會, 1976年), 103~105頁; 外務省編, 外務省 百年 上卷(原書房, 1969年), 654~655頁.

8 中村隆英, 現代の日本經濟(東大出版會, 1972年), 13~25頁; 山口和雄,日本經濟史(筑 摩書房, 1976年), 256~265頁.

9 井上清編, 大正期の政治と社會 (岩波書店, 1969年), Ⅲ～Ⅴ章 參照.

10 이에 對해서는 岡義武敎授의 轉換期の大正一日本近代史大系 第五卷(東大出版會, 1969年)에 詳細論述되어 있다.

11 그러나 最近에 와서는 이러한 沈滯現象은 많이 好転되어가고 있다. 大正期에 關한 硏究業積으로는 다음과 같은 代表的인 例를 들 수 있다. 信夫淸三郎, 大正政治史 全四卷(河出書房, 1954年); 細谷千博,シベリア出兵の史的硏究(東京:有斐閣, 1955年); 三谷 太一郎,日本政黨政治の形成一原敬の政治指導の展開(東大出版會, 1967年) 및 大正デモクラシ論(中央公論社, 1974年); James W. Morley, *The Japanese Thrust into Siberia-1918-* (New York: Columbia University Press, 1957, reprinted by Freeport, 1972) 等.

2. 分析의 視角-政策決定研究方法論

本研究의 焦點은, 再論의 餘地도 없이, 新借款團問題를 둘러싼 原敬內閣의 對美形成過程을 分析함에 있다. 外交政策決定過程의 解明을 통하여 國際政治現象을 分析하는 接近法은, 社會現象의 有效한 方法論(Methodology)인 동시에 道具(tools)이기도 하다.

이 接近은 1950年代初期以後 本格的으로 研究되기 始作하여,[12] 60年代各樣各色의 分析 具體的이고도 範圍하게 되고, 또한 論理的으로도 體系化되었다. 近年에 와서는 分析에 따라서 그 研究方法이 더욱 多樣化 되어가고 있다. 分析의 레벨(Level of Analysis)도 마찬가지다.

例컨대 國家自體를 하나의 統一된 單位主體로 看做하는 方法 (National Level), 政策決定되는 各組織(政府 및 民間)을 行爲의 取扱하는 方法(Organizational Level), 그리고 政策決定個人의 對外行 動(Foreign Policy Behavior)이라든가 交涉行爲(Negotiation Behavior)의 分析에 焦點을 두는 方法(Decision-Markers Level)을 들 수 있겠다.[13]

本研究의 分析 Level은 이들 中 最後의 것, 즉 政策決定者의 對外行爲의 觀察과 分析에 있는 것이다. 本事例研究 登場하는 各策決定의 움직임은 相對國과의 爭을 둘러싸고 決定 相互間에 밀고 당기는(pulling and pushing)[14] 「國內政治過의 態度分析 그 結果가 相對方國家에 傳達되어 協調와 對立으로 反復되는 「對外關係上의 交涉行爲」라고 하는 兩側面에서 觀察되어지고 있다. 이는 어떤 面에서 보면 「連繫政治 (Linkage Politics)」的 發想이라고 도 볼 수 있겠다.[15] 筆者는 이러한 分析의 視角에서 新借款團問題를 取扱하고자 한다.

本研究의 틀(Framework)은 基本的으로는, Allison Model에 적지 않게 依據하고 있다. 특히 그의 第Ⅱ Model(Organizational Process Model) 및 第Ⅱ Model(Bureaucratic Politics Model)은, 後述하는 바와 같이, 新借款團을 둘러싼 原內閣의 政策決定過分析에 적지 않은 示唆를 주고 있다. 筆者는 同모델은 相互不可分하고도 補完的인 것으로 判斷하였던 故로, 便宜上 「組織·官僚모델」이라고 改稱하기로 하였다.

---

12 R.C. Snyder 等에 依한 前揭書는 이를 代表하는 政策決定研究 入門인 同時에 古 典書이기도 하다.

13 J. David Singer, "The Level of Analysis Problem in International Politics," in Klaus Knorr and Sidney Verba (ed.), *The International System: Theoretical Essays* (Prince-ton: Princeton University Press, 1961), pp.72~92. (or J. Rosenau ed., pp. 20~29);花 井等,現代國際關係論(京都, 1974年)을 各各 參照. "

14 Graham T. Allison, Essence of Decision: Explaining the Cuban Missile Crisis (Bos- ton: Little Brown and Company, 1971), pp. 144~184; Morton H.Halperin, *Bureaucratic* Politics *and* Foreign Policy (Washington: Brookings Institute, 1974)을 各各 參照.

15 James N. Rosenau, "Toward the Study of National-International Linkage," in Rosenau(ed.), Linkage Politics: National and *International System* (N.Y.: Free Press, 1967), 44~66.

이곳에서, 對外政策決定研究方法論의 研究에 관하여, 筆者가 생각하고 있는 所信의 一端을 피력해 두고자 한다. 一般的으로, 政策決定者가 定한 주어진 狀況(a given-situation) 속에서 必要性을 認定하게 되는 경우, 情勢의 分析, 狀況의 觀察 判斷, 이에 따른 몇 가지 政策의 選擇可能性을 打한 然後에,[16] 自國의 國家利益 極大化할 수 있는 選擇(Value-Maximizing-Choice)을 決定하려는 傾向이 있다.[17]

무릇 現代國際關係에 있어서는, 人間能力의 限界, 狀況判斷에 必要한 情報의 不足과 混亂의 可能性, 政策決定者 相互間의 利害關係와 價值觀의 相違性 等一의 理由때문에 政策決定者가 반드시 理的 政策決定(Rational Policy-Making)[18]을 取한다고는 斷言하기 어렵다. 더욱이 國際 紛爭의 偶發을 둘러싸고 緊急措置의 講究와 같은 危機的인 政策決定(Crisis Decision-Making)의 경우, 政策決定에 의한 狀況判斷(Definition of the Situation)에는 여러 가지로 非合理的인 要因-例를 들면 政策決定者의 對外이미지, 그의 個性(Personality), 信念(Belief)이나 價值觀(Value Con-cept), 國內의 各政治勢力으로부터의 壓力等이 介入할 可能性이 있기 때문이다.[19]

말하자면, 對外政策決定이라 함은, 國家가 그 國力을 員하여 自己의 對外目標를 追求·成해가는 對外行爲를 말한다. 이 경우의 對外目標는 國力으로부터의 制約을 받고, 環境으로부터의 input에 呼應하여 變化하면서 어느 程度는 實現되는 것이 常例이다. 그러나, 目標를 設定하고, 國力과 環境으로부터의 input을 認識하는 것은 政策決定者 自身들이다. 또한 一國의 對外政策은, 相互認識을 달리하는 政策決定의 政治的 Bargaining Game의 結果로써 形成·實施되는 것이다.

最近, 國際政治學의 領域에 있어서, 行動科學的 接近 傳統的接近이 相互補完的으로 展開되는 가운데, 對外政策決定研究方法論은 兩者間의 橋梁的 役割을 하고 있다. 再論의 餘地도 없이, 對外

16 升味準之補, 政治學講義(岩波書店, 1970年), 91~97頁 參照. 升味氏에 依하면 政策決 定行爲는 目的의 設定,狀況의 認識, 手段의 選擇, 能力의 測定이라는 5段階로 分類할 수 있다.

17 Graham T. Allison, "Conceptual Models and the Cuban Missile Crisis," *The* American 近代日本의 對外政策決定研究試論(1919~1920) *Political Science Review*, Vol. LXIII, No. 3(September, 1969), PP. 689~718 (esp. pp. 691~698).

18 Joseph Frankel, "Rational Decision-Making in Foreign Policy," *The Year Book of World Affairs* (1960), pp.53~56; Sidney Verba, "Assumption of Rationality and Non- Rationality in Models of the International System," in James M. Rosenau(eds.), *International Politics and Foreign Policy: a Reader in Research and Theory*(New York: Free Press, 1969), pp. 217~231을 各各 參照.

19 Dean G. Pruitt, "Definition of International Action", in H. C. Kelman(ed.), *International* Behavior: a Socio-Psychological Analysis(C. Holt, Rinehart and Winston, 1965), pp.391~432; James G. March and Herbert A. Simon, "The Concept of Rationality," in David Singer(ed.), *Human Behavior and International Politics: Contributions from the Social-Psychological Science*(Rand Mchally and Company, 1965), pp.340~343; 花井等, 現代外交政策論(京都, ミネルヴァ, 書店, 1975年), 11~16頁을 各各 參照.

政策決定研究가 分析에게 주는 基本的인 課題는, 누가, 왜, 어떠한 狀況속에서, 어떠한 動機속에서, 그리고 무엇을 意圖하며 政策決定을 하였는가를 究明하는 것임을 잊어서는 안 되겠다.

3. 問題領域(issue-area)의 特質과 選擇動機

以下, 本에서의 論述은, 前한 政策決定過程의 分析이라는 視野의 延長에서 이루어지고 있다. 우선 本研究의 所在인 新借款團問題特質을 밝혀 보자.

첫째, 借款團問題를 둘러싼 原敬內閣의 政策過 各政策決定單位(Decisional Unit)[20] 間의 意見의 相違가 明確히 表面化하고 이의 Consensus-Building을 위한 各單位간의 갈등과 分裂로 點綴되므로 對外政策決定過程의 分析對象으로는 매우 有效適切한 問題領域(issue-area)이다.[21]

둘째, 戰前日本의 軍部, 特히 陸軍은 國內의 他政治勢力과 함께 近代 日本의 國家目標를 해 왔다고 일컬어지고 있는데,[22] 本事例의 경우에도 軍部는 強硬路線 追求하는 推進勢力으로 登場하므로 對外政策決定過의 分析으로는 特有한 性格을 內包하고 있다.[23]

明治憲法下의 軍部는 國策立案에 있어서 必要不可缺한 勢力이었다. 日露戰爭以後의 對外政策은 主로 軍部의 主權에 의하여 形成되어져 왔다고 볼 수 있다. 軍部의 힘은 점차적으로 强大化하여, 特히, 武力에 의한 國際紛爭이나 갈등의 性格이 농후했던 戰前日本의 對外目標를 함에 있어서, 그 힘은 必須的인 推進力으로 登場했던 것이다.[24] 日·美間의 政策紛爭으로 점철되어지는 本事例의 경우에도 이는 例外가 아니었다. 軍部指導者들은, 後述하는 바와같이, 陸軍의 對싸이메이지와 狀況을 對美政策의 直接 反映시켜, 日本政府의 公式的인 方針으로 하려고 試圖하였다. 軍部의 政治干涉問題는 近代日本의 對外政策決定研究에 있어서는 반드시 다루어야 하는 課題인 同時

---

20 이에 對해서는 Richard C Snyder, "A Decision-Making Approach to the Study of Political Phenomena," in Roland Young(ed.), *Approach to the Study of Politics*(Evanston: Northwestern University Press, 1958), PP.3~37 및 R.C. Snyder et. al. (ed.), op. cit., pp. 92~103에서 示唆를 求한 바 크다.

21 J.N. Rosenau는 "Foreign Policy as an Issue-Area, "in Rosenau(ed.), *Domestic Sources of Foreign Policy*(N.Y.: Free Press, 1967), pp.11~50에서 問題領域의 槪念 具體化하고 있다.

22 本研究에 있어서의 軍部(陸軍)라 함은 第一次大戰末期 日本의 國家目標를 達成하기 爲한 國策樹立過程에서 莫大한 影響力을 發揮했던 大正中期 陸軍의 首腦部를 稱한다. 伊藤 隆, "統制派と皇道派と言ウこと," 軍事史學, 第12卷 第2號(1976年 9月號)4頁: 井上 淸, "大正期の正治と軍部," 井上編, 前揭書, 351~406頁 特히 351~364頁을 各各 參照.

23 細谷千博, "對外政策決定過程における日本の特質," 細谷 · 綿貫讓治編, 對外政策決定過程の日米比較(東大出版會, 1977年), 2頁.

24 Chihiro Hosoya, "The Prewar Japanese Military in Political Decision-Making," Harold. Schiffrin(ed.), *Military* and *State* in Modern Asia(1976), pp.19~29.

에 現代國家의 國內政治過程을 分析함에 있어서도 極히 重要한 硏究課題이기도 하다.

셋째, 新借款團問題는 이러한 問題領域(issue-area)上의 特殊한 性格을 갖고 있음에도 不拘하고 이에 대한 綿한 硏究實績은 거의 全無에 가까운 狀態라고 해도 過言이 아니다. 前述한 바와 같이, 一般的으로 大正期의 狀況에 대한 旣存硏究는 比較的 限定되어 있는 것이 現實情인 바, 特히, 新借款問題의 경우 이 傾向은 더욱 농후하다고 볼 수 있다.[25]

지금까지 기술한 新借款團問題의 중요한 特性임에도 불구하고 低調한 硏究狀況은 筆者로 하여금 이를 박사學位論文 素材 選擇케 하는 意慾的인 氣運을 불러 일으켜 주었다. 말하자면, 이들은 新借款團問題 自體가 內包하고 있는 特殊性인 同時에, 筆者가 本素材를 硏究의 對象으로 選擇하게된 動機인 것이다. 特히 外交史的인 이벤트를 現代國際政學의 分析視角에서 考察하여 當代內閣 外交政策決定過程을 分析하는 作業은 결코 無意味한 試圖는 아니라고 看做되었던 것이다. 그러한 意味에서, 이 케이스 自體의 內容을 좀 더 具體的으로 說明해야할 必要가 있을 것 같다.

4. 新国際借款團의 結成과 日·美間의 抗爭

① 美國의 新国際借款團結成 提案

日·美·英·佛의 四國으로 組織되는 對中國新借款團의 結成을 둘러싼 政策決定過程은, 轉換期에 直面한 日本의 原敬內閣 演出한 國際協調體 制的外交指導의 歸한 적절한 事例라고 볼 수 있다. 同時에 新借款 워싱턴 體制(Washington System)로 向하는 緊張緩和의 過程을 經濟的인 側面에서 先取한 日·美關係의 産物이기도 하다. 筆者는 이러한 觀點에서, 特히 新借款團問題가 가장 發하게 되었던 1919年 末期부터 1920年 初期까지의 수 個月에 限定하여 日本政府지도자 間의 意見調節過程을 觀察하였다.

1918年 7月, 美國의 Wilson 政權(第一次: 1913年~1917年,第二次: 1917年~1921年) 日·英·佛 三國에 對中國 國際借款組織에 贊 同加入해 줄 것을 提議하였다.[26] 이보다 앞서 Wilson 大統領은, Robert Lansing國務官(1915年~1920年)의 新借款團結構想 同意를 表하고, 美國內의 國際金融團 代表들과 數次會合하여 積極的인 協力을 求하였다.[27]

---

25 大正期의 硏究對象으로는 例를 들어 第1次大戰 參戰問題(1914年), 對中國21個條要 求交涉(1915年), 石井 - Lansing協定(1917年), 시베리아出兵(1918年), 國際聯盟加入(19 20年), 워싱턴會議(1921年)問題 等이 廣範圍하게 取扱되고 있다.

26 *Papers Relating to the Foreign Relations of the United States*("Foreign Relations"로 略稱함), 1918, Vol. I, p. 172.

27 Vivian L. Munson, "American Merchants of Capital in China: The Second Chinese Banking Consortium,"

그 結果, Wall-Street 의 銀行그룹은 美國銀行團(U.S.Banking Groups)을 構成하였는데,[28] Morgan Company의 partner인 Thomas A. Lamont가 그 代表者로서 登場하였다. 그 後 그는 對日交涉過程中心的인 役割을 發揮하게 된다.[29] 美國의 借款團結提案에 對하여, 英 · 佛兩國은 大體的으로 贊意를 함과 同時에 Wilson 政權의 方針에 基本的으로는 同調한다는 意思를 通報하였다.[30]

그러나, 原內閣 借款 共同事業範圍에서 日本의 旣得權 認定되어 있는 「特定한 地域」의 除外를 要求하였다. 日本은 이 問題를 둘러싸고 國內의 各政治勢力間의 意見分裂이 表面化되기 始作한다. 原內閣은 美國政府에의 回答 保留한채 數個月을 消耗하게 되었다. 이 경우의 「特定한 地域」이라 함은 '南滿州와 東部內蒙古'를 가리키는 것이다.

日本政府內에서는, 淸 · 日戰爭 以後 同地域과 日本과의 關係를 不可分의 것이라고 하는 主張이 普遍化하여, 美 · 英 · 佛側이 日本의 特殊權을 認定함과 同時에 그 地域을 借款團事業의 對象地域에서 保留해야 한다는 意見이 具體기 始作하였다. 그러나 이를 日本政府의 公式으로서 決定하여, 美國側에 通告하는 方式에 關해서는 政府指導者에 意見의 相違가 生成하게 된 것이다. 原內閣은 이의 愼重한 檢討를 爲하여 滿蒙問題에 關한 回答을 保留하였다.[31] 곧이어 外務省은, 日本銀行의 代表와 接觸하여 1919年 5月 10日 파리에서 開催한 四國銀行團代表會議에 日本銀行團代表를 파견하였다.[32]

② 假調印과 日本의 滿蒙除外要求

이와 때를 같이하여, 外務省과 大藏省은 日本銀行團의 發足을 서둘러서 橫浜正金銀行(Yoko－hama Specie Bank; 以下 「正金銀行」으로 略稱)을 비롯한 三大植民地銀行(日本興業銀行, 朝鮮銀

Ph. D. Dissertation, University of Wisconsin, 1968, University Microfilm 69~966, PP.49~68; Foreign Relations 1918, Vol. I, p. 176.

28 美國銀行團은 New York(11個), Boston(4個), Chicago(4個), St. Louis(7個), San Francisco(3個) 및 New Orleans(1個), 計 30個의 小銀行으로 構成되어 있다. 日本外交文書, 大正八年 第二卷 上卷, 第272文書(松井駐佛大使 → 內田外務大臣, 1917年 6月 8日) 參照. 그러나 美國側의 資料(Foreign *Relations 1918,* Vol. I, pp. 177~178)에 依하면 美國銀行團 33個의 小銀行으로 構成되어 있다고 한다.

29 三谷教授는 中央公論의 1975年 9月號에 실린 論文 「ウオール·ストリートと極東」을 通하여 Lamont의 躍象 詳細記錄하고 있다(157~181頁 特히 165~167頁을 參照).

30 日本外交文書, 第232文書(4月17日): Foreign Relations *1918,* Vol. I, pp. 180~199, *1919,* Vol. I, PP.421, 423~425 및 435~436, 450~470을 參照.

31 第228(4月11日), 229(4月 12日), 230文書(4月 15日).

32 平野, 前揭論文, 308~306頁.

行, 臺灣銀行)을 포함시켰다.[33]

18個의 小銀行으로 構成된 日本銀行團의 代表로써는 正金銀行이 選出되었다.[34]

파리에 會合한 四國銀行團代表者들은 新四國借款團結成에 必要한 體的인 規約과 事業計劃을 論議한 後, 同規約에 對한 假調印을 실시하였다.[35] 이에 對해서는,追後, 各該當國政府의 裁可를 얻는 것을 原則으로 하였다.[36]

同會議에 出席한 日本銀行團代 表小田切萬壽之助(正金銀行의 代表取締役)는 會議의 흐름을 始作하며 意見에 愼重한 態度를 取하였다. 會議의 結果는 松井駐佛大使를 通하여 東京의 外務省에 隨時로 報告되었다.[37] 假調印에서 된 規約은 日本의 滿蒙特殊權益論에 對하여 아무런 條項을 明記하지 않았음은 勿論, 어느 特定國의 留保條項은 一切 明文化하지 않고 中國大陸에의 共同投(pooling)를 原則으로 하였다. 그러나 日本政府는 同規約에 贊成할 리가 없었다. 原內閣이 主張하는 滿蒙에 있어서의 特殊權益은 自國政府와 國民의「生命線」과 關聯되는 致命的인 것이었기 때문이었다. 하지만, 美·英·佛 三國政府가 新借款團의 共同事業範圍에서 特殊地域(만주와 몽고)의 除를 要求한 日本의 主張을 認定하기에는 너무나 심각한 것이었다.[38]

同年 5月 20日,閣議는「日本ハ滿蒙二對シ地理上特殊ノ感情及利害關係ヲ有スルコト」을 確認함과 同時에「滿蒙ヲ新借款團ヨリ除外スルコト」을 決定하였다.[39] 이는 同決定의 直前 高橋是清大藏大臣이 內田康哉外務大臣에게 通報한 秘密妥協案에 依據한 것이었다.[40]

6月 18日, 原內閣의 이러한 暫定的方針은「小田切書簡(Odagiri message)」이라고 일컬어지는 文書를 하여 美國政府에 通되었다.[41] 日本銀行團은 同書簡 을 通하여 "all the rights and options held by Japan in the regions of Manchuria and Mongolia, when Japan has special interests, should be excluded from the arrangement"라고 主張하였다.[42] 日本銀行團은 滿蒙特殊權益論의

33 橫浜正金銀行史編, 橫浜正金行史 附錄甲卷之三(坂本經濟硏究所 및 日本經濟評論社, 1976年), 1179~1185頁.

34 同上.

35 Roy W. Curry, "The New Consortium and Troubles," Woodrow Wilson *and Far East*-ern Policy (New York: Bookman Associates, 1957), pp. 199~201.

36 *Ibid.*,

37 第343文書(5月13日), 第243文書(5月14日).

38 Foreign Relations 1919, Vol. I, pp.461~462.

39 第248文書(5月20日).

40 第247文書(5月20日).

41 第289文書(6月 19日).

42 第290文書(6月20日): Foreign Relations 1919, Vol. I, pp. 451 453.

根據로써 同地域의 地政學的,歷史的關係를 提示하고 特히 石井—Lansing 協定(1917年)을 그 具體的인 實例로 들었다.[43]

元來, 新借款團問題의 處理過程에 있어서 滿蒙權益論을 條約上의 觀點에서 留意하는 發想은, 外務省政務局長 芳澤謙吉에 依한 것이었다.[44] 外務省은 파리銀行團代表者會議에 出席한 日本代表 小田切에 對한 訓令問題의 草案을 둘러싸고 大藏省의 見解를 打診하였다(1919年 5月初).[45] 前述한 5月20日의 閣決事項 外務省 問의 에 大藏省의 方을 追加通報함으로써 이루어진 것이었다.[46]

新借款團問題를 둘러싼 原敬內閣의 對美政策決定過程은,「小田切書簡」에 依한 日本銀行의 暫定的滿蒙除要求에 對한 美國側의 對日聲明 通하여 本格化되기 始作하였다. 6月23日, 美國銀行團代表 T. Lamont는 日本銀行團의 滿蒙除外要求에「米·英·佛 三國銀行團二關スル限リ滿州及蒙古ヲ除外スルコトハ出來ナイ」라고 明確한 反對態度를 表示해 왔기 때문이다.[47]

③ 분쟁지향적 政治問題에 依한 原內閣의 動搖

이로부터 滿蒙除外問題는 非政府레벨 (Non-Govermental-level)에서 政府 레벨(Governmen－tal-level)로 말하자면, 日·美銀行團代表間의 事務的인問題에서 日.美兩國政府間의 政治的인 爭點으로 擴大·進展되었던 것이다.

7月30日, 드디어 Wilson 政權 出淵臨時代理大使를 通하여「府及び銀行團の開する限り,借款團の事業範圍より滿蒙を除外する如何なる 計劃も容認するを得ず,本問題たるや事極めて重大なる」라고 日本의 要求에 對하여 贊成의 意思 明確히 傳해 왔다.[48]

이를 契機로 하여 日本政府는 커다란 暗礁에 부딪히고 日·美政府 및 行 緊張關係는 一層 始作했다. 原內閣은 窮地에 몰렸다. 原敬首相을 中心으로 한 日本政府의 首腦는 可와 否를 明確히 해야할 選擇의 길에 직면하였다.

그 選擇의 餘地는 크게 나누면, 첫째로「小田切書簡 通하여 美國側 에 要求한 日本銀行團의 既存方針, 즉 滿蒙除外論을 日本政府의 公式針 으로 決定하여 이를 그대로 推해 나가느냐 아니면 둘

---

43 外務省編, 日本外交年表主要文書 上卷(大臣官房國際資料部 調查課), (東京:原書房, 1965), 439 440.

44 平野,前揭論文, 308頁.

45 第209文書(井上準之助正金頭取→芳澤政務局長) 및 第242文書(內田外相→高橋藏相).

46 5月20日의 閣議決定(對中國新借款團組織問題二關スル四國銀行家會議ノ我代表者二對スル訓令2 議1件) 參照,第248文書.

47 鹿島守之助,日本外交史 120卷(東京:鹿島平和硏究出版會, 1971年), 401~402頁.

48 第314文書(7月31日).

째로, 그러한 要求를 抛하고 美·英·佛의 三國과 平等한 贅格으로 新借款團의 組織에 同意, 加入하느냐의 두 길이었다. 前者는 大戰期를 通하여 經濟的으로 急成 長한 日本의 自立과 獨走를 追求하는 길인 反面(表(1)參)[49] 後者는 國際協調와 共同步調를 模索하는 길이었다.

表 1 貿易收支·貿易外收支·正貨保有高의 推移 (單位: 百萬圓)

收支關係 項目 年度別	貿易收支			貿易收支			正貨
	輸出	輸入	差引	受取	支佛	差引	保有高
1913	632	729	-97	297	189	+108	376
1914	591	596	-5	187	199	-11	341
1919	2,099	2,173	-75	1,212	745	+467	2,045

※ 貿易收支는 商品輸出入收支를 말하며 貿易外收支는 資本輸出入을 포함한 數字이다.

「小田切書簡以後」부터 滿蒙除外問題가 暫定的인 解決을 보는 1920年 5月初까지, 日.美兩國政府 및 非政府의 兩레벨을 통하여 끈질긴 交涉 을 계속하였다.

동시에 原內閣內部에서는 對美交涉에 必要한 日本政府의 公式方針을 決定하기 위한 政策決定의 政治的인 게임 (Political Bargaining Games)이 展開되었다.[50] 말하자면, 政策形成過에 直接내지는 間接으로 參與하는 Player들은 自己가 處해있는 立場에 따라서 相互意見의 相違가 存在하게 된다. 이는 G. Allison의 말을 빌리면 「Where he stands depends on where he sits라고 할 수 있겠다.[51] 그들은 이를 調整하기 위하여 결코 순탄치 않은 數個月을 보내야만 했다. 日本銀行團도 政府內의 움직임과 滿蒙除外問題의 進展狀況을 觀察하면서 美國銀行團의 對日攻勢에 대하여 有效하게 對應하고 있었다.

以下, 日本政府內의 政策決定의 狀況을 더욱 具體的으로 論述하기로 하자.

49 安藤良雄編,近代日本經濟史要覽 (東大出版會, 1976年), 100頁:日本銀行統計局,明治 以降本邦主要經濟統計, 169, 278 및 303~304頁을 各各 參照.

50 이러한 發想은 所謂「官僚政治모델 (Bureaucratic Politics Model, Governmental Politics Model)」을 主張하는 硏究者들에 依하여 强調되어지고 있다. 例컨대 G.T. Allison op.cit, esp. pp. 144~184; Morton Halperin, op. *cit*.; Fransis E. Rourke, *Bureaucracy and* Foreign Policy (Baltimore: Johnes Hopkins University Press, 1972). 主로 對外政策의 決定을 둘러싼 官僚政治의 mechanism을 分析하고 있다. 이외에 外交 政策決定過程을 政府內의 官僚政治라고 하는 動態的인 視角에서 分析하려는 硏究者는 Richard Neustadt, Roger Hilsman 및 I.M. Destler 等을 들 수가 있겠다.

51 G.T. Allison, op. cit., p. 176.

④ 主要政策決定單位

滿蒙除外論의 要求에서 出發한 新借軟團問題를 둘러싼 原敬內閣의 政策 決定過程은 크게 나누어 3 個의 政策決定單位相互間의 對立과 抗爭으로 점철되어진다(圖(3) 參照).

이는 첫째로 內田康哉外相을 中心으로 하는 外務省派, 둘째로 山縣閥을 그 背景으로 하는 田中義一陸相의 軍部勢力을 말하는 것이다. 셋째로 臨時外交調整委員會 委員으로서 主로 同調査內部에서 借款問題가 審議되는 期間中 活躍하는 伊東己代治 樞密院顧問과 犬養毅 國民黨總理(黨首)를(이들은 ad hoc players 라고 볼 수 있다) 들 수 있겠다. 그외 高橋是淸 藏相은 上述한 바와같이 滿蒙除外發想初期에, 그리고 加藤友三郎海相은 滿蒙問題 解決過程에서 間接的으로 각각 登場하는 程度 이나, 「小田切書簡以後 政策紛爭 核心的 解決過에서는 유난히 뛰어난 움직임은 보이지 않는다.

圖 3 新借款團問題初期에 있어서의 主要政策決定單位(政府레벨)

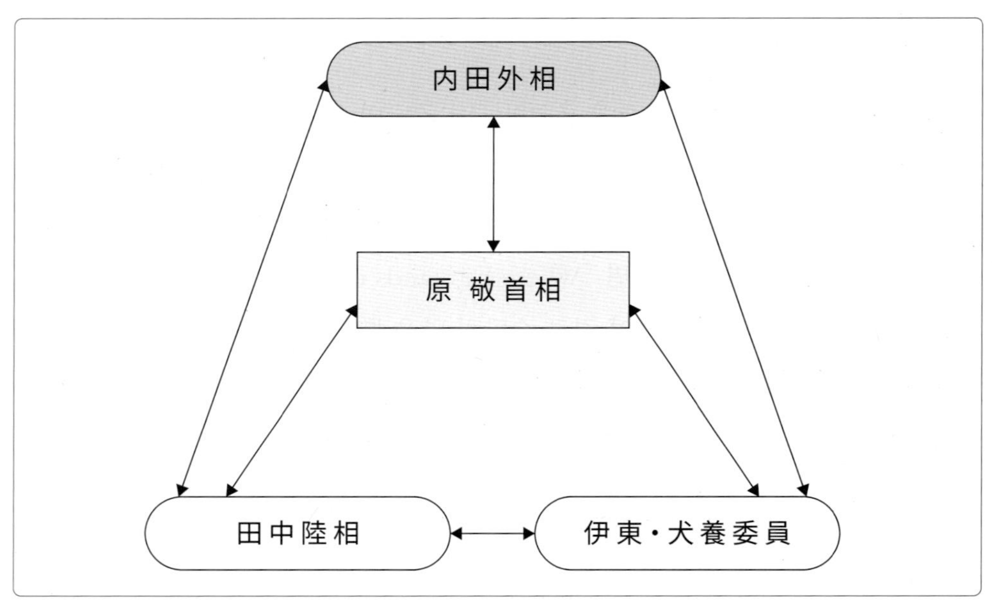

上記 3個의 單位는 政府레벨에서 본 勢力分布임은 말할 나위도 없다. 그러나 非政府레벨에서의 中心勢力, 즉 日本銀行團代의 활약상은, 後述하는 바와 같이, 政府間의 外交涉以의 것이라고 評價해도 過言은 아니다. 特히 滿蒙除外問題의 末期에 (1920年 3月 以後)東京에서 열리는 日·美銀行團代表會談에서 보여주는 日本側代表 井上準之助 日本銀行總裁의 役割이야말로, 日.美間의 事實 解決하게 하는 열쇠라고 할 수 있겠다. 그러나 從來의 旣存硏究動向 新借款團問題의 分析視角을 단지 外務省 軍部의 對立關係에 두는 傾向이 농후했다.[52] 그러나 筆者는 이러한 慣例的

52 이러한 觀點에서 다루어진 實으로는 다음과 같은 例를 들 수 있다.

(Conventional)인 觀點에서 脫皮하고자 하는 것이다.

이러한 意味에서 新借款團問題는 事實上 外務省.陸軍 그리고 銀行團의 三大政治勢力間의 協調와 對立關係의 延長線에서 決着된다고 보는 것이 正確한 觀點이요 發想이라고 할 수 있겠다. 이 三角關係는 圖(4)에서 標識하는 바와 같다.

圖 4 新借款團問題末期에 있어서의 日本國內의 政治勢力關係

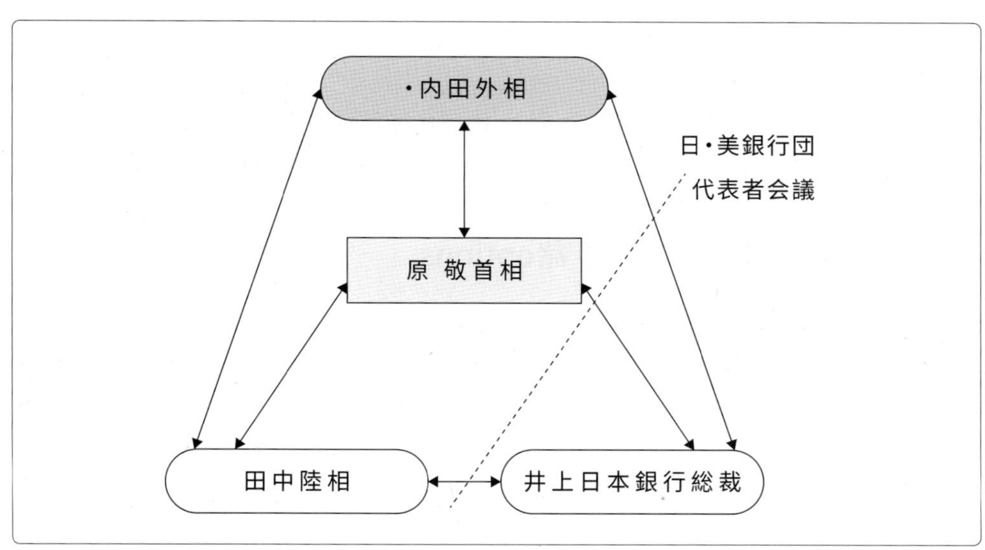

⑤ 槪括滿蒙除外論을 둘러싼 原內閣의 政策決定

(1) Options의 分類

滿蒙除問題를 둘러싼 原內閣의 政策決定은 크게 나누어 三段階로 區分할 수 있다. 第一段階는 槪括的滿蒙除外論(後述)을 採擇하는 過程이요, 第二段階는 이에 대한 美國政府의 집요한 外壓에 의하여 列記的 滿蒙 除外論(後述)으로 政策의 變更을 不可하게 하는 過程을 말한다. 그리고 第三段階는 兩國銀行團代表者會談의 成果로 滿蒙을 둘러싼 日·美紛爭의 暫定的인 종언을 告하게 되는 過程을 가리키는 것이다. 本小稿에 있어서는 紙面關係上 第一段階論述에 焦點을 두기로 한다.

이 段階에 있어서 위에 說明한 主要政策決定單位가 該當問題에 대하여 어떠한 態度를 取하여, 如何한 政策決定이 이루어지는 가를 具體的으로 살펴 보기로 하자.

第一段階의 重要決定은 1919年 8月13日 臨時外交調査委員會(以下 外 交調査會」또는「調査會」

信夫清三郎,近代日本外交史(中央公論社, 1942年), 205~225頁: 黑羽茂, 太平洋における日米抗争史(南窓社, 1968年), 221~248頁: 堀川武夫, 極東國際政治史序說(有斐閣, 1958年)

로 略稱)에서 이루어졌다. 물론, 同調查會에서의 概括主義採擇決定은 突然한 이벤트가 아니었음은 再의 餘地도 없다. 前逃한「小田切書簡」以後, 日美兩國政府는 數에 亘하여 蒙除 求의 正當否를 둘러싸고 是是非非를 展開하여 왔다. 日本銀行團의 對美要求를 그대로 延長시켜 原의 公式的인 政府方針으로 主張하기 위하여는 政府內의 意見一致(Consensus-building)가 必要했다.

美日·交涉은 이와 併行하여 이루어졌다. 政府內에는 時間의 흐름에 比 例하여 該政策決定單位間의 意見分裂이 점차 表面하기 始作하였다. 第一段階에 있어서는 主로 軍部와 外務省의 對立顯著하였다. 그 가운데서 前述한 ad hoc players 의 움직임은 政策決定의 output 를 左右하 는 casting vote 의 役을 하였다고 볼 수 있다.

이 段階에 있어서 日本政府가 豫測할 수 있는 選擇可能性理하면 (2)와 같이 分類할 수 있겠다.

表 2 原內閣의 選擇變數에 따른 諸options

滿蒙除外論 / 國際協調路線	要求(固執)	非要求 (放棄)
국제 協 調	I	II
국제 非協調(單獨)	IV	III

즉, 滿蒙除外論과 國際協調路線의 두 가지 變數를 서로 相關的으로 類型 化시켰을 경우, (I)(III)(III) (IV)의 네 가지 類型(typology)으로 나누어진다. 이를 平面圖위에 x, y 의 兩軸으로 圖式化하면 圖(5)에서 보는 바와 같다.

圖 5 諸選擇可能性의(Options) 圖式化

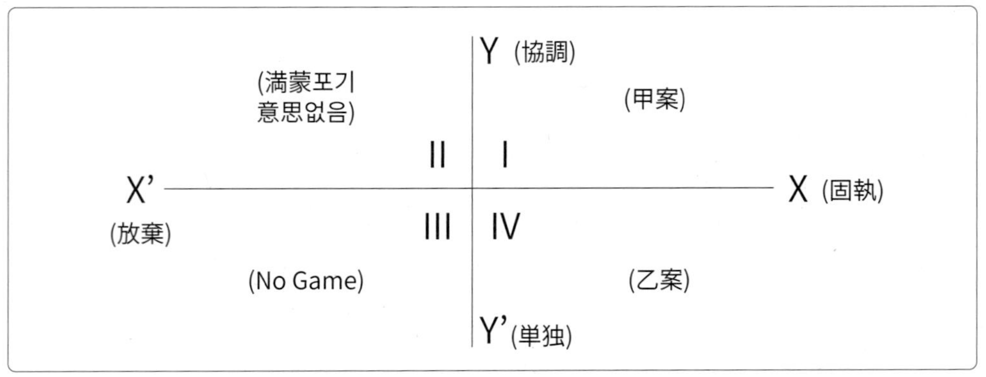

그중, Option (I)은 日本의 國家利益 最大化할 수 있는 것임은 말할 必要도 없지만, 美國側의 강경한 반발이 豫想되는 選擇이다. Option(Ⅱ)은 Game의 非展開를 意味하는 것이기 때문에 理

論·現實 共히 問題視되지 않는 것이다. Option(II)는 國際協調路線을 模索하는 方向인 동시에 大戰後 新國際秩序에 원만히 順應할 수 있는 길이다. 그러나 日本 政府가의 特殊權을 포기할 意思는 전혀 없었다. 反面에 Option (Ⅳ) 는 日本의 自立路線을 單獨으로 追求할 수 있는 冒險的인 길인 동시에 이 는 美國에 대한 相對的인 桃戰行爲를 意味하는 것이었다.

「小田切書簡」以後의 日本政府內에는 이러한 Options 가 끊임없이 되는 가운데 數個月이 지났다. 特히 Option (I)과 (IV)는 不斷 되었 다. 그러나 論의 方向은 점진적으로 Option (IN)를 政府의 公式 으로 하자는 意見으로 集約되기 始作하였다.

日本政府의 早速한 公式을 要求하는 美國側의 종용은 原內閣에 적지않은 자극을 주었다. 內田外相은「本問題二付テハ此上回答ヲ稽延スヘカラサル次第」라고 原首相에게 報告했다.[53] 原를 中心으로 한 政府首腦는 초조해졌다. 1919年 8月13日에 開催된 第20回調査委員會에는 第 (I)案과 第(III)案을 具體化한 두個의 相違한 意見이 되었다 (甲案 및 乙案). 이는 基本的으로,滿蒙除外要求를 公式化하여 日本單獨自立 線을 模索하는 수 밖에 없다는 前提下에서 展 務省 軍意見對立이었다.

(2) 列記主義(甲案)와 槪括主義(乙案)

「甲案」이라 함은 日.美間의 旣存條約 또는 協定에 依據하여 限定地 域에서의 日本의 特殊權益을 具體的으로 列擧하여 그 除外를 要求하는 方 式을 말하며, 한편 「」이라 함은 滿蒙地域全體를 全面的이고도 包括的 으로 新借款團의 活動範圍로부터 除를 要求하는 方式을 말한다.[54]

甲案은 (1)案을, 그리고 乙案은 (IV)案을 各具體化한 것이라고 볼 수 있다. 前者는 消極的인 滿蒙除外論으로 通常「列記로 일컬어지고 있는 反面, 後者는 積極的인 除外要求로서 「槪括主義」라고 불리워지고 있다. 內容上으로도 明若觀火하듯이, 前者는 外務省이 提出한 案이요,後者 는 軍部(陸軍)가 提出한 것이다.

外務省 例記的 發想은, 1912年의 舊四國借款團結成할當時駐美 및 駐英大使에 對한 訓令을 邇하여 形成된 것으로[55] 內田外相은, 南滿鐵道 를 中心으로 한 四個의 路線을 그 例로 들어, 補充說明을 시도하였다.[56]

한편, 陸軍側은「滿蒙二於ケル我特殊關係ハ前途我帝國ノ進運ノ消長二關係スル重要事項二屬スルモノ」 이기 때문에 滿蒙地域全體를 「徹頭徹尾除外ヲ主張」해야 할 것이라고 敷衍하였다.[57]

---

53 第19回 外交調査會(8月7日)에 있어서의 內田外相發言,外交調査會議事錄 第九卷參 照(同議事錄의 原本 東京都港區六本木에 있는 外務省外交史料館에 所藏中임).

54 上同.

55 菊地武德編,伯爵珍田捨己傳(共盟閣, 1938年), 115~119頁 參照.

56 小林龍夫編,翠雨莊日記一臨時外交調査委員會會議筆記等伊東家文書 (東京:原書房, 1966年), 605~614頁.

57 第19回 外交調査會 (8月 7日)田中陸相發言.

田中陸相 滿蒙의 重要性 強調함에 있어서 軍事戰略上의 必要性뿐 만이 아니라 鑛業,移民,商業 等의 如何한 方面에 있어서도 日本人의 生存權不可分의 關係에 있음을 指 하였다.[58] 陸軍側의 이러한 強硬한 主張은 外務省에 對한 正面戰을 意味하는 것이요,近代日本政治의 展開過程속에서 進的으로 축적되고 있던 兩의 對立關係가 表面化한 것이기도 하였다.[59]

換言하면, 外務省 陸軍의 摩擦, 즉 內外相과 田中相의 意見 立滿蒙除外問題를 둘러싼 單純한 葛藤이라기 보다는 近代日本의 對 外政策形成過程에서 必然的으로 演出될 수 밖에 없었던 時代的인 脚本 이었다. 그들은 各各 特有한 狀況判斷과 對外政策 Image에 基礎를 두고 Sectional (or Organizational) Interest를 국가이익에 直結시키려고 시도하였다. 이러한 事實은 政策決定者가 所有하고 있는 對外이메이지와 그가 屬하고 있는 組織의 (政府機關)의 對外認識이, 對外政策形成過 에 있어서 얼마나 중요한 役割을 하는 가를 證明해 주는 實例라고도 볼 수 있다.[60]

(3)「Where you stand depends on where you sit」

滿蒙除外問題를 둘러싼 日本政府의 最終方針決定은 前述한 바와같이 外交調査會의 第19回(8月7日) 및 第20回(8月13日)의 定例에서 議決定되었다.

外交調査會라 함은 寺內內閣부터 加藤友三郎內閣에 이르기까지 約五年間(1917年 6月5日 設定~1922年 9月18日 廢止)存續하여 大正期의 重要한 政治外交問題를 處理해온 天皇直屬 最高政策決定機構를 말한다.[61] 同調査會는 日本政治外交史 筆해야 할 唯一한 超黨派的外交輔 弼機關으로 시베리아出兵問題를 둘러싼 重要한 外交問題가 이곳에서 決定되었다.[62] 이는 現代美國政治制度에 있어서의「國家安保障理事會 (National Security Council)와 若干의 類似性을 갖는 機構라고도 볼 수도 있다.[63]

---

58 上同.

59 黑羽,前揭書,241~242頁:信夫,前揭書,254頁.

60 이 點에 關하여 筆者는 다음과 같은 硏究에서 커다란 示를 求하였다. R.C. Snyder. et. al., op. cit.; Herbert C. Kelman (ed.), *International* BehaviorA Socio-*Psychological* Anlysis (New York: Holt, Rinehart and Winston, 1965); Kenneth E. Boulding, *The* Image (University of Michigan Press, Ann Arbour, 1956); K. E. Boulding, "National Images and International Systems," James Rosenau (ed.), International Politics *and Foreign Policy* (New York: Free Press, 1969), PP. 422~431. 그리고 日本文獻으로는 武者小路公秀, 行動科學と國際政治(東大出版會, 1972年), 230~239頁; 坂野正高, 現代 外交四分析一情報,政策決定,外交交涉(東大出版會, 1976年)203~220頁 및 305~318頁; 花井等,現代國際關係論(京都: ミネルヴァ書房), 183~186頁.

61 申熙錫,"近代日本의 對外政策決定機構와 外交의 一元化臨時外交調査委員會 (1917~1922)를 中心으로,"韓國國際政治學會編,國際政治論叢 第16輯(1976), 75~88頁.(特司; 77頁).

62 外務省編,外務省四百年 上卷(1969), 653頁;小林編,前揭書, 8~10頁.

63 申熙錫,前揭論文, 88頁 (同稿는 1976年 9月 韓國 平和統一硏究所 催의 세미나에서 筆者가 發表한內容 加訂正한 것임.

外交調査會는 앞서 말한 ad hoc players 즉 非閣僚(Non-Cabinet-Members) 로서의 伊東已代治와 犬養毅가 外交問題의 審議過程에서 自己들의 意見을 披瀝하고 그 政策決定에 參與할 수 있는 唯一한 廣場이었다. 特히 伊東는 同調査會의 中心的인 存在로 創設때까지 閉鎖될 査委員에 在職하여 그의 政治生命의 重要한 部分을 이곳에 投資하였다.[64]

新借款團問題에 關하여 伊東는 始明確한 態度를 取하였다. 그는 滿蒙除外를 要求하는 具體的方針設定問題보다는 이에 對한 原內閣의 基本的인 姿勢가 問題라고 政府의 立場을 追窮했다.[65] 伊東는 內田外相의 獨自的인 態度를 공격하면서도 田中의 概括主義에 對해서는 贊反도 아닌 曖昧한 立場을 取했다.

犬養도 伊東大同小하나 어느쪽인가 하면 田中相의 立場을 支持 하는 方向으로 움직이고 있었다.[66] 그는 伊東의 言을 始注視하면서 始終 그것을 自己의 態度決定에 重要한 基礎的材料로 삼으려고 하였다.

한편 原首相 初期부터 自己의 意見을 明確히 밝히려고는 하지 않았다. 그는 第19回 調査의 冒頭에서 新借款團問題의 重要性을 强調하며 愼重 한 態度로 이에 臨할 것을 慫慂하였다.[67] 原는 日本政府의 早速한 方針決定을 期待하고 있었다.[68] 原首相은 意見의 正面對立으로 緊張狀態를 造成하고 있는 田中와 內田 그리고 이 가운데에서 애매모호한 態度를 取하고 있는 伊東와 犬養의 發言을 注意깊게 觀察하고 있을 따름이었다.

圖 6 第19回 外交調査會에 있어서의 各政策決定者의 態度分析

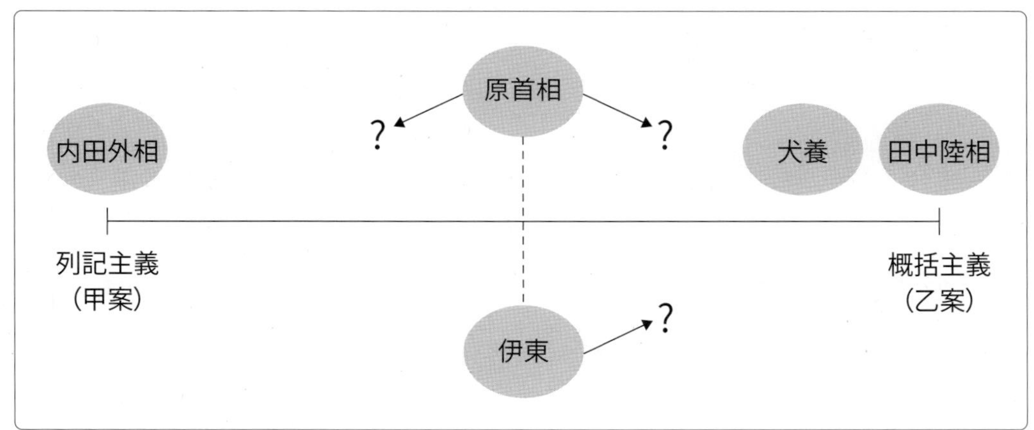

64 坂野, 前揭書, 103頁: 小林, 前揭書, 9頁.

65 第19回 外交調査會 (8月 7日)伊東發言.

66 同 犬養發言.

67 同原首相의 發言.

68 原敬日記,第8卷(首相時代篇一上), 289頁(1919年 8月5日) 및 291頁(8月7日).

지금까지의 論述을 綜合하면 原首相을 中心으로한 主要政策決定者의態度는 圖(6)과 같이 할 수 있겠다.

(4) 3次元 이메이지

大戰後의 日本 滿蒙特殊觀益의 擁護를 主張하면서도 美·英諸國 協 調體制를 必要로 하고 있었으므로 이에 基礎를 둔 對外政策의 樹立에直 面하고 있었다.[69] 하지만 論議의 흐름은 滿蒙權益의 主張을 原則으로 前提해 두고, 原內閣「限定된 範圍內에서의 對美協調體制」—-若干의語弊는 있겠지만--의 追求를 試圖하고 있었다. 이 決定이야말로 워싱턴體 制를 向하는 緊張緩和期에 있어서 日本의 外交策礎 對外的으로 내세우는 이른바 價値性向(Priority)이 極히 높은 性格의 것이었다.

外交調査會에서의 論議가 繼續되는 동안 委員들은 日本政府의 決定함에 있어서 이에 對한 美國의 反應과 態度 못하게 意하고 있 었다. 이 事實은 各委員間에 邇되는 點으로 注目해 둘 必要가 있다. 原 首相 勿論 內田, 田中, 伊東大等의 要委員의 發속에서도 이러 한 想은 그들의 意의 根底에 흐르고 있었다. 이는 말하자면 圖 (7)에서 보는 바와같이 政策決定者가 所有하는「3次元 이메이지」라고 하는 變數(variable)가 政策過程 重要한拘束要因 (Restraints)으로 登 場한 實例라고 볼 수 있겠다.

圖 7 日本·政策決定者間의 3次元 이메이지

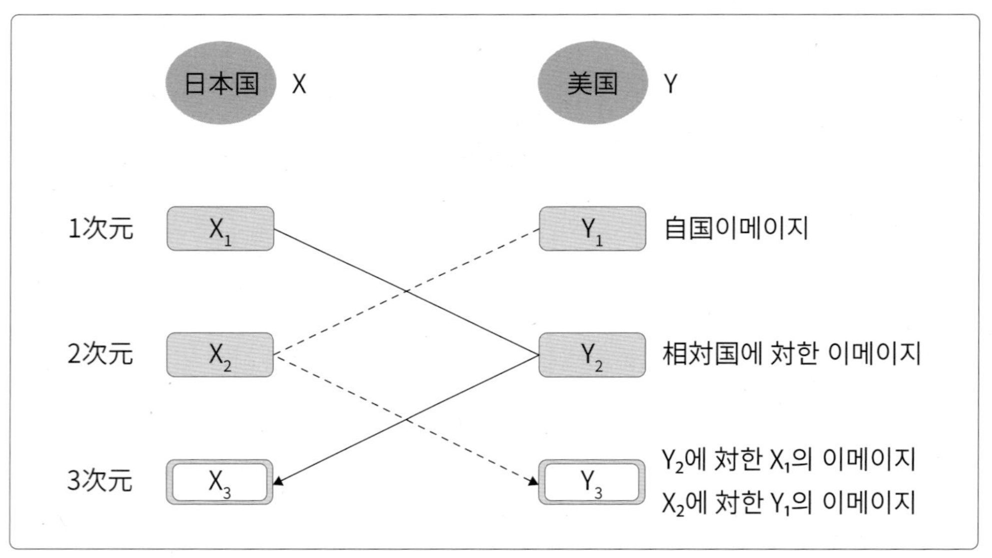

69 三谷, "轉換期의 外交指導,"三谷·篠原編, 前揭書, 293~374頁.

(5) 內田外相과 田中陸相의 論爭

1919年 8月13日은 滿蒙除外論에 對한 日本政府의 公式方針을 決定해야 하는 날이었다.

早速한 回答을 要求하는 美國으로부터의 外壓, 그리고 日本政府內政의 政治指導者間의 意見分裂과 葛藤은 原首相으로 하여금 焦燥感을 느끼게 하였다. 原는 이 以上 決定을 늦추는 것은 Wilson 政權의 不信을 사게될 憂慮가 있다고 判斷하였다. 第20回外交調査會가 열렸던 8月13日은 美·英國政府로부터 日本의 滿蒙留保要求를 公式化하려고 한「小田切書簡」의 한 撤回를 要求하는 覺書가 到着한 翌日이었다.[70]

新借款團問題가 外交調査會에서 實質的으로 審議기 始作한 것은 第15 回定 例會以後의 일이다. 表 (3)에서 보는 바와같이, 原, 內田, 田中, 伊東, 犬養 等은 滿蒙除外要求의 審議過程에서 始終 積極的으로 參加한 委員들이었다. 平田,寺內, 加藤(友三郞), 後藤 等도 委員이긴 하였으나 질병, 長期旅行 등으로 缺席하였기 때문에 同調査 議事 登場하는 일은 거의 없었다. 괄호안의 數字는 第 20 回 定例會만을 記入한 것이다.

表 3 外交調査會에서의 各委員들의 發言現況(第15~20回)

狀況	發言回數	發言 量	發言率(%)	備考
原首相	5(1)	57(33)	2.9(3.1)	總括 및 結論
內田外相	12(5)	738(261)	37.7(24.6)	發言量의 約 60%는 幹事報告
田中陸相	4(3)	144(130)	7.4(12.3)	第15回는 缺席
伊東委員	5(2)	814(460)	41.7(43.4)	演說調의 意見
犬養委員	8(4)	167(140)	8.5(13.2)	눈치 發言
平田委員	3(3)	36(36)	1.8(3.4)	第20回만 出席
累計	37(18)	1,956(1060)	100(100)	

原首相의 發言量의 絕對數値는 결코 많지 않다. 그러나 이는「政治技術의 巨匠」으로서의 原가,[72] 外交調査會를 各 委員들의 솔직담백한 意見을 充分히 吐露하는 廣場으로 活用하려는 意圖의 發露인 것으로 사료된다.

70 日本外交文書 大正八年 第二冊上卷,第323文書(永井駐英臨時代理大使→內田,8月 12日).

71 이 表는 外務省外交史料館에 保存되어 있는 外交調査會의 議事錄原本을(原稿用紙 約 2萬장)筆者 自身이 直接 點檢한 後, 이를 根據로 하여 任意로 作成한 것이다. 縱書로 記錄되어 있는 原稿用紙의 한장을「1」로 計算하였다.

72 Tetsuo Najita, Hara Kei in *the* Politics of Compromise (1905~1915) (Harvard University Press, 1967)을 參照.

伊東의 發言量은 최다를 기록하고 있지만 이 기록은 반드시 政策決定과정에서 그 발언의 重要度를 意味하는 것이 아님은 再論할 餘地도 없다.

對美協調路線의 追求, 이는 大戰後 日本의 政治指導者가 基本的으로 - 致하는 外交目標인 동시에 方針이기도 했다. 原首相과 內田外相은 어느 누구보다도 이 路線에 同調하고 있었다. 그렇다고 해서 內田가 滿蒙의 必要性을 否定하고 있었다는 것은 결코 아니다.

內田는 西園寺內閣의 第一 外相으로 在職中 作成한「對中國滿蒙政策意見書」와 (1912年 11月),[73] 青年外交官時代에 作成한「亞細亞 振興1890年)을 통하여 滿蒙獲得의 必要 主張하고 있다.[74] 그러나 그는 滿蒙地域의 必要 認定하면서도 概括的인 滿蒙除外論 日本政府의 公式으로 策定하여 美國에 通報하는 것에 대해서는 消極的이었다.

그 理由는 다음과 같이 分類할 수 있겠다.

첫째로, 假調印 以後 滿蒙問題에 관한 美國의 反態度가 매우 敏感하 고 强硬하였으므로 留保要求가 受諾될 可能性은 全無에 가깝다고 했기 때문이다.[75] 둘째로, 만약 그것이 可能하다고 하더라도, 中國大陸에 대한 國際借款競爭에서 日本의 賚이 大戰急速成長하였다고는 賚本力이 하나, 美國의 强大한 資本力과의 投競爭에 대해서는 一抹의 懷疑를 품고 있었다는 事實이다.[76] 셋째, 滿蒙留保要求의 過度한 主張은, 美國의 反撥을 사서 오히려 國際社會에서 고립될 可能性이 있다고 判斷했기 때문이다.[77] 內田은 이러한 점을 第20回外交調査會席上에서 再三强調하였다.

內田의 列記主義 選擇은 이러한 論據에 그 基礎를 두었다고 判斷된다.

이러한 觀點에서 보았을 때, 甲 · 乙兩案 滿蒙除의 要求를 그 原則 으로 하나, 그 강경함의 程度로 보아서 列記 對국제協調의 可能性이 농후하다고 內田은 强調했음에 틀림없다.

한편 田中陸相은 徹頭徹尾한 滿蒙除外要求, 말하자면 概括主義를 계속하여 主張하였다.[78] 그 程度 는 19回때보다 더욱 강경해졌다. 田中은「我帝國ハ脫退ヲ賭シテ滿蒙除外ヲ主張セルヘカラズ」라고 主張하고, 이 原則으로부터의 讓步도 해서는 안된다는 態度를 取하였다.[79] 이는 內田外相

---

73 池井優, "內田康哉一焦土外交の軌跡,"日本國際政治學會編,國際政治 56號ー1930年代 の日本外交:四人の外相途中心として(有斐閣, 1976年), 1~21頁(特히 5~7頁).

74 內田康哉傳記編纂委員會編,內田康哉 (鹿島硏究所出版會, 1969年), 197~200頁.

75 黑羽, 前揭書, 240~241頁.

76 堀川, 前揭書, 346~359頁; 信夫,前揭書, 252~253頁.

77 第20回 外交調査會(8月13日)에서의 內田外相發言.

78 東京朝日新聞, 1919年 8月14日 參照.

79 第20回 外交調査會에서의 田中陸相發言.

과는 妥協 을 전혀 하는 主張이었다.[80] 특히 田中는 圖(7)의 3 次元 이메이지에서 强調한 바와같이 Wilson 政權의 對日이메이지 自體를 매우 意識하고 있었다.

田中의 滿蒙除外主張에 관해서는「參謀本部壓力上」이라고 하는 것이 從來의 定說이었다.[81] 그러나 그뿐이라고 보기는 어렵다. 田中自身의 主觀的이고도 內發的인 理由를 그 要因으로 追加하여야 할 것 같다. 그것은 다름아닌 田中陸相의 滿蒙認識—그 必要性을 强하게 認定하게된 固着化이메이지—에서도 그 根源을 찾을 수가 있는 것이다. 이 점에 대 하여 약간의 附言을 하기로 하자.

日.露戰爭에서의 勝利는 陸軍에게 滿州進出의 意慾 增進시켰다.[82] 이 로 인하여 州에서의 陸軍의 活動은 더욱 기始했다.[83] 田中가 陸軍省 軍務局長으로 滿州를 訪問하여「滯滿所感」을 執筆한 것은 바로 이때인 것이다.[84] 이것은 田中의 滿蒙認識을 率直담백하게 記錄한 名文 의 記으로, 그 후의 日本陸軍, 나아가서는 日本政府의 大陸進出政策樹 立에 重要한 基礎가 되었다.[85] 田中陸相의 概括主義 主張은, 이러한 그의 事記錄을 통하여 그 具體的인 論據를 發見할 수 있는 것이다.

前述한 陸相의 강경한 主張에 대하여 外務省은 可能한 限 直接 피하려 했다. 그것은 內田의 意識的인 努力이었다. 田中의 强硬論을 쉽사리 得시킬 수는 없다고 判斷하였기 때문이다.

(6) Ad Hoc Players (伊東,犬養)

이러한 분위기 속에서 不明確하고도 애매한 態度를 取해오던 伊東와 犬養의 田中支持發言은 陸軍의 方針을 日本政府의 公式方針으로 決定하게 하는 重要한 契機의 一部가 되었다고 思料된다.

伊東와 犬養는 基本的으로는 國際協調體制를 支持하면서도 日本政府의 對外政策, 그 自體를 問題視하였다.

특히, 伊東는 對美協調의 必要性을 强調하면서도 積極的으로 滿蒙除外論을 支持하는 相互 二律背反的인 主張을 反復하였다. 伊東는 强辯의 術策으로 內田를 猛烈히 攻擊하였다.[86] 原首相은

---

80 黑羽,前揭書,241~242頁;信夫,前揭書,254頁.

81 三谷, "轉換期刀外交指導,"篠原 · 三谷編, 前揭書, 363~364頁; "陸軍中將高田豐樹氏 談(昭和 5年 7月 16日),"田中義一關係文書 東京大學政治學硏究科 圖書室에 所藏中인 microfilm 參照.

82 滿史會編,滿州開發四十年史 上卷(1964年), 序文 및 40~43頁 參照.

83 淺野虎三郎, 滿州年表(中國大連,日華實業社, 1929年), 269~292頁(年表)參照.

84 田中義一傳記 上卷, 544~547頁: 下卷, 1080頁: 保利史華, 帝相となるまて田中義一 (第一出版社, 1928年), 147~148頁.

85 衛藤瀋吉,東アシア政治史硏究(東大出版會, 1968年), 244~245頁.

86 原敬日記 第8卷, 294~295頁(1919年 8月13日付);世谷千博,シベリア出兵の史的硏究(有斐閣, 1955年), 214~236頁.

그의 言을 가리켜 內田外 相을 中心으로한 外務省官僚에 대한 不滿의 現이라고 論述하고 있다.[87] 原는 伊東의 言行을 그리 높게 評價하지는 아니했다.

사실상 伊東는 外務省의 顧問職을 期待하고 있었으나 뜻을 이루지 못하였다.[88] 또한 平和會議에서의 特派大使를 希望하고 있었으나 그것마저도 어려워졌다.[89] 表 (3)에서 보는 伊東의 莫大한 發言量은 이러한 事實에서 起因한 外務省 攻擊의 演說이었다.[90]

「天才的你官僚」라고 불리워지고 있던 伊東는,[91] 「榮位への追求」, 즉 首相이 될 것을 目標로 하여 明治中期以後의 政治家 生活을 보내 왔으나 결국 뜻을 이루지 못했던 것이다.[92] 그에게 있어서 外交調査會는 이러한 悠求不滿을 어느 정도 發散할 수 있는 代用場所로 活用되어 왔다.[93]

이러한 立場에서 內田를 攻擊하는 伊東의 發言은 自動的으로 田中의 主張을 支持하는 方向으로 徐徐히 進展되었던 것이다.

한편 養는 上述한伊東의 主張에 基本的으로 同調했다. 이는 소위 伊東,犬養 및 後藤新平間의 三角同盟의 延長線에서 出發한 것이다.[94] 犬養 는 原內閣의 對外姿勢가 온전히 되어 있다고 「初)男」滿蒙除外를 積極的으로 要求하든가 아니면 아예 Wilson 政權의 方에 同意하여 屈服을 宣言해야만 한다고 主張하였다.[95]

이러한 「All or Nothing」을 追求하는 發想은 典型的인 「大和魂」을 상징하는 日本人의 東洋的心理構造(Oriental Psychology)에서 비롯된 것이라 고 볼 수 있겠다. 伊東와 犬養의 田中同調的인 發言은 原首相의 마음을 무겁게 하는 要因으로 作用했다.

(7) 原首相의 政治的判斷

原內閣의 概括的 滿蒙除外의 選擇은 거의 決定的이었다. 陸軍의 Sectional Interests 가 日本의 국가이익 그리고 軍部의 主張이 日本政府의 公式方針化하는 加速的인 에스카레이숀이 始作되었

---

87 上同: 平野, 前揭論文, 300~301頁.

88 原敬日記 第8卷, 296~297頁(8月14日付).

89 鵜崎鷺城, “表面に乗り出した伊東氏,”中央公論 32號(1917年 7月號), 44~45頁;三 宅雄二郎, “伊東已代治論,”世之中(實業之世界社, 1914年), 39頁.

90 第20回 外交調査會에 있어서의 伊東發言.

91 ジョージ · アキタ “伊東已代治論一不成功に終わつた政治家の生涯,” Albert A. Craig and Donald H. Shively 原著, 本山幸彦外監譯,日本の歷史と個性(下)(ミネルヴァ書房, 1974年), 117~119頁.

92 上同.

93 上揭書, 128~129頁.

94 原敬日記 第8卷, 299頁(8月15日).

95 第20回 外交調査會에 있어서의 犬養言.

던 것이다. 이는 다만 伊東, 犬養 等이 田中陸相의 硬한 概括主義 主張에 同調했기 때문만은 아니다. 原首相 自身 外交戰略의 일환으로 陸軍의 選擇을 構想하고 있었다.

原敬는 大戰後 日本外交의 引照基準 (Frame of Reference)을 創出할 것을 意圖하면서 借款團 問題解決에 臨하였다.[96] 이는 그가 「日本獨特の一個の新しき文明を創出しなければならぬ」라고 宣言한 翌年(1920年)의「年頭所感」에 明確히 나타나 있다.[97] 大戰後의 國際에서 脫皮하여 國際秩序에 順應하기 爲해서는, 國際協調體制의 必要不可缺하다는 것은 原首相 自身이 어느 누구보다도 現實的으로 認識하고 있는 바이었다.[98]

그렇다고 해서 明治以後 日本의 政治指導가 힘들여 獲得해 놓은 國家利益, 말하자면 日本의 旣得權益 保留하면서 對調 路線을 追求할 수는 없었다. 이러한 發想에 根據한 心的動搖는 적지 않게 그의 腦裡를 複雜하게 하였다. 原는 주저하지 않을 수 없었다.

多幸히도 軍部案과 外務省案의 分類基準의 애매모호함은 그를 窮地에서 救濟하기에 充分하였다. 즉 概括義原은 그 旬가 不分明하므로, 경우에 따라서는 그 自體를 複數로 解釋할 可能性도 있다는 確信을 얻었다.[99]

즉 「日本政府ハ千九百十九年五月十一日及十二日巴里二於テ對支借款組 織ノ爲開催セラレタル日英米佛各銀行團代表者會議ノ決議ヲ確認ス但シ右決議の確認ハ南滿州及東部內蒙古二於ケル日本ノ特殊權利及利益二何等不利ノ影響ヲ及ホスコトアルヘキモノナリト解釋スヘカラサルハ勿論ナリトス」라고 하는 電訓案을, 狀況에 따라서는 列記主義로도 解釋할 수 있다고, 原 는 判斷하였다.[100]

이의 根據는 概括主義 決定의 不過一個月後(9月 8日),「日本의 特殊權利利益」의 意味를 照會한 美國의 Burton 上院議員에 對한 그의 答辨 에서 發見할 수가 있다. 原는「總ての利益を獨斷する意思なきも旣得の鐵 道案まで新借款團に出す譯には往かす」라고 記錄하고 있다.[101] 이러한 思考는 말하자면 「旣得ノ權利二屬スルモノ」라고 限定했던 列記主義에의 轉 換可能性 間接的으로 示唆하고 있는 것이다.[102]

---

96 三谷, "轉換期刀外交指導," 363~365頁.

97 原敬全集 上卷(1929年), 1138頁.

98 上同; 第20回外交調査會에서의 原發言. 原敬紀念館(岩手縣盛岡市所在)의 田屋淸館長과의 인터뷰를 通하여 確認(1978年 5月).

99 三谷,前揭論文,364頁.

100 對支新借款團關係 第10卷 參照(日本外務省外交史料館保存, 東京·六本木).

101 原敬日記 第8卷, 511~512頁(9月8日).

102 三谷, 前揭論文, 364頁: 第19回 外交調査會에 있어서의 內田相의 提案說明.

原首相의 外交戰略은 結果的으로 成功이었다. 原는 最惡의 경우, 美國의 強硬한 反撥로 概括主義에서 列記主義로 政策轉換을 不可하게 한다 고 하더라도 滿蒙特殊權益一部만이라도—하지만 가장 中心的地域을 確保한다는 것은 日本政府로서는 最大限度의 讓步라고 判斷하고 있었던 것 같다. 이 경우 Wilson 政權에 對한 原內閣의 讓步는「커다란 것」이라고 强調하려했던 것이다.

原는 內田를 說得하여 概括主義의 同調를 試圖하였다. 또한 田中에게도 이 方針에 對한 美國政府의 受可能性이 매우 薄함을 暗示하였다. 山顯의 추천으로 陸相에 起用된 田中는, 陸相의 就任을 前後로 하 여 秘密에 厦에의 接近을 試圖해왔던 터이었다.[103] 이로써 概括의 決定을 둘러싼 原——內田田中의「合意」는 원만히 끝났다. 즉 三間 의意見一(Consensus-Building)는 事實 이루어졌다는 것이다.

이러한 過程을 거쳐 原內閣은 1919年 8月18日, 外交調查의 審議의 結果, 概括的滿蒙除外論은 日本政府의 公式方針으로 採擇할 것을 正式으 로 決定하였던 것이었다.[104]

⑥ 列記主義에 依한 日美交涉의 妥結

지금까지 論述한 것은 借款團問題를 둘러싼 原敬內閣의 對美政策決定 過程의 第一段階만을 要約한 것이다. 前述한 바와같이, 第二段階와 第三 段階의 政策決定에 關한 詳細한 述은 面關係省略하기로 한다.

이를 簡單히 要約하면,第二段階에서 日本政府는 列記主義에로의 政策 轉換을 不可하게 한다(1920 年1月13日의 閣決定),[105] Wilson 政權 에 依한 强硬한 抗는 原가 이미 豫測하고 있던 바 이었다. 原首相 政策에 있어 그의 外交指導 政治的 Leadership 을 充分히 發揮하기에 이른다.

그러나 列記主義에 依한 日 · 美關係의 展開는 그 交涉의 妥協過程에서 새로운 問題를 生成하게 된다. 즉 日本政府는 政策의 修正 通告하면서도 列記에 依한 除外地域의 限界設定을 둘러싸고 必要以外의 拗한要求를 하기 때문이다.

이를 解決하는 이 바로 第三段階이다. 이 過程에서는 日.美國銀 行團代表者間의 이른바 非政府레벨에 依한 交涉으로(1920年 3月 5日~3月10日,東京의 日本銀行本店에서)長期間의 政策紛

103 筆者는 日本政治學會主催로 열린 1977年秋季의 一部門인 日本外交史共同研究部會에의 出席을 邇하여 이러한 結을 얻었다 (1977年 10月 12日, 神戶大學).

104 日本外交文書 大正八年 第二冊, 第324文書;原敬日記,297頁(8月14日); 東京朝日新聞 大正 8年 8月14日, 15日의 2面; 東京日日新聞 8月14日, 15日 2面.

105 原敬日記 第8卷, 458頁(1月 13日).

爭의 종언을 하게 되는 것이다.[106] 本會議에 臨하는 井上之助日銀總裁와 Morgan Company의 Partner, Thomas A. Lamont 는 滿蒙問題를 經濟的인 側面에서 檢討하고 經濟的인 論理를 動員하여 解決하는 것이다.[107] 이 過程에서 보여준 井上와 Lamont의 役割 1920年代初期日·美關의 發展에 重大한 意味를 부여하였다. 이러한 第二段階 및 第三段階 政策決定에 關하여는 別稿를 通하여 할 豫定임을 附記해둔다.

이와 같은 우여곡절을 通하여 結成 新四國借款團, 緊張緩和로 向하는 워싱턴體制를 經濟的 側面에서 先取하는 結果로 부각되어진다. 또한 이를 둘러싼 原內閣의 對美政策決定過程은, 단지 新借款團의 參加여부를 決定하는 短期的인 것이라기 보다는, 轉換期에 處한 日本外交의 進路 그 自體를 左右하는 重要한 決定이었다는 것을 看過하여서는 안되겠다.

5. 結論에 代身하여

以上,筆者는 本研究의 目的背景,分析의 視角,本稿가 導入한 政策決定研究方法論에 關한理論的 틀(Framework), 本論에서 取扱한問題領域(Issue-area)의 特質, 그리고 이의 解決을 둘러싼 政策決定 과정을 比較的具體的으로 論述해 왔다.

끝으로, 本稿의 序에서 밝힌 研究目的 즉,新四國借款團을 둘러싼 原內閣의 對美政策決定過程分析한 結果로 나타난 諸特質 簡略 整理해 두기로 한다.

첫째, 原首相을 포함한 日本의 政府指導者들은, 第一次世界大戰直後에 生成된 國際環境의 變化를 不斷히 意識하면서, 政策決定에 臨하였다는 事實이다. 그 結果는 對美協調의 實現과 滿蒙權益의 確保를 同時에 追求하는 結果로 歸着되었다.

舊國際秩序(Old International Order)의 中心的인 Actor로 活躍하던 英國勢力의 漸進的인 後退, 新國際秩序 (New International Order)의 形成과 함께 새로운 政治勢力으로 登場한 美國, 그리고 露西勢力의 相對的 低下 等으로 點綴 되어지는 國際環境의 變化는 原, 內田, 田中, 伊東, 犬養를 자극시켰다. 同時에 그러한 環境變化는 그들의 自由行動을 制約하는 拘束要因 (Restraints)이기도 하였던 것이다. 말하자면, 原內閣은 國境 환경의 化를 意識하면서, 그에 有效.通切한 對外政策의 樹立을 신중히 결정하였던 것이다.

둘째, 新借款團을 둘러싼 日本政府의 政策決定,原首相을 中心으로 하 는 政策決定者間의 狀況

106 日本外交文書 大正九年 第二册 上卷, 第167文書(井上日銀總裁 → 內田外相, 3月10日)

107 三谷, "ウオール·ストリートと極東ーワシントン體制における國際金融資本の役割, "中央公論 1062號 (1975年 9月), 163~167頁.

※ 註에 表記된 日本語文獻의 出版社는 그 大部分이 東京에 있는 故로, 所在地名記은 省略하였다.

認識,政治的立場,問題領域에 對한 이메이지의 相違에 따른 對立과 葛藤,提携와 協調의 過程을 通하여 蓄積된 結果物 (Resultants)이었다고 할 수 있겠다.

이러한 事實은, 前述한 바와같이 決定가 自己의「組織利益(Organiza tional Interests/Sectional Interest)」을 追求하기 爲하여 相互間의 「Pulling and Hauling」의 過程을 거치게 되는「組織.官僚政治모델」의 有을 더욱 如實히 實證하는 것으로 보아도 좋을 것 같다. 동시에, 이는 見解와 立 場을 相互 달리하는 各政策決定者間의 意見調節過程은 얼마나 困難한 것인가를 立證하는 것으로도 解釋할 수 있겠다.

셋째, 井上-Lamont會談의 結果가 證明하듯이, 日.美政府間 外交交涉의 決着이, 兩國銀行團代表者間의 非政府레벨交涉에 의하여 解決되었다 고 하는 事實이다.

이는 新借款團問題가 갖는 問題領域의 特質, 즉 經濟的인 색채가 농후한 政治外交問題라고 하는 事實에 基因하는 것으로 判斷된다. 또한, 더욱 巨視的인 觀點에서 볼 때, 이는 大戰後 國際政治가 經濟問題와 매우 接한 관련을 갖고 있었다는 事實을 意味하는 것이다.

넷째, 前한 바와같이 借款團問題 解決에 關與하고 있는 日本政府指導者들은, 通的으로 3次元 이메이지를 不斷히 意識하면서 政策決定에 임하고 있었다. 말하자면, 美國이 日本을 어떻게 볼 것인가, 日本이 取하는 對外行動에 대하여 美國政府指導者들이 이를 어떻게 評價하고, 이 에 어떻게 對應할 것인가, 하는 一連의 움직임은 日本政府指導者들이 신경을 곤두세우는 最大關心事이었다.

이는, 自己의 行動綱領 設定하기에 앞서 他人의 態 反應을 하는 日本人의 國民性에 의한 것으로 思料된다. 일본인들은 결코 경솔하게 先手를 치지 않는다. 그들의 이러한 行動樣式은 狀況主義的인 색채가 농후 한 日本的 政治文化의 一斷面을 露出시킨 結果라고도 評價할 수 있겠다.

다섯째, 前述한 바와 같이 借款團問題를 始終一貫 愼重히 觀察하여, 高度의 政治的 判斷으로 滿蒙除外와 國際協調 兩측면을 同時 構築한 原首相의 政治的 리더쉽은 積極的으로 評價해도 좋을 것 같다.

前述한 바와 같이, 滿蒙除外의 要求方式을 둘러싸고 內田과 田中陸相은 크게 對立되었다. 伊東와 犬養는 시종 不分明한 態度로 外交調査會 및 內閣의 분위기를 더욱 초조하게 하였다. 이러한 狀況속에서, 原首相이 試圖한 高度의 政治的 判斷은, 結果的으로는 日本外交의 辛勝을 가져온 重要한 要이 되었다고 보아도 좋겠다.結果的으로, 日本은 滿蒙除外(部分的이기는 하나)의 要求와 國際協調의 願望을 동시에 達成할 수 있었던 것이다.

「原敬日記」의 記錄에 의하면, 그는 「形勢次第」에 따라서는 美·英으로부터의 外壓을 逆利用하여 政府內의 意見分裂을 調節함과 동시에 日·美 間의 政策紛爭을 원만히 解決할 수 있다고 計算

하고 있었다. 그후의 政策轉換過程과 銀行團代表者會談에 의한 交涉妥結過程에 있어서도, 原는 所 期의 政治的리더쉽과 指導能力을 發揮하였다.

轉換期에 直面한 日本의 外交指導를 成功的으로 遂行한 原敬는, 近代日本政治史속에서, 「政治技術의 巨匠」이라고 일컬어지고 있는 것이다.

※ 편집자 주: 본고는 저자가 동경대학에서 취득한 (1978년 9월) 박사학위논문의 요지를 요약 · 정리한 것임.

② 일로강화교섭(1905)의 국제정치역학: 미국의 중개역할분석

目 次

序論: 問題의 所在와 視角

本稿의 目的은 日露戰爭(1904~1905年)의 講和交涉에서 表出된 美國의 Theodore Roosevelt: 共和黨 行政府(第1次 1901~1905年, 第2次 1905~1909年)의 介入過程을 밝힘으로써, 日·露 間의 國際紛爭解決에서 美國의 役割이 갖는 特質을 규명함에 있다.

東西古今을 막론하고, 國家間의 분쟁이 격화되어 當事國間의 交涉만으로는 문제해결이 불가능하게 되는 경우, 제3국이 개입하여 이를 조정하는 예는 결코 적지 않다. 이 경우의 交涉過程은 결코 순탄치 않은 것이 상례이다. 왜냐하면, 當事國은 물론, 분쟁에 개입하게 되는 제三국마저도 自國의 국가이익을 추구하려는 경향이 농후하기 때문이다. 當事國間에 어떠한 특정한 Ideology가 관여되어, 상호 그 주장을 달리하게 되는 경우, 그 교섭은 더욱 곤란한 과정의 연속으로 점철되어지는 수가 많다.

이러한 國際關係의 메카니즘은 近代交史의 전개라는 측면에서 관찰하는 경우, 一層 냉엄한 현실로 부각되어진다. 또한 그러한 近代史에서 얻을 수 있는 경험적 논리는 현대의 국제 관계를 분석함에 있어서도 중요한 引照基準(Frame of Reference)이 될 수도 있음을 간과해서는 아니되겠다.

本稿에서는 講和交涉에 제3국으로써 개입하게되는 美國, 紛爭當事國인 日本과 露西牙를 각각 1개의 독립된 合理的 行爲者(Independent Rational Actor)로 간주하고, 3국간 講和條約에 조인하기까지 3국간에 전개되는 상호작용을 主로 『日本外交文書』에 依據하여 分析의 焦點을 두기로 한다.

그리고 분석의 시기는 Roosevelt 대통령이 交涉仲介의 직접적인 필요성을 인식하게 되는 1904년 12월부터 1905년 8월의 강화조약조인에 이르는 기간을 취급하기로 한다.

本論으로 들어가기 전에, 本研究에서 사용되어지는 중요한 개념을 간단히 정리해 두기로 한다. 이는 國際紛爭의 평화적 해결을 論할 경우 빈번히 사용되는「周旋과 介」를 말함이다.

國際調停이라 함은 일반적으로 제 3자가 국제분쟁의 當事者間의 교섭을 협력하여 분쟁을 해결로 인도하는 평화적인 분쟁처리의 방식을 칭한다. 이 경우의 제3자는 주로 정치적인 고려에 의거하여 당사자간의 타협의 성립을 간접적으로 돕는 것이지, 원칙적으로 법에 의한 구속력을 동원하여 분쟁을 직접 해결하려는 것은 아니다.

一般的으로, 國際調停은 제3자가 紛爭解決의 당사국간의 외교교섭에 대하여 외부로부터의 形式的인 助力으로 結末을 맺는가, 아니면 紛爭解決에 介入하게 되는 第三國 자신이 분쟁의 해결조건을 策定하는 過程에 密接히 參與하여 당사자간의 타협을 촉구하는가에 따라서「周族」과「仲介」로 구별되어진다.

前者는 消極的이고 間接的인 反面, 後者는 積極的이고 直接的인 傾向을 갖고 있다. 兩者는 원칙적으로, 當事國間의 분쟁해결을 위한 외교교섭을 촉진시키는 것이 주안점으로 되어 있다.

換言하면, 周旋(Good Offices, 斡旋)의 경우에는, 第三國이 紛爭內容에는 관여하지 않고 交涉開催의 日程에 關心을 두고, 주로 외부적 수단에 의하여 당사국간의 외교교섭과 타협을 조장한다. 한편, 仲介 (Mediation, 居中調停)의 경우, 제3국은 직접 분쟁의 내용에도 개입하여 당사국에 대하여 양보와 조화를 촉구하거나 외교교섭의 진행과 타결에 참고가 될 만한 안을 積極的으로 제기하기도 한다.

本研究에서 취급하는 연구소재인 日·露講和交涉을 둘러싼 미국의 역할은 後者, 즉 仲介(Mediation)의 관점에서 분석되어야 할 것 같다. 以下 이러한 측면에서 日·露交涉過程에 활약하는 Roosevelt 대통령의 대외 행위를 中心으로 美·日·露間의 三角關係를 分析하기로 한다.

우선, 日·露戰爭 自體의 성격규정과 그것이 극동국제정치사에서 갖는 의미를 밝혀보기로 한다. 동시에 日·露戰爭의 원인과 경과에 對한 記述은 논술의 대상에서 제외하기로 한다. 그러면,

미국은 왜 講和交涉過程에 중개국으로 개입하였으며, 어떻게 日·露間의 분쟁을 해결하고 강화를 시도시켰던가?

1. 日露戰爭의 性格과 意義

日·露戰爭 朝鮮과 滿州의 지배권 확립을 둘러싼 일본과 러시아와의 패권투쟁인 동시에, 제1차세계대전(1914~1918年)의 전초전과 같은 의미를 갖고 있다. 日·露戰爭에 관해서는 다음과 같이 그 성격규정을 할 수 있다.

첫째, 日·露戰爭은 외면적으로는 일본과 러시아간의 2국간 분쟁이기는 하나, 朝鮮과 滿洲에 각기 특유한 이해관계를 가지며 당시의 국제정치의 변동에 중요한 Actor로 활약하던 諸勢力이 직접 내지는 간접적으로 관여하였다는 점에서 帝國主義 열강간의 대립적인 성격을 갖고 있다.

즉, 日本의 배후에는 美國과 英國이 存在하고 있었으며, 러시아의 배후에는 불란서와 독일이 이를 원조하여 戰爭의 수행과정을 관찰하고 있었던 것이다. 이러한 열강간의 協力關係는 다음과 같이 도식화 할 수 있겠다. (圖表 1)

圖表 1 日露戰爭前 列强間의 勢力關係

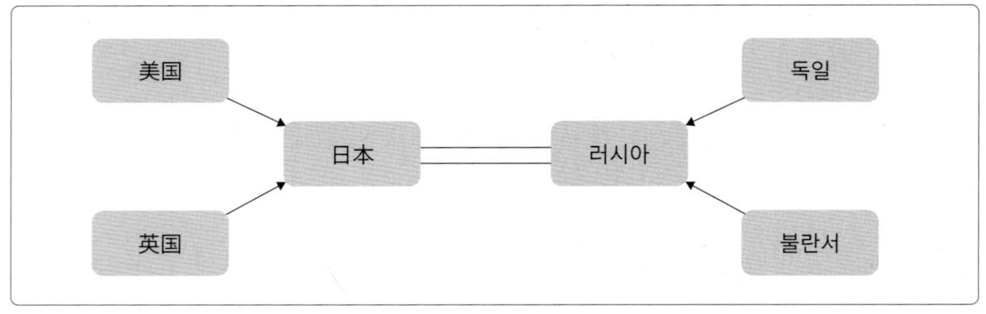

둘째, 有色人種(日本)의 白色人種(러시아)에 對한 승리는 아시아의 弱小國으로 하여금 민족해방운동의 의욕을 더욱 자극시키는 結果를 초래한 反面, 승전국인 日本은 自國의 國力에 對한 지나친 과신으로 大國意識의 망상을 갖게하였다는 점이다. 이는 소위「日本帝國主義」의식의 積極的인 成長을 의미하는 것이었다.

셋째, 日·露戰爭을 계기로 하여 제국주의 열강이 상호 連繫(Linkage) 하고 있던 국제정치의 권력구조에 약간의 변화가 생성하였다.

예컨대, 일본을 지원하던 美國과 英國間의 對立이 表面化(激化)되기 시작하였던 것이다. 이를 관망하고 있던 日本은 러시아에 더욱 접근하여, 第1 次 日·露協約을 맺고(1907年), 러시아와 제휴하여 美·英 특히 미국에 대항하는 외교노선을 선택하게 되었다. 이야말로, 中國 大陸을 둘러싼 美·日抗爭의 萌芽, 바로 그것이었다. 圖表 (2)에서도 알 수 있는 바와 같이 美·日·英·露간에 形成된 「新國際秩序(New International Order)」는 美·日間의 대립과 連帶(Confrontation and Coalition)를 의미하는 것이었다.

圖表 2 日露戰爭後列强間의 勢力關係

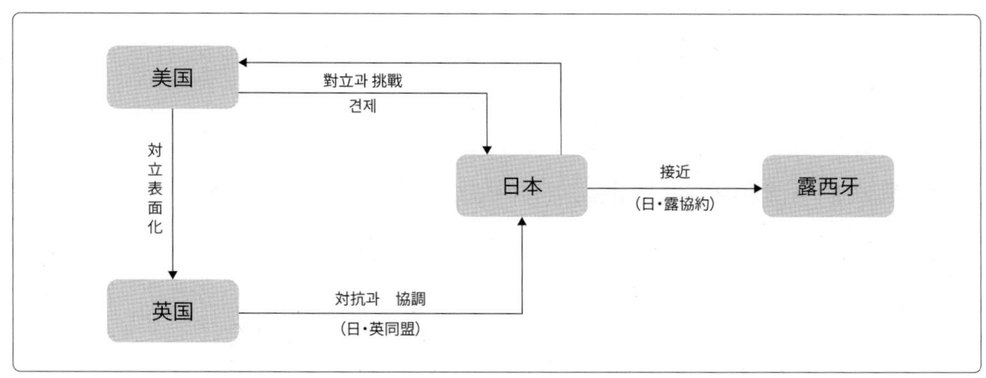

이러한 性格을 갖는 日·露戰爭의 강화는 미국의 仲介(Mediation)에 의하여 이루어졌다.

그러면, 미국은 어떠한 경위로 이에 介入하였으며, 강화교섭과정에 보여진 Roosevelt 대통령의 역할은 어떻게 評價할 수 있을 것인가?

2. 日·露講和交涉에 對한 T.Roosevelt 美國大統領의 介入

① 對日 및 對露意見打診

Roosevelt 大統領 日·露交涉過程에 介入하여, 紛爭調停의 역할을 하는 일에 직접적인 관심을 갖게된 것은 1904年 12月의 일이었다.

日本의 勝戰可能性을 굳게 확신하고 있던 桂太郎 第一次內閣(陸軍出身, 1901年 6月 2日~1906年 1月 7日)은 美國의 센트루이스에서 개최되는 박람회에 참관하기 위하여 渡美하는 伏 見宮(明治天皇의 皇族)가 對露戰爭이후의 美·日關係改善에 적극적인 역할을 할 것을 기대하였다. 桂首相의 기대는 결코 비현실적인 것은 아니었다. Roosevelt 大統領은 그와의 회견 (1904年 12月 15日)을 통하여 적지 않은 감명을 받았다. 日本皇族의 방미는 美國政府指導者를 만족시키기에 충분하였다. 특히 Roosevelt 大統領은 日·露講和에 비상한 關心을 表明하였다.

同年 12月 19日, 金子堅太郎 男爵은 桂首相의 특사로서 訪美하여, Roosevelt 大統領의 재선에 축의를 표하였다. 同 席上에서 Roosevelt는 日·露戰爭의 종결식에 관한 桂內閣의 방침을 타진하였다. 金子는 일본정부의 훈령을 받는대로 Roosevelt 에게 그 結果를 전달할 것을 약속하였다.

1905年 1月 7日, 金子는 Roosevelt 를 再訪, 本國의 훈령에 의거하여 美國이 日·露講和 仲介的인 역할을 해 줄 것을 권유하였다. 1月 14日 Roosevelt는 金子의 권유를 긍정적으로 받아들이며「日本이 韓國과 旅順을 그 세력범위에 두는 것에는 이의 없으나, 滿洲는 淸國에 환부하여 열강의 공동관리하에 중립지역으로 해야할 것」임을 强調하였다. (『日本外交文書』 日·露戰爭V 190文書 參照, 以下, 文書番號만 記入하기로 한다). 동일한 內容의 전문은 高平小 五郎 駐美公使를 권유하여 桂首相에게도 직접 전달되었다. (1월 24일, 同 192, 193 文書 參照)

2월 14일, 旅順이 일본군에 의하여 함락되자 Roosevelt는 러시아에 대하여서도 전쟁 종결의 必要性을 强調하고 對日講和에 응할 것을 종용하였다. 이 권고는 John Hay 美國務長官 카시니 駐美露國大使 및 佛國外相을 경유하여 러시아 皇帝에게 전달되었다(同 197文書 및 457 文書, 同付記 724項 參照).

② 對日講和條件 提示의 勸告

日本軍은 時間의 경과에 정비례하여 연전연승을 거두었다. 奉天에서의 대승을 기록한 3월 16일, Roosevelt는 高平 駐美公使에게 러시아의 강화교섭에 관한 日本政府의 구체안을 문의하였다. 아울러, Roosevelt는 William H. Taft 陸軍長官 高平公使에게 소개하여 강화교섭에 관한 구체적인 사항을 國務省과 協調하여 논의하도록 지시하였다.

3월 29일, 高平은 동경으로부터의 훈령을 Roosevelt에게 전달하였다. 高平은 對露講和條件 을 美國政府에 명확히 밝히는 것을 피하려고 하였다. 그러나, Roosevelt는 對露講和方針을 열강에게 명시하는 것이 강화촉진을 위해서도 重要한 것임을 강조하였다. 그의 관심사는 滿州에 관한 日本政府의 방침, 전쟁 종결의 시간, 배상금의 요구, 그리고 사할린의 획득 등에 관한 제문제였다.

이 당시의 桂內閣은 美國의 介入에 의한 對露講和交涉이야말로 日本의 國益追求에 일치된다는 결론에 도달하고 있었다.

Roosevelt 정권 역시 日本의 講和條件과 러시아의 立場을 충분히 검토한 연후에 강화교섭을 仲介함은 美國에게도 적지 않은 소득이 있을 것으로 계산하고 있었다. 後述하는 바와 같이, 그들이 日本政府의 구체적인 조건제시를 요구한 것은 바로 이러한 실리적 계산을 하고 있었기 때문이다.

③ 日本海軍의 승전과 講和交涉斡旋의 急進展

한편, 불란서의 데루캇세 외상은 本野一郎 駐佛日本公使에게 對露講和交涉에 임할 때는 영토의 割讓과 배상금문제에 관대한 방침을 제시할 것을 요청하였다. (4월 10일 및 4월 13일, 同 204 文書 參照)

또한, 워싱턴에서는 高平公使와 Taft陸軍長官間에 실무적인 회담이 수차에 긍하여 개최되 었다. (4월 25일, 4월 28일, 5월 11일, 5월 13일, 同 205 및 206문서) 이와 같이, 강화교섭을 위한 관계국간의 후면공작은 일층 맹렬히 進行되고 있었다.

이러한 상황속에 日本側의 立易을 더욱 유익하게 하는 이벤트가 發生하였다. 1905년 5월 27일, 東鄕司令官이 이끄는 日本海軍은 로제스토훼스키 海軍提督이 인솔하는 러시아의 발틱함 대를 一般의 예상을 뒤엎고 격퇴시킨 것이다. 열강은 日本海軍의 相對的인 약체를 알고 있었 거니와 러시아는 적어도 해상에서의 승전만큼은 굳게 믿고 있던 터이었다. 日本海軍의 패전을 걱정하고 있던 Roosevelt는 「日露海戰의 결과를 보지 않는 한 강화교섭을 서두를 必要는 없다」라고 언명할 정도이었다.

5월 31일, 桂首相 山縣有明 參謀總長에게 서한을 발송하여 「日本海軍의 승리는 강화를 위한 절호의 기회이며, 그 仲介를 美國大統領에게 의뢰하는 것이 日本側에게도 유리」할 것임을 强調하였다. 이에 따라서 小村外相도 高平公使에게 同一한 內容의 훈령을 보냈다. (同207 208 및 文書)

6월 2일, Roosevelt 大統領은 우선 카시니 駐美露西牙大使를 불러, 대일강화교섭의 의사를 타진하였다. 그러나 카시니는 5月 30日字로 러시아 軍事會議에서 決定된 「戰爭繼續決意電文」을 보이면서 「露西牙의 全 영토가 아직 日本軍에 완전히 점령되지도 않은 시점에서 對日講和를 먼저 提起하는 것은 러시아인의 명예에 관련되는 일이다」라고 저항하였다.

그러나, 카시니의 內心은 그렇지 아니했다. 그의 表面的인 態度는 강경하였지만, 사실상은 戰爭의 종료와 대일강화를 갈구하고 있었다. 러시아의 승전가능성은 거의 절망적이었고, 더구나 그들이 먼저 대일강화를 요구하면 강화교섭의 結果는 러시아에 불리하게 전개될 위험성이 있다고 카시니는 판단하였기 때문이다. (同209 文書)

이에 대하여 Roosevelt는 매우 설득적이었다. 그는 카시니에게 첫째, 러시아가 대일강화교섭에 성의있는 態度를 보이면 日本이 결코 가혹한 要求를 하지 않을 것이라는 점, 둘째, 美國으로서는 交涉結果가 러시아에게 불리하지 않도록 가능한 한 범위내에서의 노력을 할 것이라는 점, 그러나 露西牙로서는 약간의 영토할양과 배상금의 지불을 각오할 必要는 있을 것이라고 하는 세 가지 점을 說明해 주었다.

④ Roosevelt의 설득에 의한 講和交涉開始의 決定

Roosevelt의 對露說得作戰은 매우 效果的이었다. 6월 5일, 그는 駐露美國大使 George L. Meyer에게 훈령을 보내어, 직접 露西牙의 皇帝를 面談하여 대일강화를 권고하도록 지시하였다.

6월 7일, Roosevelt는 Meyer 대사로부터의 긴급전보를 접수하였다. 그것은 러시아 황제가 미국측의 설득작전에 넘어가 「日本에 대해서는 極秘」의 條件으로 對日講和를 결심하였다는 內容의 보고이었다.

그후, Roosevelt는 高平 駐美公使와의 회견을 통하여 만약 露西牙가 강화교섭을 개시하기 위한 全權委員을 任命한다면, 日本도 그에 응할 용의가 있음을 확인하였다. (同 228文書) Roosevelt의 대일 및 對설득작전은 日露兩當事者間에 직접 對話의 길을 개통시켜주는 방향으로 조용히 진전되고 있었다. 그는 자기의 공작이 성공적으로 수행되고 있음에 만족하고 있었다.

6월 9일, Roosevelt 는 日本과 러시아 양국에 대하여 정식으로 戰爭의 종료와 講和交涉開始를 要求하는 권고문을 발송하였다. 同 電文은 日本에 대하여서는 駐日美國公使 Loy C.Griscom을 통하여, 또한 러시아에 대하여서는 駐露大使 Heyer를 통하여 각각 전달되었다. (同211文書)

日本政府는 물론 이에 쾌히 응하는 公式答信을 발송하였다. 桂內閣은 이 기회를 통하여 승전국으로서의 각종 이득을 확보함은 물론 대미관계의 改善이라는 일거양득의 기회를 노리고 있었다.

桂首相은 小村外相과 高平公使를 全權大使로 임명하였다 (同 235文書).

러시아政府도 이에 응하였다. 응하는 수밖에 없었다. 이는 다음과 같은 세 가지의 이유에서 비롯된 것이라고 생각된다. 첫째, 전술한 바와같이, 日本海에서의 결정적인 패전, 둘째, 對日 主戰論者의 1인이었던 프레에베 內相이 社會革命黨의 손에 암살되고(1904年 7月), 皇帝의 叔父 세루게이公이 잇달아 암살되는 등(1905年 2月) 國內의 政治·社會的 不安定으로 民衆의 시위운동이 빈발하였다는 點, 그리고 셋째, 露西牙를 원조해주던 독일과 불란서의 外債調達이 곤란하게 되어, 러시아는 심각한 재정난에 봉착하였다는 점을 들 수 있겠다.

러시아政府는 윗테 前財務長官과 로오젠 駐日公使를 全權委員으로 임명하였다.

이상과 같은 論述을 종합적으로 점검하건대, 美國이 日露講和交涉에 적극적인 介入을 시도하게 된 배후에는 다음과 같은 이유가 內在하였다고 판단되어 진다.

첫째, 美國은 청일전쟁 이후 계속하여 대륙진출을 시도하고 있는 日本의 滿蒙權益 확보를 견제하려고 하였다. 둘째, 日·英同盟의 강화를 방지하고 日本으로 하여금 親美的인 노선을 선택하게 함으로써 美國의 對極東政策을 원만하게 수행하려고 하였던 것이다. 셋째, 美國은 日露戰爭의 패배를 통하여 國內外的 곤란에 직면하고 있는 러시아에게도 親美내지는 對美友好的인 계기를 부여하려고 하였다고 판단되어 진다.

3. 美國의 仲介에 의한 日露講和交涉의 타결

① 日 · 露會談의 槪況

日·露戰爭을 종결시키기 위한 강화회의는 8월 9일부터 美國 뉴햄프셔州의 軍港地 Portsmouth에서 개최되었다. 兩國代表는 1回의 비공식 예비회담과 10回에 걸친 본회담 및 4回에 걸친 비공식회담을 거쳐 日·露講和條約에 조인하였다(圖表 3參照). 本稿에서는 회담의 경위 說明은 생략하고, 日·露兩國의 主張요지와 회담의 결과에 論述의 중점을 두기로 한다.

圖表 3 日 · 露講和會談의 開催日程

回數	會談日字	會談의 種類	討議案件
	8月 9日	非公式豫備會談	全權委任에 關한 露西牙의 異議提出
第一回	8月 10日	本會談	日本의 講和條約提出
第二回	8月 12日	〃	露의 講和條件對案提出, 韓國問題
第三回	8月 14日	〃	滿州問題
第四回	8月 15日	〃	滿州, 棒太, 遼東問題
第五回	8月 16日	〃	東淸鐵道 南滿支線 問題
第六回	8月 17日	〃	暗償金, 極東海軍力制限
第七回	8月 18日	〃	秘密會議(妥協案調停)
第八回	8月 22日	〃	棒太割讓및 暗償金問題
第九回	8月 26日	〃	非公式秘密會議(妥協案担否)
第十回	8月 29日	〃	談判의 妥結(秘密會議)
第一回	9月 1日	非公式會談	休戰議定書의 締結
第二回	9月 1日	〃	滿州徹兵問題
第三回	9月 2日	〃	滿州徹兵條件
第四回	9月 2日	〃	横太南半割讓問題
調印式	9月 5日	〃	日·露講和條約의 縮結

圖表 4 日 · 露講和會談 代表名單

國名 / 代表團	日本	露西牙
全權代表	小村壽太郎外相	윗테前財相
次席代表	高平小五郎駐美公使	로오젠公使
代表	佐藤 辨理公使	Martens 區際法敎授
〃	山座 政務局長	Planson 在淸公使
〃	安達 一等書記官	Pokotilov 在淸公使
〃	本多 大臣秘書官	Shipov 大藏省國庫局長
〃	落合 二等書記官	Yermolv 陸軍省代表
〃	立花 陸軍武官(大佐)	Rusin 海軍省代表
〃	小西 外交官補	Delon 前大學敎授

또한, 同 會談에 出席했던 日·露兩國 代表단의 명단은 [圖表 4)에서 보는 바와 같다.

上記의 표에서 알 수 있는 바와 같이, 日本側은 外相을 선두로 하여, 주로 실무에 능통한 직업 외교관을 기용하는 反面, 러시아측은 政治家를 필두로 하여 外交官, 各省代表 및 大學校授 등 多様한 人的 構成을 하고 있음을 알 수 있다.

② 交涉의 難航

7월 28일, Washington에 먼저 도착한 小村外相은 高平의 안내를 받으며 Roosevelt 大統領과 인사를 나누었다. 同席上에서 大統領은 러시아측과는 가능한 한 「隱和한 條件」으로 講和問題를 해결할 것을 外相에게 종용하였다.

한편 러시아측의 全權代表 윗테도 로오젠公使를 동반하고, 8월 4일 Roosevelt 大統領과 非公式的인 會見을 가졌다. 同 席上에서 윗테는 「러시아는 아직 완전히 굴복한 상태가 아니므로 배상금을 지불할 必要도 없거니와 만약 日本이 露國의 主張을 이해하지 않으면 언제까지나 대일전을 계속하여 兩者중 어느 쪽이 완전히 파멸할 때까지 싸울 것」임을 强調하였다. Roosevelt는 日·露講和의 심각성과 복잡성을 재삼 터득하기에 이르렀다.

③ 日本의 講和條件提起와 露西牙의 反撥

日·露交涉은 제1회부터 제10회에 이르기까지 실로 對立과 마찰의 연속이었다. 會議의 序頭에서 小村外相은 다음과 같은 12항목의 강화조약을 제출하였다.

① 韓國에 있어서의 日本의 政治·經濟的 優越權 認定
② 露國의 滿州特權 포기
③ 遼東半島 租借地의 포기
④ 淸國의 發達에 대하여 相互不涉
⑤ 사할린諸島의 財產讓渡
⑥ 遼東半島의 權益讓渡
⑦ 하르빈, 旅順 間의 諸權益 讓渡
⑧ 滿州橫斷鐵道의 使用制限
⑨ 戰爭實費의 환불
⑩ 露西軍 軍艦의 一部를 交附
⑪ 露西牙의 極東海軍力 制限
⑫ 露 近海에서의 日本 漁業權을 許容

상기의 各項目은 10回를 거치는 本會議를 통하여 兩國間의 論爭의 초점이 되었다. 러시아는 상기 日本의 要求중, 韓國問題를 비롯하여 滿州, 遼東半島, 橫斷鐵道, 支線讓渡 등의 問題에 대해서는 비교적 긍정적으로 받아 들였다. 그러나, 사할린문제, 軍費환불問題, 軍艦교부, 海軍제한문제에 對해서 러시아는 國家의 존립에 관련되는 問題라는 것을 理由로, 이를 완강히 거부하였다.

하지만, 윗테 自身은 講和의 成立을 제1의로 생각하고 있었다. 때문에, 내심으로는 最悪의 경우, 軍費의 환불문제만을 제외한다면 그외의 問題에 대해서는「多少讓步」할 수밖에 없다고 판단하고 있었다. 윗테는 그의 판단을 람스도루프 外相을 통하여 露帝에게 보고한 즉, 황제는「일절의 양보도 해서는 안된다」라고 윗테에게 긴급훈령을 보냈다.

Roosevelt의 仲介로 개최된 日·露會談은 결렬상태에 직면하였다. 小村外相은 사할린 問題와 軍費환불문제를 조화시켜 제 3안을 윗테에게 제시하였으나, 무의미한 일에 불과하였다.

윗테 일행은 歸國準備를 서두르고 있었던 것이다.

④ Roosevelt의 調停案과 對日說得

Roosevelt는 크게 당황하였다. 그는 여하한 手段을 동원해서라도 日露講和交涉을 타결시켜 야 하겠다고 결심하였다. 만약 회담이 결렬되어 日·露兩國이 다시금 속전상태에 돌입할 경우, 美國兩國으로부터 政治生命과도 관련되는 비난을 받을 것이라고 노심초사하고 있었기 때 문이다.

8월 20일, Roosevelt 는 러시아政府에게 日本案의 승락을 권고하는 전문을 발송하였으나 露帝는 오히려「談判中止」의 명령을 내렸다. 특히 滿州戰線에 배치되어 있던 러시아의 陸軍司令官 크로빠토킨 장군은「對日續戰論」을 主張하였다. Roosevelt는 日本側에게 약간의 양보와 타협을 요구하는 調停案을 제기하는 수밖에 없다고 판단하였다.

8월 22일, 그는 桂首相에게 장문의 친서를 보냈다. 이는 日·露戰爭을 종식하고 강화조약을 체결하게 하는 중요한 계기가 된 고로, 그 중요한 골자만을 정리해 두기로 한다.

日本이 사할린을 획득하려는 意圖에는 同意한다. 그러나 巨額의 戰爭賠償을 露西牙에게 要求하여, 이를 지불하지 않을 때에는 對露續戰을 불사하겠다는 態度는 너무 물질적인 價値觀에만 집착하는 것 같다. 日本人은 예술을 사랑하고, 精神構造를 귀중히 여기는 나라가 아닌가? 또한, 戰爭을 속행한다손 치더라도 이에 필요한 비용은 賠償金이상의 것이 될 것이다. 때는, 바야흐로 일본이야말로 열강의 유력한 일원으로 국제사회에 공헌해야 할 것이 아니겠는가?

Roosevelt의 親書는 결정적인 효력을 발휘하였다. 露帝와 桂首相은 강화의 필요성을 굳게 절감하게 되었고, 日本정부는 양보의 필요성을 인식하게 되었다. 日·露교섭은 실로 우여곡절의 과정이었다. 日本도 러시아도 「講和의 實現」이라는 대전제를 최종적으로 결정한 이상교섭의 타결은 이제 시간문제로 부각되었다.

⑤ 「日·露講和條約」의 調印

8월 28일, 桂首相은 元老 大臣等을 전원 비상소집하여, 明治天皇의 臨席下에 御前會議를 열었다. 최종적인 對露講和條件이 本格的으로 심의되었다. 그 結果는 즉시 小村外相에게 전 달되었다. 그 原文의 內容은 다음과 같다.

日本は平和を克復せんとするの誠実なる希望を抱くを以て, なんら金銭の支払いを要求せずして, 北 緯五十度を境界とするサハレン北部をロシアの所有に残すことを承諾する.

러시아側의 윗테 全權首席은 小村外相의 최종타협안을 수락하였다. 이로써, 파란만장했던 日·露講和交涉은 그 종지부를 찍었다. 9月 5日, 兩國의 全權代表는 다음과 같은 「日·露講和條約」에 정식으로 조인하기에 이르렀다.

첫째, 러시아는 韓國에 대한 日本의 우월권 및 보호권을 승인한다.

둘째, 러시아는 滿州에서 撤兵하고 淸國의 領土保全 및 그 이익의 문호개방을 승인한다.

세째, 러시아는 關東州의 租借權 및 東支鐵道 淸國의 동의를 얻어 일본에 양도한다.

네째, 러시아는 북위 50도 이남의 사할린을 일본에 양도한다.

다섯째, 러시아는 日本 및 露國近海의 어업권을 일본에 양도한다.

結語: Roosevelt의 仲介役割에 대한 약간의 評價

이상과 같은 기술에서 알 수 있는 바와 같이, 20세기의 序頭에 帝國主義열강간의 대립을 적나라하게 노출시켰던 日·露戰爭의 講和는 Roosevelt 美國大統領의 정치적 Leadership 에 의한 仲介役割로 實現되었다.

本文에서의 기술에 의거하여, 그의 役割에 表出된 몇 가지의 特徵을 정리하여 보면, 다음과 같이 要約할 수 있겠다.

a. Roosevelt의 對日 이메이지

講和交涉의 斡旋에서 조약의 조인에 이르기까지 나타난 Roosevelt의 교섭패턴에는 러시아 보다는 일본에 우호적인 듯한 경향이 엿보인다. 이는 一國의 政策決定者로서 갖는 그의 對外 이미지가 表面化된 것으로 판단된다. 이 점에 관하여, Roosevelt는「日本人들은 나에게 호감을 주었다. 그들은 항상 眞實을 말하며 相互의 정신을 이해하며, 協同하며 行動한다. 러시아인에게는 이 점이 결여되어 있고, 상호견제하며 他人을 시기 질투한다」라고 말하였다.

對日 설득과정에서 Roosevelt의 이러한 對日觀이 부단히 作用하여 설득교섭의 열쇠가 된 것으로 판단된다.

b. 國務長官 不在의 對日說得交涉

本文에서도 알 수 있는 바와 같이, 美國政府에 의한 對日, 對露交涉過程에서 국무장관 John Hay의 움직임은 거의 보이지 아니했다. Roosevelt는 직접 동경과 모스크바에 파견한 大·公 使들을 직접 진두지휘함과 동시에 워싱톤에서도 직접 高平公使等과 실무적인 교섭을 할 정도이었다. 말하자면, 國務長官의 役割은 거의 全無에 가까운 듯한 인상을 주고 있다. 이는 Roosevelt가 갖고 있는 政治的 리더십의 강함과 그리고 日·露交涉의 重要性과 곤란성에 대한 그의 인식을 意味하는 것으로 판단된다.

c. 仲介國 中心의 交涉妥結은 새로운 紛爭의 씨앗

日·露講和條約이 궁극적으로는 조인되었으나, 이는 주로 약간의 무리를 해서라도 講和交涉을 타결시켜야 하겠다는 Roosevelt 大統領의 집념에 의한 것이었다. 때문에, 講和交涉 自體는 해결되었지만, 그 여파는 냉엄한 歷史의 퍼스펙티브라는 觀點에서 觀察할 경우, 적지 않은 問題點을 內包하고 있었다.

예컨대, 日·露講和 이후 太平洋戰爭에 이르기까지 전개된 美·日間의 抗爭과 대립의 歷史를 보면 알 수 있다.

前述한 바와 같이, Roosevelt 大統領은 난항을 거듭하고 있는 日·露交涉을 타결시키기 위하여 日本側의 讓步를 거듭 요청하였다. 對露講和를 위한 日本政府의 讓步는 그후 滿州와 몽고에 있어서의 日本의 特殊權益(Special Rights and Interests)을 둘러싼 日·美間의 紛爭의 씨앗으로 부각되어지는 것이다.

※ 歷史는 순환의 과정이다. 本 小稿에서 취급한 냉엄한 歷史의 메카니즘과 論理는 韓半島를 둘러싸고 目下 전개되고 있는 國際政治現狀을 分析함에 있어서 중요한 歷史的 교훈을 시사하고 있음을 再認識하여야 할 것 같다. 그리고 우리는 그러한 국제환경의 흐름과 변화에 유효적절하게 대응하기 위하여 愼重하고도 겸허한 政策決定을 하도록 總力戰을 展開하여야 할 것이다.

〈主要參考文獻〉

外務省編, 『日本外交文書』,大正 3, 4, 5, 및 5年.

陸軍省編, 『明治軍事史一明治天皇御傳記史料』下卷, 原書房, 1967年.

U.S. Department of State, ed., *Papers Relating to the Foreign Relations of the United States.*

外務省編, 『小村外交史』, 原書房, 1960年.

植田捷雄, 『東洋外交史』, 下卷, 東京大學出版會, 1974年.

衛藤瀋吉, 『東アジア政治史硏究』, 東京大學出版會, 1968年.

信夫清三郎編, 『日本外交史』I及びII, 每日新聞社, 1974年.

高木八尺, 『高木八尺全集(第三卷)ーアメリカ外交』, 東京大學出版會, 1971年.

高野雄一, 『新版國際法』, 下卷, 弘文堂, 1976年.

細谷千博 · 齊藤眞編, 『ワシントン體制と 日米關係』, 東京大學出版會, 1978年.

外務省編, 『外務省の百年』, 上卷, 原書房, 1969年.

外務省外交史料館所藏, 『日露戰役關係』.

田中義一傳記刊行會(高倉徹一)編, 『田中義一傳記』, 上卷,下卷, 1958年.

小林龍夫編, 『翠雨莊日記一伊東家文書』, 原書房, 1966年.

入江貫一, 『山県公のわもかげ』 1930年.

伊藤正德, 『國防史』, 東洋經濟新報社, 1941年.

植田捷雄, 『近代日本外交史の硏究』, 有斐閣, 1956年.

大山梓, 『山縣有朋意見書』, 原書房, 1966年.

Griswold, A. Whitney. *The Far Eastern* Policy of the *United States*. New Haven and London: Yale University Press, 1938.

Kennan, George F., *American* Diplomacy *1900~1950*. London: Secker & Warburg, 1953.

Morley, James W. ed., *Japan's* Foreign Policy: *1868~1941 A Research Guide*. New York and London: Columbia University Press, 1974.

Bartlett, Ruhl, *Policy and Power: Two Centuries of American Foreign Relations*. New York, 1969.

Clyde, Paul H., *The Far East-A History of Impact the West on Eastern Asia*. New York. 1952.

Hornbeck, Stanley K., *Contemporary* Politics in the *Far East*. New York, 1919.

Morley, James W., *The Japanese Thrust into Siberia 1918*, Columbia University Press, 1957.

Threat, Payson J., *Japan and the United States: 1853~1921*. New York, 1921.

Rosenau, James, ed., *International Politics and Foreign Policy*. Free Press, 1969.

※ 편집자 주: 한국국제정치학회 편 "국제정치논총" 제20편, 1980에서 발췌

③ 현대일본의 외교정책결정론연구

目次

序: 問題의 所在와 視角

本稿의 목적은 日本의 外交政策決定過程과 機構의 분석을 통하여 現代日本의 對外政策이 어떻게 형성되고, 어떠한 行爲者(actors)들에 의하여 이루어지는가를 더욱 정확히 理解하는데 도움이 될 수 있는 틀(framework)을 제공함에 있다.

분석의 時期的 區分은 반드시 戰後의 日本에 한정시키지는 않고 있다. 왜냐하면 現代의 政策決定過程을 理解하기 위하여는 과거의 그것을 우선 알아야 하며 --어느 國家를 막론하고-- 과거에 대한 면밀한 연구를 하지 않고서는 현재를 정확히 理解하기 어렵다고 판단되기 때문이다. 최근 國內外의 國際政治學界에 있어서 對外政策硏究計劃의 일환으로 政策決定過程은 물론 外交政策史(foreign policy history) 硏究에 대한 관심이 증가일로에 있는 것은 바로 이러한 발상에 의한 것이라고 볼 수 있다.

일반적으로 모든 國家는 自國 특유의 國家目標를 갖고 있다. 對外政策은 이러한 國家目標를 달성하기 위한 수단이며 방법이다. 外交政策決定過程을 분석하는 硏究者의 主要課題는 정책결정자의 對外行動(foreign policy behavior)과 類型(typology)을 중심으로 政策의 形成過程을 규명하는 것에 있다. 이 경우의 外交政策決定이라 함은 政策決定者(foreign policy decision-makers)라고 하는 일련의 人間集團에 의한 의도적인 對外行爲를 말한다.

이러한 행위는 통상 政策目標의 設定, 狀況의 認識, 手段의 選擇, 能力과 效果의 測定이라고 하는 5단계의 過程을 수반하는 것으로 일컬어지고 있다.[1] 이 경우 政策決定者의 목적은 自國이 추구하는 國家利益을 극대화 할 수 있는 말하자면 價値極大化選擇(value-maximizing-choice)의 추구에 있음은 再論의 여지도 없다.[2] 어느 특정한 국가의 外交政策에 관한 事例 硏究의 경우에도

1 升味準之輔『政治學講義』上卷, 岩波書店, 1974年, 91~97項.

2 Graham T. Allison, "Conceptual Models and the Cuban Missile Crisis", American Political Science Review, Vol. LXIII, No. 3 (September, 1969), pp.689~718 參照.

이러한 理論的 基礎 위에서 이루어져야 할 것 같다.

日本의 外交政策에 관한 연구는 日本人 學者에 의함은 물론이요[3] 西歐學者들에 의해서도 적지 않게 이루어져 왔다.[4] 이들이 導入하는 方法論은 크게 두 가지로 大別할 수 있다.

첫째는 주로 外交史學家들에 의하여 日本의 對外關係史를 外交政策이라는 觀點에 초점을 두어 분석하는 이른바 外交政策史的 接近法을 말함이요,[5] 둘째는 주로 國際政治學者들에 의하여 日本의 대외관계를 外交政策의 결정과정이라는 측면에 초점을 두어 硏究하는 政策決定過程接近法을 말함이다.[6]

최근에는 兩者의 長短點을 보강하여 近代日本의 外交政策 역사적인 觀點에서 관찰함과 동시에, 외교 政策決定過程분석의 方法論으로써 빈번히 논의되는 소위 관료정치모델 (bureaucratic politics model)이나 조직과정모델 (organizational process model)의 도입 등에 의한 현대 國際政治學的인 分析視角에서 日本의 외교정책을 분석하려는 경향도 매우 활발하다고 하겠다.[7]

그러나 本稿는 日本의 外交政策史에서 대두하는 어느 일정한 소재를 취급한 事例硏究도 아니요, 日本의 外交政策을 분석하는데 필요한 획기적인 理論과 모델을 제공하는 것도 아니다. 다만 近·現代日本의 外交政策 實像을 이해하고 그 政策決定過程을 분석하는데 필요한 틀을 제공하는 基本的인 硏究論文에 불과한 것이다.

本稿는 크게 4개의 節로 나누어져 있다. 1節은 우선 近代日本外交政策決定의 歷史的 背景과 特徵을 논하고 있다. 말하자면 戰前 日本의 외교정책이 어떠한 과정과 組織的인 메카니즘 속에서 이루어졌는가를 해명하고 있는 것이다.

---

3 이에 관한 代表的 例로는, 衛藤瀋吉, "日本における付万對外政策決定" 國際法學會編『國際 法外交雜』有斐閣, 第72卷6號(1974年3月); 細谷千博·綿貫讓治 編,『對外政策決定過 程の日米比較』東京大學出版會, 1977年에 실려있는 日本의 外交政策決定에 關한 論文, 渡邊昭夫『戰後日本の政治と外交』福村出版社, 1970年을 들 수 있다.

4 例를 들어 Donald C. Hellmann, *Japanese Foreign Policy and Domestic Politics*, University of California Press, Berkeley and L. A., 1969; James W. Morley, *Japan's Foreign Policy*, 1868~1941, Columbia University Press, 1974를 들 수 있으며 日本人 學者에 依한 英文書籍으로는, Ogata, Sadako, *Defiance in Manchuria: the Making of Japanese Foreign Policy*, 1931~1932, University of California Press, Berkeley, 1964이 뛰어남.

5 細谷 千博, 『シベリア出兵の史的硏究』有斐閣, 1955年 및 上揭, J. Morley, *Japan's Foreign Policy*가 그 좋은 例이다.

6 前揭, 緖方貞子 敎授의『滿州事變外交の形成過程』原書房, 1966年을 그 例로 들 수 있다.

7 例를 들어 筆者가 東京大學大學院 國際關係論硏究室에博士學位請求論文으로 提出(1978 年 9月)한 拙稿 "近代日本の對外政策決定硏究試論一新四國借款團をあぐる原敬內閣の對 米政策形成(1918~1920)"도 그 일종으로 볼 수 있다.

2節은 現代日本外交의 기본적 課題를 서술하고 있다. 戰後의 日本이 직면하고 있는 外交的 課題는 무엇이며, 이 달성을 위하여 어떠한 정책이 對外的으로 표명되어 왔는 가를 밝히고 있다.

3節은 本稿의 심장부이다. 이 곳에서는 現代日本의 外交政策이 形成되는 과정에서 政策決定者의 자유행동을 구속(내지는 제한)하고 그들의 價値判斷 의 引照基準(frame of reference)이 될 수 있는 外交政策決定要因(foreign policy-making determinants)이 무엇인지를 구체적으로 논술하고 있다. 이 곳에서는 政策決定者의 人的要因, 日本列島의 地政學的要因, 國內政治的 要因, 사회·경제적 要因, 국제환경적(安保·軍事的) 要因, 및 국민성을 그 예로 들어 설명하고 있다.

4節은 第1章에 상응하는 내용으로 本稿의 頂點을 장식하는 부분이다. 敗戰에 따른 戰後 개혁속에서 재편성된 外交政策決定 機構와의 變容, 새로운 정책결정 시스템의 形成과 背景 등이 이곳에서 설명되고 있다. 公式的인 外交政策決定 機構로서의 外務省(官僚), 保守與黨으로서의 自民黨 그리고 財界는 現代 日本의 主要한 三大外交政策決定單位(decisional unit)라고 할 수 있는 것이다.

本稿는 筆者의 研究關心인 現代日本의 政治와 外交에 관한 長期的 研究計劃의 극히 일부분에 불과하다. 그러므로 本稿에서 충분한 논술이 이루어지지 않았거나 미해결의 부분은 당연히 今後의 研究課題로 취급되는 것이다. 또한 本稿에서 인용된 참고자료와 문헌은 주로 日本 國內는 물론 歐美에서 作成, 出版된 것에 의존하고 있다. 韓國 學界에서도 이에 관한 積極的인 研究가 더욱 활발히 이루어질 것을 열망하고 있을 따름이다.

1. 日本外交政策決定의 歷史的 背景과 特質

① 概觀

第2次 世界大戰前의 日本의 대외정책은 大陸에의 진출을 통한 勢力圈(spheres of compe-tence)의 확장이라는 日本의 國家目標를 달성하는 도구로 사용되어져 왔다. 伊藤博文 이래의 日本정치지도자들은 이러한 對外目標를 적극적으로 추진하기 위하여, 美國 英國 蘇聯 獨逸「이탈리아」 등과 국제협조내지는 同盟體制를 구축하는 등, 다각적인 外交努力을 전개하였다. 이를 둘러싼 列强과 日本간의 상호작용은 협조와 갈등, 경우에 따라서는 연대와 대립으로 點綴되어진 近代史의 展開過程이었다.

뿐만 아니라, 國內的으로는 적지 않은 진통과 혼란의 政治過程이 연속되었다. 예컨대, 제8대 首相職에 있던 (1898년 6월~동11월) 大隈重信(제2차 1914년 4월~1916년 10월)을 비롯하여 原敬, 浜口雄幸, 大養毅, 岡田啓介, 高橋是淸 등의 정치지도자들이 刺客에 의하여 암살당하는 결과를 초래하였다. 이는 大陸進出政策의 추진을 적극적으로 시도하는 軍部(陸軍 및 海軍)와 列强과의 國際協調體制의 유지를 주장하는 外務省(官僚)과의 단순한 意見對立에 기인한 것만은 결코 아니었다. 이들은 戰前 日本의 國內政治와 대외정책이 내포하고 있던 근본적인 問題와 矛盾이 축적되는 移行過程에서, 필연적으로 연출된 政治過程의 결과였던 것이다.

이러한 양식으로 전개된 戰前 日本의 外交政策決定過에는 몇 가지의 특징이 발견될 수 있다. 以下, 이 점에 관하여서는, 日本國際政治學會理事長이며, 日本의 外交政策決定問題를 수십년간 硏究해 오고 있는 細谷千博(Hosoya, Chihiro) 교수의 硏究를 중심으로 하여 정리해 보기로 한다.

② 軍部에 의한 强力한 影響力의 行使

첫째는 軍部(長州閥이 중심이 된 陸軍과 薩摩를 중심으로 하여 형성된 海軍의 兩勢力)가 對外政策決定過程에 있어서 强力한 영향력을 행사하였다는 점이다. 이 점에 관하여 더욱 구체적으로 附言하기로 한다.

露日戰爭과 太平洋戰爭이라고 하는 戰前의 日本이 경험한 兩大戰爭은 물론 그 외의 다양한 海外進出을 위한 武力行使를 결정하는 과정에서 軍部는 그 추진력으로써 강력한 發言權을 행사하였다. 더우기 日本, 獨逸「이탈리아」 3국간의 軍事同盟과 같은 기본적인 國際提携路線을 선택함에 있어서도 軍部는 커다란 영향력을 발휘하였다.

주지하는 바와 같이 日本의 對外政策決定過程에 있어서 軍部의 발언권이 고조화된 것은 1930년대 초기의 滿洲事變 이후의 일이다. 이를 계기로 하여 國內政策과 對外政策의 兩面에 있어서 군사적 配慮의 비중이 급진적으로 증대하였다. 이에 정비례하여 정부예산에서 占有하는 軍事費도 급격히 상승하여 軍需工業의 확대에 따른 軍部의 經濟界에 대한 간섭, 국내 言論統制의 확대, 5·15사건 및 2.26사건과 같은 정치적 행동에 의하여 軍部의 浮上을 둘러싼 官과 民으로부터의 정치적 저항도 차츰 미약하게 되었다.[8]

이와 같은 軍部의 對外政策決定過程上의 적극적인 진출상황에 비례하여 정당화시키는 制度的 根據가 당시의 識者간에 적지 않게 논의되었다. 이는 大別하여 두 가지로 분류할 수 있다. 明治憲法하의 統帥權 독립조항과 現役武官 大臣制였다.

軍部는 前者의 統帥權 독립조항을 배경으로 하여 日本의 國防方針이나 年次 作戰計劃의 내용을 首相을 비롯한 정부 각료에게 통보하는 것을 거부하였다. 급기야는 1930년의 London 海軍軍縮會議를 계기로 하여 國內政治가 혼란할 때에 軍艦增設計劃마저도 統帥權 조항에 속한다는 이유로 정부측의 개입을 불허하기에까지 이르렀다.[9]

8 細谷千博, "對外政策決定過程における日米の特質" 細谷·綿貫 編, 前揭書, 2~3項.

9 London 海軍軍縮會議를 둘러싼 日本의 國內政治過程에 對해서는, 伊藤隆『昭和初期政治史硏究 - ロンドン海軍軍縮問題をめぐる諸政治集團の對抗と提携』東京大學出版會, 1969年이 탁월한 硏究로서 定評이 있음.

이리하여 國家의 基本國策의 일환으로서 凡國家的 觀點에서 입안, 작성, 조정되어야 할 外交, 軍事 兩政策이 각각 별개의 차원에서 처리되었던 것이다. 더우기 1930년대에 이르러 對外問題의 軍事的 性格化가 농후해짐으로 인하여 외교정책면에서 軍部側의 발언권이 증대해지는 반면 政府指導者가 관여할 수 있는 外交問題의 범위는 상대적으로 축소되고 말았다.

결국 1930년대의 日本은 軍部獨裁의 體制가 완전히 제도화되는 단계에까지는 이르지 아니하였다 하더라도, 國策에 관련되는 중요한 對外政策決定過程에 있어서 軍部는 중요한 政治的 行爲者(political actor)로서 부상하기에 이르렀던 것이다.[10]

③ 首相權限의 相對的 低下와 天皇

둘째 戰前 日本의 對外政策決定過程에 있어서 最高政策決定者의 권한은 상대적으로 제한되어 있었던고로 그 政策決定機構는 마치 사다리꼴과 같은 형태를 취하고 있었다는 점이다.

明治憲法하의 統治構造에 의하면 外交大權은 天皇에게 집중되어져 있었다. 고로 대외정책상의 重要問題에 대한 最高政策決定者는 제도적으로는 天皇이었다. 그러나 외교문제를 사실상 운영할 경우 (특히 大正期 이후에 있어서) 天皇은 국제분쟁이나 同盟締結과 같은 가장 중요한 政策決定過程에 있어서 실질적인 기능을 발휘하지 못하고 우회적 내지는 간접적인 방법으로 自己意思를 전달하는데 불과하였다. 또는 이미 심의가 완료된 어느 일정한 政策의 결과를 형식적으로 御前會議를 통하여 認證하는데 불과하였다. 「포츠담」 宣言의 수락과 같이 天皇이 御前會議 에서 자기의 의견을 명확히 표현하여 政策決定에 커다란 영향력을 행사한 歷史的 實例는 그리 많지 아니하였던 것이다.[11]

首相 즉 內閣總理大臣의 권한도 매우 한정적이었다. 首相은 閣僚의 最上位者로서의 지위를 제도적으로 확보하고 있을 뿐 首相의 지시를 거역하는 閣僚에 대한 人事權마저도 주어지지 않았다. 예를 들어 제2차 近衛文磨 內閣(1940년 7월 22일~1941년 7월 16일) 당시의 近衛 首相 松岡洋右 外相과 의 관계가 바로 그렇다고 할 수 있겠다.

또한 政府내의 중요한 政策決定單位간에 심각한 意見對立이 표면화되면 首相에게는 이를 조정할만한 능력이 주어지지 않았기 때문에 非決定의 상황을 장기간 지속시키는 등, 首相의 政治的 리더쉽이 결여된 양상을 적지 않게 노출시켰다. 예컨대 1939년의 日 · 獨 防協定問題에 대응하는 平沼棋一郎 內閣의 政策形成過程이 바로 그 좋은 예이다. 이 경우, 軍部의 강력한 주장이 대두하

10 Hosoya, Chihiro, "The Prewar Japanese Military in Political Decision-Making", Harold Z. Schiffrin, ed., *Military and State in Modern Asia*, 1976, pp.19~29 參照.

11 細谷, 前揭論文, 1項.

게 되면, 首相은 本意아니게 이에 추종하게 되는 결과를 빚은 적도 있었다.

이와 같이 戰前 日本의 對外政策決定過程을 관찰할 경우 어느 일정한 外交 日標를 설정하고 이에 필요한 合理的인 수단을 선택하기 위한 政治的 리더쉽을 강력하게 발휘하거나 政府內의 다양한 의견을 調整, 統合하는 데 충분한 능력을 소유한 最高政策決定者를 政策決定機構 最上部에 갖지 않는 시스템이 비교적 장기간 존속되었다. 이러한 政策決定 시스템은 일반적으로 Truncated Pyramid System이라고 불리워지고 있다.[12]

이러한 시스템도 明治中期에서 大正에 이르기까지에는 소위 元老의 존재에 의해서 적지 않게 보강되었다. 특히 伊藤博文, 山縣有朋와 같은 元老를 중심으로 하여 일종의 과두제적인 체제가 구축된 것이 그 좋은 예이다. 하지만 이들과 같은 강력한 元老가 死去하고 軍部勢力이 대두하는 昭和期에 들어 오면 그들에 의한 統合力은 급강하하여 政策決定過程上의 세력판도는 사다리 꼴의 내부로 더욱 확산되기 시작한다. 1930년대가 되면 四相會議, 五相會議, 大本營 政府連絡會議와 같은 기구가 창설되어 統合力이 회복되는 듯한 인상을 주기는 하였지만 세력판도의 확산화 경향을 저지할 정도의 충분한 기능을 발휘할 정도까지는 진전되지 못하였다.[13]

④ 軍部中堅 엘리트의 影響

세째 戰前 日本의 政策決定過程에 있어서는 관료기구 內部 특히 軍官僚組織 內部 중견층(課長補佐인 少領에서 局部長級인 少將에 이르기까지)의 역할이 매우 중요하였다는 점이다. 진주만공격에 이르는 정책결정에 있어서 對美宣戰布告의 의사를 구체화시킨 勢力은 海軍의 第1委員會(海軍省 및 軍令部의 局部長으로 구성)이었던 것으로 알려져 있으며, 同委員會는 그들의 환경인식을 日本의 對外政策으로 표면화시키기 위하여 海軍의 上部陸와 陸軍의 협조를 요청하였다. 日·美開戰의 前夜에 美國의 F.D. Roosevelt 정권이 對日 石油輸出禁止令을 발표하자 陸海軍의 局部長級들은 그들의 上層部를 경유하여 政府首腦에게 그들의 의견을 전달하였다. 對美宣戰布告를 결정한 마지막 御前會議((1941년 12월 1일)의 결과는 바로 이러한 과정의 연속이었던 것이다.

日露戰爭을 둘러싼 開戰決定의 경우에도 바로 이와 같은 과정을 되풀이 하였으며 參謀本部의 局部長級들의 판단이 중심이 되어 陸軍, 海軍, 外務省의 中堅層으로 조직된 「潮月社」를 통하여 開戰의 결정에 중요한 역할을 한 것이다.[14] 그 외 「시베리아」 出兵(1918년), 滿洲事變(1918년) 日·獨·伊 三 國軍事同盟의 締結(1940년)과 같은 경우에도 政策形成過程에 있어서 軍의 中堅層

---

12 細谷, "對三極外交をいかに進めるか" 『中央公論』通卷 第1035號(1973年 6月 特大號) 89~115項 參照.

13 Hosoya. Chihiro, "Retrogression in Japan's Foreign Policy Decision-Making Process," James W. Morley ed., *Dilemmas of Growth* in *Prewar Japan*, Princeton University Press, 1971, PP.93~99 參照.

14 細谷, 「對外政策決定における日米の特質」,3~4項.

행사한 影響力의 중요성은 결코 간과해서는 아니될 것 같다.[15]

지금까지의 논술을 통하여서도 明若觀火한 바와 같이 戰前 日本의 대외정책의 결정시스템은 最高政策決定者의 權能이 상대적으로 저하되고 軍部의 영향력 특히 中堅層의 역할이 상대적으로 강했다고 하는 매우 특이한 구조를 이루고 있었던 것이다.

2. 現代日本外交의 基本課題[16]

日本은 資源도 결핍되고 國土의 면적도 넓지 않을 뿐만 아니라, 역사적으로 볼 때 국가의 存立 자체를 國際環境의 변화에 크게 의존해 왔다. 그런고로 「國際協調路線」의 추구야말로 外交方針의 극히 중요한 핵심을 이루어 왔다. 현대세계와 같이 激變하는 國際情勢속에서 日本政府가 의도하는 外交目標는 풍부한 經濟力과 國家資本을 政治的 영향력으로 확대시켜 國際環境을 그들에게 유리한 방향으로 전개시키는 것이다. 이러한 발상에서 출발한 現代日本外交의 基本的課題는 첫째, 국제정치의 不安定化경향을 저지시키고 日本의 國家利益 추구에 유리하게 「積極外交」를 추진하는 것이다. 日·美安保體制의 확립을 외교의 基軸으로 하여 對美外交를 강화하려는 방침은 바로 이러한 방침의 연장선에서 비롯한 것임은 주지의 사실이다. 둘째는, 세계경제의 安定을 위한 협조대열에 적극적으로 참가함으로써 그 經濟力에 의한 餘勢를 政治的인 影響力의 행사에까지 확대 발전시키는 것이다.

셋째, 최근에 와서 더욱 심각해가고 있는 에너지 문제의 해결을 위한 國際的인 노력에 關係諸國과 함께 共同戰線을 전개해가는 것이다. 이러한 의미에서 現代日本外交의 특징은 「資源外交」라고 하여도 과언이 아니라고 하겠다. 넷째, 日本은 선진국과 開發途上國의 소위 「南北問題」의 해결을 위한 국제적 노력을 성공시키기 위하여 적극적인 外交活動을 전개해 오고 있다.

이상과 같은 설명에서 알 수 있는 바와 같이, 現代의 日本政府가 지향하고 있는 외교과제의 초점은 「經濟外交」의 전개에 있다고 보겠다. 그러나 이는 반드시 經濟問題에 국한되는 것이 아니라, 前述한 바와 같이 政治的인 領域을 侵透하여 安保的인 차원에까지 파급된다는 점을 잊어서는 안될 것이다. 왜냐하면 現代의 國際關係는 政治問題와 經濟的 問題가 전연 별개의 次元에서 이루어지는 것이 아니라, 상호 밀접한 관련성을 갖는 가운데 전개되는 것이 常例이기 때문이다. 특히 現代日本과 같은 정치체제하에서는 政界와 財界가 유기적으로 상호기능하면서 對外政策이 형성되기 때문에 이러한 경향이 특히 높다고 하겠다.

---

15 上同.

16 Hosoya, Chihiro, "Characteristics of the Foreign Policy Decision-Making System in Japan," *World Politics*, Vol. 26. No. 3 (April, 1974), pp.353~369 參照.

3. 現代日本外交政策의 決定要因

現代日本의 외교정책을 형성하는 過程에서는 적지 않은 變數들이 決定要因(determining factors)으로서 작용하고 있다. 예컨대 地政學的 要因, 인구와 국민성, 社會·經濟的 要因, 군사적 要因, 國際環境的要因(environmental factors) 등이 커다란 영향력을 행사하고 있다. 政策形成의 爭點으로 제기된 問題領域(issue-areas)의 성격과 질에 따라서 각 變數가 유용하는 정도의 차는 있을지라도 이들은 때로는 單一的으로, 때로는 複合的으로 政策決定者들의 自由行動을 제약하는 拘束要因(restraints)으로 기능하는 것이다. 이러한 要因이 기능하는 정도를 규정하는 것은 爭點으로 등장한 外交顯案의 성격과 질이라고 할 수 있겠다. 이들 決定要因들에 대하여 더욱 구체적인 설명을 가하기로 하자.

① 政策決定의 個人的 要因

最高政策決定者를 중심으로 하는 主要決定者들의 대외이미지(foreign policy image), 信念體系(belief-system), 個性(personality), 國家觀 및 世界觀 등이 政策決定에 임하는 決定者들의 행위를 지배하는 主要한 要素임은 政策決定過程을 분석하는 研究者들에 의하여 적지 않게 입증되고 있다.[17]

특히, 이러한 경향은 평상시와 같은 政治狀況 속에서 對外問題가 점진적으로 具體化되어 政策決定의 爭點으로 서서히 제기되는 소위 增量的 政策決定(incremental decision-making) 보다는 危機狀況 속에서의 政策決定(cris-is decision-making)의 경우가 더욱 강하다고 할 수 있겠다. 時間的, 空間的으로 한정된 상황 속에서 특히 주요한 수 명의 政策決定者들 만에 의하여 政策이 立案되는 경우가 많기 때문이다. 그러므로 國際紛爭이나 武力이 개입되는 戰前의 日本과 같은 경우에는 이에 유사한 실례를 적지 않게 찾을 수가 있겠다.

예컨대 露日戰爭(1904년~1905년)을 둘러싼 제1차 桂太郎內閣(1901년 6월~1906년 1월)의 정

---

17 이러한 研究는 國際政治 現狀을 主로 社會心理學的인 見地에서 分析하려는 研究者들에 依하여 활발히 이루어지고 있다. 例컨대, Herbert C. Kelman ed., *International Behavior: A Socio-Psychological Analysis*, Rinehart and Winston, New York, 1965에는 이와 같은 觀點에서 執筆된 研究論文들이 적지 않게 揭載되어 있음. 또한 Ole. R., Holsti, "The Belief System and National Images: A Case Study," *Journal of Conflict Resolution*, Vol. VI, No. 3; Harold and. Margaret Spront, "Environmental Factors in the Study of International Politics," *Journal of Conflict Resolution, I (1957), pp.309~28; James N. Rosenau ed., International Politics and Foreign Policy: A Reader in Research and Theory*, The Free Press, N.Y., 1969, pp.41~56; H. C. Kelman, "Patterns of Personal Involvement in the National System: A Socio-Psychological Analysis of Political Legitimacy," J. Rosenau ed., *Ibid*., pp.276~290; 馬場伸也,"外交事象の認識の問題", 綿貫譲治 編,『社會學講座 7巻(政治社會學)』1973年, 193~226項, 등도 主要한 參考論文임.

책결정, 滿洲事變(1931년)과 日中戰爭(1937년)을 둘러싼 제2차 若磯札次郎 內閣(1931년 4월~1931년 12월)과 제1차 近衛文麿 內閣 (1937년 6월~1939년 1월) 그리고 太平洋戰爭의 시발점이 된 진주만공격을 둘러싼 東條英機 內閣(1941년 10월~1944년 7월)의 政策決定過程에서 보여 준 각 首相들의 행동에는 그들이 갖고 있는 對外이미지, 世界觀, 국가관, 個性등이 적지 않게 작용하였던 것이다. 비단 文官出身들의 首相들이 직접 國際紛爭을 유발시키는 主基的 役割하지 않았더라도 前述한 바와 같이 국수적인 성격을 농후하게 띠고 있는 軍部, 특히 中堅層의 장교들은 그들이 갖고 있는 積極性과 進就性을 충분히 발휘하여 사태를 과격하게 인도해 갔던 것이다.

이와 같이 政策決定者들이 갖고 있는 話般 人的 要因들은 비단 국제분쟁을 둘러싼 政策決定過程에 한정되지는 아니한다. 평상시라도 그들의 個性과 經驗 및 국가관 등은 항상 政策手段 選擇의 기초가 되는 것이다. 예컨대 山縣有朋, 寺內正毅, 田中義一와 같은 軍部出身 首相, 그리고 戰後에는 吉田茂, 池田勇入, 佐藤榮作, 田中角榮등과 같은 首相은 個性이 비교적 뚜렷하였던 고로 그러한 성격적인 측면이 政策決定過程에 적지 않게 작용된 것으로 일컬어지고 있는 것이다.

② 地政學的 要因

日本의 地理的 特徵은 海洋大과 大陸性의 양 측면을 갖고 있다는 것이다.

말하자면, 日本은 韓半島를 橋染으로 하여 大陸으로부터의 영향을 받는가하면 太平洋의 西北部에 위치하고 있는 고로 海洋으로부터도 적지 않은 영향을 받는 섬나라이다. 地政學的인 관점에서 볼 때 日本이 海洋國家로서 大陸에 접근해 있다고 하는 사실은 自然的 방파제인 바다에 의하여 외세로부터의 功擊을 간접적으로 차단할 수 있었다는 의미에서 安全保障上 중요한 의미를 갖는다고 할 수 있겠다. 이러한 日本의 地政學的인 위치는 반드시 積極的인 효과만을 갖는다고 보기 어렵다. 浪極的인 측면도 전혀 없지는 아니하다.

예컨대 東西古今을 막론하고 섬나라 사람들의 國民性은 近視眼的이고 小心한 경향이 전혀 없지 않다. 말하자면 폭넓은 世界觀과 國際性이 결여된 성향을 갖고 있는 고로 對外關係에 있어서도 國際感覺이 결여된 정책을 하기도 하였다. 그 결과는 적지 않은 국제 분쟁을 야기시켜 왔던 것이다.

동시에 外交交涉을 주축으로 하는 國際關係에 있어서 자기의 主觀과 立場을 분명히 하며, 大國的 방침을 제시하기 보다는 항상 강대국의 태도와 반응을 면밀히 주시하여 이에 상응한 價値增大的政策(value-maximizing policy)을 제시하는 즉 狀況主義的 경향을 면치 못하고 있는 것이다.

日本의 地政學的 특성이 갖는 양측면은 日本의 外交政策決定者들이 그들의 對外目標를 설정함에 있어서 커다란 딜레마를 안겨 주기도 했다. 사실은 戰前의 日本外交는 大陸國家와 海洋國家

중 어느 길을 선택해야 할 것인가를 둘러싸고 커다란 곤란에 부딪쳤다. 만약 前者를 추구한다면 당연히 韓國, 中國, 蘇聯과의 平和協調關係를 유지해야 할 것이며, 後者를 모색한다면 美國, 英國과 같은 歐美 열강과의 國際協調體制를 확보해야 하는 것이다.[18]

日本의 社會科學者 및 政策決定者間에는 이 문제를 둘러싸고 적지 않은 논쟁이 전개되어져 왔다. 前者를 택하면 後者가 결여되고, 後者를 택하면 前者를 소홀히 하게되는 이른바 座標設定의 딜레마인 것이다.

결국 日本이 추구하는 國家目標를 유효하게 달성하게 하고 國家利益을 최대로 증진시키기 위해서는 양 측면을 동시에 兼備하는 길밖에 없다는 결론이 내려졌다. 말하자면 歐美列强과의 親善關係를 유지하는 동시에 中·蘇와의 共存關係를 구축하는 것이었다.[19] 滿蒙權益의 확보를 강력히 주장하는 軍部(陸軍 및 海軍)와 歐美列强과의 국제협조체제의 유지를 추구하는 外務省의 對外認識이 상호 대립되어 온 戰前 日本의 外交政策史는 소위 **霞ケ關** (Kasumigaseki) **正統外交**[20]의 실상을 적나라하게 노출시켰다고 할 수 있겠다.

지금까지 논술한 日本의 地政學的 特性에 의한 대외정책의 決定要因은 비단 戰前에 국한되는 것이나, 이는 現代 日本의 外交政策形成에서도 주요한 變數를 차지하고 있다. 또한, 섬나라로서의 日本이 현재와 동일한 國土를 소유하고 있는 한 地政學政인 特性에 의한 國家目標의 설정은 불가피한 것으로 생각된다. 福田內閣 이후 특히 강조된 소위 「全方位外交」나 「平和外交」라고 하는 것은 지금까지 설명한 日本의 地政學的 특수성에서 발상된 外交方針인 동시에 日本的 外交政策의 특질이라고도 할 수 있겠다.

③ 國內政治的 要因

일반적으로 外交政策決定過程에 영향을 주는 環境的 要因은 主觀的 環境과 客觀的 環境으로 크게 분류할 수 있다. 前者는 이미 언급한 바와 같이 政策決定者 개인이 소유하고 있는 個性(personality), 對外政策이미지(foreign policy image), 信念(belief), 價値觀등을 말한다. 이에 반하여 後者는 다시 國內環境과 國際環境으로 세분하여 설명할 수 있겠다.

이 곳에서 말하는 國內政治的 要因이라 함은 이와 같은 客觀的 環境으로서의 國內環境中 특히 정치적 측면을 의미한다. 國內政治的 要因의 구체적인 내용은 政黨의 움직임을 主軸으로 하는 국

---

18 京都大學의 高坂正堯 敎授는 『海洋國家日本の構想』(1965年版)를 通하여, 한편 東海大學의 田中直吉 敎授는 『核時代の日本の安全保障』(1966年版)을 通하여 이러한 稜想을 더욱 具體的으로 論述하고 있다.

19 上同.

20 內山正熊,"外務省の機職變遷" 日本國際法學會 編,『國際法外交雜誌』 第71卷, 第5·6合併號 (1973年 3月), 242~266項(특히 242~245項).

내정치의 展開狀況과 정치체제 政策決定者들에 대한 일반국민의 여론과 政治意識, 특정한 이익 및 壓力集團의 이익과 가치, 官僚組織의 형태와 권익, 議會를 통한 立法過程등을 말하는 것이다.[21]

주지하는 바와 같이, 최근의 國際政治現狀을 관찰하면 국제정치의 國內化 및 국내정치의 國際化 현상이 현저하게 나타나고 있다.[22] 이는 오늘날의 國際政治란 國內政治를 논하지 않고는 이루어질 수 없는 것이며 兩者는 상호 必要不可分의 관계에 있음을 의미한다고 볼 수 있다. 이러한 兩者간에서 橋染的인 역할을 하는 것이 곧 對外政策이라고 할 수 있겠다.

後述하는 바와 같이 現代日本의 外交政策決定過程에 있어서 주요한 三大 政策決定單位(decisional units)는 정당(自民黨), 관료(外務省), 그리고 財界라고 할 수 있다. 이중 특히 政黨의 움직임은 外交政策形成을 둘러싼 政治過程에서 가장 중요한 行爲者로 등장하는 것이 통례이다.

政黨 특히 萬年 保守與黨으로서의 自民黨은 現代日本의 外交政策決定單位의 중핵을 이루고 있다. 이는 日本의 近代政治史가 말해주듯이 戰前에 있어서는 軍部의 拍頭와 관료정치의 成長과 더불어 日本的 類型의 정당정치가 수십년동안의 명백을 유지해 왔으며 戰後에는 완전한 政黨政治의 確立體制가 이루어진 것에 기인한 것이라고 하겠다.

現代日本의 政黨政治는 戰後의 保守黨으로 군림해 온 自由民主黨과 諸野黨과의 對立樣相으로 點綴되어진다. 야당은 社會黨을 중심으로 하여 共產黨 및 中道勢力(公明黨, 民社黨, 新自由클럽 및 社會民主連合)으로 구성되어진다. 각 黨은 단순한 政黨相互간의 대립과 항쟁으로만 點綴되어지는 것이 아니라, 주로 政策論爭이 그 항쟁의 중심이 되고 있다. 이들 政黨은 國會 內部는 물론 國會外部에서도 대외문제의 政策形成에 중요한 영향력을 행사하고 있다.

日本國 憲法은 국회가 外交問題에 대하여 發言權을 행사할 수 있는 두 가지의 제도적 정치를 규정하고 있다. 첫째는 該當外交問題가 議會內의 爭點이 되어졌을 때 外務大臣을 국회로 출석케 하여 該當問題에 관한 의견을 요구하는 방식이요, 둘째는 이미 체결된 條約과 國際協定에 대한 국회의 批准權이다.[23] 이들 條項은 國會의 制度的 權威를 객관적으로 인정하고 있기 때문에 각 政黨은 이를 둘러싸고 外交問題에 대한 政策論爭을 전개한다.

한편 각 政黨은 財界, 勞動組合 및 官僚의 世界와도 밀접히 연결되어서 相互補完作用을 하고 있다. 예컨대 각 政黨에 政治獻金을 제공하는 財界 및 각 기업체의 發言權, 官僚出身으로서 政界에 투신하여 國會에 議席을 확보하고 있는 退役官僚政治人들의 關係機關에 대한 영향력은 결코 무시할 수 없는 것들이다.

---

21 花井 等『現代外交政策論』シネルウア書房, 京都, 1975年 95~128項 參照.

22 James N. Rosenau, "Toward the Study of National-International Linkages," in J. Rosenau ed., *Linkage Politics: National and Intehnational System*, The Free Press, 1955) N.Y., 1967 參照.

23 日本國 憲法. 第72條 및 73條.

이러한 日本의 主要政黨들은 어느 특정한 外交問題가 상정되어 이를 둘러싼 소용돌이 속에서 그들 특유의 상당한 영향력을 행사하고 있다. 예를 들어 日蘇國交回復(1956년)[24]과 韓日國交正常化(1965년)[25]를 둘러싼 自民黨의 역할,[26] 日蘇安全保障條約의 개정(1960년)을 둘러싼 社會黨, 總評의 鬪爭, 日·中國交正常化(1972년)을 둘러싼 公明黨과 自民黨의 역할은 日本의 國內政治와 對外政策決定과의 상관관계를 충분히 설명하고 있다고 하겠다.

前述한 바와 같이 國內政治的 要因중의 하나는 一般大衆世論의 역할이다. 이곳에서 한 가지 짚고 넘어가야 할 것이 있다. 그것은 다름 아니라 一般 國民大衆의 역할이다.

戰後 日本의 國內政治過程에 있어서 일반대중의 政治參與가 특히 현저하게 증대한 것은 聯合軍總司令部(Supreme Commander for the Allied Powers)에 의한 민주화 정책의 실시에서 비롯한 것이라고 판단된다. 그 후 一般 大衆은 중요한 政治集團으로 등장하여 國內政策의 수립은 물론 對外問題를 둘러싼 政策의 형성과정에도 必要不可缺한 行爲者로 등장한 것이다.

이 배경에는 自由民主國家로써의 日本이 개방적이고 民主的 政治秩序의 가치관이 現代日本人들의 의식구조를 지배하고 있었기 때문인 것으로 판단 된다. 그 결과 주요한 외교문제가 日本國內外의 懸案으로 등장하였을 경우 시민운동은 각종 壓力團體 및 利益團體의 지원을 배경으로 하여 활발히 전개되어 왔다.

예컨대 日·國交回復(1952년 12월)을 둘러싼 鳩山一郎 內閣의 政策決定過程을 필두로 하여 日·美新安保障條約의 조인 (1960년 1월)과 제2차 岸信介 內閣의 韓·日國交正常化(1965년 6월) 및 Okinawa의 復歸過程(1972 년)과 佐藤榮作 內閣,[27] 그리고 日·中國交正常化(1972년 9월)와 田中角榮 內閣의 정책형성과정에 있어서 강렬한 시민운동을 통하여 一般大衆이 보여 준 여론의 풍조는 該當 問題領域에 따라서 다소 정도의 차는 있었지만 주목할 만한 것이라고 하겠다.

그 뿐만 아니라 최근의 北方四領의 返還을 둘러싼 日·蘇간의 국경분쟁 과정에 있어서 각 利益集團(예, 해당지역의 漁民團體)을 단위로 한 일련의 市民運動은 결코 간과할 수 없는 것이라고 하겠다. 이들의 움직임은 대개의 경우 매스콤에 투영되어 政策決定者 내지는 이에 관련되는 조직, 集團에 적지 않은 影響力을 행사하여 왔다. 이와 같은 市民의 政治參與問題에 관해서는 日本의 學界에서도 적지 않은 연구가 이루어지고 있다.[28]

---

24 Donald C. Hellmann, 前掲書 參照.

25 拙著, "戰後日本の外交政策決定過程における 特徵に關おる一考察 韓日國交正常化るめぐる政治過程と中心として一" 日本國際基察教學 大學院 提出 修士(碩士)學位請求論文, 1972年 參照.

26 福井治弘『自由民主黨と政策決定』福村出版社, 1969年 參照.

27 日本國際政治學會 編『國際政治一沖繩返還交涉の政治過程』第52號(1975年)에 收錄된 諸論 參照.

28 이에 關한 硏究로는 例를 들어, 東京大學의 西尾勝 教授 著『權力と參加』(東京大學出版會 1975年度刊) 參照.

주지하는 바와 같이 대중여론은 一般國民의 공통적 의견의 集合體이며, 該當國家의 정치적 이데올로기나 政治體制와도 밀접히 관련되는 고로 外交政策決定過에 있어서 중요한 變數로 등장하고 있다. 이것이 전달되는 과정은 前述한 바와 같이 매스미디어를 중심으로 한 意識的 與論 (articulate opinion)[29]이 그 통로가 되는 것이 常例이다.

여론이 對外政策決定過程에 있어서 硏究의 대상이 되는 것은 민주적인 政策決定 過程에 있어서 그것이 필요불가결한 變數로 등장하는 것이 통례이기 때문이다.[30] 하지만 大衆輿論의 投影方式, 通路, 輿論의 集約行態, 그 信憑性등에 대하여 약간의 의문을 제기하는 愼重論도 전혀 없는 것은 아니다.[31]

그러나 日本과 같이 개방적이고도 自由民主主義的인 사회구조에 있어서 大衆輿論을 무시한 對外政策의 결정이라 함은 상상하기 어려운 것이며 戰後의 대부분의 首相은 國民의 의견을 가장 중요시하여 왔던고로 정책결정자들은 大衆世論을 부단히 인식하여 왔다.[32] 前述한 例證을 통하여 알수 있는 바와 같이 政策決定者들은 該當 대외문제의 政策形成過程에 있어서 一般大 衆의 반응을 부단이 주시해 오고 있으며 여러 가지의 유형을 갖는 大衆輿論 의 動向은 정책결정자들의 自由行動을 구속하는 制約條件이 되고 있는 것이다.[33]

國際政治의 國內化와 國內政治의 國際化현상이 점진적으로 强化一路에 있는 現代日本政治의 상황에 있어서 이러한 경향은 더욱 표면화될 것으로 추측된다. 그러한 의미에서 國際政治는 國內政治의 연장선상에서 이루어진다고 볼 수 있겠다.

---

29 Donald C. Hellmann, *op. cit.*, pp.90~109.

30 Bernard C. Cohen, *The Press and Foreign* Policy (New Jersey: Princeton University Press, 1963), pp.248~263 參照.

31 Walter Lippmann, *Essay in Public Philosophy* (New York: Little Brown, 1955), pp.23~24.

32 佐藤榮作 前日本 內閣總理大臣과 筆者와의 單獨面談에서 確認(1973年 1月12日 午後 東京都世田谷區의 自宅에서).

33 例를 들어, G. Almond는 輿論의 類型(Typology)의 一般公衆(General Public), 關心層 (Attentive Public), 政策意見 엘리뜨(Policy and Opinion Elites), 公式的인 政策指導者(Legal or Official Policy Leadership)의 네 가지 形態로 分類하고 있다. 그리고 K. Holsti는 輿論의 構造를 關心層, 中間層, 無關心層의 세 가지로 分類하기도 한다. 한편 J. Rosenau는 輿論의 類型 外交政策의 關係를 政府機關의 政策決定過程(Governm· ental Decision-Making Process), 世論提起過程 (Opinion-Submitting Process), 輿論 形成過程(Opinion-Making Process)으로 分類해서 說明하기도 한다. 이들에 關해서는 Gabriel Almond, *The American People and Foreign Policy*, 1950, p.138; K.J. Holsti 著 宮里政玄 譯, 『國際政治の理論』勁草書房, 1972年, 233~234項, James N. Rosenau, *Public Opinion and Foreign Policy: An Operational Formulation*, 1967, pp.22~24; J. Rosenau, *Domestic Sources of Foreign* Policy (N.Y.: The Free Press, 1967), p. 47을 參照.

④ 社會 · 經濟的 要因

前述한 日本의 地學的 要因과 깊은 관련을 갖는 變數로써 人的·社會的 및 에너지자원을 포함한 經濟的 要件 결코 무시할 수 없다.

本州, 四國, 九州, 北海道의 4개 지역으로 형성된 日本列島의 총면적은 37만 2천 5백km^2이다. 이는 南韓領土의 약 4배에 해당되며 인구도 약 1억 2천 만으로 韓國의 약 4배이다. 하지만 世界政治라는 관점에서 보았을 경우 日本은 全世界 陸地面積 불과 350분의 1의 면적에, 全世界 人口의 30분의 1을 초과하는 人口를 확보하고 있는 것이다. 그럼에도 불구하고 日本의 총 GNP는 自由世界의 2배를 확보하고 있으며 全世界 GNP의 13분의 1을 占有하고 있다. 뿐만 아니라, 一人當國民所得은 美國을 훨씬 능가하고 있다. 또한 총 GNP의 0.9%에 불과한 군사비는 全世界에서 제 7위를 자랑하고 있는 것이다.

더우기 日本은 天然資源 특히 광산자원도 풍부한 편이 되지 못한다. 經濟 大國 日本은 에너지원동력으로서의 石油를 대부분 외국에서 수입하고 있는 형편이다. 이로 인하여 戰前, 戰後를 막론하고 이러한 資源缺乏의 현상은 日本정부로 하여금 大陸進出과 對外據點의 확보를 불가피하게 하였다.

「아랍」 產油國의 原油價格調節의 결과가 日本經濟에 미치는 영향을 상상하면, 에너지자원의 결핍이 얼마나 日本의 입장을 난처하게 하고 또한 日本 정부에 의한 에너지자원의 海外依存度가 얼마나 높은지를 알 수 있다. 동시에 이는 日本이 풍부한 천연자원을 확보하지 못하고 있다는 사실이 그들의 자율적인 對外行動을 규정하는 중요한 要因이 되고 있음을 시사해주고 있는 것이다.

日本은 天然資源 결핍과는 퍽 대조적으로 人的資源의 면에서는 이의 부족함을 보강할 정도의 잠재력을 갖고 있다고 하겠다. 즉 勞動者의 근면함, 日本人의 창조적 模倣性, 科學技術의 발달, 고도화된 物質文明, 교육수준의 향상, 經營能力의 우수함, 勞使의 협조성과 자율성, 組織構成員 상호간의 단결과 조화와 같은 면은 天然資源 결핍에서 기인한 日本의 불리한 입장을 보강할 강력한 추진력이 되고 있다.[34]

이와 같은 人的資源의 특성이야말로 日本의 工業力을 고도로 발달시키는 基礎的인 要因이며 經濟大國으로서의 日本을 건설하게 된 저력이라고 할 수 있겠다. 뿐만 아니라, 日本株式會社라고 불리워질 정도로 政府와 財界 및 官界組織體는 單一體가 되어 現代日本의 건설을 위하여 응집되고 있는 것이다.

이러한 日本의 社會的·經濟的 諸狀況은 日本의 대외정책의 質과 性格을 규정하는 주요한 決定要因으로 부단히 존재하고 있다.

---

34 花井, 前揭書, 267項.

⑤ 國際境環的 要因(安保 · 軍事的 要因)

戰後의 日本은 戰前과 같은 帝國主義的 海外膨脹政策을 포기하고 日本列島에 한정시킨 소위 「專守防衛」정책을 기본으로 하여 防衛費를 國民總生產高의 1% 이내로 한정시켜 왔다.[35] 또한 美國의 핵우산하에서 日·美간의 同盟體制의 유지와 확립을 外交安保政策의 기본으로 해 왔으며, 이러한 관점에서 軍事費의 증강을 억제해 왔다.[36] 그 결과 戰後의 日本은 경제발전에 전념할 수가 있었으며, 1960년대에 이르러서의 비약적인 經濟成長은 世界의 經濟大國으로써의 지위확립을 가능하게 하였다. 뿐만 아니라 日本의 對外政策은 美國의 對日政策여하에 의하여 크게 영향을 받고 있으며 日本의 안보 정책도 日·美安保體制의 연장선상에서 이루어지고 있는 것이다.

또한 日本政府는 소위 非核三原則을 今後도 실시할 것임을 밝히고 있다. 이러한 관점에서 日本이 핵무기를 소유하는 문제는 識者간에 신중히 논의되고 있다. 國民總生產高와 軍事費의 불균형 문제도 적지 않게 거론되고 있다. 日本은 엄청난 經濟力에 비하여 지나치게 적은 防衛豫算을 할애하고 있다는 비난을 歐美列强 특히 美國으로부터 끈질기게 받고 있다.

뿐만 아니라, 「아프가니스탄」 侵攻 이후의 蘇聯의 南下政策은 日本 정치지도자를 크게 자극하고 있다. 日·蘇간 영토분쟁의 對象地域인 Kunashiri, Habomai, Etorofu, 그리고 Shikotan은 여전히 蘇聯의 영향력이 增大一路에 있고, 蘇聯은 특히 그 곳에 1개 師團에 해당하는 兵力을 투입시키고 있을 뿐만 아니라 軍事基地마저 설치하고 있는 것으로 알려지고 있다. 이러한 蘇聯의 군사적 行動可能性은 日本人들의 危機意識을 조장하는데 주요한 계기가 되고 있다. 防衛廳은 이를 계기로 하여 防衛費 증강의 중요성과 필요성을 공공연히 강조하고 있는 것이다.[37]

韓半島에 있어서의 군사적 긴장도 마찬가지이다. 韓半島의 현상에 대하여 日本의 정책결정자들은 여러 가지의 가능성을 상정하고 있다. 日本의 입장에서 보았을 때 가장 바람직한 상태는 現在와 같은 分斷狀況 속에서 국제분쟁의 가능성이 약화되고 日本이 南北韓과 等拒離外交를 시도함으로써 一擧兩得의 국가이익을 추구하는 것임은 재론의 여지도 없다.

한편 日本으로서 제일 바람직하지 못한 선택은 南北韓이 통일되어 政治的·軍事的, 經濟的인 强國으로 등장하여 日本을 위협하거나, 蘇聯의 영향력이 北韓을 자극시켜 韓半島가 蘇聯의 군사적 음모나 책략에 의하여 赤化統一 되는 것이다. 그러나 日本은 이러한 상태를 결코 원치 않는다고 하겠다. 이는 日本을 더욱 자극시켜 危脅意識 속에서 항상 外勢로부터의 攻擊에 대응하는 준비를 해야하고 軍事的 不均衡狀態가 日本列島를 계속 위협할런지도 모르기 때문이다.

35 拙著 "現代日本의 防衛政策－防衛白書와 總合安保硏究報告書를 中心으로" 外務部 外交安保硏院究 硏究論文 80-18.

36 上揭書, 8~10項 및 14~23項 參照.

37 上同.

한편 美·中關係가 正常된 이후의 北京政權은 日本에 대하여 추파를 던지고 있다. 北京政權으로서는 北京과 「워싱턴」 和解關係를 이루었다는 것을 기화로 하여 日本도 美國과 동일하게 취급되어져, 對蘇聯 奪制戰略에 日本이 합세해 줄 것을 요구하고 있으나 日本이 그리 쉽게 이를 수락할 가능성은 많지 않다. 日本은 前述한 바와 같이 어느 특정한 國家와 敵對關係를 갖지 않고 어느 國家와 等距離式 全方位外交를 전개함으로써 그들의 국가이익을 극대화하려고 하기 때문인 것이다.

지금까지의 논술을 통하여 明若觀火한 바와 같이 日本列島를 둘러싼 安保·軍事的 要因은 日本의 對外政策決定 過程에 있어서 주요한 變數가 되고 있다. 특히 美國, 中國, 蘇聯등은 그 핵심적인 行爲者이며, 그들 국가의 판단과 대외정책 여하에 의하여 日本의 외교정책은 커다란 影響을 받고 있는 것이다. 이러한 국제정치 現狀은 Harold & Margaret Sprout 教授夫婦가 말하는 國際環境的인 要因(international environmental factors)이 一國의 政策決定 過程에 미치는 영향을 실증하는 것이라고 하겠다.[38]

⑥ 國民性

政策決定者의 외교정책행위 (foreign policy behavior)를 지배하는 또 하나의 중요한 要素가 있다. 이는 정책결정자를 포함한 該當國家의 國民이 갖고 있는 공통적인 社會習慣, 行動樣式, 傳統, 思考方式등으로 구성되는 國民性을 말함이다. 통상 一國의 외교정책은 그 국가와 민족의 對外的 發言이요, 意思表明의 결과다.

이 경우의 對外政策은 該當國家의 구성원이 갖고 있는 國民性과 國家目標가 이데올로기의 형태를 취하여 對外 政策活動의 최고의 지도원리로 표출되는 것이다.[39] 말하자면 外交政策의 質은 該當國民의 공통적 성격, 民族의 비젼, 文化的 傳統, 고유한 習慣등에 의하여 크게 좌우된다고 하겠다.[40] 이러한 발상을 좀 더 연장시켜 보기로 한다.

예컨대 獨逸人은 선천적으로 軍隊와 規律을 좋아하고 진취적인 반면, 美國人은 물질적이며 理念的인 동시에 自己中心的이고 未來指向的인 것으로 일컬어지고 있다.[41] 또한 프랑스인은 논리

---

38 Harold and Margaret Sprout, "Environmental Factors in the Study of International Politics," Rosenau ed., *op. cit.*, pp.41~56 참조.

39 神川彦松, "日本外交へのヴロレゴメナ" 日本國際政治學會編 『日本外交の分析－國際政治 第2號』 有斐閣 1957年 9項.

40 上同.

41 A.F.K. Organski, *World Politics*, New York, Knopf, 1958, (日本語譯; オルガンスキー 『世界政治』 上, 91-92項).

적이고 機智가 풍부하며 自國文化中心的(ethnocentric)인 반면, 英國人은 實利的이고 非感情的이며, 蘇聯人은 純感하고 애국적인 것으로 알려져 있다.[42] 近代國際關係史에서 알 수 있는 바와 같이 이러한 각국의 國民性은 該當國의 외교스타일과 外交政策의 質을 좌우하는데 적지 않은 영향을 준다고 하겠다.

그러면 日本人의 國民性은 어떠하고, 그것은 日本의 外交政策과 어떠한 관련을 갖는 것일까?

우선 日本的 意識構造(mental structure) 의 내용과 특질을 규명함으로써 日本人들이 공통적으로 갖고 있는 國民性을 알아보기로 한다.

첫째 表現樣式의 兩面性을 들 수 있다. 日本人들은 소위 **建前**(Tatemae)와 **本音**(Honne)의 양측면을 갖고 있다. 前者는 外面的이고 형식적인 반면, 後者는 內面的이고 內容的이다. 또한 自民族의 발전을 위해서는 創造的 模倣을 즐겨한다. 둘째 그들은 기본적으로는 傳統(保守)指向的이라고 할 수 있다. 물론 예외가 전혀 없지는 않으나 一般大衆은 급격하고도 혁신적인 變化보다는 保守와 安定을 추구하는 경향이 강하다. 동시에 그들은 內實을 중시하며 現實主義的이다.[43]

셋째 日本人은 自民族中心的(ethnocetric)인 경향이 농후하다. 日本人들은 社會學에서 말하는 소위 自民族만을 中心的으로 사물을 평가하는 경향이 매우 농후한 고로, 自己民族과 自己文化는 중요시하면서도 他民族과 그 文化에 대하여서는 배타적이고 멸시하려는 태도를 보이기도 한다. 특히 그들은 선진국에 대해서는 경쟁의식을, 개발도상국에 대해서는 우월감을 갖고 있다.[44] 圖表 (1)에서 알 수 있는 바와 같이 現代 日本人들의 약 60%는 世界에서 日本人이 가장 우수한 民族이라고 생각하고 있다.[45] 또한 圖表 (2)에서 보는 바와 같이 日本人을 뛰어난 民族이라고 자부하는 사람들은 시간에 비례하여 漸增하는 반면, 그들 스스로를 劣等民族이라고 생각하는 사람은 날이 갈수록 降下一路에 있다.[46]

---

42 *Ibid*.

43 拙稿 "現代日本知識人들의 對韓認識" 韓國政治學會主催의 研究發表 原稿에서(1980年 12月 6日)

44 上同.

45 日本人研究會 林知己夫 編,『日本人研究 No. 1: 日本人の心は譯わつたか』 至誠堂 1976年 176~177項.

46 上同.

圖表 1 **優秀한 人種(複數回答)**

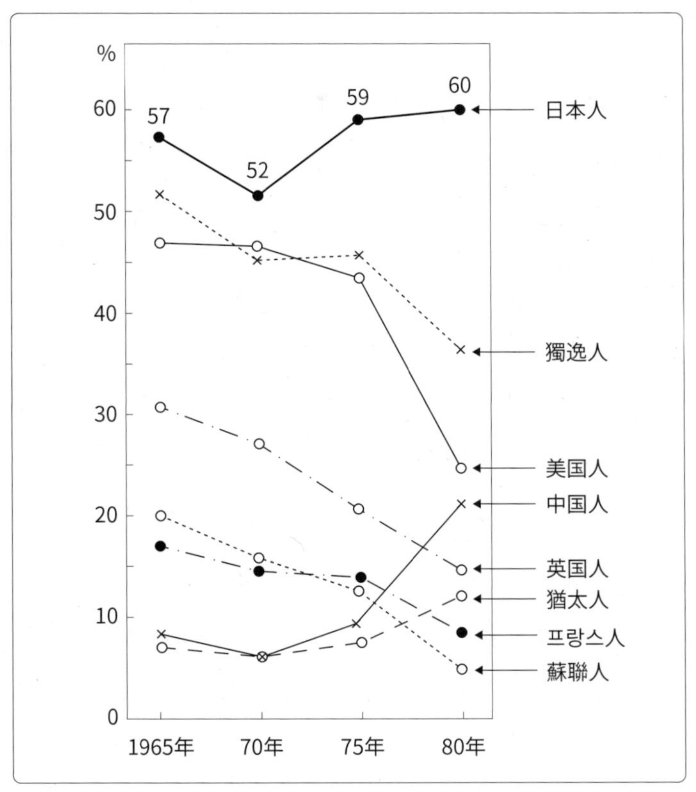

圖表 2 **日本人과 西洋人의 優劣**

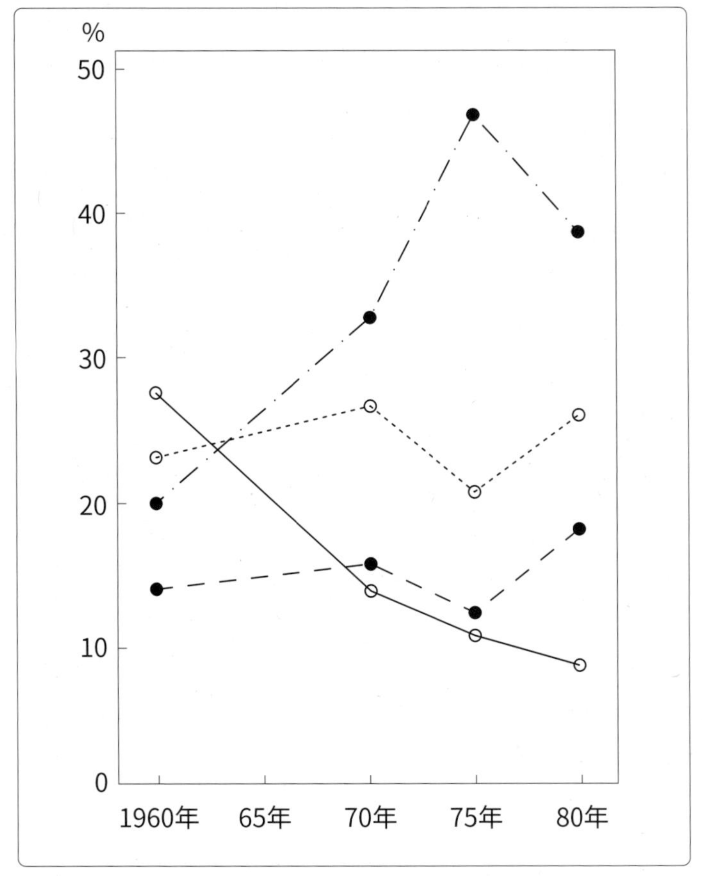

넷째 日本人은 凝集力과 組織力이 강하다. 특히 異質的인 개인이나 단체와 접촉할 때는 日本的인 행동양식을 공통분모로 하여 응집하게 되는 것이 日本人들이다. 예컨대 絶對價値 1의 힘을 갖는 日本人들 10명이 모이면 10 이상의 힘을 발휘하는 경우도 있는 것이다.[47]

다섯째 그들은 義理, 人情에 비교적 약하다. 최근 젊은 층에서는 西歐文明의 영향으로 합리주의적인 思考方式이 보편화되고 있기는 하나 대부분의 日本人은 아직도 義理, 人情에 약하다고 보아도 큰 잘못은 없을 것 같다. 이는 戰前과 戰後를 비교하였을 때도 커다란 변화를 보이지 않는 日本의 전통적인 意識構造의 특징이라고 판단된다.[48]

이상 現代 日本人이 갖는 國民性의 특질을 그들의 意識構造라는 측면에서 개괄적으로 살펴 보았다. 이러한 성향은 어느 국가를 막론하고 最高政策 定者에서부터 一般大衆에 이르기까지 비교적 공통적으로 소유하게 되는 것이 보통이다. 특히 日本과 같은 單一民族社會에서는 더욱 그러하다.

日本的인 行動様式, 意識構造, 思考方式은 日本에서 출생하여 (설사 외국에서 출생한 경우가 있더라도) 日本的 사회구조와 政治風土에서 성장한 사람이 아니면 향유할 수 없는 그들 고유의 것인 것이다. 그러한 의미에서 日本人들은 同質的(homogeneous)이고도 統一性이 있는 國民이라고 할 수 있겠다.[49] 그러므로 이러한 行動様式에 익숙치 않은 개인이 日本人들의 집단속에서 그 構成員의 일원으로 생활을 하게 되면 그들과의 사이에 적지 않은 文化的 摩擦(cultural conflict)이 생기게 되는 것이다.[50]

이러한 日本人의 독특한 行動様式은 그들의 국민성의 根底에 항상 내재하고 있다. 일반적으로 對外政策決定過程에 있어서 該當國家의 국민이 갖고 있는 國民性이 중요한 決定要因중의 하나로 작용하고 있음은 주지의 사실로 되어 있다.[51] 하지만 구체적으로 그것이 어떠한 의사전달통로(communication channel)를 경유하여 어떠한 형태로 政策決定過程에 기능하는가에 대하여는 아직 정착된 理論과 모델은 존재하지 않고 있다.[52] 그러나 明若觀火한 사실은 前述한 바와 같이 각국의 國民性은 상호 次元과 內容을 달리하고 있으며, 그것은 該當國家의 대외정책의 質과 외교스

47 拙稿 "知日知韓의 實像" "日本知識의 對韓認識".

48 『서울신문』 1980년 12월 19일字.

49 Reischauer 敎授의 이러한 認識은 Japan Past and Present, Knopf, 1964 및 The United States and Japan, Viking Press, 1962에 共히 記錄되어 있다.

50 平野健一郎, "文化的關係としての國際關係", 武者小路公秀 · 蠟山道雄 編, 國際學一理論 と展望』東京大學出版會, 1976年, 173~202項 參照.

51 이에 關해서는, A. Inkeles and D.J. Levinson, "National Character: the Study of Model Personality and Socio-cultural System," in Lindzey ed., *Handbook of Social Psychology*, Vol. II, 2nd ed., IN, Addison-Wesley mass., 1969年의 詳論 參照.

52 上同.

타일을 좌우하는 중요한 척도가 된다고 하는 점이다. 日本의 경우, 위에 열거한 다섯 가지의 특징에 의거하여 구체적으로 몇 가지의 실례를 들어보자.

첫째 日本人들의 의식구조의 兩面性은 東条英機 內閣(1941年 1月-1944年 7月)의 眞珠灣功擊을 둘러싼 對美政策形成過程에 여실히 나타나고 있다.

日·獨·伊 3국과의 軍事同盟締結(1940년)을 통하여 對外膨脹政策의 국제적 기초를 더욱 굳건히 한 日本政府는 「프랑스」領의 「인도차이나」에도 進駐하기 시작하였다. 이러한 배경 속에서 美·日간의 긴장은 漸進的으로 고조화 되고 있었다. 이를 해소하기 위한 日·美外交交涉은 1941년 4월부터 시작하였다. 그 후 12월 8일의 眞珠灣功擊에 이르기까지 日本政府의 對美 政策은 줄곧 兩面工作으로 일관되었다.

말하자면 美國과는 日·美間의 紛爭防止를 위한 外交交涉工作(建前)을 外面的으로는 시도하면서도, 國內的으로는 眞珠灣功擊을 위한 戰爭推進工作(本音)을 동시에 병행하고 있었던 것이다. 이는 日本人들이 갖는 의식구조의 兩面性이 여실히 반영된 좋은 예라고 할 수 있겠다.[53]

이러한 성향은 또한 現代日本의 對外政策決定過程과 對外交涉行態(negotion behavior)에도 적지 않게 나타나고 있다.

예컨대 제1차대전 期間중의 日·美의 紛爭이 노출된 石井-Lansing 協定을 둘러싼 日本의 對美交涉過程에도 그러하다.[54] 石井菊郞 前外相은 寺內正毅 相首의 特別使節로 美國에 파견되었다.[55] 石井의 訪美에는 儀禮的인 목적(前)과 實質的인 목적(本音)의 두 가지가 있었다. 前者는 英國使節 A.G. Balfour나 「프랑스」 使節 Renè Viviani 와 마찬가지로 美國이 聯合軍측의 일원으로 대전에 참가하여 승리한 것에 祝意를 표하기 위한 것이다.[56] 한편 後者는 對中國 21個條條約의 체결로 南滿洲와 東部內蒙古의 特殊權益의 법적 근거를 확보한 日本이[57] 美國으로 하여금 이를 인정케 하고 旣定 事實化하고자 하는 의도이었다. 그럼에도 불구하고, 石井는 渡美직전의 순간까지 後者를

53 Michael Blaker, *Japan's International Negotiating Behavior,* Columbia University Press, 1976, (日本語譯: 池井優 譯, 『日本の國際交涉態度の研究一根まわし·かきまわしあとまわし』 サイマル出版會, 1976)는 이점에 관한 몇 가지의 좋은 예를 기록하고 있다.

54 拙稿 "日本의 大陸進出政策과 滿蒙權益一石井·Lansing 協定의 始", 現代日本研究會編 『日本研究論叢』第2輯, 1981年(出刊豫定)參照.

55 日本外務省編 『日本外交文書』 大正六年 第三卷第727文書(佐藤駐米大使→本野外相, 1917年 5月 15日), 730文書閣議決定, 同 5月 22日 및 731文書(本野外相→佐藤大使, 同 5月 22日).

56 石井菊郎, 『外交餘錄』 岩波1931年, 135~138項.

57 拙稿 "滿蒙權益をめぐる日米關係の相克", 日本國際政治學會編『變動期における東アジアと 日本一この史的考察國一際政治제66호』 有斐閣, 1980年, 91~108項(韓國政治學會編 『韓國政學會報』 第14輯, 1980年 韓國語譯)參照.

隱蔽하고 兩面工作으로[58] 對美交涉에 임하였던 것이다.[59]

둘째 日本人들의 傳統(保守)指向性은 戰前과 戰後 日本外交政策의 基本目標를 비교하면 잘 알 수 있다.

現代日本政府가 지향하는 外交目標중의 하나는 소위 全方位外交이다. 이는 정치적 이데올로기를 超越하여 日本의 國家利益 증진에 적극적인 효과만을 초래한다면, 세계에 존재하는 어느 국가와도 緊密한 紐帶關係를 맺겠다고 하는 全天候外交方針을 말한다. 이러한 方針은 聯合軍總司令部(Supreme Commander for the Allied Powers)에 의한 軍政統治 期間중에 는 잠재적으로 존재하고 있었으나 제3차 吉田茂 內閣(1949년 2월~1952년 10월)末期부터 다시금 표면화되기 시작하여 戰後 日本外交의 중요한 對外方針으로 등장하였다. 그 후 鳩山一郎內閣→石橋湛山內閣→岸信介內閣→池田勇人內閣→佐藤榮作內閣→田中角榮內閣→三木武夫內閣을 거치는 동안은 소위 「平和外交」라는 명칭으로 불리워졌다.

곧이어 등장하는 福田超夫首相은 기본적으로는 동일한 개념이긴 하나 「全方位外交」라고 하는 自己流의 명칭을 사용하기 시작한 것이다."

이러한 日本外交目標의 現代史的 발상은 戰後에 돌연히 이루어진 것이 아니다. 「全方位外交」의 발상은 霞夕關(Kasumigaseki) 正統外交로 點綴되어지는 戰前 日本外交의 消長이라고 하는 史的 배경의 연장선상에서 형성된 것임을 잊어서는 아니되겠다.[60] 이는 또한 歐美列强과의 「國際協調體制」를 구축하면서 大陸膨脹政策을 시도하려던 戰前 日本外交의 딜레마를 적나라하게 노출시킨 것이다.[61] 그 결과 親英→親露→親美의 輪廻 반복하면서 오로지 日本의 국가이익만을 추구하기 위해서는 八方美人的 소위 「全方位外交」가 불가피하였던 것이다.

그 과정이야말로 주로 大陸進出政策의 적극적 수행을 통하여 日本의 國家目標를 달성하려던 軍部와 國際協調路線의 우선적 확립을 통하여 國家目標를 유효하게 달성하려 했던 外務省과의 대립으로 點綴되어진 것이었다.[62]

이와 같이 戰後에 공통적으로 일관된 日本外交政策의 一 斷面은 日本人들의 傳統(保守)指向性을 추구하는 意識構造의 좋은 예라고 볼 수 있겠다.

---

58 前揭, 『日本外交書文文書』 第744, 762 文書. 黑羽茂,『太平洋をめぐる日米抗爭史』 南窓 社, 1968年, 196項.

59 石井, 前揭書, 136項, 前揭 拙稿 「日本의 大陸進出政策과 滿蒙權益」 參照.

60 慶應義熟大學의 內山正熊 教授는 日本國際法學會의 學術誌 『國際法外交雜誌』 第71卷 (1973年 3月)에 揭載된 前揭 論文 "外務省の機能變遷" 通하여 이점에 關한 면밀한 研究를 하고 있다.

61 上同(特히, 第二章 및 三章 參照); 第岡伸一, 『日本陸軍と大陸政策: 1906~1918年』 東京大學出版會, 1978年 參照.

62 이 점에 關해서는, 前揭拙著 『近代日本の對外政策決定研究試論』 參考.

셋째 日本人들이 세계에서 가장 우수하며 日本文化야말로 세계 어느 文化에 비교하더라도 他의 추종을 불허할 것이라고 생각하는 그들의 自民族中心的(Ethnocentric)인 意識構造는 開發途上國 내지는 低開發國에 대한 日本의 外交政策에 뚜렷이 나타나고 있다.[63]

예컨대 日本政府의 對東南亞政策의 기본은 日本文化와 경제력의 우수성을 과시함으로써 그들에게 대한 日本의 影響力을 크게 행사하고, 日本의 국가 이익을 증진하는 데 있다. 그러한 의미에서 日本은 〈文化的 優秀性을 통한 對外弘報 → 경제적 침투 → 政治的 影響力의 행사〉라고 하는 圖式을 구상하고 있다고 해도 과언이 아니겠다.

넷째 日本人들의 組織力과 凝集力이 강함은 주지의 사실인 바 1930년대 末期 軍國主義 勢力의 강화와 더불어 全國民이 일치하여 국가의 政策目標에 順應俳進하기 위한 國家總動員法의 성립(1938년)을 둘러싼 제1차 近藤文麿 內閣(1937년 1월~1939년 8월)의 政策形成過程에 나타나 있다.

또한 戰後에 있어서도 이러한 경향은 부단히 계속되고 있다. 예컨대 政策 決定過程에서는 상호 異質的인 입장을 취하더라도 일단 결정된 사항에 대해서는 묵묵히 추종하고 단합하는 경향, 意見調節過程(consensus-building process)에 있어서의 相互摩擦을 가능한 한 피하면서 기묘하게 組織의 힘을 활용하여 결실을 맺는 交涉行態, 日本人들 상호간에 意見과 立場의 相違가 보여질 때[64] 제 3자가 이에 개입하게 되면 그들 상호간의 紛爭을 노출시키지 않고 교묘하게 응집되어 對外的으로는 萬場一致를 기하는 그들의 외교정책행위 (foreign policy behavior)는 주목할 價値가 있다고 하겠다.[65] 오늘날 經濟 大國으로서 日本이 건설되게 된 배경에는 이러한 組織의 힘, 민주적인 訓練을 통한 政策의 慣習이 중요한 역할을 해 온 것으로 판단된다.

다섯째 義理와 人情에 약한 日本人의 국민성은 日·中國交正常化(1972년 9월) 과정을 통한 日本政府의 對臺灣政策決定過程에 나타나 있다.

당시의 田中角榮內閣으로써는 北京政權의 國交回復이 불가피한 상황에 놓여져 있었다. 「닉슨」 대통령의 北京訪問을 통한 美·中간의 화해무드는 1960년대 초기부터 형성된 것으로 일컬어지고 있는 世界政策의 冷戰무드를 파격적으로 재수술함을 의미하였다. 이러한 국제환경의 변화는 日·美安保體制의 확립을 外交·安保政策의 기초로 하고 있는 日本政府 指導者로 하여금 北北

63 日本文化와 日本人들의 意識構造를 理解하는데 必要不可缺한 古典的 文獻으로써는, Ruth Benedict, *The Chrysanthemum* and the Sword, Houghton Miffin Co., Boston, 1967 (長谷川松治 譯, 『菊とカー日本文化の型』社會思想社, 1974)이 뛰어남.

64 Graham T. Allison은 이러한 상황을 가리켜 "Where you stand depends on where you sit."라고 表現하고 있다. G. Allison의 前揭論文 "Conceptual Models and the Cuban Missile Crisis" 參照.

65 Michael Bloker의 前照書, *Japan's International Negotiating Behavior* 參照.

京政權과의 제휴의 필요성을 크게 인식시키는 계기가 되었다.[66]

이와 같은 國際情勢의 새로운 무드는 日本國內의 일반대중에게도 파급되었다. 1972년 7월 佐藤內閣의 退進과 함께 극적으로 등장한 田中內閣은 國民輿論의 희망에 대응하는 外交的 業積을 달성해야 할 필요성에 직면하였다. 또한 長期政權 유지를 위한 국민의 호응도 필요로 하였다. 이를 위해서는 日·臺灣國交破棄와 日·中國交正常化의 달성이야말로 적절한 外交懸案이었다.

그러나 이 과정에 있어서 아무리 國際環境의 변화와 國民輿이 앙등하고 있다손 치더라도 日·華平和條約의 체결 (1952년) 이후 20여년간 正常的인 外交關係를 유지해 온 臺灣政權과 國交를 단절하다니 '이럴 수가 있느냐'라고 하는 輿論도 적지 않게 남아 있었다. 이러한 움직임은 自民黨내에서 臺灣 lobbyist로 불리워지던 國會議員은 물론 臺灣과의 교류를 통하여 組織利益(organizational interests)을 획득해 온 企業體協會, 각종 右翼的인 이익단체, 意識的 輿論 및 一般大衆의 輿論으로 더욱 가속화되어 一時的인 冷却期를 갖기도 하였다.[67]

이와 같은 일련의 움직임은 義理와 人情에 약한 日本人의 국민성이 對外政策形成 및 外交交涉過程에 노출된 것으로 판단된다.

이상, 日本外交政策의 決定要因을 정책결정자의 개인적 요인, 地政學的 요인, 國內政治的 요인, 社會·經濟的 요인, 國際環境的 요인(安保·軍事的 요인) 그리고 국민성의 몇 가지 측면에서 기술하였다. 그러면 이러한 諸變數가 작용하는 現代日本의 外交政策은 어떠한 過程과 機構속에서 이루어지고 있는 것일까?

4. 現代日本의 外交政策 決定過程과 機構

① 政策決定機構의 變容

1945년의 敗戰에 의하여 戰前 日本의 거대한 政治勢力인 軍部는 해체되고 明治憲法하의 天皇制는 잠정적으로 붕괴되었다.

또한 元老나 重臣과 같은 憲法外的 政治勢力도 소멸되고 樞密院도 폐지되었다.

이로 인하여, 戰後 日本의 對外政策決定시스템에는 커다란 변화가 생겼다. 戰後 日本의 政治變革중 가장 중요한 것 중의 하나는 最高政策決定者로서의 首相이 갖는 政治指導力과 政策統合

---

66 別枝行夫 "日·中國交正常化の政治過程一政策決定者との行動の背景", 前揭『國際政治』第66號, 1980年 1~18項 參照.

67 上同.

能力이 戰前의 그것보다 제도적으로나 실질적으로나 강화되었다는 사실이다.[68]

新憲法하에 있어서 外交問題의 처리는 기본적으로는 行政府에 위임되어져 있다. 首相은 內閣을 대표하여 行政各部를 指揮·監督하는 권한을 가질뿐 아니라 國務大臣의 파면권도 갖고 있다.[69] 이와 같이 首相의 정책결정 기능은 戰後에 제도적으로 크게 확대되어 外交問題에 관해서는 國會에서의 報告와 條約締結에 관하여 국회의 承認을 얻는 것 이외에 閣議를 최종결정 기구로 하여 영향력을 대폭 행사할 수 있는 입장에 놓여졌다. 首相의 權限이 확대된 계기는 이러한 戰後의 制度的 變革에 의한 것만은 아니다. 國際政治의 構造的 變化도 이에 적지 않은 영향을 주었던 것이다.

환언하면, 국제환경의 諸變化가 個別國家의 國內政治에 적지 않은 影響을 주고 그 逆으로 國內政治의 결과가 (특히 强大國의 경우 예컨대 美國의 大統領 選擧 결과) 國際政治에도 적지 않은 影響을 주기에 이르렀다. 이로써 국제정치와 국내정치의 境界線이 불분명하게 된 것이다. 그리하여 오로지 外務省과 外務大臣만이 外交問題를 처리한다는 경향을 탈피하게 하였으며 소위 先進國 首腦會談과 같은 활발한 頂上外交(summit diplomacy)의 전개에서도 알 수 있는 바와 같이 首相의 정치적 리더쉽을 필요로 하는 경향이 漸增하기에 이르렀다.

뿐만 아니라, 주지하는 바와 같이, 現代外交에 있어서의 問題領域의 성격도 多樣化 一路에 있다. 政治的 성격을 띈 外交問題, 軍事·安保的 성격을 띤 外交問題, 경제적 성격을 띤 外交問題, 심지어는 文化的·社會的 성격을 띤 외교문제도 등장하기에 이르렀다. 政策決定過程에 影響을 주거나 사실상의 활약을 하는 行爲者가 증가하고 多樣化된 것이다.

이와 같은 國際環境의 變化와 現代外交의 특수성으로 인하여 日本의 政策決定機構는 더 복잡하게 되었다. 적지 않은 政策決定單位가 등장하게 되고 首相의 統合能力, 意見調整能力의 필요성이 더욱 강조됨으로 인하여 戰前의 사다리꼴 형식의 政策決定機構는 根本的인 修正을 필요로 하게 되었다.[70]

② 政治的 合意形成모델의 登場

現代日本의 대외정책은 國會의 過半數議席을 확보하고 있는 自民黨(與黨), 大企業體와 協會가 그 중핵을 이루는 財界, 그리고 주로 外務省이 중심이 되는 官僚 이상 3자간의 力學作用에 의하여 결정되어진다. 이 3개의 政策決定 單位는 상호 거부권을 갖고 있어서 어떤 政策樹立의 필요성

68 細谷千博, 前揭「對外政策決定過程における日米の特質」4~5項.

69 日本國憲法, 第68條 및 72條, 外務省設置法 第3條 內閣法 5條.

70 渡昭 "日本の對外政策形所の機構と過程" 細谷·綿貫編, 前揭書, 23~58 項參照: 細谷, 前揭論文, 4項.

을 인식하는 과정에 있어서 어떤한 요소가 강한 拒否反應을 보이게 되면 그 政策은 실현되지 않게 되는 것이다.[71] 하지만 前述한 바와 같이 戰前과 같은 政策決定 시스템하에서는 軍部 政策決定의 중요한 행위자로 등장하여 가끔 外交政策의 중심적인 行政機構(外務省)나 他政治勢力이 반대를 하더라도 軍部가 이의 강행을 시도할 경우에는 該當 對外問題는 그대로 실시되고 말았던 것이다. 소위 外交의 一元化 問題는 이러한 발상에서 비롯한 것이며, 戰後의 日本外交政策決定機構는 戰前과는 달리 三角柱시스템을 형성하기에 이르렀다.

말을 바꾸면 現代日本의 外交政策決定機構는 政府와 與黨(自民黨)指導者, 官僚의 上層部, 그리고 財界의 지도자로 이루어지는 三位一體인 엘리트集團에 의하여 구성되어져있다. 대부분의 外交問題는 이 3자간의 政治的 메카니즘에 의하여 수정되고 보강이 되고 있다. 이들 3대 政策決定單位야말로 日本株式會社의 중요한 構成要素라고 할 수 있다.

이와 같이 政府·與黨指導者, 高級官僚, 그리고 財界指導者가 政策決定過程에 주는 영향력은 他政策集團에 비교하여 상대적으로 큰 편이다. 하지만 이와 같은 트로이카·시스템·모델보다는 오히려 自民黨, 官僚, 財界의 3대 엘리트집단이 首相을 頂點으로 하는 政策決定單位를 보좌하며 助言者集團 구성하고 있다고 보는 것이 바람직하다. 이들은 말하자면 3개의 支柱가 軸을 이루고 있는 三角柱의 형태를 취하고 있으며, 이들 상호간의 의견조절 과정이 곧 日本의 外交政策決定過程이라고 할 수 있겠다.[72]

이들 3자간에는 말하자면 수평적인 相互作用이 있으며 이들과 最終決定者와의 사이에는 수직적인 相互作用이 있다고 할 수 있다.

現代日本의 最高政策決定權者는 제도적으로는 首相을 頂點으로 하는 閣議이다. 하지만 閣議는 사실상 該當 案件에 대하여 認證하거나 약간의 수정을 하는 정도의 기능밖에 발휘하지 못한다. 實質的인 最終決定單位는 問題領域의 성격과 종류에 따라서 조금씩 달라지기는 하지만 首相과 外相, 그리고 유력한 閣僚, 상황에 따라서는 高級官僚와 與黨指導者가 재등장할 수도 있다. 그러면 이들 主要政策決定單位에 관하여 개별적인 보충설명을 하기로 한다.

③ 官僚機構로서의 外務省

公的 政策決定機構로서의 外務省은 外交問題에 대하여 首相에게 직접 提言하며 政策形成過程에서 중심적인 역할을 하고 있다.

---

71 衛藤, 前揭論文, 30~32項.

72 Gerald L. Curtis, "Big Business and Political Influence," Ezra F. Vogel, *Modern Japanese Organization and Decision-Making*, 1975, pp.33~34; Chitoshi Yanaga, *Big Business in Japanese Politics*, 1968, pp.28~29.

또한 首相이나 外相의 國際環境에 대한 認識과 狀況判斷, 그리고 문제의 性格을 인식하는 등 중요한 公的인 정보채널을 장악하고 있는 것도 外務省이라고 할 수 있다. 뿐만 아니라 주로 首相과 外相의 판단을 조정하여 該當 外交懸案 유효적절하게 대응하기 위한 代案(alternatives)을 제시하는 기능도 갖는다.[73]

일상적인 政策決定(routine decision-making) 내지는 incremental decision-making의 경우 外務省내의 局, 部와 該當 課는 先例 의거하여 政策立案作業(standard operating procedures)을 취하며[74] 이 경우에는 소위 稟議制(Ringisei)가 활용되고 있다.[75] 반면 非日常的인 問題인 경우에는 該當 關係局간에 선별적으로 협의한 후 幹部會議에서 意見調停을 하고 外務省 內部의 의사전달통로를 통하여 政策形成이 이루어지는 것이 常例이다.[76]

하지만 문제의 중요도가 매우 높거나 政治的, 經濟的 및 安保的 性格이 농후한 문제가 되면 外務省의 단독 처리능력은 크게 저하된다. 首相과 外相이 직접 진두지휘함은 물론이요 他 行政府處의 該當 官僚들도 적지 않은 발언권을 행사하게 된다. 예컨대 通省, 防衛廳, 大藏省, 農林省, 運輸省등이 바로 그것이다.[77] 소위 관료정치모델 (bureaucratic or governmental politics model)의 발상도 바로 여기에서 출발한 것이다.

이러한 官僚政治에 의한 政策決定過程에 與黨인 自民黨이 개입하게 되면 이는 더 복잡한 양상을 띠게 된다. 소위 日本 특유한 自民黨내의 派閥力學 (faction dynamics)에 의하여 政策決定이 이루어지는 것이다.

이와 같은 官僚機關 內部에 수직과 수평의 방향으로 협의 (consultation), 거래 (bargaing), 조정 (coordination), 설득(pursuation)과 같은 相互作用이 전개되어 政策形成이 이루어지는 메카니즘은 관료정치모델이나 組織過程모델에 의하여 分析能力이 높아질 것 같다.[78]

---

73 渡邊治夫, 前揭論文, 33~37項.

74 上揭論文, 37~42項.

75 稟制(Ringisei)에 關해서는 辻 清明『新版一日本官僚制の研究』東京大學出版會, 1974年에 收錄된 論文 "日本における政策決定過程 - 稟議制に關連して"가 매우 탁월함.

76 渡邊, 前揭論文, 42~44項.

77 細谷, 前揭論文, 7~8項.

78 官僚政治 및 組織過程 모델에 關해서는 Graham T. Allison 教授의 前揭書 *Essence of Decision*(特히 pp.67~100 및 pp.144~184); Morton H. Halperin, "Bureaucratic Politics and Foreign Policy," Brookings Institution, 1974을 參照. 또한 Richard Neustadt, Roger Hilsman, F. Rourke 等도 同모델을 擴大·發展시키고 있다.

④ 自民黨과 派閥政治

與黨으로서의 自民黨이 외교정치 立案過程에 있어서 中樞的인 역할을 하는 것은 政務調査會(그 下部機關으로서의 外交調査會)이다. 또한 安全保障 調査會도 外交安保政策의 企劃과 立案의 면에서 중요한 역할을 행사하고 있다. 그리고 問題領域의 성격에 따라서 조금씩 달라지나, 중요한 外交懸案인 경우에는 閣議의 최종 승인에 앞서서 自民黨總務會에서 기초적인 承認을 받는 것이 통례이다. 그러므로 自民黨의 소위 黨三役(幹事長, 政務調査會長, 總務會長)은 黨內의 政策決定過程에서 중요한 역할을 행사한다고 할 수 있겠다.[79]

與黨으로서의 自民黨은 外交政策決定過程에서 官僚機構와 병행하여 거의 동등한 역할을 하는 듯이 보이나 사실상 적지 않은 문제점을 내포하고 있다. 예컨대 정보수집, 분석 및 調停 能力에 있어서 빈약하며, 獨自的인 政策 立案 能力도 결여되어 있다. 때문에, 결국 行政機關이 제공하는 정보와 助言에 전면적으로 의존할 수밖에 없으며, 外交調査會에서 결정된 사항은 外務省이 설정한 방침을 事後 承認하는 것에 불과한 측면도 전혀 없지는 않다.

하지만 問題領域의 성질에 따라서는 自民黨의 역할이 증대해지는 경우도 있다. 예컨대 고도의 政策性을 띄우는 問題라든가 日本의 國內政治와 직결된 問題가 되면 自民黨역할은 방대해진다. 말하자면 政治的 性向이 높으면 높을수록 自民黨의 影響度는 상대적으로 커지는 것이다.

예컨대 外交問題에 중요한 관심을 보이는 層(attentive public) 뿐만 아니라 일반대중의 관심도 불러 일으키는 領土問題(Okinawa 返還交涉, 蘇聯과의 北方 領土問題, 中國과의 尖閣列島問題, 韓國과의 獨島問題),[80] 日·蘇 및 日·中國交政常化와 같은 중요한 외교문제뿐만 아니라 日·美安保條約 改正問題와 같이 국회 내부에서 與野간의 대립과 긴장을 야기시키는 성격의 問題가 되면 自民黨의 影響力은 더욱 강해진다. 또한 航空機의 수입이나 제철섬유 농산물 관계의 무역거래와 같이 黨內의 派閥이나 政治資金調達과 관련되는 問題가 등장하면 自民黨의 影響力은 더욱 강화되는것이 常例이다.

이 경우 自民黨內의 意見調節過程에서 黨內의 重要派閥간의 相互作用에 의한 메카니즘은 政策決定의 중요한 열쇠가 되고 있다. 주지하는 바와 같이 外交政策決定過程에 있어서 自民黨내의 派閥政治(faction politics)가 중요한 역할을 한다는 의미는 바로 이러한 發想에서 출발한다.[81]

---

79 福井治弘, 前揭『自由民主黨政策決定過程』 및 同氏의 “自民黨の外交政策と決定過程” 日本國際問題研究所 編.『國際問題』1972年 4月號, 15~27項 參照.

80 日本의 領土問題에 關한 研究書로써는 東京大學 명예교수 高野雄一著『日本の領土』(1961年)가 定評이 있는 것으로 알려지고 있다.

81 細谷, 6~7項, 花井, 前揭書, 第五章(127~175項) 및 拙著『戰後日本の外交政策決定過程における特徵に關す子一考察』第四章 一節(105~112項)參照.

⑤ 財界(協會 및 大企業體)

權力엘리트의 일부를 구성하고 있는 財界는 公的 決定機構 外의 집단으로서 政策決定에 있어서는 國內環境的 要因이 된다. 그러나 機能的 측면에서 보면 現代日本의 三大政策決定機構의 일부분을 구성하고 있다.

財界가 정책결정 과정에 發言權을 행사하는 근거는 두 가지로 설명할 수 있다. 첫째로 財界與黨의 政治資金을 조달하는 능력을 갖고 있다는 것이요, 둘째는 官僚層과의 人的 채널을 통하여 강력한 助言者 집단을 구성하고 있다는 것이다.

財界의 中心勢力은 經團聯(經濟國體聯合會)을 중심으로 하여 日經聯(日本經營者團體聯盟), 經濟同友會, 日商(日本商工會議所)의 4단체로 구성되어 있다. 뿐만 아니라 財界는 日本貿易協會와 그외의 주요 經濟團體 및 주요기업의 指導者로 구성되어져 있는 大家族 집단으로써 日本의 外交政策決定過程에 커다란 影響力을 행사하고 있다.[82] 하지만 財界의 역할을 분석할 경우에는 業界 및 企業體와 구별하는 것이 바람직하다고 하겠다. 業界는 利益團體 또는 壓力團體로서 기능하며 공통적인 특정 經濟利益의 창출을 위한 역할을 행사한다.

이에 반하여 日·美纖維交涉過程(1969년~1971년)에서 알 수 있는 바와 같이 財界는 단순한 經演的 利益의 창출이 아니라 利害關係가 서로 대립되는 特定業界간의 대립을 조정하는 기능을 발휘한다. 예를 들어 水産業界가 日·蘇國交回復(1960년 11월) 과정에서 河野一郎를 매개로 하여 政治的 壓力을 가한 것은 주지의 사실로 되어 있다. 반면 日.中國交回復過程에서 알 수 있는 바와 같이 財界는 정부를 先導하는 입장을 취하기도 하는 것이다. 또한 財界는 自民黨에 대하여 政治資金을 제공하는 역할을 하는 반면, 財界의 국제적 활동을 위하여는 官僚로부터 該當 地域의 政治狀況, 經濟發展, 社會構造, 賃金, 勞動力등에 관한 지식과 정보를 필요로 한다.[83]

이와 같은 성격을 갖는 財界는 現代日本의 주요 政策決定單位의 일부를 구성하고 있음에는 틀림이 없으나 官僚나 自民黨에 비교하여 政策決定過程에 기능하는 行爲者로서의 상대적 역할은 비교적 저조하다고 하겠다. 하지만 오늘날 日本의 財界는 外交政策은 물론이요 安保·軍事政策 및 經濟政策의 형성과정에 있어서 필요불가결한 요소로써 존재하고 있다는 사실은 인정할 수밖에 없을 것 같다.[84]

---

82 그 具體的인 例를 든다면, 韓·日국교정상화(1965年)와 日·中국교정상화 (1972年)를 둘러 싼 당시 일본財界의 동향을 살펴보면, 이는 明若觀火한 事實이다. 이에 대해서는, 拙稿(上揭論文), 第5章(128~146項) 및 Ogata, Sadako, "The Big Business Community and Japanese Foreign Policy Process Leading to Japanis Normalization of Relations with the People's Republic of China," Prepared for the Conference on Japanese Foreign Policy (Hawaii, January 1974)를 참조.

83 細谷, 前揭論文, 8~9項.

84 Gerald L. Curtis. "Big Business and Political Influence," E.F. Vogel ed., op. cit., 參照.

〈參考文獻〉

[韓國 文獻]

申熙錫, "近代日本の 對外政策決定研究試論" (東京大學博士學位論文 1978).

______, "現代日本의 防衛政策ㅡ防衛白書와 總合安保硏究報告書를 中心으로,

______, "外務部外交安保硏究院 硏究論文 80-18, 1980년 12월.

______, "知日知韓의 實像," "日本知識人의 對韓認識 · 『서울 신문』 1980년 12월 19일자.

______, "滿蒙權益をめぐる日米關係の相克", 日本國際政治學會編 『變動期にお ける東アジアと日本 - その史的考察 - 國際政治 제66호』 有斐閣, 1980년 (韓國政治學會編 『韓國政治學會報』 第14輯, 1980年).

______, "戰後 日本の外交政策決定過程における 特徵に開する一考察"

______, "日本의 大陸進出政策과 滿蒙權益ㅡ石井 · Lansing 協定의 始末," 現代日本硏究會編 『日本硏究論叢』 제2편 1981년.

______, "現代 日本知識人들의 對韓認識," 韓國政治學會主催의 硏究發表原稿(1980년 12월 6일)

[外國 文獻]

Allison, Graham T., "Conceptual Models and the Cuban Missile Crisis," *American Political* Science *Review* Vol. LXIII, No. 3 (September, 1969).

Almond, Gabriel, *The American People* and *Foreign Policy*, 1950.

Benedict, Ruth, *The Chrysanthemum and* the *Sword*, Houghon Mifflin Co., Boston, 1967 (長谷川松治譯, 『菊と刀ー 日本文化の型』 社會思想社 1974).

Blaker, Michael, *Japan's International* Negociating *Behavior*, Columbia University Press, 1976, (日本語譯: 池井優譯, 『日本の 國際交涉態度の硏 究ー根まわし · かきまわし』 あとまわしサイマル出版會 1976).

Cohen, Bernard C., *The Press and Foreign Policy* (New Jersey: Princeton University Press, 1963).

Curtis, Gerald L., "Big Business and Political Influence," Ezra F. Vogel, *Modern Japanese Organization and Decision-Making*, 1975.

Halperin, Morton H., "Bureaucratic Politics and Foreign Policy," Brookings Institution, 1974.

Hellmann, Donald C., Japanese Foreign Policy and Domestic Politics, University of California Press, Berkeley and L.A., 1969.

Holsti, Ole R., "The Belief System and National Images: A Case Study," *Journal* of *Conflict Resolution*, Vol. VI, No. 3.

Hosoya, Chihiro, "Retrogression in Japan's Foreign Policy Decision-Making Process."

Inkeles, A. and Levinson, D.J., "National Character: the Study of Model Personality and Socio-Cultural System," in Lindzey ed., *Handbook of Social Psychology*, Vol. II, 2nd ed., N, Addision-Wesley Mass., 1969.

Kelman, H.C., "Patterns of Personal Involvement in the National System: A Socio-Psychological Analysis of Political Legitimacy".

_______, ed., *International Behavior*: A Socio-Psychological Analysis, Rinehart and Winston, New York, 1965.

Lippmann, Walter, Essay in *Public* Philosophy (New York: Little Brown, 1955).

Morley, James W., *Japan's Foreign Policy*, 1868~1941, Columbia Unive-rsity Press, 1974.

_______, ed., Dilemmas of Growth in Prewar Japan, Princeton University Press, 1971.

Ogata, Sadako, Defiance in Manchuria: the Making of *Japanese Foreign Policy*, 1931-1932, University of California Press, Berkeley, 1964.

_____, "The Big Business Community and Japanese Foreign Policy-Process leading to Japanese Normalization of Relations with the Peoples Republic of China," Prepared for the Conference on Japanese Foreign Policy (Hawaii) January, 1974).

Organski A.F.K., World Politics, New York, Knopf, 1958, (日本語譯: オルガンスキー『世界政治』上)

Rosenau, James N., "Toward the Study of National-International Linkage- s,"in J. Rosenau ed., *Linkage Politics: National and International System*, The Free Press, New York, 1967.

_______, *Domestic Sources of Foreign Policy* (New York: The Free Press, 1967).

_______, ed., *International Politics and Foreign Policy*: A *Reader* in Research and *Theory*.

Sprout Harold and Margaret, "Environmental Factors in the Study of International Politics," *Journal of Conflict Resolution*, I (1957).

Shin, Hee-Suk, "Analyses of Public Opinion in the Process of Japan's Foreign Policy-Making with the Special Reference to the Normalization of Korea-Japan Relations (1965)", *Korea Observer*, Vol. XI, No. 2 (Summer, 1980).

Shin, Hee-Suk, "Determinants and Process of Foreign Policy Making in Modern Japan", *Korea Observer*, Vol. XII, No.2 (Summer, 1981).

高野雄一,『日本の領土』1974.

高坂正堯,『海洋國家 日本の構想』『國際政治一沖繩返還交渉の政治過程』제 52호, 日本國際政治學會 1975.

内山正態, "外務省の機能變遷," 日本國際法學會編,『國際法外交雜誌』제71권, 제5, 6合俳號 (1973년 3월)

渡邊昭夫, "日本の對外政策形成の機能と過程".

林知己夫,『日本人研究 No.1: 日本人の心は變わったか』至誠堂, 1976.

馬場伸也, "外交事象の認識の問題,"綿貫讓治編,『社會學講座』7권(政治社會學) 1973.

別枝行夫, "日中國交正常化の政治過程一政策決定者とその行動の背景,"『國際政治』제66호 1980.

福井治弘,『自由民主黨と政策決定』福村出版社 1969.

_______, ""自民黨の外交政策とその決定過程,"日本國際問題研究所編『國際問題』1972년 4월호.

北岡伸一,『日本陸軍と 大陸政策: 1906~1918년』東京大學出版會, 1978.

西尾勝,『權力と參加』(東京大學出版會, 1975年度刊)

緒方貞子,『滿州事變外交の形成過程』, 原書房, 1966.

石井菊次郎,『外交餘錄』岩波書店, 1931.

緒谷千博,『シベリア出兵の 史的研究』有斐閣, 1955.

_______, 綿貫讓治論『對外政策決定過程の日米比鼓』東京大學出版會, 1977.

_______, "對三極外交をいかに進めるか"『中央公論』通卷 제1035호 (1973년 6월 특대호)

升味準之輔,『政治學講議』上卷, 岩波書店, 1974.

神川彦松, "日本外交へのプロしゴメナ," 日本國際政治學會編,『日本外交の分析－國際政治第2 號』有斐閣, 1957.

辻清明, "日本における政策決定過程－察議制に關連して"『新版日本官僚制の研究』東京大學出版會, 1974.

衛藤瀋吉, "日本における 對外政策決定," 國際法學會編,『國際法外交雜誌』有斐閣, 제72권 6호(1974년 3월).

伊藤隆,『昭和初期 政治史研究一ロンドン 海軍軍縮問題をめぐる諸政治集團の對抗と提携』東京大學出版會, 6996.

『日本外交文書』日本外務省編, 大正六年 第3巻 第727文書, 730文書, 31文書. 744文書, 762文書.

田中直吉,『核時代の日本の安全保障』(1866년 版)

平野健一郎, "文化的關係としての 國際關係,"武者小路公秀 蠟山道雄編,『國際 學一理論と展望』東京大學出版會, 1976.

花井 等,『現代外交政策論』シネルヴア書房, 京都, 1975.

※ 편집자 주:『각국 외교정책론』, 1985에서 발췌한 것임.

第 3 節

安保防圍政策論의 展開

❶ 향후 일본의 안보정책노선과 전망*

1. 序言

本稿의 目的은 東北亞의 安保環境을 檢討하고 同 地域의 平和와 安全維持를 위한 向後 日本의 政策路線을 展望·分析함에 있다.

주지하는 바와 같이, 現代 日本의 政治와 社會는 韓國이 期待하는 方向과는 關係없이 그들의 獨自的인 路線으로 展開되고 있다. 日本은 그들의 國民福祉를 最大化하고 國家利益을 極大化하는 方向으로 對內外政策을 推進해 오고 있는 것이다.

東北亞細亞는 同 地域에 位置하고 있는 當事國들 相互間의 安保的인 觀點에서도 重要하지만, 美·蘇 兩國의 極東政策과 國家利益이 相衝되는 地域이라는 점에서도 더욱 重要한 戰略的 意味를 갖는다고 하겠다. 이러한 東北亞에 位置하고 있는 日本이 向後 어떠한 外交安保路線을 追求할 것인가 하는 問題는 識者의 重要한 關心事이며, 또한 그 結果는 韓半島의 安全保障에도 重要한 影響을 미친다고 하겠다.

이러한 觀點에서 筆者는 우선 韓半島와 日本列島를 중심으로 하여 이 地域의 安保環境에 커다란 影響力을 行使하는 主要行爲者(Major Actors)들의 對東北亞 認識과 東北亞의 國際秩序를 規定하는 要因을 살펴본 후, 日本 防衛政策의 實相과 變動을 檢討하기로 한다. 왜냐하면 이는 向後 日本의 政策路線 探索에 적지 않은 意味를 示唆하고 있기 때문이다. 그리고 東北亞의 國際秩序와 安全保障에 關聯된 日本의 政策路線을 몇 가지 側面으로 類型化하여 檢討한 후, 向後의 發展可能性을 타진해 보기로 한다.

앞으로 이와 같은 日本의 政策路線을 韓國이 어떻게 認識하고 또한 어떠한 對應策을 講究해야 할 것인가 하는 問題는 政策決定者에게 주어진 重要한 국가적 과제라고 하겠다.

---

* 本稿는 1982年 韓國政治學會 주최 年例學術研究發表에서 (12月, 延世大) 報告한 內容을 加筆·補强한 것임.

2. 東北亞의 安保環境

東北亞의 安保環境을 概觀할 때 가장 注目해야 할 점은 軍備增强을 背景으로 한 蘇聯의 軍事的 膨脹이 지난 數年間 계속 加速化되어 오늘날에는 東北亞의 勢力均衡과 緊張緩和에 도전하는 중대한 威脅的 存在로 登場하였다는 사실이다. 後述하는 바와 같이, 특히 日本의 北方四領土(Kunashiri, Etorofu, Habomai, Shikotan)를 기점으로 하는 蘇聯의 일련의 軍事的 움직임은 日本列島의 安全保障에 적지 않은 威脅을 미치고 있는 것으로 日本人들은 認識하고 있다.

日本 防衛廳이 發行한 最近의 防衛白書 (1982年度版)에 의하면, 極東에 配置되어 있는 蘇聯地上軍은 바이칼湖 東部의 兵力만 하더라도 5年前의 30個 師團에서부터 이제는 39個 師團에 36萬名으로 놀랄 만큼 增加된 것으로 밝혀지고 있다. 더구나 數年前부터는 쿠릴列島에도 약 1個 師團의 地上軍이 配置되어 왔음이 指摘되고 있다. 불과 5年前만 하더라도 쿠릴列島에의 蘇聯軍 駐屯은 公式的으로 對外發表되지 않았던 고로, 同 地域에 있어서의 蘇聯軍事力의 强化야말로 日本列島의 安全保障에 대한 커다란 威脅인 동시에 東北亞와 緊張緩和를 沮害하는 要因이라고 할 수 있겠다.

둘째, 北韓의 挑發指向的인 對南政策의 堅持도 韓半島 나아가서는 東北亞에서의 緊張緩和를 沮害하는 要因이 되고 있음은 재론을 不要한다.

周知하는 바와 같이, 韓國은 韓半島의 自主國이며 平和的인 統一을 위하여 南·北對話의 再開를 北韓側에 要求해 오고 있으나, 北韓은 계속하여 韓國과의 平和的인 對話를 拒否하고 非協力的인 態度만을 堅持하고 있는 실정이다.

南·北韓對話에는 응하지 않으며, 攻擊的이고 挑發指向的인 態度만을 堅持하는 北韓의 態度는 韓半島의 緊張緩和를 沮害할 뿐만 아니라, 平和統一을 妨害하는 要因이 되고 있음을 否定할 수 없다.

셋째, 本稿의 主體인 日本은 蘇聯의 軍事的 威脅에 對應하기 위한 善後策을 講究해야 하는 반면, 다른 한편으로는 經濟力에 相應하는 防衛負擔을 增加시키라는 美國으로부터의 要求에 協力해야 하는 딜레마에 直面하고 있다. 이런 점에서 볼 때, 금후 日本의 外交·安保政策路線은 東北亞의 平和와 安全維持를 위하여 重要한 決定要因(determining factor)이 된다고 하겠다.

日本은 美國의 極東政策의 推移를 예의주시하면서, 假想敵(마치 1930年代 滿洲事變 당시의 日·蘇關係를 방불케 하는)으로서의 蘇聯에 대한 警戒態勢를 堅持하는 한편, 自體防衛力의 强化를 위한 勢力을 展開하고 있다. 日本外交는 西歐民主主義 諸國과의 緊密한 連帶關係의 維持를 重視하는 만큼, 1982年 5月의 美·日共同聲明에서 밝혀진 바와 같이 兩國은 소위 '同盟關係'에 있음을 强調하고 있다. 그러나 美國의 對日政策은 단지 美·日 간의 雙務關係에서뿐만 아니라, 東北亞

전체의 平和와 安全維持라는 맥락에서도 重要한 意味를 갖는다고 하겠다.

3. 東北亞의 國際秩序를 規定하는 要因

지금까지의 記述을 통해서도 알 수 있는 바와 같이 첫째, 東北亞에 位置하고 있는 當事國들간의 多邊的인 相互關係와 둘째, 東北亞의 安保環境 조성에 重要한 影響力을 行使하는 日本을 포함하는 主要 政治勢力의 對外行爲(foreign policy behavior)와 能力(capability)의 變化야말로 同 地域의 勢力均衡에 있어서 核心的인 決定要因으로 作用하고 있다고 하겠다.

美國은 地理的으로는 東北亞諸國에 直接 인접하고 있지는 않지만, 그 對亞細亞政策은 當事國들의 對外態度와 함께 東北亞의 平和維持와 安保環境에 重要한 影響을 미치고 있음은 再論을 요하지 않는다.

東北亞의 國際秩序를 規定하는 또 다른 要因으로, 同 地域에 位置하고 있는 當事國들의 國內政治過程을 결코 무시할 수 없다. 왜냐하면 國際政治의 國內化와 國內政治의 國際化 趨勢는 現代國際關係에 있어서 더욱 顯著해지고 있는 것으로 判斷되기 때문이다. 요컨대, 國內政治와 對外政策 間에는 密接한 連繫關係(linkage)가 成立되어 兩者는 相互 可變的이고 補完的인 機能을 하고 있는 것이다.

예컨대, 日本의 경우 國內立法過程과 議會의 役割, 政黨相互間의 關係, 財界 그리고 意識的 世論(articulate opinion)과 大衆輿論의 趨勢 등은 外交政策形成過程에서도 重要한 役割을 遂行하고 있다. 또한 日本의 對外關係의 결과는 적지 않게 國內政治過程에도 直接 내지는 間接的으로 投影되고 있다.

특히, 東北亞에 位置한 當事國이면서 거의 모든 關係諸國과 밀접한 關係를 맺고 있는 日本은 同 地域의 平和와 安全을 크게 左右하는 政治的·經濟的 役割을 遂行하고 있다. 周知하고 있는 바와 같이, 日本은 韓國을 비롯하여 美國·蘇聯 그리고 中共과 公式的인 外交關係를 維持하고 있을 뿐만 아니라, 北韓과도 經濟·文化와 같은 非政府的 次元에서 事實上의 交流를 推進하고 있는 것이다.

이와 같은 日·北韓關係에 대하여 最近 發表된 日本의 外交靑書「わが外交の近況」(1982年度版)는 日本이 앞으로도 北韓과의 貿易·經濟·文化面에서의 交流를 서서히 發展시켜 나갈 方針임을 밝히고 있다(同書 第24項, 第三章 第1節 참조).

사실상 日本이 國際社會에서 强한 政治的 發言權을 行使할 수 있는 基盤은 强力한 經濟力에서 비롯하고 있음을 看過할 수는 없다. 現代國際政治의 力學關係를 規定하는 要因 중 하나는 國家가 갖고 있는 經濟的 能力 評價이며, 國際政治는 國際經濟에 의해서 크게 左右되고 있는 것이다. 日

本은 이러한 맥락에서 先進國으로 浮上하였으며, 韓國에 대해서도 一方的인 貿易黑子를 기록하고 있는바, 이는 韓日間 經濟交流의 不均衡을 이루는 中核이라고 하겠다.

이상과 같은 점에서, 東北亞의 國際秩序와 관련한 日本의 對外政策路線과 國內政治의 展開樣相은 周邊國家들과의 對外關係를 좌우하는 중요한 변수라고 하겠다.

향후 日本이 선택하게 될 政策路線을 類型化하기에 앞서, 우선 日本防衛政策의 實狀과 推移를 살펴보기로 한다. 防衛政策의 변용과정은 向後 日本의 政策路線을 크게 示唆하고 있기 때문이다.

4. 日本 防衛政策의 實狀과 變容

① 日本 防衛政策의 基調

日本防衛政策의 基本方針은 1957年 5月 第1次 岸信介內閣(1957.2.25~1959.6.11) 당시의 閣議決定에 의거하고 있다.

同 閣議決定의 基礎에 의하면, 日本은 "基本的으로는 國際平和와 安全의 維持를 위한 유엔의 活動을 積極的으로 支持하고, 國際協調體制의 增進을 通하여 世界平和의 實現에 寄與"함을 目的으로 하고 있다. 뿐만 아니라, 外勢로부터의 侵略에 대해서 이에 대한 유엔의 沮止機能이 有效하게 發揮될 때까지는 日·美安全保障體制(日·美安保條約 第4, 5, 6條)를 基礎로 하여 이에 對處하도록 되어 있는 바, 日本의 防衛力 增强의 限界는 自衛에 必要한 限度內에서 漸進的으로 整備하는 것을 原則으로 하고 있는 것이다.

換言하면, 日本 防衛政策의 基本은 첫째, 防衛力 整備를 위한 漸進的 計劃의 推進과(非核 3原則의 堅持, 平和憲法上의 專守防衛體制 確立, 國民의 콘센서스에 의한 防衛力 整備勢力의 展開) 둘째, 美·日安保體制를 求心點으로 하는 防衛戰略의 遂行 셋째, 總合安全保障 構想의 推進에 의거하고 있다. 이는 日本 防衛政策의 基本原理인 동시에 特徵이라고도 하겠다. 이와 같은 基本戰略에 의존하고 있는 日本 防衛政策의 特徵은 다음과 같은 몇 가지의 制約條件(restraints)을 갖고 있다고도 하겠다.

그 첫째 制約은, 周知하는 바와 같이 日本國 憲法 第9條 라고 하겠다. 同 條項은 日本의 영원한 戰爭放棄를 宣言하며, 自衛力의 保有範圍를 最小限度로 限定시키는 동시에 國際的으로 認定된 集團的 自衛權의 行使를 否認(유엔憲章 第51條)함을 原則으로 한다. 두 번째의 制約은, 앞서 말한 소위 專守防衛政策이다. 이는 外勢로부터의 侵略에 대해서 受動的으로 防衛態勢를 취함을 意味하며, 日本이 결코 先制攻擊을 해서는 안 된다는 것을 示唆하고 있다. 뿐만 아니라, 諸列强에 對하여 攻擊的인 威脅을 주는 防衛力의 保有도 不可能하다는 것이다.

세 번째의 制約은, 전술한 바와 같은 非核 3原則이다. 日本은 1976年 6月 核武器 擴散防止條約(NPT)에 加入하였는 바, 日本은 原則的으로 核武器 保有와 製造 및 携入을 일체 하지 않도록 되어 있는 것이다. (not to have, not to make, not to bring).

日本 防衛政策의 네 번째의 制約條件은 文民統制(civilian control) 制度의 確立이라고 하겠다. 現在 日本은 文民統制의 原則이 國防政策의 基本律로 되어 있는 고로, 各 該當 國家機關은 이에 의거하여 所定의 影響力을 갖고 있다. 우선, 內閣 總理大臣은 日本自衛隊의 最高 指揮監督權을 갖고 있으며, 國會는 自衛隊의 運營, 組織, 兵力 등에 관한 法律을 制定·議決할 수 있다. 또한 文民으로 任命되는 防衛廳長官은 總理大臣의 指揮·監督下에서 自衛隊의 業務를 총괄하도록 되어 있다. 內閣에 설치되는 '國防會議'는 日本 國防의 基本方針, 國防計劃의 大綱, 防衛出動의 可否 등을 審議하는 文民統制의 機關으로 설치되어 있다.

日本 防衛政策의 다섯 번째의 制約條件은 日·美 安全保障體制의 確立이라고 하겠다. 日·美 양국은 新安全保障條約(1960年)에 의거하여 相互防衛協力體制를 構築하도록 되어 있으며, 이러한 맥락에서 볼 때 日本의 對外政策은 美·日 安保體制의 延長線上에서 이루어지고 있다고 하겠다.

오늘날의 日本이 外勢로부터의 核威脅에 대해 抑止力을 行使하거나 通常兵器로 大規模의 外勢侵略에 대처할 경우, 日本의 限定防衛力의 不足部分은 美國과의 相互調整과 諒解下에서 充當하도록 되어 있다. 특히 1981年 5月 이후 가일층 問題視되고 있는 美·日 防衛論爭은 바로 이러한 日本 防衛政策의 制約 속에서 출발된 것임을 注目할 必要가 있겠다.

② 防衛力 整備計劃

防衛力의 整備를 위한 計劃은 1950年에서 1960年까지 이루어진 第1次 防衛計劃에서 비롯되고 있다. 그 후, 第2次(1962—1966年), 第3次(1967—1971年), 第4次 防衛計劃(1972—1976年)이 연속적으로 實施·推進되어 오고 있음은 잘 알려진 事實이다. 防衛力 整備의 內容은 自衛官 全員의 擴充, 地域配置部隊의 擴大, 機動運用部隊의 增設, 對空誘導彈部隊의 確保(陸上自衛隊) 등을 중심으로 하며, 海上自衛隊와 航空自衛隊의 段階的 增設을 시도하는 것으로 構成되어 있다.

1976年 第4次 防衛計劃이 終了되었을 당시, 第2次 三木武夫內閣(1976.9.15~1976.12.25)은 閣議決定으로 防衛計劃의 大綱을 작성하였는 바, 1977年 이후의 防衛力 整備는 이를 指針으로 하여 每年 單年度方式으로 推進되고 있다.

최근 發表된 '82年度 日本 防衛白書에 의하면, 현재 自衛官의 定數는 약 18萬名으로 알려져 있다. 陸上自衛隊의 基幹部隊는 19個 師團이고, 海上自衛隊는 미사일裝備艦 약 20隻을 비롯하여 合計 약 50隻의 警護艦과 作戰用 航空機 약 200臺를 保有하고 있으며, 航空自衛隊의 경우 戰鬪機를

포함하여 作戰用 航空機 約 480臺를 保有하고 있는 것으로 알려져 있다.

③ 防衛力 增强의 背景과 要因

a. 對外的 要因—對蘇 威脅牽制와 美國의 防衛分擔 要求

敗戰 후의 日本은 '60年代에 이르기까지 戰爭抑止力으로서 美·日安保體制를 維持해 오고 있다. 前述한 專守防衛의 原則에 立脚하여, 自衛力의 保有를 最小限으로 하고 漸進的으로 自衛力을 增强시켜 왔다. 그러나 1970年代에 들어와 國際環境의 多角的인 變化는 日本의 防衛政策에도 약간의 修正을 가하게 하였다.

再論의 여지도 없이, '70年代 國際政治의 중요한 變化 중 하나는 美國의 對蘇 優位權이 喪失됨으로 인하여 (특히 軍事的 側面) 群小諸國의 對美 信賴度가 감소했다는 것이다. 이와는 정반대로, 蘇聯은 계속적인 軍備增强에 努力하여, 日本列島에 대한 安全保障에도 적지 않은 威脅을 가하게 되었다. 後述하는 바와 같이, 日本人에 의한 安保意識의 加速的인 高潮化는 이를 背景으로 한 것이었다.

1979年 12月, 蘇聯에 의한 아프가니스탄 侵攻은 1970年代의 國際政治와 1980年代의 國際政治를 區別시키는 分岐點이 되었다. 美國은 단독으로 現代武器를 多量 確保하고 있는 蘇聯에 대한 對備政策에 적지 않은 限界가 있음을 認識하기 시작하였다. 이러한 狀況 속에서 美國은 日本에 대하여 東北亞에 있어서의 地域防衛役割 分擔의 强力한 促求를 하기에 이른 것이다. 이러한 一連의 國際環境的인 變化는 次項에서 言及하는 日本人들의 防衛意識에까지 影響을 미치기도 하였으며, 특히 1981年 이후 美·日 安保論爭은 그 强度를 더욱 짙게하고 있다고 해도 過言이 아니라고 하겠다.

1955年 이후 日本 防衛費의 年平均 增加率은 12.7%에 달하고 있다. 周知하는 바와 같이, 最近 10年間 日本 防衛費의 增加比率은 國民總生産庫의 1% 以下를 維持하고 있다. 中曾根內閣은 防衛力 增强에 段階的이고도 前向的인 姿勢를 取하고 있으나, 앞으로도 예측불허의 狀況變化가 없는 한, 급격하고도 劃期的인 防衛力 增强을 豫想하기는 어려울 것으로 생각된다. 日本의 防衛費 增額은 그들 自身의 防衛力 增强計劃과 國際環境의 推移에 對應해 가며 漸進的이고 段階的으로 이루어지고 있는 것이다.

그러면 日本은 왜 防衛力을 增强시켜야 하는 것일까? 또한, 왜 防衛力을 增强시킬 수밖에 없는 것일까? 우선 그 對外的 要因을 살펴보자.

防衛力 增强을 둘러싼 日本의 國內政治的 背景은 대별하여 두 가지 相互 密接한 論理에 의존하고 있다.

첫째는 北方 4領土를 中心으로 한 蘇聯의 일련의 軍事的 行動이 日本에 대한 潛在的 威脅 要因으로 增加하고 있기 때문이며, 둘째는 前述한 바와 같은 일련의 國際環境의 變化 속에서, 美國은 極東에 있어서의 그들의 防衛負擔을 減少시키기 위하여, 그 剩餘部分을 日本이 經濟力에 相應하여 補充하도록 要請하고 있는 것이다.

前者의 경우를 먼저 살펴보자. 蘇聯의 極東軍이 1979年 이후 대폭 增加하고 있는 것은 事實이다. 蘇聯의 太平洋艦隊 總톤수는 14萬 톤으로 增强되고 있으며, 심지어는 極東 蘇聯海軍力을 補强하기 위한 極東總合司令部마저도 設置되어 있는 실정이다. 北方 4領土에는 1979年 1月과 同年 여름을 起點으로 하여 段階的으로 兵力과 裝備가 配置되었으며, 防衛關係 高位實務者들의 發言에 의하면, 蘇聯軍의 日本海域 通過 및 空軍의 日本領空 接近回數가 1975年에 比하여 약 2倍 이상 增加하고 있는 것으로 밝혀지고 있다. 또한, 蘇聯은 이와 같이 積極的인 東北亞戰略을 後退시킬 조짐을 전혀 보이지 않고 있다.

한편 後者, 즉 美國政府에 의한 對日防衛力增强 要請도 日本의 政治指導者에게 있어서는 커다란 外壓으로 作用하고 있다.

1980年代에 들어와서 카터行政府는 大平政權에 대하여 '80年度의 防衛費에 비하여 9.7%의 增額을 要求하였으나, 日本의 '81年度 豫算은 7.6%의 增額에 그쳤으며, 中曾根政權은 1982年 12月의 '83年度 政府豫算策定過程에서 불과 6.5%의 增額만을 결정하였던 것이다. 맨스필드 駐日美國大使는 鈴木首相에 대하여 對潛水艦·防空能力의 强化를 要請하였을 뿐만 아니라(1981年 3月 9日), 와인버거 國防長官은 日本은 經濟資源의 投資로 自衛力 强化에 必要한 措置를 취해야 한다고 表明하였다(同年 4月 28日). 또한 美·日頂上會談(1981年 5月 7日)과 最近까지 계속되고 있는 美·日 安保事務 레벨協議會, 防衛首腦會談(1981年 6月) 등도 이러한 美·日 安保論爭의 延長線上에서 이루어졌으며, 1982年 5月 美下院 外交委員會 아시아·太平洋 小委員會는 이 問題를 集中的으로 討論한 바 있다. 1983年 1月 18日 워싱턴에서 開催된 '레이건-中曾根 會談'에서는 美·日間의 貿易摩擦問題와 더불어 防衛論爭問題는 물론 日本 軍事技術의 對美移轉問題도 거론됨으로써, 防衛論爭은 다른 美·日間의 懸案과도 密接한 關聯을 갖고 있음을 立證시켰다.

이와 같은 美國으로부터의 防衛分擔要求에 대한 日本側의 反應은 반드시 美國의 그것을 充足시키고 있지는 아니하다. 日本 防衛力의 擴大는 日本 國民의 콘센서스(consensus) 없이는 不可能하다는 것이 日本政府의 公式態度이며, 日本의 防衛力 强化를 위해서는 앞서 말한 바와 같은 몇 가지의 拘束要因이 存在하고 있기 때문에 대단히 愼重을 기해야 한다는 것이 종래의 日本政府方針이었다.

그럼에도 불구하고 1982年 후반의 言論報道를 통해서 알 수 있는 바와 같이, 日本國內에는 日本人의 安保意識 變化에 保進的인 役割을 하는 몇 가지 變化가 대두하고 있음을 看過할 수 없다. 이러한 變化는 다음 章에서 논하게 되는 向後 日本이 選擇하게 되는 外交政策路線과 緊密한 關係

를 갖고 있는 것이다.

b. 對內的 要因 — 現代 日本人의 安保意識 變化

現代 日本人의 安保意識의 高潮化를 意味하는 몇 가지 움직임을 정리해 보기로 한다.

첫째, 日本財界의 重要한 構成要因을 이루고 있는 日本商工會議所의 世論調査에 의하면, 戰爭放棄를 宣言한 日本國憲法 第9條에 대한 改正論이 一般 大衆間에서도 서서히 대두되고 있다.

둘째, 社會黨과 公明黨은 종래 美·日 安保條約의 廢棄를 강력히 主張하고 있었으나, 이러한 主張의 强度가 차츰 後退一路에 있는 듯한 인상을 주고 있으며, 특히 公明黨은 각종 報道를 통해 알 수 있는 바와 같이 自民黨側의 安保政策에 接近하고 있는 듯한 軌道修正의 傾向을 보인 바 있다.

셋째, 日本財界의 總本山인 經團連(日本 經濟人團總 連合會)의 關西地方連合會에서는 戰前 徵兵制의 부활을 討論하고 있는가 하면, 넷째, 최근 「産經(サンケイ)新聞」과 「朝日新聞」 및 日本靑年會議所의 調査에 의하면, 核武器의 保有를 支持하는 傾向이 急速히 上昇一路에 있다고 한다.

다섯째, 日本의 財界는 防衛産業의 育成과 武器輸出의 주장을 빈번히 論議하고 있는 바, 財界各 團體는 이를 더욱 推進시키는 분위기를 造成하고 있을 뿐만 아니라(특히 商工會議所) 新日本製鐵, 神戶製鐵, 川崎製鐵 및 富士重工業 등과 같은 대규모 제철·제강회사는 防衛産業에 더욱 拍車를 가하고 있는 것으로 알려지고 있다.

뿐만 아니라, 「讀賣新聞」의 輿論調査室이 日本國民의 安保意識을 測定하기 위한 輿論調査를 한 결과, 自衛隊의 違憲論을 認定하는 一般大衆이 겨우 18%에 불과한 바, 이는 日本人의 防衛意識이 더욱 上昇되고 있음을 立證한다고 하겠다.

最近 日本의 軍備增强과 自衛隊의 法制化 등을 위한 憲法改正의 움직임은 이러한 國內外의 環境的 要因을 背景으로 하고 있음을 指摘해 둘 必要가 있다.

5. 日本의 政策路線分類와 發展 可能性

지금까지 論述한 東北亞의 安保環境과 日本防衛政策의 變容過程을 相互 聯關시켰을 경우, 向後 日本이 選擇할 수 있는 政策路線은 理論的으로 다음과 같은 몇 가지로 分類할 수 있을 것으로 생각된다.

첫째, 同盟關係로서의 美·日 安保體制를 基軸으로 하여 安保政策을 遂行해 나가는 現狀維持政策의 堅持를 들 수 있다.(Option Ⅰ, Status Quo Policy). 이 경우는 現在와 같은 日本의 美·日 安保條約에의 의존이 前提가 되어야 하므로, 日本의 軍事的 役割은 相當한 制約을 받게 된다고

하겠다. 때문에, 종래와 같이 東北亞의 平和와 安全維持를 위한 政治的·經濟的 分野에서의 協調體制 構築論議에서 比較的 限定된 役割이 기대되는 것이다. 하지만, 前述한 바와 같은 日本防衛政策의 基調를 堅持하며 美·日 安保體制의 行動半徑이 가능한 範圍內에서 自由스러운 對外協力이 可能할 것으로 판단된다.

둘째, 日本이 他 國家들과 함께 國力에 比例하는 程度의 安保役割分擔을 遂行하는 案을 들 수 있다(Option Ⅱ, Burden-Sharing Policy). 이는, 말하자면 日本이 地域的 集團安保體制의 一員으로서, 分業的 一翼을 擔當하는 파트너로서의 政治·經濟·社會 및 軍事的 의미에서의 役割 遂行을 의미한다. 이 경우의 日本은 周邊國家들에게 軍事的 威脅을 주지 않으면서, 東北亞의 安保體制 强化에 貢獻하는 것이다. 安保的 次元에서의 對外經濟力을 强化하는 發想도 이러한 論理의 延長線上에서 可能할 것으로 판단된다.

세 번째의 Option은 日本이 核武裝을 試圖하여 獨自的인 自主防衛政策을 追求함으로써 軍事大國으로 發展하는 것이다(Option Ⅲ: Military-Oriented Policy). 이를 위하여서 日本은 종래와 같은 對美 安保依存體制에서 脫皮하거나 獨立하여 美·蘇와는 競爭的인 等距離外交를 시도할 것으로 추측된다. 이와 같은 政策의 過度한 追求는 궁극적으로 第2次大戰 전의 舊 大日本帝國의 海外侵略指向的인 國粹主義的 國家目標를 연상하게 한다. 일본이 軍事大國化의 길을 選擇할 경우, 이는 周邊國家 및 共産圈에 대하여 커다란 威脅이 될 것임은 물론이다.

넷째의 可能性은 日本이 現水準의 軍事力을 維持하는 한편, 美·日 安保條約을 廢棄하고 美·蘇와는 等距離外交政策을 追求하는 路線으로, 이 경우 日本은 世界政治의 무대에 있어서 中立主義를 標榜하는 形式을 취하게 될 것 같다(Option Ⅳ, Non-Armament Neutralism).

다섯째의 代案은 日本의 現政策과는 正反對의 狀況으로, 增强一路에 있는 蘇聯의 軍事的 威脅에 굴복하여 親蘇·反美政策을 採擇하는 路線도 現實的으로는 어려울지도 모르지만, 理論的으로는 想定할 수 있다(Option Ⅴ). 이 경우, 蘇聯이 現在 美國의 役割을 代行하여 日本列島의 安全保障을 擔當하게 될 것이며, 따라서 日本은 不可避하게 美國과 非友好的인 關係를 갖게 될 수밖에 없다고 하겠다.

이상 다섯 가지의 理論的인 代案 중, 向後 日本은 당분간 첫 번째 代案을 基本的으로 계속 堅持하지만, 中·長期的으로는 第2案과 第3案을 相互補完的으로 적절히 選擇하면서 自國에 有利한 國家利益을 追求할 것으로 判斷된다. 말하자면, "現狀維持政策을 短期的으로는 維持·存續시키는 한편, 總合安全保障構想의 맥락에서 戰略的으로 重要한 地域에 대한 經濟協力을 强化시키면서 自體防衛力도 漸進的으로 增强"시켜 나아갈 것이라는 判斷이다.

地域的 集團安保體制의 一員으로서 分業的 役割을 擔當하는 第2의 代案이 韓國과 美國의 立場에서 볼 때, 東北亞의 平和와 安全을 위해서 가장 바람직한 選擇임은 再論을 要하지 않는다. 하

지만, 日本이 반드시 韓國이 期待하는 方向의 政策路線을 追求한다는 保障은 없는 것이다.

現在와 같은 日本의 國內政治와 對外政策 그리고 日本列島를 둘러싼 國際環境의 움직임을 살펴 보건대, 다섯 번째 代案의 選擇 可能性은 現實的으로는 매우 稀薄하다고 하겠다. 또한 네 번째의 代案은 日本 社會黨과 中道勢力이 간헐적으로 强調하는 路線이기는 하나, 自民黨政權이 長期存續하는 한, 中立化 路線을 追求한다고 생각하기는 어려운 일이다. 軍事大國化 一邊倒의 길을 劃一的으로 追求하는 세 번째의 선택은 東北亞의 平和維持와 安全保障을 威脅하는 日本 軍國主義의 復活을 의미하나 순수한 軍國主義에의 復歸 可能性은 현재와 같은 日本國內 政策狀況을 고려할 때, 어려울 것으로 判斷된다(前章, 1項 참조). 말하자면, 防衛力의 段階的 增强과 軍國主義의 復活 問題는 別의 次元에서 評價해야 할 것으로 思料된다.

6. 結語

이상 東北亞 安全保障의 國際環境과 日本의 防衛政策, 그리고 그러한 흐름 속에서 日本이 選擇할 수 있으리라고 생각되는 向後의 政策路線을 槪括的으로 分析하여 보았다.

現狀況을 觀察하건대, 東北亞에 있어서는 蘇聯의 軍事的 威脅의 增大에 對處할 수 있는 集團安全保障體制가 아직 構築되어 있지 않은 듯한 인상이 강하며, 따라서 同 地域에 있어서의 東西間 軍事力은 不均衡狀態에 있다고 하겠다. 이러한 狀況은 美·日 同盟體制의 危機를 招來할 可能性마저도 전혀 排除할 수는 없다. 西方에 대한 蘇聯의 軍事的 威脅 增大는, 이제는 軍事的 優位의 確立段階에까지 이르고 있는 것 같다. 蘇聯의 軍事的 優位가 완전히 確立될 경우, 蘇聯은 東北亞地域의 宗主國 (master of area)으로 登場할 수 있는 가능성마저 있는 것이다. 이와 같은 경우, 蘇聯이 第2의 「黑船」이라 할 수 있는 假稱 「Perrynovsky(?)」號를 下田港에 파견시켜서, 第2의 對日開國을 要求할 危險性마저도 內包하게 되는 것이다. 최근 美·日 頂上會談을 통한 兩國關係의 再確認과 中曾根首相의 有事時 日本列島 防衛를 위한 體制 强化 움직임에 대하여, 蘇聯은 매우 神經質的인 反應을 보이고 있는 것 같다.

그러므로, 美·日 兩國은 最惡의 경우, 이와 같은 危險스러운 事態에 對備하는 東北亞政策을 追求해야 할 것으로 判斷된다. 특히 美國의 對日政策은 日本의 對外政策路線 決定에도 重要한 影響을 미치는 要因인 만큼, 美國이 日本政府 指導者들이 合理的인 政策路線을 選擇하는 데 助言者的 役割을 할 수도 있겠지만, 日本 스스로가 東北亞의 安全保障에 기여하며 自國의 國家利益을 增進시킬 수 있는 政策路線을 自主的으로 選擇할 수 있음은 再論을 要하지 않는다.

하지만 美·日 間에는 東北亞 國際環境에 대한 認識 (perception) 面에서 基本的인 相違가 널리 알려지고 있다.

美國은 現在와 같은 東北亞의 軍事的 不均衡이 自國에 不利하다는 認識을 갖고 있으며, 東北亞 勢力均衡 維持를 追求하고 있다. 말하자면 美國은 日本과 中共의 兩大勢力을 美國의 影響圈內에 넣고, 이를 基軸으로 하여 蘇聯의 勢力圈 擴張을 沮止하려는 極東政策을 堅持하고 있는 것이다.

반면에 日本은 前述한 바와 같이, 基本的으로는 現狀維持政策을 堅持하려 하고 있다. 日本은 蘇聯을 刺戟하지 않으면서 北方四領土를 復歸시킴과 동시에 蘇聯의 시베리아開發事業에도 共同參與할 것을 希望하고 있다. 따라서 日本은 地域安保 負擔의 增加를 强調하는 美國의 對日要求에 消極的인 反應을 보여왔다고 하겠다. 1982年 11月 發足한 中曾根內閣은 종래 어느 內閣보다도 防衛力 增强問題에는 積極的인 態度를 취하고 있는 고로, 이에 관해서는 對美 協調的인 反應을 보일 것으로 展望된다.

日本이 直面하고 있는 또 다른 딜레마는 全方位外交政策의 追求와 對美·蘇 等距離政策을 여하히 調和시켜 나가느냐 하는 問題이다.

이러한 諸般事實을 감안하건대, 日本은 물론 自國의 國家利益에 바탕을 둔 自主的인 政策路線을 계속하여 追求해 나갈 것이나, 地域安保體制의 構成員으로서의 役割分擔을 결코 게을리해서는 안 될 것으로 판단된다. 왜냐하면, 日本이 地域 集團安保體制의 一員으로서의 役割을 遂行할 경우(Option II), 그 結果는 다음과 같은 積極的인 效果를 日本에게 招來할 수도 있기 때문이다.

첫째, 日本이 그 經濟力에 相應하는 安保負擔을 遂行한다는 것은 東北亞의 平和와 安全維持에 크게 기여하게 됨을 의미한다. 그 결과는 日本이 自國에게 주어진 安保的 責任을 誠實히 遂行하는 平和愛好國家임을 世界에 標榜할 수 있는 契機가 되는 것이다.

둘째, 地域的 安保負擔의 遂行은 美·日 安保條約을 基軸으로 하는 現代 日本外交政策의 自然스러운 發露이며, 貿易不均衡問題와 더불어 緊張感을 갖게 하는 美·日 關係를 더욱 圓滿하게 하는 補完的 役割을 할 수도 있는 것이다.

셋째, 地域的 集團安保의 實現을 通하여 日本은 對韓關係를 더욱 友好的으로 增進시킬 수 있다. 지금까지 美國의 東北亞 政策 樹立過程에서는 日本의 役割과 立場이 重視된 반면, 戰略的으로 매우 重要한 位置에 있는 韓國의 立場은 별로 重要視되지 않았음을 否定할 수는 없다. 하지만 最近에는 이러한 傾向이 漸進的으로 달라지고 있다고 하겠다.

韓半島의 平和와 安全이 日本列島를 포함한 東北亞의 平和와 安全에 直結되고 있음은 再論을 要하지 않는 客觀的 事實이다. 이는 또한 1983年 1月의 韓·日 兩國間 首腦會談에서도 크게 강조된 바 있다. 그러므로, 重要한 同盟國의 하나로서, 日本의 友好的 對韓態度야말로 相互主義를 重視하는 日本外交의 基礎이며 相互依存 國際政治의 傾向에 병행하는 자연스러운 추세이다. 때문에 韓國이야말로 日本이 가장 重視해야 할 友邦國 중 하나인 것이다.

歷史的 · 地政學的으로 보더라도, 韓 · 日關係는 必要不可分의 關係를 維持해 왔다. 여진족과 글안(거란)족이, 그리고 몽고족이 세운 원나라 등이 領土擴張을 위한 侵略을 試圖하였을 당시, 韓半島가 日本列島에의 進出을 阻斷케 하는 防波堤의 役割을 하였음은 兩國의 硏究者들에 의해 널리 實證되고 있다. 이러한 地政學的 側面과 諸般事實을 고려할 때, 韓 · 日 兩國間의 友好體制 確立은 東北亞의 安全保障을 위해서나 國際平和의 維持를 위해 必要充分條件으로 判斷된다.

※ 편집자 주: 한국정치학회편 "한국정치학회보" 제17집, 1983에서 발췌.

② 일본의 방위력증강과 동북아국제안보환경

1. 序言: 分析의 視角과 日本的防衛論理의 背景

최근의 언론보도에 의하면, 竹下登 前 日本 首相은 日本防衛大學 졸업식 치사에서 "日本은 미국과의 안보협력을 공고히 하는 한편, 防衛力을 더욱 증강해 나가야 할 것"이라고 발언한 바 있다(1989년 5월). 그는 1955년에 자유당과 민주당이 保守統合을 한 이후의 中曾根 수상과 더불어 역대 어느 首相보다도 일본의 방위력 증강에 적극적인 의욕을 보임으로써 국내외의 주목을 받은 바 있다.

그 이후 宇野정권을 거쳐서 새로이 출범한 海部내각이 앞으로 미국의 방위분담 요구와 소련의 군사적 위협 증대, 그리고 급성장해가고 있는 경제력 등 제 상황에 대하여 어떠한 방침으로 대응할 것인가 하는 것이 주목을 받고 있다.

日本國內의 새로운 안보의식의 태동과 더불어 차츰 日本防衛力이 증강되고 있음은 이제 부인하기 어려운 기정사실인 것이다.

日本국내에서도 竹下전 首相과 그 측근들은 방위력 증강을 과거 軍國主義的인 발상의 연장선상으로 보고 있지 않으며, 이를 미·일안보협력을 보완하고 東西間의 군사력 균형을 촉진시킴을 강조하고 있다. 또한 방위력을 가일층 팽창시킴으로써 「아시아와 세계의 평화 및 안보에 기여」할 것이라고 힘주어 말하고 있는 것이다.

사실상 미국 중심의 간접적인 한·미·일 3 각 安保體制를 東北亞의 상황과 미국의 영향력 약화, 일본의 경제력 증가라는 현시점에서 본다면, 미국이 일본측에 Burden- sharing을 요구하는 현실은 전혀 새로운 사실이 아닌 것으로 보여진다. 더욱이 과거의 安保요소의 변화, 즉 군사복합체적인 방위력과 경제력의 상호 긴밀한 관련성은 일본이 그의 엄청난 고도 첨단과학 기술의 발전으로 어느 방향이든지 怪力을 용출시킬 수 있는 잠재적 軍事大國이라는 점이다. 이를 감안할 때 최근 그들의 방위력 증강은 미·일 관계뿐만 아니라, 과거 일본의 대륙침략시대에 일본에 의해 강점된 바 있던 한국·중국 및 그외 아시아 제국에 자극적인 사실이 아닐 수 없다.

日本은 또한 經濟力을 기초로 하여 핵무기를 보유하고 있는 초강국 및 그외 다수의 강국에 대해서도 강력한 발언권과 영향력을 갖게 되었으며, 미국 내에서는 심지어 反日本經 濟的·新國家主義的목소리가 높아가는 실정이다. 그러면서도 일본을 함부로 다루지 못하는 상황이고 보면 과연 일본은 미군정하에서 수동적으로 군부 해체와 민주화·경제자립을 이상으로 하던 일면 無力하던 위치에서 실로 세계를 경악시키는 經濟大國으로 일신 변모한 것이다.

그 힘이 시간의 흐름에 따라 끝도 없이 정비례해 가는 현실을 직시한다면, 국제사회 내에서 일본의 역할을 중시하게 되는 계기가 이루어져 그 힘의 성장을 가속화시키는 요인들이 산재해 있음을 간과할 수 없을 것이다. 竹下 前수상이 강조하는 일본의 방위력 증강이 향후 「아시아와 世界平和」특히 동북아에서 남·북이 첨예하게 대립하고 있는 한반도의 평화정착에 어느 정도 기여할 것인가 하는 점은 별개의 문제점이라고 하겠다.

필자는 본 연구논문을 통하여 최근 국내 지식인들의 초점이 되고 있는 일본의 방위력 증강의 배경과 성격을 분석하고, 이에 관련된 향후 일본의 정책노선을 이론적으로 유형화하여 일본의 방위력 증강을 둘러싼 일련의 정치적 움직임을 우리들 한국인은 어떠한 시각에서 인식해야 할 것인가를 검토·분석하고자 한다.

주지하는 바와 같이 현대 일본의 政治와 社會는 한국인이 기대하는 방향과는 관계없이 그들의 독자적인 노선으로 움직이고 있다. 일본은 그들의 국민복지를 최대화하고 국가이익 등 극대화하는 방향으로 대내외정책을 추진해 오고 있는 것이다.

東北아시아는 이 지역에 위치하고 있는 당사국 상호간의 안보적인 시점에서도 중요하지만, 미·소 양국의 극동정책과 국가 이익이 상충되는 지역이라는 점에서도 더욱 중요한 전략적 의미를 갖는다고 하겠다. 이러한 동북아에 위치하고 있는 일본이 향후 어떠한 자세로 방위정책에 임할 것인가 하는 문제는 식자의 중요한 관심사이며 또한 그 결과는 한반도의 안보보장에도 중요한 영향을 미친다고 하겠다. 우선 「재무장」이라고 하는 용어의 개념 정의를 내려보기로 하자.

「再武裝」이라 함은 다시금 전쟁을 수행하기 위한 준비를 하는 일련의 행위를 의미한다. 오늘날 日本이 과연 다시금 「전쟁준비」를 시도하고 있을까 하는 점은 약간 의문이라고 하겠다. 왜냐하면, 1억 2천만의 일본국민은 제 2 차 세계대전에서의 패망을 통하여 전쟁의 참혹함과 비참함을 뼈저리게 통감한 알레르기를 갖고 있으며, 1939년에 국가 총동원령이 발동되고 군부주도의 대륙침략정책을 추구하던 1930년대의 시대적 상황과 오늘날 일본열도의 국내외 상황과는 너무나 다르기 때문이다.

그러므로, 일본의 「재무장」이라는 표현보다는 「방위력 증강」 또는 「군사력 강화」라고 하는 용어가 더욱 객관적이며 학문적인 것으로 판단된다. 이러한 용어의 정의로 그들의 「방위력 증강」에 대한 의구심이 일소될 수 있는 것은 아니다. 현재 일본을 진단하는 이들의 공통적 견해는 일본의 經濟的인 풍요와 지역 防衛에 대한 부담과의 상관성을 놓치지 않고 있다는 것일 것이다.

또한, 미·일간의 마찰을 비롯하여 일본과 교역관계를 갖는 대부분의 국가로부터 지나친 흑자일변도정책을 비난받고 1930년대의 軍事的 팽창방법과는 차이가 있어도 經濟的 팽창 때문에 외교적인 고립을 겪고 있는 일본에게는 일종의 위기 상황이 전개되고 있다고 할 수도 있다. 이러한 위기의 환멸을 일본방위력의 증강방식으로 미·일 양국이 시도하고 있음이 바로 일본 방위력 증강의 여러 요인 중에 하나의 구실이기도 한 것이다. 이러한 상황에서 볼 때 다음과 같은 몇 가지 사실이 지적될 수 있다.

첫째, 미국이 서태평양지역에서 담당하여 오던 안보역할부담을 일본에게 점차 대행시키려는 의도를 전제한 일본방위력 증강의 추세가 한국 안보에 어떠한 영향을 미칠 것이며 한반도의 (假想)危機 발생시에 일본은 어떠한 역할을 할 것인가? 둘째, 日本은 1950년대 한국전쟁 때의 軍需物資調達과 베트남전쟁 때의 特需로 경제대국화의 기반을 구축할 수 있는 계기를 경험하였으므로 장래에도 이러한 기대를 하고 있는 것은 아닌가? 셋째, 일본의 제2차 대전 때의 대미 기습공격이나 대륙진출 당시의 위장에 의한 군사활동과 무리한 구실 조작 및 겉과 속(「建前」과 「本音」)이 다른 이 중적 심리구조 등이 널리 알려져 있으므로, 현재 서서히 변하고 있는 日本의 정책방향이 무엇을 기획하고 있는가 등에 대하여 한국뿐만 아니라 아시아의 여러 나라들이 공통적으로 일말의 전환기적 불안감을 갖지 않을 수 없다는 점을 우선 지적하지 않을 수 없다.

이러한 일본 방위정책 방향 파악을 위해서는 먼저 그들의 안보전략의 기본구조와 방위 정책의 원칙 및 현실적 수단(軍事力) 또는 방법(우선순위와 증강 한계)이 파악되어야 하겠다. 동시에 일본 現代史의 전환을 巨規的으로 歷 史的맥락에서 인식하는 방법을 취하여야 비로소 현 단계에 일본이 취하고 있는 방위력 증강 등의 정책 발전방향을 파악할 수 있으리라고 본다.

무엇보다도 지금 일본 사회의 변화 중에 명약관화한 것은, 지난 수년 동안의 일본국내의 상황적 변동을 감안하건대 방위력 증강을 촉진시키고 일본 사회 전반의 사상적 흐름을 우경화시키는 소위 「新保守主義的」 내지는 「新 國家主義的」 사조가 무르익어 가고 있다는 것일 것이다. 이러한 사상적 추세는 비단 상황과 그 영향을 재론할 것도 없이 주변국 식자들의 연구를 재촉하게 하는 요인인 것이다.

본론의 전개에 앞서 일본의 現代史를 극히 개괄적으로나마 살펴보는 것이 필요할 것 같다.

일본현대사는 3단계로 간단하게 구획지어 볼 수 있다. 우선 현재의 경제대국이 될 수 있었던 가장 기초적인 토대 형성은 이마 1930년대에 이루어졌다는 점이다. 이 제1단계는 「통제시대」로서 강제적인 「秩序訓練」과 기획 및 관리능력, 重化學의 「工業力量」이 육성된 기반구축기라 할 수 있을 것이다.

제2단계는 점령종식과 독립의 대가로 미 · 일 안보체제를 수용한 「限定的自立期」라고 할 수 있다. 미국에의 외교안보적 예속의 대가로 경제발전과 국제사회에의 복귀를 지원받을 수 있었다.

제3단계는 미국의 過保護하에 배양된 일본 경제력이 닉슨 方中 이후 中國市場진출에 대한 미 · 일간의 경쟁의 전개로 일본은 「同調와 體爭의 시대」 또는 1980년대의 「파트너쉽 시대」로 발전하여 왔다고 할 수 있다. 이 세 단계는 일본이 경제대국화되는 과정적 의미를 갖고 있으며, 모든 것을 경제제일주의로 집중시켜 온 일본의 상승의 과정이라고 할 수 있다. 일본은 1930~40년대의 군사적 팽창시대에서는 패배하고 축소되었으나, 그후 1950~60년대의 경제적 전쟁에서 성공하고 팽창하여 갔다고 할 수 있다. 그들이 1930~40년대에 군사대국을 달성하였을 때 경제가 뒷받침해 주지 못한 불균형의 구조적 약점이 있었다면, 1980년대에서는 대국화된 경제력에 비하여 군사적으로 불균형을 이루어 왔다고 하겠다. 일본이 경제대국화되어 가는 과정에서는 군사소국화가 바람직(當寫)하였고, 또 可能(現實)하였다. 그러나 이제 경제적으로 대국이 되고 난 다음 단계에서 과연 이러한 군사적 소국화가 바람직(當薦的)한 것이며 또한 가능(現實的)할 수 있느냐가 문제라고 할 수 있다. 이 문제가 곧이어 살펴보게 될 日本방위정책의 발전방향의 핵심이라고 할 수 있다.

본 논문은 일본의 방위력 증강과 동북아시아 특히 한반도에의 영향을 중점적으로 다루어 이에 우선 일본의 안보전략과 방위정책의 ① 기조와 배경, ② 방위력 증가요인과 제약조건, ③ 방위논쟁을 둘러싼 일본국내의 지적 풍토, ④ 향후 일본의 외교안보정책노선, ⑤ 한반도에 미치는 영향 등을 분석하고, 일본의 방위정책 발전방향에서 한반도는 어떠한 의미와 위치를 차지하는가, 한·일간의 안보협력은 어떻게 이루어질 것인가 한반도와의 관련성 등을 일본의 대 한반도 방위정책의 시각에서 결론지어 보았다.

2. 日本防衛戰略의 理念的 基調와 그 展開

일본이 제2차대전 이전 군국주의국가로부터 전후의 자유민주주의국가로 전환하는 과정에는 패전과 미국 점령국에 의한 통제, 개혁, 지도의 역할이 크게 작용하였다. 말하자면 이 기간을 전후로 하여 戰後일본의 진로선택을 위한 기본골격이 형성되었던 것이다. 당시 군국주의에 대한 환멸과 이에 대한 재발방지의 요청이 일반적 무드(국제적으로나 국내 공히)이었고, 패전과정의 과거와 경제력의 完全消拜로 최대의 국민적 과제는 경제력의 회복이었다. 미국은 점령 초기에는 전자에 중점을 두었으나 국제적으로 냉전구조가 형성되어 감에 따라 일본에 대한 정책목표를 民主化(政治)에서 反共으로 전환하였다. 反共의 경우 유럽에서 마살플랜이 의미하는 바와 같이, 경제력의 향상과 國民所得水準의 향상이 특효약이라는 측면에서 1930년대에 이미 구축된 일본산업력의 회복을 시도하였다. 이 시기에 한국전쟁이 발생함으로써 미국의 資金(國防費)으로 일본 산업력이 가동되는 계기가 되었다. 이와 같이 미국에 의한 점령기간의 장기화에 따른 반작용으로 일본 국내에서는 반미적 민족주의와 사회주의세력이 심화되어 가게 되었다. 이에 일본을 냉전체제하의 친미적 우방동맹국(美日 安保體制)으로 발전시킬 것을 조건부로 독립을 허용하게 되었던 것이다.

1957년 5월 일본 국내에서는 각의결정으로 「國防의 基本方針」이 성립되었다. 그 내용은 평화국가를 지향하는 것이었다. 또한 국제적으로는 UN활동 지지, 국제협력 도모로 세계 평화 실현을 이상으로 하며, 국내적으로는 民 生安定, 愛國心高揚으로 國家安全保障기 반확립을 목표로 삼고, 자위를 위해 필요한 한도 내에서 효율적 방위력을 점진적으로 정비해 나가고 외부로부터의 침략에 대해 미국과의 안전보장체제를 기조로 이에 대치한다는 내용이었다.

일본의 안보전략구조는 이와 같은 미국점령 기간의 초기·중기·후기의 단계별로 평화국가, 경제국가, 안보체제를 목표로 하는 이념적 요소가 형성되어 갔다. 평화국가의 이념은 日本中世(德川幕府)의 武士國家의 전통과 下級武士들이 주동이 된「위로부터의 黃命」에 의한 명치유신체제와 군부의 주도로 대륙진출에 의해 國力이 팽창한 일본적 군국주의 등의 전통에 대한 일대 변혁 이라는 점에서 역사적 의미를 갖는다고 할 수 있다. 그것은 비록「外勢에 의한」「위로부터의 혁명」이라는 한계는 있어도 일종의 市民黃命 (民主化, 文民化)의 정치구조를 달성하였던 것이다.

특히, 새로운 전후의 헌법은 그 전문과 제9조에 평화국가(軍備의 不所持와 戰爭權의 포기)의 이념을 선언하고 있다. 이것은 일본근대사에서 끊임없이 지속되어 온 經濟的 부담(戰費)과 자유제한의 기본요인(군국체제) 자체를 제거하는 것을 의미하였다. 그것은 유럽의 선진 국가, 전승국가에서도 달성하기가 힘든 이상적인 이념이었다. 아니러니컬하게도 日本이 가장 강력한 군국주의국가였기 때문에, 또한 패전으로 점령국이 안보역할을 대행하여 성취한「수동적 평화」,「이념적 평화」라는 점이 특징이라고 할 수 있다.

일본의 기본 방위정책을 규정짓는 몇 가지를 나열해 보면 그것들이 이념적·이상적 상태에 있음을 알 수 있다. 평화헌법상의 전수 방위 견지, 인접 제국에 위협을 주는 軍事大國 不願, 非核3원칙 견지 미·일 안보체제의 원활한 운용으로 대규모 군사침략 위협에 대처, 자위력 정비와 함께 內政·外交·經濟協力 등 종합적인 安全保障政策 추진 등이 그것이다.

그러나, 미국의 정책전환으로 일본은 재무장을 요구받게 되었고 그에 따라「戰後理想」의 한계와 갈등이 발생하기 시작하였다고 할 수 있다.

그러나 중요한 문제는 일본정부와 일본국민이 이러한 갈등 속에서「평화이념」을 어떻게 견지하려고 하였느냐의 태도와 전략에 있다고 할 수 있다. 그것은 일본국민의 여론과 일본 국가의 경제적 부담능력 부족을 구실로 재무장을 회피하는 전략이었다. 이러한 전략으로 외세(미국)의 압력에 대한 국민의 저항이 민족주의적 요소를 가질 수 있게 하였고, 정부와 국민 또는 혁신세력까지 국익을 위한 타협이 가능하도록 하는 계기를 마련하여 주었다고 할 수 있다. 그것은 시민혁명으로 달성할 수 있는「시민헌장」적 의미를 갖고 있는 동시에 대외적으로는 국익추구를 위한 민족적 단결로 전략적 기능을 마련하였다고 할 수 있다. 특히, 국민 총력을 경제에 집중시키기 위한 이념적 뒷받침이 되었다고도 할 수 있다.

안보전략 기본골격의 두 번째 특정인 경제국가 역시 제 2차 대전의 경험에서 형성된 指向 目標라고 할 수 있다. 일본국민과 지도자들은 현대전쟁은 정신력에 의해서 좌우되는 것이 아니라, 物資와 기술의 관리능력 등 산업력과 경제력이 결정적인 승패요인이라는 점을 절실히 자각하게 되었다. 현대전을 준비하기 위해서는 군비 이전에 경제력의 향상이 필요하였다. 동시에 핵병기의 출현과 미·소 초강대국의 대두 및 신민주의시대(영토침략)의 종언으로 중소규모 국가에서 독자적인 군비가 의미를 상실하였다고 믿게 되었다. 즉, 집단안전보장이 시대의 추세이며 초강대국인 國際警察이 존재하는 한 그들에게 안보를 위임하고 中小 國家들은 한정된 자원을 경제력 향상에 집중 시키는 것이 바람직한 것이라고 생각하게 되었다.

특히 日本의 입장은 전쟁으로 파괴된 공업 국가였으므로 복구되기만 한다면 세계적으로 강력한 경제력을 구비할 수 있다는 자신감을 지도자나 국민이 공통으로 느끼고 있었다. 그것은 아시아의 觀者로서, 세계최강의 미국을 상대로 싸운 경력의 민족적 자존심이라고도 할 수 있다. 그들은 핵보유국가인 미·소에 승산 없는 군사부분의 도전을 포기하고 경제 분야의 도전을 생각할 수 밖에 없었다. 그러나 이 분야에서도 자원과 국토에서 불리한 日本이 취할 수 있는 길은 기술개발과 人力의 고급화(전문화)로서 比較優位國家를 지향하는 전략뿐이었다.

일본은 明治維新이전부터 기술의 중요성을 절실히 인식하고 있었고, 1930년대의 重化學 工業化과정에서도 많은 경험을 갖게 되었다. 서구의 선진기술과 東洋(武士的)의 정신이라는 「東道西器」의 전통적 캐치프레이즈는 戰後 (敗戰)의 위기를 극복하는 과정에서 소생되었던 것이다. 그것은 일종의 經濟總力戰의 안보 전략이라고 할 수 있을 것이다.

그러나 이러한 일본의 경제제일주의는 일본이 미국 점령하에 안주할 수 있고 미국이 일본을 아시아의 反共工業勢力으로 육성시키려는 호의와 능력에 의해서만 가능한 것이었다. 따라서 日本안보의 최대과제는 세계최강국인 미국의 보호하에서 군비 부담없이 경제에 총력을 집중하여 比較優位國家로 성장을 확보하는 것일 수밖에 없었다. 이러한 의미에서 점령기간의 종료과 함께 시작된 미·일 안보체제는 일본이 세계최강대국의 보호를 받는 안보상의 종속체제(점령체제의 변형된 연장)라고 할 수 있을 것이다.

이러한 안보체제는 40여 년이 경과하는 동안 많은 상황적 변화가 있어 왔다. 안보의 기본골격을 유지하려는 것이 국내외의 바람이기도 했던 것이었다.

이러한 상식적인 판단에도 불구하고 일본은 한편으로 동북아 안보상황 및 일본의 안보상 황에 먹구름을 던지고 있는 소련의 세력을 의식하지 않을 수 없게 되었다」 즉, 소련의 극동 군사력의 증강에 직면하게 됨으로써 「軍事小 國」이 갖는 위협이 증대됨을 느낀 것이었다. 또 다른 한편 종합안보라는 측면에서 비군사 적인 예컨대, 오일쇼크와 같은 예기치 못했던 새로운 문제가 대두되었다.

한편 미국의 국력의 상대적 약화로 인해 극동문제에 관한 미국의 개입을 판단해내는 것은 간단한 문제가 아니었다. 그러나 일본은 미국측의 안보부담 요구에 소극적인 대응을 보임으로써 約爭當事國의 피해가 증대될 위험성도 있다고 할 수 있다.

동북아의 안보환경을 검토할 때 주목해야 하는 몇 가지 사실 중에 하나는 소련의 팽창 정책이 시간의 흐름과 정비례하여 가속화함으로써 동북아의 세력균형을 저해하는 요인으로 등장해 오고 있다는 점이다. 특히, 北方四領土(Kunashiri, Etorofu, Habomai, Shikotan)를 기점으로 하는 소련의 군사적 움직임이 일본열도를 크게 위협하는 세력이 되고 있는 것이다. 최근에 발표된 방위청 「防衛白書」에 의하면, 극동에 배치되어 있는 소련의 군대는 바이칼 湖동부의 지상병력만 해도 39개 사단, 약 36만 명에 달하고 있으며, 북방영토에도 사단규모의 병력이 주둔하고 있다고 알려지고 있다. 이것은 5년 전의 30개 사단에 비해서 상당한 증가를 보인 것이다. 그 당시, 북방4영토에는 소련군이 배치되어 있지 않았다고 한다. 또한 최근에 발표된 외무성의 外交白書에서도 소련의 군비증강에 따라 동서관계에 긴장감이 감돌고 있다고 알려지고 있다.

주목해야 할 두 번째 사실은 도발지향의 북한의 대남전략이 한반도의 긴장완화를 저해하는 요소가 되고 있는 점이다. 주지하다시피, 한국은 한반도의 자주적·평화적 통일을 위해 대화 재개를 북한측에 요청하고 있지만, 북한은 의연하게 비타협적인 태도를 취하고 있다. 뿐만 아니라, 정예의 SR71기 사건에서도 볼 수 있듯이 각종 대남도발행위가 그치지 않고 있다. 대화를 원하지 않고 공격적인 태도를 견지하는 북한의 태도는 한반도의 긴장완화를 저해하고 平和統一을 방해하는 요인이 되고 있는 것은 부인할 수 없는 실정이다.

세 번째로, 日本은 한반도의 정세와 미국의 대일정책을 계속 주목하면서 假想敵인 소련을 견제하는 反面, 자신의 방위력 강화를 위한 노력을 전개하고 있다. 일본의 外交는 선진민주주의 제국과의 연대관계를 기본 축으로 美·日양국이 「同盟關係」임을 강조하고 있다. 미국의 대일정책 여하는 단순히 美·日간의 쌍무적인 관계로만 한정할 수 없고, 동북아의 平和와 安全에도 중요한 의미를 갖고 있는 것이다.

이러한 일본은 한반도와의 地政學的인 면에서 필요불가결한 관계를 갖고 있다. 또한 소련으로부터의 군사적 위협과 미국으로부터는 防衛費負擔요구라고 하는 두 가지의 이질적인 「外壓」을 받고 있다. 따라서 일본의 대외태도와 안보정책은 東北亞의 平和와 安全을 규정하는 중요한 결정요인 (Determining Factors) 이라고 할 수 있다. 이러한 동북아의 안보상의 환경을 종합해서 감안할 때, 이 지역에서의 국제정치질서를 규정하는 요인은 대별하여 두 가지로 나눌 수 있다.

하나는 東北亞에 위치하고 있는 당사국 상호간의 관계이고, 또 하나는 이 지역에 위치하고 있지는 않더라도 동북아의 안보환경 조성에 중요한 영향력을 발휘하는 열강의 정치 세력을 말한다.

前者의 예를 보면 한반도의 안보상황과 남·북관계, 그리고 일본의 한반도정책은 당사국관계의 핵심을 이룬다고 말할 수 있다. 뿐만 아니라 北京政權이 한반도와 일본열도에 대하여 취하는 對外政策도 중요한 의미를 갖고 있는 것임을 잊어서는 안 된다.

한편 후자의 정치세력이라고 한다면 말할 것도 없이 미국과 소련을 말한다. 이들 양강 대국의 동북아에 대한 외교정책의 내용과 양상은 이 지역의 平和와 安全을 크게 좌우하고 있다. 또한 미·소간의 쌍무관계도 마찬가지이다. 이 시점으로부터 정리해 보면 동북아의 안전과 평화는 기본적으로는 당사국 상호간의 力學關係에 의해서 좌우되지만, 두 초강국(Super Powers)의 움직임 여하에 따라 좌우되는 측면도 강하다고 할 수 있다.

동북아의 국제질서를 규정하는 또 하나의 요인으로서 당사국과 주변국의 국내정치상황을 무시할 수도 없다. 이것은 국제정치의 국내화와 국내정치의 국제화라고 하는 현대국제 관계의 특정으로부터 기인되는 자연발생적인 정치현상이다.

예를 들면, 정당과 국회를 주축으로 하는 일본 국내의 정치과정과 미국의 국내여론과 의회의 동북아문제에 관한 일련의 움직임은 결코 무시할 수 없는 요인인 것이다.

지금까지의 설명을 통해서 정확하게 파악되는 것은 동북아에 위치하면서 거의 모든 관련 제국과 밀접한 관계를 이루고 있는 行寫者(Actor)는 실로 일본이라고 할 수 있다는 것이다. 일본은 한국을 비롯해서 미국, 소련, 중공과는 政府對話通路를 가지고 있을 뿐만 아니라 북한과도 경제적·문화적인 측면에서 교류가 사실상 이루어지고 있다.

이런 점에 관련하여 최근 발표된 外交靑書, 「우리外交의 近況」은 日本外交의 기본적 과제라는 항목을 통해서 「일본이 북한과 경제적·문화적 교류를 서서히 시도하는 것이 적당한 것」이라고 설명하고 있다.

그러므로 향후 동북아안보체제와 관련하여 日本이 어떠한 外交路線을 추구할 것인가 하는 문제는 실로 심각한 의미를 갖는다고 말할 수 있다.

이와 같이 동북아안보에서 상당한 변수로 작용하고 있는 日本의 발언이나 행동(공식적 혹은 비공식적인)은 世人의 주목을 끌 수밖에 없는 것이다.

그들의 방위정책은 외교·안보상황의 판단을 기초로 한 것으로, 당연히 그 판단의 차이로 인하여 防衛論爭의 시비가 근래에 들어 內·外壓으로 더욱 문제시되고 있다. 일본은 최초로 防衛白書를 발행한 이래(1970) 이를 통하여 日本防衛政策의 실상과 변화를 정확히 대변해 주고 있다.

防衛廳 首腦가 중심이 되어 편집한 防衛白書는 다른 행정부의 백서와 성격을 달리한다. 대부분의 백서는 법률에 의거하여 국회에 제출하도록 규정되어 있는 年次白書(地方敗政白書外 12種)의 성격을 갖는 반면, 방위백서는 일본정부의 방위정책을 국민에게 숙지시켜야 한다는 필요성에 의하여 뒤늦게 출발하게 된 것이다.

일반적으로 현대 일본인들에게는 방위 내지는 안보의식에 대한 통일된 견해가 아직 존재하지 않고 있는 듯하다.

防衛白書는 최초 이러한 필요성에서 출발하여 한동안 중단되었으나, 1976년에 부활한 이래 매년 발표되고 있다. 이것은 방위의식 주지의 필요성이 그만큼 강조되고 있음을 입증한 것이라고 해석할 수 있겠다.

원래 防衛廳의 首腦들은 방위논쟁에 대하여 비교적 소극적이었다. 그 이유는 일반국민의 차원에서 방위논쟁을 적극적으로 전개함으로써 이에 관한 Consensus-Building을 확보하려는 시도는 바람직하나, 방위문제와 같이 미묘하고도 델리케이트한 논쟁의 전개로 자칫 불필요한 문제를 야기시킬 것을 우려하였기 때문이다. 그러나 後述하는 바와 같이 방위청 수뇌들은 점진적으로 방위논쟁에 적극성을 보이고 있다. 방위문제의 심각성과 중요성이 크게 인식되었기 때문이라고 생각되어진다.

일본 내의 防衛論爭은 國際協調論과 再軍備論으로 對別할 수 있다. 예컨대, 1979년 9월호의 『文藝春秋』를 통한 森臨通夫(Morishima Michio: 英國런던대학 교수)와 福田恒在(Fukuda Tsuneari: 軍事評論家)와의 誌上論爭은 바로 이러한 흐름을 반영한 것이다. 森j臨는 7月號에 「新軍備計畵IJ論」을 발표하여, "日本防衛 의 제일선은 결코 軍事的차원이 아니라, 國際協力的인 차원이며, 이것이야말로 日本이 갖고 있는 第一線이라고 하는 點"을 강조하였다.

이에 대하여 福田는 이 9月號에 「防衛論の 進めにつりての疑問」이라는 제하의 논문을 게재, 文民統治의 적극적인 의미를 설명하면서 유사시 미국이 對日軍事援助를 할 보증이 없으므로, 국제협력이란 空說이라고 반론을 제기하였다. 또한 그는 현상황하의 일본이 최대의 군비를 확보한다손치더라도 日本列島를 외세의 침입으로부터 防衛할 가능성도 희박하다고 강조하였다. 요컨대, 福田는 일본방위정책 의 적극적인 측면을 강조하였다. 이에 대하여, 위의 森輔는 다시 반론을 제기하는 의미에서 「新軍備計劃論補論」을 발표하여 日本防衛政 策史의 역사적 교훈에 비추어, 유사시에는 無 振抗降代論을 전개함으로써 국제 협조정책의 필요성을 재삼 강조하였다.

1970년에 발표된 최초의 방위백서에는 헌법과 일본 자체방위에 관한 문제점을 지적하였다. 다시말해, 일본의 自衛와 安全을 위한 방위력, 그리고 한법에 명시된 非武裝條項의 철칙, 社會保障, 教育問題 등과의 적절한 조화, 방위력의 효율성을 감안한 점진적인 정비계획 등을 밝히고 있다.

한편 1976년 이래의 防衛白書는 일본방위계획 증강을 배경으로 하여 이채를 띠게 되는데, 憲法저19조가 방위권을 기본적으로 부정한 것이 아념을 밝혔다. 규모보다는 質의 우선을 주안점으로 하며 공격형 무기(中長距離課導 彈; ICBM, IRBM), 공격형 항공모함, 장거리 폭격기의 보유와 무력행사를 목적으로 하는 해외파병 행위는 헌법 제9조와 관계하여, 초월할 수 없는 범위라고 규정하였다.

1977년 및 78년의 安保政策의 기본 축은 미·일간의 긴밀한 방위체제의 강화이었다. 특기할 만한 것은 1978년도에 이루어진 「海外 派兵條項」의 삭제이다. 그리하여 기본적 방위력과 안보정책의 기본 축에 대한 설명을 위해 상당한 지면을 활용했으며, 당시의 국제정세는 1950년대의 자유진영과 공산진영의 대립으로부터 크게 탈피한 상황이었다.

1979년에 들어와서 有事法制冊究, 기습대처 문제의 검토, 防衛冊究등의 각 항이 새로이 등장하는 등 새로운 국면을 맞이하게 된다. 소위 威督論이 등장하게 되는데 이는 소련의 군사적 행동에 대한 자연발생적인 반응이었다.

이와 같은 흐름에 반하여 이 방위백서는 후술하는 바와 같이 이례적이라고 할 정도로 방위예산 증액의 필요성을 적극적으로 호소하고 있고 방위계획의 大綱에 규정되어 있는 방위력 수준을 빨리 달성해야 할 것임을 강조하고 있다. 즉, 1980년은 방위계획의 대강을 설정한 이래 만 5년이 됨에도 불구하고(筆者註; 사실은 4년째인데 原文에는 5년째라고 되어 있음), 아직 방위력 증강을 위한 최저수준까지도 도착하지도 못하고 있는 바, 이 수준을 가급적 조속히 달성해야 할 것임을 강조하고 있다.

앞으로 일본의 정치경제체제가 타국으로부터 威督받는 일이 없도록 하기 위하여, 일본 정부는 국제정치질서의 유지와, 강화에 공헌함과 함께 自助努力을 강화할 것을 계획하고 있다.

日本의 結合安全保障문제를 논의할 때 필수적으로 제기되는 과제들이 있다. 이는 첫째로 日·美관계의 재검토 둘째 自衛力의 강화 문제, 셋째 對中 및 對蘇문제의 해결, 넷째는 에너지 안전보장문제, 그리고 다섯째는 식량 안전보장문제이다. 뿐만 아니라, 대규모의 지진대책을 강구하기 위한 危機管理體制(Crisis Management-System)의 확립문제도 결코 무시할 수는 없을 것 같다.

日本政府는 結合安保政策을 유기적으로 추진하기 위하여 「國家餘合安全保障會議(가칭)라는 특수기구를 설치하려는 움직임을 보이고 있다. 전세계 GNP의 1 할 이상을 점유하는 일본이 이에 적응할 수 있는 국제적 책임을 수행하기 위하여 자유스러운 정치·경제·사회 체제의 옹호를 위하여 노력하는 것은 당연하다고 하겠다.

일본의 방위능력은 꾸준히 개선되어 오고 있다. 1985년 9월 이래로 일본 엔貨의 가치절상은 일본 국방예산비의 지출을 NATO 주요 동맹국에 비해 높은 수준으로 끌어 올리고, 세계에서도 최고로 높은 수준을 가지게 되었다. 이러한 비교는 그들의 정치적 이용에 근거가 될 수도 있다. 그러나 그들은 방위증강의 노력을 가릴 수도 있다. 기실 일본의 방위능력은 엔화가 상승된 이래로 조금씩 증가되어 왔던 것이다. 변화는 서서히, 점진적인 성장에 의해 만들어지고 있는 것이다.

3. 日本防衛力의 增强要因과 制約條件

① 방위력 증강의 배경

日本의 방위력 증강으로 인한 정치적 중요성은 날이 갈수록 크게 인식되고 있다. 언제부터인지 소위 「專守防衛」(筆者註; 일본열도를 守備隊的위치에서 방위한다는 구상)의 개념도 防衛白書에서는 사라져 가고 있는 것 같다. 일본열도를 둘러싼 국제환경의 변화로 미국은 日本의 방위력 증강의 필요성을 크게 인식하게 되었다. 예컨대, 소련의 군사적 驗眼이 세계경제에 주는 영향이 바로 그러한 것들이라 하겠다.

특히 1979년도말 이란의 미국대사관 인질사건, 소련의 아프가니스탄 침공 등은 80년대의 일본정치의 안보문제를 적극적으로 논의하게 된 계기를 초래하였다고 판단하는 것이 좋을 것 같다. 이러한 상황하에서 출발한 방위력 증강의 발상은, 일본이 세계에서 2위를 자랑하는(이제는 세계 최고의 채권국의 위치를 점하고 있는 상황이 되었지만) 경제력에 비례할 수 있는 방위능력을 소지해야 한다는 객관적 여건을 조성하였다고 해도 과언이 아니겠다.

최근 일본의 防衛白書는 한마디로 말하여 소련에 대한 서방측의 방위노력으로 국방비 증가의 필요성을 강조하고 있다. 그것은 거듭되어 언급되어지고 있는 사실인 만큼 가장 중요한 요인이라고 할 수 있다. 북대서양조약기구 (NATO) 수뇌회의에서 가맹국은 매년 실질적으로 3% 정도씩 증가시키는 것에 기본적 합의를 하였다고 한다. 또한, 미국도 향후 5년간 평균 4.1% 씩 증가할 방침임을 표면화시키고, 연이은 공화당계의 대통령 부시도 레이건 행정부의 강력한 대응책을 당분간 유지하리라고 보여지는 가운데 일본의 안보상황은 나이브한 단계를 떠나 소위 「自主國防」의 면모로 일신하려는 것은 묵과할 수 없는 현실로 현재 국제정치에 새로운 폭풍의 눈으로 잠복하고 있다.

하지만 일본의 방위비는 최근 3~4년 동안 적지 않은 상회를 보이고 있다. 절대액은 미국과 비교할 여지도 없지만, 일본의 GNP 자체가 거대한 규모이므로 방위예산은 世界에서 7~8위를 기록하고 있으며 이는 앞으로 3~4위에 접근될 전망이다. 그중 상위의 5개국이 核保有國이며, 일본은 헌법상 커다란 제약조건을 갖고 있음에도 불구하고 이 정도라고 하는 사실은 주목해야 할 만한 것으로 평가할 수 있다.

여기에서 일본방위정책의 동향을 살펴보는 일은 구체적인 증강요인과 제약조건을 일일이 열거하기에 앞서 필요한 작업으로 여겨진다.

연대적인 시각에서 살펴 본다면 제2차대전이 그 시발점이라 하겠다.

제2차대전 이후 1960년대까지는 미군사력의 對소優位를 배경으로 일·미안보체제에의 한 핵우산하에서 국방비 부담없이 경이적인 경제성장을 달성하게 되었다. 1970년대, 미군 사력의 對소優位 상실로 방위문제에 대한 관심이 고조되는 경향이 있었고, 이에 맞추어 국민방위의식에 대한 consensus의 조성노력과 함께 착실한 방위력 증강요청에 긍정적 반응을 보여왔다. 對美 技術供與 決定을 하고, Sea-Lane 공동연구 개시가 1983년 9월 일·미 安保事務레벨 협의시 합의되었다. 일본의 구체적인 방위증강 노력은 방위예산상에서도 보여지는데, 1984년 방위예산만 해도 2조 9,346엔으로 전년과 비교해서 6.55%가 증가했다. 다음해 9월 新防衛5개년계획(1986~90)결정으로 방위비의 對 GNP比 1% 내의 준수원칙이 사실상 붕괴되었다. 다시 말해서 계획기간의 GNP 성장률을 4%로 상정할 때, 방위비의 對 GNP 比는 정확하게 말하자면 1.038%에 해당한다. 급기야 1987년 1월 閣議의 결정으로 방위비의 GNP 1% 한도 철폐가 이루어졌다.

이렇게 볼 수 있듯이 일본의 방위력은 남북 한의 대치상황에서 힘의 우위경쟁에 따른 방위력 증강과는 달리 조심스럽게 여론을 자극시키지 않고 세계 제국의 시정을 고려하여 정치적인 숫자 1%를 웃도는 사실상의 방위력 증강을 시도해 왔다.

② 增强要因

그렇다면, 일본의 방위력을 증강시키는 요인들은 무엇일까?

첫째로, 소련의 대일잠재위협의 증가이다. 소련은 극동에 주둔하고 있는 군대의 대폭 증가를 꾀하여, 북방4도에 소련군 1개사단 규모를 배치시켰다.

1979년 12월, 소련에 의한 아프가니스탄 침공은 1970년대의 국제정치와 1980년대의 국제 정치를 구별시키는 분기점이 되었다. 미국은 단독으로는 현대식 무기를 다량 보유하고 있는 소련의 對備對策에 적지 않은 한계가 있음을 인식하게 되었으며, 이러한 상황 속에 미국은 일본에 대하여 동북아에서의 지역방위역할 분담을 강력하게 요구하게 되었다.

둘째로, 미국의 방위력 증강 요청이다.

일본열도와 주변해역 방위를 일본이 인수하기를 기대하고, 미국은 방위력 증강을 위해 방위계획의 大綱 수정을 요구하였다. 연이어 방위비의 1% 이상 증액을 요구해 오고, 소위 「中期事務見積」을 조기에 달성해 주기를 촉구하였다. 그뿐만 아니라 일본 주변 1,000해리 Sea Lane에 대한 방위력 재고와 일본이 대미 무기기술 이전 등, 이 지역에서 미국의 역할을 보완하는 데 적극적 역할을 수행해 줄 것을 요구하였다. 경제력에 상응한 방위력의 증강을 요구하는 것이 바로 미국의 입장인 것이다.

특히 1981년 이후 미·일 양국간의 안보논쟁은 그 강도를 더욱 짙게 하고 있다고 해도 과언이 아니라고 하겠다.

세 번째, 일본인들의 안보의식의 변화이다. 헌법 제 9조의 개정론이 대두하고 있는 바, 그 대표적인 것은 일본청년회의소의 주장과 1982년 11월 29일 中曾根일본수상이 세계 각국에 보낸 성명서에서 헌법개정 필요성에 대한 개인적 소신을 표명한 예이다.

따라서 사회당과 공명당에 의한 미 · 일안보 조약 폐기론은 후퇴하게 되었고, 사회당은 자위대의 존재마저 인정하게 되었다. 1980년 2월 關西經濟聯合會長은 징병제 부활을 제안하기도 하였다.

또 한 예를 들면, 일본청년회의소 조사에서 支持度 54%를 기록한 핵무기 보유 지지설이다. 1983년 3월 일본상공회의소 회장이 방위 산업 육성과 무기수출을 주장하여 일본의 2차 대전 이후에 보여준 이념적 평화국가의 면모는 일시에 무너지는 듯한 인상마저 들게 한 바 있다.

③ 制約條件과 防衛論爭의 실상

지금까지 논술한 것과는 대조적으로 일본의 방위정책을 제약하며 일본 방위정책을 특징짓는 몇 가지를 나열해 보기로 하자.

첫째, 평화헌법이다. 특히 9조에 명시된 전쟁 포기, 전력 불보유, 교전권 부인 규정과 집단적 자위권에 대한 불인정을 들 수 있다.

둘째, 專守防衛 선언이다. 공격을 받았을 때에만 방위력을 행사하되, 그것도 자위를 위한 필요 최소한도 내에서라고 한정된 범위를 설정하고 있다. 뿐만 아니라, 제열강에 대하여 공격적인 위협을 주는 방위력의 보유도 불가능하다는 것이다.

셋째, 전술한 바와 같이, 非核3原則이다. 일본은 1976년 6월 핵무기확산방지조약(NPT)에 가입하였는 바, 일본은 원칙적으로 핵무기 보유와 제조 및 반업을 일체 하지 않도록 되어 있는 것이다(not to have, not to make, not to bring).

일본 방위정책의 네 번째 제약조건은 문민 통제(Civilian Control) 제도의 확립이라고 하겠다. 현재 일본은 문민통제의 원칙이 국방정책의 基本律로 되어 있으므로, 각 해당 국가기관은 이에 의하여 소정의 영향력을 갖고 있다. 우선 내각총리대신은 일본자위대의 최고 지휘 감독권을 갖고 있으며, 국회는 자위대의 운영, 조직, 공력 등에 관한 법률을 제정 의결할 수 있다.

또한 文民으로 임명되는 방위청장관은 총리 대신의 지휘 · 감독하에 자위대의 업무를 총괄하도록 되어 있다. 내각에 설치되는 국방회의는 일본국방의 기본방침, 국방계획의 大鋼, 방위출동의 가부 등을 심의하는 문민통제의 기관으로 설치되어 있다.

일본 방위정책의 다섯 번째의 제약 조건은, 일 · 미 안전보장 체제의 확립이라고 하겠다. 일 · 미 양국은 1960년에 新安全保障條約에 의하여 상호협력체제를 구축하도록 되어 있으며, 이러한 맥락에서 볼 때 일본의 대외정책은 미·일 안전체제의 연장선상에서 이루어지고 있다고 하겠다.

오늘날 일본이 외세로부터의 核위협에 대해 억지력을 행사하거나 通常兵器로 대규모의 외세 침략에 대처할 경우, 일본 단독방위력의 부 족부분은 미국과의 상호조정과 양해하에서 충당하도록 되어 있다. 특히 1981년 이후 가일층 문제시되고 있는 美·日防衛論爭은 비록 이러한 일본 방위정책의 제약 속에서 출발된 것임을 주목할 필요가 있겠다.

주지하는 바와 같이, 일본은 방위비를 증액하고, 자위력 증강에 열을 올리고 있다. 이러한 상황 속에서 일본자위대 통합막료회의(한 국의 「合參」에 해당함)의 고위간부를 역임한 유명한 군사평론가는 1989년 3월말 소련의 데탕트와 군축공세, 그리고 서유럽에서, 심지어 미국의 일부에서까지 인기의 상승일로에 있는 고르바초프의 미소외교에도 불구하고, 일본은 다른 어떤 서방국가보다도 신속한 자체무장을 계속해야 한다고 강조한 바 있다.

그는 또한 향후 1~2년 내에 일본의 방위력 이 5% 이상의 실질적인 성장을 해야 한다고 주장하였다. 사실상 이와 같은 정책적 발상은 일본국내의 군사전문가뿐만 아니라 보수여당인 자민당 정권의 일부 정치 지도자들 간에도 간헐적으로 논의되고 있다. 이러한 시대적 조류는 일본의 防衛政策과 향후 政策路線에도 적지 않은 영향을 미칠 것으로 판단된다.

이전에도 방위관계 강경발언은 일본의 주요 인사들에 의해 전해져 왔다. 1983년 1월 나카소네 首相 訪美時에 일·미관계는 운명공동체라는 점과 대한해협 봉쇄, 일본열도의 不侵航母化에 관한 언급이 있었다. 이어서 84년 4월 18일 아베 외상은 중의원 외무위 답변에서 또 한 소련의 극동배치 SS-20 중거리 핵미사일에 대한 대응책에 대하여 중공 및 한국과 협의방침을 표명한 바 있다. 이러한 예들로 미루어 현재까지 수년간 일본 내에서 시시각각으로 변동하는 상황과 방위력 증강을 감안한다면 앞서 말한 일본의 「신국가주의」적(내지는 선보 수주의적) 사조가 다시금 태동하고 있지는 않을까 하는 우려를 배제할 수 없는 것이다.

4. 향후 일본의 安保路線과 限界防衛戰略

지금까지 논술한 동북아의 안보환경과 일본 방위정책의 과정을 상호 연관시켰을 경우, 향후 일본이 선택할 수 있는 정책노선은 이론적으로 다음과 같은 몇 가지의 유형으로 분류할 수 있었다.

첫째, 同盟關係로서의 미·일안보체제를 기축으로 하여 안보정책을 수행해 나가는 현상 유지 정책의 견지를 들 수 있다(Option I, Status Quo Policy). 이런 경우는 현재와 같은 일본의 미·일 안보조약에의 의존이 전제가 되어야 하므로, 일본의 군사적 역할은 상당한 제약을 받게 될 것으로 생각된다. 때문에, 종래와 같이 동북아의 평화와 안전유지를 위한 정치적·경제적 분야의 협조 체제구축 논의에서 비교적 한정된 역할이 기대된다고 하겠다. 하지만 전술한 바와 같은 일본방위정책의 기조를 견지하며 미 · 일안보체제의 행동반경은 가능한 범위 내에서 자유스러운 대외협력이 가능할 것으로 생각된다.

둘째, 일본이 타국가들과 함께 국력에 비례하는 정도의 安保役割分擔을 수행하는 안을 들 수 있다(Burden-Sharing Policy, Option II). 이는 말하자면, 일본이 지역적 집단안보체제의 일원으로서 분업의 일익을 담당하고 파트너로서의 정치 · 경제 · 사회 및 군사적 의미에서의 역할수행을 뜻하는 것이다. 이 경우의 일본은 주변국가들에게 군사적 위협을 주지 않으면서 동북아의 안보체제 강화에 공헌하려 하는 것이다. 안보적 차원에서의 대외경제협력을 강화하고 발상도 이러한 논리의 연장선상에서 가능할 것으로 판단된다.

세번째의 Option은 일본이 核武裝을 시도하여 독자적인 자주방위정책을 추구함으로써 군사대국으로 발전하는 것이다(Option Ⅲ).

이를 위하여서 일본은 종래와 같은 對미안전보장 의존체제에서 탈피 내지는 독립하여 미 · 소와는 경쟁적인 등거리외교를 시도할 것으로 추측된다. 이와 같은 정책의 과도한 추구는 궁극적으로 2차대전 전 일본제국의 해외 침략지향적인 국가목표를 연상하게 한다. 일본이 軍事大國化의 길을 선택하게 되는 경우에, 이는 곧 주변 동남 · 동북 아시아 제국과 공산권에 대하여 커다란 위협이 될 것임은 명약관화한 사실로 보여진다. 또한 일본이 핵무장을 통하여 독자적인 자주방위노선을 추구한다면 戰前의 대동아공영권을 연상케 하는 군사대국화에의 길로 원대복귀하는 것으로 인식 되어지기 때문이다.

넷째의 가능성은 일본이 현수준의 군사력을 유지하는 한편 美 · 日安保條約을 폐기하고 미 · 소와는 등거리외교정책을 추구하는 노선으로 이른바 전방위중립노선 정책이다. 이 경우 일본은 세계정치의 무대에서 중립주의를 표방하는 형식을 취한다는 것으로 상정하는 것이다(Option Ⅳ).

다섯째의 대안은 일본의 현정책과는 정반대의 상황으로, 증강되는 소련의 군사적 위협에 굴복하여 친소 · 반미정책을 채택하게 되는 노선을 이론적으로 상정할 수 있다(Option V). 이 경우 현재 미국의 역할을 소련이 대행한다는 것으로 미국과는 비우호적인 관계를 갖게 되는 경우이다.

이상 일본이 금후 선택가능한 몇 가지의 外 交 · 安保路線을 5개 유형으로 분류해 보았다.

이러한 다섯 가지의 대안 중에서 향후의 일본은 당분간 첫 번째의 대안을 기본적으로 계속 견지하지만, 중 · 장기적으로는 제2안과 제3안이 서로 상호보완 관계에 있으면서, 적절하게 선택해 가면서 자국에 유리한 국가이익을 추구할 것으로 판단된다. 다시 말하면, 현상 유지정책을 단기적으로 유지 존속시키는 한편, 종합안전보장 구상의 맥락에서 전략적으로 중요한 지역에 대한 경제협력을 강화시키고 그 영역을 점진적으로 증강시켜 나갈 것이라는 것이다.

이것을 한국과 미국의 입장에서 볼 경우, 바람직한 선택은 2번째의 Option Ⅱ이지만, 그러한 가능성이 반드시 높다고는 말할 수 없다. 그것은 지역적 집단안보체제의 일원으로서 분업의 역할을 담당하는 것이 동북아의 평화와 안전을 위해서 가장 바람직한 선택이라고 판단하는 연유에서이다. 하지만 국익을 위해서 영원한 敵도, 또한 영원한 友邦도 없는 현대 국제정치사회에서 일본이 반드시 한국이 기대하고 원하는 방향의 정책노선을 추구한다는 보장은 없다. 그러므로 한국은 현재 이와 같은 일본의 국내정치와 대외정책을, 그리고 일본열도를 둘러싸고 있는 국제 환경이 어떻게 전개되고 있는가를 정확히 판단하고 대처해 나가는 것이 급선무이다.

이러한 여러 가지를 감안하건대, 일본의 입장에서 다섯 번째 대안을 선택할 가능성은 매우 희박한 것으로 보여진다.

그래서 당분간은 Option Ⅰ의 상태가 지속되어지지만, 對소련 牽制보다 일본인의 방위 의식이 고양되어 독자적인 방위노선을 과도하게 추구하는 경우 Option Ⅲ을 선택할 가능성도 전혀 배제할 수는 없다. 그러나 Option Ⅲ은 군국주의의 부활을 의미하는 것이어서 동북아의 안전과 평화를 유지하는 데에 위협의 요인이 되는 것은 말할 것도 없다. 동시에 이것은 제 2의 「破局」에로의 길이 될 위험도 있어, 일본이 신중한 태도를 취하는 것이 바람직하다.

동북아는 소련의 군사적 팽창에 대해서 조직적인 집단방위체제가 확립되어 있지 않은 지역이므로, 동서간의 균형이 파괴되어진 상태가 계속되어 오고 있다. 그러한 의미에서, 동북아는 미·소 양국의 火藥庫이며, 미·일 동맹체제의 위기라고도 말할 수 있다. 그러므로 전략적 측면에서 소련의 대서방 위협은 증대일로에 있는 것이다. 동북아에서 소련의 방위적 위협성격은 포화상태에 이르렀다고 생각되어진다. 소련의 군사적 우위가 확보되는 경우, 이것은 곧 공격적인 위협성격을 갖추는 것이 되어, 그런 경우의 소련은 동북아에서 종주국(Master of Area)으로 등장할 가능성도 전혀 없다고는 말할 수 없다.

이러한 최악의 사태는 상술한 바와 같이 제2의 「흑선」을 초래할 상황이 되는 것이다.

일본이 미국과의 동북아국제환경에 관한 인식(Perception)이 근본적으로 다르다는 것이 전제된 상황에서 미국은 현재의 군사적 불균형을 타파하는 것을 동북아에 대한 전략적 목표로 하고 있다. 일본은 현상유지정책을 견지하고, 소련을 자극하지 않으면서 북방4영토를 획득함과 동시에 시베리아개발에 참가하기를 바라고 있다. 또한, 미국의 Burden-Sharing 요구에 적당히 대응하면서 그들의 국가이익을 추구하고 있다.

일본이 직면하고 있는 또 한 가지의 딜레머는 全防衛外交政策의 추구와 대미·대소 等距離政策의 양립에서 오는 곤란한 점이다.

이러한 제반의 현실에서부터 일본은 그 나름대로의 自主路線을 모색할 것이지만 전기의 Option Ⅱ를 단호히 무시해서는 안된다. Option Ⅱ는 표면상 일본에 부정적인 입장을 부여하는 듯이 보이지만 실은 반드시 그렇지도 않다. 그 반대로 일본의 역할담당은 일본에 적극적 효과를 초래할 수 있다.

첫째, 全防衛平和外交를 구심점으로 하는 일본이 경제력에 상응하는 안보부담을 실시한다고 하는 것은 결국 동북아의 안전과 평화유지에 크게 기여하는 것을 의미한다. 그 결과, 일본민족이 실질적으로 평화를 사랑하여, 문화민족이라는 것을 세계에 과시할 수도 있는 것이다.

둘째, 지역적 分業의 실시는 미·일안보체제에 기초를 둔 일본외교의 자연스러운 발로라고 말할 수 있고, 미국과의 동맹체제를 보다 단단하게 하는 것이 될 뿐만 아니라 대소련 위협을 사전에 방지하기 위한 포석도 된다.

셋째, 地域安保體制의 현설화는 한·일관계를 보다 활성화시키는 것이다. 지금까지 미국의 정책수립에는 일본의 의지만이 반영되어서, 전략적으로 실로 중요한 위치에 있는 한국의 입장은 별로 중요시되지 않은 측면도 있지만, 최근에는 크게 변화하고 있는 것 같다. 이러한 한국의 안전이야말로 일본의 안전에 직결되는 것이다. 한국이야말로 그들이 중요시해야 하는 우호국인 것이다. 한·일관계는 지정학적인 특수성으로부터 복잡한 이해관계가 언제나 상존하고 있다. 금반, 安保經協問題 를 둘러싼 한·일교섭이 양국간의 환경의식에 대한 차이로 인해 난항을 하고 있는 것은 가슴 아픈 이야기이다. 그러나 일본의 우호적인 對 韓태도가 일본의 국가이익 증진에도 적극적인 결과를 초래한다는 것은, 일본 정부지도자도 거듭 인식할 필요가 있다고 할 수 있다.

네 번째의 대안은 일본의 사회당과 중도세력이 간헐적으로 강조하고 있는 路線이기는 하지만, 현재와 같이 자민당정권이 존속하는 한 中立化路線을 추구한다고 생각하기는 어려운 일이다. 하지만 군사대국화 일변도에의 획일적인 추구는 東北亞의 평화유지와 안전보장을 위협하고 일본 군국주의의 부활을 의미함은 재론을 요하지 않으나, 순수한 國粹主義的 軍國主義에의 복귀 가능성은 현재와 같은 일본 국내정치상황을 관찰하건대, 어려울 것으로 판단된다.

말하자면, 방위력의 단계적 증강과 군국주의의 부활문제는 별도의 차원에서 평가하여야 할 것으로 생각된다.

일본이라는 나라의 위상을 한마디로 확언한다는 것은 어려우나 명치유신 이래로 「脫亞論」적 논리를 가지고 근대화를 추진해 왔던 그들은 동양에 속하면서 서구의 일원이 되고자 노력하였다. 일본은 해양국가이면서 대륙 진출에만 관심을 갖고 있었다. 어느 쪽에서 보아도 일본은 「변경지역」(marginal area)이었다. 영국처럼 세력균형의 조정자로서의 역할을 할 수 있는 위치이지만, 그 상황은 戰前보다 1970년대 이후에 더욱 유리하게 전개되고 있다. 즉, 미·소가 대등한 지위(parity)를 형성하고 중·소간의 대립, 남·북한간의 대치 상황이 형성된 바 일본이 경제대국으로 성장함과 동시에 상당한 영향력을 행사할 수 있게 되었다는 것이다.

일본이 독자적으로 미국이나 소련을 상대하여 위협을 줄 수는 없어도 일본이 어느 한 쪽에 가담하여 한계적 지원(marginal support), 또한 한계적 보완(marginal compensation)을 하면 그 쪽이 우위를 차지할 수 있다. 현재 일본은 외교적인 측면에서 미국의 입장을 보완하는 기능을 담당하고 있다고 할 수 있다. 안보적인 측면에서의 이러한 기능을 한계적 안보전략(marginal security strategy)이라고 할 수 있다. 일본의 안보전략의 특정이 바로 한계적 안보전략인 것이다.

현재 미국이나 소련도 냉전의 주역으로서 상호간의 소모경쟁과 과중한 부담으로 국력이 약화되어 왔다. 일본만은 이러한 부담없이 경제대국화됨으로써 오히려 교섭능력이 증대되고 있다. 미국에 의한 평화(Pax Americana)는 쇠퇴하였으나 미 · 일에 의한 평화(Pax Japaricana: 필자 조어)의 가능성은 높아졌다고 할 수 있다. 미국이 태평양지역의 안보역할을 담당해 오던 것을 일본에게 위임하려 할 경우에도, 일본은 代行보다 補完의 역할 이상을 코미트 하지 않으려 할 것이다. 그것이 일본의 한계적 안보전략인 것이다.

일본의 방위력에 대한 또 하나의 평가는 「來援期待의 限界的 抑制力」이라는 표현이 적절할 것 같다. 일본은 자국의 안보마저 소규모의 침략은 자력으로 해결하려고 하나, 대규모 침략은 미국의 來援까지의 상황을 지연시키는 전략을 기본으로 취하고 있다. 따라서 일본의 억제능력(방위력)은 구체적으로는 항공기, 함정, 미사일(Sea Lane 방위), 조기경보 등에 중점을 두고 있다. 항공기는 F-4EJ, F-15, P-3C 등 最新鋭機를 중심으로 400여 기를 비 롯하여 헬기 등 총 1600여 기를 보유하고 있고, 함정은 30노트 이상의 미사일艦 등 · 430여 척 약 255,000톤을 기준으로 하고 있다. 이는 소련 680만 톤, 미국 590만 톤에 비하면 20분의 1 정도에 불과한 규모이며, 영국 110만 톤, 프랑스 45만 톤, 서독 27만 톤에도 불급한 상태이다. 레이다는 수평선 표면 카버, 원거리(1000~3000km)용 OTH (Over the Horizon)의 실용화를 검토중이다.

한편 방위예산은 對 GNP 1%(1987년도 1.00 03~7% 정도)선을 유지하여 오고 있으며 연간 300억 달러(1937년 엔切上으로 계산)에 이르고 있다. 또한 국민 1인당 부담률은 약 300달러 정도로서 미국의 1000달러, 영국의 440달러에 비하여 서독 370달러(한국 110달러) 수준에 근접하고 있으며, 그것은 잠재적 군비 확대 능력을 가지고 있음을 말하는 것이다.

5. 맺음말: 韓半島 有事時 일본의 5단계 전략

일본은 전통적으로 대륙진출의 시도를 계속하여 왔다. 한국이 국내적으로 분열되거나 쇠퇴할 때 일본은 한국을 침략의 대상으로 취급하기도 하였다. 오늘날의 독재정치는 제국주의에의 영토침략이 허용되지 않는 시대이고, 한국은 현재 수출입 총액 연간 800억 달러 이상의 산업국으로서 세계 대부분의 선진국과 교류하고 있다. 일본과는 연간 110억 달러의 시장을 제공하고 50~60억 달러의 상품을 공급하고 있다. 일본의 수출흑자대상국가 중에서 한국은 5위 이내의 고객이다. 한국은 일본이 결코 무시할 수 없는 중요한 우방인 것이다. 과거와 같은 영토침략의 가능성은 전혀 생각할 수 없게 되었다.

이러한 상황하에서 일본의 한반도에 대한 이해관계는 대체로 두 가지로 요약할 수 있을 것이다. 첫째는 남·북한의 분쟁을 사전예방하기 위한 「調整者」로서의 역할과, 둘째는 일본방위정책의 기본적 특정인 한계적 안보전략의 범위 내에서 상호협력하는 「파트너쉽의 관계」를 형성하는 것이라고 할 수 있다.

조정자 역할로서의 일본은 과연 對韓半島 지원에서 이떻게 작용할 것인가?

전후의 일본은 과거 영국이 세계국가로 성장할 때와 같이 「상업국가」(Commercial State)의 경제제일주의로 일관하여 왔다. 정경분리 원칙이나 전방위 평화외교, 종합안보 등 분쟁보다 교섭의 전략(bargaining strategy)으로서 모든 국가와의 교류관계를 증진시켜 왔다. 일본은 종래부터 對韓半島정책을 미국의 대한 지원을 지원하는 간접적 방법의 한계 내에 추구하여 왔다. 일본의(전방위 평화적) 대외관계의 맥락에서나 국내의 사회주의세력의 반발을 고려할 때 한국에 「직접」, 「군사적」 개입은 일본의 국익에 마이너스 요인이었다. 그동안 한국의 발전이 남북한간의 경제적 격차는 물론 정치적으로도 큰 격차를 조성시켰다. 일본은 한국지원에서 심리적인 유보는 제거되고 있다.

그러나 앞으로도 북한의 배후지원세력인 중공이나 소련과의 관계는 물론 北韓에 대한 경제관계의 가능성을 종합적으로 고려할 때 「군사적」인 방법보다 남북한간의 외교적·경제적 (즉, 院合安保的) 중개자 또는 조정자로서의 역할을 담당하려고 할 것이며, 또한 일본의 경제력과 정치력은 이러한 활동을 뒷받침할 수 있는 현실적 능력을 갖추고 있다고 할 수 있다.

「調整役割」의 경우, 어느 정도 당사국을 위하고 어느 정도 어부지리를 찾는 자국중심이 되느냐는 남북한의 실력과 태도에 좌우된다고 할 수 있다. 일본에의 의존도가 높을수록 일본은 오히려 자국중심이 될 수 있다. 한국의 경제력은 중국에 대한 영향력을 높여 왔고 올림픽을 통하여 그 영향력이 동구권 및 소련에까지 증대되고 있다. 일본이 자국중심의 편향성을 발휘할 수 있는 영역은 축소될 수밖에 없다.

다음 사전예방이 실패하였을 경우의 대비책으로서 전략은 한계적 안보전략의 파트너쉽을 유지하는 것이며, 이는 전술한 일본의 군사비 부담 회피전략과 對共産圈 外交戰略의 맥락에서 이해해야 할 것이다. 즉 그것은 대립하는 쌍방의 중간적 위치를 최대한으로 유리하게 활용하는 전략에 기초하면서 미·일안보체제와 한·미안보조약체제의 간접적 三角關係를 원활히 관리하는 입장의 대변을 의미한다고 할 수 있다. 아직도(앞으로도) 일본이 한국과 직접적으로 군사적 의미의 안보조약관계를 갖는 것은 양국 국민의 역사적 감정이나 국내정치세력 등의 장애요인으로 가능성이 희박하다고 할 수 있다.

그러나 이 지역에서 미국이 일본의 안보역할 증대를 강력하게 요구하고 있고, 실제로 군사력을 축소시켜 갈 때에 일본으로서는 한정된 분야의 한정된 방법이라는 최소한의 코미트로 한국시장의 안정된 질서를 유지하지 않을 수 없는 것이 일본의 對韓半島안보전략 또는 방위정책의 기조라고 할 수 있을 것이다. 문제는 이 '한정적'이라는 의미의 한계와 범위에 귀착된다고 할 수 있다. 그것은 미 · 일 간의 협조와 마찰의 내용을 이루는 부분이 될 것이며, 미국의 대한군사지원의 경제 및 해 · 공군 부분에 일본이 경우에 따라서 참여할 가능성을 갖는다고 할 수 있을 것이다.

좀더 구체적으로 보면, 한반도 유사시의 경우, 우방으로서의 일본의 對韓協力 가능성은 어느 정도일 것인지, 그 가능성과 한계를 단계별로 유형화시켜 살펴본다면, 그 사태가 국지적이냐 혹은 전면적이냐, 또는 북한의 단독적 도발이냐, 배후에 중국 또는 소련이 지원하느냐, 그외에 미국의 태도는 어떠할 것이냐 등의 변수에 의해 영향받는 사실을 감안할 필요가 있다.

1단계는, 소극적 외교조치를 취하는 것으로, 2단계는, 적극적 외교조치의 단계인데 이때 일본이 서방측 우방으로 하여금 사태를 인식하게 하고 행동으로 옮기도록 간접적으로 호소하는 것이다.

3번째의 단계는, 미군의 군사행동에 협조하는 것으로, 미국의 한국에 대한 협조를 묵인한다는 의미일 것이다. 이것은 일본이 한국에 대해서 취할 수 있는 최대의 행위이기도 하다.

4번째로는, 일본 정부가 스스로 간접적으로 非攻擊用武器에 한해서 군사지원을 하는 것이다.

5번째 단계는, 직접적 군사지원의 경우로서 自衛隊 등을 한국에 파병하는 것이다.

오늘날 가능하게 보여지는 것은 1, 2단계이며 기대할 수 없는 것은 4, 5단계이나, 현재의 상황은 3, 4단계를 우왕좌왕하고 있는 것으로 판단되어진다.

한국은 중국 및 소련과 경제관계를 先導手段으로 교류를 증대시키고 있다. 또한, 한반도 안정을 위한 그들과의 상호협조관계를 추진하는 한편 일본이 극동안보역할을 점증시켜 감에 따라 미국과 공동으로 또는 최종적으로 일본이 미국을 대행하는 경우를 예측하여 대세를 정확히 先取하여 적응해 나가야 할 것이다. 그것을 위해서는 한 · 미 · 일의 민간전문담당자의 공동안보연구를 통하여 정보를 획득하는 한편 한국의 이해와 의견을 제시할 수 있는 코뮤니케이션 기능을 확대시켜야 할 것이다.

지금까지 필자는 일본의 防衛政策의 실체를 심층적이고도 면밀하게 분석함과 동시에 이것이 갖는 정치적 의미와 한반도와의 관련성이라는 맥락에서 다각도로 관찰하였다. 명약관화한 사실은 향후 일본이 추구하는 정책의 행방은 반드시 한국인의 기대와 일치한다는 보장은 결코 없다는 사실이다. 모름지기 한국은 한국의 국가이익을 극대화시키기 위한 독자적 노선의 선택이 필요할 때가 온 것 같기도 하다.

※ 편집자 주: 한국외교협회 편「외교」제12호, 1989에서 발췌.

③ 일본의 방위력 증강과 한반도의 국제정치

최근의 언론보도에 의하면, 竹下일본수상은 3 월말 일본방위대학 졸업식 치사에서 '일본이 미국과의 안보협력을 공고히 하는 한편 방위력을 더욱 증강해 나가야 할 것'이라고 발언한 바 있다. 그는 보수통합 이후의 어느 수상보다도 방위력증강에 적극적인 의욕을 보임으로써 일본국내·외의 주목을 받게된 것이다. 竹下수상은 이를 통하여 일본의 방위력 증강노력은 미일안보협력을 더욱 확고히 하는데 기여함으로써 동서간의 군사력 균형을 촉진하고, 방위력을 가일층 팽창시킴으로써 「아시아와 세계평화 및 안보에 기여」할 것이라고 강조하였다. 사실상 일본의 막강한 경제력은 국제사회에 있어서 일본의 역할을 중시하게 되는 계기를 만들고 있다. 특히 시간의 흐름에 정비례하는 일본의 막대한 경제성장은 이를 더욱 가속화시키는 요인이라고 하겠다. 하지만, 竹下수상이 강조하는 일본의 방위력 증강이 향후 「아시아와 세계의 평화」 특히 한반도의 평화정책에 어느 정도 기여할 것인가하는 점은 별개의 문제점이라고 하겠다.

필자는 본 연구보고를 통하여 최근 국내 지식인들의 초점이 되고 있는 일본의 방위력증강의 배경과 성격을 분석하고 이에 관련된 향후 일본의 정책노선을 이론적으로 유형화하여 방위력증강을 둘러싼 일련의 정치적 움직임을 우리들 한국인은 어떠한 시각에서 인식해야 할 것인가를 검토·분석하고자 한다. 우선 「재무장」이라고 하는 용어의 개념정의이다. 「재무장」이라 함은 다시금 전쟁을 수행하기 위한 준비를 하는 일련의 행위를 의미하는바 오늘날의 일본이 과연 「전쟁준비」를 시도하고 있을까 하는 뜻은 약간 의문이라고 하겠다. 왜냐하면 1억 2,000만 여 명의 일본국민은 제 2 차 대전에서의 패전을 통하여 전쟁의 참혹함과 비참함을 뼈저리게 통감하였을 뿐만 아니라 국가 총동원령이 발표되고 군부주도의 대륙침략정책을 추구하던 1930년대의 시대적 상황과 일본열도를 둘러싼 오늘날의 국내외 상황과는 너무나 커다란 차이가 있기 때문이다. 그러므로 일본의 「재무장」이라는 표현보다는 「방위력증강」 또는 「군사력강화」라고 하는 용어가 더욱 객관적이고도 학문적인 것으로 판단된다.

하지만, 명약관화한 사실은 지난 수년동안의 일본국내의 상황적 변동을 감안하건데, 방위력증강을 촉진시키고 일본사회의 사상적 흐름을 우경화 시키는 소위 「신보수주의적」 내지는 「신국가주의적」 사조가 팽배해지고 있다는 점이다.

가장 전형적인 例를 든다면,우선 일본 방위비의 3년째 팽창추세와 첨단군사기술의 고도화이다. 일본정부는 이번 4월 1일부터, 시작되는 1989~1990년도 회계년도에 연 3년째 국민총생산고(GNP)의 1%를 약간 상회하는 국방예산을 책정하고 있다. 일본 방위청의 통계에 따르면, 1989년도의 국방비 지출액은 1988년도의 회계년도보다 6% 가 증가한 3조 9,500억엔(약 340억달러)인 것으로 알려지고 있다. 일본은 그동안 군국주의의 부활을 우려하는 인근 아시아제국들의 비판론을 막기 위하여 당회계년도 GNP 예상액의 1 % 이하의 기준에서 방위예산을 편성하였었다. 그후 지난 1987 및 1988 회계년도에 당초 GNP의 1%를 약간 상회하는 선에서 방위예산을 편성하였으나 호경기와 엔고(円高)현상에 의하여 사실상 GNP의 1 %수준에서 국방비가 지출되어온 것이다.

이러한 상황속에서 일본자위대 통합막료회의(한국의 「합참」에 해당함)의 고위간부를 역임한 바 있는 유력한 군사평론가는 3월말 소련의 군축과 데탕트 공세에도 불구하고, 일본은 다른 어떤 서방국사보다도 신속한 자체무장을 계속해야 한다고 강조한 바 있다. 그는 또한 향후 1~2년내에 일본의 방위력이 5% 이상의 실질적인 성장을 해야 한다고 주장하였다. 사실상 이와 같은 정책적 발상은 일본 국내의 군사전문가뿐만 아니라 보수여당인 자민당정권의 일부 정치지도자들간에도 간헐적으로 논의되고 있다.

이러한 시대적 조류는 일본의 방위정책과 향후의 정책노선에도 적지 않은 영향을 미칠 것으로 판단된다. 원래 일본방위정책의 기본방침은 1957년 5월 岸내각 당시에 발표된 「국방의 기본방침」에 근거를 두고 있다. 이는 「자위를 위하여 필요한 한도내에서 효율적 방위력을 점진적으로 정비」할 것을 기본강령으로 하고 있다. 이러한 발상에서 출발된 일본의 방위정책은 기본적으로 소위 평화헌법상의 전수방위정책과 비핵 3원칙의 견지, 군사대국화의 지양, 미 · 일 안보체제의 원활한 운용, 자위력의 재정비와 더불어 내정 · 외교 · 경제협력 등 종합적인 안전보장정책의 추진을 그 주요 골자로 하고 있다.

이러한 전후일본의 국방강령과 방위정책의 기본을 감안하건대, 전쟁 포기와 전력불보유를 규정하는 헌법 제9조와 전수방위의 발상은 오늘날 일본 방위정책의 특징인 동시에 제약조건이라고도 하겠다. 뿐만 아니라 비핵 3원칙과 미일 안전보장체제도 그러한 맥락의 연장선상에서 인식될 수 있겠다.

일본의 방위력증강을 위한 정비계획은 1957년 6월의 국방회의에서 결정된 것이다. 그 이후 58년에서 76년까지의 4차에 걸친 방위력 정비계획의 시행은 자체 방위력 강화에 크게 기여한 바 있다. 오늘날 일본 방위비를 對GNP 1%한으로 설정한 논리적 근거는 바로 이 당시, 즉 1976년 10월 三木내각당시에 성립된 「방위계획대강」에 그 기초를 두고 있음을 주지할 필요가 있다.

그러나 그 후 촉진된 「중기방위력 정비계획」(1986~1990년)은 일본 방위력의 단계적 증강을 가능하게 하여 1987년 1월 각의결정으로 방위비의 對GNP 1% 상한선을 철폐하게 된 것이다.

원래 1960년대까지의 일본은 미군사력의 대소우위를 배경으로 미일안보체제에 의한 핵우산 속에서 국방비 부담없이 경이적인 경제성장을 달성하였다. 미군사력의 대소 우위가 차츰 상실하게 되는 1970년대에 이르러 일본 국민의 방위 문제에 관한 관심을 가일층 고조되어 앞서 말한 방위력정비계획하에서 점진적인 방위력 강화를 달성하였다. 하지만 오늘날 일본 국민들 간에는 방위문제에 관한 국민적 콘센서스가 이루어지지 않고 있다.

그후 1980년대에 이르러 드디어 일본은 경제력에 상응한 서방측 일원으로서 국제정치적 역할 수행노력과 함께 미국의 방위력 증강 요청에 긍정적 반응을 보이기 시작하였다.

이와 같은 과정을 걸쳐 전개되고 있는 일본의 방위력 증강은 우리들 한국인들의 입장에서 볼 때, 일본이 마치 군사 대국화에의 길을 걷고 있는 듯한 인상을 주기도 한다. 사실상, 일본 방위력의 실체는 실로 거대한 것이다. 1988년 말 현재, 일본의 국민총생산고는 3조 2,000억 달러이다. 이는 한국의 GNP 1,300억 달러에 비하면 무려 25배 정도의 수준인 것이다. 한반도를 포함한 아시아 주변제국의 일본에 대한 위협의식을 완화시킨다는 일본의 의도이기는 하나 對GNP 1.004%인 1989년도 방위비는 무려 340억불에 해당한다. 이는 전체국가예산의 $\frac{1}{3}$이상을 배정하였는데도 90억 달러도 못되는 한국의 국방비에 비하면 거의 4배가 되는 커다란 규모인 것이다. 하지만 이러한 규모의 일본 방위비 예산은 1989년도 일본국가예산의 6.4%에 불과한 것이다. 일본열도를 둘러싼 안보환경의 급격한 변화에 의하여 만약 일본이 가일층 방위력을 증강시켰을 때, 그것은 한반도를 비롯한 아시아제국에 커다란 영향을 미칠 것은 명확하다고 하겠다.

향후 일본의 방위력이 가일층 증강될 것은 명약관화하다고 판단된다. 이 명제의 논리적 근거는 첫째, 소련의 對日 잠재적 위협요인의 증가 둘째, 미국에 의한 방위력 증강 요청 셋째, 일본인들의 안보의식변화(헌법개정론 대두, 야당에 의한 자위대 및 미일안보 조약에 대한 긍정적 평가, 최근 부상일로에 있는 신보주의 사조의 대두) 등을 들 수 있다.

그렇다면 앞으로의 일본은 과연 어떠한 정책방향으로 갈 것인가? 현상태에서 가능한 일본의 외교안보노선은 이론적으로 다음과 같은 다섯 가지로 분류할 수 있다. 첫째의 Option은 동맹관계로서의 일미안보체제를 구심점으로 하는 현상유지 정책의 존속이요, 둘째는 동북아지역의 집단안보체제의 일원으로서 분업적인 일익을 담당하기 위하여 국력에 상응하는 정도의 적절한 안보분담(Burden-Sharing)을 수행하는 선택이다. 셋째의 Option은 일본이 핵무장을 통하여 독자적인 자주방위노선을 추구하여 전전의 대동아공영권을 연상케하는 군사 대국화에의 길로 원대복귀하는 것이다. 또한 넷째는 현 수준의 군사력을 동결시켜 미일안보조약을 폐기하고 미소와는 등거리외교를 추구하는 이른바 전방위중립노선의 선택이요, 다섯 번째의 Option은 현재와는 정반대로 소련의 군사적 위협에 굴복하여 친소반미노선을 선택하는 길이다.

이와 같은 방식으로 향후 일본의 정책노선을 이론적으로 유형화하였을 때, 우선 Option Ⅳ와 Ⅴ의 가능성은 당분간 거의 없을 것으로 판단된다. 한미양국의 입장에서 볼 때, 제2의 선택이 비교적 바람직한 것은 사실이지만, 그 가능성은 그다지 높지 않다. 현상황하에서 판단할 경우 당분간의 일본은 현상유지상태(Option Ⅰ)가 계속되면서 제 2 Option과 제 3 Option의 정책노선이 동시에 점진적으로 추구될 것으로 판단된다. 하지만 제 3 의 선택 즉 군사대국화에의 길은 일본의 재무장을 초래하여 군국주의의 부활을 의미할 수도 있는고로, 한국으로서는 신중한 대응을 해야 할 것이다. 그러나 서두에서 밝힌 바와 같이 일본이 지금 당장 완전재무장을 통하여 한반도에 군사적 위협요인으로 등장할 가능성은 그다지 높지 않다고 판단된다. 왜냐하면 방위력의 단계적 증강과 군국주의의 부활은 상호별개의 차원에서 신중히 검토되는 것이 바람직하기 때문이다. 「대국의 흥망(Rise and Fail of the Great Powers)」을 저술한 Paul Kennedy는 국가의 안보가 궁극적으로는 주변국보다 강한 국력을 갖추는 데 있으며, 그 출발은 국민의 정치의식에 있다고 하였다. 일본의 방위력이 증강일로에 있는 이 시점에서 우리들 한국인은 이를 냉정하게 인식하고 신중하게 대응해야 할 것으로 판단된다. 또한 이에 대한 효과적 대응책의 강구는 한국인 모두에게 주어진 정책적 과제라고 하겠다.

※ 편집자 주: 한국방송공사 KBS－TV 심포지움특강에서 발췌.

第 4 節

韓美日國際關係論의 展開

① 古地圖를 통해서 본 '한국영토' 독도의 실체(對外秘에서 재분류됨)

1979年 1月 10日

受信 : 박동진 외무부장관

参照 : 강영훈 외교안보연구원장

題目 : 独島問題의 現状研究에 関한 特別報告書 提出

上記의 件에 関하여 다음과 같이 연구結果를 報告드립니다.

1. 研究의 実態

본 연구는 1977年 7月 下旬頃부터 1979년초에 이르기까지 東京韓国研究院, 国立国会図書館, 외무성 외교사료관, 東京大学総合図書館 및 日本外務省図書室等을 対象地域으로 하여 研究活動을 進行한 결과를 최종정리한 것임.

2. 研究의 焦点

가. 独島(日本에서 일컬어지고 있는 所謂「竹島」)問題를 둘러싼 日本政府 및 関係当局의 公式的 내지는 非公式的 見解의 徹底한 認識과 把握

나. 独島의 日本領有権을 我執하는 日本政府主張의 論理的 根拠의 모순점을 발견하고 이에 대한 解明과 이를 둘러싼 日本国内政治過程의 分析(반론의 논리적 근거 발굴)

다. 日本政府의 独島領有権 主張에 対한 韓国政府의 対応策 即 日本政府主張의 「本質」을 把握하여, 그들의 論理的 모순과 不当性을 지적함으로써 그러한 主張을 철회시키기 為한 有効하고도 적절한 反論 근거와 材料의 모색

3. 研究活動의 内容

가. 上記의 研究所 및 図書館等에 소장되어 있는 独島問題関係의 資料 및 文献의 열람과 目録整理

나. 独島問題를 둘러싼 日本国内政治의 現状理解를 為하여 日本国内에서 発行되는 主要日刊紙에 게재된 独島関係 記事의 스크랩 및 복사 (別途資料参考).
① 対象新聞 : 朝日, 読売, 毎日, サンケイ, 日経, 東京 및 赤旗
② 期間 : 1977年初期부터 1978年의 韓日閣僚会談에 이르기까지의 움직임에 重点

다. 独島問題의 是非를 論証하는데 必要한 古地図의 発見 및 購入·複写(日本政府는 後述하는 바와 같이 歴史的, 地理的인 観点에서의 独島領有権을 主張하고 있는데 이를 증빙하기 為한 根拠로써 日本애서 発行된 古地図를 例証하고 있으나 그러한 主張을 뒤엎기 為한 것).
① 現在 約80장購入(複写完了)
② 期間은 江戸幕府時代의 安永7年(西紀1778年)부터 昭和24年(1949年)에 이르기까지 各様各色인데, 主로 明治元年(1868年)부터 韓日合邦期(明治43年, 1910年)까지에 重点.

라. 学界指導者(特히 国際法学者 및 史学者), 外務省官僚, 評論家, 政治家 및 独島問題에 関心을 갖고 있는 研究者들과의 積極的인 接触과 意見交換을 통해서 '한국영토독도'의 입증논거발굴

4. 日本政府의 公式方針과 態度

가. 日本外務省은 独島問題를「紛争対象地域」의 一部로 간주하고 独島의 日本領有権主張을 現段階에 있어서는 전혀 (「全く」)포기할 意思가 없음을 밝혔다(アジア局関係者들과의 面談에서 確認).

나. 1970年代에 있어서의 日本政府가 主張해온 独島問題에 関한 公式見解는 다음과 같다(出典은 外務省編「わが外交の近況」에서 발췌)

竹島問題(1978年度)

わが国政府は, 韓国による竹島不法占拠に対し．従来繰り返し抗議てきており, 77年10月にも, 同年8月に行われた海上保安庁巡視船の調査結果に基づき, 竹島における韓国側各種建造物の設置及び官憲の滞在につき抗議するとともに, これらの撤去を求める旨の口上書を発出した.

다. 上記引用한 文章에서도 알 수 있는 바와 같이 日本外務省은
① 韓国政府의 独島所有를「不法占拠」라고 規定하고 있다.

② 이러한 傾向은 70年代初頭부터 今日에 이르기까지 계속되고 있다.

③ 또한 専管水域, 韓国官憲의 独島駐在等에 対해서도 韓国政府에 対한 抗議를 継続하고 있다.

라. 그렇게 때문에 韓国政府 로서는 韓国의 独島所有가 결코 「不法占拠」가 아니라 「合法的인 占有, 管理」인 同時에 独島는 厳然한 韓国領土라고 하는 既定事実(fait accompli)을 具体的인 根拠를 動員하여, 論理的으로, 実証的으로 그리고 説得的으로 説明하여, 日本政府로 하여금 기존 영유권주장을 설득, 포기하도록 해야 할 것이다.

5. 現段階 認識(発見)된 몇 가지 事実

가. 独島問題는 韓·日両国이 各者의 Nationalism과 国家利益(National Interests)의 追求에 立脚하여 主로 国民感情的인 분위기 속에서 論議되는 傾向이 있었음.

나. 하지만 이러한 傾向은 반드시 問題解決(Problem-Solving)의 첩경(捷径)이라고는 볼 수 없다. 왜냐하면 그러한 種類의 論争은 大局的인 見地네서의 韓日関係의 友好的維持에 悪影響을 미칠 뿐만이 아니라 極히 非生産的이기 때문이다. 前述한 바와 같이 日本政府関係者들은 現段階에 있어서 그들이 말하는 所謂「竹島領有権をめぐる日韓紛争」를 抛棄할 의사가 없다(例証: 外務省 및 総理府関係者, 東京大学国際法 담당관계자가 교수들과의 面談을 通해서 確認).

다. 日本国内의 主要 日刊紙는 独島의 領有権이 日本에 있음을 강조하고 있다. 이러한 報道傾向은 日本政府의 主張을 더욱 補強하는 推進力이 되고 있다 (別添 報告書 参照).

라. 日本政府関係者은 「古地図」를 通한 歴史的 地理的 理由를 들어 独島의 日本領有権을 主張하려는 傾向이 있다. 그러나 日本에서 発行되는 既存의 古자도중의 一部는 반드시 그렇지 않음을 分明히 밝히고 있다. 이들은 日本의 領有権 主張이 반드시 正当하지 않음을 反証할 수 있는 重要資料로 간주 할 수 있다(別添 報告書 参照)

마. 独島問題의 研究는 学界의 各 専門分野를 総 망라하여 汎学問的으로 実行되어야만 한다. 예를들면, 国際政治学者, 国際法学者, 史学者는 물론이요. 地理学者, 言語学者 그리고 生物学者 等을 総 動員하여 組織的이고도 体系的인 長期研究計画이 이루어져야 할 것이다(Inter－Disciplinary Approach).

바. 今後 独島問題의 解決에 漸進하는 唯一하고도 바람직한 길은 우선 日本側 主張의 論理的 根拠와 正当性 如否를 徹底·면밀하게 규명하는 것이다. 그리고 上記와 같은 共同研究를 通하여 그들이 主張하는 論拠의 不当性과 非科学性. 그리고 문제점을 예리하게 지적하여

그들 主張의 모순을 自認하게 하는 것이다(감정적 대응 No!).

1952年1月28日, 韓国政府의 平和線 선포에 対하여 日本側이 抗議를 提起한 以来 学界 및 関係機関에서는 独島問題에 関한 研究를 매우 活発히 進行해 오고 있다.

사. 그 結果 従来의 研究実績中 日本政府는 그들 主張의 正当性을 強調할 경우. 特히 다음과 같은 三大研究書에 크게 依存하고 있다.

例컨데 ① 川上健三「竹島の歴史地理学的 研究」古今書院, 1966年 ②大熊良一「竹島史稿」原書房, 1968年 ③ 田村清三郎「島根県竹島の新研究」報光社, 1965年(島根県 広報文書課編「竹島の研究」1954年度版의 拡大·改定版)等을 들 수 있다(別紙 書信参照).

그러나 아직 韓国内에서의 日本人들에 依한 이러한 研究結果를 排除하고 이에 相応할 수 있는 「필적서(匹敵書)」가 極히 制限되어 있음은 実로 안타까운 일이다.

1998년 9월 報告者: 申 熙 錫
東京大學 국제관계론연구실에서

別添: 1. 島根(Shimane)県으로부터의 서신

2. 独島問題에 関한 日本主要日刊紙 報道結果分析(1977年3月~1978年7月까지)一件

3. 日本政府의 所謂「竹島領有権」主張에 反論을 提起할 수 있는 古地図一件

〈별첨1〉

冠省

依頼のありました竹島関係の資料については 本県において最近作成したパンフレット“竹島”を同封いたします.

③ 田村清三郎著“島根県竹島の新研究”は在庫がありませんのでご了承ください. 是非という事であれば 東京都千代田区平河町2–6–3 都道庁県会館内 島根県東京事務所(TEL 03 - 263-6881)に備え付けのものがありますので それを閲覧していただきたいと存じます.

なお 竹島関係の文献として“①竹島の歴史地理学的研究”川上健三著 古今書院(千代田区神田駿河台2-10(291)-2757)発行, ②“竹島史稿”大熊良一著 原書房(新宿区花園町106(354)-0685)発行等があります.

昭和 54年(1979年) 1月 5日
東京大學國際關係論研究室 申 熙 錫 先生殿
島根県総務部長

〈別添2〉

独島問題에 関한 日本主要日刊紙의 報道結果分析(1977年3月～1978年7月)

報告書의 序頭에서도 밝힌 바와 같이 日本의 主要新聞(朝日, 読売, 毎日, 日経, サンケイ, 東京 및 赤旗)의 独島問題에 関한 報道傾向에 着目하였을 경우 다음과 같은 暫定的인 命題(仮説)을 提起할 수가 있겠다(但, 別添한 新聞 스크랩의 新導要約에 依拠하였을 경우).

① 独島의 領有権問題에 関하여 報道할 경우, 日本의 各 新聞은 日本的 民族主義(Japanese Nationalism)로 統合(Integration) 내지는 凝集(Cohesion)하려는 傾向이 濃厚하다.

② 이 경우 各 新聞에 따라서 정도의 差는 있을 지라도 大部分의 報道内容은 政府의 公式見解를 基本的으로 支持하는 方向으로 表出되어진다. 例를 들어 独島의 韓国人거주 報道에 関한 各紙의 共通的 記事内容을 가르킬 수 있겠다(別添資料 ⑮번부터 ㉟번까지를 参照).

③ 日本政府는 韓国政府가 強硬路線을 取하는 경우 이에 対하여서는 比較的 消極的인 反応을 보이는 傾向이 있다(強 → 弱, 弱 → 強).

例컨대 韓国国防部長官의 自衛権 発動声命에 対하여 日本側은 거의 沈黙을 지키고 있다(資料 ㊵番 및 ㊶番 参照).

이는 国家間의 相互作用(Interaction)에 있어서 신중한 対応策을 강구하려는 日本政府指導者의 対外行動(Foreign Behaviour) 의 典型的인 類型인 同時에 日本人들의 政治文化(Political Culture)의 部分的 내지는 潜在的 発露라고 볼 수 있다.

④ 뿐만 아니라, 1978年5月 独島海域을 侵犯한 日本漁船에 対하여 即刻 退去를 要求하는 韓国政府의 警告에 対한 反応내서도 알 수 있는 바와 같이 韓国이 積極的이고도 강경한 態度를 取하는 경우에는 即時 이에 対応하기 보다는 相対方의 動静을 始終静観하여 신중한 対応을 하려는 傾向을 엿 볼 수 있다(資料58번～62번까지 参照).

⑤ 日本国内의 어민 및 独島問題에 如何한 形態로 関連을 갖고 있는 関係機関은 積極的으로 対政府 建議를 提出하고 있다.(資料 71 73、75 76、79、97 및 105 参照).

⑥ 日本政府는 独島問題를 基本的으로는 「紛争地域」의 연장선에서 認識하고, 이들 国家間의 紛争解決의 方式으로 処理하려는 傾向아 있다(資料 99番). 그러나 韓国政府로서는 이러한 日本의 認識과 対外態度를 徹底히 排除하고 独島가 分明한 韓国領土임을 기정사실(fait accompli)로 認識하고 이를 천명하기 為한 説得力이고도 具体的인 논리적 근거를 日本側에 説明하지 않으면 안 될 것이다.

⑦ 新聞애 따라서는 報道上의 오류를 범하는 경우도 있다. 1978年5月30日 参議院 商工委員会

에서의 福田수상의 発言内容에 関한「毎日」와「読売」의 報道内容의 相違는 그 좋은 例라고 볼 수 있다 (資料112 및 113参照)

⑧ 日本政府는 独島問題를 둘러싼 両国間의 不協和音이 韓日関係全体에 悪影響을 끼칠것을 憂慮하여 이를 可能한 避하려 하고 있다(資料1…？番, 福田首相의 答弁 参照)

⑨ 日本政府는 国内의 매스콤(이 경우에는 新聞과 같은 Articulate Opinion을 가르킴)의 社会的 機能을 조작하여 独島問題를 둘러싼 対韓交渉을 自国에 有利한 方向으로 展開하려는 傾向이 있다. 独島問題를 対韓経済協力問題와 関連(Linkage) 시켜 이를 複合的으로 解決할 意思는 거의 全無하였음에도 不拘하고 日本政府는 의도적으로 各新聞에 이러한 움직임을 報道하게 한 것이다 (資料127～133参照).

이러한 一連의 客観的 事実은 冒頭에서 強調한 바와 같이, 제2차세계大戦後의 물결과 함께 形成 再構成되고 있는 이른바 Japanese Nationalism의 表出이라고 볼 수 있다. 其実 現代 日本社会에 있어서의 매스콤은 国家的 차원에서의 対内外 政策形成過程에 매우 重要한 役割을 하는 政策決定要因(Decision-making Determinants)인 同時에 政策決定者의 自由行動을 制限하는 拘束要因(Restraints)이기도 한 것이다.

⑩ 独島의 領有権問題에 関하여서는 本報告書의 作成에 引用된 日刊紙中「赤旗(日本共産党機関紙)」가 가장 反韓的이고도 強硬한 態度를 取하고 있음을 알 수 있다.

〈主要日刊紙에 依한 独島問題報道의 月別統計〉

新聞名 / 年月	朝日	読売	毎日	サンケイ	東京	日経	赤旗	其他	計
1977年									
3月	0	2	0	0	0	0	0	1	4
4月	0	0	0	0	0	0	0	0	0
5月	0	0	0	0	0	0	0	1	1
9月	2	1	1	1	1	2	0	0	8
10月	2	4	3	5	4	3	0	0	21
11月	1	1	3	0	2	0	0	0	7
12月	0	1	1	1	1	1	0	0	5
1978年									
3月	2	3	1	0	1	0	0	0	7
4月	0	2	0	0	1	0	0	0	3
5月	15	8	8	6	7	8	10	2	64
6月	3	2	1	1	0	0	3	0	10
7月	1	0	0	0	0	0	0	0	1
計	26	24	18	14	17	14	14	4	131

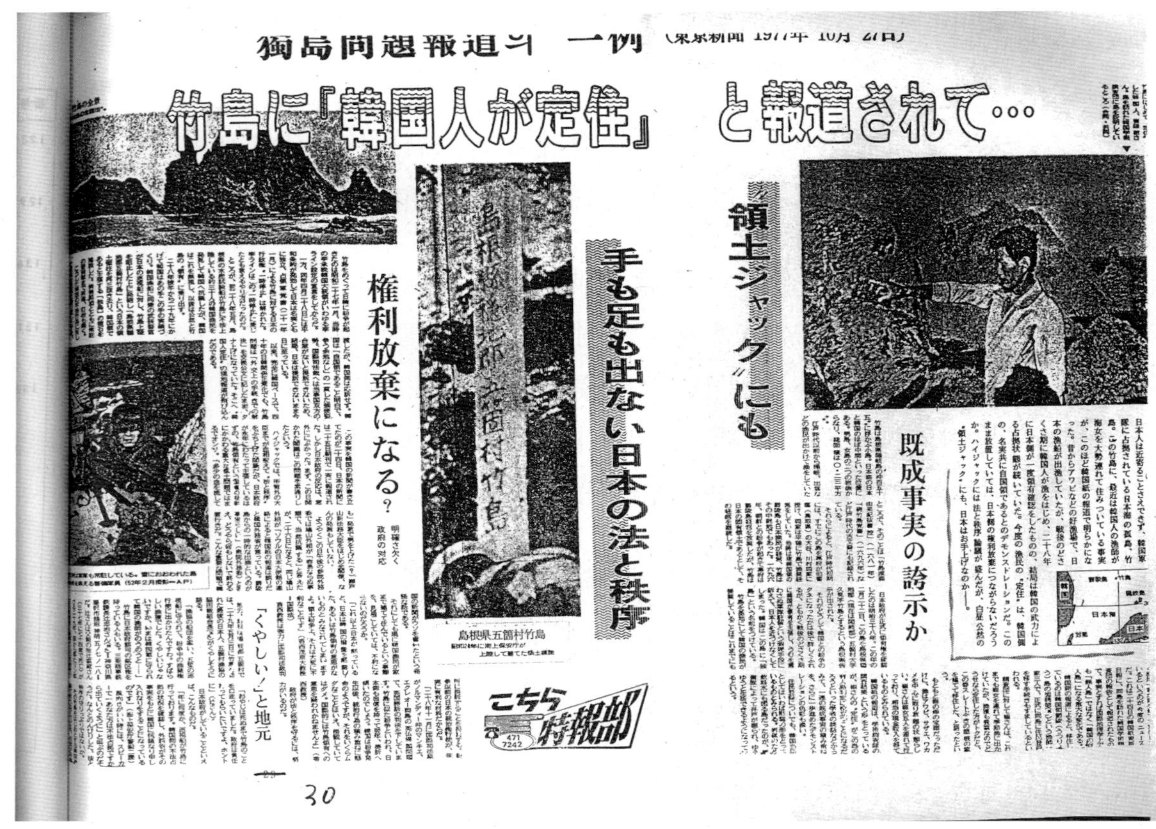

獨島問題報道의 一例 (東京新聞 1977年 10月 27日)

竹島に『韓国人が定住』と報道されて…

手も足も出ない日本の法と秩序

権利放棄になる？ 明確さ欠く政府の対応

"領土ジャック"にも

既成事実の誇示か

「くやしい」と地元

島根県五箇村竹島

こちら特報部

〈別添〉

日本政府의 所謂「竹島領有権」主張에 反論을 提起할 수 있는 古地図 一件

古地図의 識別에 依한 分析法은 어느 高度의 専門知識을 要하는 故로 速断은 禁物이다.

때문에 具体的인 分析의 結果는 今後의 最終報告書에 맡기기로 하고 이곳에서는 極히 初歩的인 事項만 몇가지 열거하기로 한다. 備考란에 記入된 21편의 지도는 独島가 分明한 韓国領으로 表記되거나 또는 그러한 판단을 할 수 있는 例証的안 主要 参考資料이다.

① 別添한 目録에서도 알 수 있는 바와 같이 近代日本人들은 独島와 울릉도의 名称을 혼동하고 있었다. 即 江戸幕府(1603年~1867年)末期에서 明治初年에 이르기까지 울릉도는「竹島」로, 그리고 独島(리양쿨島)는 松島로 일컬어지고 있었다. 울릉도를「松島」로 独島를「竹島」로 불리워진 것은 明治中期 以後의 일이다. 이러한 名称의 혼돈은 Siebold가 日本지도를 マツシマ로 부른데서 비롯하였다고 일컬어지고 있다.

② 明治38年2月(1905年) 當時의 桂太郎第一次内閣(山口出身陸軍)이 独島를 그들의 島根県에 編入한 해에 発行된 韓国전도에 独島가 포함된 것은 매우 注目할 만한 事実이다.

③ 清日 및 露日 戦争期에 作成된 古地図가 많은 것은 当代日本의 植民地開発計画에 따른 戦争遂行過程에 지도가 必須的으로 必要하였기 때문인 것으로 판단된다.

〈古地図上에 나타난 独島의 表現様式과 形態〉

(○表는 独島가 韓国領으로 表記된 地図를 意味, 同封)

区分番号	地図の名称と大きさ	発行年度	作成者	出版社(地名)	独島の表記様式と形態	備考
1	朝鮮八道総図	韓国史의三国時代	不明(以下·으로 表識)	不明(以下·으로 表識)	울陵 千山島 	
2	日本与地路程全図 85.5×132	安永7(1778)	須原蔵兵衛	東都書林(水戸)	竹島(一名 磯竹島)松島あるも彩色なし 一云磯竹島 竹島 松島 免高麗猶雲洲望隠川 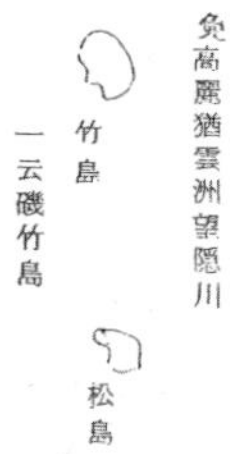	
3	大日本朝鮮琉球蝦夷并ニカラフト カムサスカラツコ嶋等数国接壌ノ形勢図	天明5年秋写(1785)	林子平	(仙台)	朝鮮 持之 又朝鮮ヲモ見ル 氏嶋ヨ隠附ヲ望 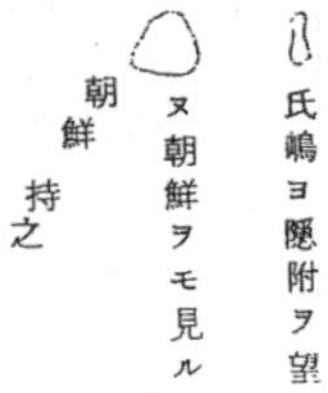	
4	シーボルト日本地図	1840	VON SIEBOLD		Takeshima Matsushima 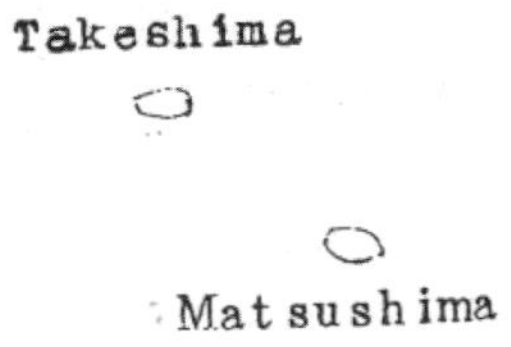	

5	大日本国順路明細包大成	弘化3 (1846)			(1) 大日本与地図指掌全図九隠岐島あるも울島·独島なし (2) 울島, 独島 - 朝鮮沿岸に印刷あるが名称表示なし	
6	大日本与那国全図 73×139	嘉永2 (1849)	高柴英之雄		松. 竹島あり 竹島 松島 三十七度 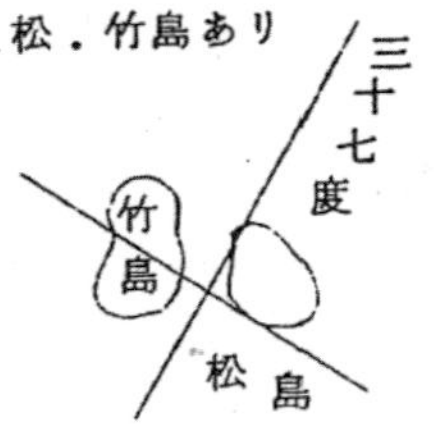	
7	Die Preussische Expedition nach Ost-Asien JAPAN	1862			石版 竹島. 松島に記名なし 	
8	DIE PREUSSISCHE EXPEDITION(東アジア図)	1862	Koniglichen Geschwaders		石版 竹島. 松島に記名なし 但し島の形態のみあり 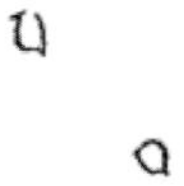	
9	大日本海陸全図(完) 71×100	文久4 (1864)	整軒玄魚図 鳥東都書肆 恵比寿麗	(江都)	(1) 울島なし (2) 隠岐島上部に竹島. マツシマあり 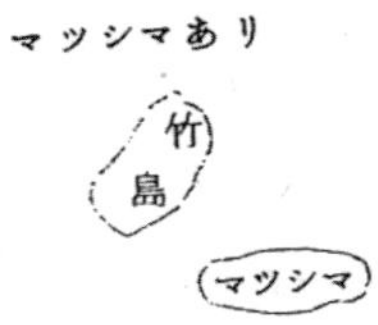	
10	大日本国細図 17×10.5	元治2 (1865)	菊亭実順	玄々堂	(1) 竹島. 松島ある (2) 隠岐の細図·島根県(出雲)あるも竹島入らず竹島 松島 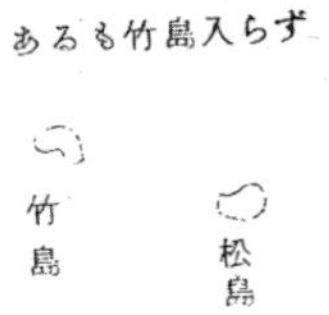	

11	大日本沿海略図 55×63	慶応3 (1867)	勝海舟		竹島 松島 竹島 松島 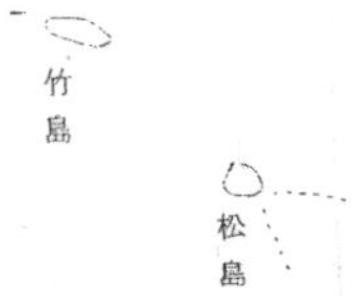	
12	大日本改正全図 45.5×67	慶応3年 (1867)	三木光各 編集	東都書 林	竹島．松島あるも日本領土としての標識たる彩色 竹 マツ 竹 マツ 	
13	大日本府県全図 39×32	明治5年 (1872)	内田晋斎	東京·慶 岸堂	松島．竹島あり 英人．ファーベルブラバフトの地図をもとにしてかいた 竹島 松島 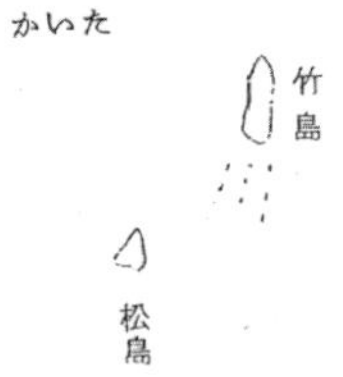 かいた 竹島 松島	日本列島 와의 색깔 이 다름
14	朝鮮国細見全図 58.0×28.0	明治7 (1874)	川口常吉 蔵版		極めて不鮮明 鬱陵島の西に小島を記すも島名明らかにならず	
15	朝鮮輿地全図 S 60×38	明治８ (1875)	宮脇通赫	(東京)	(1) 울島(竹島)とあり (2) 独島あり(松島) 	名称은 밝 히지 않으 나 韓国領 의 一部로 包含되어 있음
16	亜細亜東部輿 地図	明治８ (1875)	陸軍参謀 本部		松．竹島あり 竹島 松島 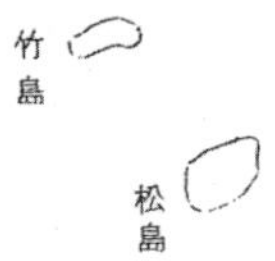 竹島 松島	韓国領으 로 간주可 能

17	朝鮮全図 S 125.5×88(1百万分の1)	明治8年 明治9年完 (1876)	陸軍参謀局		竹島あり(울島) 松島あり(独島 - 大きくあり) 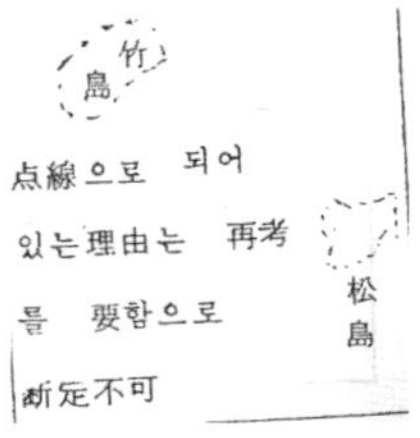 竹島 点線으로 되어 있는 理由는 再考를 要한으로 断定不可 松島	
18	大日本詳細全図 S. 67×48	明治9 (1876)			(1) 울島(竹島)独島(松島)江原島(朝鮮)と図色表示 竹島 松島 	江原島와 同色이므로 分明한 韓国領
19	大日本輿地全図 43×58	明治10	広沢信房編	東京	竹島 松島 	
20	大日本全図 157.5×153.0	明治12 (1879)	柳田赳	出版. 加藤逸蔵発兌 松井忠兵衛	松島のみあり 松島 	
21	朝鮮図全図 S. 69×44	明治15 (1882)	鈴木敬作		(1)울島(竹島)とあり (2) 独島(松島)とあり 竹島 松島 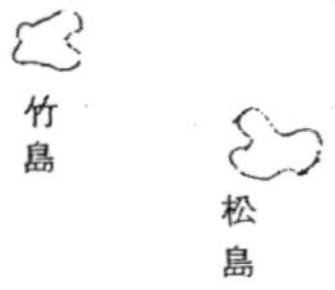	朝鮮図에 明確히 包含되어 있음

22	朝鮮国之全図 大日本明見地図 49×70	明治16 (1883)	横井達之助 (編集人)風目 庄左衛門(出 版人)	京都	(1) 울島朝鮮領海内に竹島と表記 千山島は杵城島と表示 (2) 独島なし (3) 隠岐島及島根県管轄内にも(竹島 - 独島)なし 杵城島 竹島 杵城島 竹島 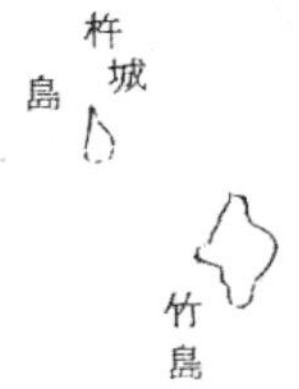	
23	絵入朝野新聞第 四百八十七号附 録 清国発接近諸邦 略図				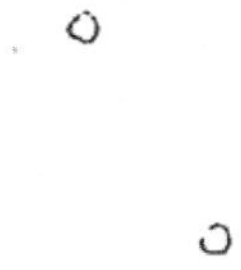	
24	上同 S 21×30	上同	伊東杵太郎 (編集人)	安安堂 (東京)	(1)独島(松) 울陵島(竹)あり	
25	朝鮮国之全図 47×71	明治19 (1886)	横井達之助	(京都)駿 々堂	竹島あり 杵城島 竹島  杵城 マシ 竹 島	두개의 섬 이 朝鮮領 의 一部로 明記
26	日本地図 19.5×13	明治24 (1891)	大橋新太郎	博文堂 (東京)	울島(竹島)独島(松島)と朝鮮領として無色表示あり 竹島 松島 あり 竹 島 松 島 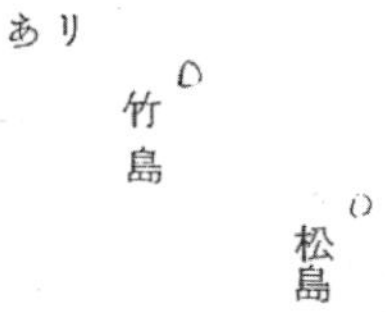	색깔로 보 아서 分明 한 韓国領
27	日本帝国地図 (300万分1) 5.60×52	明治25 (1892)	大橋新太郎	博文館 (東京)	울島(竹島)独島(松島)朝鮮領土と同一の無色あり 竹島 松島 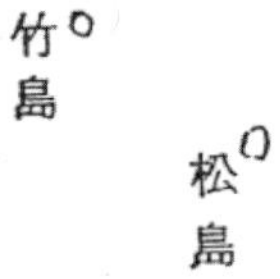 竹 島 松 島	색깔로 보 아서 分明 한 韓国領

28	新撰大日本朝鮮支那輿地図 S 67×97	明治27 (1894)	赤松範静製図		(1) 울島. 独島あり (2) 隠岐 及び対馬島は日本本土と同色 なれど松島·竹島は朝鮮本土と同彩色なり 松島 竹島 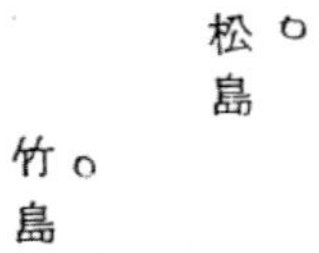 松島 竹島	上同
29		明治 27.8.26 (1894)		(大阪)	松島(울陵島) 松島(울陵島) 	上同
30	日本·朝鮮支那3国新地図	明治 27.10.13 (1894)	渡辺白之		竹島 竹島 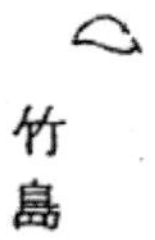	
31	大日本及朝鮮清国全図 S.70×96	明治27 (1894)	永岡新助	金城堂 (東京)	울島(竹島)とあり 独島(松島)とあり 朝鮮領に表示 竹島 松島 竹島 松島 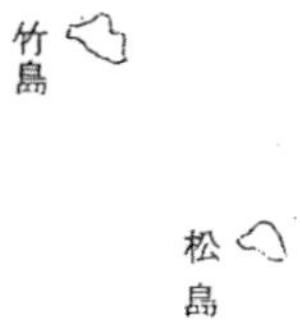	韓国領의 一部로 表示
32	CHINA, JAPAN AND KOREA 60.5×50	1894		英国	울島あり(全地名·洋名表記)Argonant 独島あり Hornet, Dagelet 京城-SEOULと表記す SEOUL Argonant L.(Takeshima) Dagelet L (Matsu-shima) 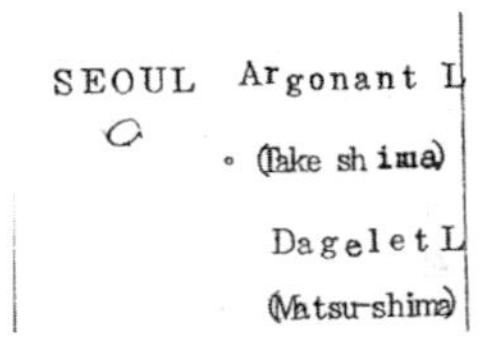 SEOUL Argonant L (Take sh ima) Dagelet L (Matsu-shima)	

33	萋国与地図 (世界地図) S. 85×63.5	明治27 (1894)	小室寛制	東京	울島(竹島)とあり 万国旗欄に朝鮮国旗 (太極旗)あり 竹島 竹島	韓国領으로 判断可能
34	日清韓三国明細全図	明治27 (1894)	中丸貞蔵	大日本書籍行商社	松島 松島	朝鮮国으로 判断可能
35	日清韓三国新地図	明治27 (1894)	三井新次郎	金楼堂	竹島 竹島	
36	朝鮮王国中央新聞附録 S.50×74	明治27 (1894)	八田公忠	東京	울陵島を竹島と記す 竹島 竹島	朝鮮王国의 一部로 明記
37	大日本朝鮮支那新地図 S．47.5×68	明治27 (1894)	渡辺直之	(東京) 文魁堂	울陵島を竹島と記す 竹島 竹島	
38	支那新地図 S.53.5×77.5	明治27 (1894)	青木恒三郎	大阪	울島(松島)とあり 松島(울陵島) 松島(울陵島)	
39	支那新地図朝鮮全図	明治27 (1894)	青木恒三郎	大阪	울島(松島)とあり 京城を漢城と表記あり 松島(울陵島) 松島(울陵島)	

40	大日本及朝鮮清国全図 71×98.5	明治27年(1894)	奎暉閣蔵 永岡新助 (編集人)嵯峨野彦太郎 (発行人)	東京	울島(竹島)と表記す 独島(松島)と表記す 竹島 松島 竹島 松島 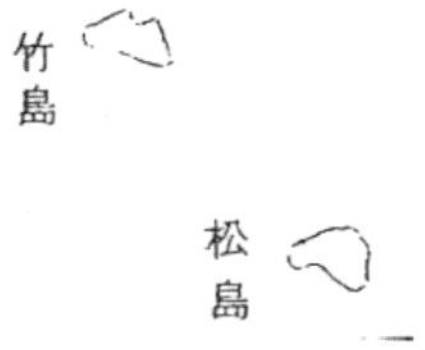	朝鮮領으로 判断可能
41	日清韓三国地図 52×74	明治27 (1894)	清水常太郎	京都	竹島(울島)とあり 松島(独島)とあり 	
42	日本·支那三国新地図 S. 46×68.5	明治27年 (1894)	宗 孟寛	大阪	竹·松島あり 竹島 松島 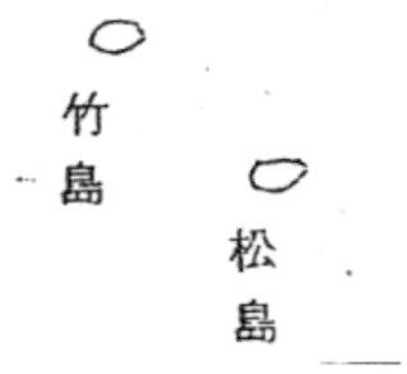 竹島 松島	
43	大日本海陸全図附朝鮮国全図 S.65.5×141	明治27 (1894)	森琴石 (編集人) 青木恒三郎 (発行人)	響泉堂 (大阪)	울島(竹島)とあり 独島(松島)とあり  竹島 松島	朝鮮国에 分明히 包含되어 있음
44	朝鮮輿地図 97×68	明治27 (1894)	清水常太郎	京都 印刷. 大阪	울島(竹島)とあり 独島(松島)とあり 竹島 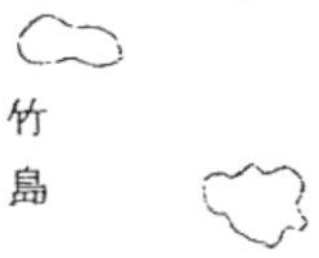 竹島	모서리를 넓혀 가면서 明記한 것은 朝鮮의 一部를 意味
45	朝鮮海陸全図 127.5×84	明治27 (1894)	小橋助人	大阪	竹島 松島  竹島 松島	朝鮮国에 두 섬이 明記

46	亜細亜東部与地図	明治31 (1898)	河今利喜太郎 校訂者 文学博士 那河通世	博愛館 (東京)	울도(松島)とあり. 独島(竹島)とあり 竹島 松島 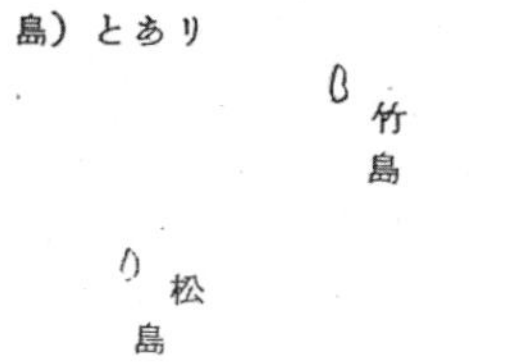	
47	清国19省及韓国全図 S. 71×99	明治33	原田信幹	上田書店 (東京)	独島表記なし 울島を松島と記す 松島 	
48	日清露韓極東実地踏査新図 S. 65×50	明治37 (1904.3.12)	旗本松之助	法令館 (大阪)	独島なし. 울島(松島)そしてウツリヨシマと表記 ウツリヨシマ 松島 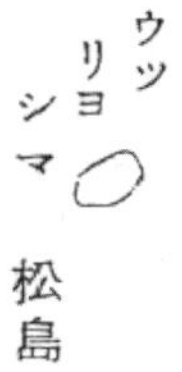	
49	満韓新図(日露戦争実記第一号附録) S.58×42	明治37 (1904)		東京	울島あり. 独島(松島)とあり 울릉도 松島 	
50	General map of KOREA(朝鮮全図)66×37.5	明治36 (1903)	B.Koto,ph.D (小藤文次郎)	The Univ of Tokyo (刊) Maruya (発行)	UL - LEUNG-DO(Matsu-shima)のみ記す 韓土は彩色するも同島には彩色なし UL-LEUNG-DO (Matsu-shima) 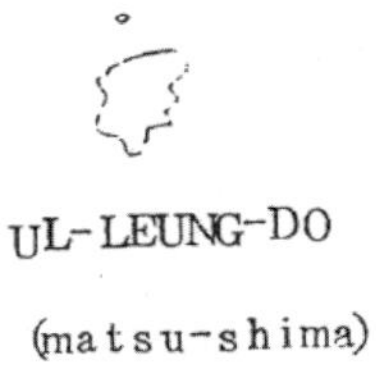	

51	日露清韓明細新図 35×51	明治37 (1904)	栗本長質	東京	竹島·松島あり 	
52	韓国全図 日露戦事実記76編附録 47×34	明治38 (1905)	斉木寛直	博文館 (東京)	울島あり(松島) 独島 · 竹島(リアンコール)と記す 울陵島 竹島 	露日戦争直後의 韓国全図에 두 섬이 明記된 것은 注目할 만한 事実
53	日本中部及朝鮮 70×101	明治39 (1906)	海軍水路部長		울島あり 独島(竹島)とあり 울陵島 Utsuryoto 竹島 Liancour 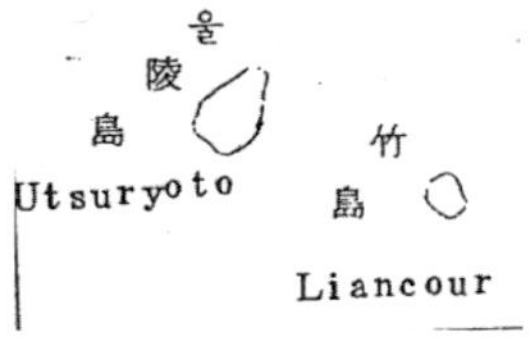	
54	韓国航路図 (朝鮮全岸) 102×70	明治39 (1906)	海軍水路部長		울島あり 独島なし 울陵島(松島) 	
55	朝鮮図集	明治 30 - 42	大日本帝国陸地測量部	韓日併合邦前	울陵島あり(松島と記す) (朝鮮国江原道と記載) 彩色 サイズ울陵島 28×44 울陵島 朝鮮国 江原道 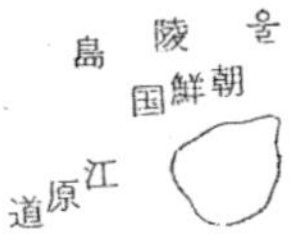	
56	最新大日本地図 71.0×100.5	明治44 (1911)	時事新版	韓日合邦後	울陵島(松島)と書く 独島はしかるべき位置に 京城 仁川図があるためか記入なし 울陵島(松島) 	

57	最新大日本地図 75×103	明治44 (1911)	大阪時事新報社		울陵島(松島)と記す	
58	最新調査清国大地図 74×52	明治44 (1911)	大阪毎日新聞社		울陵島を竹島と記す 竹島 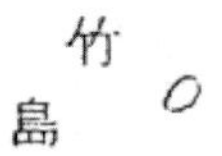	
59	朝鮮及満州大地図 100×72	明治44 (1911)			울陵島あり - 江原道的属の同色 竹島 - 江原道と韓島の中間に表記 竹島 울陵島 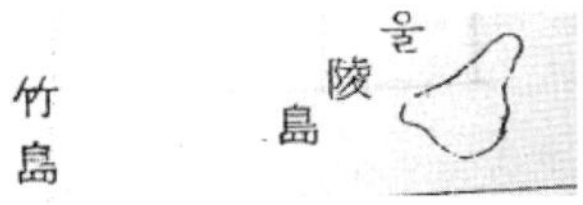	韓国領으로는 되어 있으나 位置가 混乱
60	朝鮮全地図 82×49	大正2 (1913)	大阪十字屋 朝鮮総督府 鉄道局許可		울陵島あり 色刷 울陵島 	
61	極東露領明細図	大正9 (1920)	参謀本部陸地測量部	東京 倶楽部	울島(松島)と表示 独島(竹島)と表示あり 松島(울陵島) 竹島 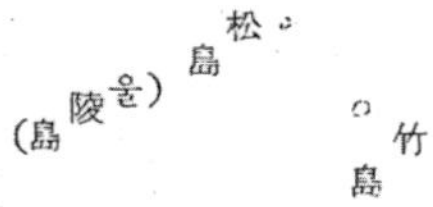	
62	朝鮮150万分の1図	大正15 (1926)	朝鮮総督府		울陵島あり 울陵島 	
63	亜細亜大陸図 55.5×97.5	昭和8 (1933)	参謀本部陸地測量部		울島(松島)あり 竹島あり 울陵島(松島) 竹島 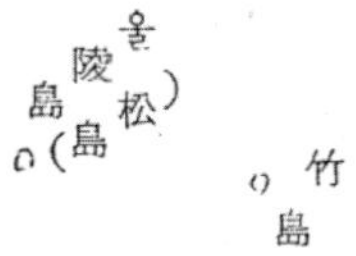	

64	慶尚北道地図 59.5×45	昭和18頃 (1943) 終戦前		解放前	울島·独島(竹島)あり 観音島 竹島 台露 울陵島 北面 南面 西面 道 洞 憧 南陽 至松田 至竹辺 至 項 至松江 	慶尚北道에 울릉도와 独島를 包含시키는 것은 分明한 韓国領임을 意味
65	日本全図 102.5×77	昭和24 (1949)	地理調査所	解放後	울陵島·竹島を記す 울陵島 竹島 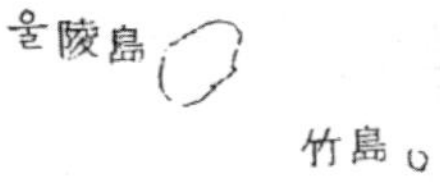	
66	アジア州 S 56×79	1972	日本地図学会		울島表示あり 独島(竹島)とあり 洋名及日本名あり ウルルン 울陵島 竹島	
67	朝鮮全図 44×26	総督府時代			울陵島を松島と記す 울陵島(松島) 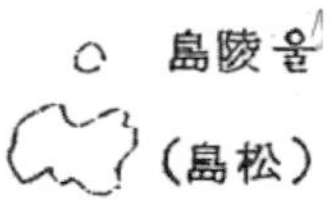	
68	亜細亜東部与地図	未詳	日本陸軍少佐 木村信郎		竹島 松島 	
69	朝鮮全図					
70	日清汽船株式会社航路図 41.5×48	未詳			울陵島 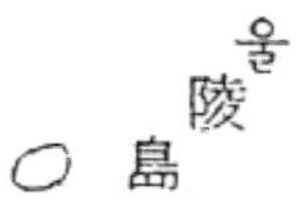	

※ 편집자 주: 본 연구는 외무부외교안보연구원의 특별연구 Project의 일환으로 이루어진 것임 (1978년).

② 미일공동성명과 일본의 대응(美 · 日安保論爭을 中心으로)

目次

1. 分析의 對象

鈴木善行 日本首相과 Ronald Reagan 美國大統領은 5月 7, 8 兩日間 워싱톤에서 美·日 頂上會談을 갖고 最近의 國際情勢와 美·日關係에 關한 광범위한 討論을 함과 同時에 世界平和와 繁榮을 目標로 하여今後도 美·日 兩國이 긴밀한 協力을 할 것임을 確約하였다. 本稿는 이러한 國際政治現象을 對象으로 하여 同聲明의 내용과 특징을 규명하고 韓半島問題에 관한 兩者間의 合議事項과 美·日安保論爭에 對한 鈴木內閣의 對應策을 分析함을 目的으로 하고 있다. 周知하는 바와 같이 共同 聲明을 둘러싼 美·日安保論爭은 시시각각 변화하고 있으나 本稿에서는 5月末까지의 이벤트를 포함시켰음을 밝혀둔다.

2. 美 · 日 共同聲明의 要旨와 特徵

① 要旨(全文 6項目)

① 對蘇 共同政策條項(1, 2項)

美·日 兩國은 蘇聯의 군사력 증강, 아프가니스탄에 있어서의 소련의 軍事的 介入 및 第3世界에 對한 蘇聯의 태도에 대하여 우려를 表明했다. 兩國은 아프가니스탄 駐屯蘇聯軍의 無條件 全面撤收를 강조했다. 폴란드 事態에 대해 兩國은 폴란드 自國民의 自由意思에 依해 自主的으로 解決되기를 희망한다는 데 意見을 같이 했다.

② 아세아 問題(3項, 韓國關係 條項 後述함)

兩國은 北京政權과의 協力關係를 擴大하고 韓半島의 平和維持를 촉진함과 아울러, ASEAN 諸國의 發展을 爲한 協力을 確認하였다.

③ 中東 關係條項(4項)

中東의 平和와 安全 維持가 全世界의 平和와 安全에 極히 重要함을 確認했다.

④ 아프리카 및 中南美 關係條項(5項)

兩國은 아프리카 및 中南美에서의 平和와 安定問題에 우려를 했다.

⑤ 第6項에서 美·日兩國은 軍備 및 軍縮問題의 實 現 爲하여 國際的인 努力을 할 것임을 相互 評價하였다.

⑥ 또한,綜合安保 問題를 다룬 7項에서, 兩國은 붉 合的 防衛계획을 달성시키고 世界經濟의 改善과 第3世 界에 對한 經濟協力을 傾注하기 爲하여 外交的 努力이 必要하다는 點에 相互意見의 一致를 보았다.

⑦ 美日安保 問題의 共同負擔(8項)

兩國間의 적절한「役割分擔」이 바람직한 것임을 確認하였으며 鈴木首相은 憲法 基本的인 防衛政策에 의거하여 日本領域 周邊 海·空域에서의 防衛力을 改善시킴과 同時에 駐日美軍의 財政的 負擔을 시키기 爲해 加一層 努力할 意思가 있음을 表明하였다. 이에 對하여 레이건大統領은 滿足의 뜻을 表明함과 同時에 美日 間의 安保協力은 世界平和를 해서도 必要함을 强調하였다.

⑧ 9項에서는 國際社會에서 先進工業國과 開發途上國間의 國際交流가 重要하며 國際平和와 安全維持를 爲해서는 開發途上國의 政治的 經濟的 및 社會的 安定이 必要하다는 점을 確認하였다.

⑨ 世界經濟에 關한 10項에서 兩國은 GATT體制에서 具現된 自由롭고 開放的인 貿易協定의 諸 原則을 維持 强化할 것임을 確認했다. 또한 세계경제의 安定과 發展을 確保함에 있어서 선진국 수뇌회담이 갖는 役割을 강조하였다.

⑩ 11項에서 兩國은 兩國間의 經濟마찰을 피하기 爲해 努力하기로 合意하였다.

⑪ 12項에서 兩수뇌는 美日경제관계의 長期的인 發展에 공헌하는 美·日 經濟關係協議會의 報告書를 높게 평함과 동시에 具體的인 事項이 美日財界人會議에서 검토되기를 희망하였다.

⑫ 13項에서 兩國은 資源問題의 重要性을 認定하였으며 에너지 生產의 증대 代替에너지源의 開發 및 利用을 促進할 것도 논의되었다.

⑬ 14項에서, 兩國은 核兵器의 擴散防止를 爲한 努力의 必要性을 再確認하였으며 原子力의 平和的 利用을 촉진시키는 데 努力하기로 했다.

⑭ 15項에서 美·日 兩國은 文化交流를 通한 相互理解와 교류를 促進하여 양국관계를 더욱 긴밀히 해야 할 것에 합의하였다.

⑮ 16項에서 兩國 首腦는 鈴木 日本首相의 招請에 따라, 레이건 美國大統領의 訪日豫定을 確認하고, 가까운 將來에 이의 實現을 爲해 노력할 것임을 강조하였다.

② 美·日共同聲明의 特徵

첫째로, 이번 共同聲明에서 두드러지는 것은『美·日 同盟關係』를 最初로 文書化한데서 찾을 수 있을 것 같다. 이번 會談에서 美·日 兩國의『同盟關係』라는 表現은 兩國이 共有하고 있는 民主主義와 自由라고 하는 價値理 念의 범주 내에서 理解되며 連帶的 友好 및 相互信念을 基本으로 하고 있음을 再確認한 것이다. 이는 종래의 兩 國『友好關係』에서 크게 進한 것임을 말하는 것이다. 그러나 美·日 同盟이란 東西對立을 基調로 하고 있다는 點(2項 參)을 감안할 때, 軍事的 색채가 농후한 것만은 사실이나 반드시 軍事的 同盟만을 意味하는 것으로 斷定지우기는 어려울 것같다.

두 번째로 指適할 수 있는 것은, 兩國이 對蘇聯政策 수행에 있어서, 共同步調를 取하며, 이를 通해 蘇聯의 動向을 觀察하고 西方側 安全保障을 공고히 하기 爲한 先 進國 連帶强化의一環으로 美·日 協力의 必要性 强調했다는 點이다. 이는 對蘇聯 牽制 및 批判 美·日 安保體制 確立의 共通分母이므로 蘇聯의 軍事力 增強과 軍事行動에 우려를 한 것으로 생각할 수도 있겠다.

셋째 安全保障 및 防衛問題에 있어서, 兩國이『美·日의 적절한 役割分擔』最初로 評價했으며, 아울러 日本은 自體防衛力 改善을 爲해『加一層의 努力』을 約束한 점은 鈴木內閣의 積極的인 對美 友好關係를 意味한다고 評價할 수 있다. 그러나 이것이 日本側의 양보(?)인지 아니면 鈴木首相의 態度變化인지는 現段階에서는 分明치 않은 것이다. 한편 日本防衛政策의 禁忌를 깨뜨린 것으로도 解釋할 수도 있다. 어쨌든, 이 問題는 今後 日本國內에서 論難이 될 可能性을 크게 내포하고 있다고 생각된다. 現代 日本社會에서 安保문제에 대한 통일된 견해는 아직 없었던 것이다.

3. 韓半島關係條項의 是非

① 條項內容

兩國 共同聲明書中 韓半島關係條項을 우선 살펴보기로 한다.

第3項2節에서『韓半島는 日本을 포함한 東아시아의 平和와 安全에 重要하며, 兩國은 韓半島의 平和維持를 促進시킬 것에 대해 意見을 같이 한다』라고 規定하고 있다.

또한 第3項4節에서는『鈴木 日本首相은 駐韓 美 地上軍을 계속 維持하기로 한, 레이건 大統領의 決定을 높히 評價한다』고 明示하고 있다.

韓半島關係條項이 이와 같음에도 不拘하고『朝鮮日 報』5月 9日字의『韓半島의 安定이 世界平和에 긴요』하다는 表題는 약간 과장된 느낌이 없지 않으며,『韓國 安保가 極東防衛에 重要』하다는 同日字 東亞日報의 表題 역시 가벼운 誤記라고 볼 수 있겠다. 共同聲明의 原文은 前記한 바와 같이『韓半島의 平和維持는(日本을 포함한 東아시아의 平和와 安全에 重要하다』고 表記하고 있다. 原文自體의 인용과 이에 對한 해석은 전혀 別個의 것이 될 수도 있는 것이다.

② 韓半島條項에 關한 美 · 日 共同認識의 흐름

1974年 日本 東京에서 開催된 田中-Ford 美 · 日 頂上會談에서는『韓半島에서의 平和維持는 日本을 포함한 東아시아의 平和와 安全에 있어서 必要』한 것으로 기본적인 의견의 일치를 보았다.

1976年 6月 27日 28日 兩日間 美國 워싱톤에서 있었던 三木一 Ford 會談에서는『韓半島의 平和와 安定은 日本뿐만 아니라 東아시아의 平和와 發展에 깊이 關聯되어 있다』는 立場이 取해졌다.

1年後 1977年 3月 21日, 22日 워싱톤에서의 福田-Carter會談의 共同聲明書에서는『韓半島의 平和와 安定의 維持는 日本 및 아시아 全體의 安全 爲해 重 要하다』고 表記되었다.

1978年 5月 3日 福田一 Carter間의 워싱톤會談『韓半島의 平和와 安定의 維持는 (日本을 포함한 東 아시아의 平和와 安全에 있어 重要하다』고 밝혔다.

이러한 見解는, 1979年 4月 30日부터 5月 6日 사이에 워싱톤에서 열렸던 大平—Carter會談 및 東京에서 개최되었던(1979年 6月 24~27日)兩人의 會談에서도 기본적으로 일치되었다. 今般 美 · 日공동성명의 韓半島條項은 이러한 認識의 연장선상에서 이루어졌다고 하겠다.

4. 美 · 日 共同聲明에 關한 日本各界의 反應

保守與黨인 自民黨은 同 聲明이야말로 世界平和와 安全에 寄與하는 日本의 자세가 선명하게 表現되어 있다는 肯定的인 입장을 取하고 있다.

第1野黨인 社會黨 鈴木內閣이 美·日兩國이 同盟 關係임을 確認한 點, 日本政府가 防衛分擔責任을 認定함 과 더불어 駐日 美軍의 財政的 負擔의 輕減을 約束한 것은 결국 日本의 軍事力增強을 要請한 美國의 戰略에 말려든 것이며, 이는 日本이 드디어 軍事大國化의 길을 選擇했음을 意味한 것이라고 批判하고 있다. 이러한 결과는 日本의 平和와 安全을 크게 위협하는 危險한 選擇이므로 社會黨은 美·日 兩國政府에 抗議할 意思가 있음을 表明하였다.

한편, 公明黨은 이번 頂上會談에서 美·日 友好關係가 대체적으로 確認된 것으로 評價하고 있다. 公明黨은 이번 共同聲明이 총괄적이고 추상적인 특색을 띄고 있을 지적하고 있으며 兩國의 共通認識 將來의 相互協力이라는 大前提가 내포되어 있다고 비교적 肯定的인 評價를 하고 있다. 하지만 今後 兩國의 對應을 계속 觀察할 必要가 있다는 단서를 附記하고 있다.

民社黨은 이번 首腦會談을 하여 광범위한 國際問題에 대하여 솔직한 意見交換이 있었던 點을 평가하고 있 으나 國際緊張의 완화를 指向하는 平和戰略을 爲한 意見 조정을 하지 않고, 蘇聯의 위협 美·日同盟 役割分擔 日本의 防衛力强化의 必要性만을 主로 강조한 것은 國民의 不安을 초래할 위험이 있음을 지적하고 있다.

共產黨은 鈴木首相이 레이건政權의 위험한 世界戰略에 全面的으로 同調한 것이며 兩國間에 相互確認된 위험한 軍事大國化路線에 단호히 反對투쟁할 것임을 밝히고 있다.

新自由클럽은 共同聲明이 軍事的 색채가 농후하다고 지적하였다. 또한 社民連은 美·日 同盟關係의 强調는 日本國憲法 및 유엔憲章精神에 도전을 加하는 위험한 聲明이라는 견해를 보였다.

그러나 政府首腦側은 美日同盟이 軍事的 意味를 全的으로 배제하고 있음을 지적하고 있으며, 外務省 · 고문 들은, 이번 聲明書에 나타난 『적절한 역할분담』은 對等한 『同伴者 關係(Equal-Partnership)』가 名實相附하게 現實된 것이며, 이는 美日關係에 획기적인 전환점이라는 點을 적극적으로 평가하고 있는 것이다.

以과 같은 日本各界의 反應을 通하여 알 수 있는 바와 같이 今般의 共同성명은 今後 日本국내 정치상의 논쟁점을 크게 내포하고 있다.

5. 美 · 日安保協力의 意味分析

① 美 · 日 協調體制와 對쏘牽制

美·日 共同聲明에서 兩國이 對蘇政策에 關하여 共同 步調를 取할 것을 約束한 事實은 다음과 같은 意味를 갖고 있다고 判斷되어진다.

첫째 前述한 바와 같이 蘇牽制는 美·日安保體制를 確立함에 있어 兩國의 共通分母라고 하는 點이다. 즉 蘇聯의 軍事力 增強 軍事行動(例컨데, 아프간事態) 및 北方 四領土問題(擇捉 國後 色丹 齒舞)에서, 兩國은 對蘇威脅意識을 느끼고 있으므로, 相互同盟體制를 구축함 으로써 對蘇牽制를 强化시켜야 한다는 것이다.

둘째 對蘇 共同步調는 西歐側의 유대강화를 意味하는 적극적인 측면을 갖고 있으며, 이는 安全을 더욱 견고히하려는 試金石이 되는 것이다.

셋째 蘇聯에 대한 警戒는 美·日 兩國 北京政權사이의 關係를 더욱 緊密하게 하는 계기가 될 수도 있다고 하는 點이다.

② 美 · 日安保와 日本의 軍事力强化

今般의 共同聲明에서 鈴木內閣이 安保및 防衛問題에 關하여 美國『適切한 役割分擔(An Appro-priate Division of Roles)』을 最初로 確約하고, 또한 日本의 自體防 衛力을 改善하기 爲해, 日本側의 『加一層의 努力(Even Greater Efforts)』을 美國側에 約束한 事實은 다음과 같은 問題點을 示唆하고 있다고 判斷된다.

첫째, 鈴木내각은 蘇聯으로부터의 威에 對處하기 爲한 自體防衛力 增強의 必要性을 느끼고는 있으나, 諸般 國內的 制限으로 말미암아 이를 주저하고 있던 鈴木內閣은 對美公約을 明文化함으로써 防衛力 强化를 正當化 시킬 수 있는 制度的 根據를 마련할 수 있었다는 팀에서 鈴木 首相의 訪美成果를 적극적으로 評價할 수도 있겠다.

둘째, 이번 共同聲明에서는 安保協力문제를 基本的으로는 추상적이고 莫然한 表現을 빌어 文書化함으로써 具體的 內容은 今年 6月로 豫定된 兩國長官級國防代表 者會談에서 다루기로 한 것은 防衛協力에 關해서 日本側이 讓步할 수 있는 最大의 限界를 意味하는 것으로 생각된다.

셋째 特히 鈴木內閣의 對美防衛公約은 종래의 『禁忌』를 깨뜨리는 것이며 伊東外相의 辭任에서 보는 바와 같이 커다란 國內論爭의 可能性을 안고 있다.

넷째 同條項은 對外的으로는 日本政府의 對美友好關 係의 積極性을 보인 것이지만, 對內的으로는 自民黨政權 과 野黨間의 對立 政府首腦間의 不協和音의 可能性을 크게 내포하고 있다. 例컨대 위에서 말한 바와 같이 美·日同盟의 軍事的 性格을 둘러싸고, 首相과 外相의 意見이 크게 對立(5月 13日 衆 參 兩議院本會議)되어, 이러한 이 過度하게 展開될 경우, 이는 黨內 派閥間의 均衡이 不安定하게 될 뿐 아니라, 鈴木內閣 自體에 對한 不信任問題로 까지 擴大될 可能性마저도 배제할 수 없을 것 같다.

다섯째 鈴木首相의 對美安保公約은 美·日安保體制의 確立을 通하여 日本의 國際的 役割을 強調하는 反面 美國이 日本에 對한 防衛公約을 確實히 하게 하는 反對급부로 이루어졌다고 볼 수도 있다.

③ 韓半島條項 日本의 北韓接近

韓半島의 平和維持 促進이 日本을 포함한 東아시아의 平和와 安全에 重要하다는 所謂 韓半島條項은, 日本의 北韓接近 有利하게 하는 인상을 전혀 排除할 수 없다. 이는 말하자면,

첫째 1975年以來 韓國條項은 基本的으로는 비슷한 內容이나 表現樣式에 있어 약간 추상적인 것으로 보아 日本의 對北接近 美國이 默示的으로 承認하는 듯 한 暗示를 주는 것 같다.

둘째 日本의 國內世論(매스컴 포함)과 野黨 및 與黨 외 一部 親北韓勢力(例 A.A.研究會)이 美日防衛公約에 대한 反對給付로써 對北韓接近의 積極性을 內閣에 강조하는 Bargaining Card가 될 수 있다고 생각된다.

6. 일본정부의 對美對應策

① 헤이그長官의 訪日취소

6月中旬으로 豫定되었던 헤이그國務長官의 訪日豫定을 鈴木內閣이 取消하기로 美國側에 通報한 것은 다음과 같은 내용을 함축하고 있다고 생각된다.

첫째 『同盟關係』 소동으로 빚어진 美·日緊張을 緩化시키려는 努力과 더불어 둘째로, 흥분된 國民與論 野 黨으로부터의 反撥을 제어해 보려는 냉각기 造成을 노리고 있으며 셋째는, 이러한 지연作戰을 해 長期的인 對應策을 강구하려고 하는 것이다. (元來 外相은 鈴木首 相의 구라파訪問中 東京에 남아있기로 되어 있었으나 이를 갑자기 修正 同行하기로 變更되었음).

② 美 · 日合同海上훈련의 中止

鈴木首相과 大村防衛廳長官이 美日 合同海上훈련을 도중에 中止시킨 것은 다음과 같은 理由에서 비롯된 것으로 생각된다.

첫째 美國海軍함정의 日本沿岸進入에 대한 魚民들의 反撥을 解消할 수 있으며,

둘째, 이를 둘러싼 國民與論 매스컴 各種 壓力團體및 野黨으로부터의 對政府壓力의 결과라고 볼 수도 있다.

셋째는 美·日緊張에스컬레이션을 제어해보려는 의도도 없지는 않다(現在, 日本매스컴은 美海軍『海賊』이 라고 부르는 경우도 있다).

③ 美海軍 구축함의 訪日保留

日本政府는 라이샤워教授의『核塔載 美함정의 寄港發 言以後 5月末로 豫定된 美海軍 구축함의 北九州 親善 訪問을 保留할 것을 福岡美國總領事에게 通告했던 바, 이 조치 역시 安保論爭을 둘러싼 美·日關係가 더 以上 惡化되는 것을 防止하기 爲한 政策의一環으로 判斷된다.

7. 美 · 日安保論爭과 鈴木 內閣의 安定

① 鈴木內閣의 存續

今般 美·日共同聲明을 둘러싼 一連의 論爭은 당분간 繼續될 것 같으나 鈴木體制가 存續하는 限 다음과 같은 政治的 狀況이 展望되어진다.

첫째 鈴木內閣의 實質的인 三巨頭의 役割을 해온 伊 東外相 宮澤官房相 田中通產相 中 한쪽이 후퇴함으로 因하여 首相 自身 黨 行政府에 對한 리더쉽을 크게 도전받고 있는 당분간은 內閣의 安定을 기하기 爲한 응급조치에 전념할 것으로 豫測되어진다.

둘째 典型的인 保守政治人인 園田 新任外相의 登場으로 因하여 外交政策樹立에 있어서 外務官僚의 役割이 低下되는 反面 自民黨 保守政治人의 영향력이 增大될 것이 豫想된다. 왜냐하면 所謂『同盟關係』條項을 둘러싼 紛爭過程에서 外務省이 받은 타격은 심각한 것이였으며 園田外相 伊東 前外相과는 달리, 2회에 걸친 外相경험 및 外務次官의 경험을 通하여, 外務省의 高級 官僚를 철저하게 장악하고 있는 것으로 報道되고 있기 때문이다.

셋째 園田外相은 1979年 首相指名大會때 福田派이면서도 大平을 支持 福田派로부터 除名당하여 無派閥의 미묘한 狀況속에 處해 있는 故로, 今後 大平派의 鈴 木首相과도 반드시 원만하라고 斷定키는 어려울 것 같다. 이보다는 自民黨內의 派閥力學(Faction Dynamics)이 더욱 커다란 意味를 가질 것으로 생각된다.

② 鈴木內閣의 向後可能性

國內의 言論報道에 依하면 最近의 鈴木內閣은 數日內에 마치 붕괴直前의 危機에 處해 있는 듯한 印象을 주고 있으나 現在와 같은 狀況속에서 그 可能性이 그다지 높다고 보기는 어렵다. 그 理由로서는 다음과 같은 것을 들 수 있다.

첫째 現代日本과 같은 政治體制下에서 內閣의 붕괴는 保守與黨인 自民黨內 各派閥間의 분열, 항쟁, 갈등이 直 接的인 要因이나 현 단계에서 그러한 움직임은 아직 報道되고 있지 않기 때문이다.

둘째 단지 大衆與論 및 매스컴의 過熱狀態는 內閣붕괴의 直接的 要因이 될 수 없는 것이다.

셋째 現代日本의 外交政策決定單位中의 하나인 財界 역시 『鈴木內閣타도』의 움직임을 보이지 않고 있다. 뿐만 아니라 今後의 狀況變化는 鈴木內閣을 궁지로 몰고 갈 可能性이 전혀 없지는 않기 때문이다.

또한 今後의 美·日關係에 있어서, 종래 路線의 기본적인 修正은 없을 것으로 展望된다. 왜냐하면 現代日本의 外交政策 安保政策은 美日關係를 求心點으로 하여 이루어지고 있기 때문이다.

8. 맺음말

앞서 말한 日本의 對美對應策은 美國與論의 적지 않은 反撥을 초래할 것 같다. 例컨대 美國政府가 日本商品의 輸入規制등과 같은 報復을 하게 될 경우, 美·日間의 緊 張關係는 당분간 繼續될 것으로 展望된다.

한편 自民黨內의 國防議員들은 美·日安保論爭을 계기로 하여 日本의 防衛力을 增張시키고 非核原則 修正해야할 必要性을 强調하고 있다. 防衛廳長官을 歷任한 三原 坂田兩氏를 中心으로 한 이들 議員들은 日本政府의 自主國防力强化를 더욱 촉진시킬 것으로 豫想된다.

끝으로 鈴木—園田外交以後 日本의 外交政策中 對韓 政策 關聯되는 部分만을 간단히 言及하기로 한다.

園田外相 自身은 大平內閣의 外相在職時 韓日關係를『適當主義』式 外交라고 規定하고 韓國의 國內政治狀況의 問題點 提起하며, 새로운 兩國關係의 정립이 必要하다고 强調하는 등 當時의 韓日關係양상을 批判的으로 보았던고로, 今後도 이와 같은 發想의 再登場 可能性을 전혀 排除할 수는 없을 것 같다. 또한 園田外相은 獨島 近海에서의 日本의 漁業權을 韓國側에 主張하며 韓國| 中共의 關係改善을 爲한 日本의 親中共的인 仲介役割을 强調한 적도 있는 까닭에 今後에도 이와 같은 發想의 對 韓政策이 提起될 수도 있다고 하겠다.

現代日本社會는 基本的으로는 保守指向的이나 不斷히 變化를 계속하고 있다. 現在와 같은 自民黨政權이 存續하는 限 韓日關係의 양상은 基本的으로는 커다란 變化가 없을 것이라고 보아도 좋다. 하지만, 韓日關係는 美日關係의 如何에 따라서 크게 좌우된다는 點을 감안, 이를 주시하며, 신중히 對處해 나가야 하겠다.

※ 편집자 주: "국제문제" 특별기고, 1981에서 발췌.

③ 한일국교정상화를 둘러싼 일본의 대중여론분석

目 次

一般國民의 共通的 意見의 集合體인 大衆輿論은 個個人의 意見이 一定한 形態로 集約 되어 外交政策決定過程에는 물론 國家의 主要政策決定에 重要한 役割을 하고 있다.

本 硏究는 이와 같이 重要한 大衆輿論이 外交政策決定過程에 있어서 갖는 役割과 影響에 관한 하나의 事例硏究로써, 戰後日本의 戰後處理懸案으로 중요한 外交問題의 하나였던 韓·日國交正常化過程에서 나타난 日本國內의 大衆輿論을 分析함에 그 目的이 있다.

이러한 硏究目的을 위해, 筆者는 韓.日協定의 正式調印과 그 批准까지의 分析時期를 區分하여, Image論의 視角에서 前者에서는 日本人의 對韓國觀 및 그 變遷過程, 그리고 그것이 對韓政策決定過程에 끼친 影響을 分析하였다. 後者에서는 韓國과의 國交回復에 대한 大衆輿論을 關心度, 認識度 및 贊成度 等의 세가지 觀點에서 分析하였다.

多數의 輿調査結果를 바탕으로 한 以上 의 分析에서, 大衆輿論은 外交政策의 가장 一般的인 目標에 대해 影響을 미치며, 특히 深大한 意味를 갖는 政策決定過程에 있어서 더욱 重要한 役割을 함을 알 수 있었다.

그러나, 이와 같은 例外的 狀況에서의 決定을 除外한 大部分의 경우, 現代國際政治에 있어서 外交政策決定의 一般的인 傾向은, 大衆輿論이 政策決定에 決定的인 役割을 하기 어려운 경우도 없지는 않다. 韓·日會談을 둘러싼 大衆輿論의 役割도 매우 重要視 되었으며, 多樣한 통로를 통하여 일본의 정책 결정자들에게 전달되었다. 하지만, 大多數의 國民은 外交政策上의 問題에 관해서 比較的 無知하거나 無關心하다는 事實도 認知할 必要가 있겠다.

國民의 大衆輿論이 政府의 政策決定에 대해서 影響力을 갖기 위해서는 「意見提出過程」과 같은 中間的인 段階가 必要하다. 이는 大衆輿論이 여러 組織과 個人에 의한 意見表明을 通하여 政策決定者에게 傳達되는 過程을 말하며, 이 過程에서 重要한 役割을 遂行하는 媒介體는 意識的 輿論(Articulate Opinion)이라고 할 수 있다.

結局, 大衆的인 風潮나 輿論調査, 또는 其他 公的으로 表明된 意見이 어느 程度 影響力을 갖는가 하는 것은 해당국 政治體制의 特徵과 問題의 展開方法, 그리고 특히 政策 決定者의 態度에 依하여 多樣化된다고 하겠다.

1. 序言 問題意識의 所在와 視角

Sanfrancisco 平和條約의 效力發生과 더불어 問題化가 된 韓·日國交正常化는 日本政府에 있어서는 戰後處理현안으로서 重要한 外交問題의 하나였다. 戰後에 있어서의 韓國과 日本과의 外交關係는(以下 便宜上, 韓·日關係로 略함) 聯合軍總司令部(The Supreme Commander for the Allied Powers)의 斡旋(Good Offi-ces)에 依해 政府次元의 豫備會談의 開催와 함께 展開되었다(1951年 10月20日 東京).

그 後, 最初의 本會議가 始作된 以來(1952年 2月15日), 國交回復을 目的으로 한 韓.日交涉은 7곳에 이르는 會談과 13年 8個月의 歲月을 所要하였다. 1965年 6月 22 日, 兩國은 關係正常化條約과 諸協定의 關係文書에 調印할 것을 다짐함으로써 平等한 主權國家로서의 外交關係를 出發시켰다.

國際聯合中心主義와 日·美安保體制確立主義로 特徵되어지는 戰後日本外交의 基本原則은 韓·日會談의 妥結過程에 있어서도 크게 作用하였다고 하겠다.[1]

이에 對한 日本國內에 있어서의 一般國民의 輿論은 各樣各色으로 分裂된 狀態에 놓여 있었다. 戰後日本의 國內政治過程에 있어서 一般大衆의 政治參의 政治參與가 뚜렷이 增大한 것은 聯合軍總司令部의 民主化政策의 實施에 依해 促進되었다고 하겠다.

日·蘇國交回復(1956年 12月)과 日·美新安保條約의 調印(1960年 1月)을 둘러싼 大衆輿論의 作用도 대단하였지만 韓·日國交正常의 境遇에 있어서도 國交回復에 對한 一般國民의 態度는 否定的인 意見과 肯定的인 意見의 兩側面을 볼 수 있었다.

大衆輿論은 一般國民의 共通的 意見의 集合體이며, 나라의 民主的 理想과 Slogan과의 結合에 依한 연유도 있고 해서, 外交政策決定過程에 있어 가장 重要한 役割 을 하고 있다.

個個人의 意見이 일정한 形態로 集約되고, 國家의 政策決定過程에 적당한 형태로 反映됨으로써, 大衆輿論의 役割은 더욱 중시되는 것이다.

本 論文의 目的은 外交政策決定過程에 있어서의 大衆輿論의 役割과 影響에 關한 事例硏究로

1 佐藤榮作 前日本首相과 筆者의 單獨面談에서 確認(1973年 1月 12日 午後 2時 45分부터 同 5時 45分까지 東京都 世田谷區의 自宅에서).

써, 韓·日國交正常化 과정에서 보여준 日本國內의 大衆輿論을 分析하는데 있다.

分析의 對象과 範圍는, 우선 日本人의 對韓國觀 및 韓·日國交回復에 이르기까지의 變遷過程을 살피고, 그러한 대외인식이 對韓政策決定過程에 끼친 影響을 分析하고자 한다. 다음, 韓國 國交를 回復하는 것에 對한 大衆輿論을 韓·日會談의 進行過程에 對한 關心度, 國交正常化의 主要性에 關한 認識度, 國交回復의 積極的 推進에 關한 贊成等의 세 가지 觀點에서 分析하기로 한다.

兩分析을 對外政策決定過程에 있어서의 Image分析의 立場에서 볼 때, 前者는 一般國民의 相對國 Image가 될 것이며, 後者는 問題 Image 이라고 말할 수 있겠다.

分析의 時期的 區分으로서는, 前者는 池田首相의 登場(1960年 7月 19日)에서 韓·日協定의 正式調印(1965年 6月 22日)까지의 5年間, 後者는 第6次 會談의 開催以後 交涉이 急速히 進展하였던 1962年부터 國會에 있어서의 批准(衆議院 1965年 11月 12日, 參議院 同年 12月 11日)에 이르기까지의 期間를 各各 設定하기로 한다.

특히, 本 論文에 있어서의 分析의 Data는 日本의 內閣總理大臣官房廣報室이 「全國輿論調查의 現況」이라는 題目으로 編輯한 出版物에 揭載되어 있는 時事通信社 (中央調查社에 委託)의 輿論調查結果를 參考로 한 것이다.

2. 輿論과 外交政策決定

Bernard C. Cohen은 外交政策決定과 新聞을 包含한 輿論의 相互關係에 對하여 論한 바 있다. 그는 輿論이 對外政策決定에 있어서 硏究對象이 되는 것은, 民主主義를 國家의 基本原則으로 採擇하고 있는 國家에 있어서 그것이 當該政治權力의 長期的인 發展을 爲해 必要한 役割을 完遂하고 있다는 側面이 있기 때문이라고 主張하고 있다.[2]

한편, Walter Lippmann 과 같이 一般大衆의 意見이 政府의 政策決定에 끼치는 影響에 關해 若干의 疑問을 提起하는 意見도 있다.[3]

輿論이 政策決定過程에 具體的으로 어떠한 役割을 수행하느냐는 問題에 關한 論議는 다양하다고 하지만, 國內政治過程論의 立場에서 볼 境遇, 大衆輿論이 政治權力의 安定性과 合理的인 政策의 樹立에 적지 않은 영향을 끼치는 것은 事實이라고 하겠다.

그러나, 輿論과 外交政策決定과의 關係에 對해 一般論으로 論議하는 것에는 若干의 無理가 생

---

2 Bernard C. Cohen, The *Press* and *Foreign Policy* (New Jersy: Princeton Univ. Press, 1963), pp. 248-263.

3 Walter Lippmann, *Essays* in Public *Philosophy* (New York: Little Brown, 1955), pp. 23-24.

기는 것 같다. 왜냐하면, 輿論이 對外政策의 決定過程에 어떤 형태로 영향을 주는 程度는 問題로 제기된 Issue의 性格에 依해 크게 다르며, 외교문제에 관심을 갖는 注意公衆(Attentive Public)을 除外하고서는 一般國民이 모든 外交問題에 똑같이 관심을 집중하지는 않기 때문이다.

一般的으로, 政策決定者 相互間 및 政策決定者(機構)와 非政策決定者(機構)와의 사이에는 그들의 行動類型을 支配하거나 決定過程에 영향을 미치는 몇 가지의 要素가 있다. 이것은 通常「政策決定 Rule」이라고 일컬어지고 있는데, 이는 Richard C. Snyder 의 「權限의 範圍」(Spheres of Competence)의 概念과 비슷하며,4 또한 Morton Harparin의 「Rules of Game」의 概念에서 示暖를 얻은 點도 많다고 할 수 있다.[5]

本 論文에서 다루는 大衆輿論은 그 Rule 의 하나인 것이다. 政策決定者가 該當問題에 關한 一般國民의 輿論을 어느 程度 考慮에 넣는가 하는 程度의 問題가 반드시 合理的인 政策決定과 一致한다고는 말할 수 없지만, 그 過程에 있어서 重要한 役割을 遂行하고 있다는 것은 말할 必要도 없다.

特히 外交問題의 境遇, 注意公衆을 除外하고 그것에 關心과 知識을 갖는 大衆은 比較的 少數이다. 이 경우, 問題의 性格과 當事國의 態度, 그리고 一般國民의 意識構造 및 정치문화에 依해서 그 程度는 현저하게 다르게 되는 것이다.

이 假說은 韓·日國交正常化의 境遇에서도 例外가 아니었다. 被支配國이었던 韓國과 平等한 主權國家로서의 國交를 回復하는것에 對해 日本人의 態度는 각양각색이었다. 이것은 다른나라와 달라서, 兩國間의 近代史에 있어서의 支配와 被支配라는 歷史的 事實이 日本人의 對韓國觀 및 韓·日國交回復에 對한 態度의 形成過程에 크게 作用하였기 때문이다.

따라서, 政府指導者의 大衆輿論에 對한 態度도 다른 外交問題의 境遇와는 달랐다. 戰後日本의 官僚出身의 保守的 總理大臣은 民主的 政策決定의 傳統에 익숙치 못했기 때문에 重要한 外交政策上의 問題에 關해서는 거의 輿論에 注意를 베풀지 않았다고 말하기도 하지만,[6] 이 주장이 반드시 韓·日關係를 包含한 모든 外交問題에 適用된다고 할 수는 없다.

말하자면, 한·일국교정상화과정에서 일본인의 대중여론은 정책결정자의 의사결정을 좌우하는데 커다란 영향을 준 것이다.

4 Richard C. Snyder, H.W. Bruck and Burton Sapin, Foreign *Policy Decision*- Making-An Approach to the Study of *International* Politics-(New York: The Free Press of Glencoe, 1962), pp. 106-124.

5 進藤榮一, "外交政策決定에 있어서イメージ分析", 「現代外交의 理論과 歷史」, 關西 外交史研究會編(有新堂, 1971), pp.33-35.

6 Donald C. Hellmann, *Japanese* Foreign Policy *and Domestic* Politics: The *Peace* Agreement with the Soviet *Union* (Berkley and Los Angeles: Univ. of California Press, 1969), p. 13.

3. 韓日會談의 釆結過程에 있어서의 日本人의 對韓國觀 分析

① 分析의 焦點과 方法論

戰後에 있어서 日本人의 對韓國観 및 對韓國人觀은, 近代史에 있어서 兩國間의 支配와 被支配의 特殊關係에 依하여 가장 큰 영향을 받았다고 하겠다. 왜냐하면, 政策決定者와 一般國民의 相對國에 對한 Image 의 形成過程에 있어서는, 兩國關係에서의 歷史的 事實에 依한 事件發生과 當事國의 國民相互間의 態度에 依해서 영향을 받게 된다고 생각되기 때문이다.

本來, 「相對國 Image」라고 하는 것은 社會心理學派의 사람들이 말하는 「National Image」에 該當되는 것으로, 主로 相對國國民意이 이러한 Image 본질의 中心이 되며, 對外政策決定의 境遇에는 決定者 個人이 相對國에 對해서 갖는 過去의 Image에 依해 强하게 支配된다고 말하고 있다.[7]

이러한 歷史的 事實에 근거를 둔 日本人의 對韓國(人)觀은 戰後 韓半島를 둘러싼 몇 가지의 움직임에 依해 一定한 變化를 겪어 왔다고 할 수 있겠다. 特히, 이 分析의 時期的 範圍에 屬하는 韓.日交涉의 最終段階에 있어서는, 會談의 妥結에 이르는 兩國關係의 미묘한 움직임과 外部로부터의 諸要因에 依해서 日本人의 對韓國觀은 적지않은 變動을 보였던 것이다.

따라서, 筆者는 會談의 最終段階에 있어서 兩國의 政策決定者의 相互行動과 交涉에 直接的 또는 間接的으로 關聯이 있는 Events에 Image 分析의 焦點을 두고자 한다.

그러나, 前述한 자료를 使用하여 本論의 分析에 직접 臨하기에는 若干의 限界와 無理가 있다는 것을 認定하지 않을 수 없다.

먼저, 本章에서 다루는 輿論調査의 質問內容은 嚴密하게 말해서 國家에 對한 日本人의 對外意識調査를 의미하고 있으므로, 當事國의 國民에 對한 Image 라고는 말할 수 없다는 點이다.

正確性을 期하기 爲해서는 兩者를 區別하지 않으면 안되지만, 資料의 性格上, 그리고 國家의 人的 構成要因은 當事國의 國民이라는 事實을 바탕으로 本論에 있어서는 兩者를 同一視하게 되는 것이다. 또 하나의 고려할 點은, 戰後 日本人의 對韓國人觀의 形成過程에는 日本帝國主義의 植民地統治期間의 강제連行이라든지 徵用, 그 밖의 理由로 渡日하게 되어 日本에 살게 된[8] 所謂 在日韓國人에 對한 Image가 크게 作用하였다는 사실이다.

---

7 Herbert C. Kelman, "Social-Psychological Approaches to the Study of International Relations: Definition of Scope," *International Behavior* (New York: Holt Rinehart and Winston, 1965), ed. by Kelman, pp. 24-28.

8 Richard H. Mitchell, The *Korean Minority* in Japan (Berkley. and Los Angeles: The Univ. of California Press, 1967), pp.27-47. 在日韓國青年同盟 中央本部編,「在日韓國人의 歷史와 現實」(洋洋社, 1970), pp.1-19. 旗田,「日本人의 朝鮮觀」(勁草書房, 1969), pp. 70-82.

이것은 前述한 兩國間의 特殊關係에 依한 것이므로 輿論調査의 結果를 日本人의 韓國人 全體에 對한 Image로서 分析할 때 考慮하지 않을 수 없었다.

그러므로, 筆者는 上述한 몇 가지의 고려사항을 念에 두고 以下 다음과 같이 분석하고자 한다.

② 分析의 內容

調査方法은 對象者의 數, 職業, 年齡, 學歷, 文化水準, 質問書의 內容 等에 依해 若干의 差異는 있겠지만, 일본 全國 1,250 人을 對象으로 無作爲標本에 依한 抽出法(Random Sampling Method)이다.「좋아하는 나라, 싫어하는 나라」로 質問하는데 對하여 被調査者가 提出한 回答은 다음과 같다.[9]

〈質問一〉貴下가 좋아하는 나라를 셋만 例擧하시오(以下,「質問一」이라고 略하는 境遇도 있음).

〈質問二〉貴下가 싫어하는 나라를 셋만 例擧하시오(以下,「質問二」라고 略하는 境遇도 있음).

「質問一」의境遇,1960年 6月의 調査에서 韓國에 對해 好意的인 感情을 갖고 있다고 對答한 日本人은 不過 1.4% (175人)에 지나지 않았다. 이 結果를 본다면, 그 當時 日本人의 對韓國觀 極히 否定的이었다고 할 수 있겠지만, 이것은 오히려 關心의 表示였다고 말해도 좋을 것이다.

한편,「質問二」의 境遇, 6月의 調査結果에 依하면 거의 半數에 가까운 日本人이 韓國의 이름을 들고 있으며, 其他 다른 나라에 對한 惡感情의 程度는 차지하더라도, 이는「質問一」과 같이 韓國에 對한 日本人의 非友好的인 意識을 말해주는 것임에 조금도 다름이 없다고 하겠다.

그러나, 3個月이 지난 同年 9月의 조사에서 그 數가 相當히 減少한 것은(15%), 아마도 韓國에 있어서의 學生革命(1960年 4月 19日)以後 民主的 秩序를 回復하여 새롭게 出發하려는 韓國人의 主體的인 價値觀에 對한 日本人의 印象을 表示한 것으로 여겨진다. 이것은 一國家에 對한 相對國의 Image 가 當事國에 있어서의 Event 等에 依해 적지 않은 영향을 받게 된다는 前述한 主張을 입증하고 있다고도 할 수 있겠다.

9 內閣總理大臣官房廣報室(以下, 總理府廣報室로 略함)編,「全國輿論調査現況, 昭和 36年度」, 1961, pp. 160-161.

表 1 日本人의 對外意識 調査現況 I (1960~1961)

年月 / 國名	1960.6	1960.9	1960.12	1961.3
美國	47.4	46.3	52.3	47.1
蘇聯	3.3	2.9	3.0	3.2
英國	39.7	32.1	24.5	29.6
프랑스	25.6	19.2	8.1	25.1
西獨	16.6	15.1	12.4	16.9
스위스	37.9	28.3	29.4	29.5
印度	15.8	11.5	13.7	17.6
中共	4.4	5.9	3.7	4.5
韓國	1.4	1.7	0.7	0.7
없음	27.6	31.6	30.2	32.0

*單位는 %

*原 文의 年月은 昭和로 되어 있지만, 便宜上 西紀로 바꾸었다(以下, 各 圖表에 表記한 年度도 同一하다).

表 2 日本人의 對外意識 調査現況II(1960~1961)

年月 / 國名	1960.6	1960.9	1960.12	1961.3
美國	5.9	4.5	5.8	4.6
蘇聯	50.4	43.0	49.3	44.5
英國	3.3	2.3	1.9	1.6
프랑스	1.8	1.8	1.7	2.0
西獨	2.1	2.0	2.2	2.7
스위스	0.7	0.3	0.2	0.2
印度	2.0	1.7	1.3	1.6
中共	39.3	33.6	36.8	31.8
韓國	46.6	31.6	43.7	42.1
없음	34.5	45.0	38.2	42.1

이러한 日本人의 韓國에 對한 好感情의 低調함은 반드시 韓國에만 局限된 것은 아니었다. 一般的으로 日本人이 對外意識의 面에 있어서 日本보다 物質文明이나 精神文化가 發達한 先進諸國에 對해서는 劣等意識(Inferior Complex)을 갖고 있지만, 開發途上國에 對해서는 優越感(Supe－rior Complex)을 갖고 있다는 特徵은 널리 알려진 사실이다. 韓國의 境遇, 이와 같은 一般的인 特徵 위에 近代史에 있어서의 歷史的 事實에서 起因하는 커다란 理由가 겹치게 된 까닭이다.

이것을 보다 具體的으로 記述하면, 上記 輿論調査의 質問內容은 韓國만을 提示하는 特有의 形式으로 묻는 質問이 아니라 全般的인 諸國에 對한 對外意識의 調査인 것이며, 韓國에 對한 日本人의 否定的 態度의 表示라는 點 외에 無關心의 表明이라는 경우도 적지 않을 것으로 생각된다.

여하튼, 이와 같은 日本人의 對外意識에 있어서 韓國에 對한 好感情 또는 惡感情은 國交正常化以後20年이 넘은 現在에 있어서도 그 順番에 별다른 變化가 없다. 이같은 사실은 今 後의 韓·日關係 뿐만 아니라 日本政府의 전반적인 對亞細亞外交 政策에 있어서도 커다란 問題點을 야기할 것으로 생각된다.

또한, 이 事實은 國際關係에 있어서 國交回復이라든지 條約의 締結에 있어서 當事國間의 國民相互間 相對國 Image의 源泉的 形成要因의 重要性을 明示하는 것이라고도 말할 수 있다.[10]

本論에 있어서 論議의 關心은 韓·日兩國間의 問題에 있으므로 以下 輿論調査 結果는 韓國에 對한 數値만을 例示하여 論하고자 한다. 便宜上, 「質問一」에 對한 調査結果를 好感情, 「質問二」에 對한 調査結果를 惡感情이라고 부르기로 하자.

表 3 日本人의 對韓好感情 調査結果[11]

年度別 / 月別	3月	6月	9月	12月
1961	-	1.4	1.0	0.8
1962	1.9	2.1	1.7	1.2
1963	1.1	1.5	2.4	2.3
1964	2.8	1.7	3.4	1.8
1964	2.1	1.9	0.4	1.7
1966	1.1	-	-	-

表 4 日本人의 對韓惡感情 調査結果[12]

年度別 / 月別	3月	6月	9月	12月
1961	-	33.8	44.7	41.2
1962	33.7(4月)	29.4	24.5	27.0
1963	25.2	25.7	27.7	25.7
1964	19.2	26.2	25.9	23.7
1964	23.2	20.6	25.8	22.5
1966	26.7	-	-	-

10 John C. Farrell and Asa P. Smith(eds), *Images and* Reality in *World* Politics (New York: Columbia Univ. Press, 1967), pp. V-VIII. Andrew M. Scott, The *Functioning* of *International* Political *System* (New York: The Macmillan Company, 1967), pp. 46-47, 80-105.

11 總理府廣報室編, 「全國輿論調査の現況」 昭和 37 年度, 1962, p. 102. 昭和 38年度, 1963, p.69. 昭和39年度, 1964, p.203. 昭和40 年度, 1965, pp. 286-287.

12 위와 같음.

表 5 日本人의 對韓好感情 變動數値(質問一)

年度別 / 月別	3月	6月	9月	12月
1960	-	基準(1.4)	+0.3	-0.7
1961	-0.7	0	-0.4	-0.6
1962	+0.5	+0.7	+0.3	-0.2
1963	-0.3	+0.1	+1	+0.9
1964	+1.4	+0.3	+2	+0.4
1964	+0.7	+0.5	-1	+0.
1966	-0.3	-0.2	-0.4	-0.6

表 6 日本의 對韓惡感情 變動數値(質問二)

年度別 / 月別	3月	6月	9月	12月
1960	-	基準(46.6)	-15	-2.9
1961	-4.5	-7.8	-1.9	-5.4
1962	-12.9	-17.2	-22.1	-19.6
1963	-21.4	-20.9	-18.9	-20.9
1964	-27.4	-20.4	-20.7	-22.9
1964	-23.4	-20.0	-20.8	-22.1
1966	-17.9	-26.0	-20.8	-24.1

* 單位는 %
* 1966年 以後의 統計는 本 輿論調査料의 原本에서 直接計算한 數値이다.

韓·日協定이 諦結되어 國會에서 批准될 때까지, 日本人의 對韓好感情및 惡感情에 對한 調査結果를 종합정리한 것은 前記 〈表3,4〉와 같으며, 1960年以後 韓·日會談의 進行과 併行하여 對韓國觀의 變遷過程에 있어서의 變動 程度나 特徵을 보기 爲하여 例示한 表를 종괄하여 다음과 같이 정리해 보자.

지금까지, 日本人의 對外意識에 關한 輿論調査中, 韓國에 對한 結果만을 뽑아서 好感情이나 惡感情의 調査結果와 期間中의 變動數値를 簡單하게 보았다.

그 중에서, 「質問一」의 好感情에 關한 調査는 백분율의 絶對數値 〈表 1, 2, 3, 4〉 와 變動數値 〈表5,6〉을 볼 때, 極히 작은 數字라는 것을 알 수 있다. 따라서, 이들 작은 數字 그 自體의 數値가 韓·日國交正常化를 둘러싼 日本人의 對韓國觀의 變遷過程에 어느 程度의 有勉價値를 갖고 있는가 하는 疑問이 생기게 된다.

本章에 있어서 分析의 焦點은 日本人의 對外意識調査에 있어서 韓國이 占하는 順位를 論하는데 있지 않다. 對外感情에 있어서 韓國이 다른 여러 나라에 比較하여 극히 低位置에 있다는 事實은 새삼스럽게 論할 必要가 없다. 따라서, 分析期間中에 있어서 韓國에 對한 數値만의 變動過程을 韓.日會談의 交涉過程에 비추어 그 動向에서 韓·日國交回復을 둘러싼 日本人의 對韓國觀을 살펴보고자 하는 것이 分析의 焦點인 것이다.

그러므로, 단적으로 말하여 1% 前後의 작은 變動이라 하지만, 對韓 Image의 絶對數値를 前月이나 前年度에 比較하여 相對的으로 볼 境遇, 커다란 意味가 있는 數字라고 해도 過言이 아닐 것이다.

물론, 社會調査方法論의 一部로서 輿論調査結果를 事例硏究에 活用하는 境遇, 科學的이며 論理的인 統計分析을 期待하기 爲해서는 輿論의 調査過程이나 柄木算(抽)出法 等에 있어서도 相當한 相當한 愼重性과 正確性을 期해야 할 것이다.

本章에서 活用하는 輿論調査結果는 前述한 바와 같이 無作爲標集法에 依한 調査結果를 말하지만, 가령 系統的 標集(Systematic Sampling)이나 또는 集落(集團)標集(Cluster Sampling)에 依한 調査이든 간에[13] 標本의 選擇·觀察 및 推定의 過程에서 若干의 誤差가 생기는 것은 不可避한 것이다. 위에서도 말한 바와 같이, 調査對象의 性別, 年齡, 學歷, 職業, 生活 및 文化水準, 數 等이 그 變數(Variables)로서 作用하는 것은 물론이고, 其他 調査員의 面方法이나 質問書의 內容(種類, 言語構成, 質問의 配列順 等)에 依해서도 크게 변할 수 있는 것이다.

이러한 分析方法論上의 諸問題點을 考慮한 이후에 本論의 論議를 展開한다면, 여기서 使用하고 있는 輿論調査는 1,250 名을 調査對象로써 取扱한 것이며 1,250名의 실수로 인하여 1% 이상의 誤差를 招來할 結果가 생길 可能性도 있다. 그러나, 이것을 考慮한다고 하여도 數値 그 自體의 오류는 極히 적다고 말할 수 있다.

分析內容의 마지막으로서 變動數値의 〈表 5〉 및〈麦 6〉을 折線 Graph로 表示 한 것이 〈圖 1〉 및 〈圖 2〉이다. 이것을 보면, 國交正常化에 이르기까지의 5年間 에 있어서 對韓國觀의 變動過程을 간단히 認知할 수 있다. 〈表 1, 2〉 및 〈表 3, 4〉 에 依한 調査結果의 數値 그 自體를 圖表化하더라도 똑같은 折線으로 나타나므로 1960年 6月을 基準으로 計算한 變動數値 〈表 5〉 및 〈表 6〉을 다루는 편이 基準年度以後 變動의 移變이나 推移를 直接 觀察할 수 있다는 利點이 있다.

③ 分析의 結果

지금까지는 1960年以後 正式調印結에 이르기까지 韓.日交涉過程에 있어서 日本人의 韓國에 對한 意識을 好感情 및 惡感情의 두 가지 側面에서 輿論調査의 結果를 中心으로 하여 살펴 보았다.

다음, 이들 調査結果의 分析內容을 中心으로 하여 同期間中에 있어서 日本人의 對韓國觀의 實態를 綜合的으로 整理하자.

---

13 李萬甲, 「社會調査方法論」(서울: 進明出版社, 1971), pp. 112-129.

우선, 〈表 1, 3, 5〉 및 〈圖 1〉은 前述한 바와 같이 日本人의 對韓好感情의 調査結果를 圖表化한 것이지만, 이들은 好感情이라고 말하기 보다는 日本人의 韓國에 對한 友好的 내지는 肯定的 價値觀念의 表現이라고 말할 수 있겠다.

圖 1 日本人의 對韓好感情 變動數値에 依한 推移(質問一)

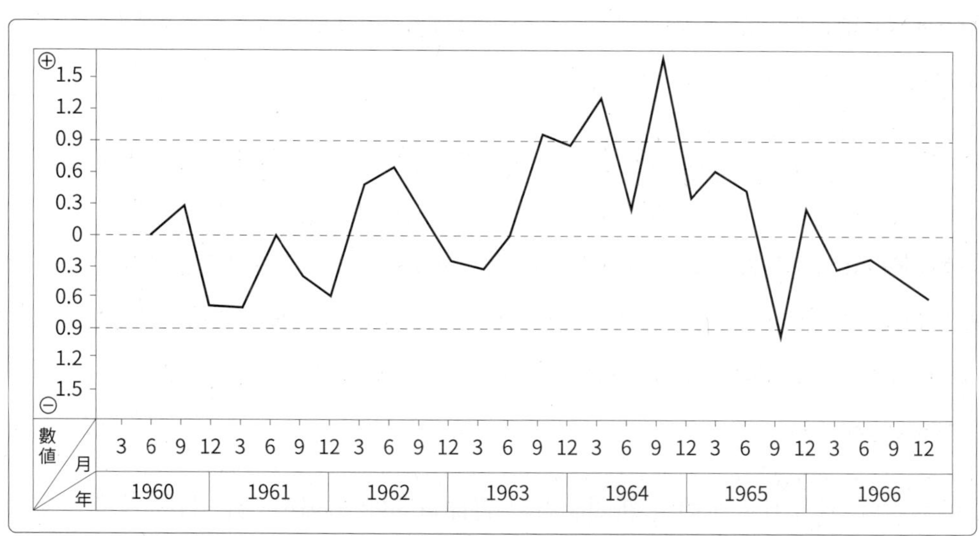

圖 2 日本人의 對韓惡感情 變動數値에 依한 推移(質問二)

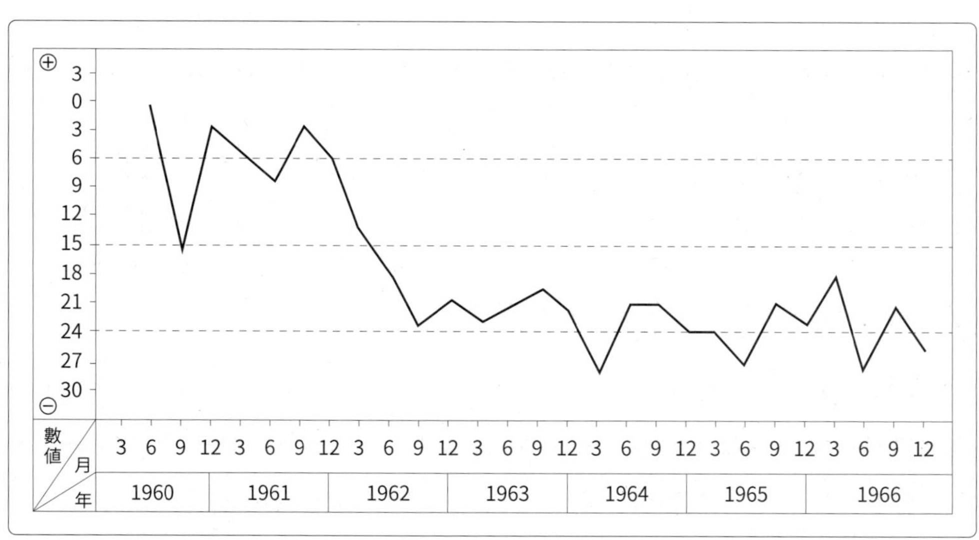

〈圖1〉에 依한 變動數値의 繼勢를 살펴보면, 基準年度를 中心으로 한 日本人의 對韓感情의 推移는 韓·日條約의 國會批准에 이르기까지 上昇과 下降을 되풀이하고 있는 것을 觀察할 수 있다. 具體的으로는, 會談의 妥結에 가까와질수록 上昇의 狀態가 계속되었지만, 1964年 9月을 基點으로 그 以後는 潮進的으로 下降하기 始作하였으며, 特히 1965年 9月에는 急下降한 것을 알 수 있다.

會談의 前進과 妥結의 接近에 並行하여, 韓國에 對한 日本人의 Image가 좋아졌다는 것은 韓國內에 있어서 여러가지의 Events 나 韓·日關係의 展開過程에 있어서의 動向 등이 一般大衆에게 좋은 印象을 준 結果라고 말할 수 있겠다.

上昇期間中에는, 韓國內의 4.19 學生革命과 政治權力의 交替, 그리고 5·16 軍事革命에 依한 新體制의 登場 等이 크고 작은 影響을 끼친 것은 말할 必要도 없다.

對韓好感情이 絶頂(Peak)에 到達한 시점에 대해서는 韓·日會談의 推進過程에서 다음과 같이 말할 수 있을 것이다.

1964年 9月 當時의 對韓 Image와 直接 關聯性이 있는 큰 움직임으로서 日本國內의 主要動向으로는, 韓國外務部長官이 韓·日 超黨派外交推進을 爲한 懇談會를 開催한 일(9月 3日), 日本政府가 2,000 萬弗의 對韓緊急援助를 決定한 일(9月22 日)等을 例할 수 있다. 이밖에도 美極東擔當國務次官補 William Bundy 氏가 來日하여 內外情勢調査會 年次大會에서 韓.日關係正常化의 必要性을 強調하고, 日·美安保體制의 維持와 韓·日常化가 亞細亞의 平和에 貢獻하는 것이라고 發表한 바도 있다.

또한, 韓國內에서는, 朴大統領이 新聞記者의 書面質問에 對해서「韓·日國 交正常化의 信念에는 變함이 없다」라고 回答하였고, 또 韓國外務部가 日本漁船 한 척과 船員 35名을 9月 6日에 釋放하였다고 發表함과 同時에, 財務部에서는 在韓日本商社를 正式으로 認定할 方針이라고 밝혔던 時期이기도 하였다.[14]

이러한 諸事實이 이 時期의 對韓 Image의 好轉에 커다란 영향을 미치지 않았나 생각된다.

한편, 1965年 6月以後 日本人의 對韓感情이 惡化하게 된 것에는 다음과 같은 理由를 들 수 있을 것이다. 먼저, 日本國內의 重要한 움직임의 하나로서 同年 6月 22日 東京에서 韓·日基本條約, 關係者協定 및 議定書의 本調印이 이루어지고, 이것과 關聯된 國會에서의 批准過程論議가 問題化되어 政黨, 國會 等의 動向이 極히 不安定하게 되었던 事實들이다.

그 위에, 일본인들이 말하는 所謂「日·韓會談」의 節次에 關한 與·野黨間의 折衝이 始作되었지만, 全國的 弘報活動의 展開方針(8月12日)에 依해 批准을 爲한 강력한 決意를 發表한 政府與黨[15]과 이것에 맞서서 끝까지 反對의 方針을 決定한 野黨[16]과의 사이에 激烈한 對立이 초래되었

14 內閣官房內閣調查室編,「日韓條約締結をめぐる內外の動向」, 1966, pp. 78-81.

15 佐藤首相은 1965年9月1日 自民黨의 日·韓條約 批准推進全國代表者會議에서 批准을 敢行하겠다는 굳은 決意를 表明하고 國會批准의 成功的 遂行을 要求한 바, 이것에 應하여 自民黨의 代表者會談은 批准推進運動要綱을 同日에 決定하였다.

16 예컨대, 1965年 9月22日 公明黨은 當國會(第49回 臨時國會)에서 韓·日條約承認에 反對한다는 方針을 決定함. 그리고, 社會黨의 中央執行委員會에서도 9月 24日「日·韓」黨首會談은 不要하다는 態度를 決定하

으며, 이와 같은 不安定한 國內政治動向이 一般國民사이에 韓·日條約의 妥結 그 自體에 對해 若干의 懷疑를 提起하였다고 생각된다.

또한, 韓國에 있어서의 重要한 움직임으로서는, 正式調印에 對한 與·野黨間의 根本的 對立은 勿論, 調印反對의 學生데모가 매우 活發히 展開된 것도 영향을 끼게치 된 것이라고 할 수 있다.

以上의 分析結果는, 國際關係에 있어 相對國에 對한 當事國國民의 Image는 相對國의 國內 및 國際環境에 영향을 주는 여러 Events 가 發生함에 따라 변할 수 있다고 하는 前述한 論理를 證明한 것이라고 말할 수 있겠다. 이러한 Image 의 變動過程에 있어서는, 特定한 Event의 發生이 Message 의 中心이 되므로 兩國間의 中心問題에 對한 政策에는 勿論, 國內政治過程에 있어서 政府와 國民間의 關係에 도 적지 않게 영향을 주게 되는 것이다.

그런데, 〈圖 1〉에 있어서 肯定的인 感情의 側面과「質問一」, 〈圖 2〉에 있어서 否定的인 感情의 側面과「 質問二」의 變動은 根本的으로 共通되는 類型을 明示하고 있다고 할 수 있다.

다시 말해서, 否定的인 感情의 一般的인 傾向은 韓.日會談의 妥結에 接近하면 할수록 否定的인 側面의 絶對數値가 減少하게 되었다는 事實이다. 1950年代의 日本人의 對韓國觀은 말할 必要도 없거니와, 本節에 있어서의 分析期間인 1960年代 에 와서도 一般 日本人의 韓國에 對한 感情은 다른 많은 나라와 相對的으로 比較하여 極히 非友好的이었다는 것을 알 수 있다. 오히려, 이 事實은 소련에 對한 그것과 同一하게 敵對意識을 가졌던 나라들 중의 하나였다고 말해도 過言이 아닐 것이다.

特히, 이와 같이 韓國에 대해서만 갖는 Image 變遷過程의 傾向을 會談의 最終段階와 正式調印을 하게 되는 時期를 中心으로 하여 볼 때 若干의 變化는 볼 수 있었지만, 그 後의 推移를 長期的으로 보면 아직껏 그다지 큰 變化가 없었다는 事實도 觀察할 수 있다. 예컨대, 以後의 朝日新聞에서 行한 日本人의 對外意識에 關한 1972年 9月19日 輿論調査結果의 報道와 1973年 5月 1日字 報道內容[17]에 依하면, 日本人의 韓國에 對한 非友好的 그리고 無關心의 態度는 分明한 것이다.

中共을 除外한 其他 亞細亞諸國에 對해서도 거의 同一한 현상을 보여주지만, 이처럼 無關詞의 態度는 亞細亞에 있어서 平和와 安全을 達成하기 爲한 日本의 役割을 論하는 現時點뿐만 아니라, 今後의 對亞細亞外交에 있어서도 커다란 問題點으로 될 것 같다.

이러한 日本人의 對韓國觀의 特徵은, 現代國際政治에 있어서 大國主義傾向과 日本人의 對外意識에 유래한 先進國에 對한 劣等意識및 開發途上國에 對한 優越感이라는 事實에서도 說明할

고 國會에서 批准에 對한 否定的 態度를 表示.

17 對外關係에 關한 朝日新聞의 調査는 다음과 같다(1972年 9月 19日 및 1973年 5月 1日의 調査報道를 參照).
〈質問〉 이제부터 日本은 어느 나라와 가장 사이좋게 지내지 않으면 안된다고 생각하십니까? (가장 사이좋게 지내야겠다는 理由로서는 大國이기 때문에, 經濟的인 유대 關係 等이 例擧되었다)

수 있는 點이 있다. 그러므로 가장 重要한 點은, 近代史에 있어서 植民地支配라는 歷史的 過去驗에 起因한 傳統的인 韓國觀의 傾向 이러한 結果를 한 것이라고 할 수 있다.

이와 같은 事實은, 戰後日本政府가 對韓外交政策을 樹立·決定하는 過程에 있어서 多樣한 形態로 영향을 끼쳤다. 植民地支配와 그것에 對한 저항의 歷史的 經驗을 갖고 있는 韓·日兩國은 戰後의 새로운 國際政治의 흐름에 따라 戰爭狀態를 終結하고 兩國關係를 淸算하였다. 그리하여 平等한 主權國家의 立場에 선 새로운 外交關係를 맺고자 할 때, 特히 어려운 民族感情問題에 遭遇하게 되어 韓·日交涉을 둘러싼 日本政府의 政策決定過程은 더욱 복잡한 양상을 띠었다.

따라서, 韓·日國交正常化에 關聯된 日本政府의 對韓政策決定過程에 있어서는 지금까지 言及한 政策決定者를 包含한 日本國民의 對韓國觀이 韓國과의 外交交涉과정에 영향을 주었다고 하겠다. 그러나, 36年間의 植民地統治以後 斷絶된 外交關係를 回復하려는 國內輿論이 日本을 둘러싼 國際環境의 動機를 推進하는 交涉過程에 있어서, 韓國에 對한 非友好的Image는 그다지 큰 障害要因이 되었던 것은 아니었다. 따라서 이와 같은 日本人의 對韓國觀이 交涉의 最終段階에 있어서 韓.日條約의 批准에 對한 大衆輿論의 態度에 어떻게 作用하였던가를 알기 爲하여, 正 式調印과 聯關된 一般國民의 輿論을 分析하기로 한다.

4. 韓日會談의 正式調印과 大衆輿論 態度分析

① 分析의 焦點과 內容

1962年以後의 韓·日交涉은 最終段階에 進入하기 始作하였다고 할 수 있지만, 이 時期가 되면

---

*單位는 %

國別 /年度別	1972. 9	1973.5
中國	38	34
美國	29	31
蘇聯	2	3
韓國	0	0
北朝鮮	0	0
其他아시아諸國	3	3
其他의나라	1	2
모든나라	7	11
其他의 答	3	6
對答없음	17	20
合計	100	100

서 一般의 關心은 그때그때 協議되는 個個의 爭點에 集中하게 되었다. 各 新聞社및 通信社 等의 많은 調査는 同一한 問題에 關해서 다른 方法으로 質問을 設定하였기 때문에, 그 結果를 서로 比校하는 것은 어렵다. 各 調査機關의 結果를 綜合的으로 整理해 본다면 當時 一般的으로 存在하던 國民輿論의 槪要를 表出할 수는 있겠지만, 이 경우 資料의 性質과 質問의 內容 等에 의해 매우 다양해질 수도 있겠다.

따라서, 本節에 있어서는 連續性을 가진 時事輿論調査를 中心으로 그 結果를 分析함으로써, 一般輿論의 零圍氣와 그 形成過程에 對한 影響力의 程度를 다소 밝혀낼 수 있을 것 같다.

本稿의 第二節에서 다루었던 日本人의 對韓國觀의 變遷過程分析이「相對國 Image」의 分析을 뜻하는 것이라고 한다면, 本章에서 다루는 韓·日國交正常化에 關한 大衆輿論의 分析은「問題 Image」의 分析이라고 말할 수 있겠다. 特히 後者의 境遇, 所謂 兩國關係에 있어서 그 中心問題의 性格定義는 政策決定 Community에 있어서 Message의 中核이 되기 때문에, 對韓政策에 對한 國民의 支持度와 韓·日國交正常化에 關한 그 態度를 어느 程度 分明히 할 수 있게 될 것이라고 생각한다.

分析對象의 時期的 區分으로서는, 1962年 中半期로부터 1965年 6月의 正式調印까지의 3年間에 있어서 一般國民의 韓·日會談에 對한 關心狀態(進行狀況에 關한 知識, 重要性의 및 妥結에 對한 支持度 等)에 關하여 우선적으로 살펴보기로 한다.

調査方法은 일본 全國 20歲以上의 1,250 名을 對象으로 하여 無作爲抽出法(Random Sampling Method)으로 實施되었는데, 그 調査結果는 다음과 같다.[18]

〈質問一〉貴下는 日·韓會談이 進行되고 있는 것을 아십니까?

1962 年度以後一般大衆의 會談進行過程에 對한 關心度의 動向은 아래에서 明示하는 도표 3에 依해 表示할 수 있다.

---

18 內閣總理大臣廣報室編, 앞의 책, 1963年度, pp. 218-219.
內閣總理大臣內閣調査室編, 앞의 책, pp. 161-162.

表 7 會談의 進行過程에 關한 大衆輿論의 關心度

年	1962		1963		1964		1965	
月答	ⓐ	ⓑ	ⓐ	ⓑ	ⓐ	ⓑ	ⓐ	ⓑ
1			71.8	28.2	69.8	30.2	69.8	30.2
2	62	38	69.1	30.9	70.5	29.5	72.7	27.3
3	67	33	73.8	26.2	70.6	29.4	75.0	25.0
4	67	33	69.1	30.9	73.5	26.5	79.2	20.8
5	65	35	68.2	31.8	73.1	26.9	62.0	38.0
6	63	37	70.4	29.6	71.1	28.9	54.0	46.0
7	58	42	69.6	30.4	66.2	33.8		
8	69	31	69.5	30.5	68.2	31.8		
9	63	37	67.9	32.1	69.2	30.8		
10	67.2	32.8	70.8	29.2	69.8	30.2		
11	69.3	30.7	66.8	33.2	68.2	31.8		
12	71	29	68.4	31.6	69.7.	30.3		

* ⓐ 알고있다 ⓑ 모른다 *單位는 % * 1965年度 5月의 答 ⓐ에 關한 62%의 數字는
「貴下는 韓·日交涉의 큰 줄거리가 매듭지어진 것을 아십니까?」에 대한 것이다.

圖 3 會談의 進行過程에 關한 大衆輿論의 關心度의 推移

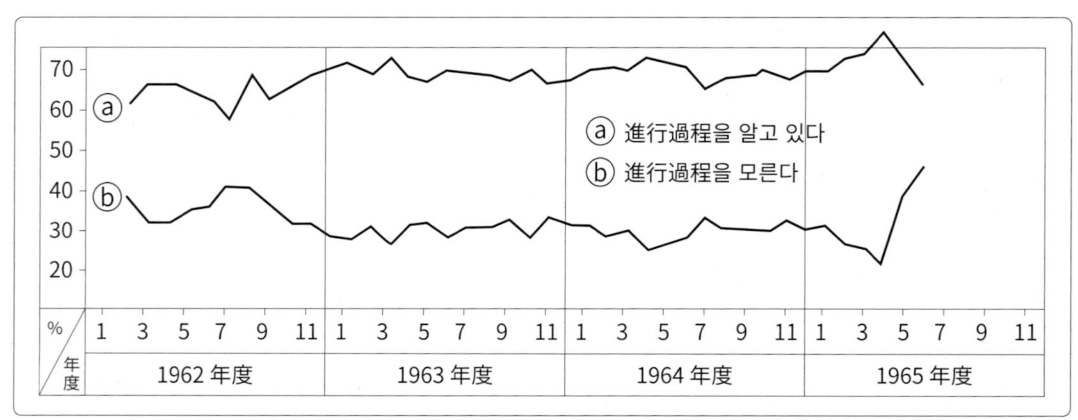

〈質問二〉 韓國과의 問題를 解決하는 것은 매우 重要한 일이라고 생각하십니까, 그 反對라고 생각하십니까?

이것을 〈質問一〉과 같이, 韓·日會談의 重要性에 關한 大衆輿論의 認識度의 움직임을 Graph로 表示해 보기로 한다.

〈質問三〉 貴下는 日·韓會談을 積極的으로 推進하는 일에 贊成합니까, 反對하십니까?

韓·日會談을 積極的으로 推進하는데 費成하십니까 反對하십니까의 質問은, 當時日本人의 韓·日國交正常化에 關한 政府의 對韓政策및 會談에 있어서 政策決定者의 交涉進行方法과 會談

의 內容 그 自體에 對한 國民一般의 態度를 根本的으로 分析하려고 하였던 것이다. 上記의 輿論 調査의 結果를 基礎로 하여, 國民의 그것에 對한 友好的 態度 및 非友好的인 態度가 1962年以後 어떻게 변하여 왔는가의 變遷過程은 다음과 같은 도표로 圖示된다.

表 8　國交正常化의 重要性에 關한 認識度

年	1962			1963			1964			1965		
月答	ⓐ	ⓑ	ⓒ	ⓐ	ⓑ	ⓒ	ⓐ	ⓑ	ⓒ	ⓐ	ⓑ	ⓒ
1				50.9	13.5	35.6	53.1	11.8	35.1	47.6	12.3	40.1
2	53	11	36	42.4	12.6	45.0	55.3	11.4	33.3	51.6	10.4	38.0
3	54	10	36	44.7	12.3	43.0	51.2	10.5	38.3	54.6	10.0	35.4
4	50	13	37	44.8	10.8	44.4	49.6	12.2	38.2	56.3	12.1	31.6
5	51	12	37	45.8	12.6	41.8	52.8	10.3	36.9	59.4	9.7	30.9
6	52	8	40	47.7	13.3	39.1	50.5	13.3	36.2	54.7	11.7	33.6
7	44	14	42	49.1	13.1	37.8	46.3	11.3	42.4			
8	54	12	34	51.0	11.7	37.2	52.4	10.9	36.7			
9	51	11	38	49.2	12.8	38.0	47.3	12.2	40.5			
10	43.5	11.8	44.7	48.5	13.9	37.6	51.3	10.2	38.5			
11	50.0	9.8	40.2	48.3	13.3	38.4	46.6	9.5	43.9			
12	42.5	14.4	43	49.6	11.3	39.1	50.8	11.2	38.0			

ⓐ 매우 重要하다고 생각함 ⓑ 그렇지 않다고 생각함 ⓒ 모른다

圖 4　國交正常化의 重要性에 關한 認識度의 推移

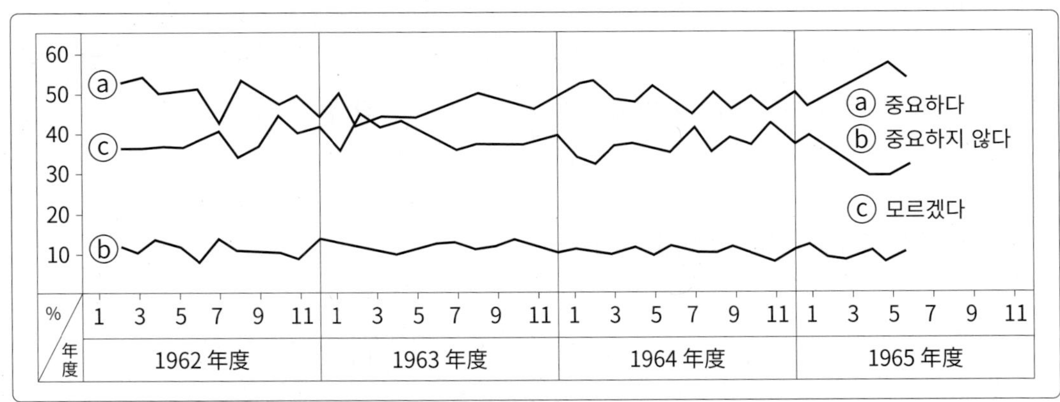

表 9 會談의 積極的인 推進에 關한 贊成度

年	1962			1963			1964			1965		
月答	ⓐ	ⓑ	ⓒ	ⓐ	ⓑ	ⓒ	ⓐ	ⓑ	ⓒ	ⓐ	ⓑ	ⓒ
1				45.8	6.8	47.4	48.7	6.0	45.3	43.6	7.0	49.4
2	47	5	42	34.0	8.9	57.1	50.7	6.2	43.0	46.5	6.6	46.9
3	49	5	46	36.7	9.4	53.9	46.8	5.2	47.9	46.3	6.9	46.7
4	43	8	49	33.6	10.0	56.4	38.7	9.6	51.7	49.3	7.3	43.4
5	49	6	45	37.1	9.7	53.2	44.9	7.5	47.6	44.9	7.3	47.8
6	47	5	48	40.2	10.5	49.3	41.4	8.8	49.8	42.9	7.6	49.4
7	39	7	54	41.3	9.9	48.8	40.2	6.1	53.8			
8	48	8	44	45.6	5.9	48.5	43.0	6.5	50.5			
9	46	7	47	42.1	8.2	49.6	43.4	7.5	49.2			
10	38.4	5.8	55.8	45.1	7.2	47.7	45.8	7.1	47.2			
11	43.5	6.4	50.1	40.2	8.7	51.1	41.9	4.9	53.2			
12	37.7	6.3	56.0	44.8	4.7	50.5	45.0	7.7	47.2			

* ⓐ 贊成 ⓑ 反對 ⓒ 모른다
* 1965年度 5月의 調査는 「貴下는 韓·日交涉의 正式妥結에 贊成입니까, 反對입니까?」라는 質問에 關한 結果이다.

② 分析의 結果

以上, 本章에서 筆者는 韓·日會談의 正式妥結을 둘러싼 日本人의 對韓國觀 超勢와 大衆輿의 問題 Image를 國交正常化에 關한 進行過程의 關心度, 會談의 重要性에 關한 認識度 및 會談의 積極的인 推進에 關한 一般國民의 態度 等의 세 가지 觀點으로 나누어 考察하여 왔다.

「14年交涉」라고 말할 程度로 長久한 歲月을 지내온 交涉이었던 만큼, 이 問題에 關한 大衆輿論의 風潮도 갖가지의 側面을 包含하고 있었다. 여기에서는, 지금까지 살펴온 結果를 中心으로 韓·日國交正常化에 關한 日本國民의 對韓輿論의 特徵을 다음과 같이 하기로 한다.

圖 5 會談의 積極的인 贊成度의 推移

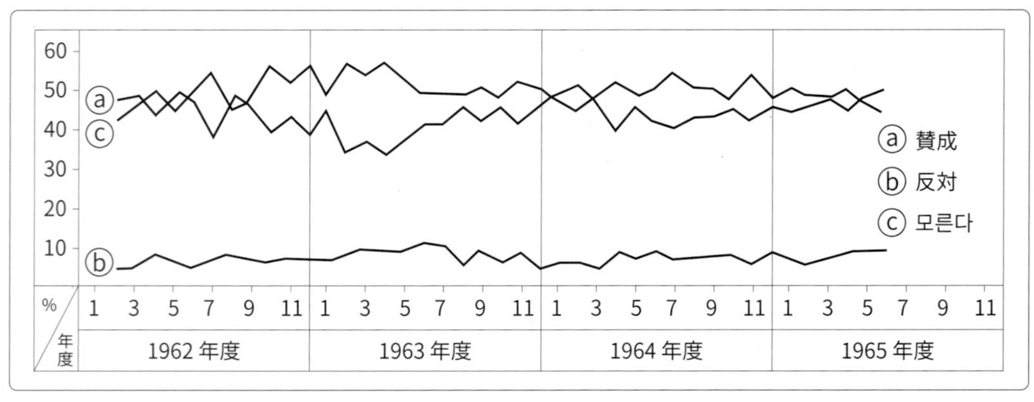

첫째, 第三節에서 明示한 調査(質問一, 二, 三)結果를 綜合하여 보면, 會談의 進行에 따라 一般國民의 이 問題에 대한 認識度 혹은 關心度는 增大하여 왔다는 것을 認定하게 된다. 그러나, 問題 Image 가 갖는 重要性에 比較한다면, 大衆輿論의 關心은 아직 低調하였다는 點을 指摘할 수 있다. 예컨대, 韓·日會談의 開始以來 거의 10年이 지난 1962年에 있어서도, 30%를 上回하는 國民이 會談의 進行過程 조차 모르고 있었다는 輿論調査의 結果가 이를 端的으로 입증하고 있다(〈圖 3〉의 曲線b를 參照).

이와 같은 政治的 無關心의 事實은 Harold D. Lasswell 教授가 말하는 所謂 非政治的 態度(Non-Political Attitude)[19]가 一般國民의 政治에 關한 價値體系, 信念 및 態度 等의 政治的 社會化(Political Socialization)[20]의 過程에 露出되어 있었다는 것을 證明하는 것이라 할 수 있다.

그런데, 同 教授의 政治的 無關心에 關한 所說은 現代政治過程에 있어서 國內政治에만 限定되지는 않기 때문에, 外交問題에 關한 大衆의 政治意識에도 어느 정도 適用된다고 하겠다.

勿論, 韓·日會談에 關한 國民의 認識度 만을 갖고 日本人의 政治意識과 政治文化의 實態 等에 대하여 日可日否하는 것이 반드시 타당하다고 할 수는 없다. 하지만, 政治行爲를 政策決定過程의 連鎖라고 본다면, 韓·日會談에 關한 大衆輿論의 政策決定機構에의 投入(Input)과 産出(Output) 過程에 있어서 國民의 相當部分의 無關心이 特徵的이었다고 말할 수는 있다고 생각된다.

그러나, 이와 같은 無關心의 結果가 兩國間의 國交回復에 關한 日本人의 「冷淡」에 대한 證擬이거나 「嫌惡」혹은 「反感」의 結果였다든가 하는 것에 關해서는 速斷할 수 없다. 또한, 그 當時의 國內外의 政治的 問題에 關한 重要度의 順位에서 韓·日國交正常化問題가 그리 높은 順位에 있지

---

19 H.D. Lasswell 教授는「非政治的 態度」를 「權力過程으로부터의 引退」라 定義하고, 이것을 廣義의 「政治的 無關心」(Political Apathy on Indifference; Politishe Gleichgü-ltigheit)이라 말하고 있다. 이것에는 다음의 세 가지 引退의 形態가 있다.
(I) 脫政治的 態度(Depolitical Attitude)
(II) 無政治的 態度(ApoliticalAttitude)
(lll) 反政治的 態度(AntipoliticalAttitude)
Harold Lasswell and Abraham Kaplan, Power and Soclety: A Framework for Polltlcal Inqulry (New York: Yale Univ. Press, 1950) 參照
李克燦,「政治學」(法文社, 1970), pp.168-169.

20 政治的 社會化에 關해서는 다음과 같은 書籍을 參考로 할 것.
Hyman Herbert. Polltlcal SoclallzaUon. Gleneore: The Free Press, 1959.
Matthews, Donald R. The Soclal Background of Polltlcal Declslon-Maklng. Garden City (N.Y.): Double Day, 1954.
Prewitt, Kenneth. “Political Socialization and Leadership Selection”, and other essays. The Annals, Vol. 361, September, 1965.
李克燦, 위의 책, p.157.

않았다는 事實[21]도 동일한 點을 提示하는 것이라고 생각된다.

이와 같은 分析結果를 勘案하면, 韓·日國交回復이 日本人에 있어서 死活的인 重要性을 갖는 것으로 생각되지 않았다고도 할 수 있지만, 이러한 狀態가 반드시 韓·問題에만 적용되는 特有한 일이었다고는 할 수 없다. 外交問題에 關한 日本人의 一般的 無關心의 傾向은 1956年의 日.蘇國交回復의 경우에도 표출되었으며,[22] 또한 1972年의 日·中國交回復問에 있어서도 例外는 아니었다.[23]

둘째로, 會談의 最終段階에 있어서는 特히「批准國會」가 召集되어 承認될 때 까 지, 所謂 左翼陣營(社會黨, 總評系 ,日共系 및 反日共系學生 等)에 依한 韓·日會談反對 大衆行動이 强力히 推進되었으며, 그것이 1960年의 安保闘爭을 둘러싼反對運動의 動員數에 버금가는 大規模的인 것이었음에도 不拘하고, 이것에 同調하여 條約의 締結에 反對하는 大衆輿論은 大體로 弱少하였다는 것이 指摘될 수 있다.

예컨대, 〈質問三〉의 積極的인 會談推進에 關한 一般國民의 態度에 있어서 ⓑ의 응답, 다시 말하면 反對意見의 結果는 5%에서 10% 以內에 머물러 있었던 點이 이것을 證明하고 있는 것이다(〈表9〉參照).[24]

---

21 예컨대, 每日新聞 1963年度 輿論調査는 다음과 같다(調査對象者는 全國有權者 4,200 名, Random Sample 面接聽取法).
〈質問〉 貴下는 池田內閣에 무엇을 바라고 있읍니까? (20項을 記載하여 세 가지만 選定하도록 한 것인 바, 重要한 政治項目만을 보기로 한다)

項 目	1962	1963
物價의 安定	56	70
核實驗의 停止·軍縮實現	19	19
公明選擧의 推進	16	13
國會의 正常化	16	13
沖繩·小笠原의 返還	6	13
憲法改正	5	6
日·韓國交正常化의 倭結	3	5
中共과의 貿易促進	5	5
ILO의 條約批准	4	2
社會保障.의 接充	29	24

22 Donald C. Hellmann, op. cit., pp.74-89.

23 「朝日新聞」, 1972年 9月 19日 및 1973年 5月 1日字.

24 安保闘爭과 韓·日會談反對闘爭에 있어서 大衆行動의 狀況은 다음과 같다.
前者는 條約批准案件이 國會에 上程된 後(1960年 2月 5日) 承認·可決될 때까지의 (同年 6月 19日)136 日間이며, 後者는 第50回의 「批准國會」의 召菓과 同時에 「批准案件」이 上程된 後(1965年 10月 5日) 承認될 때까지 (1965年 12月 11日) 68 日間의 1 日平均 動員數의 統計이다.

國內政治動向에 있어서 大衆運動의 움직임에 關해서는, 매우 큰 規模의 反對運動이 展開되었음에도 不拘하고 國民一般의 會談推進에 對한 反對가 極히 적었던 것은 外面的인 大衆運動이 반드시 大衆輿論의 實態를 代表한다고는 할 수 없다는 點을 表示하는 것이라고 생각한다.

즉, 兩者의 一致, 不一致의 問題는 어느 限定된 社會集團에 있어서 一部分의 外見的인 行爲가 그 構成員 全體의 一般的 見解를 반드시 代辯한다고 말할 수 없다는 것이 여기에 提示되어 있다고도 말할 수 있다.

더욱이, 時事通信社의 1965年 10月 輿論調査에 依하면, 「이 條約批准에 對한 國會外의 大 衆行動에 關해서 貴下는 어떻게 생각하십니까?」라는 質問에 對하여 41.8%의 多數가 「政治的 데모는 反對한다」라는 否定的 態度를 表示하고 있는 것은 分析結果에 있어서 두 번째의 特徵을 입증하는 것이라고 말할 수 있다.

이와 같은 大衆輿論의 特徵을 보면, 戰後 韓·日間의 正常化過程에 있어서 支配 와 被支配, 植民地主義와 反植民地主義와 같은 過去의 歷史的 經驗에서 發生한 兩國民의 相互 Image가 크게 作用하고 있다는 것을 알 수 있다.

그리고, 正式調印後의 兩間에 있어서 友好關係의 達成에 關하여, 日本의 大衆輿論은 經濟協力, 文化交流보다는 오히려 根本的으로 國民感情의 融和를 가장 重要한 것으로 생각하고 있다. 이것은 正式調印後의 全國輿論調査에서도 나타나고 있지만, 時事通信社의 調査結果에 依하면 被調査者의 40%를 넘는 日本人이 國民感情의 融和를 가장 重要하다고 생각하고 있다는 것이 밝혀졌다. 調査結果는 다음과 같다.[25]

鬪爭種別	大衆行動의 狀況		
區分	實施場所	動員數	一日平均 動員數
安保鬪爭	3550	2766420	20490
韓·日鬪爭	2086	1350330	19860

25 이와 같은 事實은, 6月의 正式調印以後 보다 時間이 經過함에 比例하여 많아지는 것을 알 수 있다. 이것은 圖表에서도 알 수 있는 것과 같이 「모르겠다」Group은 적어지는 反面, 「國民感情의 融和」에 贊成하는 사람이 많아진다는 點이며, 동시에 國交回復以後 大衆輿論이 韓·日國交正常化의 必要性과 그 意味를 보다 認識하게끔 되었다는 것을 알 수 있다.

〈質問〉 今後의 日·韓親善을 위해서는 무엇이 가장 重要하다고 생각하십니까?
(1965年 10月調査)
國民感情의 融和........ 40.7%
經濟協力........ 18.8%
文化交流........ 6.7%
獨島問題 等 懸案의 解決........ 6.7%
모르겠다. 27.1%
計 100%

分析結果의 세번째 特徵으로서는, 會談의 重要性에 關한 認識度, 國交正常化의 推進에 관한 贊否의 態度를 묻는 質問에 대하여 「모르겠다」라고 對答하는 者, 所謂 D.K. Group 을 많이 볼 수 있다는 點을 指摘할 수 있다(〈表 8〉 및 〈表 9〉 參照).

이 點은, 앞서 指摘한 關心의 低調함과 깊은 關係가 있다는 事實이다. 普通 「關 心層」(注意公衆, Attentive Public)以外의 一般民衆은 外交問題에 關해서는 特히 持續的인 興味 및 關心을 갖지 않고 있으며, 뚜렷한 意見을 갖기에 충분한 程度의 情報도 事實上 주어지지 않는다. 이 境遇에도 그 例에서 벗어나지 않는다고 말할 수 있겠지만, 兩國間의 國交回復問題에 있어서 國民感情의 複雜性을 말해주는 것으로 생각된다.[26]

1965年의 正式調印에 依해 外交關係의 樹立은 이루어졌지만, 그 후 兩國間의 政治·經濟 및 外交關係의 傾向을 觀察해 보면, 過去의 歷史的 經驗에서 起因하는 國民感情의 問題와 兩國民의 相互 Image가 크게 作用하여 왔다는 것을 알 수 있으며, 今後의 韓.日關係의 存在에도 적지 않은 영향을 끼칠 것으로 생각된다.

〈質問〉 今後의 日·韓親善을 爲해 貴下는 이中 어느 것이 가장 重要하다고 생각하십니까?

時期 區分	1965. 7	1965. 8	1965. 9	1965. 10
国民感情의 融和	33.8	30.3	35.0	40.7
經濟協力	19.6	17.5	16.3	18.8
文化交流	6.0	5.6	5.2	6.7
懸案(獨島問題 其他의 解決)	8.5	5.6	4.9	6.7
其他	0.7	0.6	0.7	1
모르겠다	32.3	40.4	37.9	27.1
計	100.0	100.0	100.0	100.0

內閣總理大臣官房廣報室編, 앞의 책(昭和40 年度), p. 288.
總理府內閣調査室, 앞의 책, pp. 163-164.

26 「朝日新聞」, pp. 161-172.

David Riesman은 國民의「情熱」(Affect)과 「實力」(Competence)의 概念을 指標로서 導入하여, 一般大衆의 政治參加類型의 하나로 無關心型을 例擧하고 있다.[27] 한편, Robert A. Dahl 은 大衆의 下部構造에 政治的 無關心層(The Apolitical Structure)이 있다는 것을 指摘하고 있다.[28] 特히, Dahl의 所說은 現代政治의 一般的 分析에 基礎를 두고 叙述한 것으로, 外交政策決定과 國內政策을 關聯시켜 大衆의 國家에 對한 價値나 國民의 關心度를 論하는 境遇 가장 有力하다고 평가받고 있다.

그런데, 韓·日會談의 妥結에 關한 日本人의 政治的 無關心이란 現象은 Riesman과 Dahl 이 言及하는「情勢」,「實力」또는「主體」의 問題가 아니었다. 오히려, 戰後日本社會에 있어서 産業化와 都市化에 따르는 急速한 社會變動의 結果로서의 政治問題에 關한 無關心과 外交交涉의 境遇, 相對國에 關한 國民의 傳統的 Image 에 크게 영향을 받았던 것으로 생각된다.

예컨대, 鳩山內閣의 日·蘇平和條約의 締結(1956年 12月)에 關해서도, 養否의 質問에 對해서 新聞輿論調査聯盟의 調査에서는 39.2%가 「모르겠다」라고 對答하였으며 (1952年 8月 10日), 朝日新聞의 調査에서도 37%가 「모르겠다」라고 對答 하였는 바 (1953年 6月 16日), 이들은 上逃한 것을 분명하게 證明하는 것이라고 할 수 있다.[29] 또한, 田中內閣의 日·中國交正常化(1972年 9月)에 關한 輿論調査에서도, 비록 中共과 사이좋게 하자는데 對해 原則的으로 38%가 贊成하고 있지만, 國交回復의 推進方法에 對한 希望과 注文에 關해서는 56%(1972年8月)가 「注文은 없다, 모르겠다」라고 對答하고 있는 것도 이것과 同一하다는 것을 가리키고 있다.[30]

勿論, 日·蘇平和條約이나 日·中國交正常化의 問題는, 韓·日會談과는 對日關係의 性質이나 政策決定單位와 行爲者(Actor)의 面에서도 根本的으로 다른 것이었으며, 政策決定의 態度나 國民의 相對國 Image도 현저히 다른 것이었다. 이 때문에, 이것들을 같은 水準에서 取扱하고 比較하여 大衆輿의 共通點을 찾고자 하는 것에는 若干의 無理가 있다고 할 수 있다.

그러나, 韓·日交涉에 있어서는 〈表8〉에 있어서의 認識度에 關하여 40%를 上回하는 「모르겠다 層」, 또는 〈 表9〉에 있어서의 贊否態度에 關해서도 50%를 上回하는 「모르겠다는 層」이 있다는 것은, 그 無關心의 理由가 無知나 反感 혹은 冷淡이라고는 말할 수 없겠지만, 大衆輿論의 극히 현저한 세 번째 特徵으로 될 수는 있겠다.

이와 같은 大衆輿論의 無關心現象은 반드시 正式調印이 이루어진 時點에 限定된 것이 아니며, 韓·日基本條約 및 協定 等이 調印된 以後 政府가 臨時國會에서 批准의 承認을 求하고자 하던

---

27 David Riesman, The Lonely *Crowd* (New Havern: Yale Univ. Press, 1950), pp. 184-209.

28 Robert A. Dahl, Modern *Political* Analysis (New Delhi: Prentice-Hall of India Ltd., 1965), p.56.

29 「朝日新聞」, 1953年 6月 24日字.

30 「朝日新聞」, 1972年 9月 19日字.

1965年 8月의 時事輿論調査에서도 59.4%[31]가, 그리고 批准 後에 있어서도 51.9%[32]가 「모르겠다」 라고 대답하고 있으며 이것은 注目해야 할 事實이다.

5. 맺음말

以上, 筆者는 일본의 外交政策決定過程에 있어서 大衆輿論의 分析에 關한 事例 研究로서, 韓·日國交正常化를 둘러싼 日本의 大衆輿論을 一般國民의 對韓國觀 및 正式調印을 둘러싼 大衆輿論의 態度라는 兩側面에서 分析하였다.

그런데, 會談의 妥結當時의 政策決定者가 이와 같은 一般國民의 輿論을 어떻게 判斷하였고, 또한 어느 程度나 韓國의 國交正常化를 둘러싼 對韓政策決定過程에 이것을 考慮에 넣었는지는 생각해 볼 問題이다. 이것은 前述한 바와 같이, 一般的으로 政策決定者의 行動을 支配하거나 그들의 意思決定過程에 영향을 미치는 所謂 「政策決定 Rule」問題의 一部이며, 「合理的」인 政策決定의 條件이기도 하다.

이러한 境遇의 「合理的」이라는 意味는, 外交政策決定過程에 있어서 어느 집단이 目的을 達成하는데 適切한 過程을 選擇한다는 概念을 뜻한다고 하겠다. 勿論, 政策決定者가 輿論을 全的으로 無視하는 境遇라도, 이 意味에서는 合理的인 政策決定을 할 수 있는 境遇도 있다고 하겠지만, 그것이 반드시 一般的으로 妥當하다고는 말할 수 없다. 왜냐하면, 民主國家에 있어서 輿論은 政策決定過程에 영향을 미치는 要因이 되며, 輿論을 無視한 合理的 政策決定의 達成이란 있을 수 없다고 생각되기 때문이다.

政策決定 Community 에 있어서 Rule 은 國家制度上의 非制度上의 것이든 不問하는 概念이지만, 主要政策決定者의 輿論受容의 程度問題는 相對國에 對한 Image나 政策決定 Community 外部로부터의 영향뿐만 아니라 國內政過程에 있어서 輿論의 움직임도 密接한 關係가 있다.

端的으로 말해서, 輿論調査는 단지 一般國民이 어떤 特定의 問題에 關해서 갖는 여러 가지 意見의 量的 叙述에 지나지 않는다.

一般的으로, 國民이 政策決定者에 영향을 미치고 國家의 政策決定過程에 일정한 역할을 하는 方式에는 두가지가 있다. 첫째는, 政策決定者가 그 안에서 行動하지 않으면 안되는 大衆的인 Mood 또는 輿論의 風潮(Climate of Opinion)이며, 둘째는, 特定의 個人이나 新聞을 包含한 Mass

31 總理府廣報室編, 앞의 책 (昭和40年度), p. 287.

32 總理府內閣調査室編, 앞의 책, p.164.

Media, 그리고 組織된 團體에 依해서 明確한 形態로 된 政策에 關한 意見, 所謂 意識的인 것이다.[33]

前者, 즉 大衆的 Mood 는 政策決定者가 追求할 수 있는 目的의 一般的인 性格 決定한다.

이것은 지금까지의 分析에서 밝혀진 바와 같이, 유연한 構造를 갖는 意見뿐만 아니라 特定한 나라 乃至 國民에 對한 強硬한 態度 等을 包含하는 것으로서, 政策決定者는 이와 같은 輿論의 風潮에 依해 이 두 가지의 方式으로 影響을 받을 수 있다.

여기서 重要한 點은, 그와 같은 輿論의 風潮가 영향을 미치는 것은 外交政策의 가장 一般的인 目標에 對해서이며, 그것이 주로 중요한 意味를 갖는 것은 촉박한 戰爭危機에 關係가 있는 危機決定(Crisis Decision)과 같은 劇的이고 또한 深大한 意義를 지닌 政策決定에 한정된다는 事實인 것이다.[34]

대부분의 境遇, 上記의 例外的 狀況의 決定을 除外하고, 現代國際政治에 있어서 外交政策決定의 一般的인 傾向은 國民輿論이 決定的인 役割을 이루고 있다고 말 할 수는 없지만, 韓 · 日會談을 둘러싼 大衆輿論의 役割도 그 例外는 아니었다. 즉, 會談의 最終段階, 特히 國會에 있어서의 批准過程에서 이에 反對하는 革新系統의 大衆運動이 매우 강렬했지만 國民의 극히 一部分에 지나지 않았으며 批准阻止에 決定的인 外的要因은 되지 못하였던 것이다.

이와 같이 輿論이 有效性을 갖지 못하는 理由는, 第三章의 分析結果와 같이, 大多數의 國民은 少數의 例外的인 境遇를 除外하고, 外交政策의 問題에 關해서는 比較的 無知, 無關心하다는 事實이다(特徵 1 및 3을 參照).

國民의 大衆輿論이 政府의 政策決定에 對해 영향력을 갖기 爲해서는 James N. Rosenau 教授가 「意見提出過程」(Opinion-Submitting Process)이라고 呼稱한 것과 같은 中間的인 段階가 必要하다.[35] 이 段階는, 大衆輿論이 여러 組織과 個人에 依한 意見表明을 通해 政策決定者에게 傳達되는 過程을 말한다. 이 過程에서 重要한 役割을 遂行하는 媒介體를 Bernard C. Cohen 教授와 Donald C. Hellmann 教授는 意識的 輿論(Articulate Public Opinion)이라고 定義하고 있다. 韓.日會談妥結 둘러싼 對韓政策決定過程에 있어서, 公的인 政策決定機構의 外部에 있는 政界의 所謂 「Korean Lobby」와 「財界」 및 新聞과 같은 意識的 輿論이 미치는 영향은 적지 않았다.

民主國家에 있어서 選擧의 結果를 左右하는 것에는, 政黨에 對한 支持度나 候補者의 人物 等이 있겠지만, 其他 大衆輿論도 그 要因의 一部로 政治的 效果를 發揮하는 것이라고 할 수 있다. 지금까지 上述한 大衆的인 Mood 나 輿論調査, 또는 其他 公的으로 表明된 意見이 어느 程度 影響

---

33 Donald C. Hellmann, op. cit., pp.7-8.

34 D. Hellmann, 「日本の政治と外交」 앞의 책, pp. 12-13.

35 James N. Rosenau, Public *Opinion* and Foreign *Policy* (New York: Random House, 1961), pp. 19-26.

力을 갖는가 하는 點은 그 나라의 政治制體의 特徵, 問題의 展開方法, 그리고 特히 政策決定者의 態度에 해서 다양화 되는 것이다.

예컨대, 輿論의 政治的 效果를 最終的으로 決定하는 것은 政策決定者의 輿論에 對한 關心度이며, 그것은 촉박한 直接的인 政治的 事情일수록 指導者의 個性이나 支配層이 갖고 있는 政治文化(Political Culture)에 依해서 크게 左右되는 것이다.[36]

池田路線의 踏襲에 不過하다는 評價속에서 誕生한 佐藤內閣(1964年 11月 9日)은, 韓·日交涉妥 以後의 輿論調査에서도 41.5%의 支持를 받았으며 (1965年 10月), 또한 自民黨支持率도 36.8%에 達하였다(1965年 10月).[37] 이 事實은 韓·日 會談을 둘러싼 佐藤內閣의 政策決定이 大衆輿論의 風潮에 全的으로 逆行하는 것이 아니었다는 點을 端的으로 證明하는 것이 될 것이다.

戰後日本의 歷代總理大臣은, 實際로 重要한 外交政策上의 問題에 있어서 輿論에 거의 注意를 베풀지 않았다는 意見도 있지만,[38] 韓·日會談의 妥結을 둘러싼 佐藤內閣의 政策決定에 반드시 이 說明이 適用된다고는 할 수 없다. 政策決定者의 大衆輿論으로부터의 相對的 自立性은, 現代國家에 있어서 民主政治의 基本原則을 論할 境遇, 論議에 餘地도 있을 수 있다. 그러나, 韓·日國交正常化를 둘러싼 佐藤內閣의 對韓政策決定過程에 있어서 一般國民의 輿論은, 沖繩返還問題나 日·蘇國交回復問題와 같이 매우 중요한 역할을 하였으며, 本論에서 論述한 것과 같은 몇 가지 特徵이 될 수 있다고 하겠다.[39]

<편집자 주>

① 本稿는 日本東京大學大學院과 ICU 大學院에 提出한 筆者의 未刊行碩士學位論文의 一部를 再編成한 것이다.「戰後日本의 外交政策決定過程에 있어서 特徵에 關한 一考察一韓·日國交正常化를 둘러싼 政治過程을 中心으로」一(日本語)라는 題下에 作成된 것이 바로 그것이다. 筆者는 여기서, 韓·日國交回復을 둘러싼 日本의 對韓政策決定을 國內政策過程의 觀點

---

36 Karl W. Deutsch & Vewis J. Edinger, *Germany Rejoins* the Powers (Stanford Univ. Press, 1959), pp.3-8.

37 總理府內閣調査室編, 앞의 책, p.164.

38 Donald C. Hellmann, op. cit., p. 13. 또한, 戰後日本의 總理大臣과 外交政策決定에 關한 事例硏究에는 다음과 같은 著述이 있다(特히 輿論을 中心으로). 吉田 首相과 日·美平和條約에 關해서는 高坂正堯, "宰相, 吉田茂論",「中央公論」(1964年 2月), pp. 80-85, p. 105.
岸首相과 日·美新安保條約에 關해서는 George W. Packard, Protest in *Tokyo:* The Security Crisis of 1960 (Princeton: Princeton Univ. Press, 1966), Chapter VII.
鳩山首相과 日.蘇平和條約에 關해서는 Donald C. Hellmann, op. cit., p. 13, pp. 41-73.
佐藤首相과 沖繩問題에 關해서는 渡邊昭夫,「戰後日本の政治と外交 - 沖繩問題をめぐる政治過程一」(福村出版, 1970), pp. 245-275.

39 拙稿, "戰後日本の外交政策決定過程의 特徵에 關한 一考察", 刊行 學位論文, 東京大學 및 ICU 大學院,1974 年), pp.67-69.

에서 分析함으로써 戰後日本의 對外政策決定過程에서의 特徵을 導出하고자 試圖하였다. 同 學位論文은, Harvard大學의 Bernard C. Cohen 教授가The *Political Process* and *Foreign Policy*—The Making of the *Japanese Peace Settlement*—에서 시사한 국내정치과정분석의 방법론을 활용하여 筆者의 問題意識을 適用하였던 것인 바, 全文은 序論과 結論을 除하고 6個章(第1歷史的 記述, 第2 大衆輿論의 分析, 第3 政府의 公式見解와 政策決定, 第4 政黨의 方針과 態度, 第5 財界의 움직임과 態度, 第6 國會에 있어서 批准過程의 分析)으로 構成되어 있다.

② 本稿는, 上記의 學位論文中 第二章 만을 選探하여 全體的인 構成과 內容을 대폭 再整理·修正한 것이다.

③ 한국정치학회 편 "한국정치학회보" 21-2집, 1987에서 발췌.

第 5 節 Dynamics & Politics among the U.S.,Japan & Korea Relations(英語 編)

❶ A Case Study of Postwar ROK-Japan Relations within International Politics

A Case Study Of Postwar Rok-Japan Diplomatic
Relationa Within International
Power Poliyics

A Paper Presented to
SIN-HAN KOREAN ACADEMIC ASSOCIATION
For its Annual Periodical
1973

by

Shin, Hee-Suk
Ph. D. Candidate
Division of International Relations
University of Tokyo

CONTENTS

1. Introduction And General View

Today, Korean penunsula has stood as a symbol of global conflict, of cooperation in the free world, and the new Asian policy of U.S. governmental leaders to help a frontier state of stalwart people, though the foreign policy has been much changed on the part of Asian countries since the decla-.ration of so-called "Nixon Doctrine" in 1969, which have brought much change of U.S. foreign policy since 1947. A case of Korea in so-called Cold War Era of 1950s and 1960s was one of her most dangerous confrontations between democracy and communism, a country that could have led to one. of the major tensions of power politics as we have experienced through the process of Korean War in 1950.

The geo-political situation of Korea as a peninsula tells us the inevitable fact that she has been served as a buffer territory among some major powers in the Pacific since the beginning of 20 century, such as the United States of having given decisive impact through the War, the USSR of preventing the Republic from admitting the United Nations and the People's Republic of China of positively having intervened against the U.N. allied powers during the Korean War and having begun to emerge on international politics since October 25, 1971 through her admittance to the U.N. as growing power in the continent of Asia. But three of them were merely external pressures for Koreans.

However, here has appeared a rapidly-developing country in Asia since the cease-fire of the World War II, which now became one of the major powers in world politics not only in terms of economy but also in terms of political and military factors. The country, Japan, has had fatalistic relations with Korean peninsula since her foundation mainly because of geo-political situation on the part of culture, history and diplomacy.

Since the Korea-Japan Normalization Treaty of 1965, the long-sought economic and political relationship has been on its way between the nearest and farthest two countries. However, there are still many problems left solved in spite of the endless negotiations by the foreign policy decision-makers between the two countries since the first Korea-Japan con–ference had begun through the good offices of the SCAP (Supreme Commander of the Allied Powers) in 1951. Among the problems, one can illustrate some examples such as the problem of legal status of Korean residents in Japan, property rights and claims, fisheries agreement including Dokdo (Takeshima) Island, shipowner ship, fundamental relationship and recog–nition, personnel and cultural properties and economic cooperation in foreign trade. More–over, the time is the very a quarter century after the end of World War II and after the lapse of seven full years since the establishment of good neighbour relationship between the two countries.

In the advanced study of "Foreign Policy Making", we have learned that foreign policy differs from domestic policy in that its implementation depends on conditions little subject to the control of national law and little understood by the national public, and that decision-making in foreign policy involves intellectuals as well as political and organizational processes. And our another understanding was that the phenomenon called "international politics" is meaningfully related to the setting or environment of milieu in which political decisions are taken and executed with the importance of mutual image on environmental factors in the decision-making process by the policy-makers.

In the case of Korea-Japan normalization, it was not also exceptional. It was quite true that normalization of the relations was one of the indispensable factors for those two countries to welcome a new turning point with an equal basis as independent nations. In a sense, the pacts planted the seeds, it can be said, of new relationship and mutual cooperation which had been hostile each other for more than one and half century since the Republic's liberation from the Japanese domination. In the process of negotiation, as we have discussed already, the mutual image of the political leaders as well as the entire people had given some impacts in the decision-making process as one of the environmental factors.

It was true that both of the leaders expressed the new determination and confidence that the future relationship would be mutually beneficial. We can read it through the Joint Comminique issued by the Republic of Korea and Japan simultaneously in Seoul and Tokyo concerning their normalization talks on Feb. 20, 1965.

It says;

"..... The two Foreign Ministers held three meetings in a friendly atmosphere, and ex－changed views on the existent international situations, the Japan-ROK normalization talks now underway, and other common problems between the two countries. Through the meetings, the two Foreign Ministers reaffirmed that an early conclusion of the normalization talks will greatly benefit both Japan and the Republic of Korea and contribute to the pros－perity of the Free World. ....

For this purpose, the ministers decided to hold government-to-government talks at the earliest possible date. ....."

But in the other sense, the treaty seems to us not to catch up any unchangeable pact to see the gradual approach to the north Communists since compulsory repatriation of Korean residents in Japan had firstly realized in 1959 and to see the general view of Japanese news－papers including some of the thoughtless magazines, in which the establishment of official relationship with the north Korea is emphasized.

One of the leading academic magazines, Japan Quarterly published by the Asahi Shimbun, had mentioned in its Vol. XIX No. 1 of Jan.-Mar. 1972 as follows;

"Toward this kind of 'qualified thaw' on the Korean peninsula, the Japanese Government's reaction is no more than one 'welcoming the relaxation of tension .....' As seen in the 1969 Japan-U.S. Joint Communique, the Japanese Government has chained itself to the framework of the American Far Eastern policies. But now it should take an independent attitude, ready to meet any eventualities (including north Korea's admission to the United Nations) based on the spirit of universality. Above all, the Japanese government must move toward establishing a channel of communication with north Korea. Premier Kim, Il-sung has spoken of a formula by which to promote interchange with Japan step-by-step, Japan should response at once."

Here, in this paper, the writer, first of all, wants to simply describe the historical process of the normalization talks since 1951 when the first summit conference has been held; and wants to scrutinize the contemporary aspect of the normalization treaty with some general views on political relations and the economic aspect in foreign trade since 1965; Japanese gradual approach to North Korea which gives considerable impacts in the process of foreign policy decision-making as one of the external factors; and, last of all, the writer's last attempt is to make a survey of Japan's foreign policy principles and the role of the United States for Korea-Japan relations with the prospect in the future.

2. Korea-Japan Diplomatic Relations Reflected On The Normalization Treaty

Since the normalization of relations between the Republic of Korea and Japan in June, 1965, the political relationship between the two countries has rapidly developed into a close tie. But this is not to say that all has been going well without any problems. As their cooperative relations grows deeper, a host of new political, economic and cultural discords also arise as consequences. These disagreements and their seriousness have been amply attested to by the different views and dissatisfactions openly expressed by politicians, officials, publics, businessmen, intellectuals and press in both countries, especially on the side of Korea.

According to the treaty of basic relations, it says;

"Japan and the Republic of Korea, considering the historical background of relationship between their peoples and their mutual desire for good neighbourliness and for the normalization of their relations on the basis of the principle of mutual respect for sovereignty; ....."

In this point, Japanese Prime Minister Eisaku Sato had declared, in the opening ceremony of the extraordinary Diet session, that "the Normalization Treaty was not the terminal but just the starting point to build up neighbourly friendship and accelerate the Asian diplomacy of Japanese government."

In accordance with the compromise, the exchange of diplomatic emissaries on ambassadorial level, also meant more than an opening of diplomatic intercourse between them in an ordinary sense. It signifies that the two nations would begin their relations on an equal basis and conform to the internationally practised sound norms. It also meant that they would solemnly recognize each other as sovereign and independent entities. President Park, it seems to the writer, expected that the first Japanese Ambassador Kimura had the conviction that his post would provide a good occasion for the furthur promotion of amicable bonds between Korea and Japan, when he presented his credentials to President Park on March 16, 1966. It was really recommendable for the Ambassador to implement the Korea-Japan basic relations treaty and other major agreements faithfully only if Japan really thought the historical fact regretfully and wanted to make a diplomatic relation in equal basis.

Concerning the San Francisco Peace Treaty, the treaty of basic relations admits it by saying that;

"..... Recalling the relevant provisions of the Treaty of Peace with Japan signed at the city of San Francisco on September 8, 1951 and the resolution 195 (III) adopted by the United

Nations General Assembly on December 12, 1948; .....”

The peace treaty with Japan signed in San Francisco, together with the process of negotiations to conclude it, was actually a manifestation of the United States policy to contain the expansion the Communist force on a world-wide scale, though the peace system in international politics have completely broken out since President Nixon had visited to Peking January, 1972 and Prime Minister of Japan Tanaka had a short visit to Peking regime to normalize Japan-China diplomatic relations in September, 1972.

Observing the mutual relationship between the Sato Government and the ruling Liberal-Democratic Party, public opinion has begun of late to assume a more critical attitude towards the Sato government when the normalization problem overlapped in the Japanese political field. The reason for this recent decline in favour can be summerized as follows. First, the rapid economic growth under the Ikeda government has brought about since 18 months ago a marked recession in business with the price hiking continued at an amazingly swift tempo; and the second reason is that the Sato government, although it succeeded in concluding a normalization treaty with the Republic of Korea, did so in a manner not altogether commendable.

One of the major factors which led them to somewhat cooperative attitude at that time has been attributed, in any sense, to the challenge of the Communist nations of Asia, especially the Communist China and the north Korea. Regarding to this point, at a meeting with five Liberal-Democratic members of the Japanese Diet, which included former Speaker Naka Funada, President Park emphasized them that;

“..... it is high time that the free Asian nations unite for collective security against the threat of international communists movement.

A more symbolic expression of mutual friendship was the unprecedented visit of Japanese Prime Minister Sato to President Park’s inauguration ceremony in 1967, he commented;

“..... my visit to Korea aims to wipe away some bad feelings among the Korean people toward Japanese. ..... my visit will also serve as a basis on which understanding and cooperation between Korea and Japan will be promoted.. .....”

And quite exceptionally enough, Prime Minister Sato made a congratulatory visit to President Park’s inauguration ceremony in spite of some students demonstration against his visit July 1, 1971. That can be interpreted that he, personally and/or officially, was quite familiar with

Park administratives within his political power.

But the big threat was the mainland China, a growing major power in Asia. Even before the normalization summit conference in September 30, 1972, in Peking, between Japanese Prime Minister Tanaka and Chinese Premier Chou, Eun-lai, it was plain that mainland China holds considerable influence over the radical elements in political circles as well as over the leftist ideologists in Japanese society.

Nevertheless, the direct conflict comes from the gradual Japanese approach to the north Korean regime since last year, which has had deep diplomatic relations with China since the intervention of Chinese people's troop to Korean War in 1950.

Prof. Richard C. Snyder mentions in his thesis of "Decision-Making in International Politics as follows;

"..... If one asks how the international system makes decisions, he is asking about something more than national foreign policy making between one nation and the other. Fuller and more exact knowledge about the influence of various images on international policies seems to us to depend on the growth and development of research on the interactions of situations, on individual decision-makers, and on organizational settings in international arenas. ....."

Whether one makes a definite decision-making in the process of foreign policy establishment, the model of rationality usually varys from the original one, depending on there subjectivity of the decosion-makers, environmental circumstances, mutual images and the chronological classification that standards.

Regarding to the role of Japan in Asia, John K. Emmerson, the former American Minister to Japan, says, "there is no country which excites such a contradictory mixture of feelings --- fears, hopes, expectations, antagonisms, desires, irrations, and admiration --- as does the coming Great Power of Asia, Japan." This mixed feeling about Japan, particularly among Asians, is primarily due to uncertainty of the future role of Japan in the midst of rapid, complex, manifold changes of the political and military situation in Asia.

In the coming years how Japan will react these changes or define her role as the second most powerful economic power in the free world will have a great impact in the shaping of Asia, which is now evolving around the emerging of China into a world power as a legal entity, the implementation of the Nixon Doctrine, the reversion of Okinawa to Japan, the maturing of detente between the United States and China, the continuing Sino-Soviet conflict, and the uneasy situation in the Korean peninsula. Although President stresses that "Japan's partnership with us will be a key to the success of the Nixon Doctrine in Asia, ..."

Whichever course Japan takes, the arrangement of the future security and peace of Asia will be greatly affected.

Largely depending upon the role Japan chooses, the nature of the political relationship between ROK and Japan will accordingly develop into either peaceful cooperation or constant conflict. In a certain sense, postwar Japan has been a country without a foreign policy under both internal and external pressures, "behaving as trading company concerned with the maximization of profit." Accordingly, Japan will have to take a new look at the security considerations of the past which were strictly limited to the Japanese home islands under American protection. Just as events in continental Europe are of vital interest to Britain, Japan can not remain indifferent to new events in the areas in close proximity to her.

Whether the process of normalizing Korea-Japan relations since 1951 was rational model or not, it can not be easily evaluated on the value system. Professor Sidney Verba of Chicago University assesses the degree to which foreign-policy decision-making is grounded in rational processes, but, unlike the previous selection, here the problem is approached from the perspective of the individual policy-maker, his attitudes, his personality, his skills and his responsiveness to the requirements of his official. At last, the normalization was established during President Park's regime, however, he is still in charge of the political power.

The spirit of ROK-Japan normalization of relations was to sweep away the remnants of unequal status and humiliation inflicted on the Koreans by the Japanese during the three-quarters of a century since 1876 and to build new relations based on equality and mutual benefit. But the more immediate and pratical purpose of the rapproachment under the sustained American pressure was, as has partly been suggested by the past three years' U.S. policy in Asia, to bring the ROK and Japan into closer cooperation --- ultimately into an alli–ance --- in order to maintain stability and balance of power in Asia.

3. An Issue of the Rapproachment within Foreign Policy-Making

In Japan, the negotiations for the ROK-Japan normalization of relations were forcibly concluded by the leading members of the conservative political and business circles under the prodding of strong U.S. pressure rather than being brought about by the consensus of the all

Japanese people, as much as they did in the process of normalizing Japan-Soviet diplomatic relations in December 1956. An indication that the rapproachment was imposed upon Japan without wide and enthusiastic support of the Japanese people have been shown by the unfavourable and distorted views on the ROK continuously held by Japanese leaders in various circles and professions and by anti-Korean feelings expressed in the public opinion surveys.

Also on the part of a great many Koreans, the rapproachment was acceptable only as 'a necessary evil'. In spite of the deepening and the diversifying relations since 1965, the Korean's attitude toward Japan mainly because of their historical experience has still remained as suspicious and fearful as ever of Japanese re-domination. These attitude held by the people in both countries may not be a decisive factor in deciding the nature and depth of the future diplomatic relationship between the two countries. One real fact is that the character of political ties through the decision-making of foreign policy between the two countries will be greatly influenced by multiple developments of relations among three great powers ----- the United States, the Soviet Union and China ----- rather than by the respective wishes of the ROK and Japan to observe the rapidly-changing international politics.

There has been existed some issues to be discussed between the articles on the basic treaty and the reality on the actual relations. Article III of the Treaty on Basic Relations of June, 1965 provides;

"It is confirmed that the Government of the Republic of Korea is the only lawful Government in Korea as specified in the Resolution 195 (III) of the United Nations General Assembly."

In the Nixon-Sato statement of Nov. 1969, Japan recognizes that the security of the ROK is essential to/for that of Japan, though the controversial item has almost lost its actual validity in recent times. On the side of ROK, both the ruling and opposition parties have made it quite clear that the foundation of foreign policy and national security lies in the strength of ties with the United States and Japan. Japan has buttressed the ROK's diplomatic position and contributed indirectly to the ROK's security. Close political and security cooperation with Japan, under the overall U.S. leadership, can be said as an essential part of the ROK's basic foreign policy.

In the decision-making process of prewar Japanese politics, middle Echelon staff was expected to perform the important role not only for the preparation of war but also stood out in other major decisions, such as those concerning military alliances. They also played an fatalistic role in the process of U.S. foreign policy decision making. Prof. Hosoya of Hitot－

subashi University analyses three basic reasons as to why the middle echelon played such an important role in the decision making process; in the development of political modernization, staff system of Japanese military and Japanese characteristic feature of decision-making system with a "truncated structure" where the emperor was theoretically in a position to bring about the ultimate integration. One supposition, in this point, is that much would have differed from that of 1965 normalization, in the decision-making process by Korea-Japan policy-makers, if the above-mentioned prewar Japanese system had operated.

4. Japan's Gradual Approach to North Korea

According to Article III of the treaty of basic relations, as we have well known, it says; "..... it is confirmed that the Government of the Republic of Korea is the only lawful Government in Korea as specified in the Resolution 195 (III) of the United Nations General Assembly." Moreover, the Government of the Republic of Korea was legally admitted by the United Nations as the only legal and independent regime in Korean peninsula according to the final decision No. 195, in the U.N. General Assembly on December 12, 1948.61

Japanese approach to the north regime, at a glance, seems to come to the front as an important issue particularly since 1970s. Reviewing diplomatic public document published in 1968, one chapter in the contents tells "Relationship with Kankoku (ROK)" only in the main headlines, however, 1971 edition of the same public periodical tells "Relationship with Chosen Hanto (Korean Peninsula)" and the chapter is divided into two parts, 'relationship with Kan-koku (ROK)' and 'Relationship with Kita-Chosen (DPRK).

Moreover, the chapter clarified that the Japanese government has begun to make some diplomatic relations, in a real sense; with north Korea on the part of foreign trade and cultural exchange with the basis of past history and geographical situation, even though there does not exist any formal diplomatic intercourse in the government-to-government level.

The writer had already pointed out some other examples of Japanese gradual approach to north Korea, in Chapter I, by illustrating newspapers and periodicals evidence. Then what on earth is the significance of diplomatic treaty between two recognized countries, what kind of instruments of ratification it may be, which was ratified with all of the eyes of the peoples? The final justification of rationality in foreign policy decision-making, as we have learned in our diplomatic history, have been evaluated by the non-decision makers later.

Even some of the Japanese mass communications have excited exceedingly forgetting the role of Japan for the peaceful goal in Asia as well as the friendly diplomatic relations with the Korean peninsula, emphasizing the establishment of friendly ties with North Korea.

Nevertheless, seemingly unrelated to this optistic development, a great stumbling block to fuller and open political cooperation between the two countries is the serious disagreement on policy toward North Korea. It is more likely that in sympathetic consideration of each other's domestic difficulties, though foreign policy making begins where domestic policy ends, in the face of sensitive pressures from opposition parties and groups, the governments of the ROK and Japan are both reluctant to confront each other, up to certain of self-restraint, by bringing the issue into the open. Fundamentally differing positions of the two countries is that while Japan, with a great economic power, is in a position to aspire for a prominent role in creating a "new order" in Asia, the ROK has very few diplomatic options as a divided country since the cease-fire of the Korean War.

The primary point of difference between the two countries is focused on the interpretation of Article III of the Treaty on basic relations of 1965. The ROK has strongly maintained that, by the strength of Article III, Japan has fully and legally recognized the ROK's assertion of jurisdictional control over the entire area of the Korean peninsula as defined in the ROK's constitution. And as a result of this recognition in the treaty Japan has, the ROK further maintains, admitted the illegality of the North Korean regime and has barred herself from establishing any official or substantial relations with North Korea. Disagreeing with the ROK's interpretation of Article III, Japan, which has been in fact publicly stating since 1962 that there are "two Koreas", has steadfastly maintained that the sovereignty of the ROK is limited to the area where it effectively exercises its control.

Japan's support of ROK in accordance with the Basic Treaty between the two countries is, in the Japanese view, only an act of honoring the United Nations Resolutions as one of the member nations of the world body. Also for that reason alone, not because of the controversial Article III, Japan would not establish diplomatic relations with North Korea. Prime Minister Sato, shortly after the conclusion of negotiations in 1965, also stated in the Diet that North Korea was a de facto political entity and that Japan will treat problems concerning North Korea as practical questions, not as legal questions.

It is therefore clear that Japan has to live with both the ROK and North Korea as practically as possible ----- "meaning two Koreas" under the principle of "seperation of politics from economics." The propect of ROK-Japan relations will be not so brightful as long as the Japanese ambiguity on the question of 'two Koreans' continue.

5. Japan's Foreign Policy and the Role of the United States for Korea-Japan Relations

In parallel with the admission of China into the United Nations and stimulated by Nixon's visit to Peking, the Japanese government has declared its intention to normalize relations with China, within 1972 by recognizing the Peking regime as "the only legitimate government representing the Chinese mainland as it has demonstrated with her admission to the U.N." And they had attempted the task this September.

Not a long ago the Japanese Foreign Minister Fukuda reemphasized the fundamental principle of Japanese foreign policy is to establish friendly diplomatic relations with the all nations in the world including the nations of different political beliefs and social systems. Does it mean that, in the process of practicing the basic foreign policy, Japan will simply continue the present policy of seeking a broad detente through promotion of trade and cultural exchanges?

The possibility of this hypothetical development is remote for the following two reasons as far as the writer's view is concerned; in the first place, the United States and the Soviet Union will remain for a long time to come the preeminant super powers to be reckoned with in Asia, and secondly, the interwoven interests of the four major powers ----- the United States, the Soviet Union, China and Japan ----- will not easily permit domination of Asia only the strength by Japan and China.

Then, one thing is reasonably clear; Japan will and must remain on the side of the United States as a faithfull ally, So long as the present domination of the conservatives continues, though President Nixon was re-elected again for four more years last month, and if the mood of the public opinion in Japan is correctly assessed, Japan will not be in a position to break away from the traditional relations with the United States in the forseeable future. And one apparent reason that Japan will follow more or less the present course of foreign policy, barring extreme circumstances, is economic factors.

Another political imperative is that the alliance between the United States and Japan is "the foundation in which

Japan's reaction with the rest of the world and America's relations with east Asia have also been based." Under these circumstances of possible considerations, the goal of Japan's foreign policy will likely be the maintenance and improvement of the status quo as far as the policy-makers are composed of members those who are belonging to the Liberal-Democratic Party. Naturally the future of diplomatic relations between ROK and Japan will be greatly influenced by the development of relations between the United States and Japan.

6. Prospect

Assuming that the future relationship between the ROK and the United States would remain as close as ever, Japan's future policy toward the ROK will be more or less in step with the U.S. policy toward the Republic of Korea. The new U.S. policy toward Asia is by no means a gradual withdrawal from Asia or shrinking from her ultimate responsibility from the security of the area, to our possible supposition, despite some misgivings about the Nixon Doctrine. The United States is in Asia to stay as a distinct pacific power because of her history and geography.

Such importance is deeply attached to close cooperation between the United States and Japan that Japan can not lightly place it in serious jeopardy. The Nixon Doctrine and the subsequent policies of the United States are sufficiently clear that Japan is expected to help in maintenance of the balance of power and stability in Asia following a reduction of U.S. forces in Asia. In certain situations, Japan is expected to act the role. The policy of world affairs can center either on the behaviour of single states, or on the methods of preventing war and finding means of peaceful change on political, economic and cultural cooperation among states. But one happening supposition in certain situations of an outbreak of open hostilities in the Korean peninsula, Japan could not remain indifferent not only because it would threaten her own national security and domestically political stability but also because it would be the unique moment for Japan demonstrate her fidelity to the traditional ties with the United States. The extreme sensibility of China to any sign of Japanese "Militarism" is another factor that would deter Japan from any direct military involvement in the Asian continent.

In the light of the trend of increasing contact and relaxation of tensions between East and West, the present Japanese policy for limited contact with North Korea may have some justification and is not an extraordinary thing, warranting the serious alarm of the ROK. To strike a balance between this and other considerations of the fidelity to the traditional ties with the United States and the ROK, Japan's contact and exchange with North Korea will remain, at least for the time being, limited --- her basic policy "to establish friendly relations with all the nations in the world"

In order to develop a greater degree of viable political cooperation between the two countries, Japan will have to keep the ROK informed of the intent and the limit of her policy toward North Korea and promote understanding between the ROK and Japan. Prof. Chihiro Hosoya emphasizes that Japanese society may be characterized as one where a system of mutual reliance is dominant, calling the better understanding of the differences and similarities among various foreign policy decision-making system has been a very necessity in the effort to reduce misunderstanding and conflict between nations. Then how can we increase the better understanding of the differences among foreign policy decision-making in case of Japan-ROK relations? Does it mainly concern to the policy-makers of the two countries or more or less to the ruled? Then, what is the source and proofs of reducing some misun-derstanding in the decision-making process only if the result was reacted as one example of irrational model?

Japan should realize that the establishment of a unified Korea, sufficiently independent and strong to resist foreign encroachment, will be an important factor to the ultimate stability in Asia. Korea is required to escape bravely from the ideological wall for the further participation in strengthoning the ties of friendship with Japan and the other nations, not only sticking to anti-communism. Since such a new forward-looking policy of the ROK would be compatible with Japan's aspiration for a new role in Asia during 1970s, it could be a good basis for both countries to revitalize their diplomatic relations through the foreign policy. More advanced tasks of studying Korea-Japan relations; to mutual image of the foreign policy makers since 1885 when Hirobumi Ito was elected as the first Prime Minister of Japanese cabinet, its impact to Foreign policy-making process, and more concrete scrutinization of the essential elements to make those policies between Japan and the Republic of Korea; those tasks will be the future theme of advanced research during the writer's enrollment of graduate study in Japan.

② PrewarJapan's Foreign Policy–Making: Cooperation & Conflict with the U.S. on China Issue

CONTENTS

Prewar Japan's Foreign Policy-Making: Cooperation and Conflict with the United States on the Special Rights and Interests in China*

Hee-Suk Shin**

I. Purpose of the Study

Representatives of the Banking Groups of the United States, Great Britain, France and Japan met in New York on October 11, 1920, with the purpose of organizing the New Four Powers Consortium (to be referred to hereafter as the "consortium"). They formally recognized a resolution adopted at the Paris conference one year before. Prior to this New York conference, representatives of the four powers drafted various provisions necessary for organizing the consortium through working-level committee meetings in Paris and placed their signatures on the documents pro tempore (May 13, 1919).

The official meeting in New York was aimed at signing the document formally confirming and ratifying all necessary provisions for the formation of the New Consortium which was to dissolve the discord which arose between Japan and the other three nations--the United States, Great Britain and France--on the issue of special rights and interests in Manchuria and Mongolia (or, more precisely, Southern Manchuria and Eastern Inner Mongolia).

Frictions had developed between Japan and the United States. Japan asserted her special rights and interests in Manchuria and Mongolia, demanding the exclusion of these regions from the sphere of joint-venture projects to be undertaken by the new consortium. The United States along with the other powers rejected the Japanese demand and urged Japan to withdraw it. In this sense, Japan and the United States are the two main actors in this paper.(1)

---

*This paper is a summary of the writer's Ph.D. Dissertation in the Division of International Relations, Graduate School of the University of Tokyo (1978).

**Associate Professor, The Institute of Foreign Affairs and National Security, Ministry of Foreign Affairs, Seoul, Korea.

The Journal of International Studies (Institute of International Relations, Sophia University, Tokyo), Issue Number 13, July 1984.

The United States Government sent Thomas W. Lamont (a Wall Street international banker and a partner of the J. P. Morgan Company) and the Japanese Government sent Odagiri Masunosuke (a representative of Japan's Banking Group and Chief Director of the Yokohama Specie Bank) to the signing ceremony in New York as their delegates.

The primary purpose of this paper is to delineate characteristics in the process of foreign policy-making in modern Japan by analyzing the formation of the Hara Kei cabinet's policy towards the United States. In order to clarify the characteristics of a certain political phenomenon in international relations, it is necessary to compare this particular case with other similar ones. However, this writer will attempt to clarify relative characteristics, which exposed themselves in the decision-making process towards the United States concerning the new consortium, through a minute and concentrated analysis of this single case. By doing this, I will try to identify the determining factors in the making of foreign policy during the period of forming party politics in modern Japan.(2)

It is natural that the foreign policy objectives of a country, whether they are based on a long-term, mid-term, or short-term perspective, become the basis of its foreign policy-making.(3)

The environment of Japan immediately after World War I (to be referred to hereafter as the "war") could be called a turning point for Japanese political leaders who readjusted their internal and external policies.(4) Therefore, changes in the international environment surrounding Japan which took place as a result of the war demanded that the Japanese governmental leaders revise their former concepts of foreign policy behavior.(5)

In order to adjust itself to the new international order, Japan recognized the necessity of launching a new diplomacy. In other words, Japan, with its rapidly-growing economic strength which was built up during the war, pursued a new course of action, while ridding itself of the pre-war international order which had been interspersed with imperialistic diplomacy and maintaining cooperative international relations with the United States and Great Britain.(6)

Furthermore, a considerable change took place also in Japan's domestic political process during the war period. The era of Taishô witnessed a confrontation between "politics under the guidance of elder statesmen" (genrô seiji) and party politics (seitô seiji). The emergence of a party cabinet led by Hara Kei, with so-called Taishô democracy in the background, had great significance in the history of Japanese political development.(7) It was on December 22, 1885 (18th year of the Meiji era), that Itô Hirobumi emerged as the first Prime Minister of the Parliamentary cabinet system of government in accordance with the imperial constitution. Leaders from the military formed the main stream of Meiji Government until the emergence of the Terauchi cabinet (18th). As an unprecedented party cabinet in the history of Japanese politics, the Hara cabinet reorganized the diplomatic leadership.

A secondary aim of this paper is to delve into the foundation of politics and diplomacy during the Taishô era. In the diplomatic history of modern Japan, the Taishô era generally indicates the 15 years from 1912 to

1926. This is nothing but a chronological division for the sake of convenience on the basis of the reign of Emperor Taishô. Needless to say, his enthronement does not imply an artificial creation of a page in modern Japanese history.

Economically, the Taishô era witnessed a high growth of the monopoly system of Japan's modern capitalism.(8) Politically, Japanese imperialism was established firmly and developed gradually during the era.(9) At the same time, this era can be regarded as a transitional period linking the last great part of the Meiji era with the early part of the Shôwa era. Especially after the war, the Taishô era turned into a period of conversion when a considerable change took place in both internal and external affairs.(10) Nevertheless, among both Japanese and foreign researchers in the field of Japanese political and diplomatic history, those who dealt with the Taishô era have been few in number compared with those who dealt with the Meiji or Shôwa eras.(11)

II. Methodology: Foreign Policy Decision-Making

The focus of this paper is an analysis of the policy-making process towards the United States by the Hara cabinet (Sept. 29, 1918-Nov. 4, 1921) concerning the issue of organizing the new consortium. My approach, aimed at analyzing international political phenomena through clarification of the decision-making process in foreign policy, is an effective tool with which to recognize various social phenomena. There are, generally speaking, three levels at which one could look for characteristics of the decision-making process: (1) the "national level" which regards a nation as a unified rational actor; (2) the "organizational level" which treats various governmental or non-governmental organizations participating in the decision-making process as the subject of actions; and (3) the "decision-makers' level" which focuses on an analysis of the foreign policy behavior by individuals as policy-makers and of their negotiating behavior.(12) I will focus on the third level, the observation and analysis of the foreign policy behavior of each decision-maker.

The behavior of foreign policy-makers discussed in this paper exhibited a "pulling and pushing"(13) process in the domestic political process among themselves on the issue concerned. Then, the outcome of the decision-making game is conveyed to the other party in the form of diplomatic negotiations of either "cooperation" or "confrontation." This approach from "linkage politics"(14) is the angle of analysis from which I deal with the issue of the new consortium.

The framework of this paper largely depends on the so-called Allison Model, his second (Organizational Process) and third (Bureaucratic Politics) models. Since the writer considers that the aforementioned models are mutually inseparable and supplementary, he will call them for the sake of convenience the "Bureau-Organizational Model."

When a decision-maker recognizes the necessity of making a foreign policy in a given situation, he usually pursues that "value-maximizing choice" which he believes will maximize the national interests of the country in the given situation.

It is difficult to assert that decision-makers always reach "rational policy-making,"(15) in contemporary international relations, largely due to the limits of human ability, a shortage of information which is necessary for correct definition of the situation, the possibility of confusing the information, and the difference in their mutual interests and value concepts. Furthermore, in crisis decision-making, which deals with emergency measures to prevent an international dispute from breaking out into open conflict, the possibility is greater that definition of the situation by decision-makers in the foreign policy-making process is influenced by their foreign policy images, their personalities, their beliefs, their value concepts, and pressures from various domestic political groups.(16)

In other words, foreign policy decision-making' means international behavior by the policy-makers which is designed to pursue and accomplish their foreign policy objectives by mobilizing all their national power. It is customary that the foreign policy objectives in this case are realized to some extent, but limited as national power responds to inputs from the environment. It is the decision-makers themselves who establish the objectives and recognize the inputs of national power and environment. The foreign policy is usually formulated and implemented as a result of a political "bargaining game" among decision-makers who recognize each other in a different manner.

In the study of contemporary international politics, the decision-making approach plays the role of a bridge between the behavioral approach and the traditional approach. One should not forget that the basic task imposed on analysts of foreign policy decision-making is to clarify who makes a decision, how, why, in what circumstance, by what motives, and with what aim in mind.(17)

III. Characteristics of the Issue-Area

First, the process of forming the consortium clearly exposed differences of opinion among decisional units; and coalitions and conflicts appeared among the players in the course of consensus-building. For this reason, this issue-area is considered to be a most useful and appropriate object for the analysis of foreign policy-making.(18)

Second, the military, especially the army,(19) is considered to be a leading factor in formulating Prewar Japan's national goal, together with the other domestic political forces. The military can be considered to be one of the important players in foreign policy-making on the consortium issue.(20)

The military under the Meiji Constitution was an indispensable force in formulating foreign policy. It can be said that the foreign policy after the Russo-Japanese War (1904-05) was formulated mainly by military initiative. The spheres of competence of the military grew strong gradually, and it emerged as an indispensable force in making foreign policy objectives in Prewar Japan, which inclined more and more to the trend of settling international disputes or conflicts by force.(21)

The military leaders, as will be explained later, attempted to impress their foreign policy images of the U.S. and their perceptions of the international environment directly on the policy-making process. The problem of interference in politics by the military is an important issue not only in this analysis of Prewar Japan's foreign policy-making, but in any analysis of the domestic political process of contemporary international relations.

Third, there are very few works on foreign policy-making in the Taishô era at all, and almost nothing on the issue of the new consortium.(22) That is why I have chosen to examine this particular issue.

IV. Formulation of the New Consortium and Dispute between Japan and the United States

American Proposal for the New Consortium

The policy-making process for the consortium is an appropriate example revealing the diplomatic course of international cooperation which was translated into action by the Hara cabinet. At the same time the formation of the consortium was a resultant reaped by Japan and the United States from easing economic tensions while advancing towards the Washington system. From this point of view, the writer will analyze the consensus-building process among the Japanese governmental leaders from the latter part of 1919 to the early part of 1920 when the issue was most actively discussed.

In July 1918, the Wilson Administration proposed that Japan, Great Britain and France join the U.S. in the new consortium for China.(23) Before that, President Wilson had already expressed agreement on the idea of forming the new consortium advocated by Secretary of State Robert Lansing and had asked representatives of the American international banking groups for their positive cooperation.(24)

As a result, Wall Street banks formed the U.S. Banking Group.(25) Thomas A. Lamont, a partner of J.P. Morgan Company, emerged as the representative of the group and came to play the main role in negotiations with Japan.(26) Great Britain and France expressed approval of the American proposal and notified the Wilson Administration of their basic support.(27)

However, the Hara cabinet withheld its reply to the U.S. Government for several months. Japan demanded the exclusion of "specific regions" which included Southern Manchuria and Eastern Inner Mongolia, where its special rights and interests were recognized in joint-venture projects to be undertaken by the new consortium. Division of opinion among Japanese political leaders on this issue began to come to the fore.

The demand was universal in the Japanese government after the Sino-Japanese War (1894-95) that the relations between these regions and Japan be recognized as inseparable. The Japanese government believed that the United States, Great Britain and France should recognize Japan's special rights and interests and exclude the regions from the sphere of the new consortium projects. However, there appeared a difference of opinion among Japanese political leaders as to the method of communicating this position to the U.S. Goverment. The Hara cabinet withheld a reply concerning the question of Manchuria and Mongolia for prudent examination.(28) Immediately after that, the Foreign Office made contact with representatives of the Japanese banking groups and dispatched the Japanese banking delegation to the four-powers conference of banking groups held in Paris on May 10, 1919.(29)

Japan's Demand for Exclusion of Manchuria and Mongolia

At the same time, the Foreign Office and the Ministry of Finance made preparations in haste for the initiation of the Japanese Banking Group and included the Yokohama Specie Bank and three other colonial banks (the Nippon Kôgyô Bank, the Bank of Chôsen, and the Bank of Taiwan) in the group. The Yokohama Specie Bank was selected to be the representative of the Japanese Banking Group, which was composed of 18 small banks.(30).

Representatives of the four banking groups who met in Paris discussed concrete provisions necessary for the formation of the new consortium and placed their signatures on the arrangement pro tempore. They agreed that the arrangement would come into effect upon ratification by their respective governments.(31)

Odagiri Masunosuke (the Chief Director of the Specie Bank), who attended the conference as the representative of the Japanese Banking Group, watched the development of the Conference closely from beginning to end and adopted a cautious attitude when expressing his opinion. Results of the conference were reported to the Foreign Office in Tokyo through Japanese Ambassador to France Matsui.(32) The arrangement concluded at the provisional signing did not include any specific clause concerning Japan's demand for recognition of its special rights and interests in Manchuria and Mongolia or any specific reservations by any party. The arrangement stated that the signatories would equally pool their capital in China. But it was natural for the Japanese Government not to agree to the arrangement. This was because the special rights and interests of Japan in Manchuria and Mongolia which the Hara cabinet asserted were linked directly with the so-called "life-line" of the Japanese government and people. However, it was too serious a matter for the governments of the United States, Great Britain and France to recognize the Japanese demand that the specific regions should be excluded from the sphere of joint-venture projects to be undertaken by the new consortium.(33)

On May 20 of that year, the Hara cabinet reaffirmed that "Japan has special feelings and interests in Manchuria and Mongolia mainly due to the geographical proximity" and decided to "exclude Manchuria and Mongolia from the new consortium."(34) The decision was based on a secret compromise about which Finance Minister Takahashi Korekiyo informed Foreign Minister Uchida Kôsai.(35)

The provisional policy decided by the Hara cabinet was conveyed to the U.S. Government on June 18 in the form of a document known as the "Odagiri letter."(36) The Japanese Banking Group asserted that "all the rights and options held by Japan in the regions of Manchuria and Mongolia where Japan has special interests, should be excluded from the arrangement."(37) As the logical evidence for Japan's assertion of special rights and interests in Manchuria and Mongolia, the Japanese Banking Group cited geopolitical and historical relations with the regions and specifically the Ishii-Lansing Agreement (1917).(38)

The idea of paying attention to the special rights and interests of Japan in Manchuria and Mongolia in the process of disposing of the issue was originally conceived by Yoshizawa Kenkichi, director of the Bureau of Political Affairs of the Foreign Ministry.(39) The Foreign Ministry had sought the opinion of the Finance Ministry on the question of drafting an instruction to Odagiri in early May 1919.(40) The cabinet decision on May 20, as mentioned earlier, was reached by adding the opinion of the Finance Ministry to the contents of an inquiry by the Foreign Ministry on the question of Manchuria and Mongolia.(41)

On June 23, Lamont, the representative of the U.S. Banking Group, clearly reacted negatively to the demand by the Japanese Banking Group to exclude the regions, declaring that, "as far as the Banking Groups of the United States, Great Britain and France are concerned, we cannot exclude Manchuria and Mongolia."(42)

The Consortium Becomes a Political Issue

Thereafter, the question of the exclusion of Manchuria and Mongolia evolved from a business matter between the Japanese and U.S. Banking Groups to a political issue between the two governments. On July 30, the Wilson Administration clearly notified the Japanese government of its rejection of the Japanese demand through the Japanese Embassy's chargé d'affaires Debuchi in Washington: "as far as the U.S. Government and Banking Group are concerned, we cannot approve any plan which is designed to exclude Manchuria and Mongolia from the sphere of the projects of the new consortium, and we regard this question as a very serious political issue."(43) As a result, the Japanese government struck a reef and the tension between the Japanese and the U.S. Governments and Banking Groups began to heighten. The Hara Cabinet was in a dilemma. Top-level leaders of the Japanese Government including, Prime Minister Hara Kei, faced a difficult choice.

Seen in a broad perspective, there were two options for the Japanese government to choose from: either to affirm as the official policy of the Japanese Government the already professed course by the Japanese Banking Group which had been notified to the U.S. side through the "Odagiri letter"; or to abandon that demand and join the United States, Great Britain, and France in the new consortium as an equal partner. Whereas the former would mean that Japan, whose economy grew rapidly throughout the war (see Table 1, next page), was pursuing a course of self-reliance and unilateral direction, the latter would suggest that Japan was groping for international cooperation and joint action with the other three major powers.

TABLE 1

TRENDS IN TRADE, NON-TRADE, AND THE HOLDING OF SPECIE
(Unit: 1 million yen)

Items / Years	Trade			Non-trade			Holding of Specie
	Exports	Imports	Balance	Receipts	Payments	Balance	
1913	632	729	-97	297	189	+108	376
1914	591	596	-5	187	199	-11	341
1919	2,099	2,173	-75	1,212	745	+467	2,045

SOURCE: Andô Yoshio (ed.), Gendai Nihon Keizaishi Yôran (Tokyo University Press, 1976), p. 100; The Bureau of Statistics, Bank of Japan (ed.), Major Economic Statistics of Japan after the Meiji Era, pp. 169, 278, and 303-304.

NOTE: Trade includes the export and import of commerical goods; non-trade includes figures on capital export and import.

Until early May 1920, when the question of the exclusion of Manchuria and Mongolia was temporarily settled, Japan and the United States continued persistent negotiations at the governmental as well as non-governmental levels. At the same time political bargaining games developed over several months among decision-makers in the Hara cabinet in order to adopt an official course of action of the Japanese government which was necessary for negotiations with the United States. The players who participated in the process of making the policy directly or indirectly discovered differences in their opinions according to their own official posts within the government. To quote from G. Allison, "where he stands depends on where he sits."(44) We will also have to consider the Japanese Banking Group and the anti-Japanese offensive launched by the U.S. Banking Group, while observing movements inside the Japanese government and developments in settling the question of exclusion of Manchuria and Mongolia.

Major Decisional Units

The decision-making process of the Hara cabinet on the issue of exclusion of Manchuria and Mongolia, seen in a broad perspective, was interspersed with confrontation and oppositions among three decisional units, which clustered around the Prime Minister. (See Chart 1). The first was the Foreign Ministry faction led by Minister Uchida Kôsai. The second was the military force led Minister of War Tanaka Giichi, backed by the Yamagata (military) faction. The third group, a unit of ad hoc players, consisted of Itô Miyoji, a consultant to the Privy Council, and Inukai Tsuyoshi, the leader of the Nationalist Party and later Prime Minister (1931-1932). They remained active during the period of deliberation on the issue of the new consortium as members of the Provisional Coordination Committee for foreign affairs (Rinji Gaikô Chôsa Iinkai). Besides these, Finance Minister Takahashi Korekiyo, as explained earlier, emerged in the initial period of conception of the exclusion of Manchuria and Mongolia, and Minister of the Navy Katô Tomotaburô indirectly took a part in the process of settling the question of Manchuria and Mongolia. However, they did not play any vital role in the process of settling the pivotal part of the policy dispute.

CHART 1

MAJOR DECISIONAL UNITS IN THE EARLY PERIOD
OF THE ISSUE OF THE NEW CONSORTIUM
(GOVERNMENTAL LEVEL)

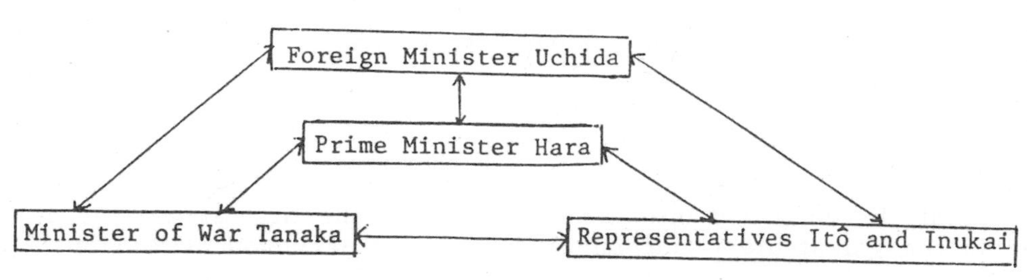

In addition to these governmental units, the major unit at the non-governmental level--the Japanese Banking Group--played a major role in diplomatic negotiations. Especially the role played by Inoue Junnosuke, the Japanese chief delegate and President of the Bank of Japan, at the talks between the Japanese and the U.S. banking delegates held in Tokyo after

March 1920, can be considered to be the key in settling the dispute between the two countries. Although previous studies have tended to focus on the confrontation between the Foreign Ministry and the military(45), I do not accept this conventional viewpoint. During the later period of domestic bargaining, consensus-building occurred among the Foreign Office, the military, and the Banking Group, as illustrated in Chart 2.

CHART 2

JAPAN'S DOMESTIC POLITICAL POWER RELATIONS
DURING THE LATER PERIOD OF BARGAINING OVER THE NEW CONSORTIUM

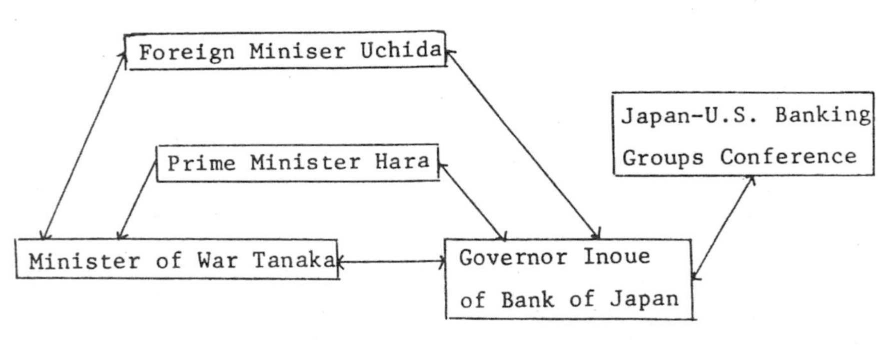

V. The Hara Cabinet's Decision-Making Process on the Gaikatsuteki (inclusive) Demand for Exclusion of Manchuria and Mongolia

Classification of Options

The decision-making process of the Hara cabinet regarding the issue can broadly be classified into three stages. In the first stage, the cabinet adopted the gaikatsuteki (inclusive) demand for exclusion of Manchuria and Mongolia. In the second stage, the cabinet changed its policy into the rekiteki (enumerative) demand, largely due to the persistent persuasion of the U.S. government. In the third stage, the Japan-U.S. dispute was brought to a provisional conclusion as a result of talks between the two Banking Groups. This paper will mainly cover the first stage. Let's review what attitudes the major decisional units listed above took toward the question and what decision they made in the first stage.

A major decision in the first stage was made at the Provisional Coordination Committee for Foreign Affairs (to be referred to hereafter as the Foreign Affairs Committee or simply as the Committee) on August 13, 1919. This adoption of the inclusive demand at the Foreign Affairs Committee was an unexpected event.

After the "Odagiri letter" the Japanese and U.S. governments exchanged pros and cons as the propriety of the demand for exclusion of Manchuria and Mongolia several times. Consensus-building was necessary within the Hara Cabinet in order to assert the demand of the Japanese Banking Group towards the United States as firm policy of the Japanese Government; but Japan-U.S. negotiations continued while the consensus-building was going on. As time passed, the division of opinion among the decisional units on the issue began to surface gradually. The conflict between the military and the Foreign Ministry was conspicuous in the first stage, while the judgment of the ad hoc players mentioned earlier can be regarded as playing the role of casting the decisive vote in the final outcome.

The options which the Japanese government could foresee at this stage are shown in Table 2.

TABLE 2

VARIOUS OPTIONS OF THE HARA CABINET

Demand for Exclusion of Manchuria and Mongolia / Course for International Cooperation	Demand (Adherence)	No-Demand (Abandonment)
Cooperation	I	II
Non-Cooperation (Unilateral Course)	IV	III

The options are classified into dimensions I, II, III, and IV when they are correlated with the two variables-- the demand for exclusion of Manchuria/Mongolia and the course for international cooperation. When they are illustrated by x and y axes, the result is as shown in Chart 3 (next page).

CHART 3
SCHEMATIZATION OF POSSIBLE OPTIONS

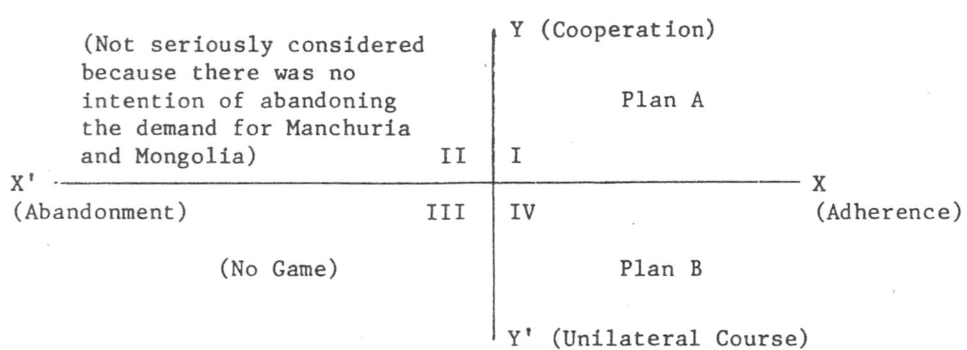

Option I is a means of maximizing the national interests of Japan; however, it is liable to generate stiff rejection from the American side. As Option III indicates no development of a game, it cannot become a viable possiblitity in either theory or reality. Option II is a course for pursuing international cooperation as well as a means of responding rationally to the new international order which emerged after the war. However, the Japanese government had no intention of abandoning its special rights and interests in Manchuria and Mongolia. On the other hand, Option IV is a risky means of pursuing Japan's independent course unilaterally; and so it means an act of relative and indirect challenge against the United States.

Several months passed while numerous opinions emerged inside the Japanese government. Especially, Opinions I and IV were discussed at greatest length. However, the discussions gradually moved towards adopting Opinion IV as the government's official policy.

The American request for a prompt announcement of the Japanese government's official policy gave a strong stimulus to the Hara Cabinet. Foreign Minister Uchida reported to Prime Minister Hara that "a reply on this question can't be delayed anymore." The top-level government leaders, including Hara, became impatient. Two different opinions, Plan A and Plan B (which embodied Options I and IV), were submitted to the 20th meeting of the Foreign Affairs Committee held on August 13, 1919. Basically these two plans disclosed conflicts of opinion between the Foreign Ministry and the military on the question of whether Japan had no other choice but to grope for an independent, unilateral course by making an official demand for excluding Manchuria and Mongolia.

The Principle of Enumeration (Plan A) and the Principle of Inclusion (Plan B)

"Plan A" enumerates Japan's special rights and interests in Manchuria and Mongolia solely in accordance with the existing treaties and agreements in force between Japan, China, and the United States. "Plan B," on the other hand, excluded Manchuria and Mongolia entirely from the sphere of activities of the new consortium, which would mean Japan would have a free hand there.(46)

We may regard Plan A as an embodiment of Option I and Plan B as that of Option IV. The former, a passive demand for exclusion of Manchuria and Mongolia, was usually called the "principle of enumeration," while the latter, a positive demand for exclusion, was known as the "principle of inclusion." The former plan was submitted by the Foreign Ministry and the latter by the military (army).

The idea of enumeration conceived by the Foreign Ministry was formulated in accordance with an instruction given to the Japanese Ambassadors to the United States and Great Britain at the time of organizing the old four-powers consortium.(47) Foreign Minister Uchida attempted a supplementary explanation by citing the Southern Manchurian Railway as an example.(48)

The Army side, on the other hand, stressed that Japan must demand that the entire region of Manchuria and Mongolia "be excluded completely because" our special relations with Manchuria and Mongolia are crucial to the future prosperity of our Empire. Minister of War Tanaka emphasized the importance of Manchuria and Mongolia for Japan in terms not only of military strategy but also of mining, emigration, commerce, and other fields.(49) The stiff assertion by the army meant a direct challenge to the Foreign Ministry and disclosed a confrontation between the two which had been gradually mounting in the process of modern Japan's political development.(50)

In other words, the conflict between the Foreign Ministry and the Army was one act in the drama of the foreign policy-making process of Japan rather than merely a discord on the single issue of excluding Manchuria and Mongolia. Based on their own traditional judgments towards the external environment and also on their foreign policy images, the two antagonists attempted to connect their sectional (or organizational) interests with national interests. This demonstrates the importance in formulating foreign policy of a decision-maker's foreign policy image and the perception of foreign affairs by the organization (mostly a governmental agency) to which he belongs.(51)

"Where you stand depends on where you sit"

The Japanese Government's ultimate policy decision on the issue of excluding Manchuria and Mongolia was determined after a lengthy deliberation at the 19th (August 7) and 20th (August 13) regular meetings of the Foreign Affairs Committee. The Foreign Affairs Committee, which existed for about five years from the Terauchi Masatake cabinet to the Katô

Tomozaburô cabinet (established on June 5, 1917 and disbanded on September 18, 1922), was the supreme policy-making organization. It was placed directly under the Emperor and disposed of important political and diplomatic issues during the Taishô period.(52) The Committee, the unique nonpartisan foreign policy consultative body which deserves a special mention when we speak of modern Japan's political and diplomatic history, discussed and decided important diplomatic issues including the Siberian intervention.(53) It can be regarded as having some similarities to the National Security Council of the U.S. Government. The Committee was the only arena in which the ad hoc players mentioned above could express their opinions and take part in the decision-making process.

Itô was an especially active figure in the Committee from its inception to its abolition, investing the important part of his political career in it.(54) He took an uncertain attitude toward the exclusion issue from beginning to end. He stressed that the Hara cabinet's basic attitude was more important than establishing a concrete policy of demanding the exclusion of Manchuria and Mongolia.(55) While attacking Foreign Minister Uchida's attitude, Itô adopted a vague attitude regarding Tanaka's principle of inclusion, neither agreeing nor opposing.

Though more or less the same as the attitude taken by Itô, Inukai generally was moving in the direction of supporting Minister of War Tanaka.(56) Always listening keenly to Itô's speeches, Inukai tried to utilize them as important basic evidence for forming his own attitude. On the other hand, Prime Minister Hara did not express his opinion clearly from the beginning. Emphasizing the importance of the issue of the new consortium at the outset of the 19th meeting of the Committee, he advised its members to tackle the issue with special care.(57) Hara expected an early decision by the Japanese government.(58) He attentively watched Tanaka and Uchida, who created an atmosphere of tension by their differing opinions, and Itô and Inukai, who adopted uncertain attitudes.

CHART 4

A SUMMARY OF THE ATTITUDES OF DECISION-MAKERS AT THE 19TH MEETING OF THE FOREIGN AFFAIRS COMMITTEE

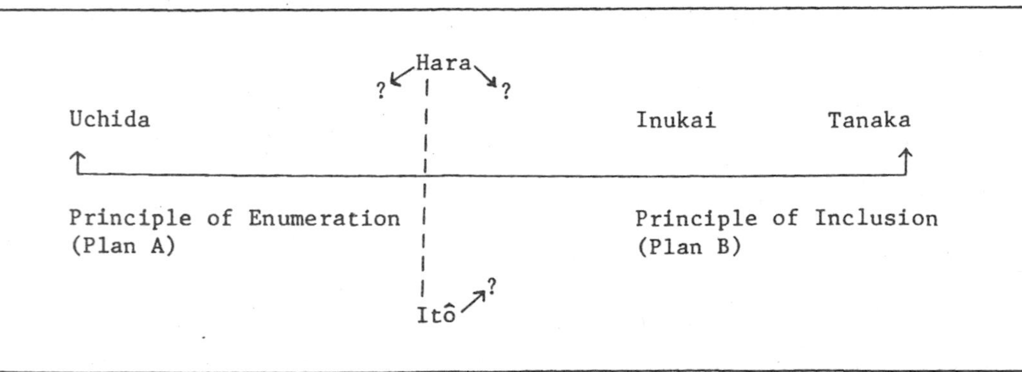

Three-Dimensional Image

While advocating its special rights and interests in Manchuria and Mongolia after the war, Japan needed friendly relations with the United States and Great Britain. Intra-governmental discussion was moving in the direction of asserting Japan's rights and interests in Manchuria and Mongolia as a matter of principle; therefore the Hara cabinet, on the basis of this premise, tried to pursue "a cooperative system with the United States within a limited scope." This decision was widely propagated as the basis of Japan's foreign policy as it was moving toward relaxing tensions between Washington and Tokyo.

While continuing discussions, members of the Foreign Affairs Committee remained uneasy because of the expected American response to Japan's decision, as is evident in the speeches delivered not only by Hara but by other major members such as Uchida, Tanaka, Itô, and Inukai. As is shown in Chart 5, this was an example of X_3 in the "three-dimensional image" of Japan's decision-makers.

CHART 5

THREE-DIMENSIONAL IMAGES AMONG JAPAN'S DECISION-MAKERS IN POLICY TOWARD THE UNITED STATES

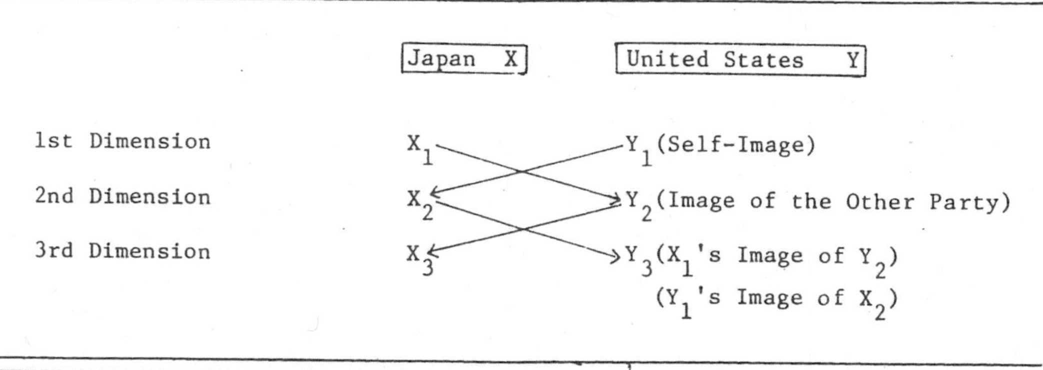

Dispute Between Foreign Minister Uchida and Minister of War Tanaka

August 13, 1919, was the day when the Japanese government made a decision to demand the exclusion of Manchuria and Mongolia from the consortium agreement. Pressures from the United States asking for an early reply and division of opinion among political leaders in the Japanese government made Prime Minister Hara impatient. Hara reasoned that any further delay in making the final decision would incur distrust from the Wilson Administration. On August 13, the 20th meeting of the Foreign Affairs Committee was convened. On the previous day a memorandum had arrived from the American and British governments requesting that the controversial "Odagiri letter" should be withdrawn as soon as possible.(59)

It was after the 15th regular meeting that the Committee really began to discuss the new consortium issue. As shown in Table 3, Hara, Uchida, Tanaka, Itô, and Inukai were the members who positively took part in the decision-making process on Japan's demand for exclusion of Manchuria and Mongolia. Even though Hirata, Terauchi, Katô (Tomozaburô), and Gotô were also members, they were frequently absent from the meetings due to illness or prolonged trips. So their names were almost not listed in the minutes of proceedings.

TABLE 3

SPEECHES BY MEMBERS AT THE FOREIGN AFFAIRS COMMITTEE (THE 15TH TO 20TH MEETINGS)

Situation / Members	Number of Speeches	Length of Speeches	Percent of Speeches	Remarks
Hara	5(1)	57(33)	2.9(3.1)	Summary and conclusion
Uchida	12(5)	783(261)	37.7(24.6)	About 60% of the length of speeches consisted of reports as secretary
Tanaka	4(3)	144(130)	7.4(12.3)	Absent from the 15th meeting
Itô	5(2)	814(460)	41.7(43.4)	Long speeches in the style of an oration
Inukai	8(4)	167(140)	8.5(13.2)	Speeches designed to feel out others' views
Hirata	3(3)	36(36)	1.8(3.4)	Present only at the 20th meeting
Total	37(18)	1,956(1060)	100 (100)	

SOURCE: Tetsuo Najita, Hara Kei in the Politics of Compromise (1905-1915) (Harvard University Press, 1967)

NOTE: Figures in parentheses refer to the 20th meeting only.

The absolute number of speeches by Prime Minister Hara was by no means huge. However, this can be considered as an intention of Prime Minister Hara, who was known as a master of the "politics of compromise," to use the meetings as an arena where members could frankly and fully express their opinions. Although the number of speeches by Itô accounted for nearly half of the total, that fact does not necessarily indicate his strong influence on decision-making.

Pursuit of a cooperative course with the United States had been the foreign policy objective on which Japan's political leaders basically agreed after the war. Particularly Prime Minister Hara and Foreign Minister Uchida agreed with this objective more than anybody else. This does not mean, however, that Uchida negated the importance of Manchuria and Mongolia. In "My Opinion on the Policy for China and Manchuria-Mongolia" (November 1912)(60) which he wrote during his tenure of office as the first foreign minister of the Saionji cabinet, and in "A Discourse on the Development of Asia" (1890) which he wrote when he was a young diplomat, Uchida asserted the necessity of possessing Manchuria and Mongolia.(61) Although he recognized this need, Uchida was passive about the plan of adopting the principle of inclusion concerning the exclusion of the region.

His reasons were as follows. First, he judged that, as the American Government was very sensitive toward the issue of Manchuria and Mongolia after the signing of the provisional treaty, the possibility of its accepting Japan's demand for reservation of the region was almost nil.(62) Second, even if American acceptance were possible, chances were slim that the Japanese could win out over mighty American capital in the international competition to provide loans to the Chinese continent, despite the fact that Japanese capital resources grew rapidly during the war period.(63) Third, he judged that Japan's excessive demand for reservation of Manchuria and Mongolia was likely to antagonize the United States, thus entailing Japan's isolation in the international community.(64) Uchida reportedly emphasized these points at the 20th meeting of the Foreign Affairs Committee. His choice of the principle of enumeration is based as having been based on these grounds.

From this perspective, it is clear that the principle of enumeration was conducive to a compromise despite the fact that both Plan A and Plan B were based on the premise of demanding the exclusion of Manchuria and Mongolia. On the other hand, Minister of War Tanaka consistently urged the exclusion of Manchuria and Mongolia, namely the principle of inclusion.(65) He was more rigid on this point in the 20th meeting than in the 19th when he asserted that "our Empire must demand the exclusion of Manchuria and Mongolia at the risk of withdrawal from the consortium."(66) He displayed an attitude of never accepting a compromise with Foreign Minister Uchida.(67) As emphasized in the three-dimensional image shown in Chart 5, Tanaka was very conscious of the Wilson Administration's foreign policy image towards Japan.

It has been a generally accepted view in the past that Tanaka's assertion of exclusion of Manchuria and Mongolia was due to "pressure from the General Staff of the Army,"(68) However, it is hard to accept that this was the only reason. Another reason lies in Tanaka's personal perception of Manchuria and Mongolia as a region which Japan needed. Japan's victory in the Russo-Japanese War promoted the Army's desire to advance into Manchuria(69), and its activities there were further strengthened.(70) At this time Tanaka visited Manchuria as Director of the Bureau of Military Affairs, Ministry of War, and wrote "My Impressions on Manchuria,"(71) which expressed his views of Manchuria and Mongolia and served as an important basis for the establishment of a Japanese policy of advancing into the continent in the years that followed.(72) The Foreign Ministry tried to avoid a direct collision with the War Minister's strong assertion as much as possible, because Uchida judged it impossible to persuade Tanaka.

Ad Hoc Players (Itô and Inukai)

By supporting Tanaka, Itô and Inukai, who had adopted an ambiguous attitude, served as part of the important momentum that made the Japanese Government adopt the Army's position. Itô and Inukai, basically supporting a policy of international cooperation, questioned the Japanese Government's foreign policy as a whole. Itô especially repeated his contradictory position of emphasizing the need for cooperation with the United States while supporting the exclusion of Manchuria and Mongolia positively. He eloquently and violently attacked Uchida.(73) Prime Minister Hara described Itô's words and action as an expression of his dissatisfaction with the bureaucrats of the Foreign Ministry led by Uchida.(74) Hara was not favorably impressed with Itô's speech nor his behavior.

Itô, in fact, wanted the post of advisor to the Foreign Ministry but he was unsuccessful.(75) He also expected to be appointed special ambassador to the Paris Peace Conference, but he was not.(76) Itô's numerous speeches as shown in Table 3 were aimed at attacking the Foreign Ministry for these reasons.(77) Itô, called a "bureaucrat of genius,"(78) who led a politician's life after the middle part of the Meiji era for "pursuit of a prominent position," was unsuccessful in his aim to become premier. He used the Foreign Affairs Committee to some extent as a place where he could air his dissatisfaction over his failure to realize his political desires.(79)

Speeches by Itô attacking Uchida naturally took the position of supporting Minister of War Tanaka. Meanwhile, Inukai basically supported the assertion of Itô mentioned above. This started from the so-called triangular alliance among Itô, Inukai, and Gotô Shimpei. Inukai asserted that Prime Minister Hara should have actively demanded the exclusion of Manchuria and Mongolia "from the start like a man" or yielded, "without any reservation," to the policy of the Wilson Administration and declared submission,(81) an "all or nothing" attitude typical of Japanese psychology. Speeches by Itô and Inukai supporting Tanaka increased the pressure upon Prime Minister Hara.

Prime Minister Hara's Political Judgment

It was almost decided that the Hara cabinet would choose the principle of inclusion in demanding the exclusion of Manchuria and Mongolia. The sectional interests of the Army were elevated to represent the national interests of Japan, and the military's preference was to be adopted as the policy of the Japanese government. This was not merely a result of the support given by Itô and Inukai to the uncompromising principle of inclusion advocated by Minister of War Tanaka. Prime Minister Hara, too, conceived the idea of choosing the judgment of the army as part of a diplomatic strategy.

Hara Kei, intending to devise a frame of reference for Japan's foreign policy after the War, set out to settle the issue of the new consortium.(82) This was clearly revealed in his "My Impressions at the Beginning of the Year," made public in 1920, the year after his declaration that "Japan must create its unique new civilization."(83) Prime Minister Hara understood realistically more than anybody else that a new system of international cooperation was indispensable in order to cope with the new international order after the war.(84)

Nevertheless, Japan's political leaders could not pursue a course of cooperation with the United States by completely abandoning Japan's national interests, namely, its vested rights and interests in Manchuria and Mongolia which had been acquired with strenuous efforts since the Meiji era. This conception was highly complicated and made Hara hesitant. Fortunately, the ambiguity which separated the military plan from the Foreign Ministry plan was sufficient to save Hara from a delicate dilemma. In other words, the original text of the principle of inclusion was unclear in wording; and Hara was convinced that it was possible to interpret the text differently.(85) The draft for a cable instruction stated that "the Japanese government accept and confirm the resolutions adopted at the meeting of representatives of the Banking Groups of Japan, Great Britain, the United States and France at Paris on May 11 and 12, 1919, for the purpose of organizing an international consortium for financial business in China. It is however to be well understood that such acceptance shall not be construed as signifying the renunciation on the part of Japan of any rights acquired by her under the treaties and agreements in force between Japan and China respecting Southern Manchuria and Eastern Inner Mongolia." Hara judged this text as liable to be interpreted to mean the principle of enumeration(86) under a different circumstance.

The basis of this judgment can be found in his reply to U.S. Senator Burton, who, barely one month after the adoption of the principle of inclusion (September 8), asked about the meaning of "Japan's special rights and interests." Hara recorded that, "even though Japan has no intention of monopolizing all rights and interests, she is opposed to offering even the already acquired railway plan to the new consortium."(87) This kind of thought indirectly indicated the possibility of shifting to the principle of enumeration which limited Japan's special rights and interests to those which "belong to the already acquired rights and interests."(88)

Hara's diplomatic strategy was successful. It seems that Hara judged that, in the worst case, Japan would be forced by a strong American objection to shift from the principle of inclusion to the principle of enumeration. Japan could still secure a part of its special rights and interests in Manchuria and Mongolia--in the central areas of the region--and that this would be the greatest possible concession by the Japanese government. In this case the conception may have been emphasized as a "great loss." Persuading Uchida, Hara tried to win from him support for the principle of inclusion. At the same time Hara suggested to Tanaka that the possibility of the U.S. government accepting the principle of inclusion would be extremely low. Tanaka, who was appointed Minister of War by the recommendation of Yamagata and Terauchi, secretly tried to approach Hara shortly before or after his appointment.(89) Consensus among Hara, Uchida, and Tanaka on adopting the principle of inclusion was accomplished. After this consensus-building process and as a result of deliberations in the Foreign Affairs Committee, the Hara Cabinet officially decided to adopt the principle of inclusion demanding the exclusion of Manchuria and Mongolia as the official policy of the Japanese government on August 18, 1919.(90)

VI. Review of the Principle of Enumeration and Conclusion of the Japan-U.S. Negotiations on the Basis of Economic Logic

The author has provided a detailed account of the first stage of the decision-making process leading towards negotiations with the United States by the Hara cabinet on the issue of the new consortium.

In the second stage, the Japanese government found it inevitable to shift to the principle of enumeration (according to a cabinet decision on January 13, 1920).(91) A strong objection by the Wilson Administration was expected by Hara. In the process of revising the policy, Prime Minister Hara fully displayed his political and diplomatic leadership.

Japan-U.S. relations based on the principle of enumeration gave birth to a new problem during the process of compromise. The Japanese government, despite the fact that it had already notified the United States of Japan's intention to revise the policy, persistently proposed to establish boundaries to indicate the areas to be excluded in accordance with the principle of enumeration. The process of settling this issue could be called the third stage. Non-governmental-level negotiations between the Banking Groups of the two nations (at the headquarters of the Bank of Japan in Tokyo from May 5 to May 10, 1920) finally brought the long pending dispute to an end.(92) Inoue Junnosuke, governor of the Bank of Japan, and Thomas A. Lamont, a partner in the Morgan Company, settled the issue of Manchuria and Mongolia by examining it from the economic aspect and mobilizing economic logic.(93) The roles played by Inoue and Lamont at this stage were significant in terms of the improvement and development of Japan-U.S. relations in the early 1920's.

The New Four Powers Consortium which was finally organized was given the spotlight as the first support of the Washington system from the economic standpoint. Also it should not be overlooked that the implications of the Hara Cabinet's policy-making process towards the United States was not merely a short-term decision which decided Japan's participation in the consortium; rather it was an important decision which influenced the future course of Japan's diplomacy itself in the period of transition.

VII. Conclusion

The writer has already described in detail the purpose of this research, the theoretical framework on foreign policy-making, and the decision-making process of the Hara cabinet. Here, I will identify several characteristics of Japan's foreign policy-making process as they emerged in this analysis of the new consortium issue.

First, the Japanese political leaders, including Prime Minister Hara, tackled this policy decision while constantly remaining conscious of changes in the international environment after the war. As a result, Japan pursued cooperation with the United States and the securing of Japan's special rights and interests in Manchuria and Mongolia simultaneously. Changes in the international environment, such as the gradual decline of the influence of Great Britain which had played the role of the central actor in the old international order, the debut of the United States as a new political actor with the creation of the new international order, and the relative decline of Russian influence, constantly stimulated Hara, Uchida, Tanaka, Itô, and Inukai. At the same time,. these changes in the environment functioned as restraints. In other words, the Hara cabinet exercised prudence in formulating effective and rational foreign policies while remaining highly conscious of the changes in the international environment.

Second, foreign policy-making by the Japanese government concerning the new consortium can be regarded as a resultant which was accumulated through the process of opposition and friction, and alliance and cooperation among the decision-makers due to differences of environmental image, political standpoints, and images of the issue-area. This process clearly demonstrates the effectiveness of the Organizational Process Model and the Bureaucratic Politics Model in which decision-makers, as explained earlier, went through the process of mutual "pulling and hauling" in order to pursue their respective "organizational or sectional interests." At the same time, it also indicates the difficulty of coordinating different opinions among decision-makers who had different views and standpoints.

Third, as the Inoue-Lamont conference proved, the diplomatic negotiations between the Japanese and U.S. Governments were settled through non-governmental- level talks between the Banking Groups of the two nations. The new consortium issue was basically economic in nature. When seen from the macroscopic viewpoint, this demonstrates that international politics after the War were very closely related to economic problems.

Fourth, leaders of the Japanese Government who took part in the decision-making process for the new consortium faced the task of making that decision while being collectively and constantly conscious of "third-dimensional" images. In other words, how the United States viewed Japan and the Japanese, how the American Government leaders evaluated the foreign policy behavior adopted by Japan, and how the United States coped with this behavior were matters of great concern which always made the Japanese government leaders nervous. This can be attributed to the national character of the Japanese people who watched the attitudes and responses of others before making their decisions. They normally do not act first rashly. Such a pattern of behavior can be considered as due to Japanese political culture which is highly sensitive to environmental changes.

Fifth, the political leadership displayed by Prime Minister Hara, so as to secure simultaneously both the exclusion of Manchuria and Mongolia and also international cooperation, exercising prudent judgment in considering the issue of the new consortium from beginning to end, deserves praise.

As explained earlier, Foreign Minister Uchida and War Minister Tanaka were pitted against each other bitterly mainly because of the demand for the exclusion of Manchuria and Mongolia. With their ambiguous attitudes, Itô and Inukai always made the atmosphere both at the Foreign Affairs Committee and at the Cabinet more impatient. The highly skilled political judgment of Prime Minister Hara under these circumstances was an important factor in bringing success to Japan. Thus, Japan was able simultaneously to achieve its twin goals of demanding the exclusion of Manchuria and Mongolia (though partially) and establishing the basis of international cooperation.

According to records contained in "Hara Kei Nikki" (The Diary of Hara Kei), Hara calculated that he would be able to coordinate the divided opinions within the government and settle the political dispute between Japan and the United States smoothly by making use of the external pressures coming from the United States and Great Britain. In the subsequent process of the policy change and the negotiations at the level of the Banking Groups, Hara displayed his usual political leadership and ability. Hara Kei, who successfully carried out diplomatic leadership for Japan in the period of transition, has been called a man of "the politics of compromise."

NOTES

(1) Regarding this point, the writer was much enlightened by: Richard C. Snyder, H.W. Bruck, and Burton Sapin, "Decision-Making as an Approach to the Study of International Politics," Foreign Policy Decision-Making (New York: The Free Press of Glencoe, 1962), esp. pp. 14-185.

(2) K.J. Holsti, International Politics: A Framework for Analysis (New Jersey: Prentice Hall, 1967), pp. 155-190; Joseph Frankel, International Relations (Oxford University Press, 1964), pp. 57-58; R. C. Snyder et al., Foreign Policy Decision-Making, pp. 106-173. See also: Stanley Hoffmann, The State of War: Essays on the Theory and Practice of International Politics (London: Pall Mall Press, 1965), pp. 160-197.

(3) Etô Shinkichi, "Foreign Policy Decision-Making in Japan," Kokusaihô Gaikô Zasshi, Vol. 72, No. 6 (March 1974), pp. 623-628; Joseph Frankel, The Making of Foreign Policy: An Analysis of Decision-Making (London: Oxford University Press, 1963) pp. 136-139.

(4) Mitani Taichiro, "Tenkanki (1918-1921) no Gaikô Shidô," in Shinohara and Mitani (ed.), Kindai Nippon no Seiji Shidô II (Tokyo University Press, 1969) pp. 293-374.

(5) Hirano Kenichiro, "Nichibei Kankei no Naka no Chûgoku," in C. Hosoya and M. Saito (eds.), Washington Shisutem to Nichibei Kankei (Tokyo University Press, 1978), pp. 283-320 (esp. p. 311).

(6) Akira Irie, After Imperialism: The Search for a New Order in the Far East, 1921-1931 (Tokyo: Hara Shobô, 1968), pp. 1-23; Hosoya and Saito, Washington Shisutemu to Nichibei Kankei, p. iii.

(7) Banno Masataka, Gendai Gaikô no Bunseki (Tokyo University Press,

1976), pp. 103-105; Japan Ministry of Foreign Affairs (ed.), Gaimushô no Hyakunen, Vol. 1 (Hara Shobô, 1969), pp.654-655.

(8) Nakamura Takafusa, Gendai no Nihon Keizai (Tokyo University Press, 1972), pp. 13-25; Yamaguchi Kazuo, Nihon Keizaishi (Chikuma Shobô, 1976) pp. 256-265.

(9) Inoue Kiyoshi (ed.), Taishôki no Seiji to Shakai (Iwanami Shôten, 1969), Chapters III-V.

(10) Details are described in Oka Yoshitake, Tenkanki no Taishô (Tokyo University Press, 1969).

(11) However, this phenomenon of stagnancy has been much improved in recent years. The following examples can be cited: S. Shinobu, Taishô Seijishi, Vol. 4 (Kawaide Shobô, 1954); C. Hosoya, Siberia Shuppei no Shiteki Kenkyû (Tokyo: Yûhikaku, 1955); T. Mitani, Nihon Seitô Seiji no Keisei (Tokyo University Press, 1967); James W. Morley, The Japanese Thrust into Siberia--1918 (New York: Columbia University Press, 1957, reprinted by Freeport, 1972).

(12) J. David Singer, "The Level of Analysis Problem in International Politics," in Klaus Knorr and Sidney Verba (ed.), The International System: Theoretical Essays (Princeton: Princeton University Press, 1961), pp.72-92.

(13) Graham T. Allison, Essence of Decision: Explaining the Cuban Missile Crisis (Boston: Little Brown and Company, 1971), pp. 144-184; Morton Halperin, Bureaucratic Politics and Foreign Policy (Washington: Brookings Institute, 1974).

(14) James N. Rosenau, "Toward the Study of National-International Linkage," in Rosenau (ed.), Linkage Politics: National and International System (New York: Free Press, 1967), pp.44-66.

(15) Joseph Frankel, "Rational Decision-Making in Foreign Policy," The Year Book of World Affairs (1960), pp. 53-56; Sidney Verba, "Assumption of Rationality and Non-Rationality in Model of the International System," in James Roseneau (ed.), International Politics and Foreign Policy: A Reader in Research and Theory (New York: Free Press, 1969), pp. 217-231.

(16) Dean G. Pruitt, "Definition of International Action," in H. C. Kelman (ed.), International Behavior: A Socio-Psychological Analysis (Holt, Rinehart and Winston, 1965), pp. 391-432; James G. March and Herbert A. Simon, "The Concept of Rationality," in David Singer (ed.) Human Behavior and International Politics: Contributions from the Social-Psychological Sciences (Rand McNally and Company, 1965), pp. 340-343.

(17) Richard C. Snyder, "A Decision-Making Approach to the Study of Political Phenomena," in Roland Young (ed.), Approach to the Study of Politics (Evanston: Northwestern University Press, 1958), pp. 3-37; and R. C. Snyder et. al., Foreign Policy Decision-Making, pp. 92-103.

(18) In "Foreign Policy as an Issue-Area," in Rosenau (ed.), Domestic Sources of Foreign Policy (New York: Free Press, 1967), pp.11-50, Rosenau makes the concept of issue-area more concrete.

(19) The military in this paper indicates the leading thinkers of the army in the middle part of the Taishô era who exerted profound influence in formulating national policies. Inoue Kiyoshi, Taishôki no Seiji to Shakai, pp. 351-406.

(20) Hosoya Chihiro, "Taigai Seisaku Kettei Katei ni Okeru Nippon no Tokushitsu," in Hosoya and Watanuki (ed.), Taigai Seisaku Kettei Katei no Nichibei Hikaku (Tokyo University Press, 1977), p.2.

(21) Hosoya Chihiro, "The Prewar Japanese Military in Political Decision-Making," in Harold Schiffrin (ed.), Military and State in Modern Asia (1976), pp.19-29.

(22) As objects of research in the Taishô era, such issues as Japan's participation in World War I (1914), negotiations on Japan's 21 demands to China (1915), the Ishii-Lansing Agreement (1917), Siberian Intervention (1918), Japan's admission to the League of Nations (1920) and the Washington Conference (1921) are dealt with on a broad scale.

(23) Papers Relating to the Foreign Relations of the United States (to be referred to hereafter briefly as Foreign Relations 1918), Vol. 1, p. 172.

(24) Vivian L. Munson, "American Merchants of Capital in China: The Second Chinese Banking Consortium," Ph.D Dissertation, University of Wisconsin, 1968, University Microfilm 69-966, pp.49-68; Foreign Relations 1918, Vol. 1, p. 176.

(25) The U.S. Banking Group comprised 30 small banks--11 (New York), 4 (Boston), 4 (Chicago), 7 (St. Louis), 3 (San Francisco), and 1 (New Orleans). Refer to Nihon Gaikô Bunsho, the eighth year of the Taishô era, Vol. 2, Part 1, the 272nd document (Ambassador to France Matsui to Foreign Minister Uchida, June 8, 1917). However, according to the American sources (Foreign Relations 1918), Vol. 1, pp. 177-178), the U.S. Banking Group consisted of 33 small banks.

(26) Prof. Mitani describes the activities of Lamont in detail in a paper, "Wall Street to Kyokutô," in Chûô Kôron (September 1975), pp. 157-181 (esp. pp. 165-167).

(27) Refer to Nihon Gaikô Bunsho, the 232nd document (April 17, 1918); Foreign Relations 1918, Vol. 1, pp. 180-199, 1919, Vol. 1, pp. 423-436, 450-470.

(28) The 228th document (April 11, 1918), 229th document (April 12, 1918), and the 230th document (April 15, 1918).

(29) Hirano, "Nichibei Kankei no Naka no Chûgoku," pp. 306-308.

(30) The Specie Bank of Yokohama (ed.), Yokohama Shôgin Ginkôshi, Appendix A, Vol. 3 (Sakamoto Economic Research Institute and Nihon Keizai Hyôronsha, 1976), pp. 1179-1185.

(31) Roy W. Curry, "The New Consortium and Troubles," Woodrow Wilson and Far Eastern Policy (New York: Bookman Associates, 1957), pp.199-201.

(32) The 343rd document (May 13, 1919), the 253rd document (May 14, 1919).

(33) Foreign Relations 1919, Vol. 1, pp. 461-462.

(34) The 248th document (May 29, 1919).

(35) The 247th document (May 20, 1919).

(36) The 289th document (June 19, 1919).

(37) The 290th document (June 20, 1919); Foreign Relations 1919, Vol. 1, pp. 451-453.

(38) The Foreign Office, Department of Investigation, Bureau of International Materials, Secretariat of the Office to the Minister (ed.), Nihon Gaikô Nenpyô Shuyô Bunsho, (Tokyo: Hara Shobô, 1965), pp. 439-440.

(39) Hirano, "Nichibei Kankei no Naka no Chûgoku," p. 308.

(40) The 209th document (Governor of the Specie Bank Inoue Junnosuke to Director of the Bureau of Political Affairs Yoshizawa) and the 242nd document (Foreign Minister Uchida to Finance Minister Takahashi).

(41) Refer to the cabinet decision on May 20, 1919 (two instructions and one request to the Japanese delegate to the conference of the Banking Groups of four nations on the issue of organization of the new consortium for China), the 248th document.

(42) Kajima Morinosuke, Nihon Gaikôshi, Vol 120 (Tokyo: Kajima Heiwa Kenkyû Press, 1971), pp. 401-402.

(43) The 314th document (July 31, 1919).

(44) G. T. Allison, Essence of Decision, p. 176.

(45) See, for example, Shinobu Seisaburô, Kindai Nippon Gaikôshi (Chûô Kôronsha, 1942), pp. 205-225; Kurobane Shigeru, Taiheyô ni Okeru Nichibei Kôshôshi (Nansôsha, 1968), pp. 221-248; Horikawa Takeo, Kyokutô Kokusai Seijishi Josetsu, (Yûhikaku, 1958).

(46) See the speech of Foreign Minister Uchida at the 19th meeting of the Foreign Affairs Committee (August 7, 1919). Minutes of the Proceedings at the Foreign Affairs Committee, Vol. 9, (their original texts are kept at the Foreign Offices's Diplomacy Archives located at Roppongi, Minato-ku, Tokyo.)

(47) Kikuchi Takenori (ed.), Hyokushaku Chinda (Kyomeikaku, 1938), pp. 115-119.

(48) Kobayashi Tatsuo (ed.), Suiyuso Nikki (Tokyo: Hara Shobô, 1966), pp. 605-614.

(49) The speech of Minister of War Tanaka at the 19th meeting of the Foreign Affairs Committee (August 7, 1919).

(50) Kurobane, Taiheiyô, pp. 241-242; Shinobu, Kindai, p. 254.

(51) See also: R. C. Snyder, et. al., Foreign Policy Decision-Making; Herbert C. Kelman (ed.), International Behavior: A Socio-Psychological Analysis (New York: Holt, Rinehart and Winston, 1965); Kenneth E. Boulding, The Image (Ann Arbor: University of Michigan Press, 1956); K.E. Boulding, "National Images and International Systems," in James Rosenau (ed.), International Politics and Foreign Policy (New York: Free Press, 1969), pp. 422-431; and among Japanese works, Mushakoji Kinhide, Kôdo Kagaku to Kokusai Seiji (Tokyo University Press, 1972), pp. 230-239; and Sakano Masataka, Gendai Gaikô no Bunseki (Tokyo University Press, 1976), pp. 203-220 and 305-318.

(52) Shin, Hee-Suk, "Kindai Nippon no Taigai Seisaku Kettei Kikô to Gaikô no Ichigenka," Korean Society of International Politics (ed.) Kukje Jungchi Ronchong, Vol. 16 (1976), pp. 75-88, (esp. p.77).

(53) Kobayashi (ed.), Suiyuso Nikki, pp. 8-10.

(54) Banno,Gendai Gaikô, p. 103; Kobayashi, Suiyuso Nikki, p. 9.

(55) The speech of Itô at the 19th meeting of the Foreign Affairs Committee (August 7, 1919).

(56) The speech of Inukai at the same meeting.

(57) The speech of Prime Minister Hara at the same meeting.

(58) Hara Kei Nikki Vol. 8 (The Period of Premiership--One), p. 289 (August 5, 1919) and p. 291 (August 7).

(59) Nihon Gaikô Bunsho, the 8th year of the Taishô era, the Second Book, Vol.1, the 323rd document (Temporary Deputy Ambassador to Great Britain Nagai to Uchida, August 12, 1919).

(60) Ikei Masaru, "Uchida Kôsai," in Kokusai Seiji, Vol. 56: Japanese Diplomacy in the 1930's (Tokyo: Yuhikaku, 1976) pp. 1-21.

(61) Uchida Kôsai (Kajima Press, 1969), pp. 197-200.

(62) Kurobane, Taiheiyô, pp. 240-241.

(63) Horikawa, Kyokutô, pp. 346-359; Shinobu, Kindai, pp. 252-253.

(64) The speech of Foreign Minister Uchida at the 20th meeting of the Foreign Affairs Committee (August 13, 1919).

(65) Tokyo Asahi Shimbun, August 14, 1919.

(66) The Speech of Minister of War Tanaka at the 20th Meeting.

(67) Kurobane, Taiheiyô, pp. 241-242; Shinobu, Kindai, p. 254.

(68) Mitani, "Tenkanki no Gaikô Seido," pp. 363-364; Lt. Gen. Takada Toyoki Talks" (July 16 in the 5th year of the Showa era), in Documents Relating to Tanaka Giichi which are microfilmed and kept at the library of the Department of Political Science and Law, University of Tokyo.

(69) The Society of Manchurian History (ed.), Manshû Kaihatsu Yonjûnenshi Vol. 1 (1964), preface, and pp. 40-43.

(70) Asano Kôsaburô, Manshû Nenpô (Dairen, China: Nikka Jigyôsha, 1929), pp. 269-292.

(71) Tanaka Giichi Denki, Vol. 1, pp. 544-547; Vol. 2, p. 1080.

(72) Eto Shinkichi, Higashi Asia Seijishi Kenkyû, (Tokyo University Press, 1968), pp. 244-245.

(73) Hara Kei Nikki, Vol. 8, pp. 294-295 (August 13, 1919); Hosoya Chihiro, Siberia Shuppei, pp. 214-236.

(74) Hirano, "Nichibei Kankei no Naka no Chûgoku," pp. 300-301.

(75) Hara Kei Nikki, Vol. 8, pp. 296-297 (August 14).

(76) Uzaki Sagishiro, "Itô Who Came to the Fore," Chûô Kôron, No. 32 (July 1917), pp. 44-45.

(77) The speech of Itô at the 20th meeting.

(78) George Akita, "Discussing Miyoji Ito--A Career of a Politician Which Ended in Failure," in Albert A. Craig, Donald H. Shively, Motoyama Sachihiko, et. al. (ed.) The History and Personality of Japan, Vol. 2 (Minerva Shobô, 1974), pp. 117-119.

(79) Ibid., pp. 128-129.

(80) Hara Kei Nikki, Vol. 8, p. 299 (August 15).

(81) The speech of Inukai at the 20th meeting.

(82) Mitani, op. cit., pp. 363-365.

(83) Hara Kei Zenshû, Vol. 1 (1929), p. 1138.

(84) Ibid.; the speech of Hara at the 20th meeting.

(85) Mitani, "Tenkanki," p. 364.

(86) "Documents Relating to the New Consortium to China," Vol. 10 (preserved at the Foreign Office's Diplomacy Archives located in Roppongi, Tokyo).

(87) Hara Kei Nikki, Vol. 8, pp. 511-512 (September 8).

(88) Mitani, "Tenkanki," p. 364.

(89) The writer reached this conclusion through the research seminar about Japanese diplomatic history which was held under the sponsorship of the Japan Society of Political Science (October 12, 1977, at Kobe University).

(90) Nihon Gaikô Bunsho, the eighth year of the Taishô era, Vol. 2, the 324th document; Hara Kei Nikki, p. 297 (August 14); Tokyo Asahi Shimbun, August 14 and 15, the eighth year of the Taishô era; Tôkyô Nichinichi Shimbun, August 14 and 15.

(91) Hara Kei Nikki, Vol. 8, p. 458 (January 13).

(92) Nihon Gaikô Bunsho the ninth year of the Taishô era, Book 2, Vol. 1, the 167th document (Governor of the Bank of Japan Inoue to Foreign Minister Uchida, May 10).

(93) Mitani, "Wall Street to Kyokutô" Chûô Kôron, No. 1062 (September 1975), pp. 163-167.

※ Editer's note: Professor Shin's Ph.D Dissertation at University of Tokyo in 1978(September)

③ Current Domestic Trends in Japan & their implications for Korea–Japan Relations

ASIAN PERSPECTIVE, Vol. 11, No. 1, Spring-Summer 1987, pp. 108-119.

CURRENT DOMESTIC TRENDS IN JAPAN AND THEIR IMPLICATIONS FOR KOREA-JAPAN RELATIONS*

*Hee-Suk Shin***

I. Introduction

In the general election for the House of Representatives and for the House of Councillors in Japan, which was held on July 6 of last year, the ruling Liberal Democratic Party won an overwhelming victory with an unexpectedly high voter turnout. Prime Minister Yasuhiro Nakasone, welcoming his party's dramatic election victory as the "Voice of Heaven (Ten No Koe)," pledged to use the success in pursuing his very conservative-oriented[1] foreign and domestic policies.

Within this domestic climate, the Japanese history textbook issue has been under fire once again. The history textbook that emphasizes Japan's imperial tradition during the prewar period and gives scant attention to its wartime provocative aggression has ruffled Japan's foreign relations with its Asian neighbours, especially with Korea and China.[2] And only two months after the election, Mr. Nakasone fired Education Minister Fujio for his controversial remarks about the Japanese annexation of Korea which caused a major diplomatic ten-

*This is a research paper presented in the international conference on Northeast Asia in the 1980s: Political-Strategic Outlook and Policy-Options sponsored by Ilhae-George Washington University in November 1986. All views expressed in this paper are entirely the writer's personal ones. They do not reflect the official views of the Institute of Foreign Affairs and National Security.

**Dr. Hee-Suk Shin is Professor of the Institute of Foreign Affairs and National Security, Ministry of Foreign Affairs, ROK.

1. *The New York Times,* July 8, 1986.

2. The Japanese history textbook issue was the hottest diplomatic issue between Korea and Japan all through the summer of 1982.

sion in Korea-Japan relations.[3]

If we were to scrutinize these three different political phenomena, namely the conservative party's total victory, Japan's history distortion in the textbook, and the cabinet member's misperception on prewar Japan's foreign policy behaviour, there are some similarities among them. One of them is an indication of the rise of Japanese 'new-nationalism.'

It is not an exaggeration to say that these phenomena indicate that Japanese domestic politics and foreign policy have begun to shift toward a right-thinking era which is rooted in a strong feeling of their traditional nationalism. Taking advantage of the current Japanese political situation, it is widely said here in Korea that the antiquated new-nationalism, which is very conservative-oriented, has been emerging in present Japan.[4]

The purpose of this article is to analyze the current domestic trends in Japan and their implications for Korea-Japan relations.

First, we discuss the aforementioned Liberal Democratic Party's victory in the general election and Mr. Nakasone's political leadership within the LDP faction politics. Next the background and development of the so-called 'New-Nationalism' (Sin-Kok-Kashugi) in Japan is discussed. As the trends of domestic politics have indispensable relationships with foreign and security policies,[5] Japan's security environment and possible foreign policy options are then analyzed. And lastly, desirable Korea-Japan relations and the role of the United States will be mentioned in conclusion.

II. LDP Victory and Prime Minister Nakasone's Political Leadership

According to the contemporary Japanese political system, the Diet (Kokkai) is the highest organ of state power and the sole law-

3. *Bungei Shunju*, Tokyo, Vol. 64, No. 10 (October 1986) & Vol. 64, No. 11 (November 1986), particularly pp. 110-125.

4. *The Korea Herald,* July 10, 1986. Within this political context, it is expected that Prime Minister Nakasone will be able to push ahead with his political scenario to strengthen the self-defense force and increase Japan's military budget.

5. Regarding to the concept and theory on "Linkage-Politics," refer to (Rosenau, 1976).

making body (Ward, 1978: 149-156).[6]

In Japan's early politics, the Liberal Democratic Party is the major conservative political grouping inherited from the long tradition of party politics from the early years of the century (Sato, 1986: 6-31, 180-181; Shin, 1985: 125-146).

In the general election, the LDP won an overwhelming victory. The landslide victory represents the biggest win in postwar Japan's political history since the party's formation in 1955.[7] As a result of the election, the LDP captured 304 seats including, unexpectedly, the pro-LDP independents in the lower house (Shugiin). Although the election victory by LDP was widely anticipated, the results signify a lasting impact in the post-election Japanese political arena. It also indicates that Japanese politics have really begun to shift towards conservatism which is largely based upon traditional Japanese nationalism.[8]

The victory of Prime Minister Nakasone's LDP in the parliamentary election was a turning point in the domestic political history of modern Japan in that LDP politics were more fully supported by the mass public than ever before,[9] and Mr. Nakasone's political power base within the governmental party has been more stabilized since the election.

According to *The New York Times*, Prime Minister Nakasone, who is said to combine the charisma of a Kennedy with the zest of a Reagan, defied conventional wisdom. Mistrusted by members of the conservative establishment for his independent style, he savored his triumph in a private interview with some western intellectuals immediately after the election.[10] Mr. Nakasone said, "For the first time in postwar Japan's political history, I was able to bypass the Government and party bureaucrats and take my case directly to the Japanese people. They responded as American people responded to President Kennedy in 1960, but the political scene will not be the same again."[11]

The Liberal Democratic Party has produced extraordinary political leadership from Shigeru Yoshida to Mr. Yasuhiro Nakasone. With the

6. The Japanese Diet consists of the House of Representatives with 512 seats and the House of Councillors with 252 seats.

7. Professor Yoshitake Oka describes the formation process of the Liberal Democratic Party in details, including prewar Japan's political process with other political analysts (1978: 1-52, 69-166).

8. *The Japan Times*, July 8 & 9, 1986; *The Korea Herald*, July 10, 1986; *Dong-A Ilbo*, July 9, 1986.

9. *The New York Times*, July 16, 1986.

10. *Ibid.*

11. *Ibid.*

overwhelming triumph in the election, Nakasone could lay a firm claim to the mainstream of his party and he could make his political leadership rather stable in the party. Under LDP leadership, Japan's per capita gross national product is about to surpass that of the United States.

It is not an exaggeration to say that Japan is the top creditor nation in the world.[12] Its scientific and technical progress is remarkable. But the most serious question is whether the Japanese can see themselves as the world sees them, recognizing that success creates several responsibilities. There might be some perceptive gaps of mutual foreign policy image between the two (Deutsch and Merrit, 1965; Boulding, 1969: 97-114).

Mainly because of the party's landslide victory, Prime Minister Nakasone's term in office has been extended a year as the governing Liberal Democratic Party agreed to change rules that would have had him step down at the end of October. It is said that the action, which had been expected, came as a unanimous vote of the LDP parliament members. Nevertheless, LDP leaders, some of whom want to become Prime Minister themselves such as the so-called 'New Leaders,' were unwilling to give Mr. Nakasone a third term, and settled instead on a 12 month stretch.[13]

Our primary concern regarding the extension of Mr. Nakasone's term of prime ministership is the future orientation of his foreign and domestic policies which are clearly very nationalistic and very conservative-oriented. In this political context, many of the neighbouring countries worry about a possible revival of nationalism in Japan.

III. Background and Development of New-Nationalism in Japan

1. History Textbook Issue

The Japanese history textbook issue has been under fire since 1982. The textbook that emphasizes Japan's imperial tradition and justifies its colonial invasion of Asian neighbouring countries has ruf-

12. For example, unemployment remains under 3 percent, inflation is low, savings are high and wealth is more equally distributed than in most nations.

13. Three 'New Leaders,' Kiichi Miyazawa, Noboru Takeshita, and Shintaro Abe, all were said to be unwilling to support the extension of Nakasone's prime ministership until the last moment of the approval.

fled Japan's foreign relations with the countries concerned. A new high school textbook to be used in Japan has drawn criticism from both Koreans and Chinese for its distortion of historical facts in Japan's relations with those countries.

It is said that the textbook was closely examined and approved by Japan's Education Ministry. The textbook compiled by a 'nationalistic society (Kokkumin Kyokai) contains passages which gloss over Japan's colonial policies during its occupation of Korea from 1910 to 1945.[14] They also say that it mentions Japan's alleged conquest of Korea in ancient times, even though there is a lack of objective evidence to support such a contention.

It is likely that the Japanese government's approval of such a textbook will bring another diplomatic conflict with Korea and China. The first controversy arose about four years ago, subsiding only after Tokyo promised to correct the textbook. Another issue surfaced this past summer in spite of Japan's firm promise with the Korean government.[15]

From the Korean perspective, it is very difficult to understand what the Japanese education authorities have in mind in approving such a textbook for the growing generation of Japan. The Koreans question whether the the Japanese intend to promote a feeling of superiority over the neighbouring peoples in Asia among young Japanese or justify Japan's imperialistic policies during the war period.[16]

Similar criticisms have also come in recent months from Thailand, Hong Kong and the Philippines. People are afraid that an attempt to distort historical facts concerning Japan's foreign relations will seriously damage friendly ties with other Asian countries.[17] If this textbook issue is really a sign of the so-called emerging 'new-nationalism (Sin-Kokkashugi),' many of the Asian countries will be apprehensive about the future of Japan.

2. *Fujio's Dismissal by Nakasone*

Prime Minister Nakasone fired former Education Minister Fujio mainly because of his irresponsible remarks on the Japanese annexation of Korea which brought about a crucial diplomatic conflict

14. *The Korea Herald*, June 14, 1986.

between Korea and Japan.[18]

The repeated protestation of absurdity by Fujio regarding the old and unpleasant relations of Japan with its neighbouring countries led many Asians to suspect the genuine national interest of the Japanese government in promoting a good neighbourhood.

According to his statement in 'Bungui Shunju,' one of the leading monthly magazines in Japan, imperial Japan's colonization of Korea in 1910 was "legitimate," because Korea supposedly accepted it and thus bore some responsibility.[19] He also had unkind words for the American post-war occupation of Japan, by questioning, "who gave the victors (Americans) the right to judge the losers (Japanese) in 'Tokyo Saiban (Tokyo Trial, 1946-1948)'?"[20]

His remarks justifying Japan's annexation of Korea have provoked an angry outburst from Korea as well as from some intellectual circles in Japan. Contrary to his absurd argument, it is a clear-cut historical fact that the annexation in 1910 was illegitimately and forcibly imposed upon Korea.[21] It was an act of colonial invasion by prewar Japan.

In defiance of Japanese public opinion, Mr. Fujio also defended the 1937 Nanking massacre in China and the Japanese cabinet ministers' visit to the Yasukuni Shrine, which is dedicated to Japan's war dead including its war criminals.[22] Revival of postwar nationalism among Japanese is a matter of their own concern. However, it should not resurrect or approve of the infamy of the militaristic record of prewar Japan.

In this context, Prime Minister Nakasone expressed his deep regrets and apology to all Korean people for Mr. Fujio's controversial remarks, which did great damage to the national pride and prestige of the Korean people.[23]

---

18. Mr. Nakasone made the decision after Mr. Fujio refused to resign in response to prodding by the Prime Minister and other leaders of the ruling Liberal Democratic Party this September.

19. *Bungei Shunju*, Vol. 64, No. 11 (November 1986), pp. 110-125. Earlier to that, Fujio had referred to Koreans and Chinese in language crude by the standards of normally polite Japanese.

20. *The New York Times*, September 10, 1986.

21. *Ibid.*; *The Korea Herald*, September 13, 1986; Undoubtedly, it was an act of imperial invasion by prewar Japan.

22. *The Korea Herald*, September 13, 1986; *Bungei Shunju*, November 1986, pp. 115-124.

23. *The Korea Herald*, September 20, 1986; *The Japan Times*, September 20 & 21, 1986.

If this Fujio incident is really another sign of Japanese new-nationalism, we fear for Japan's future foreign relations with her Asian neighbours, particularly Korea and China, because the results will bring about other threats and tensions to those countries concerned.

3. *Rise of Japanese New-Nationalism*

We have reviewed the essence of the two different Japanese domestic and diplomatic issues, the history textbook issue and Mr. Fujio's dismissal by Prime Minister Nakasone, within the political context of possible signs of the rise of new-nationalism in present Japan. These domestic trends in Japan will not bring about peace and stability to world politics, particularly in Asia, if those events are really clear-cut symptoms of rise of a new-nationalism in Japan.

The dismissal of the Japanese Education Minister and an apology by the Japanese government for those two issue are expected to improve the official relations between Korea and Japan.

Japan has been said to have two different national characters; so-called 'Tatemae To Honne,' 'Ura To Omote,' and 'Uchi To Soto' (Vogel, 1979: 3-26; Reischauer, 1981: 146-156, 225-236). Japan describes itself as a peace-loving nation (Gaimusho, 1985: 1-20; Ministry of Foreign Affairs, 1985: 29-36). But at the same time, it also wants to imbue its people with a militaristic nationalism, which it appears to regard as necessary to become a political power in the international scene.[24] There might be no objection to say that the former Education Minister is one of the political leaders who wish to see the revival of its militaristic past. But we all understand that most of the Japanese political leaders including Prime Minister Nakasone want Japan to keep friendly and peaceful relations with its neighbouring countries including Korea and China.

We want to clarify that Mr. Fujio is not the only Japanese politician who has made controversial remarks against the Korean people. Former Foreign Ministers as well as leaders of the ruling Liberal Democratic Party have often asserted that Japan's colonial occupation of Korea was beneficial to the modernization of Korea.[25] This

24. *The Korea Herald*, September 13 & 20, 1986; *The New York Times*, September 20, 1986.

25. Kubota's statement in the Korea-Japan talks in early 1953, Sinoda's remarks as a former Foreign Minister and former Prime Minister Tanaka's statement on Korea-Japan relations are good examples.

extreme way of thinking will not be welcomed by any country in Asia.

What is more worrisome to the Korean people and other Asians is that even those who profess a desire for improved relations with their neighbours may share the view held by those ultra-conservatives. They would like an economically and militarily strong Japan.

With these domestic political trends and the rising new-nationalism, Japan has moved towards a rather positive role in world politics. What about Japan's security environment and possible foreign policy options within these domestic trends?

IV. Japan's Security Environment and Possible Foreign Policy Options

Japan has faced Soviet military threats on one side and U.S. demands to increase its defense burden on the other. In this respect, Japanese foreign and security policies are important determining factors affecting peace and security on the Korean peninsula (Shin, 1984: 806-811).

Japan has been trying to strengthen its defense capabilities while maintaining a cautious posture and keeping its eyes close to the developments of U.S. policy towards the Far East. This foreign policy posture is considered to be derived from the above-mentioned domestic political trends because internationalization of domestic politics and internalization of international politics is a common phenomenon.[26] Indeed, there is a clear sign of linkage politics between domestic political process and foreign policy-making (Rosenau, 1976), particularly, in the case of Japan, where spheres of policy-making competence are scattered among three different major decisional units including the LDP, Foreign Ministry, and business circles (Eto, 1974; Shin, 1986b), foreign and security policies are outputs of political bargaining games among the domestic political units (Allison, 1971: 144-181).

Japan's possible foreign policy options can be categorized as follows.

1) The first option would be the maintenance of the existing status quo based on the Japan-U.S. cooperation system, which sub-

26. In this respect, Professor Akio Watanabe of the University of Tokyo analyzes the Korea-Japan relations (Watanabe, 1985: 41-58).

sumes Japan's dependence on recent defense capabilities. As the basic objective of Japanese foreign policy is to contribute to world peace and stability and to the harmonious progress of the entire international community, Japan is expected to maintain this present policy under the first option. Japan's role is also expected to be broader in the fields of economic and political cooperation.

2) The second option, which might be favorable to Korea, would be to share the security burden with other countries in proportion to the economic strength of each country. Should Japan choose this option, it would not emerge as a military threat to the surrounding countries like Korea and China. Under these domestic circumstances, the possibility of a rising new nationalism in Japan would be excluded for the time being, and at the same time. Japan could contribute to promote cooperation and dialogue among the nations of the world.

3) The third option would be for nuclear armament to develop as a military superpower in pursuit of an independent defense policy based on prewar Japan's militaristic nationalism. Japan would be free from the Japan-U.S. security arrangements, and would attempt a competitive and equidistant diplomacy with both the United States and the Soviet Union. This foreign policy would undoubtedly be reminiscent of the foreign policy objectives of prewar Japan.

4) Option four would be to maintain the military capabilities at the present level and renounce Japan-U.S. cooperation system for pursuing equidistant diplomacy between the two superpowers. Under this policy, Japan would try to keep a neutral position on international politics.

5) The fifth and the last option would be to take a submissive stance to the military threat from the Soviet Union, assuming the present role of the United States in the area. Under this option, it is inevitable for Japan to have unfriendly relations with the U.S.

Among these five options, Japan is most likely to continue with the first option for the time being. However, option two would be comparatively desirable not only for Korea in pursuing Korea-Japan friendly relations and also for the U.S., in that this option can contribute to the maintenance of peace and stability in Asia. No one can tell how strongly Japan wants to take the second option. As far as the present international environment is concerned, option four and option five are the most unlikely ones (Shin, 1982: 72-76).

The possibility that Japan might pursue option three is comparatively high, because the Japanese perception of national security has been highly inspired by the increasing military threat from the Soviet

Union. Particularly, as we have scrutinized already in this paper, recent domestic political trends in Japan, such as the textbook issue, the former Education Minister's dismissal and the other emerging indications of new-nationalism in Japan, lend evidence in support of this judgement. Needless to say, choosing the third option will lead Japan to the revival of prewar militarism, which would be regarded as an undesirable factor for future Korea-Japan friendly ties, and as a big threat to all her Asian neighbours (Shin, 1982).

V. Conclusion: Korea-Japan Relations and the United States

It seems to me that since the normalization of Korea-Japan relations in 1965 liquidating their past colonial ties, the two countries have experienced the most positive progress in bilateral relations during Prime Minister Nakasone's stay in his office. He chose Korea as the first foreign country to visit officially after he was elected Prime Minister of Japan. His recent visit to Seoul was also his first overseas trip since he led his Liberal Democratic Party to an overwhelming victory in the general election in July.[27]

These are good indications of how he values the positive relations between Korea and Japan and fortunately enough, it is reported that his recent visit carried much greater significance for future Korea-Japan relations than his symbolic purpose of attending the opening ceremony of the 10th Asian Games. The Prime Minister's appearance in Seoul in September 1986 has been seen as a demonstration of Japan's positive support for not only the Asiad, but also for the 1988 Olympic Games in Korea.[28]

However, we also understand that there still remain unsolved problems that stand in the way of further improvement in the bilateral relations. The problems include the growing trade imbalance, the controversial finger-printing requirement for Korean residents in Japan and transfer of advanced technologies. But we are sure that diligent efforts between Korea and Japan will be made for the betterment of friendly relations in the future.

Japan and the United States have a close and deep relationship covering almost all aspects of their national lives which recognizes the vital importance of maintaining these close ties and friendly cooperation (Ministry of Foreign Affairs, 1985: 30-31; Shin, 1986a: 51-66).[29] On the basis of this foreign policy towards the United States, we understand that Prime Minister Nakasone apologized for his remarks about ethnic minorities in the States.[30] What he said in a statement that was delivered to members of Congress and Administration officials is a clearcut reflection of how much Japan values the U.S. He said, "I realize that my recent remarks have offended many Americans. I would like to express my heartfelt apology." He continued, "it is my strong political commitment to strengthen the friendship between our two peoples, and I am determined to work for this cause."[31]

Back to the Japan's five different foreign policy options, the U.S. can work with the Japanese governmental leaders to choose an appropriate foreign policy option since Japan has been largely dependent upon the U.S. in choosing its course of action. What kind of option will Japan really take? This is our primary concern. However, one certainty is that the gradual emergence of new-nationalism in Japan (option three) will bring about political tensions in future Korea-Japan relations.

References

Allison, Graham T. 1971. *Essence of Decision: Explaining the Cuban Missile Crisis*. Boston: Little Brown and Co.

Boulding, Kenneth E. 1969. *The Image: Knowledge in Life and Society*. Ann Arbor: The University of Michigan Press.

Deutsch, Karl W. and Richard L. Merrit. 1965. "Effects of Events on National and International Images." *International Behavior,* edited by Herbet C. Kelman. New York: Holt, Rinehart and Winston.

Eto, Shinkichi, 1974. "Foreign Policy Making in Japan." *Jouranl of International Law* (in Japanese), Vol. 72, No. 6.

Gaimusho, ed. 1981. *Waga Galkono Kinkyo* (Present Situation of Our Diplomacy: Foreign Policy Blue Paper). Vol. 29.

Ministry of Foreign Affairs, 1985. *The Japan of Today*. Tokyo: Government of Japan.

29. This firm relationship between Japan and the United States has been the cornerstone of Japan's and multilateral diplomacy.

30. *The New York Times*, July 16 & September 27, 1986.

31. *The New York Times*, September 27, 1986.

Oka, Yoshitaek, ed. 1978. *Political Process in Modern Japan* (in Japanese). Tokyo: Iwanami Shotem.

Reischauer, Edwin O. 1981. *The Japanese*. Cambridge: Harvard University Press.

Rosenau, James N. 1976. *Linkage-Politics: National and International Systems*. New York: The Free Press.

Sato, Seizaburo. 1986. *Political Regime of the Liberal Democratic* Party (in Japanese). Tokyo: Chuo Koronsha.

Shin, Hee-Suk. 1986b. "Foreign Policy-Making Process in Pre-War and Post-War Japan." *Annual Report of the U.S.-Japan Program*. Cambridge: Center for International Affairs, Harvard University.

________. 1986a. "Postwar Japanese Diplomacy Within Interdependent World Politics." *Korea & World Politics,* Vol. 2, No. 1.

________. 1985. "Foreign Policy-Marking Process in the Liberal Democratic Party." *The International Political Trends and Korea's Policy Directions: Annual Report*. Seoul: IFANS.

________. 1984. "Security of Northeast Asia and the Role of Japan." *Korea & World Politics,* Vol. 8, No. 4.

________. 1982. "Security in Northeast Asia and Japan" (in Japanese). *Seikai Oharai,* Vol. 48, No. 1.

Ward, Robert E. 1978. *Japan's Political System*. Englewood Cliffs: Prentice Hall.

Watanabe, Akio. 1985. *Korea and Japan in World Politics*. Seoul: KAIR.

Vogel, Ezra. 1979. *Japan as No. 1: Lessons for America*. Cambridge: Harvard University Press.

※ Editer's note: Compiled from Asian Perspective(1987)

Current Politics and Economics of Japan Volume 4 Number 2/3

KOREA'S RESPONSE TO THE CHANGING WORLD POLITICS IS A POWER VACUUM DEVELOPING IN NORTHEAST ASIA?

Hee-Suk Shin
Professor and Director-General
Institute of Foreign Affairs and National Security
Ministry of Foreign Affairs
Seoul, Korea

It is generally accepted that the Cold War is over, and a Post-Cold War period has emerged. The resulting end of the Cold War, combined with the relative decline of the United States as an economic superpower, has brought about a fundamental change in the international political structure and world politics. In the rapidly changing world environment, every nation needs to reassess the basic assumptions and priorities of its foreign and security policies.

Korea also faces a similar situation. In particular, the United States and Japan, two countries which have very close relations with the Republic of Korea (South Korea), are currently in the process of reevaluating the basic assumptions, objectives and principles of their external policies. Any resulting policy changes will have a direct influence on South Korea's security assessment and on the stability of the Korean peninsula.

Japan is reevaluating the basic premises of its post-war policy, characterized by a high dependence on the United States, and passive, low pressure diplomacy. In the past, Japan was primarily concerned with economic growth and the domestic and regional stability required for its export-driven economy to flourish. Now, Japan is beginning to articulate a stronger voice in international politics, commensurate with its position as an economic superpower. Its strong position is further underscored by the fact that the importance of economic power is growing relative to that of military strength.

The United States is also faced with some difficult challenges in foreign policy which have a direct bearing on Korea. Faced with a staggering budget deficit and increasing pressure to trim defense commitments overseas in lieu of the perceived peace dividend resulting from the end of the Cold War, there have been calls for a significantly reduced military presence, not excluding the Asia-Pacific theater. Many feel that the time has come for the nations of the region to assume a greater role in defence burden sharing. This has raised fears that the U.S. could prematurely disengage from the region, including the Korean peninsula, prompting other regional powers - China, Japan or Russia - to possibly attempt to fill the resulting power vacuum.

Such a transformation of the international system presents Korea with serious challenges as well as opportunities in its foreign relations. Challenges exist because, even as the world as a whole is moving toward reconciliation and cooperation, South Korea is still locked with North Korea in a mutually suspicious and tense relationship. Internally, democratization has spawned more vocal and assertive interest groups and a more involved private sector in foreign affairs issues. Trying to meet the demands of these diverse interests is a challenge for the Kim Young Sam administration.

At the same time, changes in the international environment are providing South Korea with the opportunity to expand and diversify its foreign relations, politically and economically. This provides Seoul the latitude to pursue a more independent foreign policy, irrespective of stringent former alliance constraints.

Until the 1980's, South Korea had pursued the following policy objectives based on the existing international structure and order:

1) To obtain recognition by various countries and international organizations
2) To complete with North Korea and maximize security
3) To achieve economic development and growth
4) To enhance international status
5) To foster international conditions and to promote unification

Its success in establishing diplomatic relations with the countries of the former socialist bloc, including the former Soviet Union and the People's Republic of China, is both a result of and a part of the reason for the changing international environment.

CHANGES IN INTERNATIONAL RELATIONS

Since the early 1990's the world has been experiencing revolutionary changes. The official June 1990 declaration at a U.S.-USSR summit meeting that the Cold War had ended was an epoch-making event. What has since evolved, with German unification as well as the disintegration of the former Soviet Union, has made the pace and depth of the change no less breathtaking than before the declaration.

Major changes in world politics are:

1) The end of bipolarity
2) The trend toward accommodation and reconciliation among states
3) The changing balance between military and economic capabilities
4) The incremental movement toward market economies
5) The changing concept of "security" and the rise of regionalism

Korean security interests and policies by and large will be affected most directly by the direction of U.S. policy. The end of the Cold War and the American success in the Gulf War have made the United States the predominant power in world politics. However, with America's relative economic decline and the pluralization of the world, there are divergent and contending views regarding the role that the United States should play in the years ahead, regarding its orchestration of global economic, political and security policies.

Interestingly, it was the former Soviet Union's rapprochement with South Korea that triggered a cross-recognition cycle between the two Koreas and the major powers, disposing of years of alliance bloc mentality. With both Russian and eventually Chinese support, in 1991 South Korea successfully gained membership in the United Nations. Not to be isolated even more, North Korea reluctantly followed suit. This situation of dual membership and recognition was something that Pyongyang adamantly opposed for decades.

However, contrary to the widely-held expectation that Japan would be the second major power to establish diplomatic relations with both Koreas, China moved first to normalize its relations with South Korea while the Japanese normalization effort with North Korea stalled due to Pyongyang's refusal to allow mutual inspections of nuclear facilities between the two Koreas. The United States and South Korea have coordinated their efforts to persuade North Korea to abandon its suspected nuclear weapons project and commit once again to the Nuclear Non-Proliferation Treaty (NPT), which North Korea announced in March 1993 that it would withdraw from. This very grave development is not only of acute concern to South Korea, but also to the world community as a whole, since it undermines the viability and effectiveness of that non-proliferation regimen. Additionally, it has alarmed Japan so much that in the late summer of 1993, Japanese Foreign Minister Kabun Muto alluded to reservations he held about automatically renewing Japan's membership in the NPT, due to North Korea's unpredictable actions. Of course, that statement only served to heighten fears among Japan's neighbors regarding her true motivations.

For example, although the diplomatic normalization between China and South Korea was achieved for reasons and logic of its own, there was an important element that existed, independent of economic and other bilateral interests. It was the perception in both China and Korea that Japan is preparing to expand its political role and influence in Asia, as evidenced in the Miyazawa Doctrine promulgated in January 1993. This has spurred Japan's neighbors to undertake countervailing moves due to their fear of the implications of Japan's passage of the PKO bill, the importation of large quantities of plutonium, and the apparent emergence of "new-nationalism".

From the point of view of many Asian and Americans, concerns about Japan are gradually replacing those related to the Soviet Union as justification for a continuing U.S. military presence in the region, especially in Japan and Korea. It is not so much that Japan is seen as a present threat as it is the concern that, in the event of a reduction in U.S. military presence, Japan might try to fill the resulting power vacuum, prompted by a sense of insecurity or from a sense of its new responsibilities in the region.

Although not as threatening to Korea, many Asian nations, particularly those in Southeast Asia, have become increasingly worried about the growth of China's regional military power. In particular, China claims sovereignty of the Spratly Islands in the South China Sea, which are claimed by five other nations. Even though China has pledged not to forcefully seize any disputed areas, its recent stationing of military personnel on the islands set off alarm bells in the region. As China's drive for economic growth continues and the need increased for the valuable resources that lie in the exclusive economic zones surrounding these tiny islands, it is feared that China may resort to force. Related to this, China's military modernization will likely assume a more forward defense posture in light of the need to potentially defend its claims, creating further anxiety in the region.

South Koreans are now beginning to recognize the necessity of security ties, not only to meet the North Korean threat but also as an irreplaceable balance to the four major powers. Multilateral security arrangements in the Asia-Pacific region constitute a proposed response to an expected reduction of the U.S. presence in the region, as well as an anticipated increase in the role and influence of other powers, particularly Japan and China. It is too late, however, to think about an arrangement such as NATO and it is premature to attempt an Asian equivalent of the CSCE. The ASEAN PMC formula proposed by ASEAN and supported by Japan is worthy of pursuit and support, but it will have a limited relevance to Northwest Asia.

In fact, the "geopolitical" elements still have too strong a presence in the area surrounding the Korean peninsula for a collective security system to be effective and sufficient. Here, I want to point out the necessity for an "equal-distance" approach toward inter-Korean issues including the North Korean nuclear question in order to balance Washington's global strategic viewpoint and China's concerns about regional stability.

The issue of nuclear weapons on the Korean peninsula has been in the spotlight since North Korea announced in March 1993 that it was withdrawing from the Nuclear Non-Proliferation Treaty (NPT) and would refuse to allow inspects of its nuclear facilities by the International Atomic Energy Agency (IAEA). Regarding this matter, it is fortunate that China and South Korea have recently agreed that the Korean peninsula should be declared a nuclear-free zone. Another recent movement on this issue is that Chinese officials, both explicitly and implicitly, expressed their strong intention to play a role in persuading North Korea to retract its decision to leave the NPT when they met South Korean officials in Bangkok in April 1993. This issue particularly will provide a test for the regional players to cooperate and coordinate their policy responses in order to bring North Korea back to the bargaining table and ultimately back into the world community.

South Korean Policy Options

Given the radical changes in international relations taking place on both global and regional levels, Korea needs to make a comprehensive and long-term assessment of the situation and make choices in several issue-areas:

1) The Relationship with the United States and Japan

Roughly speaking South Korea's relationship with the U.S. has been dominated by security concerns, while its relationship with Japan has focused predominantly on economic issues. In recent years, Korea has made an effort to move away from this situation, particularly into non-military areas. But now, diplomatic normalization with China and Russia seems to have accelerated this diversification process. However, given the painful colonial history between Japan and Korea, it is imperative to continue to nurture the cooperative relationship that has been developing since the normalization of relations in 1965, not only for the benefit of the bilateral relationship, but also to enhance peace and stability in the Asia-Pacific region.

2) The Weight of Military Security

Ever since the Korean War, South Korea has been preoccupied with the immediate threat from North Korea. As a result, security concerns have been given the highest priority in domestic policy and budget allocations. With the changing environment, the situation is gradually becoming more complex in terms of the source and type of threat. This requires consideration of the broader regional context and of non-conventional issues such as nuclear safety, the environment, resources and economic security.

3) Attention to Universal and Ethical Issues

Korea has been preoccupied with short-term and highly secular interest, mainly in the areas of economy and security. Due to urgent and immediate domestic problems it could not pay attention to more universal issues such as global peace, moral values or ideals. As Korea continues to move toward joining the ranks of the highly industrialized nations, it will need to devote more thought to developing a stronger platform in these areas.

4) The "Non-Zero Sum Game" with North Korea

As a divided nation, South Korea has for the most part been competing with North Korea, in effect playing a "zero sum game". This was inevitable in the face of external attack and internal subversion. Economically and internationally however, North Korea is no longer in a position to be South Korea's serious rival. The July 7, 1988 declaration was meant to underscore South Korea's previously stated willingness to accept North Korea as a partner, not a competitor, in the international arena. Now that it has established diplomatic relations with all four major powers, perhaps South Korea can start to play a "non-zero sum game" in earnest. Korea can now seriously pursue its "unification diplomacy" independent of the former Cold War power politics, and should make plans with the interest of a unified Korea in the future.

5) Multilateralism

Finally, South Korea can play a more active role in the promotion of and participation in multilateral arrangements, both regionally and globally. Already, Seoul played a key role in the organization and development of the Asia-Pacific Economic Council (APEC). It should pay more attention to, and become more involved in, non-economic organizations and arrangements.

In summary, the external circumstances and internal developments enable Korea to exercise greater flexibility in foreign relations and emphasize the need for a farsighted and multilateral approach to foreign policy in the years to come.

※ Compiled from "Politics & Economics of Japan" (1995)

⑤ Dynamics of Korea's Relations with the United & Japan(Japan-America Societies, 1995)

A paper to be presented for the '95 International

Symposium of Japan-America Societies

Honolulu, Hawaii

June 19-21.1995

Hee-Suk Shin Ph. D.

Professor and Director-General. Division for Asia-Pacific Studies

the Institute of Foreign Affairs and National Security

Ministry of Foreign Affairs

Seoul, Korea.

CONTENTS

1. US, Japan and Korea in the Changing Northeast Asian Politics

The end of Cold War has brought about fundamental changes in world politics. The changing international environment embodies several tendencies.

These include the multi-polarization of the international system, increasing political reconciliation among nation-states, the rising importance of economic relations and interde-pendence among nations.

Those changes require every nation to reassess its basic assumptions and priorities in making foreign and security policies. Korea faces such a situation. In particular, the United States and Japan, which have maintained very close relations with the Republic of Korea (South Korea) are currently in the process of restructuring their foreign policy objectives and behavior. Any resulting policy changes will have direct impact upon South Korea's international security environment and upon the stability of the Korean peninsula.

The United States has faced some difficult challenges in making and implementing foreign policy that will have a direct impact on Korea. Korean security interests and policies by and large have been affected by the direction of U.S. policy. The end of Cold War and the American success in the War of Culf has made the United States the unique superpower in world politics. However, with America's relative economic decline and the multi-pluralization of the international system, there are divergent and contending views regarding the role that the United States should play in the post-Cold War world.

Japan undoubtedly has been one of Korea's the most important countries before and after since the end of World War II. Japan is reevaluating the basic premises of its post-war foreign and security policy, characterized by dependence on the United States and low-posture diplomacy. In the past, it was primarily concerned with economic growth and regional stability for its export-driven economy to flourish. However, Japan is now beginning to articulate a stronger position in international politics, one commensurated with its position as an economic superpower. Japan's strong position in the international system is further strengthened by the reality that economic and technological power is gradually becoming more important than military capabilities.

Faced with the staggering budget deficit and the increasing pressure to trim defense expenditures, the Clinton administration should deal with calls for a significant reduction in the U.S. military presence abroad, particularly in the Asia-Pacific theater. Many people in the U.S. Congress feel that time has come for the nations in the region to bear a greater defense burden.

This raises fears that the U.S. could prematurely disengage from the region, including the Korean peninsula, possibly prompting regional powers (Japan, Russia and China) to attempt to fill the resulting power vacuum.

It is widely held in Asia including South Korea that Japan is preparing to expand its political role and security influence in Asia. Japanese Diets' passage of the PKO bill and the emerging trend of new-conservatism have spurred its neighbours' suspicion and counter-vailing moves.

For many Asians and Americans, concerns about Japan's expansionism are gradually replacing those once held toward possible threat by former Soviet Union which could have provided a strong ground for justifying a continuing U.S. military presence in the region. Their fear is that, in the event of U.S. military withdrawal, Japan might try to fill the power vacuum with its own power, prompted by either a sense of insecurity or a sense of its newly expanded responsibilities in the region.

2. Dynamism in Asia-Pacific and Korean Peninsula

Asia and the Pacific is a region where the interests of three nuclear powers (namely the United States, Russia, and China) and one economic superpower (Japan) intersect. In-between these big powers, there are smaller states including the two Koreas. Over recent decades, the Asia-Pacific economy has grown more rapidly than any other places. As a result, the economy in the region has become the main source of dynamism in international trade and investment.

In view of this economic dynamism of the Asia-Pacific region, there are three general observations about the characteristics of the regional system.

To begin with, the strategic environment in the Asia-Pacific region is different from that in the Europe-Atlantic region. The former is characterized by greater diversity and regional disputes.

Secondly, in relative terms, the influences of the United States and Russia in the region seem to be on the decline, which those of Japan and China are on the rise, thus giving them more rooms for pursuing predominance over the region.

Thirdly, Japan and the Asian NICs including Korea have successfully pursued economic growth and technological development through a unique combination of the state role and market mechanisms. The Korean peninsula becomes geopolitically one of the important parts of this region.

The tension on the Korean peninsula is still high, particularly over North Korea's nuclear weapons program. Nevertheless the Korean peninsula could not be immune to the dramatic changes in its international relations in the past few years.

Japanese efforts to normalize relations with North Korea stalled due to Pyongyang's reluctance to allow mutual and comprehensive inspections of its nuclear facilities by IAEA. The United States, Japan and South Korea have coordinated their efforts in persuading North Korea to abandon its suspected nuclear weapons project and to keep its commitments under the Nuclear Non-Proliferation Treaty (NPT), from the position which North Korea announced its withdrawal in March 1993.

Since the Geneva Accord between the U.S and North Korea in October, 1994, it can be believed that North Korea will eventually take the way of peaceful coexistence in its relations with South Korea in the future.

In such an event, a new era of genuine reconciliation and cooperation will emerge. Undoubtedly, settlement of the North Korean nuclear issue will lay a firm foundation for the establishment of peace on the Korean peninsula.

It will further contribute to the Northeast Asian region a safer and more peaceful place. Recently, the diplomatic channels of have launched to move so fast to tackle this pressing issue. This nuclear issue has already became an international issue rather than local or regional one.

Since the Geneva Accord the United States, Japan and Korea have held official talks several times to finance US $4 billion as part of the North Korea nuclear deal. The purpose of the talks was to establish an international consortium called the Korea Energy Development Organization (KEDO) which will eventually handle the matters including financing the project to shift from graphite nuclear reactors to light-water reactors in North Korea.

The three countries agreed that meaningful inter-Korean dialogues are also essential to secure a smooth implementation of the U.S. -North Korea puclear agreement. It is our firm belief that South Korea should play a key role in the project proposed by KEDO and the light-water nuclear reactors to be supplied to the North Korea should be South Korea's model.

3. Necessity for Korea-Japan Regional Cooperation

The South Korea's relations with the United States and Japan are the most important parts of its foreign policy. In general, Korea's relationship with the U.S. has been dominated by security commitments, and that with Japan by economic interests.

Despite the past colonial relationship between Korea and Japan, it is imperative to maintain the cooperative relationship that has been developing since the normalization of diplomatic ties in 1965 not only for both countries but also for peace and stability in the Asia-Pacific region as a whole.

In such a context of Korea-Japan relations our immediate questions are: What kind of expanded role should and could Japan play in the context of Korea-Japan relations in the future, and will the twenty-first century be an age of the Asia-Pacific region with Japan at its center? Some people in Korea and the U.S. suspect that Japan could lead world politics.

In view of the fact that Northeast Asia is the principal area where Korean and Japanese interests intersect.. The cooperation of the two economies in this area is a key test whether the Korea-Japan partnership could be possible or not. Korea-Japan diplomatic partnership is vital and prerequisite to bringing regional stability and economic dynamics. There have always been significant areas of cooperation and coordination between Korea and Japan.

As mentioned earlier, it is widely held in Korea that Japan is preparing to expand its role in the political and security affairs in Asia.

Recently, the Japanse government, expressing its regrets for Japanese military actions during world War II, has sought a permanent seat in the UN Security Council and has expressed its willingness to discharge its commitment as being "a nation of peace". Japanese Foreign Minister Kono has also repeated the same intention early this year. This reguires an intimate diplomatic cooperation between Korea and Japan.

This year Korea and Japan will mark the 30th anniversary of the normalization of diplomatic relations in 1965. On the other hand, 1995 is the 50th anniversary of the end of the World War II, and Korea will also mark the 50th anniversary of its liberation from the Japanese colonial occupation. Two decades of an unofficial relationship between the two neighbouring countries until the normalization between Korea and Japan in 1965 could be characterized as after the complicated nature of the Korea-Japan relationship, and the last three decades after normalization are also different types of another complicated type of relationship.

One of the characteristic aspects of the current Korea-Japan relations is that the competitive national sentiments (Kokuminkanjio) and the negative mutual image among the two peoples primarily were formulated during the colonial period have been the major undermining factor of the relationship between the two countries.

Nobody can deny the necessity of mutual cooperation between Korea and Japan. In view of geographical proximity, historical and cultural ties and the existing security and economic interdependence, Korea-Japan friendly relations are mutually beneficial. In simple terms, the relationship has two different aspects.

One is mutually competitive and the other is mutually complimentary.

Since last year, both Japan and Korea have undergone a similar process of political reform. The coalition government under Prime Minister Murayama also gave the final blow to the so-called "55 political system", under which the governing Liberal Democratic Party had enjoyed political dominance for nearly four decades. Political reforms attempted by the three different coalition governments of Murayama Cabinets, have been expected to usher in a more trans-parent and assertive Japan.

The relationship between Korea and Japan should develop into a future-oriented partnership after the 30h anniversary of the establishment of diplomatic ties and of the 50th anniversary of Korea's liberation from the Japanese colonial rule. As he two countries need each other, the political and diplomatic leaders of both countries sometimes will agree on the necessity to strengthen the ties of friendship between the two countries.

It is, indeed, in the context of such a shifting regional security environment that it requires more thorough analysis of the role of the U.S. and Japan in the Asia-Pacific in the years ahead.

4. Conclusion: How Korea will Respond

As mentioned earlier, the international environment in Asia-Pacific region is under an unprecedented transition.

To meet the upcoming the Asia-Pacific era of 21st century. Korea will not only actively participate in regional cooperation but also pursue a constructive and diplomatic role which will contribute greatly to the regional goals.

There are some views in Korea about the way how to achieve the consolidation of peace and stability. One conceivable way is to form a multilateral forum in the region to chart its future course which will seek comprehensive regional disarmament and security and to establish an Asia-Pacific multilateral security framework mainly consisting of the U.S., Japan and Korea. Under this security framework, it could possibly include some regional forum like ASEAN for wider multilateral dialogue in that effect.

Korea's diplomacy for national reunification involves three related tasks: the management of the division, achievement of reunification, and preparation for the post-unification era.

As mentioned previously, Korea's relationship with the U.S. has been dominated by security concerns, while that with Japan has been dominated by economic issues. But now, Korea's diplomatic normalization with China and Russia have been appeared to accelerate diversifed processes to the reunification.

However, given the traditional and friendly ties between Korea and the United States particularly since the end of Korean War, the Korean people are very much thankful to the Americans for what they have contributed to the Korea's nation-building and economic development process. The Korea-American alliance structure has been strengthened under the constant threat of North Korea during the Cold War period, since the threat from the North seemed to be considerably diminished and the economic securities of both nations are challenged.

In the coming years of the so-called "economic cold war." it is conceivable for the U.S. and Korea to become economic allies. As the U.S. Korea security partnership has been successful, the U.S.-Korea economic partnership will also be possible. As the "comprehensive security" is more generally referred to as a new concept of the new world order, "comprehensive alliance" relationships may be desirable. The United States and Korea need to strengthen their bilateral relations in the spirit of comprehensive alliance..

And given the colonial relationship between Japan and Korea, it is imperative to maintain the cooperative relationship that has been developed since the normalization of diplomatic relations in 1965, not only for the benefit of the bilateral relationship but also for enhancing peace and stability in the Asia-Pacific region.

Ever since the Korean War, South Korea has been preoccupied with the immediate possible threat from North Korea. As a result, security concerns were given the highest priority in domestic policy-making and budget allocation. As Korea's security environment is gradually becoming more complicated. Korea's perception to the external threat has also been changed.

These require Korea to look into the broader regional context and non-conventional defense issues such as the matters of nuclear safety, environment and economic security.

Korea-Japan relations are taking on a new shape in the midst of political reform. On the occasion of President Kim's visit to Tokyo last year, it was reported that the Japanese Prime Minister mentioned about the need to diversify and internationalize the channels between the two countries in order to establish a future-oriented relationship. This also emphasizes the significance of building mutual trust between the two people by putting aside the uncomfortable past.

Internationalization means to expand the scope of bilateral ties to the regional and global ones. In constructing new Korea-Japan ties, there is a real need for cooperation in areas with regional or global implications,

In order to overcome the historical animosity, both Korea and Japan are urged to take a forward-looking stance and future-oriented diplomatic posture toward each other. This would be possible ways to implement regional cooperation in the security and economic fields, signed to some reservation that the Japanese should be more sincere for what they did during the wartime period. By doing so, we can expect a much more cooperative and future-oriented Korea-Japan regional partnership in the years to come.

6 U.S.-Japan Relations and the Politics of North East Asia

A Publication by
The Japan-America Society of Washington
1020 Nineteenth St., N.W., LL #40 Washington, D.C. 20036

Washington-Japan Journal

Volume V, Number 1 1996

In This Issue...

U.S.-Japan Security Relations
And the Politics of North East Asia

Hee-Suk Shin

This article was commissioned for this issue of the Society's Journal focusing on security issues.

The U.S.-Japan Joint Security Accord and Japan's Collective Defense

The purpose of this policy paper is to analyze the essence of U.S.-Japan security relations and its on-going policy implications for North East Asia and to outline future prospects of U.S.-Japan Relations from a Korean perspective.

In April 1996, Japanese Prime Minister Ryutaro Hashimoto and U.S. President Bill Clinton confirmed their intention to revise bilateral defense cooperation guidelines. The revision focused on cooperation between Japan's Self-Defense Forces (SDF) and U.S. troops in the event of a "destabilizing occurrence in the Far East." The present guidelines, drawn up in 1978 and based on the Japan-U.S. Security Treaty, stipulate certain cooperative measures in events like an invasion of Japan.

Although the two countries agreed in 1982 to study ways to deal with security threats in the Far East, virtually nothing was done. Japan feared criticism that such a move was not compatible with the country's Constitution which bans a role abroad for its military. But given uncertainties over developments on the Korean peninsula and tensions between China and Taiwan this March, Tokyo now feels the need to clarify again to what extent Japan could cooperative with the United States if something happens in the region.

Under this security arrangement, President Clinton and Prime Minister Hashimoto signed a joint security declaration that formally commits Japan, for the first time, to consider a military role outside its borders. "The relationship between the United States and Japan is better and stronger than ever," Clinton said at a news conference with Hashimoto. The U.S. President pledged to keep 100,000 American troops in the Asia-Pacific region to preserve peace and uphold U.S. interests. Hashimoto strongly welcomed the commitment, calling the service of young U.S. soldiers a "precious" resource for Asia.

Documents signed by the two leaders reaffirmed the importance of defense cooperation and stated that Japan would continue to provide financial and other support for U.S. troops. Japan is committed to spending $25 billion to support the troops over the next five years.

In the declaration, Japan formally committed itself to studying the sensitive issue of cooperating more directly with defense allies. Japan's U.S.-dictated pacifist Constitution limits the military's role abroad to guard against a resurgence of World War II-type international conflict. Hashimoto said it is time for the Japanese to think more seriously about how such constitutional limits should define "what can be done and what cannot be done" in cooperating with the U.S. or with other friendly forces in making decisions during a crisis.

Collective defense — a concept referring to Japan's participation in military missions overseas

— has become taboo under Japan's post-World War II Constitution, which bans the use of force in settling international disputes and conflicts.

Responding to concerns about the U.S. military presence in Japan, the two countries have worked to reduce the burden on the Okinawan people, where protests plague U.S. military installations. Japan wants the 47,000 American service personnel stationed there to remain. Hashimoto assured his coalition partners in late April that Japan would maintain a ban on collective self-defense in reviewing guidelines on U.S.-Japan defense cooperation. He made the remarks at a meeting with former Prime Minister Murayama, Chairman of the Social Democratic Party (SDP), and Masayoshi Takemura, head of the New Party (Sakigake), in which he briefed them on the outcome of his talks with President Bill Clinton.

To its critics, the U.S.-Japan military alliance does not make much sense. Why should Japan, a rich and populous country, have to depend on 47,000 foreign military personnel on its soil to defend itself? And why should the United States spend $3.4 billion a year to keep forces in a country that faces no obvious threat?

Consider however what has happened in the region: armed North Korean soldiers marched into the Demilitarized Zone dividing the Koreas and Chinese troops lobbed test missiles into the sea near the bustling ports of Taiwan. The countries of this region might someday team up in an Asian-style NATO to keep regional roles in check, but for now, it is the general consensus of Asian people that the U.S. troops in Asia — especially the 47,000 in Japan — provide that stabilizing force.

If U.S. troops were to withdraw, we could see a destabilizing arms race among Japan, China and a potentially reunified Korea which could threaten U.S. investments and trade in Asia, disrupt world financial markets and possibly produce an imperialist China bent on regional domination. American troops in Japan are turning into policemen for the entire region (although U.S. officials refrain from use of that word fearing the impression of global overreach).

Despite large-scale protests since last fall by residents of Okinawa, the southern Japanese island that is home for most of the U.S. troops, a majority of Japanese want the Americans to stay. Japan needs the U.S. forces in part because, as is generally agreed, its 240,000-strong military would be incapable of defending the nation on its own. And in a country that remembers how militarism led to disaster in World War II, significant rearmament seems almost unthinkable.

Pacifists in Japan — including the Social Democratic Party in Hashimoto's coalition — do not want Japanese troops involved in anything resembling a war, citing the constitutional ban on using force to settle international disputes.

And memories of Japanese aggression in World War II remain strong in the minds of Asian people, particularly in China and Korea. Worried about provoking a sensitive Beijing, Japanese and U.S. officials have repeatedly stressed that, in the words of a Japanese Foreign Ministry spokesman "the security relationship is not aimed at any specific country."

However while Washington will continue to take the lead, Japan should do more to answer persistent criticism in the United States that Japan is getting a "free ride" from U.S. protection while Americans reap little benefit.

North Korea's Recent Move & Attitude Towards the US and Japan

North Korea's military actions against South Korea during the last several months constitutes one of the major determining factors which make East Asia unstable. The result is expected to have a negative impact on building confidence in the Korean peninsula and bringing peace and stability to the Asia-Pacific region.

One of the important diplomatic tasks of North Korea is to normalize its relationships with the United States and Japan. With the solution of North Korea's nuclear development issue, missile talks were held in Berlin between North Korea and the U.S. in April 1996. U.S. officials hailed the first round of talks with North Korea, focused on Pyongyang's missile program, as "a good beginning" and said they planned more discussions at a later date.

The talks were being closely watched as the West's first face-to-face discussion with Pyongyang since Washington and Seoul proposed holding four-nation talks to secure peace on the divided Korean Peninsula.

North Korea's urgent foreign policy task is to resume talks with Japan and normalize relations with that country. Prime Minister Hashimoto confirmed reports that Japan and North Korea were preparing to resume long-stalled talks on normalizing relations. North Korea, suffering from economic hardship including worsening food shortages, hopes to improve its relations with Western countries.

South Koreans see no reason to oppose attempts to improve the living standards of the North Korean people... but can not help but be wary of the North Korean political leader's true intentions behind the outward gestures.

Japan's coalition government sent a mission to South Korea after the country's general election of April this year. The mission's aim was to seek Seoul's understanding before Japan resumes normalization talks with North Korea. Normalization talks between Japan and North Korea broke down in November 1992 when Japan brought up the case of a Japanese woman allegedly abducted by North Korea to train spies. The two countries had held eight rounds of talks beginning in 1991. The talks followed a landmark visit to North Korea by Shin Kanemaru, the late backroom party boss of the LDP, and Makoto Tanabe, former chairman of the Social Democratic Party.

South Korean President Young-Sam Kim said that North Korea is trying to build up military tension on the Korean peninsula in order to pull itself out of an internal crisis. It has deployed about 1.1 million troops near the Demilitarized Zone. The military are ready to sacrifice their lives under a single order from the North Korean political leader. The president, pointing to chronic economic hardships and severe food and energy shortages in North Korea, has repeatedly called for the strengthening of security awareness among South Koreans during the past few weeks. The president's warning against any possible provocation from North Korea coincided with a recent report from U.S. forces in Korea that the North is already in a "process of collapse."

North Korea, despite its longstanding principle of "juche" or self-reliance, is appealing to the international community for aid to overcome its food and energy shortage problems. The difficulties are the result of the innate structural contradictions of communism and the pursuit of militarism.

It is said that the South Korean government is fully prepared to make a quick and flawless counteraction to any unexpected danger posed by the North. In the past, North Korea has proposed concluding a peace treaty with the United States to replace the current armistice agreement, under which the Demilitarized Zone is maintained. The United States, which is urging Pyongyang to resume its dialogue with Seoul, has turned down North Korea's offer to conclude a peace treaty. The South Korean government called for firm retaliatory measures against any possible provocation by North Korea relating to this. The

U.S. government also expressed concern about the move, stating that it would maintain a close defense alliance with South Korea to cope with North Korean acts.

North Korean incursions into the Demilitarized Zone dividing North and South Korea have heightened tension in this peninsula to a level unprecedented in recent years. South Korean armed forces and their American allies stationed here went on full alert to prepare against any further military provocations by North Korea. Foreign observers may vary in their perception and assessment of the strained situation, but they can hardly differ on the ominous implications of the latest aberrant effort by North Korea to disrupt the truce arrangement that has kept precarious peace in Korea for several decades.

Reaffirmation of the strong mutual commitment of Seoul and Washington to the defense of Korea and a stable East Asia may be the only message that will be understood by Pyongyang.

North Korea has also made it clear that it wishes to attract investment from abroad and expand trade with capitalist countries while introducing advanced technology from the West. This no doubt signals Pyongyang's recognition that it cannot stem its economic difficulties without capital and technology from foreign countries (Japan). The Pyongyang regime has apparently reached the limits of its so-called self-reliant economic policies.

South Koreans see no reason to oppose attempts to improve the living standards of the North Korean people. But we can not help but be wary of the North Korean political leader's true intentions behind the outward gestures. South Korea expects the North Korean regime to prove its word with meaningful deeds. Sincere efforts to establish peace are the best way to ensure successful implementation of North Korea's bid to introduce capitalist economies into its society.

Four Party Talks and The Korean Peninsula

The visit of President Bill Clinton to Korea for a summit meeting with President Kim Young-Sam was a timely opportunity for the allied countries to do a thorough and sober reassessment of the security environment of the Korean peninsula in order to counter heightened challenges from North Korea. Reaffirmation of the strong mutual commitment of Seoul and Washington to the defense of Korea and a stable East Asia may be the only message that will be understood by Pyongyang.

South Korea and the United States proposed a four party meeting with North Korea and China to discuss establishing a new peace regime on the Korean peninsula. After their summit talks, President Clinton and President Young Sun Kim called for representatives from the four nations to hold a joint meeting as soon as possible and without preconditions. In a joint announcement released in a post-summit news conference, the two leaders said that the purpose would be to initiate a process aimed at achieving a permanent peace agreement on the Peninsula. The proposal is the most ambitious of the initiatives South Korea and the United States have made to construct a new peace structure in place of the 43-year-old Korean armistice now in jeopardy.

The response of North Korea to this practical offer is uncertain. The usual negative and defiant stance of the Pyongyang government is likely to continue for the time being. The North Korean ambassador to Moscow said that North Korea sees no need for such talks and wants to discuss the issue with the United States alone. It is up to the North — to take it or leave it — now that Seoul and Washington will not allow North Korean maneuvering to exclude South Korea and engage only the United States as its bargaining partner. The immediate success of the proposed four-way parley is in doubt. At the very least, it could provide a breathing spell amid the overcast weather map of Korea and restrain an aberrant North Korea prone to run amuck at any moment.

The diplomatic initiative taken by South Korea and the United States to propose four-way talks with the United States and China may open a new avenue to resolve tensions on the Korean Peninsula by hammering out a new arrangement to secure peace across the Korean demarcation line, pending eventual reunification of the divided country.

What then would be the response of the Japanese government regarding the proposal? Japanese Prime Minister Hashimoto sent a letter to President Kim, offering Tokyo's support to the four-way Korea peace talks involving the United States and China as well as the South and the North.

The diplomatic initiative taken by South Korea and the United States to propose four-way talks with the United States and China may open a new avenue to resolve tensions ...hammering out a new arrangement to secure peace across the Korean demarcation line...

In a letter delivered to President Kim by a delegation from Japan's ruling coalition parties, the Prime Minister also stressed the importance of tripartite cooperation between Seoul, Tokyo and Washington in dealing with North Korean affairs.

Friendly relations among South Korea, the United States and Japan are very important to bringing peace to Northeast Asia, including the Korean Peninsula.

Role of China

The Kim-Clinton talks on Cheju Island should be followed by a broadened international forum to ensure greater regional security in connection with the Korean situation. It may take the form of two-plus-two, or more nations concerned. Russia and China are expected to play a more decisive and positive role in keeping North Korea in line, for these two northern neighbors still maintains some leverage with North Korea.

South Korea is expected to ask for a more active Chinese role in ensuring North Korea will accept a peace proposal put forward by Seoul and Washington. Seoul regards China's role as key to inducing North Korea to come to the four-way negotiation table. A spokesman for the Ministry of National Unification said North Korea's present attitude does not point to dismissing the proposal made by both the U.S. and Korean presidents. Speculation has it that North Korea is taking time to come up with a counter proposal aimed at reducing South Korea's role in the talks on a new peace regime.

The United States and South Korea expect Beijing to exert diplomatic influence on North Korea to accept their proposal for a four-way meeting. But there may be some limitations as China has refrained from stating a clear position on the idea of holding four-way talks, saying only that it wants to play a constructive role in maintaining peace and stability on the Korean Peninsula. Chinese Foreign Minister Qian Qichen said in a news briefing immediately following the Seoul-Washington meeting that China is paying attention to the peace proposal by Seoul and Washington. Some analysts say that China's reservations are an attempt to strengthen its leverage over the issues on the Korean peninsula.

As mentioned earlier, the Japanese Prime Minister said the U.S.-Japan security arrangement is not directed against China. While both Japanese and U.S. officials have stressed the need for the United States to keep approximately 47,000 troops stationed in Japan, they have carefully avoided naming China as a threat against which those troops could help defend. The Chinese Foreign Minister said he hoped the visit would not cause "new problems," an apparent warning to the United States and Japan not to team up against China.

Concern about a possible Chinese military threat has risen since Beijing's war games near Taiwan in March which were intended to dampen pro-independence sentiment there. China views Taiwan as a renegade province and says other countries should not interfere in its internal affairs.

Cooperation Among the U.S., Japan and Korea (South)

In order to analyze U.S.-Japan security relations and the politics of North East Asia, we have scrutinized the essence of the U.S.-Japan Joint Security Accord and Japan's collective defense, North Korea's recent move and its attitude towards the U.S and Japan, four-party talks for bringing peace and stability to the Korean Peninsula and the role of China.

As emphasized in the earlier part of this policy paper, the Treaty of Mutual Cooperation and Security between the United States and Japan has been a cornerstone of the Asia-Pacific security balance as well as of the U.S.-Japan relationship.

The U.S.-Japan joint security declaration indicates the start of a stronger security relationship between the two great economic powers and U.S. recognition of an expanded Japanese role in the preservation of peace on the Asian continent.

In a joint declaration issued at the end of the April summit between President Clinton and Prime Minister Hashimoto in Tokyo, Clinton pledged to keep 100,000 American troops in the Asia-Pacific region to defend U.S. allies and its own interests and Hashimoto welcomed the Clinton commitment. The new security declaration is now apparently intended for the U.S. to maintain its leadership in Northeast Asia, while restraining Japan from taking the initiative to seek a stronger security environment in Asia.

However, the new U.S. security commitment could create apprehension among Japan's Asian neighbors about Tokyo's military expansionism through armed intervention in other parts of the continent with or without the consent of Washington.

It is also feared that Japan's expanded military stance will fuel an armaments race in the region, particularly with China which is intent on strengthening its military resources to seize or maintain hegemony in Northeast Asia as evidenced recently in its actions towards Taiwan early this year.

As far as South Korea is concerned, strengthened U.S.-Japan security ties may not be undesirable, especially in view of North Korea's increasing military threats such as the incursions into the demilitarized zone (DMZ) last month. If and when Pyongyang provokes war on the above peninsula, a joint U.S.-Japan response may be necessary.

However, South Korea would like to maintain a close watch on any Japanese moves to become a military power under the pretext of enhancing the collective security of the Asia-Pacific region. At this juncture, a comprehensive policy research study should be made in order to define how Korea should deal with the changes in and around the Korean peninsula with special reference to U.S.-Japan security relations.

PROFESSOR HEE-SUK SHIN is Director General, Asia Pacific Division, The Institute of Foreign Affairs and National Security, Ministry of Foreign Affairs.

※ Editor's note: Compiled from "Washington－Japan Journal"(1996)

第 6 節

東北亞國際關係論의 展開(日本語 編)

① 韓國大統領의 訪日과 日本의 國際化('通産Journal',1990)

Voices from Overseas

世界からの
辛口
提言…⑮

韓國大統領の訪日と日本の國際化

申　熙錫
韓国外交安保研究院教授

去る五月二十四日から三日間、日本のマスコミのトップ記事として連日扱われた盧泰愚（ノ・テウ）韓国大統領の訪日は無事に終わった。戦後日本の対外関係史の展開過程において、外国元首の訪日をめぐってこれほど日本列島が熱気にあふれたのは非常にめずらしいことである。韓日関係の戦後史的な観点から見ても、一九六五年の国交正常化以来、両国関係が休火山から活火山に移行しためずらしいケースの一つである。

韓国民の一人としてその訪日の成功のために、あらゆる方面において御尽力下さった日本の各界の方々に心から感謝の意を表したい。

結論から言って、今回の韓国大統領の訪日をめぐる日本国内の政治過程は、今日における日本的な国際化の無限大の可能性と相対的な限界性を同時に表わすものであったと言えよう。

すなわち、戦前、日本の植民地統治と政策に対する対応問題をめぐる日本国内のさまざまの積極的な動きは、その意見調整過程も含めて、今後における日本の国際化の相対的な可能性を生々しく表わすものであった。

一方、最近の国際社会においては、歴史的な誤ちに対しては自発的にしかも率直にこれを認める傾向がある。このような傾向と比べて、日本の対応様式と姿勢は、日本国内のさまざまの制約条件の下において打ち出された精一杯のものであ

申　熙錫

1945年韓国ソウル生まれ。
韓国外交安保研究院教授として、1978年以来、延世大学で日本政治外交論、日米関係論等を講義中。1990年4月、日韓文化交流基金の招請で来日。東京大学で日本政治外交を研究している。
主な著書に『日本政治外交論』、『現代日本政治と自民党政権』、『自民党政治論』などがある。

ったと言えるものの、韓国人から見れば、若干物足りないところもあったように言われている。かつての日本と不幸な歴史的な関わり合いを有する、特に韓国民からすれば、日本の国際化の相対的な限界を示すものでもあったのである。

本稿においては、かかる重要性を有する盧大統領の訪日をめぐる日本の対外態度と国際性という側面から分析することにしたい。今回の訪日は、戦後韓日関係史の観点から見た場合、どのような政治的な意味合いを有するだろうか。

第一に、韓日両国の政策決定者は国内政治の転換期的な状況の中で、訪日計画を成功させることにより、両国共により一層の国内政治の安定基盤が構築されたということである。

日本の場合、去る二月の衆議院議員選挙は自民党政権そのものの今後の成り行きが問われるものであったが、圧勝によって長期安定政権の基礎が確立された。その上、韓国大統領の訪日計画を成功裡に終えることにより、その結果は自民党政権のより一層の安定基盤にさらに寄与したのである。また、韓国の場合、与野党間の政治的な保守統合は巨大な与党の誕生をもたらし、国内政治の構図が再編成された。その上、盧大統領の訪日の成功は、韓国の新与党政権の安定基盤を確立する上、大いに貢献したことに違いない。これらの結果は、今後における韓日関係の明るい展望を予測すると同時に日本の国際化を論ずる上、極めて重要な意味を有すると言えよう。

第二に、今回、韓日間の争点としてうきぼりになった問題については、韓日両国の政府当局者の間には一応の区切りがついたということである。この点について、盧大統領は「海部総理は過去の時よりも率直に謝罪し、また天皇の国内のさまざまの制約をやや超えると感じられるほど、明確に謝罪された。これによって、韓日間の歴史認識をめぐる核心問題は解決した」と駐日韓国人特派員に語った。

また、海部総理もこれに対し、今後、両国政府間で歴史認識問題が取りあげられる可能性がないとの見通しを示した。これらの韓日両政府最高責任者の発言を総合的に観察すると、歴史認識をめぐる両国の相違はあたかも完璧に除去し、ひいて、その結果は、日本の国際化の可能性を極めて積極的に物語っているような印象を与えている。

だが、二十世紀の韓日関係史に存在していた極めて不幸な植民地統治期間がそう簡単に整理されるであろうか。歴史認識というものは、そもそも一時的かつ表面的なものにすぎないだろうか。

そもそも日本の天皇や総理の公式的な発言から、日本の国際化を積極的に評価しようとするものの考え方はあまりにも単純過ぎる論理である。なぜならば、国際化というものは、言葉ではなく、心から認識・評価されるべきものであるからだ。一般の日本国民の中、果たして、どのくらいの方々がそのように思っているだろうか。また、本問題についての韓国の論理や主張をどのくらいの日本人がそれを肯定的に評価したのであろうか。これらの点になると、韓日間にはいまだに認識のずれと歪みがあると言える。従って、表面的かつ公式的な言葉を持って、国際化を論じようとするものの考え方はあまりにも単純な論理なのである。

だが、明らかな事実は、今般、日本政府関係者は本問題をめぐってさまざまな困難と制約条件の中でベストを尽したという点である。それは確かに事実である。韓国民の一人として、私も感動している。従って、今回の日本側の対応は現に極めて苦しい政策決定過程の産物であると評価しても良い。

そのような意味において、今般の日本の誠実な対応様式は、今後における日本の国際化の可能性を無制限に物語っていると評価しても良い。筆者自身も日本研究者の一人としてそれを実に願っている。また、多くの内外の友人にその点を積極的に強調することにより、国際化しつつある日本国の明るい将来を限りなく語りたい。なぜかと言えば、ほとんどの地域専門家は該当地域を愛するように、筆者も日本国と日本人を愛するようになりたいからである。

しかし、残念ながら、冒頭においても、指摘したように、今回の日本の対韓姿勢は、日本の国際性の無限大の可能性と同時に相対的な制限性を同時に表していると言わざるを得ない。残念ながら、その意味においていくつかの心残りがある。

第一に、先程述べた歴史的な誤ちに対する国際的な謝罪傾向の前例は、自発的に行われた反面、今回、日本のとった対応は韓国側からの積極的な要求に対して、日本側はこれに応ずるような形で行われたのである。つまり、日本側はあくまでも受身であったように見受けられた。

例えば、ドイツ敗戦四〇周年の時のワイッセッカー西独大統領の謝罪演説（一九八五年五月）、新政権誕生時の東独人民議会の声明（一九九〇年四月）、またゴルバチョフ大統領のポーランド軍将校七〇〇〇人の虐殺事件に対する謝罪及び賠償演説（一九九〇年四月）等は、そのような意味において今般の日本の対応とは趣を異にするような気がする。つまり、韓国側からの強力な外交的要求がなかったら、今回の対応はなかったかも知れないと思われるからである。

もし、そうであれば、本問題をめぐる日本の姿勢は、日本国の将来の国際化のためには必ずしも好意的なものであるとは言い難い。どうせ、結果的に日本政府関係者がそろって誠実な対応ぶりを見せることであるならば、韓国側からの要求が伝わらないうちに、日本の自意に基づいて先の対応発言計画が報じられたら、もっと良かったのではなかろうか。

このような日本の対応が行なわれたら、世界政治における対日国際世論が極めて友好的に形成されたはずである。その結果は、多くの国々、特にアジアの諸隣国からより高い評価を受けることにより、日本の国際化に対してもより高い評価を受けたはずである。もしかしたら、日本政府内には最初から対応発言が計画されていたかも知れない。外交上の配慮から一定の期間の間、報じられていなかったと考えたいものである。

真の意味における国際化は相手国に対する深い思いやりから始まるものである。国際的なレベルにおける人間関係においても全く同様である。

第二に、今回の問題をめぐる日本国内の世論の動きをめぐるその根底には日本人特有のナショナリズムが流れていたような気がするが、それは今後日本の国際化とは極めて深い関連性を有するものと言えよう。

周知の如く、日本はイデオロギーの幅が極めて広い国である。極左から極右に至るまでのさまざまの考え方を持っている人々が日本にいる。従って、本問題をめぐっても、種々の考え方が成り立つ。しかしながら、例えば、この問題をめぐる日本のマスコミの動向は、多くの場合、政府寄りもしくは日本の立場や態度を全体的に保護するような姿勢を取っていたような気がする。もちろん、若干の例外はあるものの、基本的には日本の立場を守り、韓国の立場をあまり評価しない傾向があったように思われる。その根底に流れていた共通分母は、前述のような現代日本の新しいナショナリズムであったのではなかろうか。

大体、ナショナリズムの基礎は、一国の国民の共通認識、政治文化、ひいては価値観を共有する意識構造等である。しかし、ナショナリズムと国際化もしくはインターナショナリズムとは、相互反比例するのが常である。つまり、ナショナリズムの度合が強ければ強いほど、その結果は国際化を何らかの形でさまたげることにもなりうる。今回の問題の展開過程に現われた日本的ナショナリズムというものは、その良し悪しを論ずるような性格のようなものではない。それは現代日本の政治文化の特質であり、日本国のより一層の発展のためには必要不可欠なものである。従って、現代日本のナショナリズムと日本の国際化をどのようにうまく関連づけていくかという問題は日本の政策決定者のみならず、日本の一般国民に与えられた極めて重要な課題である。

筆者は親日派でも反日派でもない。韓国人の一人として日本の政治・外交・社会の諸変動を研究対象とする一研究者に過ぎない。だが、私は韓国人からすれば親日派と言われており、また多くの日本の友人は私を反日派と呼ぶ傾向がある。国際化の原点はこの二つの相異なる評価がぶつかる接点ではないだろうか。◉

② 日美韓三國關係의 現狀과 向後의 展望(Kanagawa政經懇話會,1994)

日米韓3国関係の現状と今後の展望

講演特集

韓国外務部
外交安保研究院教授
アジア太平洋研究部長
申　熙錫氏

社団法人　神奈川政経懇話会
臨時講演会

平成5年12月14日
ホテル・ニューグランド

二十一世紀はアジア太平洋時代と言われています。アジア太平洋時代の中で一番大事な国は、韓国、日本、そしてアメリカの三国だと思います。そこで私はこの三国の関係の現状と展望をお話したいと思います。

今、韓国も日本も、アメリカも時代は転換期にさしかかっていると思います。韓国では国内政治にクリーンポリティクス(きれいな政治)の実現のため、金泳三大統領は一生懸命やっています。十二月九日のことですが、コメの部分開放受け入れについて、金大統領は国民に対して深くおわびしました。

「国民の皆さん、私はできるかぎりのことをしてきました。しかし私は国際環境の流れの中で、屈服せざるを得ませんでした。国民の皆さん、お許し下さい」と言って、頭を下げたのです。

韓国の大統領が国民に向け謝罪するというのは、非常に珍しいわけで、国民の評価を得たのです。アメリカのクリントン政権にしても、日本の細川政権にしても、転換期の政権として、国内外の改革に取り組んでいるのです。そこで私は転換期を迎えた日韓、米韓、日米関係を考えたいと思います。

日本にとって、韓国は非常に大事な国だと思います。韓国にとっても、日本は大事な国です。韓国が欧米ばかりを見て、お隣の日本と仲よくしなかったら、韓国の国際化、世界化、開放は非常に難しいと思います。同じことは日本にも言えるでしょう。そこで私は、日本、アメリカ、韓国の三国の関係を外交政策イメージという観点から考えています。

イメージとは人間関係だけでなく、国際関係においても、非常に大切な役割を果たしているのです。通常、対外問題でも、国家が望む最終的な狙いを国家の目標と言います。

その国家の目標を対外的な観点から考えた場合に、それを対外目標と言います。対外目標を達成するための道具、手段を外交政策というのです。

外交政策を決定する場合に、政策決定者が持っている相手国へのイメージというのは、政策決定課程において、極めて重要な役割を果たすことは、さまざまなところで証明されています。例えば、韓国はかつての李承晩大統領の時、彼の日本に対する反日イメージは相当強いものでした。歴史にIF（もし）はないといいますが、もし李政権が長く続いたら、日韓国交はならなかっただろうと言われています。

また、かつてのエドウィン・ライシャワー米駐日大使ですが、彼の奥さんは日本人です。そこでライシャワーさんは、奥さんの存在もあって、日本の文化、伝統などにもいいイメージを持ったといいます。公的にも、私的にも、日本とかかわりが深くなったのです。

従って、ライシャワーさんが、日本に持っているイメージは個人的なところから、政策的なところまで広がる。駐日大使として大きな役割を果たしたと思います。逆に李承晩大統領の対日マイナス・イメージは国交樹立面でも影響を及ぼしたと思われます。

申 熙錫（シン・ヒースク）氏の略歴 昭和二十年韓国・大田市生まれ。四十三年延世大学政治外交学科卒業。五十二年東京大学大学院博士課程修了。五十三年韓国外務部外交安保研究院助教授。五十七年東京大学客員教授。六十年アメリカハーバード大学国際問題研究所客員教授。平成三年より韓国外務部外交安保研究院亜細亜太平洋研究部長に就任し現在に至る。韓国・ソウル市在住。

◆日韓関係で重要なのはお互いのイメージ

現在の日韓関係についても、イメージは重要です。基本的にイメージは、理論の枠組みから考えれば、そうは簡単には変わりません。イメージがより一層強まるということはままあります。

私は昨夜、テレビでプロボクシングの試合を見ました。日本のジムの選手と韓国の選手でした。それを見て、韓国の選手が強いなあと思った人は、これはイメージの強化です。場合によってはイメージの修正というのもあります。韓国の選手、強いと思っていたけど、そうでもないじゃないか、ということです。

またイメージの追加と具体化というのもあります。韓国の選手はこうと思ったが違うのだ。こういう点もあるのかということです。場合によってはイメージが再編成されることがあります。韓国人のものの考え方にはこういうことがあるのだなということです。そういう意味ではイメージは変わるのです。

それではまず韓国人はアメリカに対してどんなイメージを持っているでしょうか。韓国人にとってアメリカは、朝鮮戦争の時、助けてくれた非常にありがたい国というイメージを持っています。こういうのは、歴史イメージといい

ますが、朝鮮戦争というのは米韓関係を高める上で、非常に重要な出来事でした。こういう親米論理と韓国内で以前、

反体制のシンボルと言われた反米論理は相反するものです。

ただ明らかなのは、韓国とアメリカとの関係は、韓国外交の求心点であるということです。韓国ではこれを漢字を使って「正統友邦」の国だと言っています。

では韓国人は日本、日本人について、どういうイメージを持っているのでしょうか。もちろん、年齢、職業、性別、社会的身分などで違いはあります。しかし基本的には、韓国人が持っている日本のイメージは、かつての不幸な時代、つまり植民地支配を行った残酷な国というものがあります。

◆韓国でも日本の平和的役割を期待し始めた

ところがそういったイメージは次第に変化しつつあるのです。今日の日本は過去の「帝国・日本」ではないのです。かつての帝国主義の日本ではなく、平和憲法下の日本なのです。平和志向の国であり、今後も国際的に平和的な役割が非常に期待されているということが、韓国の人にも理解され始めてきたのです。

私は日本が湾岸戦争の時、百三十億ドル支出したというのは、国際的に貢献したと言えると思います。日本は戦前の日本とは全く違います。私が言っている歴史イメージというのは、時代の流れ、時代の変化によって変わりつつあります。それをイメージの再編成というのです。

ところがここで問題があります。韓国は日本に対して、

植民地支配を行った残酷な国というイメージがあるので、韓国における「親日」「反日」という言葉が一人歩きしてしまうのです。

例えば、私は日本語が少しできます。日本の東京大学に通っていて、ソウルの日本大使館にも知り合いは多くいます。そうすると私も、韓国のマスコミなどに出る時は、簡単に「親日派」と言われてしまうのです。しかし日本に来ると話は別です。

私の東大時代の恩師の衛藤瀋吉先生はじめ、諸先生、先輩、後輩は私のことを「反日派」と言うのです。つまり私は韓国に帰れば「親日派」と言われ、日本にいれば「反日派」と言われるのです。これでは私の居場所がなくなってしまいます。（笑）

◆「親日」「反日」の意識が依然と残る韓国

韓国での「親日派」というのは、非民族主義者あるいは反民族主義者という意味にまで発展する傾向があるのです。また「反日派」と言えば、あたかも民族主義者か、ナショナリストであるかのように思われる。これが今の韓国の状況です。

従ってナショナリストか、非ナショナリストかという外面規定を日本に対する距離間で考えてしまうのです。日本人と親しくつきあっている、日本語が少しできると「親日派」になってしまうのです。

その反対で私が韓国で講演する時には「韓国の皆さん、

我々は絶対に日本人に負けてはいけません。日本、それは我々を支配した国です。我々は日本から何を学んだでしょう。何も学んでいません。我々は韓国人の誇りをもって、誇をもってがんばっていこうではありませんか」と言います。

すると会場からは大きな拍手を受けます。つまり非常なナショナリスト的というか、民族主義的で、やや日本批判的な論理展開をすると、大変な拍手を受けて「反日派」となるのです。

◆日本は怒りをおぼえると同時に学ぶべき国

そこで韓国でのイデオロギーとはどういうものなのでしょうか。と同時に日本というのは、韓国にとって、どういう存在なのでしょうか。私は日本研究を一生涯の仕事と考えているものとして、何か背中に十字架を背負っているような気さえします。

そんなこともあって、私は日本と韓国の関係を「宿命的関係」と呼んでいるのです。私自身は、個人的にも、研究対象としても、日本に好感を持っています。

ここで大変、面白い世論調査の結果を紹介します。ある大学の研究室が韓国人の国際性、国際イメージを調査したものです。まず皆さんが一番嫌いな国はどこですかという質問で一番、多い答えは日本だそうです。一番学ぶべき国はどこですかという質問の答えも日本が一番だそうです。韓国にとって日本は、最も怒りをおぼえる国であると同時

に、いろいろ学ぶべき国というように、敬意を持って見ている国でもあるのです。

私はこれからの日韓関係は、構造的に戦略的にアフローチすべきだと思っています。そこで韓国人の対日、対米イメージを私なりに構造的に再編成してみました。

まず文化の受け入れという点から、アメリカと日本を比較すると、アメリカの文化は比較的肯定的に受け入れられる傾向があります。逆に日本文化に対する韓国人のイメージは批判的であり、否定的です。知識層の多くの子女は、アメリカに留学させる傾向があります。このごろは日本へ留学させる人も増えてきています。

それでは相手国に対してどういうイメージを持っているのでしょうか。韓国人はアメリカに対して非常に友好的なイメージを持っています。日本に対しては競争的なイメージを持っています。どんなスポーツでも、日本に負けたらくやしい、アメリカに負けたら、しょうがないじゃないかということです。

◆韓国の対日イメージは植民地統治に原因

そのイメージはどういう要因で形成されるのでしょう。基本的にアメリカとの関係というのは、戦後イメージなのです。日本について言えば、それこそ韓国が、新羅、百済、高句麗のころからの数千年のつながりということになるのです。イメージの形成要因ということで言えば、アメリカの場合は朝鮮戦争が、日本の場合は植民地統治というものが大きな役割を果たしています。

体制イメージというのはどうでしょう。アメリカは政治的なイデオロギーとの関わり合いからイメージが定着しています。日本についてはナショナリズムとの関わり合いからイメージが定着しているのです。

またアメリカには、韓国人が約百万人くらい住んでいる。日本にも約七十万人くらい住んでいます。在外邦人の起源ということから考えた場合は、アメリカへは自分の意志で戦後渡った人が多い、いわば戦後指向です。日本へ来た人の場合、戦前指向です。自分の意志に基づいて来たというより、その当時の不幸な日韓関係の中で、やむを得ず、あると思います。たいして気にする必要はないものと私は思います。

未来イメージはアメリカは韓国外交の求心点として「正統友邦」の国というイメージがあります。日本に対しては大いに学ぶべき国というイメージがあると同時に、非常に複雑かつ微妙な若干の憎しみを持っています。日本に対しては憎しみと感謝という二つの相反するイメージがあるのです。

◆安全保障中心の米韓、経済中心の日韓

政策についてはどうでしょう。米韓関係は主に安全保障政策が中心となります。日韓関係の場合は、経済協力が中心となります。それではそういうイメージを頭の中に入れながら、クリントン米政権下での日、米、韓関係の展開を考えていきたいと思います。日本もアメリカも韓国も今、政治的リーダーシップの転換期を迎えています。

アメリカは十二年ぶりに、共和党から民主党に政権がかわりました。私は昨年のアメリカの大統領選挙を見てきましたが、そこで感じたのは、アメリカ国民が何らかの変化を求めていたということです。構造的には違いますが、日本も韓国もいま政治改革を進めています。日本の政治改革の場合は一九七〇年代初期から始まったロッキードスキャンダル、リクルートスキャンダル、佐川急便スキャンダルとつづく、金権政治への国民の不満が積み重なったものです。

自民党政権が崩壊して、連立政権になったことは、日本の政治発展の一つのプロセスだと思っています。今後、もう一度、自民党政権にもどるかもしれないし、ずっと連立政権がつづくかもしれない。それによって日本の政治構造が再編されるのだと思います。

韓国の政治改革は日本と違います。従来、韓国にも若干の汚職や政治腐敗がありました。個人の姿勢も原因としてあるだろうし、政治、行政、財閥の関係から出てくるだろう。そういうものをクリーンポリティクス（きれいな政治）という考え方からなくしていこうというものです。

韓国では綱紀粛正をして、政治を発展していこうということなのです。日本と韓国の政治改革の背景は違いますけれども、いま大きな変化がおこっているという点は同じだと思います。

◆日韓の友好維持が韓国外交の最重要課題

アメリカと韓国の関係は、安全保障が中心だという話はしましたが、私は韓国があまり対米依存を強めるのはどうかと思っています。韓国も自主性をもって、外交を展開していくべきだと思っています。それによって、アメリカと韓国の両国間の関係は、より一層強くなり、友好関係が進むものと思います。それがひいては、日本、アメリカ、韓国の三国関係の進展につながっていくものと思っているものです。

さて日韓関係であります。日韓関係と米韓関係は構造的に違うのです。先ほども述べたように、韓国にとって、日

本は一番学ぶべき国であるにもかかわらず、日本の植民地支配のため、憎しみの対象となっているのです。しかし日韓友好善隣関係の維持は、韓国外交の最重要課題なのです。

◆今後は未来指向的な協力法案の検討を

ここで注意すべきことがあります。まず韓国についてです。韓国は国民感情の延長線からの対日批判論理は慎しむべきだと思います。韓国国民は日本に対して若干の国民感情、民族感情を持っているのです。被害者としての傷あとはあまりにも深かったのです。その傷あとの深さはいまだに存在しているのです。

しかし、天皇陛下からの「過去の不幸な出来事に対する遺憾の意」や細川首相の謝罪発言によって、一定の役割は果たされたと思います。今後は過去にこだわらない、未来指向的な協力方策の検討を、していくべきであると思います。

日本についても言えます。日本も韓国に対して、旧植民地統治から生じた過去のイメージの延長線上から対韓優越感を持つのはよくないと思います。今の韓国は昔の韓国とは違うのです。

韓国のGNPは今、日本の十七分の一にしかすぎません。しかし国際的にそれなりの役割を果たしはじめました。日本が植民地史観の名のもとに、韓国を見るべきではないと思います。

次に日米関係はどうでしょう。日米関係とは相互競争であるとともに、相互補完の関係であると思います。今、アメリカにとって日本は大事な国です。今回のコメの問題にしても、アメリカのクリントン政権は相当の限界だったのではないかと思います。ウルグアイ・ラウンドも国際経済の観点から考えて、やむを得なかったんじゃないかと思います。

アメリカ政府の現状について残念に思うのは、クリントン政権の中に、知日派と呼ばれる閣僚がいないのです。クリストファー国務長官にしても、カンター通商代表にしても、アスピン国防長官にしても日本をよく知らない。そういう人たちがクリントンの周辺にいるわけですから、アメリカの対日政策が場合によっては期待はずれになることもあるかもしれません。

◆違う国であることを認識し相手を考えよう

日本のアメリカに対する対応は、それなりに一定の評価を与えられるのではないかと思います。細川政権はよくやっていると思います。最後に望ましい日韓関係について述べたいと思います。私は米韓関係と同様に、日韓関係も韓国外交の求心点になるべきだと思っています。ただそれと同時に両国とも日本と韓国は違う国なんだということを理解すべきだと思います。

あまりに近すぎるので、相手に対して、大きすぎる期待をするのです。韓国人は日本を韓国人のモノの考え方の延長線上から考えることがあります。日本人も日本人的なモノの考え方で、韓国を考えることがあるのです。

しかしお互いに異なることをキチンと認識した上で、相手を考える必要があると思います。その上から日韓関係を未来指向的に見る必要があるのではないかと思います。

……質　疑……

会　員　未来指向的の日韓関係の「未来指向的」とは具体的にどういうことをいうのですか。日本は何をなすべきなのでしょうか。

◆統一は国民的課題だが簡単には進まない

講　師　例えば経済協力ということが挙げられます。日韓間の貿易不均衡について、しかるべき措置をとること。次に外交、安全保障についても、日韓間の緊密な協力関係をつくる。そして青少年の交流、留学生の積極的な受け入れなど人物交流をすることも大切でしょう。

韓国側から考えれば、あまり過去の問題にこだわって、植民地支配の謝罪を必要以上に求めたりというのは、すべきではないと思います。

会　員　米ソ冷戦構造の崩壊から、注目される韓国と北朝鮮（朝鮮民主主義人民共和国）との南北統一のプログラムをどう考えていますか。

講　師　南北統一は韓国・北朝鮮両国民にとって国民的な課題で、そう簡単にはできない。一歩一歩進んでいくものと思われる。南北統一に日本もある程度の役割を果たすべきだと思われます。

韓国と北朝鮮というのは、朝鮮戦争という民族戦争があって、四十年も別れ別れなのです。四十年も別れていた国が一緒になるというのは、そう簡単なことではありません。ただ将来にはうまくいくでしょう。

会　員　北朝鮮はＩＡＥＡ（国際原子力機関）の核査察を拒否し続けているが、軟化するのでしょうか。

講　師　査察受け入れるべきという国際的な圧力もあるし、北朝鮮も早くアメリカや日本などの西側諸国との国交を樹立したいとの考えもあるので、そのうち軟化するものと思います。

会　員　北朝鮮が配備したというミサイル「労働1号」についてはどういう位置づけだと思いますか。

講　師　あれはただのデモンストレーションでしかないと思います。たいして気にする必要はないでしょう。

◆金政権の政治改革に国民は肯定的

会　員　韓国の政治改革について、その進み方が早いので金泳三政権にとってマイナスになるとの指摘があるが、どう思いますか。

講　師　韓国の政治改革とは、韓国の政治にとって必然的なものだと思います。韓国の国民の政治改革への肯定的な考え方の上にたっているのです。今、金泳三政権への国民の支持率は七二％です。この限りにおいては、政権にとってマイナスになるということは、ないことだろうと思われます。

3 満蒙権益をめぐる日米関係の相克(日本國際政治學會編 '國際政治' 66호)

満蒙権益をめぐる日米関係の相克
——対中国二十一ケ条要求の始末——

申　熙　錫

一　本稿の目的と分析の視角

本稿の目的とするところは、満蒙権益をめぐる第一次世界大戦（以下「大戦」と略す）期における日米関係の相克を最も典型的に表わした対中国二十一ケ条条約[1]の締結（一九一五年一月）過程を歴史的なパースペックチブから分析する事にある。

日中関係という観点からみた場合、同条約は日清及び日露戦争で勝利を得た日本が満蒙における日本の「特殊権益」を既成事実たるものとする為に試みた大陸進出政策の政治的な産物である。また、これは、日本の大陸進出政策を経済面で具体化し、かつ実現した西原借款と共に、大戦期の日中関係の展開過程において最も重要視されねばならぬ画期的な事件である。この様な日本の中国に対する一

1

連の政治的・経済的な外交行動は満蒙における特殊権益を日本の独占的なものとし、ひいては、所謂日本帝国主義の発展ムードを一段と高めるきっかけとなったという意味においてさらに注目しなければならないと考えられる。

また、日米関係という観点からみた場合、対中国二十一ケ条要求は、石井・ランシング協定（一九一七年一一月）の前奏曲としても極めて重要な意味を有する。即ち、大戦期における米国政府は中国大陸への影響力の拡大を対アジア政策、殊に対中政策の基礎としていた為、中国への発展を海外膨脹政策の中心と考えていた日本との正面衝突は必然のものであった。

先の条約と協定の締結は、この日米間の衝突と因果関係を有するものである。換言すれば、二十一ケ条条約の締結を通じて、日本の満蒙権益を中国側に確認させたものと判断した日本政府は、米国に対してこの条約を満蒙における特殊権益論の法的根拠と主張し、日本の大陸浸透行為をさらに正当化しようとしたわけであるが、この結果行なわれたものが、すなわち、石井・ランシング協定であった

と考えられる。

　対中二十一ケ条条約の締結をめぐる政治過程に関する研究の数は少ない[2]。またそれを評価する観点も様々である。

　当時の日本政府指導者の大陸「発展」政策の対外目標をより有効に達成するには不可避な行為であったと積極的に評価する観点があるかと思えば、大戦期の日本帝国主義とその手先が海外「侵略」政策の一環として行なった強制的で意図的な行為であると特殊なイデオロギーに基づいて評価する観点もある。

　しかし、本稿では、いずれの見方にも片依らず、限られた文献や資料に依拠し、歴史的な事実関係を客観的に解明して行きたい。但し、この条約の締結に至る迄の歴史的な背景や交渉過程の具体的な経緯の説明は簡略にし、論述の焦点を主として満蒙(具体的に言えば南満州と東部内蒙古)問題に関する両国政治指導者の主張と対応、そしてその「一応の結末」に置く事にしたい。

　この場合、当事国内部に於ける政策決定過程や国内政治過程の動向よりは、日中米の三国をそれぞれ一個の行動主体と見なし、満蒙問題をめぐる両国間の相互作用を観察する事にしよう。それに先立ち、まず、満蒙特殊権益論の概括的な実体を明らかにしてみよう。満蒙はどの様な特性を持つ地域であり、満蒙確保の重要性と必然性が日本政府内に広く認識され始めたのはいつ頃からであったろうか。

二　満蒙特殊権益論の実体

(1)　日本の「生命線」としての満蒙の概況

　一般に「満蒙」には二つの意味がある。一つは、その名称をそのまま地域としての満州及び蒙古を総称する広義の意味である。それは、東南は朝鮮半島に境し、東及び北の二方面は露領に接し、西は甘粛及び新彊の二省に達し、南部一帯は長城によって中国本土に接している謂わば東西に伸び、南北に縮まった地域を総括的に指すものである[3]。

　もう一つは、南満州と東部内蒙古を指す狭義の場合である。後者の場合の満蒙は、奉天・吉林・黒龍江三省に接した東部内蒙古、長春を境にしてこれから以南の南満州鉄道本線の左右の地域をその範囲とする[4]。便宜上、以下でいう満蒙とは後者を意味するものと考えよう。

　満蒙はその自然的条件が恵まれていた。気候は能く農業に適しており、広漠なる大平原は農業に好適であった[5]。特に満州は輸出余力のある農産物を多く生産していた。

　満蒙の農産物が海外に輸出されるに至ったのは、日露戦争後の事であるといわれている。日本は農産物輸出の主導権を握る様になり、そのうち最も多い生産物である大豆粕・大豆油等の八〇%を全面的に日本国内消費の為に輸入した。さらに日本は満蒙農産物の約八五%を占める最大の輸入国となり、わずか三%を占める米国と量的には比べものにならなかった[6]。これにより、満蒙は日本にとって移民の対象地のみならず、食料の供給地としても極めて重要な価値を有する地域となったのである[7]。さらに、豊富なる満州森林の開発は林業の発展可能性を蔵し、資本投下の対象にもなりうるものであった[8]。

特に、大正中期の日本は、実際、満蒙の農・工・商業の発展の為に「資本を供給する機関が確立されなければならぬ」状況に直面する程であった。[9]

また、鉱業と紡績業は日本企業の新設拡張のうち重要な部門であり、日本はこれらの部門については原料の多くを満蒙に依存していた。[10] それらに必要な資本投下は大戦を通じて目ざましい増加を見せていた。[11] 鉄・石炭共に厖大なる埋蔵量を擁し、而も生産費も極めて低廉なる満州の鉱物は日本の経済的発達にとって重要な要素であり、日本の「生命線」を形成するものであった。[12]

結局、満蒙は上述した第一次及び第二次産業のみならず交通（鉄道）、商業（合弁事業）、労働力と移民、国防等の面においても日本とは密接な関わりを持っていた。[13] すなわち日本の大陸進出政策の遂行にとって、満蒙地域の長期開発は、必要不可欠であったのである。[14]

では、日本の政治指導者が満蒙の重要性を認識する様になったのはいつ頃からであったのか。

(2)　満蒙確保の必然性と特殊権益論の形成

満蒙に対する日本の関心はにわかに現われたものではない。それは日本との地政学的関わりから始まり歴史の流れの中で徐々に認識されたものである。

満蒙の重要性とその確保の必要性は日清戦争を前後とする時期から次第に認識されて来た。日清戦争の勝利は日本資本主義に急激な発展をもたらす契機となったが、同時に、この戦争は日本の対外安全性をより重大な脅威にさらす結果をもたらした。[15] 海外領土の拡張と大陸における既得権益の確保は日本の政治指導者が明治政府の設立以来絶えず追求してきたものであり、同時にそれは国家目標の達成の為には不可避のものであった。その様な目標を実現する為には、国家の政治体制も対外政策の形成自体もそれに沿った形態を取らざるを得なくなった。そうした海外進出政策はまさに「帝国主義」時代の国際政治が生んだ必然的な帰結である。

欧米列強の脅威の下に置かれていた大戦前日本の対外政策は、国家的独立の維持と強化を第一次的目標として来た。[16] 独立の維持と強化とは、領土（Legal Boundary）を守る事と、領土に接近しその安全と密接に関連している（少なくともその様に認識されている）地域、即ち、生命線（Critical Bour dary）への影響力を支配的なものとすることであった。[17] 前者は、比較的に容易な課題であるが、後者は当然ながら極めて困難な課題であった。明治政府の創設以来、当時の生命線の一焦点であった「朝鮮」[18] への植民地侵略を通じた支配権確立に成功した（一九一〇年）[19] 日本は、中国大陸、特に新たな権益の獲得を試みて南満州・蒙古へとその「勢力範囲」[20]（Spheres of Influence）を拡大・移行していくことになったのである。

しかし、満蒙で日本は新たな困難に直面せざるを得なかった。この理由は次の様に考えられる。第一に、中国大陸は東アジアに於ける列強の利権獲得競争の中心的舞台であり、日本が中国大陸への進出を本格化する以前に、列強の利権と勢力範囲とが既に多様に張りめぐらされていた。[21] 第二に、旧四国借款団による満州開発借款等に日本の満蒙権益は繰り返し脅かされていたのである。[22] 第三に、日本がロシアから継承し、又は新たに設定した南満州に於ける特殊権益の中には、条約上の保証が薄弱ないし曖昧なものが少なくなかったのである。[23]

満蒙問題は日本ばかりでなく欧米列強にとっても主要な関心事であった。「英米資本の大流入」を事前に防ぐためにも「満蒙政策の建直しは可及的急速を要す」るものであった。[24] だからこそ日本は、その地域に於ける権益を諸外国に譲らず先取・確保しようとしたのである。大戦期の日本政府指導者の間には、個人によって程度の差はあるとは言えるものの、「満蒙の確保」の必要性については広く認識されていたのである。

では、かかる満蒙特殊権益論をめぐる大隈内閣の中国進出政策はどの様に展開されたのであろうか。

三　大隈内閣の意図と対中国交渉開始

所謂「二十一ケ条要求（Twenty-One Demands)」とは、三国干渉以来絶えず欧米列強の牽制により大陸進出への機会を抑制されて来た日本が、列強の欧米戦争遂行の時期を利用し、前述した満蒙に於ける日本の政治的・経済的権益を拡大し、ひいては中国大陸に於けるその勢力範囲を確保・拡張する目的をもって、中国側に対して、軍事的威嚇手段を動員し、受諾させたものである。

大戦以来の日本は中国が米国に依存しようとする傾向が顕著となって来た事に強い警戒心を抱いていた。[25] しかし、米国は中国に友好的な援助を与える事に積極的ではあったが、米国にとって最大の関心事は欧州戦局の帰趨であり、中国に於ける米国の権益は戦争を賭してまで防衛するだけの性格のものではなかった。[26] 一方、英国は日本が大戦参加の代償として満州に於ける日本の特殊権益を確保・伸張することにほぼ同意しており、[27] グレイ（Edward Gray）外相も、白色人種の世界が日本人に閉ざされている現状に鑑みて、日本が満州へ進出することを是認しようとする態度を取っていたといわれる。[28]

この様な状況の中で、外務省政務局長の小池張造によって作成された二十一ケ条要求の原案が北京駐在の日置益公使を通じて中国の袁世凱大総統に提出されたのは、一九一五年一月一八日の事であった。[29]

それは大隈内閣が一九一四年一一月一一日の臨時閣議で決定した対中国交渉に関する詳細な訓令に基づくものであった。同交渉案は閣議決定後、山県、井上、松方各元老（大山は病気）の諒解を得た上で帰国中の日置公使に与えられた（一二月三日）。[30]

加藤外相は日中交渉案の二十一ケ条要求を中国政府に提出し、それを認めさせる様指示したのである。[31] 同訓令によると、対中交渉は「東洋の平和を永遠に保持する目的で開始された」と言われていた。[32]

しかし、同交渉案に対しては、北京公使館の実務者らの反論が提起され、修正を要するという意見書が送られてきた。[33] だが、結局、ほぼ原案通りの要求が袁政府に伝達された。日置は袁世凱に会って（外交次長曹汝霖も列席）日本政府の要求を手交するにあたり、中国側に秘密の厳守を求めた。[34] 同要求の陳述内容には脅迫的な傾向が濃厚であった。[35]

更に日本側の意向で、交渉期間中の会議録は一切とらない事になっていたのである。[36]

加藤外相の本来の意図は、日清・日露両戦役の「尊い犠牲」の結果獲得したと言われている「満蒙に於ける日本の特殊権益を是非延長し半永久的権利に改造する事」であった。[37]

日本は今回の対中国要求を通じ、満蒙に於ける諸権益の確認は言うまでもなく関東州及び満鉄の租借期間の延長までも意図していた。[38]

同要求は総計二一の項目からなっており、それは五つの条項にまとめられていた。そのうち第一号から第四号までの一四ケ条は要求条項、そして第五号の七ケ条は希望条項と呼ばれている。[39]

本論での関心事である南満州及び東部内蒙古に於ける日本の地位を明確ならしめる為の条約案は第二号案に記載されていた。同条項(甲)は満蒙地域に於ける日本の優越的な地位を承認する条件として、租借期限の延長(一条)、土地賃借権又は所有権の取得(二条)、日本人の自由往来と事業従事権の獲得(三条)、鉱山の採掘権譲渡(四条)、鉄道敷設関係と諸税の担保借款の問題に関する日本の事前同意権(五条)、政治及び軍事鉄道の管理・経営権の委任問題(七条)、等を規定している。[40] 満蒙に関するこれらの七条項は二十一ケ条要求の核心的な部分であり、最も重要な問題点でもある。

こうした第二号案の各条項は日本が日露戦後経営の主要な柱と見なしてきたものであり、日本の国益や相応の利権を形成する問題でもあった。[41] この点については加藤外相も、又元老山県も同様に考えていた。

例えば、加藤は「自分が要求の眼目としたのは第二号(傍点は筆者)」であったと語っており、[42] 又山県有朋も「満蒙に関する条件のみを提出せば……、列国は夫位の事は日本適当の処置とも思はんが……」と語っている。[43] だが、満蒙権益が日本の利権として確保される為には一定の歴史的試練を経なければならなかった。この場合、試練の度合を規定する主要な要因となってきたのは、極東に於ける国際情勢であり、とりわけ中国の動きと米国の反応(出方)であったのである。

中国の国家主権を侵害する様な日本の要求に対して当事国たる中国が強く反発するのは当然な事である。実際、中国側の抵抗は日本側が予想した以上のものであった。[44]

袁世凱を中心とした中国政府の指導者達は日本政府の苛酷な要求に対して非常に憤慨した。[45] 彼らは最初の対応策として日本政府の真意を探索する事にした。袁政権は「今完全にこれらの要求を拒絶する事は情勢上出来ないが、主権に関係する項目は交渉に応じない」と言う方針を一応決めた。[46] 特に、袁政府が大隈内閣の要求を受諾すれば日本国内の中国革命援助論を抑制する事が出来るが、万一、その要求を拒絶すれば日本国内の反中国ムードはがぜん硬化する惧れもある、との「日置発言」が中国内に伝わると、中国各地では同要求に対する反対運動が本格的に展開された。[47]

この様な中国指導者と世論の強い反発は、後に日本政府が第五号の所謂希望条項を除外したまま米国をはじめとする諸列強にその要求事項の内容を内示したことに対し[48]、中国政府がこの事実を諸外国に漏す原因となったと考えられる。[49]

では、日本政府の斯かる一連の行為と中国政府の初期の反応に対する米国政府の態度はいかなるものであったか。

四　ウィルソン政権の対日抗議

国務省も駐北京米国公使館も日本の対中要求に対しては当初から不信と疑惑を抱いていた。米国の抗議は次の様な理由がその基礎となっている。即ち、ウィルソン政権の対外政策の長期的な目標ないし原則に関わる問題と特定地域に於ける国益の侵害可能性に対する憂慮がそれである。

換言すれば、米国政府指導者にとって、前者はJ・ヘイ (John Hay) 以来米国外交の基本方針であるところの中国の領土保全を目的とした門戸開放政策 (Open Door Policy) に対する日本の挑戦行為である。一方後者は、中国大陸に於ける米中間の既存関係が日本の対中行為により侵害を受けるのではないかと言う疑惑である(例えば福建地方をめぐる米中間の史的関係がそれである)。

米国指導者のかかる疑惑の背後には、次の様な三つの認識が存在していたと考えられる。そもそも門戸開放政策は、第一に、中国に於ける米国の利益が多分に潜在的なものであると言う状況判断、第二に、米国は中国で名誉ある役割を果すべきだという使命意識、そして第三に、米国は中国に於けるその役割を果すためにアジアの紛争に深入りしたくないという対外態度によって構成され、かつ歴史的に存在し続けたものである。[50]米国政治指導者は、日本の中国進出がこれらの要素に対する挑戦であると認識したのである。

米国の対日不信は、この様な諸要素によって形成されていた為、ウィルソン政権は日本の一方的な対中要求は米国にとっても大きな挑戦であると判断した。

こうした推定は、駐米日本大使館から東京の本省への報告書に現れた米国政府指導者らの言動や方針等によってはっきりと裏づけられる。[51]例えば、W・ブライアン (William J. Bryan) 国務長官と面談した珍田駐米大使は、会談の結果を次の様に加藤外相に報告している。

> 国務長官は自ら進んで本使に対し、日本の支那に対する交渉に関する記事新聞紙上に見ゆる処、本使に於て右要求条件に関し知る所なきやと尋ねたるに付、本使は未だ其条件を知らざるも、帝国政府従来の方針を顧みるに、右要求中、支那の領土保全を害し又は支那に於ける列国の権利を傷つくるが如きことは含み居らずと信ずる旨を答へたるに、長官は門戸開放主義にも何等の影響なかるべきやと念を押したるに付、決して斯る事なしと信ずと答へ置きたり。右為念申進す。[52]

又、極東部長B・ウィリアムズ (B. Williams) は交渉の当初から中国の独立こそ米国の重要な利益であると考えていた。門戸開放政策に対する日本の保証問題も、日本がそれを裏切って韓国を合併した過去の事例に鑑み、日本を信頼し得ないと考えたのである。[53]

更に、米国の対日不信は先述した希望条件の為に一段と高まるようになり、[54]米国は日本政府に対する正式抗議を申し込むに至った(一九一五年二月二〇日)[55]。これは国務省より覚書の形で駐日米国大使に電報で送られたものである。

この覚書は大きく分けて二つの点を問題視している。その一つは所謂希望条項と中国に対する列強の機会均等との関係であり、もう一つは中国の政治的独立問題との関わり合いである。[56]国務省からのこうした抗議に対する日本外務省の反応は冷淡であった。加藤外相は日米両国の親交に鑑みて「必要な場合は、第五号の希望条項を米国側に通告して差支なし」[57]との応急措置的な訓令を送る事により事態を収拾しようと考えた。

これより先、P・ラインシュ(P. Reinsch)駐北京米国公使は、日本の要求は中国に政治的・産業的独立及び門戸開放主義を放棄させるもので中国に於ける米国の経済的・産業的参加を不能ならしめるものである、と国務省へ報告した(一九一五年一月二三日)[58]。更に彼は日本が中国の独立権をなくす同要求の主張により表面上は中国の主権を認めつつも、実は主要地域に対する行政権と資源管理権を獲得し、中国の附庸国化を狙っていると国務省へ進言していた(二月一〇日)[59]。

斯かる米国の政策決定者(又は決定に影響を与える者)の状況判断と認識の表明は、前述した米国政府による対日抗議の二つの論拠の基礎となっていたと考えられる。

五 日本政府の強硬策と対中国最後通牒

日米間の諒解工作は妥協と対決の波の中で進められた。袁政府は米国を始めとする欧米諸国の充分な支援を得られなかった。三月に入ると、欧米列強が見守る中で日中交渉は活発となってきた。中国が提出した対案は日本の当初の要求に満足をもたらすものではなかった。日本は中国の対案に大幅の修正を加えた。[60]この修正要求は主として加藤外相の考えによるもので、[61]それは日本政府の原案に比較すればそれでも大幅な譲歩であった。だが、それを中国側に提出するに当っての日置公使の語調と態度はむしろ前よりも強硬であった。[62]これに対して、「中国側は却って当然態度を硬化し、中華民国の主権及び領土保全と両立しうる条項に関しては議に応じる」方針を取った。[63]

日本の朝野では「速かに強硬手段に出ずべし」と言う意見が高まり、[64]加藤外交を欺弱なりと非難する声が高まりつつあった。[65]この間三月中旬から四月初旬にかけて満州と山東省方面の日本軍は一段と増強された。[66]この増兵は袁政権を強く刺激した。大隈内閣はこれが日本の中国に対する強圧手段の現われであるとの印象を与えるのを防ぐことは出来なかった。[67]日本の増兵等に見られる一連の強硬手段の選択はその後の日中交渉に悪影響をもたらし、欧米列強からの批判を受ける原因となったのである。

一方、ブライアン国務長官は大隈首相と袁総統の両者に対する友好的勧告(Appeal)を共同で行なう様に、英仏露の政府に提議(五月九日)[68]した。又、日中交渉の穏和な解決を希望する同国務長官の私信(Personal Message)が大隈首相と袁総統に送られた。[69]しかし、これらは米国政府の期待とは異なり、事実上何ら影響力を与えるものではなかった。

遂に五月七日、袁政権に対する最後通牒は第五号の希望条件が削除された形で御前会議で決定され、同日、中国側に通告された[70]。日本国内の世論も対華最終案と強硬態度について極度に激昂していた。『東京朝日新聞』を始めとする有力紙は、日本の修正案を最後の線としてこれ以上遷延も譲歩もする事なく、日置公使の引揚げも覚悟の上で、あらゆる手段を執って、日本の要求を貫徹すべきであると強調した[71]。袁政府は止むを得ずこれを受諾する事になり(五月九日)[72]、同要求の効力発生の為に一応外交慣例上の調印式が行なわれるに至った(於北京、同年五月二五日)[73]。この際、日本は中国に最後通牒を発送する時に、四八時間以内に(五月九日午後六時まで)満足な回答がない場合は、日本政府は必要不可決と認定される手段をとると脅迫していた(実際日本は秘密裡に軍事行動のための動員を準備していたと伝えられている[74])。

六　米国政府の対日態度と不承認主義の通告

かかる状況の下で、米国政府は中国が日本の最後通牒の受諾を決定した直後、日中両国政府に同文の通牒を発した(五月一三日)。それはP・フィーラー駐日臨時大使を通じて外務省に届いた[75]。即ち、ウィルソン政権は「中国における米国及びその国民の条約上有する権利を侵害し、中国の政治的又は領土的保全を毀損し、もしくは門戸開放政策に反する条約は、承認できない」旨、謂わば不承認主義(Non-Recognition Doctrine)宣言を行ない、これを日本側に通告した(五月一三日)[76]。米国は日本の外交技術や対中交渉の手続に重点を置くより、米国の対中外交の伝統的な理念に基調を置く本質的な通告を行なったのである[77]。従って、不承認主義をレジスターしておくことは、ウィルソン政権にとって主要な目的であったと考えられる。

ところで、この様な米国政府の対日態度から二つの注目すべき事実が窺える。第一は、米国の態度には日本の満州その他への勢力拡張の問題を太平洋岸に於ける日本移民問題の解決と関連させて打開して行こうとする傾向が見られたという事であり、第二は、前述の如く、米国政府の対日抗議や現地外交官による対日警戒報告が絶えず東京に送られたが、米国政府は究極的に強硬論よりは宥和策を採用したという事実である。

まず第一について触れて見よう。当時のブライアン国務長官、ウィルソン極東部長、そしてランシング国務省顧問は何れもこの構想について見解が一致していた[78]。この一致を示す証拠として次の様な例が挙げられる。

日本側が意図的に通知を留保した第五号の希望条件の問題が明らかにされた段階で、ブライアン国務長官は次の様な意見書をウィルソン大統領に上申している。つまり、「もし、それ(筆者註―日本の移民問題と関連させて中国問題を解決しようとする構想)によって、満州以外の地域での自由を確保する事が出来る様になるなら、中国は日本へ満州を譲与する事を顧慮しても良いのではないか」と言う見解を述べた事実がある[79]。又ウィリアム極東部長は、「もし日本移民の流れが満州方面に逸れるならば、現在太平洋岸を悩ませている日本人排斥問題に何らかの好影響を与える」と考え、満州に於ける日本の特殊権益を認めるべきだと主張していた。更に、ランシング顧問も、「米国が満州や山東での条約上の権利を主張する事を差し控える代償として、日本は米国の土地法にこれ以上異議をさしはさまない」との諒解を日本側からとりつけるべきである事を示唆したのである。(80)

以上の様な例証から、ウィルソン大統領を含めた全ての米国政治指導者が同様の考えを持っていたとは言えなくとも、国務省首脳部の間でその様な見解が強く抱かれていた事は否定出来ない事実であると言える。

次に、第二の事実については、米国の対日抗議内容の解釈の仕方によりその観点が変わりうるものでもある。まず、米国側の「強硬抗議」と「軟(宥)和政策」と言ったそれぞれの側面をうかがえる例を挙げてみよう。

米国政府の軟和政策は、日本政府の対中要求条項及び希望条項に関して一九一五年三月一三日珍田大使に手交した長文の覚書きに現われている。同覚書きは、後にふれる様に、満蒙問題とも関わりのある内容のものである。ブライアン国務長官は、その中で中国の政治的独立を侵し、機会均等主義や中国に於ける米国人の権利を侵害する第五号の希望条項に対しては反対であるが、山東省、南満州、東部内蒙古に対する日本の特殊関係はこれを認める趣旨の覚書を手交した。(81) 同覚書に対して日本政府側は、米国が福建問題等には反対であるが、満蒙に於ける日本の優越的な地位についてはこれを認めたものと解釈したのである。(82) この通牒は、先述した様な初期段階に於ける米国側の強い対日不信と強硬な対日抗議から見れば、かなり後退した、謂わば穏健なものと見てよいであろう。

更に、日本政府はこれに対する対米回答を三月一九日の閣議で決定し、それに基づいて加藤外相は「米国が中国に密接な関係を有すること」と「日本政府は日米の特殊友好関係に重きを置いている事」を要旨とした対応策を米国側に伝える様駐米大使に訓令した。(83) この対米回答に対してブライアン長官は珍田大使にこれを諒承する旨通告するに至った。(84) 又先述した不承認主義の通告そのものも結果から見た限り、それ程強硬なものではなかった。(85)

この様に米国側が事実上取った方針は、最初の強硬な対日論議に比べて大きく後退した穏健な政策であった事に留意しなければならない。では、その理由はどの様に考えるべきであろうか。

まず第一に考えられるのは、ウィルソン政権は、先述の様に、英仏露との共同干渉を試みたが、三国はこれを拒絶する結果となり、共同勧告は失敗となった事である。特に、英国の協力を得られず行動を共にしなかった事は致命的な打撃であったと言えよう。何故かと言えば、日本の要求を全面的に拒否し、それを撤回させる政策を取る為には対日戦も覚悟しなければならぬが、日英同盟の存在は米国にとって大きな障害となる事が予想されたからである。当時、日本の軍艦は米国水域に出没しており、(86) その段階の米国の海軍力は英国のそれには及ばなかった。又、二十一ケ条要求の根幹は満蒙に於ける日本の特殊権益の主張であり、これは大隈首相自身の意図する所でもあった[87]。この権益問題は加藤外相の就任の際、英国のE・グレイ (Edward Grey) 外務卿に会った時にも認められたと言われている[88]。従って、英国としては全面的に対米協調を約束し、対日強硬論を主張する事は非常に困難であった事に注目する必要がある。

第二に、たとえ米国が英国と対等な程度の海軍力を保持したとしても、米国にとって対日外交のバーゲニングとして有効な外交手段を取る事が合理的であった為、戦争の偶発まで覚悟しながら、対日強硬論を打ち出す必要性を政策決定者のレベルでも又世論のレベルに於ても認識していなかったと考えられる[89]。これは、前述の如く、米国政治指導者が日本の満蒙除外主張の問題を先述の様に太平洋岸に於ける日本移民問題の解決とも関連づけて考えていた事からも明らかである。

七　結びにかえて——満蒙権益の一応の始末と新四国借款団

以上、対中国二十一ケ条要求をめぐる日米間の相互作用を対外政策レベルの観点から論じてきた。本研究の主題と最も関連のある「南満州及び東内蒙古に関する条約」は「山東省に関する条約」と共に調印された。やがて同条約は批准書交換を経て正式に公布された(一九一五年六月九日)[90]。

これにより、大隈内閣は中国に於ける広範囲の政治的・経済的権益の獲得が可能となり、永年の懸案であった中国に於ける列強の勢力範囲を打破する根拠を確保するに至った。つまり、日本政府は満蒙に於ける日本の特殊権益をあたかも認められたものの如くに解釈していた。だが、こうした解釈はあくまでも大隈内閣の内部に存在していたものであって、日本のあらゆる政治指導者に共通して抱かれていたものではない。例えば、山県有朋は中国に対する最後通牒の際、日本政府が最初の要求からかなり譲歩した為、二十一ケ条要求では中国に於ける特殊権益の獲得は不満足に終わったと述べている[91]。

又、日本が二十一ケ条要求の目的を達成する為に強圧手段を用いてまで厖大な政治・経済上の権利を確保しようとしたことは、中国官民の反日感情を惹起する結果を招き同要求そのものの無効を主張する根拠となった[92]。その上、列強の対日抗議が殺到した為、先の諸条項の解釈と履行をめぐって様々の困難な問題が生じる事は、当時既に予想されるところであった[93]。そして、既に台頭しつつあった中国ナショナリズムの波は反日ムードの高まりの中で強烈な要求反対運動を巻き起こす結果にまで顕在化していたのである[94]。

こうした問題の余波は日本国内に於いても少なからぬ論議を巻き起こした[95]。例えば諸外国の反感と非難をも招き日本の国際的立場を甚しく不利にし信用を失墜したという理由で、原敬と犬養毅は第三六回帝国議会(一九一五年五月二二日開会)に於いて政府攻撃の演説を行なった[96]。そしてこの事は大隈内閣の弾劾決議案の提出にまで発展したのである。日本政府が結果的にその「交渉の経過に於て遺憾とすべきものが無いでもない」方式をとった事は事実である[97]。しかし、第一次大戦期に直面した日本が大陸進出への目標を無理やりに実現する為には、帝国主義時代の国際環境と言う時代的背景から見た場合、そうした方式を取らざるを得なかったのであろう。(98)

対中国二十一ケ条要求は単に日華両国間のみの関係に由来するものでなく、中国大陸を中心とした日本と欧米列強との国際関係の交錯と蓄積を背景として醸成されたものである。それは日清戦争から日露戦争を経て第一次大戦に於ける日本の大陸進出・膨張政策の必然の表われとして提起されたものである。同要求は多くの研究者によって日本帝国主義の中国侵略の典型の如く言われている。確かにそれは事実である。だが、日本と同様にその当時に於ける欧米列強の対華政策も帝国主義的侵略外交を基調としていた事実を見過ごすことは出来ない。(99) 米国の提唱した中国の門戸開放、機会均等の主義もその例外ではあり得なかった。(100)

換言すれば、二十一ケ条要求の歴史的背景となった国際環境は、中華民国に対する列強(日本を含む)の帝国主義外交であったと言えよう。その外交の主たる目的の一つは、満蒙に於ける日本の特殊権益を確保する事であった。その権益の内容は先述した様に第二号案に具体的に明記されている。

しかし、満蒙権益をめぐる日米間の紛争は、二十一ケ条要求に引き続き「新四国借款団」に迄発展して行く。即ち、新借款団は二十一ケ条要求によって得た日本の満蒙その他の権益に対し一大手術を加えるものとなるのである。(101) その意味に於いて、新借款団の結成はヴェルサイユ講和会議(この会議は主として山東権益を問題とした)と共にワシントン会議に先立ち、二十一ケ条要求の消長に大きな痕跡を印した歴史的なイベントであったのである。

一方、不承認政策を通告(五月一三日)したウィルソン政権は同要求に対する中国側の不本意受諾が行なわれた後もその立場を留保する態度を取り、米国内には排日論が漸進的に高まっていた。(102) 米国政府が異議を申し立てた第五項目の「希望条件」が最後通牒の段階では留保された為に、ウィルソン政権は最早「二十一ケ条要求」については異議がないものと日本政府は判断していた。(103) こうした判断は満蒙に於ける日本の特殊権益が認められたと主張する日本政府の解釈を基本的に支えるものとなってきた。その後、日米間の新たな争点となる新借款団問題をめぐる日本政府の政策決定過程に満蒙除外要求の発想が導入されるのはまさにこのような考えによるものであったことは注目すべき事実である。

(1) 「二十一ヶ条要求」と呼ばれる場合もあるが、「二十一ヶ条条約」と呼んでも別に差しつかえないと思われる。前者を主張する人々の論理によれば、国際法上の規定を定立し、その権利・義務を設定する条約の締結過程には、当事国間に於ける「合意による平等なる交渉」と「締結当事者間に真の瑕疵のない任意選択」が前提になるのが慣例であるが、二十一ヶ条要求の受諾をめぐる日本の対中国交渉過程に於ては、「合意」よりは「強圧手段」を動員し、「任意選択」による自由意志の尊重よりは「脅迫的傾向」が濃厚に現われたからであると言われている。従って、この「悪名の高い」要求を「条約」と呼ぶ事は国際法上

の慣例にも反すると同時に妥当ではないと彼らは主張している。しかし、被侵略国であった中国の意思如何とは関わらず、また、強制的な手段動員の如何にも関わらず、結果的には、両国の政治指導者が署名したわけであるから、国際法上の条約としての効力を発生する事には違いない。従って、筆者自身はこの「概念」自体をめぐる論争には別に注意を払わない。これらの点に関しては、植田捷雄『東洋外交史―下巻』東京大学出版会、一九七四年、四八二頁、臼井勝美『日本と中国―大正時代』原書房、一九七二年、六二頁、佐藤誠三郎「協調と自立の間―日本」日本政治学会編『年報政治学―国際緊張緩和の政治過程』岩波書店、一九六九年、一〇五頁。申基碩『新稿・東洋外交史』探求堂、서울(ソウル)、一九七六年、三四二―三五六頁、をそれぞれ参照されたい。

又、国際法上の条約の概念については、朴観淑『国際法』法文社、서울(ソウル)、一九六五年、二四六―二四八頁、李漢基『国際法講義』博英社、서울(ソウル)一九七三年、三一八―三二〇頁。高野雄一『憲法と条約』東京大学出版会、一九六三年、一六―二三頁、高野雄一『新版 国際法概論(下)』弘文堂、一九七六年、七―一八頁をそれぞれ参照した。

(2) 二十一ヶ条要求そのものに関する代表的研究をあげれば、堀川武夫『極東国際政治史序説――二十一箇条要求の研究――』有斐閣、一九五八年が極めて優れている。

(3) それは北緯三八度四五分から五三度三〇分に亘り、東経八八度二〇分より一三五度二〇分に亘る地域である。東亜経済調査局編『満蒙政治経済概要』経済学全集第二五巻、改造社、一九三二年、三頁。

(4) 同上、六頁。

(5) 同上、二一頁。

(6) 同上、六八―七四頁。

(7) 同上、八七頁、

(8) 同上、九七―九八頁。

(9) 幣原坦『満州観』東京宝文館、一九一六年、四二―四八頁。

(10) 小島精一「満州工業の現状と計画的開発政策」蠟山政道編著『満蒙事情総覧』改造社、一九三二年、四四七―四六五頁参照。

(11) この点については下記の表を参照されたい。

年度＼区分	鉱業	紡績
一九一四年	一六・七	一・七
一九一九年	二八九・四	二六〇・二

※単位は百万円。
※出典：安藤良雄『近代日本経済史要覧』東京大学出版会、一九七六年、一〇一頁から抜萃要約。

(12) 東亜経済調査局、前掲書、一三九―一四〇頁。

(13) 同上、三〇七―三四五頁、三八一―三八五頁、四五三―五一八頁、五六三―五七六頁をそれぞれ参照。

(14) 幣原、前掲書、三五―四一頁。

(15) 満史会編(代表大蔵公望)『満州開発四十年史』上巻、満州開発四十年史刊行会、一九六四年、四三頁。

(16) 佐藤誠三郎、前掲論文、九九—一四四頁(特に九九頁)参照。

(17) 同上。同教授によると、この場合の領土とは本土の事であり、生命線は領土の外側にあるのが常であるが、領土の内側に入ってくる事もあり得るという。同氏は国際紛争に於ける生命線の意味について、Kenneth E. Boulding, *Conflict and Defence : A General Theory*, Harper and Row Publishers, New York, 1962, pp. 265～273(日本語訳、衛藤瀋吉、内田忠夫訳『紛争の一般理論』ダイヤモンド社、一九七四年)の概念を導入している。

(18) この場合の「朝鮮」とは、地理的名称としての朝鮮半島に一三九三年から一九一〇年迄存在していた国家、即ち李氏王朝を指すものである。

(19) 山県有朋「外交政略論」大山梓編『山縣有朋意見書』原書房、一九六六年、一九六—二〇〇頁参照。

(20) 勢力範囲の設定問題に関しては、植田捷雄『在支列国権益概説』巌松堂書店、一九四二年、三—九頁を参照。

(21) 佐藤、前掲論文、一〇〇頁。

(22) 満蒙権益をめぐる列強(特に米国)との対立については、英修道『満州国と門戸開放問題』日本国際協会、一九三四年及び東亜経済調査局編『米国の対支経済政策』一九三一年を参照。

(23) 例えば、ロシアの遼東半島租借権は、一八九八年から一九二三年迄の二五年間に過ぎず、日本がそれを継承した時、残余期間は一八年に満たなかった。その他、東支鉄道の経営及びそれに関連する全ての利権、即ち満鉄の前身である東支鉄道南満州支線等も一例である。佐藤、前掲論文、一〇一—一〇二頁。

(24) 阪東宣雄『満蒙を大観して』東亜聯盟義会、一九二七年、一七—二五頁参照。これによると、日本が「朝鮮と満蒙より退却せば跡に何が残るか」と言えば、それは「日清戦争以前の島国小日本あるのみ」であったといわれている。

(25) 臼井、前掲書、六一頁。

(26) Roy W. Curry, *Woodrow Wilson and Far Eastern Policy, 1913-1921*, Bookman Associates, New York, 1957, pp. 110–111.

(27) Peter Lowe, *Great Britain and Japan* 1911-1915 : *A Study of British Far Eastern Policy*, St. Martin's Press; Macmillan, London, 1969, pp. 221-222.

(28) Curry, *op. cit.*, p. 127 ; 臼井、前掲書、六一頁。

(29) 外務省百年史編纂委員会編『外務省の百年』上巻、原書房、一九六九年、六一〇頁。尚、二十一ヶ条要求をめぐる外務省を中心とした国内政治過程や経緯については同書の六一〇頁から六一四頁に記述されているが、やや平板のきらいがある。堀川、前掲書、一五六—一五七頁、徳富猪一郎『大正政局史論』一九一六年、三二二頁。

(30) 『日本外交文書(以下『外交文書』と略記する)』大正四年第

三冊、第一三七文書(以下「大正四年第三冊」は省略す。日置公使→加藤外相、一月一九日)、堀川、前掲書、七八―一〇頁。

(31)『外交文書』大正三年第三冊、第五六八(加藤→日置、一二月三日)、第五六九、第五七〇(加藤→日置、一二月三日)、第五七一文書(日置→加藤、一二月一八日)参照。

(32) 鹿島守之助『日本外交史第十一巻支那問題』鹿島研究所出版会、一九七一年、一一頁、外務省編『日本外交年表竝主要文書一八四〇―一九四五、上』(以下『外交年表』と略する)一九六五年、三八一頁。

(33) 例えば、小幡西吉参事官、出淵勝次、船津辰一郎、高尾亨書記官の反論が挙げられる。『外務省の百年』上巻、六一二頁、堀川、前掲書、八四―八六頁。

(34) 申基碩『東洋外交史』東国文化社、서울(ソウル)、一九五六年、四八八頁。*Foreign Relations of the United States* (以下*FRUS* と略す) *1915*, p. 131.

(35) 日置大使が陳述した内容の一部を紹介しておこう。彼は「目下本邦には随分過激な対支意見を保持しているものがあり、甚だしきは革命を扇動し、袁政府を転覆すべしとまで唱えるものがある。しかし、大隈内閣の対支方針はこれと異なり、貴国の領土保全を主眼とし、閣下の政府を援助しようとするものである。もし、日本朝野の有力者間に主張されている様に特派大使の派遣が実現される様な場合には、今回の如き穏当なる程度に止まらず、必然多大の要求を為すに至るべく、其結果如何なる事態に立至るべきや予想し得ざる所なり」と陳述し、要求の受諾が袁にとってかえって得策である事を強調した(傍点は筆者)。『外交文書』第一三七文書、堀川、前掲書、一五六頁、臼井、前掲書、六二―六三頁。

(36) ところが、中国側は会議録を持ち、王芸生の「六十年来中国與日本」に所載されているが、内容は極めて正確であると認められている。臼井、前掲書、六四頁及び二七五頁。

(37) 加藤高明伯伝編纂委員会編『加藤高明』下巻、原書房、一九二九年、一三二―一四〇頁。

(38) 同上、一五四―一六〇頁。

(39) 第二号の満蒙事項を除いた条項の要旨を簡単に紹介すれば、第一号は山東問題の処分に関する条約案であり、第三号は漢冶萍公司に関する取極案、第四号は中国の領土保全の為の約定案、そして、第五号は中国政府の顧問として日本人傭聘方勧告件、最後の第六号は膠州湾租借地還付の件をそれぞれ規定している。前掲『外交年表』上、一九六五年、二〇三及び三八一―三八四頁、申基碩、前掲書、三四三―三四六頁参照。

(40) 同上『外交年表』三八三頁。外務省記録「大正四年日支交渉一件及び雑件一部」参照(外交史料館所蔵)、堀川、前掲書、九四―九六頁及び一五三―一五五頁参照。

(41) 堀川、前掲書、一五四頁、安藤実「第一次大戦と日本帝国主義」『岩波講座日本歴史18―近代五』岩波書店、一九七五年、一―四三頁(特に一九頁)。

(42)　前掲『加藤高明』下巻、二〇五頁。

(43)　原奎一郎編『原敬日記』第六巻、二五四頁(一九一五年五月一八日の日記)参照。

(44)　A. Whitney Griswold, *The Far Eastern Policy of the United States*, Yale University Press, New Haven and London, 1938, pp. 189-190.

(45)　『外交文書』第一三八文書(日置→加藤一月二〇日)参照、堀川、前掲書、一五八—一五九頁。

(46)　臼井、前掲書、六三—六四頁。

(47)　入江啓四郎、大畑篤四郎『外交史提要—増補版』成文堂、一九六四年、二三六頁、申基碩、前掲書、三四五—三四八頁、堀川、前掲書、一五八頁。

(48)　日本政府は次の様に列国に対中要求の内容を内示した。

英国——一九一五年一月二二日(加藤外相→珍田駐米大使→ブライアン国務長官)『外交文書』同第四九四、四九九、及び五〇六文書参照。

フランス——同年二月五日(加藤外相→ルニヨール駐日仏国大使→デルカッセ外相)『外交文書』同第五〇一文書参照。

ロシア——同年二月五日(加藤外相→本野駐露大使→サダノフ外相)『外交文書』同第五〇〇文書参照。

(49)　同要求は、袁政府の閣僚であった顧維鈞が日本外務省の顧問であったフレデリック・ムーア (F. Moore) に漏らしたと伝えられている。ムーアは、第五号の希望条項をAP通信として打電し(一九一五年二月一一日)、それが二月一九日付の *Chicago Herald* 紙に掲載されている。又、この事実は駐日米国大使から加藤外相への指摘(二月二〇日)及び駐米珍田大使から加藤外相への報告(二月二二日)にも明らかになってくる。この点については『外交文書』第五二六(加藤と駐日米国大使との会談、二月二〇日)及び第五三七文書(珍田駐米大使→加藤、二月二三日)、石田栄雄「二一箇条問題と列国の抵抗—米国との関係」日本国際政治学会編『日本外交史研究(大正時代)』国際政治第六号、有斐閣、一九五八年、四一頁及び四四頁、『中央公論』大正四年六月号、巻頭言(「外交の失敗と善後策」)及び同号収録の吉野作造「対支交渉の厳正批判」参照。

(50)　有賀貞「アメリカ外交の伝統」本間長世編『アメリカと世界—総合研究アメリカ第七巻』研究社、一九七六年、二六—五四(特に三八)頁参照。

(51)　『外交文書』第四九五(珍田→加藤、一月二九日)及び五〇六(珍田→加藤、二月八日)文書参照。

(52)　同第四九五文書。

(53)　Curry, op. cit. p. 114. 尚、日本の韓国合併については、葛生能久『日韓合併秘史』黒龍会出版部、一九二九年に詳しい。

(54)　『外交文書』第四九五、四九九、五〇六、五二六、五三七文書参照、石田、前掲論文、四二—四三頁、*FRUS, 1915*, pp. 84—85.

(55)　*FRUS, 1915*, p. 93.

(56)『外交文書』第五二六(二月二〇日)文書、Reinsch, *op. cit.*, p. 141. Harley Notter, *The Origin of the Foreign Policy of Woodrow Wilson*, Baltimore, 1937, p. 385.

(57) 外務省記録「大正四年日支交渉一件」第二巻第三号電文参照(外交史料館蔵中)。『外交文書』第五三七文書。

(58) Reinsch, *op. cit.*, p. 141.

(59) 石田、前掲論文、五〇—五一頁、Reinsch, *Ibid.*, pp. 133–137.

(60) 堀川、前掲書、一九〇—一九一頁。

(61) 同上、一九七頁。

(62) G. Jay Wood, *Twenty-One Demands, Japan versus China*, New York, 1921, pp. 81–82.

(63) *Ibid.*

(64) 堀川、前掲書、一九八頁。

(65)『東京朝日新聞』社説「支那に警告す」大正四年三月二十五日参照。

(66) *FRUS, 1915*, p. 115 (Reinsch Bryan, March 22, 1915); Stanley K. Hornbeck, *Contemporary Politics in the Far East*, New York, 1919, pp. 320—321.

(67) P・クライド著・植田捷雄訳『満州における国際制覇』一九三五年、二六五頁。

(68)『外交文書』第六七九文書(珍田→加藤、五月七日)、E. P. Young, *The Presidency of Yuan Shih-Kai*, University of Michigan Press, 1977, pp. 186–192.

(69) 同第六八〇文書(同五月七日)、Young, *Ibid.*

(70)『外交文書』第三八三(加藤→日置、五月六日)、三八六(日置→加藤、五月六日)、三八九(加藤→日置、五月六日)、及び三九〇文書参照。又第五号を最後通告から除外する事により、日本の福建省及び揚子江流域においては、当初の目的を達成出来なかった。最後通牒の決意に関する加藤の態度については、前掲『加藤高明』一七三—一七四頁、Thomas E. La Fargue, *China and the World War*, Stanford University Press, Calif., 1937, p. 76.

(71)『東京朝日新聞』社説「決算期を限れ」一九一五年五月一日、「所謂修正案」同五月三日、「支那の責任」同五月四日、『東京日日新聞』社説「最後通牒の外なし」同五月四日等参照。

(72)『外交文書』第四〇一(日置→加藤、五月七日)、四〇三(日置→加藤、五月八日)、四〇四(同、五月八日)、文書参照、又、日本政府からの最後通告に対して北京の大部分の新聞は悲憤慷慨の論説を掲載した。同第四一四文書(日置→加藤、五月九日)、Young, *op. cit.*

(73) 同第四七三文書(同五月二五日)及び同付記、Young, *Ibid.*

(74) 同第三八九文書(加藤→日置、五月六日)。申基碩、前掲書、四九四頁。

(75) 堀川、前掲書、三〇〇頁。

(76) 同第七〇九文書(加藤→珍田、五月一三日)、*FRUS*, 1915,

pp. 146 147 ; Griswold, *op. cit.*, pp. 194–195.

(77) 堀川、前掲書、前掲書三〇五—三〇六頁。

(78) 臼井、前掲書、七八—七九頁。

(79) 同上。

(80) 同上、Curry, *op. cit.*, pp. 116–117.

(81) 『外交文書』第五五八文書(珍田→加藤、三月一五日)参照。前掲『外交年表』二〇四頁、文書一一頁及び三八五—四〇一頁参照。

(82) 同上。

(83) 『外交文書』第五六五(加藤→珍田、三月一九日)及び五七九文書(珍田→加藤、二月二二日)参照。

(84) 同第五八八文書(三月二八日)、申基碩、前掲書、三五三—三五四頁。

(85) 同第七〇九文書(加藤→珍田、五月一三日)。

(86) Thomas F. Millard, *America's Contacts with the Orient and the Trend of Relations with China and Japan*, New York, 1916, pp. 278–279.

(87) 石田、前掲論文、四九頁。

(88) 松本忠雄『近代日本外交史研究』情報堂出版部、一九四二年、一九三頁、前掲『加藤高明』下巻、一三三頁及び一三六—一三七頁参照、Curry, *op. cit.*, p. 123 and p. 127.

(89) William C. Jonstone, *The United States and Japan's New Order*, London, 1941, p. 124 ; A. M. Pooley, *Japan's Foreign Policies*, London, 1920, p. 167 ; 石田、前掲論文、四三—四四頁参照。

(90) 『外交文書』第四七三(日置→加藤、五月二五日)、「南満州及び東内蒙古に関する条約及び交換公文」前掲『外交年表』上巻、四〇六—四一二頁参照。

(91) 更に山県は「戦後(第一次大戦)アジアの地は独米の東西よりする侵襲に遇かもしくは英米の南北よりする圧迫を蒙るか二者其一を免かる能わず、危機を免れる方策は日支親善互に其力を合せて此強大圧力に当るの一途あるのみ」と述べている。秦郁彦『太平洋国際関係史』福村出版社、一九七二年、一一五頁、小林幸男「帝国主義と民主主義」『日本歴史現代2』岩波書店、一九六三年、八九—九〇頁。

(92) 堀川、前掲書、三〇七頁、Reinsch, *op. cit.*, p. 149 ; Griswold, *op. cit.*, pp. 189–190 ; 植田、前掲書、四八二頁。

(93) 同上、『東京朝日新聞』社説、「対支要求の価値」大正四年五月十五日参照。

(94) 申基碩、前掲書、三五四—三五五頁。

(95) 黒羽茂『太平洋をめぐる日米抗争史』南窓社、一九六八年、一八一頁。

(96) 衆議院、参議院編『議会制度七十年史』帝国議会史上巻、大蔵省印刷局、一九六二年、七九三—八一六頁参照。

(97) 芦田均編著『最近世界外交史』中篇、明治図書株式会社、一九三四年、二〇七—二一一頁参照。

(98) 江口朴郎『帝国主義時代の研究』岩波書店、一九七五年、三—八頁参照。

(99) 堀川、前掲書、一—二頁及び四〇一—四〇二頁参照。

(100) 同上。

(101) 同上、三三七—三三八頁。

(102) Ruth Bartlett, *Policy and Power: Two Centuries of American Foreign Relations*, Hill and Wang, N. Y., 1963, pp. 154–155; 植田、前掲書、四八五頁。

(103) 細谷千博「二十一ヶ条要求とアメリカの対応」『一橋論叢』二六四三巻(一九六〇年一月)、三九—四〇頁、堀川、前掲書、二六四—二七〇頁、申基碩、前掲書、三五五—三五七頁をそれぞれ参照。

〔付　記〕

本小稿は、東京大学国際関係論研究室に提出した(一九七八年九月)筆者の博士学位請求論文の一部を、さらに加筆修正したものである。

(筆者は韓国外務部　外交安保研究院教授謙
亞細亞太平洋研究部長)

第 7 節

東北亞 國際關係論 에세이

1 〈서평〉 金東祚「回想30年 韓日會談」

이 책은 30년에 걸친 외교관 생활 가운데 그 대부분의 기간을 대일 외교정책에 관여한 저자가 1950년대의 자유당 정권에서부터 60년대의 공화당 정권이 국교정상화를 달성하기까지의 외교 교섭 과정을 면밀하고도 상세하게 기록한 일종의 외교 회고록이라고 할 수 있다.

저자에 의하면, "國交正常化에 이르는 韓日交涉史에 관하여 되도록이면 正確하고 客觀的인 事實을 바탕으로 한 記述을 통하여 後輩外交官이나 後世의 韓日外交硏究學徒들이 理解하는 데 조금이라도 도움을 주어야겠다는 基本認識(머릿말에서)" 하에서 집필을 시도하였다고 한다.

이 책의 저자인 金東祚 전 의무부장관은 1965년 국교정상화가 달성되기까지 7차에 걸친 회담 과정 중에서 예비회담과 제1차·4차 및 7차 회담의 주역으로 직접 대일 정책결정 과정에 관여하였다. 제1차 회담 이전에는 외무부 정무국장으로, 제4차 회담시에는 의무부차관으로, 또한 최종 회담이었던 제7차 회담시에는 주일 대표부의 대사로서 직접 한일 국교정상화를 둘러싼 한국의 대일 정책결정 과정에 참여한 한일회담의 주역이요 증인이다. 13년 8개월에 걸친 한일 교섭과정에서 얻은 경험과 지식을 배경으로 하여, 저자는 이 장기간의 교섭과정을 매우 구체적이고도 객관적으로 기술하였다고 하겠다.

사실상, 평자 자신도 이 책을 매우 흥미진진하게 탐독하면서 감개무량함을 느꼈다. 왜냐하면, 첫째 평자 역시 일본의 국내정치와 의교정책을 연구하는 사회과학도로서 이 책은 연구 관심이 있는 분야일 뿐만 아니라, 전후 한일교섭사를 연구하는 과정에서 항상 자료의 빈곤을 절감하고 있었기 때문이다. 둘째로, 평자가 동경대학 대학원에 유학중이던 15년 전에 "韓日國交正常化를 둘러싼 佐藤內閣의 對韓政策決定過程硏究(日本語)"라는 석사학위논문을 작성한 바 있었기 때문이다.

미국 Harvard 대학의 Baker도서관에는 국제금융가로서 제2차 대전 전의 긴장된 미일 관계를 해소시키고 중국 대륙을 둘러싼 미일 외교교섭을 타결시키는 데 결정적인 역할을 하였던 Morgan Company의 책임자 Thomas W. Lamont의 외교 기록, Lamont Paper가 소장되어 있다. 이것을 기초로 하여 동 대학의 중앙도서관인 Widener도서관 옆에는 Lamont도서관이 위치하고 있는데, 이

곳에 소장되어 있는 미국의 역대 국무장관 및 정치 지도자의 회상록(Memoir), 私文書(Paper), 일기 등은 미국의 외교관계와 의교정책 결정과정을 연구하는 분석가들에게 귀중한 자료와 문헌이 되고 있다.

한편, 일본 동경대학의 총합도서관, 국립 국회도서관 헌정자료실 및 외무성 외교사료관에 보존되어 있는 근대 일본의 정치·외교지도자들이 남긴 각종 사적인 기록과 회상록도 근대·현대 일본의 대외관계와 정치과정을 연구하는 데 필요불가결한 연구자료가 되고 있다. 예컨대, 桂太郎文書, 原敬日記, 田中義一関係文書, 寺內正義文書, 犬養毅傳記, 伊東己代治文書 및 木戶日記 등은 전전 일본의 국내정치와 외교정책을 연구하는 후세의 지식인들에게 매우 커다란 도움을 주고 있는 것이다.

최근 출간된 金東祚 전 외무부장관의 『回想 30年 韓日會談』은 외무당국의 전 최고책임자에 의하여 집필된 외교기록이라는 점에서 Lamont Paper나 木戶日記 이상의 의미를 갖고 있다고 하겠다.

우선 이 책의 전체적인 내용을 요약하고, 이 책이 갖는 특징과 아울러서 앞으로 전후의 한일관계를 연구하려는 분석가들을 위한 몇 가지의 연구 제언을 하고자 한다.

이 책은 전체 14장으로 구성되어 있는 바 그 구체적인 내용을 요약하면 다음과 같다.

우선 저자는 한일 간의 교섭이 시작되기 직전, 외무부 사정과 대일 講和條約 문제의 대두를 둘러싼 한국측의 입장을 회고하였다. 즉, 저자는 제1장에서 한일회담과 깊은 인연을 지닌 자신의 특별한 감회를 술회하는 동시에, 당시 건국초와 전시라는 어려운 여건 하에서 여러 가지로 빈약했던 의무부의 내부사정을 설명하고 있다. 제2장에서는 제2차 세계대전의 종결 이래 연합국과 일본 간의 현안이었던 대일 강화조약의 체결 이후 장래의 대일관계를 위한 대응방안의 모색에 부심하였던 한국 정부의 입장과 사정을 기술하고 있다.

이상과 같은 국내의적 환경 속에서 시작되었던 한일회담의 본격적인 교섭과정은 제3장 이하에서 밝히고 있다. 즉, 제3장은 일본 점령을 위한 연합군 최고사령부(SCAP)의 주선으로 개시되었던 9차에 걸친 한일 예비회담의 배경 및 성과와, 당시 제기되었던 재일교포 문제·선박 반환 문제·평화선 선포 문제 등을 기술하였고, 제4장은 예비회담에 이어 계속된 제1·2·3차 한일 본회담의 경과와 그 과정을 회고하고 있다.

3차에 걸친 본회담이 별 성과도 없이 결렬된 상황 하에서, 양국 간에는 久保田貫一郞의 망언, 독도 문제, 평화선의 선포와 인질외교 등의 문제로 말미암아 약 4년간 한일회담이 표류되었다. 이에 관한 구체적 사실로서, 저자는 제5장에서 “過去 日帝의 統治가 朝鮮에 有益한 것”이었다고 한 久保田 망언에 대하여, 제6장에서는 오늘에 이르기까지 분쟁의 불씨를 안고 있는 독도 문제, 그리고 제7장에서는 한국 정부의 평화선 선포와 일본어선의 침범에 대응하는 인질의교의 전개를 둘러싼 양국 간의 협상 양상을 상세히 설명하고 있다.

또한, 한일회담의 교섭과정상의 또다른 난제로 대두되었던 재일교포 북송문제는 제8장부터 제10장에 걸쳐 기술되어 있다. 4년간 결렬되었던 한일회담이 제4차 회담으로 재개되었으나, 재일교포의 북송 문제를 둘러싸고 일본의 북송 결정과 한국의 대응으로써 상호간에 공방을 거듭하였던 사전들을 기술하였다.

이러한 시점에서 한일 양국은 1960년에 다같이 정치적 격변을 통해 정권교체가 있었다. 국내정치 권력의 재편성은 최종단계에 처한 한일회담의 추진을 더욱 본격화시켰다. 즉, 한국에서는 4·19 혁명에 의한 민주당 정권의 성립과 5·16 혁명 정부의 대두, 일본 국내에서는 미일 안보 조약의 파동에 따른 池田勇人 정권의 수립(1960.7.19.) 등 양국의 국내 정세는 급격한 변화를 경험하였다. 이러한 양국의 국내 정세 변화 속에서 진행되었던 제5차 한일회담 과정이 제11장에서 다루어져 있다.

제12장부터 제14장까지는 제6차 회담으로부터 마침내 한일 국교정상화가 타결될 때까지의 교섭과정과 저자의 감회가 기록되어 있다. 제12장에서는 제6차 회담의 개시와 국내에서 격렬하였던 회담 반대운동을, 제장에서는 저자가 다시 외교일선으로 복귀, 최종회담에 참여하여 高杉晋一의 망언 등으로 난항을 거듭하던 교섭과정을, 제14장에서는 역사적인 국교정상화가 달성되기까지의 교섭과정에 대한 감회를 술회하면서, 2000년대를 향한 바람직한 제2의 한일관계 정립에 대한 희망과 기대를 피력하는 것으로 이 책을 마무리짓고 있다.

이와 같은 내용을 갖고 있는 이 책은 다음과 같은 특징을 갖고 있다고 하겠다.

첫째, 이 책은 외무부장관과 주일 대사를 역임한 외무당국의 전 최고책임자에 의한 전후 대일외교 회상록이라고 하는 점이다.

둘째, 이 책은 전후의 한일교섭사를 연구하는 후세의 사회과학도에게 있어서는 귀중한 연구자료인 동시에, 외교실무자들에게는 현대외교의(특히 한일관계의) 델리케이트한 측면을 생생하게 묘사한 외교지침서라고 하겠다. 특히 저자는 사실을 객관적으로 기술하도록 노력하였으며, 외교정책 수행의 현장에서 경험한 각종 비화·에피소드 등은 당시의 대일정책 결정과정을 이해하는 데 커다란 도움이 되고 있다.

세째, 한일교섭을 추전하는 과정에서 중요한 문제점으로 부상되었던 제반 현안에 관하여 그 문제점의 실체와 해결의 실마리를 구체적으로 제시함과 동시에, 후술하는 바와 같이, 후세의 학도들을 위하여 새로운 연구과제를 암시하고 있기 때문에 이 책은 말하자면 정책지향적인 동시에 연구지향적인 성격을 갖고 있다고 하겠다.

한일현대사에 연구 관심을 갖고 이 분야를 연구하려는 후학들에게 평자는 이 책과 관련하여 다음과 같은 연구과제를 제시하고 싶다. 말하자면, 이 분야에 관한 연구를 더욱 심화시키기 위하여 이 책을 학술자료로서 어떻게 활용할 수 있을 것인가 하는 방법론과도 관련된다고 하겠다.

첫째, 저자는 외교현장의 주역으로 한일 교섭 과정을 매우 구체적으로 기록하고 있기 때문에, 예컨대 '한일 국교정상화를 둘러싼 한국정부의 대일정책 결정과정'을 연구하는 제1차 자료(Primary Source)로 활용할 수 있겠다.

주지하는 바와 같이, Decision-Making Approach라 함은 국내정치와 외교정책의 상관관계를 연구하고 국제정치현상을 분석하는 도구(Tools) 내지는 수단(Means)으로서 중요한 의미를 갖고 있다. 다소 표현은 다르나, 저자는 본문에서도 '外交와 內治의 相関関係'(p.47참조)에 관하여 언급하고 있으며, 이는 오늘날 '연계정치(Linkage Politics)'의 발상과 상통하는 것이라고 하겠다. 말하자면, 이 책의 기술 내용을 제1차적 자료로 하여 한일 간의 외교 형태를 인식·평가하고 분석하는 작업을 추진할 수 있다고 하겠다.

둘째, 이 책의 기술 내용에 등장하는 각종 국내 정치세력을 분석의 단위로 하여 비교정책 연구 및 외교 정책 결정의 대내적 요인(Determinants)을 분석하는 자료로 활용할 수도 있겠다. 예컨대, 한일교섭에 임하는 한국내 정치체제의 변동과 각 정권의 대일 외교 형태 비교연구(자유당 정권·민주당 정권 및 공화당 정권), 또는 쟁점(Issue-Area)별 비교연구, 또는 공식적인 외교정책 결정기구로서의 외무부를 중심으로 하는 행정부 내의 관련부처 간의 상호작용 연구(예, Organizational Process Model 동원) 등 광범위하게 활용할 수 있을 것으로 판단된다.

전술한 바와 같이, 평자도 한일 국교정상화에 관한 연구논문을 작성한 바 있다. 정책결정과정의 연구에 있어서는 일반에 공개된 자료보다는 널리 알려져 있지 않은 비화가 더욱 중요하기 때문에, 당시의 평자는 젊은 유학생의 신분으로 佐藤榮作 수상을 포함한 일본 정계·관계 및 재계의 거물급 인사들과의 면담을 당돌하게 추진하였다. 이 책을 읽으면서 당시 단독면담을 하던 때가 생각나 가슴 뭉클하였다. 당시에 이 책이 있었더라면 얼마나 연구에 도움이 되었을까 하는 아쉬움도 함께 느꼈다. 끝으로, 외무당국의 전직 최고 책임자가 한 일관계에 관하여 집필한 외교 회상록이라는 점에서, 많은 독자들에게 이 책의 일독을 다시금 적극적으로 권장하고 싶다. 왜냐하면, 이 책은 현대 한일 관계에 연구 관심을 갖고 있는 많은 학도들과 현재 외교일선에서 활약하는 실무자들에게 커다란 교훈을 줄 뿐 아니라, 전후의 한국 외교를 전개시켜 왔던 전직 외교관들에게도 외교사적 기록의 필요성과 중요성을 적지 않게 명시하고 있기 때문이다.

※ 편집자 주: 「외교」 창간호, 1987에서 발췌.

② 〈정책강연〉 현대일본정치와 자민당의 장기존속요인분석[1]

안녕하십니까? 지금 소개받은 申熙錫입니다. 오늘 제1차 議員세미나에 미천한 사람을 불러 주셔서 감사드립니다. 그리고, 이렇게 많은 의원님들을 대하게 된 것을 영광스럽게 생각합니다.

매우 외람된 말씀입니다만, 저는 평상시에 시민의 한 사람으로서 유권자의 한 사람으로서 정치인들의, 특히 민정당의원님들의 일거수 일투족을 매우 주의깊게 관찰하면서 제나름대로 정치학도로서 마음속에 외람된 평가를 한 적이 한두번이 아니었읍니다. 하지만, 이 시간에는 주객이 전도되어 제가 이 자리에 올라서서 여러 의원님들의 평가를 받는다고 생각하니 몹시 홍분이 됩니다.

오늘 저에게 주어진 과제는 '現代日本政治와 自民黨政權'입니다. 저는 오늘 이 시간을 통해서 여러 의원님들과 함께 현대 일본의 정치과정을 주로 자민당 정권의 측면에서 분석하고 관찰함으로써 現代日本政治에 관한 철저한 現狀認識을 먼저 하고자 합니다.

단순한 현상인식과 현상분석은 너무 무미건조하기 때문에, 이를 통해서 이해된 현대 일본 정치과정이 앞으로 우리가 여러가지 어려운 국내상황을 타개해 나가는 과정에 있어서 한국 정치에, 또한 한국의 與黨政治에 어떠한 교훈과 示峻를 주느냐, 그리고 어떠한 것을 배울 수 있느냐는 점들에 초점을 맞추어 말씀드리겠읍니다.

특히, 앞으로의 정국은 흔히들 與小野大라는 표현으로써 일컬어지고 있읍니다. 하지만, 과연 그럴까, 라고 學徒의 한 사람으로서 의문을 갖기도 합니다. 왜냐하면, 과연 양적인 측면이 그렇게 중요할까 하는 것에 대해 의문을 갖기 때문입니다.

앞으로의 정국에 있어서 예견될 수 있는 여러 어려운 점들 중의 하나는 지금까지 在野에 있던 소위 3 金氏가 院內에 진출하게 되었다는 점뿐만 아니라, 앞으로 매우 다양하고 중대한 정책과제들을 안고 있다는 점입니다. 이러한 여러 가지 대내외적 상황이 앞으로의 정치를 타개해 나가는 과정에 있어서 여당의 입장에서는 매우 어려운 과제가 될 것으로 생각합니다.

때문에, 이러한 상황을 염두에 두고 객관적 입장에서 學徒의 한 사람으로서 現代日本政治의 틀을 우선 분석하고, 이를 통하여 구할 수 있는 몇가지의 교훈과 시사점을 솔직 담백하게 말씀드리고자 합니다. 특별히 이 자리에는 평소에 제가 존경하는 분들, 선생님들이 많이 계시기 때문에 매우 불편한 자리입니다만, 기왕에 주어진 자리이기 때문에 열심히 말씀드리도록 노력을 다하겠읍니다.

일반적으로 한 국가의 정치과정을 분석하는 방법에는 대개 몇 가지가 있읍니다. 그 중에는 한

---

1 〈編輯者誌〉이 글은 지난 5월 5일 남한강연수소에서 개최된 제13대 국회를 즈음한 민정당 의원 세미나에서 외교안보연구원교수 신희석 박사가 행한 강연내용을 요약정리한 것입니다.

특정한 정치적 인물을 대상으로 하는 분석과 特定國家의 國內政治過程을 중심으로 하는 분석, 그리고 특정국가의 대외관계를 중심으로 하는 분석이 있는데, 저는 두 번째의 것, 다시 말해서, 국내정치과정을 중심으로 해서 말씀드리겠읍니다.

우선 現代日本政治와 現代韓國政治를 비교해 보고 정당정치의 측면에서 볼 경우에 일본 정치와 한국 정치가 무엇이 어떻게 다르냐, 또한 무엇이 어떻게 같으냐 하는 점을 살펴보고, 그 다음에 戰後의 일본 정치가 어떠한 과정으로 전개되어 왔는지를 살펴보고 나서, 그러한 전개과정 속에서 現代 日本政治의 구조적 특질은 과연 무엇이겠느냐 하는 것과 이러한 맥락속에서 현대 일본의 국회의 상황을 여러 측면에서 살펴본 다음, 마지막으로는 自民黨政權자체를 심층적으로 분석하고 거기서 몇 가지 교훈과 시사를 구하는 방향으로 말씀드리겠읍니다.

現代日本政治와 現代韓國政治를 한번 비교해 보겠읍니다. 무엇이 어떻게 다른가? 또, 왜 다른가? 그리고 무엇이 비슷한가?

우선 제 나름대로 유사점을 한번 생각해 보았읍니다. 여러 가지 측면이 있겠지만 가장 비슷한 점 중의 하나는 保守與黨에 의한 정치적인 안정기반이 확립되어져 있다고 하는 측면이겠읍니다. 日本自民黨은 1955년부터 오늘날에 이르기까지 30년 이상을 保守與黨으로서 존속해 오고 있읍니다. 民主正義黨은 그처럼 장기간의 역사를 갖고 있지는 않지만, 지난 10년 가까이 한국의 保守與黨으로서 집권해 오고 있읍니다.

두 번째의 유사점은 지난번 國會議員選擧의 결과에서도 매우 정확하게 표출이 되었듯이 多黨化現象이 현저화되고 있다는 점입니다. 즉 1 개의 保守與黨과 3개의 중심 야당이 등장하고 있는 상태를 말합니다. 일본의 경우 보수여당인 자만당과, 일본식으로 말하면, '社公民' 즉 사회당, 公明黨과 民社黨이 주요 야당으로 등장하고 있고, 한국의 경우에는 平民黨, 民主黨과 共和黨이 주요 야당으로 등장하여, 1개의 保守與黨과 3개의 中小野黨이 상호대립되어 있는 상황을 보이고 있읍니다.

다음 세 번째의 유사점은 저의 표현이 과한지는 모르겠읍니다만, 權力指向的 金權政治의 본질이 한국에도 일본에도 나타나고 있다는 점으로, 이것은 韓·日兩國이 예컨대 미국같은 경우의 선거와 비교할 때 다른 점이라고 생각합니다. 일본의 경우, 衆議員選擧때나 自民黨總裁選擧때에 상당한 金權政治가 국민의 비난의 대상이 되고 있읍니다. 소위 '록히드 스캔들'로 이러한 연장선상에서 볼 수 있다고 생각합니다.

그러면 한국정치와 일본정치를 비교할 때 어떠한 점이 다르며 왜 다른지를 몇 가지의 측면에서 살펴보겠읍니다.

앞에 계시된 몇 가지 분석의 틀을 보면, 첫째 政府形態가 일본은 議員內 閣制임에 반하여 한국은 大統領中心制입니다. 또한 일본은 兩院制의 국회구성을 갖는 데 반해 한국은 單院制라는 것입니다. 여당의 과반수확보 여부라는 측면에서 볼 때에, 일본에서는 自民黨이 단독으로서 安定過半數를 확보하고 있는 반면에 한국에서는 과반수에 약간 미달하고 있는 실정입니다. 정당정치에 있어서 권력의 소재가 과연 어디에 있느냐 하는 측면에서 볼 때, 일본의 경우에는 權力分散體制라고 할 수 있읍니다. 자민당의 중앙당과 지방조직, 즉 지구당과는 상당한 관련을 갖고 있어서 어느 정도 권력의 소재가 지방에 분산되고 있는 인상을 주는 반면에, 한국의 경우에는 중앙당에 비교적 상당한 권한을 부여하고 있어서 中央黨 中心體制라고 할 수 있겠읍니다.

제가 序頭에 말씀드리는 것을 잊었읍니다만, 저는 自民黨을 硏究對象으로 해서 몇 편의 논문을 쓴 바는 있읍니다만, 아직 민정당을 대상으로 하여 논문을 쓴 적이 없읍니다. 따라서, 제가 民正黨과 관련된 사항을 말하는 과정에서 본의아니게 오류를 범하더라도 공부하고 있는 중인 학도로서 그렇다는 것을 너그럽게 이해해 주시기 바랍니다. 저희들 門外漢들이 볼 때에는 민정당의 경우, 일본의 자민당과 비교해서 상당히 中央黨中心體制가 아닌가 하는 인상을 받는다는 것입니다.

정당의 지역화 현상은 어떠한가? 일본의 경우에는 정당의 地域化現象이 거의 없다고 해도 과언이 아닙니다. 반면에 한국의 경우에는 그 현상이 매우 현저하다는 것입니다. 일본에 지역화二현상이 없다는 어떤 논리적 근거가 있다기보다는, 제가 공부하는 과정에서 일본에서 12~13년을 살면서 피부로 느낀 것입니다. 일본에서는 A 라는 정책에 대해서 홋카이도는 전부 찬성, 규슈는 전부 반대, 또는 어떤 특정한 Issue에 관해서 도쿄 지방은 전부 찬성, 나고야 지방같은 關西地方은 전부 반대했다는 것을 별로 들은 적이 없거니와, 정당의 구성요인으로서 지역이라는 變數가 크게 작용한다는 것도 별로 듣지 못했읍니다.

마지막으로 야당의 존재양식이라는 면에서도 근본적으로 커다란 차이를 보이고 있다고 생각합니다. 먼저 한국의 野黨을 볼 경우, 한국의 주요 3개 야당의 最高責任者들은 국가의 大權에 도전하려는 의사를 매우 명확하게 하고 있읍니다만, 반면에 일본의 야당당수들은 국가의 대권에 도전하려는 의사를 거의 갖고 있지 않습니다. 예컨대 사회당의 도이다까꼬위원장, 公明黨의 야노위원장, 民社黨의 쓰가모도위원장, 共産黨의 무라까미위원장 중 어느 위원장을 보더라도 일본의 內閣總理大臣이 되겠다고 생각하는 사람은 없읍니다. 물론 이것은 韓·日간의 정치 System의 차이 때문이라고 하는 이유 설명은 있을 수 있겠으나, 결과적으로 나타난 정치현상에 있어 그러한 근본적인 차이가 있다고 봅니다.

또한, 일본의 野黨은 주로 政策問題나 이데올로기를 중심으로 해서 구성되어집니다. 예를 들면, 戰後에 성립된 정당중 公明黨은 創價學會라는 宗敎團體를 중심으로 한 종교색체가 농후한 정당입니다. 社會黨에서 분리해 나온 民社黨은 社會黨의 右派가 새로운 당을 만든 것입니다. 이처럼 일본에 있어서는 정책과 이데올로기가 변수가 되어 하나의 정당이 구성되었던 것에 반하여, 한국의 경우에는 혈연과 학연이 매우 중요한 요인이 되기 때문에 후계자 선정에 상당한 어려움을 겪고 있읍니다. 특히 한국의 야당의 경우에는 그 野黨黨首가 黨內에서 매우 Charisma적인 존재로서 군림하고 있는 듯한 인상을 주는 데 반하여, 일본 야당은 대개가 임기제여서 당위원장의 任期滿了또는 다른 이유에 의해서 후계자의 선정문제가 비교적 원만하게 순환 · 교체됩니다. 이러한 몇 가지의 상황이 제가 보는 韓 · 日간의 國內政治에 있어서의 근본적인 차이점입니다.

그러면, 이러한 맥락 속에서 戰後日本政治가 어떻게 전개되어 왔는지를 살펴보겠습니다. 天皇이 '人間선언'을 함으로써 출발한 戰後日本은 1951년 샌프란시스코 평화조약 체결에 이르기까지, 미군의 占領統治下에 있었읍니다. 전후 이 기간을 戰後變革期(1945~1951 년)라고 명명했읍니다.

그 이후 하또야마 내각시대에 일본은 UN에 가맹하게 됩니다. 戰後에 일본이 국제평화적 역할을 수행하기 위해서는 UN가입이 불가피하였는바, 이에 蘇聯이 계속 거부권을 행사하자 소련과의 國交正常化를 이루어야 한다는 맥락과 논리속에서 하또야마 內露1은 日 · 蘇國交正常化를 성립시켰읍니다. 이 시기를 저는 安定基盤造成期(1951~1964년)라고 명명하고, 1964년 동경올림픽까지로 보고 있읍니다.

올림픽 이후에 일본은 고도경제 성장기에 들어서게 되고, 이 시기에 韓 · 日國交正常化가 이루어졌으며, 大學粉爭등 이 당시에 일본은 커다란 소용돌이에 직면하였고 이때에 오끼나와 반환교섭이 이루어지기도 하였읍니다. 이러한 시기를 高度經濟成長期(1964~1971년)라 볼 수 있읍니다.

그 다음 1970년대 초 이후 1980년대 초에 이르는 시기는 국제적 役割論爭期(1971~1980년대 초)라 할 수 있읍니다. 사또 수상이 노벨평화상을 받고 美 · 日關係가 상당히 발전하면서, 일본은 경제적 기반을 토대로 국제적인 역할을 새로이 추구하게 되었읍니다.

그 이후, 즉 1980년대 중반 이후를 저는 新國家主義의 擡頭와 新日本國論爭期(1980년대 중~)라고 생각합니다. 오늘날 일본에서는 新日本國이라는 표현이 활발하게 쓰여지고 있는 바, 앞으로 일본이 어떠한 역할을 담당하게 될 것인가 하는 점은 매우 중요한 과제가 되고 있읍니다.

그러면, 이러한 맥락속에서 現代日本政治의 구조적 특질은 무엇인지를 살펴보겠읍니다. 현대 일본정치의 구조적 특질의 첫번째는 自民黨 정권에 의하여 長期安定 保守體制가 확립되어 있다는 점입니다. 물론 戰前에 일본이 議員內閣制를 경험했다는 사실은 이러한 점을 추가 설명해 줄 수 있읍니다. 大正8년(1919년)에 출발한 하라내각에서 카또다가끼 내각에 이르는 정당정치 기간과, 그 이후에 5 · 15사건으로 이노까이 히쯔오시 내각이 퇴패하기까지의 과도적인 議員內閣制度는 전후의 일본이 의원내각제를 구축하는 데 있어서 매우 커다란 도움을 주었다고 봅니다.

둘째의 特質은 일본적 民族主義(Japanese Nationalism)에 기초를 두고 일본의 정치가 발전되어 왔다는 점입니다. 물론 각 정당에 따라서 추구하는 이념과 정책 목표 및 방향이 다른 것은 사실입니다. 하지만 공통적인 일본 정당정치의 특질 중의 하나는 어떤 특정한 Issue가 제기되었을 때나 어떤 유사시와 비슷한 위기감을 느끼면 일본의 각 정당은 상당한 구심력을 갖고 內部指向的으로 응축되는 현상을 보인다는 것입니다. 이것은 일본의 국민성 때문이라고도 봅니다. 예컨대,

領土問題에 있어서는 이러한 Nationalism이 매우 중요한 變數로 작용하고 있습니다.

세 번째의 특질은 일본 정치에서는 지속성과 연속성에 의한 정치과정이 전개되고 있다는 점입니다. 저희가 일본의 정치사를 공부하면서 일본 정치에는 항상 역사의 지속성과 연속성이 이루어지는 것을 보게 됩니다.

그러나 한국의 정치사, 특히 李朝 五百年史를 연구해 보더라도 정치과정에 흔히 단절과 비슷한 것을 보게 됩니다. 새로운 하나의 정치체제가 등장하게 되면 舊體制를 부정화시키고 新體制가 등장할 수밖에 없었던 정당성을 강조함으로써 자신의 입장을 합리화시키는 것을 단절이라고 할 때, 그다음에 등장하는 체제도 그전 체제를 부정하게 되는 악순환이 반복되게 됩니다. 이런 이유로 이조 5백년의 역사에서는 역사의 지속성과 단절성이라는 면에서 일본과 다른 특성을 보이게 되는 인상을 받습니다. 오늘날 戰後의 自民黨政治만 보더라도 거기에는 분명한 지속성과 연속성이 있다고 볼 수 있읍니다.

넷째 일본정치 구조상의 특질은 合意形成(Consensus Building)에 의해서 政策決定의 Mach-anism이 이루어지고 있다는 점입니다. 예를 들어, 정책결정 과정을 外交政策이 결정되는 과정이라는 측면에서 보았을 때, 일본에는 다음과 같은 세 개의 政策決定單位(Decisional Units)가 있다고 할 수 있읍니다.

공식적인 외교정책 결정기구인 外務省, 둘째는 自民黨, 셋째는 財界라는 3개의 서로 異質的인 정책결정 단위간의 Consensus에 의해서 이루어지는 것이 오늘날 일본의 外交政策決定過程인 것입니다. 이 3개의 단위들 간에는 견제와 균형이 유지될 수 있는 요인들이 있읍니다. 예컨대, 自民黨은 外務省에 대해서 외무대신의 인사권을 가짐으로써 상당한 발언권을 행사하고, 外務省은 재계에 대해서 각종 편의와 정보 및 지식을 제공함으로써 재계에 대한 발언권을 행사하며, 한편 재계는 自民黨에 정치자금을 제공함으로써 자민당에 대해서 강력한 발언권을 행사하는 것입니다.

이런 이유로 3개의 정책결정 단위간에는 견제와 균형이 이루어질 수밖에 없는 것이며, 특히 외교문제에 있어서는 이 3개의 單位간에 어떤 합의가 이루어지지 않으면 그 Issue는 정책으로 투영되기가 곤란한 상황입니다. 이런 상황은 貿易, 通商및 防衛問題에서도 비슷합니다.

따라서, 오늘날의 일본 사회는 합의 형성에 의하여 이루어지는 사회라고 할 수 있읍니다. 그런 과정속에서 때로는 자민당이, 때로는 行政府가 강한 발언권을 행사하기도 합니다. 전체적으로 전후일본 정치사를 개관할 때인 1950~60년대까지만 해도 '官高黨低'란 표현이 통용되었으나, 최근에 와서는 黨高官低'라는 말이 설득력이 있으며 행정부보다는 자민당의 발언권이 커지고 있읍니다.

현대 일본 정치의 마지막 특질은, 韓國政治가 중시해야 할 것으로 대화와 타협에 의한 정치문화입니다. 그것은 한마디로 일본인들이 와노세치라고 발음하는 '和の政治'입니다. 대화와 타협은

여야를 막론하고, 野黨內部에서도 나름 대 로 그 수준에 맞는 대화와 타협, 또한 與野關係에 있어서도 그 차원에서의 대화와 타협, 여당 내부에서도 그 측면에서의 대화와 타협에 의해서 모든 정책결정이 이루어지는 것입니다.

이제 결론을 말씀드리고자 합니다. 현대 일본의 정치가, 특히 自民黨 政治가 現代韓國의 정치에, 특히 민정당이 정국을 타개해 나가는 데 어떠한 교훈과 시사를 줄 것인가?

사실 이 부분은 政治學徒로서 저에게는 어려운 과제였읍니다. 따라서 일단 잠정적 몇가지 제안을 드리고자 합니다. 극히 상식적인 제안입니다만, 우선 대립과 갈등보다는 대화와 타협에 의한 정국운영이 필요하다고 봅니다. 이는 말은 쉽지만 실천하기에는 적지 않게 어렵습니다.

일본 정치는 모자이크입니다. 자민당 정치는 더욱이 그렇습니다. 말하자면 오목조목한 여러가지 현상이 내재화되어 하나의 균형을 취하고 있는 것이 일본 정치이며 자민당 정치인 것입니다.

둘째는 다양한 의견을 당내에 인정하는 것이 바로 폭넓게 지지를 획득하는 첩경이 된다고 보는 것입니다. 그러나, 그것은 당내에 파벌을 인정하는 문제와 관련되는데, 이는 재고 내지 유보해야 될 것으로 생각합니다. 왜냐하면 한국의 민정당이 당내파벌을 인정하는 문제는 一長一短이 있다고 판단되기 때문입니다. 그 장점은 당내 민주화를 기할 수 있고 폭넓은 국민적 지지를 받을 수 있으며, 또한 후속자 승계를 비교적 무난하게 할 수 있다는 것입니다. 반면에 단점도 적잖게 많은데, 예를 들면 당론을 통일시키는 데 적지 않은 곤란을 겪게 되고 당체재의 지시사항을 획일적으로 처리하는 과정상에서 적지않은 부작용과 소음이 있을 수 있다는 것입니다. 부언하면, 당총재로부터 어떤 지시사항이 내려졌을 때, 다른 파벌로부터 반론이 제기되면 당행정을 추진하는 데 적지 않은 부작용이 야기될 수도 있으며, 특히 한국과 같은 분단현실을 감안할 때 재고해 봐야 한다고 생각합니다.

세 번째의 교훈과 시사는 中央黨을 중심으로 한 黨行政體制에서 지방조직, 즉 지구당에도 어느 정도의 권한을 분산시킴으로써, 중앙당과 지구당이 적당한 권력의 분배를 통해 서로 협조하고 지방출신 의원들이 대우를 받고 용기를 갖게 하여 더욱더 강한 발언권을 부여함으로써 결국 당의 Harmony를 기할 수 있다고 봅니다. 私見입니다만, 國會議員選擧이후 野黨의 지역화현상이 현저하게 나타나고 있는 현실을 감안하여, 민정당도 地方組織에게 강한 발언권을 인정하는 것이 地區黨과 中央黨과의 관계를 더욱 유기적으로 할 수 있는 방안이 되지 않을까 생각합니다.

네 번째는 對野黨等距離外交를 통해서 세력균형을 유지하는 것입니다. 小數勢力이라도 확보할 대상으로 볼 수 있는 無所屬議員들은 정확하지는 않지만 10명 이내에 불과하므로, 20명 정도가 안정과반수에 미달하는 현상황은 앞으로 법안처리나 국회운영면에서 적잖은 어려움으로 작용할 것으로 생각됩니다. 때문에 무소속 사람들에게도 관련되겠읍니다만, 3개 야당을 그냥 그대로 두고 Case by Case, 즉 사안별로 또는 issue별로 그때마다 상황에 따라 적당하게 3개 야당과 협조하지 않으면 안되는 것입니다.

또한 재야 3당 중에서 어느 특정한 정당을 민정당과 협조체제를 이루도록 하는 방안도 있으나, 이는 매우 어려울 것으로 예상됩니다. 일본 매스컴에 의하면, 舊共和黨勢力이 비교적 민정당과 협조할 수 있다고 보지만, 저는 그와 정반대로 생각하고 있습니다. 왜냐하면 舊共和黨 勢力은 구권력의 중심부에 위치했던 사람들로 1979~80년을 전후로 하여 민정당 정권에 의해서 권력을 탈취당했다고 생각하고 있기 때문에, 이 세력과 협조한다는 것은 극히 어려울 것으로 느끼고 있기 때문입니다.

마지막 교훈과 시사는 민의를 부단히 주시·파악하여 야당으로부터의 비판과 반발을 사전에 봉쇄할 수 있는 정책결정의 진취성을 가질 필요가 있다는 것입니다.

일본 자민당은 항상 民意를 잘 듣고 있습니다. 제가 나눠드릴 책에도 잘 나와 있듯이, 1개의 章을 전부 민의의 수용과정에 대해 할애했습니다. 그 민의의 수용과정은 1,300여개의 友好團體와 地區黨을 통해서 이루어집니다. 이러한 민의의 수용과정과 수용된 민의를 구체화시키는 과정이 상당히 진취적이어서, 반론을 제기하기 전에 그것을 미리 봉쇄해 버리고, 또한 그에 대한 정책을 과감하게 수행해 나갑니다.

이상의 점들은 우리가 배울 필요가 있습니다만, 단 한 가지의 유보사항이 있습니다. 한국은 일본과 달리 한국적인 정치현실, 정치문화 및 한국인의 의식구조가 있는 것입니다. 따라서, 이러한 몇 가지의 요인을 적절히 선별적으로 도입한다고 하는 유보가 필요하게 되는 것입니다. 앞에서 언급한 다섯 가지 제안을 도입하는 경우 일본과 다른 한국의 정치문화, 특히 남북분단이라는 政治狀況을 고려할 때, 무조건 일본의 모델을 原型導入하기보다는 '한국적으로 개조해서 도입'하는 것이 좀더 바람직스럽고도 객관적인 사고방식이라고 생각합니다.

지금까지 부족한 사람이 말씀을 드렸습니다. 저를 격려하고 지도해 주신다는 뜻에서 여러 가지 조언을 부탁드립니다. 감사합니다.

※ 편집자 주: 민정당 주관 남한강연수소에서의 '의원세미나'에서 발표한 원고를 요약 정리한 것임 (국책연구, 1988)

③ 〈제언〉 김영삼 정권의 발족에 즈음한 외교안보적 제언

많은 국민들의 기대와 성원 속에서 김영삼 차기대통령이 오는 2월 25일 취임하게 된다. 이번에 새로이 발족하는 새정권은 33년만에 등장하는 순수한 민간정권일 뿐만 아니라 평온한 분위기 속에서 실시된 합법선거를 통하여 등장한다는 의미에서 매우 큰 정치사적 의미를 갖는다고 하겠다.

金泳三 새정권의 출현은 국내정치뿐만 아니라 대외관계의 측면에서도 여러가지 변화 가능성을 시사하고 있다.

새정부의 출범에 즈음하여 외교안보적 차원에서 몇 가지의 바람을 정리하고자 한다.

첫째, 외교정책의 추구라고 하는 면에서 한국의 정통우방인 미국과 일본과의 관계가 가일층 중시되고 유지되어야 하겠다. 물론, 러시아와 중국이 덜 중요한 것은 아니지만 역시 한국외교의 구심점은 미국과 일본이기 때문이다.

미국 클린턴정권의 출범은 한미관계의 구조적 변화를 초래할 가능성도 갖고 있다. 일부 언론보도에 의하면 클린턴 새政府아래에서 미국의 對아시아정책과 한반도정책에 있어 구조적인 변화마저 예상되고 있다. 한미관계의 기본에 근본적인 변화는 없을 것이지만, 미국에 대한 과도한 기대는 금물이다. 한국의 자주외교에 입각하여 향후 한미관계는 재검토되어야 하겠다.

한일관계에 관해서도 마찬가지이다. 일본은 현재 국내정치구도의 재편성과정에 있다. 自民黨 정권의 파벌구도에 적지않은 변화가 일고 있으며, 일본정치구도 그 자체에도 약간의 변화조짐이 보이고 있다. 국내에서 일고 있는 신보수주의에 기초를 두고 그들은 자위대를 해외에 파병하고, 아시아·태평양지대에서의 정치적 영향력을 확대하는 등 심지어는 앞으로 북한과 수교하며 한반도에 대한 정치적 발언권마저 초래·강화하려 할 것은 명약관화하다고 하겠다. 또한 유엔安保理의 상임 이사국 진출은 시간문제이다. 오늘날의 일본은 경제대국이며 군사대국이요, 나아가서는 핵강대국인 것이다.

이와같은 일본을 우리들은 항상 국민감정의 연장선상에서 낮게 평가하고 도외시하는 경향이 있다. 미국에 대해서는 우호적·긍정적이지만, 일본에 대해서는 경쟁적·부정적·비판적인 것이다. 우리는 對日外交와 對日認識을 다시금 각성해야 할 시점에 와 있다.

김영삼 차기대통령이 주한미국대사와 일본대사를 만난 자리에서 한미·한일관계의 중요성을 강조한 것은 바람직한 일이다.

둘째, 우리국민의 커다란 관심사는 핵문제를 포함한 향후 남북한관계의 전개 양상이므로 新정권은 남북한 통일문제에 관하여도 신중한 대응과 아울러 소기의 성과를 이루어야겠다.

남북한관계의 변수를 연구 검토하되 核査察공동위원회의 가동이 최대의 현안임을 알 필요가 있다. 핵문제의 근본적인 해결없이 남북관계의 실질적 진전은 불가능하기 때문에 이점을 북한측에 강조하여 타협에 의한 對北접근이 이루어질 것을 기대한다.

셋째, 일부 언론보도에서도 알려진 바와같이, 새로이 취임하는 文民大統領의 국군통수권을 뒷받침하기 위하여 외교정책과 통일문제를 토의 결정하는 최고의결기구로서 「안보상설기구」의 설치 필요성을 강조한다.

이 기구에는 총리·외무장관·국방장관을 당연직으로 함으로써 대통령의 국군통수권과 국방을 효율적으로 보좌할 수 있도록 함이 필요하고 바람직하다. 이렇게 함으로써 오로지 대통령만을 정점으로 하는 획일적 판단구도에서 탈피하여 軍은 안보전문집단으로 제자리를 찾고, 합리적인 문민통치와 미국의 국가안보회의(NSC)와 유사한 기구도 상정할 수 있다.

요컨대 이번 새로이 출범하는 金泳三新행정부는 외교안보적 차원에서 이와 같은 3가지 점에 유의해 주었으면 한다.

※ 편집자 주: "國會報", 1993에서 발췌.

④ 축사: 한일여성친선협회 창립15주년에 부칩니다

最近 女性의 社會的 地位는 날이 갈수록 向上一路에 있습니다.

國家發展에 男女가 平等하게 寄與한다는 것은 당연한 일이며, 그동안 韓國의 傳統的 儒教史觀 속에서 적지 않게 制約받아 오던 女性의 權益이 크게 신장되었다고 하는 意味에서 매우 반가운 일입니다.

이와 같은 狀況속에서, 이번에 韓日 兩國간의 理解增進을 圖謀하고 女性의 共同關心事에 關한 相互協力을 目的으로 하는 韓日女性親善協會가 15週年을 맞이하게 된 것을 眞心으로 祝賀드리며 加一層의 活動을 期待합니다.

全人類의 반은 女性입니다. 동시에 모든 人間은 어머니로부터 태어나서 成長하고 있다는 당연한 사실을 우리는 까마득히 잊고 지내고 있습니다. 特히 우리 韓國社會의 경우 女性의 權益온 부단히 신장되어야 하고 加一層 重視되어야 한다고 생각합니다.

혼히들 韓國은 先進國隊列에 進入하고 있다고 하지만, 美國, 英國 등과 같은 先進國을 보면 女性의 社會的 地位와 役割은 韓國男性이 생각하는 것 이상으로 당당하고 탁월합니다. 이웃나라 日本만 하더라도 政黨의 黨首뿐만 아니라 史上 最初의 衆議院 議長으로 女性指導者가 탄생했습니다.

결론적으로 말하여 韓國內에 있어서 女性의 社會的 地位가 신장되고, 男女가 平等한 權益을 향유하는 制度的및 社會的 借置가 강구되지 않는 한 진정한 意味에서의 國際化와 先進國隊列에의 同參은 어렵다는 점을 强調하고 싶습니다. 이는 筆者의 持論이요, 哲學입니다.

그동안 朴貞子會長님을 中心으로 하는 韓日女性親善協會는 非政治的 分野에서의 韓日關係 發展에 매우 커다란 寄與를 해왔습니다. 女性의 國際的 理解를 增進하기 爲한 各種 交流事業, 老人, 靑少年, 環境, 社會福社 등 女性의 共同關心事에 關한, 專門分野別 硏究, 季刊誌의 發行 등을 通하여 실로 많은 貢獻을 해왔습니다.

特히 貴會는 每年 合同總會와 講演會 등을 通한 韓日女性指導者間의 交流와 相互理解를 深化시키는데 크게 이바지했습니다. 그 結果는 政府次元에서 하기 어려운 側面을 協助하는 補完的 役割을 하였다고 해도 과언이 아닙니다. 앞으로 이러한 模範的인 活動은 世界女性史에 바람직한 예로 記錄될 것으로 믿고 싶습니다.

사실 우리는 日本을 國民感情的 次元에서 너무 敬遠하는 側面이 있습니다. 우리는 그들로부터 많은 것을 배워야 하며 兩國間의 交流를 더욱 深化시켜나가야 합니다.

다시금 韓日女性親善協會創立 15週年에 격려와 祝賀의 人事를 드리며 貴會의 무궁한 發展과 會員 여러분의 健勝울 祝願합니다.

福田赳夫/ 日韓協力委員會 會長

창립 15週年을 맞이하는 韓日女性親善協會 여러분들에게 마음으로부터 祝賀를 드립니다.

兩國女性親善協會는 1978年에 創立된 以後, 女性의 立場에서 實로 日韓間 親善·友好를 願했고, 相互理解를 增進시켜 兩國의 架橋가 되려는 姿勢로서 靑少年交流, 兒童作品交流展을 비롯해 言語, 文化 등 其他 廣範圍한 領域에 걸쳐 많은 業績을 남겨 왔습니다. 여러 분의 지금까지의 勞苦에 對해서 깊이 敬意를 表합니다.

오늘의 世界는 東西冷戰이 終結되고, 새로운 國際秩序가 形成되는 큰 變革의 過程中에 있습니다. 이러한 時期에 더욱 基本的 價値를 共有하는 이웃나라인 日韓兩國이 協力하여 그 파트너쉽을 더욱 强化하여 갈 必要가 있다고 생각합니다.

亞細亞 나아가서는 世界平和와 繁榮에 큰 影響力을 줄 수 있게 되는 兩國의 파트너쉽은 兩國關係만의 問題에 그치지 않고, 나아가서는 國際平和問題를 비롯하여 人權, 貧困, 環境, 資源 등 오늘의 世界가 直面하고 있는 地球村의 여러가지 問題解決을 爲해 더욱 더 그 重要度를 높여야 한다고 생각합니다.

女性의 國際的 理解와 平和를 爲한 事業을 비롯해 人權, 難民, 靑少年, 社會福祉 등의 問題를 취급해온 貴 協會의 役割은 今後 더욱 加一層 重要해진다고 確信합니다.

創立 15週年을 契機로 兩國女性親善協會 會員 여러분이 새로이 그 關係를 發展시켜 더욱 더 活躍할 것을 期待함과 동시에 兩國女性親善協會의 無限한 發展과 會員 여러분의 健勝을 祈願합니다.

※ 편집자 주: "韓日女性", 1994에서 발췌.

5 〈좌담회〉 한반도 주변정세와 우리외교의 방향('외교', 1997)

한국외교협회는 정관에 의거한 회원 활동 강화의 목적으로 1996년 12월에 정책위원회를 발족시키고, 좌담회·강연회·세미나·국제교류 등 각종 사업을 추진하기로 하였는 바, 이 좌담회는 이러한 활동의 일환으로서 처음으로 시도된 것이다.
〈정책위원장 오재희〉

참석자

오재희: 사회, 전 주 일본대사	노재원: 전 주 중국대사
이상구: 전 주 말레이지아대사	구충회: 전 주 멕시코대사
신동원: 전 주 독일대사	신희석: 아·태 정책연구원이사장

〈주요 한반도 정세〉

사 회 동서냉전 시절, 우리는 한반도의 통일이 어렵고 먼 장래의 일로 생각했지만 독일보다는 먼저 통일할 수 있을 것이라는 막연한 기대감을 가졌던 것도 사실일 것입니다. 그러므로 1989년 11월, 베를린 장벽이 무너지고 다음해 10월 3일 드디어 독일이 통일되는 것을 본 우리의 충격과 흥분은 당사국인 독일을 제외하고 어느 나라보다도 컸던 것으로 짐작됩니다.

그 당시 우리는 우리나라의 통일도 당장 손에 잡힐 것으로 느꼈습니다. 그렇게 될 것으로 믿었습니다. 그러나 어느덧 7년 가까운 세월이 흘렀지만 통일의 전망은 아직도 불투명하며, 급변하는 주변정세와 북한의 급박한 내부사정 등에 비추어 누구도 앞날을 예측하기 어려운 상황에 놓이게 되었습니다.

따라서 우리는 현 시점에서 냉정을 되찾고 냉엄한 현실을 직시하면서 상황을 재점검하고, 대응 방안을 함께 모색해 보는 것도 뜻있는 일이라고 생각됩니다. 이러한 취지에 따라, 오늘의 좌담회 주제는 '한반도 주변 정세와 우리 외교의 방향'으로 하고자 합니다. 그리고 그 가운데서 대략 네 가지 항목을 생각할 수 있는데 첫째는 주요 정세이고, 둘째는 주요 국가들의 대한반도 정책, 셋째는 우리 외교에 관련된 문제점 및 과제, 마지막으로 우리 외교의 방향입니다.

주요 정세는 일반정세, 북한정세, 남북한 관계 등에 대하여 말씀을 나누어 주시기 바랍니다. 먼저 구충회 대사께서 미국을 중심으로 말씀을 시작해 주시지요.

구충회 한반도 주요 정세의 큰 물줄기를 보면, 과거에는 냉전상태가 계속되었으나 그것이 해소되고, 화해·협력관계와 공존의 논리가 대두되면서 동서간에 화해의 시대를 열어가고 있다고 보여집니다. 여기서 우리나라는 어떠한 목표를 정하고 나가야 하느냐에 관한 문제가 대두되는데 공통적으로 생각하는 것은 민족공존과 민족통일임에 이견이 없습니다.

지금까지는 미국과 소련 사이에 냉전이 계속되었으나 그것이 일단락된 지금은 누가 보든지 미국이 명실공히 군사·경제적으로 세계 유일의 초대강국입니다. 미국은 경제제일주의 정책을 표방하면서 과거에는 국내문제에 많은 노력을 경주하여 성과를 얻었으나 제2기 클린턴 행정부 출범과 함께 이제는 대외문제에 상당한 관심을 보이고 있습니다. 금년도 미국측 태도는 대내외 정책에 균형을 추구하는 방향이 특색이라고 할 수 있는 것이죠. 특히 우리나라에 영향을 강하게 끼치는 것은 우리의 주변 4강인데 그중에서도 미국과 중국관계가 우리나라에 끼치는 영향이 매우 클 것이므로 예리한 관찰이 필요합니다.

사 회 이상구 대사께서 러시아를 중심으로 말씀해 주시기 바랍니다.

이상구 냉전 종식 후 양극화 현상의 안보 개념은 점차 약화되고 총체적인 다극화 안보라는 새로운 안보개념으로 정립되어 가고 있습니다. 개별 안보의 개념이 강한 양상으로 많아 나타나고 있습니다. 예를 들면 유고사태 등에 다른 어떤 나라도 관여를 기피하는 등 사실상 각기 자국의 힘으로 안보를 감당하지 않으면 안 되는 시기가 도래한 것입니다. 그러므로 아직도 냉전의 유물인 이념적인 분단과 대결의 상태가 상존하고 있는 한반도의 안보 환경을 다시 한번 되돌아보고 우리의 외교 역량을 재정비 강화해야 할 시기라고 생각합니다.

러시아는 구 소련과 같은 이데올로기적 요구가 아닌 국가의 기본적인 이해관계에 따라 대외정책 목표를 설정하고 있습니다.

옐친은 1996년 베이징을 방문하여 중 . 러간 전략적 제휴협정을 맺었으며, 지난 4월에는 강택민이 러시아를 방문하여 세계의 다극화 및 새로운 세계질서 구축을 촉구하는 성명서를 채택하는 등 중·러 양국은 제휴하여 유일한 초대강국인 미국의 독보적인 전횡을 견제하기 위하여 새로운 세계질서를 구축하는 데 주도적으로 대처해 나가겠다는 의지를 보이고 있습니다.

세계 각국은 21세기를 대비한 실리정책 추구로 상호의존, 상호견제 및 경쟁으로 각축할 것이나 초대강국 미국의 독보적이며 우월적인 지위는 상당 기간 존속될 것입니다. 우리의 외교는 전통적 맹방인 미국을 주축으로 하되 새로운 세기를 위한 주변국과의 장기적인 관계 증진을 위해 러시아 및 중국과의 협력관계도 강화해야 할 시기에 왔다고 생각합니다.

사 회 노재원 대사께서 말씀해 주시면 감사하겠습니다.

노재원 일반 정세를 분석해 보자면 첫째, 현재 동북아시아는 정치적·군사적 대립 및 냉전상태의 계속이라는 점에서 구라파의 냉전 해소와는 다르다고 봅니다. 둘째, 4자회담 제안 이후 중국이 사실상 한반도문제에 참여함으로써 2+1의 구도가 아니라 2+2구도로 변화하고 있다는 점입니다. 셋째, 통일문제는 현상타파의 문제이며 평화안정은 현상유지를 목적으로 한 문제이기 때문에 모순된 이 두 논리는 갈등을 일으킨다고 봅니다.

사 회 다음은 신희석 교수께서 말씀해 주시기 바랍니다.

신희석 오늘날의 세계정세는 한 마디로 지역분쟁의 증대 가능성 속에서도 다극화 되는 측면, 그리고 상호의존관계의 심화로 특정지워진다고 볼 수 있습니다. 동북아 정세는 ARF와 같은 다자간 안보를 위한 대화의 노력이 모색되는 가운데, 한편으로는 4대 열강간의 협조 공존관계가 유지되고, 또 한편으로는 기본적 안정 추구의 면모를 보이고 있다고 생각합니다.

사 회 여러분의 말씀으로 보아 한반도 주변 정세는 유일한 초강대국인 미국과 일본간의 새로운 안보체제 구축, 중·러 간의 전략적 협력관계 모색, 다자안보대화 노력 등 새로운 질서가 태동하는 과정인데 북한문제로 인하여 정세가 매우 불안정한 상태에 놓여 있으며, 앞으로 특히 미·중 관계의 추이를 주목해야 할 것으로 생각됩니다. 따라서 동북아 지역의 태풍의 눈이라고도 할 수 있는 북한 정세와 남북한 관계를 중심으로 의견을 나누어 주시기 바랍니다.

구충회 이런 정세 속에서 북한이 보여주는 태도는 어떻습니까. 그들은 자신들의 체제를 그대로 고수하고 개방·개혁을 부정하겠다는 두 가지 태도가 역력하게 보입니다. 올해는 김일성이 사망한 지 3주기가 되는 해이며 효자가 3년 동안 공석에 앉지 않는다는 논리가 끝나는 해입니다. 지금 북한은 식량난이 대단하여 전주민이 곤란을 겪고 있는데도 김일성의 85회 생일잔치를 2억불이나 들여 치렀습니다. 이돈이면 쌀 100만 톤을 살 수 있을 것입니다. 그런데도 그렇게 화려한 잔치를 치렀습니다. 왜냐하면 김일성의 유해에서 나오는 서광이나마 김정일에겐 필요했기 때문입니다. 그 서광에 힘입어 자리를 공식 승계하고자 하는 의도로 보이는 것이죠.

최근에 북쪽이 가장 바라는 것은 쌀입니다. 그러나 우리나라는 식량을 주면서 어디에서 주는 것인지도 모르게 도와 주니 북쪽에서는 자기가 잘 해서 쌀을 얻은 것처럼 자랑하고 이를 군량미를 비축하는 데 사용하고, 미사일을 생산 배치하는 등 군사준비만 하고 있습니다. 이것이 한국에 대한 위협이 되고 있습니다.

그들은 남한정부 배제원칙을 끝까지 주장하면서 미국이나 일본에는 계속 접근하려는 태도를 가지고 있습니다. 그러니 남북한관계가 잘 풀릴 리 없습니다. 북한은 잠수함사건을 일으키고 이에 대한 사과도 꺼리다가 막판에 궁지에 몰리니 겨우 사과하고, 원색적 용어를 사용하며 김영삼 대통령에 대한 인신공격을 일삼고 있습니다. 노동법 파동이 일어나자 이를 통일전선전략 수행의 호재로 판단, 남한 내부교란에 광분하면서 한국 정부를 타도해야 한다고 주장하고 있습니다.

노재원 북한정세는 김일성 사후 지금까지 통치체계의 인적 구성에 큰 변화가 없음에 주목해야 합니다. 김정일의 권력장악은 표면적인 것에 지나지 않고 지금 파벌에 의한 집단지도체제로 운영되고 있는 것으로 볼 수 있습니다. 이것은 곧 쿠데타에 의거하여, 다른 파벌을 숙청할 가능성이 있는 것이기도 합니다. 또한 북한이 붕괴되더라도 그것이 바로 통일로 이어지는 것은 아니라는 것입니다. 우리는 이러한 가능성에 대비할 필요가 있습니다.

마지막으로 김정일을 몰아내고 군부가 집권하여 통치하는 과정에서 경제문제 해결의 책임과 필요에 직면하여 북한이 온건정책으로 전환할 가능성이 있습니다. 즉 오히려 온건 합리적인 군사정권의 설립이 가능한 것 아니냐 하는 점입니다. 지금 남북한관계는 남북 쌍방이 통일을 주요 국가정책으로 표방하고 있는 한에서는 상호불신과 대결의 현실을 타파할 수 없습니다.

신희석 한반도의 정세는 기본적으로 북한의 위협이 계속되는 가운데 불안정성, 정세의 유동성이라는 점을 배제할 수 없습니다. 북한정세는 김정일체제가 지속되고 있는 가운데 매우 다양성을 띠고 있는 과도기적인 상황입니다. 앞으로 북한의 무력 도발이나 붕괴의 가능성은 그다지 많지 않고 그보다는 현재와 같은 현상유지가 계속되면서 상황적인 여건, 종속변수에 의한 유동적인 움직임이 있을 것이라 생각됩니다. 이 경우 종속변수라는 것은 첫째 김정일체제 내부의 권력다툼, 둘째 남북관계의 진전추이, 셋째 미·일·중·러와 같은 주변 4대 강국의 대한반도 정세 관여 등으로 설명될 수 있습니다.

이상구 전 평양 주재 대사였던 빠제예프는 "북한은 정치적으로 안정되었으며 경제적 면에서는 어려움이 있으나 잠재력은 충분하다. 때문에 붕괴 임박설은 근거 없는 이야기이다"라고 한 바 있습니다. 이 말은 러시아가 한·러 국교 정상화 이후 너무 한국쪽으로 편중된 정책을 추구하였으나 한국으로부터의 대가성이 부족한 데서 오는 불만과 동 정책을 견제하고자 하는 의미도 다분히 내포되어 있다고 생각합니다. 또한 러시아 과학아카데미 산하 극동연구소 학술지인 '극동의 제문제' (96/6)에 러시아는 한국 중시정책을 지양하고 북한과의 관계 복원을 촉구하며 남북한 동거리 외교를 주창한 바도 있습니다.

러시아는 옐친이 처음 집권했을 때의 외교정책과는 다른 양상을 보이고 있습니다. 고르비 정권 당시 IMEMO 소장으로서 소련의 신사고 외교정책의 입안자였으며 한·소 수교에도 많은 역할을 한 바 있는 프리마코프 외무장관은 지난 총선에서 나타난 국민의 민족주의 정서에 영향을 받았음인지 동서균형 외교를 전제로 강대국주의 외교를 전개하고 있는 것으로 보여집니다.

이에 따라 남북한 등거리외교 추진세력도 대두되고 있습니다. 북한과는 1961년에 체결되었던 조·소우호조약의 파기상태를 다시 복원하기 위하여 '신 기본관계 조약'을 준비하고 있습니다. 이것은 버렸던 북한을 러시아가 다시 챙겨 껴안는 정책을 쓰고 있다는 증거이기도 합니다. 이는 한국을 견제하기 위한 지렛대 역할을 하기 위해서라고도 볼 수 있습니다.

지금 북한을 보면 김정일이 자타가 공인하는 통치 실력자이기는 하나 정식 국가 원수에 취임하지 않고 있는 점을 주목해야 합니다. 개인회사도 아무리 회사 사주라 할지라도 정식 사장 발령이 나지 않으면 활동에 여러 가지 제약이 있는 것입니다. 그러므로 결정적인 개혁이나 숙청 및 주요 국가정책은 김정일이 할 수 있어도 하지 않을 것입니다.

김정일은 군의 총수이기 때문에 군에 관한 한 자신있게 지휘 통솔을 할 것입니다. 김정일이 실력자이기 때문에 군이 당의 우위에 있다는 당권자들의 불만과 불평은 당연한 필연입니다. 이번 김일성 사망 3주기를 기하여 김정일이 정식 국가 수반에 취임하게 된다면 3년간 머리 속에 그려놓은 본격적인 숙청이나 개혁 또는 중요 국가정책을 시행할 것입니다. 이런 관점에서 북한문제를 보아야 할 것입니다.

사 회 지금까지의 논의를 종합해 보면 한반도정세는 북한의 내부사정과 대남전략, 그리고 한국 정부의 대북전략 목표의 동요 등으로 인하여 불안정이 심화되고, 장래에 대한 예측을 불허하는 것으로 보입니다. 그렇다면 독일 통일 당시의 정세는 어떠했는지 신동원 대사께서 말씀해 주십시오.

신동원 지금껏 모든 분들이 말씀하신 기본적인 정세와 상황에는 동감합니다. 저는 독일의 평화통일에 이르기까지의 독일을 둘러싼 주변 유럽정세와 대비하여 우리 주변정세를 짚어보는 것이 의미있겠다고 생각합니다. 당시 유럽정세의 변화와 같은 변화가 우리 주변에도 형성되고 있으면 우리도 통일될 수 있다는 것입니다. 그러나 우리는 지금 그렇지 못한 상태인데 대략 4가지 정도의 정세 차이에 대해 말씀드리겠습니다.

첫째, 유럽의 냉전종식이 독일의 평화 통일을 가져왔다는 점입니다. 우리는 조금 전 노 대사가 말씀하신 것처럼 아직도 냉전이 끝나지 않고 있기 때문에 통일이 어렵다고 봅니다. 국제적으로는 냉전의 종식으로 보지만 우리의 상황은 그것이 아니라는 점이 큰 차이입니다.

둘째, 유럽은 냉전이 완화되면서 오랜 기간에 걸쳐 국가간에 교류협력의 기운이 커졌습니다. 전체적으로 화해협력관계가 유지되어 갔는데, 한 가지 예를 들자면 CSCE(유럽안보협력회의)같은 매카니즘이 생겨 독일 통일에 큰 기여를 했습니다. 우리의 경우 APEC, ASEAN 안보대화, ARF 등이 시작은 되었으나 당시 유럽의 그것에 비해 극히 초보단계이고 미성숙합니다. 여기서 특히 중요한 것은 경제협력, 안보보다는 소위 제3베스킷이라고 일컬어지는 인도주의문제, 인적·물적 교류, 인권문제에까지 확대되어 나가는 것이 중요한데 우리에겐 아직 그것이 없습니다. 유럽의 경우 동독은 물론 소련까지 모든 공산국가가 이에 참여한 데 비해 우리는 그렇지 못합니다. APEC은 중국이 참여했으나 북한은 참여하지 않았고, 아세안 안보대화란 것에도 아직 북한은 참여하지 못하고 있습니다. 즉 분위기가 아직 미성숙합니다.

셋째, 유럽의 가장 큰 정세 변화는 공산주의가 망한 것입니다. 소련의 힘이 약해져 종주국 행세를 하지 못했습니다. 우리의 경우를 보면 소련은 공산주의를 버렸지만 중국이 강대한 공산국가로 남아있어, 이런 결정적인 차이가 우리의 통일여건을 방해하고 있습니다.

넷째로 유럽정세 변화의 중요한 것 중 하나는 국가간의 교류가 이데올로기 중심에서부터 경제실리 추구 우선주의로 바뀌었다는 점입니다. 우리 지역도 요즘 와서 조금씩 그런 방향으로 변화되고 있습니다. 중국의 시장경제체제 일부 채택, 베트남, 라오스, 캄보디아 등이 모두 그런 예입니다. 그러나 중국의 천안문사태 같은 사건에서 알 수 있듯이 이들은 경제의 실리보다 아직은 체제유지가 더 우선입니다. 유럽은 공산국가가 경제실리를 추구 하다 보니 자본기술이 필요했고, 그들이 필요로 하는 자본과 기술을 대줄 수 있는 나라가 그당시 서독밖에 없었습니다. 자연히 소련을 비롯한 공산국가의 서독 의존도가 강해질 수밖에 없었으므로 서독이 원했던 통일을 달성할 수 있었던 것입니다. 우리는 그렇지 않습니다. 북한은 굶어죽는 형편인데도 자기 체제를 위협하는 상황이 나오면 경제는 저리 가라 떠밀고 있으니까요. 이처럼 우리 주변 정세 변화는 서서히 시작은 되어가고 있으나 독일 통일 달성시의 유럽정세만큼 성숙되어 있지 않은 몹시 부족한 상황입니다.

〈우리 외교의 방향〉

사 회 한반도 통일 문제를 둘러싼 주변 4개국의 본심과 정책의 실체를 파악함에 있어서 여러 가지 흥미로운 의견이 많이 나왔습니다. 그렇다면 앞으로 우리는 어떻게 해야 할 것인가. 그 방향에 대해 의견들을 나누어 보는 시간을 가졌으면 합니다.

노재원 우리 외교에 관련하여 세 가지를 말씀드리겠습니다. 첫째, 우리로서는 지금 해야 할 일이 현상 타파로서의 통일이냐, 현상 유지로서의 평화 안정이냐의 두 가지 모순된 원칙에서 양자택일의 순간이 왔다는 점입니다. 그 이유 중 하나는 우리 정부에 대북 정책의 일관성이 없기 때문입니다. 어떤 경우는 평화 정착이고, 어떤 경우는 통일을 원한다고 합니다. 이것은 우방들인 북경과 워싱턴에 대해서는 불신감을 야기할 수밖에 없습니다. 한국 정부의 본심에 있는 원칙이 무엇인가 하는 그들의 의구심이 나오고 있다는 뜻입니다. 그것은 곧 우리가 기회주의라는 비판을 야기할 수 있는 것입니다.

두 번째는 평화 및 안정을 추구하는 미국과 중국의 전략과 우리 전략 간에 괴리가 생겼다는 점인데, 우리 전략이 조정되어야 할 것입니다. 미국은 현상 유지의 평화 전략을 추구하는데, 우리는 현상 유지의 평화 안정을 원하면서도 통일을 주장하고 있기 때문입니다. 이 점은 결정적 시기에 큰 문제를 일으킬 것입니다. 미 · 중에 대한 적극적 전략 대응이 필요합니다.

세 번째로, 북한에 문제가 발생했을 때 한 · 미 · 일 · 중의 협력 기반이 필요합니다. 아직까지 우리는 그러한 협력관계가 없습니다. 특히 지금과 같은 우리의 진의에 대한 불신의 상황에서는 문제 발생 시 우리를 믿지 않고 미 · 중 양국이 북한 문제에 대해 그들 나름대로 해결하려 할 것입니다. 이것은 전적으로 우리 정부에 대한 불신 때문인데, 이를 시정해야 합니다.

구충회 한 · 미 · 일 공조가 원만히 이루어지고, 미 · 일이 대북관계 진전을 남북관계 진전과 강도있게 연계시키는 것이 우리가 원하는 것입니다. 미국 내에 주목할 상황은 공화당이 의회의 다수를 차지하고 있다는 점입니다. 공화당은 1996년 8월 12일 전당대회에서 중유와 경수로 제공에 대한 북 · 미 합의에 반대 입장을 표명했습니다. 미국 정부는 이런 공화당의 입장을 내세워 비용을 한국 측이 더 많이 맡았으면 하는 거론을 했습니다.

현재 미국 의회는 야당인 공화당이 다수를 차지하면서 모든 미정부의 외교 정책에 반론을 제기하고 있다는 것에 우리는 신경 써야 합니다. 우리는 클린턴 행정부는 물론이고, 공화당 측도 신경써야 한다는 뜻입니다.

다음으로 1996년 11월 미국 국무장관이 중국을 방문, 중국과의 관계를 회복시키려 했습니다. 그러나 여기에서도 공화당은 중국을 비민주국가, 불공정무역국가로 규정하고, 중국에 대한 회의를 표시했습니다. 반면 대만은 민주국가로 규정, 국제경제의 일익을 담당하고 있다고 주장합니다. 또한 대만 보호를 위해 전략무기를 제공해야 한다고 주장하고 있습니다. 이렇듯 우리는 미국 정부와 우리와의 공조 관계에서 공화당인 야당을 도외시할 수 없습니다.

신동원 한반도 통일 문제에 관하여 앞으로 우리가 해야 할 일은 현상 타파와 관련된 것입니다. 한반도의 평화안정은 현상유지 문제인데, 이와 관련하여 우리 정책이 일관성 없이 혼돈된 듯 비춰진다고 아까 노 대사가 말씀했는데, 독일의 경우를 보면 독일은 통일 문제와 동·서독 현상유지에 관하여 2차대전 후 꾸준히 현실적인 입장을 취해 왔습니다. 이에 비추어 볼 때 우리의 입장을 자성해 볼 필요성이 있습니다. 서독정부에서는 한 번도 동독과 통일하자고 주장 안 했습니다. 우리의 평화통일 정책은 이론적으로는 세계 어디에 내놓아도 흠잡을 데가 없습니다. 서독은 그런 것이 없었습니다. 그 이유는 동서 냉전 동안 자국이 아무리 노력해도 통일이 이루어지지 않는다는 것을 알기 때문에 통일 정책을 안 만든 것입니다. 그 대신 상당한 동독과의 교류·협력을 꾸준히 추진해 왔습니다. 그러나 우리는 해방 이후 실질적인 남북 협력·교류보다는 구호에 지나지 않는 통일만 외쳤습니다. 그것이 서독과 우리의 큰 차이입니다.

이상구 서독은 1969년도 브란트의 사민당 집권을 계기로 정부 공식 기구 또는 문서에서 '통일'이라는 용어를 일체 없애 버렸습니다. 통일이라는 용어는 그 자체가 다른 한쪽을 정복한다는 의미가 내포되었다는 것이었습니다. 그래서 정부기구 중 통독성을 내독관계성으로 개칭하였습니다. 그러므로 서독에서는 동서독 간의 현실 인정과 관계 정상화에 역점을 두어 교류 확대에 진력함으로써 장차 언젠가는 닥쳐올 독일 통일을 위한 견실한 통일 기반 구축에 심혈을 기울였던 것입니다. 통독의 원칙은 1989년 부시, 고르바초프 간 MALTA회담에서 논의가 시작되었으나 이에 대한 미테랑 대통령의 소극적인 자세와 대처 수상의 유럽시민투표 제의 등의 지연전술 등에 부딪힌 미국은 통독 기회를 한시성으로 판단하고 조속추진 정책에 의하여 4강을 비롯한 나토 회원국들을 설득하여 역사적인 독일 통일을 달성하게 하였습니다. 우리도 통일의 기회가 도래했을 때 실기하지 않고 통일을 달성할 수 있도록 주변 관계국들과의 통일 외교를 게을리하지 않아야 할 것입니다.

신동원 우리는 현재 통일, 현상 타파 구호를 버릴 수는 없습니다. 그러나 그보다는 남북한 간의 평화 체제, 안정이 더 급한 상황입니다. 이것이 주변 4강의 입장입니다. 앞으로 우리는 정부의 통일 위주 정책을 유지할 것이냐, 아니면 현실적으로 평화 안정 치중으로 가면서, 장기적 측면에서 평화 통일의 기본인 교류·협력에 치중하는 것이 중요하냐, 저는 후자 쪽이라고 생각합니다. 이렇게 할 때 노 대사가 말한 우리 통일 정책의 혼돈으로부터 미국이나 중국의 오해를 살 만한 부분도 상당히 해결될 것이라고 봅니다.

다만, 최근에 와서 북한의 여러 가지 상황 악화로 조기 붕괴의 가능성을 우려할 수 있고, 또 일부에서는 북한이 막다른 상황에서 전쟁 도발을 할 수도 있는 가능성을 배제하지 못한다는 점이 유동적이긴 합니다.

우리의 기본 대원칙은 물론 평화통일이지만 혹시 전쟁의 상황이 온다고 했을 때 이에 대한 대처가 있어야 할 것이 아닌지도 말하고 싶습니다. 만일 그렇다면 6.25의 되풀이만으로 만족해서는 안 되기 때문입니다. 전쟁이 도발된다면 과거의 정전 협정으로 돌아가서는 안 될 것입니다. 반드시 통일을 완성해야 한다는 것입니다. 때문에 군사적 방식에 의한 통일 대비 방안도 강구해야 할 것입니다. 그러기 위해서는 미·중을 중심으로 일·러와의 충분한 사전 대비가 필요합니다. 이것이 우리 정부가 대비해야 할 사안들인 것입니다.

또 한 가지 우리가 흔히 4강을 얘기할 때 미·일·중·러를 말합니다. 결국 정치·군사·안보적 차원에서 4강임에 틀림없습니다. 그러나 북한을 소프트랜딩(연착륙) 시킨다고 할 때 우리가 이끌어내야 할 북한의 변화는 결국 민주화·자유화입니다. 이것을 북한은 받아들일 수 없습니다. 북한의 자유화·민주화가 우리와 4강의 궁극적인 목표이지만 현실적으로 불가능한 만큼, 최소한의 개방 등 변화를 유도해 낼 필요가 있습니다. 즉, 북한을 시장 경제화하는 것이 더 가능성 있는 대책입니다.

북한은 대외 경제 협력 없이는 쓰러집니다. 그 범위 내에서 제한적으로나마 시장 경제적인 중국, 베트남 등이 추구한 정책으로 갈 가능성이 있는 것입니다. 그러므로 우리가 국제 공조라는 차원에서 이러한 변화를 유도코자 할 때 4강에 대하여 새로운 컨셉트를 도출할 필요가 있습니다. 중국과 러시아는 북한의 시장 경제를 목표로 하는 4강에서는 힘이 빠지는 상황입니다. 때문에 미국, 일본에 서구라파의 협력 유도가 필요합니다. 그중에서도 독일을 잘 활용해야 할 것입니다. 여기에 플러스해야 할 것은 자본과 기술 원조뿐만 아니라 북한의 물건을 사주는 무역 중심의 활동입니다. 이를 위해서는 아시아의 도움도 필요합니다. 다원적 각도에서의 4강 재정립 등 새로운 정책 검토가 필요할 것입니다.

구충회 미·일 공조와 관련해서 우려를 표시했듯이 미·일·중이 우리를 빼놓고 단독으로 결정하도록 해서는 안 됩니다. 우리를 도와달라는 얘기보다는 우리 내부의 정치와 경제에 내실을 기하는 정책을 펴야 합니다. 그들이 우리를 무시하지 못하도록 해야 하며, 우리도 반성의 입장에서 외세 의존보다는 우리의 힘을 향상시키면서 한·미·일 공조를 진행해야 할 것입니다. 그래야만 혹시 있을 수도 있는 제2의 얄타 밀약과 같은 것을 방지할 수 있을 것입니다.

이상구 중국은 한반도 통일 문제는 초지일관 제3자의 개입 없는 당사자 해결 원칙을 고수하고 있습니다. 홍콩 문제도 당사국인 중·영 간에 해결하였고, 대만 문제도 타국의 개입을 절대로 용납하지 않고 있습니다. 미국은 중국에 대하여 북한으로 하여금 4자 회담에 응하도록 압력을 가해줄 것을 요망하고 있으나, 중국에 더 큰 이익이 오지 않는 한 중국으로서는 원칙을 깨고 찬성하기가 어려울 것입니다. 그러므로 중국은 지금껏 4자 회담에 적극적인 반대도 찬성도 하지 않는 것은 당연하다 하겠습니다. 북한은 아직도 국가의 주인이 없는 상태이기 때문에 더욱 더하지요. 너무 조급하게 서둘지 말아야 할 것입니다.

북한과의 관계는 장기적인 관점에서 일관성 있는 국가의 기본계획에 의하여 시행해야 합니다. 미국의 한국문제 전문가인 하버드대학 인구 및 개발 연구소의 Everstadt 박사는 한국의 대북 정책은 때때로 상반되는 모순이 되고, 여론에 너무 좌우되고 일관성이 결여되어 있다. 장기적인 전략에 따라 일관성 있게 추진되어야 하며, 한국의 어려운 경제 국면을 헤쳐 나가기 위해서는 내부적인 경제 개혁이 있어야 하며, 미·일 등 우방과의 협력도 더욱 강화해야 한다고 우정있는 충언을 한 바 있습니다. 제가 일본에서 근무할 때 후쿠다 전 수상을 종종 찾아 뵈었었는데, 그때마다 한국의 경제상황을 물어보며 경제문제만 잘되면 정치문제를 포함, 다른 모든 문제는 염려될 것이 없다고 조언해 주신 기억이 납니다. 귀담아들을 얘기라고 생각합니다.

우리 외교의 방향에 대하여 말하자면 우리의 숙명적인 최대의 미해결 문제는 통일 문제입니다. 그러나 확실한 통일 정책이 없습니다. 그래서 확실한 통일외교도 없습니다. 확고한 통일 정책에 기초한 통일외교의 전개와 통일기반의 구축이 요망됩니다. 일관성 있는 통일기반의 조성과 남북대화 문제와는 별도로 추진해야 합니다. 대화문제는 수시로 나타나는 가변적인 사태에 따라 대처해야 하는 것이므로 이에 따르다 보면 본말이 전도되는 수도 있습니다. 통일 문제는 장기적인 계획 아래 일관성 있게 추진되어야 합니다.

우리 외교의 중추는 미국을 주축으로 한 4강 외교이지만, 다른 국가가 소외감을 느끼지 않도록 균형 외교를 펴야 하며 동시에 과시 외교를 지양하고 철저한 실리 외교를 추구해야 할 것입니다. 또한 언제나 가까운 이웃인 동남아 외교도 4강 외교에 못지않게 중요하다는 것을 강조하고 싶습니다.

사 회 우리가 나아가야 할 방향과 관련하여, 그 밖에 좋은 의견이 있으면 말씀해 주시기 바랍니다.

신희석 한국 외교에 관련된 문제점과 이에 대한 방향에 대하여 말씀드리겠습니다.

첫째로 외교 정책 형성 과정에서 서방 외교의 방식을 탈피하여 중장기적 시각에서 문제의 핵심을 파악하고 접근함으로써 정책의 일관성을 두어야 할 것입니다. 이를 위해 중장기정책 연구를 강화시키고 외교안보연구원의 기능을 강화시킬 필요가 있다고 봅니다.

둘째, 한국의 외교 체제와 외교 역량을 강화할 필요가 있습니다. 앞으로의 국제 사회는 정치외교도 중요하지만 통상·환경 등이 중요한 의미를 가집니다. 외무부도 통상·환경 등 비정치 중심으로 제도적 강화를 해 나갈 필요가 있다고 봅니다.

동시에 외무부 장관도 부총리급으로 격상시킬 필요가 있다고 생각합니다. 규모나 인력 등 여러 가지 면에서 통일원보다 더 큰 외무부를 장관급으로 하고 통일원을 부총리급으로 하는 것은 누가 봐도 격이 맞지 않는다고 봅니다.

앞으로 국제 사회에서 살아남기 위해서는 외무부 역할이 중요한 점을 감안한다면 외무부 장관을 부총리급으로 격상시킬 필요가 있다고 봅니다.

마지막으로 외교 전문인력의 양성과 인력관리상의 보완에 대해 말씀드리겠습니다. 아주 구체적인 예로, 인력관리상에서 외교협회를 좀 더 가동, 활용할 필요가 있다고 봅니다.

지금 외교 협회에는 360여 명의 회원이 있습니다. 그중 최소한 반 이상은 일거리만 있으면 세계 어디에서도 활동이 가능한 분들입니다. 이런 퇴역 대사들을 일본에서는 외무성 고문이라는 제도로 활용하고 있습니다. 국가 이익을 위해 퇴역 대사들에게 대통령 특사나 문제 해결사로서의 역할을 맡길 수 있다고 봅니다.

일례로 일본의 마츠나가 대사는 주미 대사로 퇴역한 지 10여 년이 지났지만 아직도 외무성 고문이라는 직함을 가지고 활발히 활동하고 있습니다. 또한, 고위직뿐만 아니라 하위직 퇴직자도 촉탁으로 재기용하는 방법이 있습니다. 예를 들어 일본 외무성의 북동아과 인원은 30명이 넘습니다. 알고 보니 이들 중 1/3 이상은 퇴역 후 촉탁으로 기용되고 있는 사람들이었습니다. 또한, 북동아과에 영토문제 자료연구실을 만들어 놓고 74~5세 되는 외무성 출신의 촉탁 직원을 중심으로 독도 문제에 관해 연구하고 있었습니다.

우리도 이러한 퇴직자들에게 계속해서 국가를 위해 봉사할 수 있는 기회를 주어야 합니다. 뿐만 아니라 1년에 3~4번 정도 교수들로 하여금 정부가 하는 일을 대국민 홍보 차원에서 일하도록 하는 정책 자문위원도 이러한 역할에서 그칠 것이 아니라 이들을 좀 더 활용하여 민의가 정책에 반영될 수 있도록 하여야 할 것입니다. 요컨대 여러 가지 인적 자원을 활용하고 참여시켜 총력 외교를 추구할 것을 강조하고 싶습니다.

사 회 오늘 여러분들의 말씀을 듣고 우리의 정세를 독일 정세와 비교하면서 생각해 보면, 통일 문제와 관련하여 지금의 우리 상황은 베를린 장벽 붕괴 훨씬 이전의 상황과 비슷하다고 생각됩니다. 베를린 장벽이 무너지고 독일이 통일되면서 우리의 통일도 현실적인 상황으로 인식되기 시작했습니다. 독일의 통일을 보고는 '이제 우리 차례다' 하고 흥분했습니다. 그러나 우리의 여건은 성숙되지 않았는데 마음만 앞서가다 보니 혼돈이 온 것입니다.

우리는 통일 여건이 성숙될 때까지 인내심을 가지고 대응해야 합니다. 오늘 얘기한 모든 통일 여건들이 조성되도록 주변 4개국에 대한 창의적이고 현실적인 외교 정책을 적극 추진함과 동시에 여건들이 조성되었을 때 우리가 원활하게, 그리고 틀림없이 통일 목표에 도달할 수 있도록 평소에 철저한 대비와 내실이 필요하다고 봅니다.

국력은 국민의 단결과 경제력으로 내실을 기할 때 커지는 것입니다. 현재의 우리 상황을 신중한 낙관주의를 가지고 대응해야 할 것입니다. 그리고 이러한 견지에서 전략적 지식인들의 역할이 과거 어느 때보다도 더 중요하다고 생각합니다.

오늘은 중장기적 상황과 대응에 관하여 주로 얘기했습니다. 시간 관계로, 단기적이고 현실적 문제인 쌀, 경수로 등에 대해서는 이야기하지 못했는데 다음에 기회가 있으면 또 한 번 자리를 갖도록 하는 것이 좋겠습니다. 참석해 주신 여러분께 감사합니다.

※ 편집자 주: 한국외교협회 편 「외교」, 1987에서 발췌.

⑥ 〈제안〉 4강의 한반도정책에 어떻게 대응할 것인가?

1. 문제의식의 소재와 시각

일찌기 영국의 유명한 역사학자요 철학자인 Arnold Toynbee박사는 '오늘의 역사는 과거역사의 연장선상에서 전개되어 왔으며 오늘의 역사를 기초로 하여 새로운 미래사가 전개된다'고 하였다. 우리는 이를 가리켜 '역사윤회의 논리'라고 규정한다.

오늘날 한반도를 둘러싼 국제관계의 전개과정을 살펴보면 마치 구한말 시대 미국, 일본, 중국, 러시아의 조선정책을 방불하게 한다. 이는 한반도야말로 미·일·중·러 4대열강의 국가이익이 상충하는 지역임을 의미한다. 한반도가 갖고 있는 가장 커다란 특징은 이와 같은 지정학적 특성에서 기인하고 있으며, 미일중러 4강은 한반도에서 어느 특정국가의 배타적 권익추구를 반대하며 상호 세력균형을 취하고 있을 뿐만 아니라 급격한 변화를 우려하는 현상유지정책을 추구하고 있다. 필자는 이 글을 통하여 4강이 추구하고 있는 한반도 정책의 배경과 의도를 밝힌 후 이를 통해서 본 공통분모를 분석하고 한국외교의 바람직한 대응책에 관하여 구한말 외교사의 교훈이라고 하는 국제정치사적 관점에서 살펴보기로 한다.

2. '조선책략'의 실체와 교훈

주일본청국공사관의 황준헌 공사참사관이 북양대신 이홍장의 뜻을 받들어서 당시의 조선이 나가야 할 길을 "조선책략"을 통하여 언급한 것은 1880년의 일이었다. 그는 구한말 조선이 나아갈 길은 오로지 친청(親淸), 연일(連日), 결미(結美)임을 강조하고 러시아의 남하정책을 견제해야 한다고 하였다. 황준헌은 "화평을 사랑하는 중국인민은 조선의 평안과 발전을 위하여 많은 은혜를 베풀었으며, 한번도 그 땅과 백성을 탐낸 적이 없다"고 어불성설의 위선적 논리를 전개하였지만, 근대사를 통해볼 때 중국의 한반도침략을 생각할 때 이는 사실과 전혀 다르다.

일본이 호시탐탐 조선을 엿보고 있기 때문에 일본과 친하게 지내며 미국을 끌어들이면 구원을 받고 화를 풀 수도 있다고 하는 발상 역시 그 나름대로 의미가 있다. 1876년 강화도에서 체결된 병자수호조규와 1882년에 체결된 조미수호통상조약은 이와 같은 인식 과 맥락의 연장선상에서 이루어진 것이다.

요컨대, 구한말 외교사가 현대에 살고 있는 우리들에게 주는 역사적 교훈은 첫째, 한반도 국제정세의 흐름을 정확하게 인식·판단하고 대응책을 수립해야 한다는 것이며 둘째는 우리도 힘을 길러서 국력을 신장해야 한다는 것이라고 하겠다.

3. 4강의 한반도정책(미일중러): 배경과 기조

우선, 4강의 한반도정책의 배경과 기조를 살펴보기로 한다.

미국의 한반도 정책은 한마디로 한미동맹관계를 중시하고 한국주도의 평화적 통일을 지향하면서 북한의 도발을 억제시키는 것이라고 하겠다. 일제의 식민지 지배가 종료된 후 미국은 한반도의 완충지대(Buffer Zone)화를 통하여 주한 미군을 유지시키면서 일본의 재무장을 견제하는 것이었다. 말하자면, 대한해협과 일본열도 사이에 깊은 관심을 표명하면서 러시아를 견제하려는 인식이었다.

하지만, 최근의 미국은 일본의 '재무장억제정책'에서 제한적(부분적)이기는 하지만 일본의 '재무장허용정책'으로 전환하는 과정에 있다고 하겠다. 왜냐하면 미국은 중국의 군사적 경제적 힘을 겨냥하기 위하여 일본 군사력의 부분적 강화를 전략적으로 노리고 있기 때문이다. 미국은 한반도의 세력균형을 추구하기 위하여 친일 정책을 펴고 중국을 견제하며 친중 정책을 통하여 일본을 견제하는 것이라고 하겠다.

한편 일본의 한반도에 대한 기본 정책은 경제대국으로 한국과 긴밀한 관계를 유지하면서 한반도의 분단 상태를 선호하고 있다고 하겠다. 말하자면, 남북한의 현 체제 유지와 남북한의 통일로 기인한 강력한 통일한국의 등장을 견제하는 것이며 때문에 남북한의 자주평화통일을 원한다는 일본정부의 대외적 공식방침은 미사여구에 불과하다고 하겠다. 말하자면, 일본은 납북한의 분단상황을 유지하면서 'Divide and Rule' 정책을 추구하면서 일본의 국가이익을 증대시키는 것이라고 하겠다. 이와 같은 현상유지정책(Status-Quo-Policy)의 연장선상에서 일본의 국가이익을 증대시키기 위해서는 북한에 대해서는 '남한카드'를 남한에 대해서는 '북한카드'를 동시에 적절히 활용하는 방안이라고 하겠다.

2011년 3월 일본의 대지진과 쓰나미 이후 한일간의 협조체제가 양국관계의 발전에 약간의 관계증진 기회를 제공한 듯한 인상도 있지만, 여전히 양국간에는 독도영유권 문제, 한일 FTA 교섭, 과거사 청산, 역사교과서의 왜곡문제, 무역적자와 수평 분업 등 적지 않은 난제가 앞으로 당분간은 계속될 것으로 보여진다.

한편 중국의 한반도 정책은 북한을 정통 우방으로 간주하고 있으며, 남북한 관계의 현상유지를 통하여 한반도에의 정치적 영향력확대를 기본으로 하고 있다. 중국정치 지도자들의 한반도 인식은 가끔 구한말의 청나라가 조선을 보는 듯한 시각에서 견제하는 측면도 없지 않다. 예컨대, 연평도 사건이후 중국정부의 Thai, Ping-Kuo 특사가 한국을 방문하여 한국대통령에게 경거망동하고 오만불손한 자세로 면담한 것을 보면 이를 알 수 있다.

중국은 한반도에서의 강대국 등장을 견제하고 있다. 길림성, 요녕성, 흑룡강성을 포함하는 중국의 동북 3성 뿐만 아니라 '한반도 역시 고대중국의 부속국'이었다는 식으로 독선적·위선적 논리를 전개하여 북한은 물론 먼훗날 한반도 전체를 중국의 세력권 내에 넣겠다고 하는 정치적 의도가 다분히 존재하고 있다고 하겠다.

한편, 오늘날의 러시아는 구 소련사회주의연방공화국에 비하여 국력이 상대적으로 약화되어 있고 국내경제의 어려움 등으로 인하여 이전보다 한반도에 대한 관심이 다소 저하되어 있지만 러시아의 남하정책과 한반도의 완충지역적 측면을 여전히 중시하고 있다.

원래 러시아 정부는 1937년 가을에 사할린에 거주하고 있는 조선족(고려인)을 대거 중앙아시아로 집단강제이주를 시도하였는바, 이는 사할린 거주 고려인들의 독립운동을 사전 견제하기 위한 포석이었다. 이는 중국의 동북 3성에 거주하고 있는 300만명에 가까운 조선계 중국인(조선족)들의 자치주등장이 러시아 정부를 크게 자극하였기 때문이다. 최근의 러시아는 한반도 국제정치에 대한 관심도가 떨어지고 소홀한 듯한 인상을 주나 사실은 그렇지 아니하다. 왜냐하면 러시아 국내의 경제문제와 대외관계의 발전이 급선무이기 때문이다.

6.25 이후의 러시아 정권은 북한이 중국과 러시아에 대한 줄다리기 외교를 전개하는 것에 대하여 비판적 자세를 취하여 왔다. 특히 최근 북한의 중국에 대한 우호적 정책과 북중관계의 지나친 접근에 대하여 견제와 우려를 보내고 있다. 즉 러시아는 미일중의 가속적인 한반도정책을 신중히 주시하면서 남한과 북한에 대한 각각 개별적인 접촉을 통하여 자국의 국가이익을 은근히 추구하려는 노력을 전개하고 있다고 하겠다.

말하자면, 한반도에서 미국, 일본, 중국 등 어느 나라라도 배타적인 특수 권익을 소유하는 것을 전혀 원치 않고 있다.

4. 4강의 한반도 정책을 통해서 본 공통분모

이상 미국, 일본, 중국, 러시아의 한반도 정책의 배경과 실체를 살펴보았다. 그러면 4강의 한반도 정책의 저변에 흐르고 있는 공통분모를 역사윤회의 논리라고 하는 시각에서 살펴보기로 한다.

첫째, 앞서 말한 바와 같이, 한반도를 둘러싼 미일중러의 세력다툼은 구한말동양의 교사를 방불케 하고 있다. 100년전 한반도를 둘러싼 구한말 한반도국제정치사의 시각에서 오늘날의 동북아정세가 전개되고 있다는 것이다. 달라진 것이 있다면 남북한이 분단되었다는 것과 중국이 청나라로 바뀌었다는 것아다.

둘째, 미일중러의 4강은 남북한이 통일되어 강력한 국력을 갖는 "통일한국"(Unified Korea)의 등장보다는 현 상황을 존속시키는 한반도 분단상태를 선호하고 있다고 하겠다. 이는 외교, 경제, 스포츠 등의 측면에서 볼 때 강력한 국가의 등장은 강대국의 힘을 덜 느끼게 할 우려가 있기 때문이다. 특히 한국을 지나치게 인식하고 있는 일본은 남북한이 통일하여 선진국형 강대국가가 등장하게 되면 이는 일본열도에 적지 않은 위협요인으로 등장할 것이라고 판단하고 있다. 일본이 한반도의 통일을 원치 않고 분단 상황을 선호하는 이유는 바로 여기에 있는 것이다.

셋째 한반도에 대한 자국의 영향력 강화를 시도하는 측면이 농후하다고 하겠다. 미국과 일본은 한국을 통하여 또한 중국과 러시아는 북한을 통하여 각각 적절한 차원에서 그들의 한반도 영향력을 강화시키고 있다. 그러한 의미에서 북한의 전통우방인 중국, 러시아와 우호협력관계를 유지하고 있는 한국은 매우 유리한 고지를 확보하고 있다고 하겠다. 왜냐하면 북한은 아직 미국, 일본과 정식국교 관계를 갖고 있지 않기 때문이다.

넷째, 정치이념과 정치적 이데올로기보다는 4강 공히 그들의 국가이익(National Interests)을 중요시한다는 측면이다. 즉, 자국의 국가이익을 추구하기 위해서는 탈이데올로기 현상이 날이 갈수록 농후해지고 있다고 하겠다.

다섯째 , Kenneth Boulding 교수가 말하는 '이메이지 논리(The Logics of Image)'에 의한 맥락에서 보았을 경우, 4강의 한반도정책은 3차원 이메이지에 의하여 적지 않은 영향을 받고 있다고 하겠다. 즉, 자신에 대한 이메이지를 1차원(Self Image), 상대방에 대한 이미지를 2차원(Counter Part Image)이라고 상정하였을 경우 2차원 이메이지에 대한 1차원 이미지를 가리켜 우리는 3차원 이메이지(Third Dimension Image)라고 한다. 즉 남북한 관계에 한정시켰을 경우 북한이 한국을 어떻게 평가하느냐 하는 것에 대한 한국의 판단은 양자간의 가장 중요한 변수로서 남북한관계가 복잡 다양한 양상을 띄우게 되는 것이다. 진주만 공격을 둘러싼 미일관계(1941년)와 2010년도 말 연평도포격사건을 둘러싼 국제관계의 전개는 3차원 이메이지에 의한 국제관계 변용의 적절한 예라고 하겠다.

5. 한국외교의 바람직한 대응(구한말 외교사의 교훈)

이상 주변 4강의 한반도 정책의 실체와 이 정책을 통해서 본 공통분모에 관하여 언급하였다. 구한말외교사 논리의 시각에서 보았을 경우 앞으로 한국외교의 대응책은 무엇일까? 첫째, 한반도 주변의 국제상황에 대한 정확한 환경인식이라고 하겠다. 한반도 주변상황에 어떠한 문제가 발생하고 있고 이를 어떻게 인식(Perceive)하고 평가(Assesment)할 것인가 라고 하는 정확한 판단과 대응책(Aspect)이 부단히 수반되어야 하는가.

둘째, 도산 안창호 선생의 "민족이여 힘을 기르소서."라고 말을 하였던 것처럼 우리는 국가경쟁력을 강화시키고 국력을 증진시켜야 한다. 1910년에 일본에 의하여 합병을 당할 수밖에 없었던 환경적 요인도 결국은 조선의 국력이 약했기 때문이다. 대외관계라고 하는 측면에서 보았을 경우, 외교력을 강화시키는 것은 해당국가의 국제적 위상을 제고하는 데에 결정적인 역할을 한다. 그러한 의미에서 외교통상부에 '외교역량평가단'을 설치한 것은 바람직한 일이라고 하겠다.

셋째, 한반도의 유사시에 대비한 위기관리체제(Crisis Management System)을 강화해야 한다. 국제정치학에서 말하는 '위기(Crisis)'라 함은 첫째, 국가의 안보와 생존권에 관련되는 중차대한 문제(Threat: Highest Priority) 둘째, 전혀 예측하지 않았던 상황에서 돌발적으로 일어나는 사태(Without Any Prior Anticipation) 셋째, 어느 일정한 시간 내에 순간적으로 즉시 대응해야만 하는 긴급사태(Time Limit, Immediate Response)와 같은 3대 기본적 조건이 동시에 갖추어졌을 경우를 말한다. 이러한 개념의 연장선상에서 보았을 경우, 1950년의 한국전쟁과 1961년의 쿠바 위기는 그 전형적인 예라고 하겠다. 앞으로도 이와 같이 돌발적인 위기상황이 한반도에 오지 않을 것이라고 하는 보장은 전혀 없다. 이런 상황에 대비하는 위기관리 체계의 확보와 구조조정이야말로 우리에게 주어진 중대한 정책과제라고 하겠다.

넷째 한반도문제의 한국화(Koreanization of Korean Unification Affairs)라고 하겠다. 역사적으로 보았을 경우, 한반도 문제는 한민족의 운명과 관련됨에도 불구하고 한민족 스스로가 한반도 문제를 해결하지 못하고 항상 미국, 일본, 중국, 러시아와 같은 4대 열강의 역학관계에 의하여 좌우되어 왔다. 이는 참으로 안타까운 일이다. 한민족의 힘으로 한반도문제를 스스로 해결할 수 있도록 남북한 간의 유기적인 협조체제가 절실히 요구된다고 하겠다.

다섯째 남북한 정상회담을 조기개최 하여야 한다. 긴장완화를 통한 한반도 평화 정책의 모색이라고 하는 궁극적 목표를 달성하기 위하여 오늘날과 같은 남북한 관계의 긴장된 구조는 그다지 바람직하지 않다. 보수와 혁신, 이데올로기와 체제, 그리고 지역주의(Regionalism) 등의 다양한 변수가 있다 하더라도 우리는 남북한 정상회담을 조기 개최하여 한반도에서의 긴장을 해소하고 영원한 평화체제를 구축할 수 있도록 하여야 한다. 건강악화로 일컬어지고 있는 김정일 국방위원장의 사망시 남북한 정상회담은 대한민국 대통령이 28세의 북한청년과 대좌할 수밖에 없는데 이는 결코 바람직하지 않다.

요컨대 우리는 4강의 한반도 정책을 신중하게 주지해 나가면서 남북한 간의 긴장 관계를 해소하기 위한 노력을 함과 동시에 동북아의 평화와 번영에 기여할 수 있는 외교적 대응책을 강구함이 바람직하다고 하겠다.

※ 편집자 주: "한일협력", 2011에서 발췌.

7 〈APPRI Forum 개회사〉 남북한 관계전망과 대북정책의 재조명

最近 韓半島를 둘러싸고 展開되고 있는 一連의 國際政治現象은 現代에 살고 있는 우리들에게 적지 않은 示峻와 教訓을 주고 있습니다. 9.11美國Terror事態 이후 Russia와 Ukraine와의 전쟁에서 볼 수 있는 未曾有의 事件은 우리들에게 平和와 安定이 얼마나 貴重한 價値 체계인가를 알려주기에 充分하였습니다.

모든 人間은 平和와 安定을 願합니다. 韓半島에서는 保守와 革新을 克服함과 同時에 與野를 超越하는 南北韓間의 對話와 妥協이 이루어져야 하겠습니다. 또한, 그 結果는 韓半島에서의 平和를 定着시키고 東北亞의 平和와 繁榮에 寄與하는 方向으로 展開되는 것이 바람직하다고 하겠습니다.

國家와 民族의 將來를 생각하는 亞太政策硏究院(APPRI)은 2022年度를 맞이하여 南北韓關係를 再照明하는 심포지움을 개최합니다. 작년도에는 國家的 課題가 散在하고 있지만, 南北韓關係의 向方 역시 東北亞의 平和와 安定을 左右하는 重要한 政策課題라고 判斷되기 때문입니다.

이번 심포지움은 統一部長官의 基調講演을 비롯하여 國內의 南北韓關係專門家15名이 出演하여 對話와 討論의 廣場을 展開하는 정책토론의 序幕이 될 것입니다.

아울러 이번 심포지움의 成功을 위하여 물심양면의 協助와 激勵를 해주신 외교부와 통일부의 간부직원 여러분 그리고 이번 행사의 政策的 重要性을 감안하여 각종 후원을 해 주신 外交通商部, 韓國外交協會, 朝鮮日報, 東亞日報, MBC, SBS, The Korea Times, K-TV, YTN등 여러 報道機關關係者여러분에게도 진심으로 감사드립니다.

부디 많이 오셔서 자리를 빛내주시기를 付託드립니다.

感謝합니다.

※ 편집자 주: 아태정책연구원(APPRI)주최 정책연구포럼의 개회사임.

第 7 章

各種政治科學에세이, 紀行文, 父母, 家族, 弟子, 親舊, 日本知人과의 書信

第 1 節

2022大選의 特徵과 向後 韓國政治文化의 發展方向(結論要旨)

1. 이번 3/9대통령선거의 결과는 문재인 정권의 失政에 대한 정권교체와 한국정치문화와 경제사회의 근본적 변화를 요구하는 범국민적 열망의 발로라고 하겠다.

2. 尹 후보 당선의 결정적 Casting-Vote는 安 후보와의 '단일화실현'의 결과라고 할 수 있지만, 향후의 정치변동에는 적지 않은 종속변수가 존재하고 있다.

3. 3/9대통령선거는 미국의 정치문화/제도와 유사한 양당정치구도의 정착가능성을 간접적으로 시사하고 있으며, 현재와 같은 양당구도는 향후 당분간 계속될 것으로 보인다.

4. 이번 대선에서는 한국정치문화의 병폐적 요인인 지역주의(Regionalism)경향이 노골적으로 투영되었으며, 이와 같이 편향적인 지역주의 경향이 개선될 가능성은 거의 엿보이지 않는다고 하겠다. 예를 들어서 양대정당 양극화현상이 표면화된 결과, 전라남북도는 李후보(예: 광주85:12) 그리고 경상남북도는 尹후보(예: 대구75:21)로 점철되었음은 주지의 사실이다.

5. 향후의 선거운동은 상대방 후보에 대한 인신공격과 중상/비방보다는 국내외의 각종 정책 현안에 관한 정책논쟁을 추구하는 방향으로 전개되는 것이 바람직하다고 하겠다.

6. 국영방송KBS가 지나치게 친여당후보방침을 견지하는 것은 지양되어야 하며, 민주정치의 발전을 위하여 언론의 공정성과 객관성이 동시에 수반되어야 할 것이다.

7. 구한말외교사의 현대사적 교훈은 국론분열 자제와 동북아국제정세 변용에 대한 정확한 인식과 판단이며, 이와 같은 인식의 연장선상에서 볼 때 향후에는 남북한관계의 향방이 선거쟁점으로 등장하여 최중요정책현안으로 부각될 가능성도 전혀 배제할 수 없다고 하겠다.

8. 향후 정치이념과 특정이데올로기의 과도한 추구는 한국정치발전의 저해요인(Re－straints)임을 인식하여야 한다. 국가이익의 극대화를 전제로 하였을 경우, 한국외교안보통상정책의 기축은 한미우호협력관계의 존속이 기본적 틀로 인식됨과 동시에 한일관계의 정상화와 발전을 위한 정책적, 외교적 노력이 선행되어야 하겠다.

9. 바람직한 한국정치문화발전의 기조와 방향은 정치적으로는 자유민주주의, 아울러 경제적으로는 시장경제체제(자본주의경제)의 확립을 위한 범국민적 노력이다. 이와 같은 시장경제자본주의 체제하에서는 첫째 사유재산제도의 확립, 기업경영의 자유 그리고 해당 기업의 영리추구권이 선행되어야 한다.

10. 선진국지향형 정치문화의 토착을 위하여 소위 '제왕적 국가원수'개념의 궤도수정이 필요불가결하다고 하겠다(영부인호칭금지!). 즉 '대통령은 국민의 위에 군림하는 것이 아니라 국민과 더불어 존재'한다고 하는 인식이 필요하며 향후의 정치발전을 위하여 '국민대통령시대'의 추진과 개막이 바람직하다고 하겠다.

2022년 3월 15일 作成(서론, 본론 생략)

第 2 節

亞太政策硏究元(APPRI)任員들에게 보내는 美國出張紀行文

APPRI註: 當院 政策諮問委員 以外에 潘基文 前 U.N.事務總長 夫婦와 當院 任員들임(李廷彬 前 外交部長官, 金泰榮 前 國防部長官, 吳在熙 前 駐日大使, 鄭泰翼 前 靑瓦臺 外交安保首席, 柳浩烈 敎授, 宋根浩 大使, 申熙錫 敎授 夫婦).

1. 세계첨단 유행의 도시 New York에서

당원(APPRI)이사님 및 연구위원님들에게 드립니다.

그동안 안녕하시온지요?

서울을 떠난 지 불과 며칠 밖에 되지 않았는데 마치 상당한 세월이 흘러간 것 같은 기분입니다. 이곳 뉴욕에서는 김숙주UN대사, 김영목 주New York총영사로부터 각각 만찬초청을 받으면서 우선 New York을 중심으로 한 미국현지정세에 관하여 귀중한 브리핑을 들었습니다. 크게 도움이 되었습니다.

또한, Nishida 주UN일본대사와 주New York일본총영사와의 회동을 통하여 New York에서 보는 일본고위외교관들의 최근의 동북아정세인식의 귀중한 판단과 평가에 관하여 유익한 의견교환을 나누었습니다. 우리의 재외공관을 통한 현지정세정보수집과 분석도 유익하지만, 일본의 재외공관을 통한 정세분석도 크게 도움이 됩니다.

왜냐하면, 미국의 정치상황과 외교정책행태(Foreign Policy Behaviour)에 관한 한일양국간의 인식과 평가에는 적지 않은 상위점이 발견되기 때문입니다. 뿐만 아니라, 미국정보와 미국의 정치, 외교, 안보, 경제, 사회의 변동에 대한 해석상의 상위점, 또한 이를 보는 시각과 문제해결 접근방식의 차이점 등은 한일양국의 국민성과 우선순위배정 등의 선호도 평가의 차이에서 기인하는 것으로 사료됩니다.

그리고 New York State University(Binghamton Main Campus), Colombia대학과 Asia Society 관련 미국지식인들과의 대화를 통하여 한미일 삼각관계를 보는 미국의 시각에 관하여서도 좋은 의견을 경청할 수 있는 계기가 되었습니다.

특히 Colombia 대학 부설 동아시아연구소에서 Gerald Curtis교수를 비롯한 동북아담당 학자들과의 미니세미나를 통하여 미국지식인들이 보고 있는 한미관계와 우리가 보는 한미관계에는 적지 않은 Perception Gap이 존재하고 있음을 알 수 있었습니다.

시간제약관계로 긴 서신을 드리지는 못하오나, 가끔 New York을 방문하여 미국지식인들과 의견교환을 하고 미국내의 지적 흐름(Intellectual Climate)을 현지에서 경험하는 것은 당원(APPRI)의 정책연구활동에도 크게 도움이 되는 매우 유익한 일이라고 생각하였습니다.

한 가지 아쉬운 일은 소생의 40년 벗이요, 국책연구활동의 계기창출에 결정적인 기여를 해 준 반기문 유엔사무총장과 항상 New York을 방문할 때마다 오/만찬을 함께하였는데, 이번 기회에는 만나지 못했다는 것입니다. 작년에 왔을 때에는 맨하탄 82 East에있는 유엔사무총장 관저로 집사람과 소생을 식사초청 해 주었습니다.

이번에는 선진 8개국 정상회담과 구주정상회담에의 참석을 위하여 구라파를 방문 중이었기 때문에 불가피하게 만남을 보류하고 그 대신 유엔사무총장 특별보좌관인 김원수 대사께서 최근 유엔의 움직임과 한국의 對유엔정책에 관하여 귀중한 말씀을 들려주면서 재회의 날을 약속하고 조용히 자리를 뜨면서 유엔본부건물을 뒤로 하였습니다.

New York에서 만난 한, 미, 일 지식인들과의 지적 대화는 미국의 국내상황과 한미일관계를 이해하는 데 매우 도움이 되었습니다.

동경대학대학원 박사과정의 Ph.D. Candidate로 있을 때부터 외교통상부외교안보연구원교수와 아태정책연구원을 거쳐서 최근에 이르기까지 공무수행을 위하여 약 50회 이상 New York을 방문하였지만, 항상 중요회의참석과 한미일저명인사와의 오, 만찬회동이 대부분이었지 이른바 New York관광을 제대로 해보지 못하였습니다. 내일모레 3일간은 집사람과 함께 열심히 Man–hattan관광을 할 예정입니다.

우선, N.Y. Metopolitan Museum, Empire State Building,Time Square(Winter Garden에서 Musical "Cats" 또는 "The Phantom of the Opera"관람, George Washington Bridge, Fifth Av–enue, China Town, NY Grand Central Terminal(Port Authority), Statue of Liberty,Cetral Park 안의 나무숲속을 가족과 함께 낮에 걸어보기(야간산책은 위험한 고로 No!), NY Yankees Sta–dium, Columbia University, NY햄버거를 먹으면서 맨하탄해상크루즈 Circle Line을 타고 맨하탄을 한 바퀴 돌고 난후 NY Steak와 Red Wine을 제대로 한번 먹어보기, Manhattan변호사들처럼 Time Square/Fifth Avenue 길거리에서 HotDog와 Hamburger 맛보기 등, 생각만 하여도 벌써 가슴이 설레이기만 합니다.

다음 주는 소생이 오랫동안 살았던 제 2 의 고향 Boston 으로 향발합니다. 그곳에 가서 다시금 연락드리겠습니다.

당원(APPRI)이사님 및 연구위원님 여러분들의 각별한 협조와 격려 그리고 따뜻한 우정덕분에 불초 소생이 적극적인 국책연구활동을 전개할 수 있음에 대하여 깊이 감사드리면서 오늘은 이만 줄이겠습니다. 임원님들의 협조와 격려가 함께 하는 한, 당원(APPRI)의 국책연구활동은 솟아 오르는 물줄기와 같이 부단히 계속될 것입니다.

Boston에서 다시 글월 올리겠습니다. 감사합니다.

New Yorker Hotel, 42 St., Manhattan, N.Y. 에서
신 희 석 내외 올림.

2. 교육문화학문의 도시 Boston에서

당원(APPRI)이사님 및 연구위원님들에게 드립니다.

그동안 안녕하셨습니까?

엊그제 소생의 제 2 의 고향이라고도 할 수 있는 Massachusetts주의 Boston공항에 집사람과 함께 도착하였습니다.

Logan 국제공항에 도착하면서부터 십여 차례 이 공항을 드나들던 옛 생각이 간절해서 순간 눈물이 글썽하였습니다. 마치 고향에 돌아온 기분이었습니다. 역시 인간은 환경의 영향을 받는 사회적 측면이 강함을 재확인하는 계기가 되었습니다.

Havard대학 국제문제연구소 (Center for International Affairs,CFIA)의 Visiting Professor 시절 또한 미일관계프로그램(The Program on U.S.-Japan Programs)의 객원교수시절 그리고 먼 옛날 동경대학 Ph.D. Candidate로서 Lansing Papers와 Lamont Papers를 탐독하기 위하여 Har-vard-Yenching Library, Harvard Weidner Library, Baker's Library 등지를 방문하여 박사학위논문을 작성하기 위하여 Boston을 자주 방문하던 그 옛날 그 시절이 생각나기에 진정으로 가슴뭉클하였습니다.

하지만, 인간의 본성에 입각하여 업무보다는 무조건 New England의 토산품인 Lobster가 도저히 먹고 싶어서 Harvard Square의 Mass. Ave.초입에 있는 Dolphin Seafood에 가서 New England Clam Chowder Soup, Broiled Lobster, Potato with Butter, Onion Cracker with Cheese와 White Wine을 먹고 마시면서 집사람과 함께 오랜만의 미국적 정취 속에서 즐거운 대화의 시간을 가졌습니다. 역시 인간은 주위 환경의 영향을 받는 사회적 존재임을 다시금 인식하게 되는 계기가 되었습니다.

우선 주Boston 박강호 총영사의 만찬회동을 Harvard Square의 Charles Hotel에서 저녁식사를 함께 하면서 현지 정세에 관하여 흥미진진한 말씀을 들었습니다.

또한, Japan Society 관계자, 뉴잉글랜드 관계자(Dr. & Mrs. Epstein)들과의 모처럼의 만남을 통하여 새로운 협조체제를 다짐하였습니다. 이곳 역시 Yamamoto 주Boston 일본총영사와의 회동을 통하여 New England지역에서 보는 일본외교관의 미일관계에 관한 인식과 변용하는 동북아 국제정치경제에 관한 일본적 시각도 공부할 수 있었습니다. 적지 않게 도움이 되었습니다.

뿐만 아니라, 소생의 오랜 지인이며 많은 학문적 시사를 주신 하버드대학의 Ezra Vogel 교수, Graham Allison 교수, Robert Putnam 교수, Suzan Pharr 교수 등 Harvard 지식인들과의 회동도 짧은 시간이었지만, 많은 유익한 정보와 지적 자극을 받기에 충분하였습니다.

이번 미국방문의 커다란 성과를 새삼 느끼고 있습니다.

오늘은 오랜만에 Boston 투어를 하였습니다. 이곳에 사는 동안 너무나도 낯익은 Boston Red Sox의 Fenway Park, Hatch Shell Memorial, Havard Square, 심지어는 Kennedy 별장이 자리잡고 있는 Cape Cod(Plymouth)까지 다녀왔습니다.

Plymouth에서의 대서양바다가 보이는 근사한 미국정통식당에 집사람과 함께 모자를 쓰고 실내에 들어갔다가 하마터면 나는 식사를 못할 뻔 하였습니다. 뚱뚱한 50대 여성 Manager가 오더니 여성의 모자착용은 OK이지만, 남자는 반드시 모자를 벗어야 한다는 것이었습니다. 중절모자를 쓰고 다녔더니 곱슬머리가 춤을 추고 있어서 나는 모자를 쓰고 싶었습니다. 집사람의 요청과 설득으로 할 수 없이 모자를 벗자, 드디어 식사주문이 겨우 허용되었습니다.

긴장(?)속의 10분이었습니다. "When you at Rome, do as the Romans do(로마에 있을 때는 로마사람들이 하는 대로 따라 하여라)"라고 하는 격언을 상기하면서 바다경치와 더불어 맛있는 New England Steak와 Boston에서 옛날 자주 마셨던 포르투갈의 초보와인 Matteus Rose를 즐겼습니다.

하지만, 강화도 서재별장에서 즐겨 마시던 강화인삼막걸리가 불현듯 생각났습니다. 전어회와 함께 또는 여러 종류의 조개구이와 함께 마시는 강화인삼막걸리는 정말 별미입니다. 역시 나는 전형적인 한국사람인가 봅니다.

내일은 모처럼의 기회이기에 집사람과 함께 Tanglewood에 가서 Boston Pops의 John Williams 후학들이 연주하는 PopSong Festival을 감상하면서 모처럼 미국적 낭만과 문화적 유산을 아쉬움없이 음미할 예정입니다.

오랜만에 New Frontier 정신에 입각하여 미국문화의 정취에 젖고 있습니다. Washington에 가서 다시 소식 전해드리겠습니다.

당원(APPRI)이사님/연구위원님 여러분들의 각별한 협조와 격려 그리고 따뜻한 우정에 깊이 감사드리면서 오늘은 이만 줄이겠습니다.

재회의 날을 손꼽아 기다리면서 건승을 기원합니다.

Harvard Square에서 Charles강변쪽을 바라보면서

신희석 내외 올림

3. 국제정치외교안보의 중심 Washington D.C.에서

당원이사님 & 연구위원님여러분!

그동안 안녕들 하셨습니까?

New York과 Boston을 거쳐서 바로 엊그제 이 곳 Washington D.C.에 무사히 도착하였습니다.

우선 우리대사관 고위 간부들로부터 Washington 현지정세에 관하여 개괄적인 Briefing말씀을 듣고 국무성과 펜타곤을 중심으로 하여 미국정부 및 주요 대학과 주요국책연구기관을 방문하면서 활발히 움직이고 있습니다.

연세대정외과 3년 후배인 최영진 주미대사는 서울출장으로 인하여 만나지 못하고, 주미한국대사관의 정무공사와 경제공사로부터 최근의 미국내현황과 한미관계의 현상과 전망에 관하여 브리핑을 청취하였는데, Washington Politics의 현상인식과 상황판단을 하는 데에 커다란 도움이 되었습니다.

Smithonian Wilson Center 에서의 소규모미니세미나를 통하여 나는 최근의 한반도정세와 우리의 외교안보현안과 정책에 관하여 간단히 Problem-Raising Remarks를 발표한 후, 미국지식인들과 진지한 의견교환을 하였습니다. 뿐만 아니라, Fujisaki 주미일본대사와의면담을 통하여 한미일삼각관계에 관한 Washington의 시각을 듣고 우리의 입장과 정책을 보충설명하였습니다.

또한, Brookings Institution에서 개최되는 미국대통령 선거전망에 관한 Workshop참석, CSIS(George Washington대학부설) 관계자와의 면담, Georgetown University, Heritage Foun－dation 등 다양한 일정이 계속되고 있으며, 오랜만에 가족을 동반한 출장여행이어서인지 한없이 즐겁기만 합니다.

Washington D.C.의 면적은 그다지 넓지 않지만, 너무나도 많은 각국대사관 그리고 수많은 아담하고도 깨끗하게 보이는 중소급의 많은 호텔을 보면서 역시 Washington D.C.는 국제정치, 외교, 안보, 경제, 통상의 총사령부라고 하는 인식을 다시금 갖게 됩니다.

하지만 워싱턴이 보는 시각과 서울에서 보는 시각과는 상호인식의 차이가 있음을 결코 잊어서는 아니 됩니다. 서울의 시각에서 볼 때, 워싱턴은 The Most Important Country이지만, 워싱턴이 보는 시각은 한국이야말로 One of the important countries에 불과하다고 하는 인식의 갭을 인정해야 합니다. 냉철한 상호인식은 원만한 국제관계를 발전시키는 알파요 오메가임을 잊어서는 아니 되겠습니다. 외교정책결정의 운용과 추진은 확실한 현상인식에서 출발해야 합니다.

최근 Washington 정가에서의 Top News는 Mitt Romney(64) 전 Massachusetts주지사가 이번 미국대통령 선거에 있어서 Obama 현 대통령과 대결하게 되는 공화당대통령후보로 확정되었다고 하는 사실입니다. Romney후보는 Texas주의 경선에서 압도적인 표차로 승리하여 미국대통령 선거의 공화당후보로 지명되었는데, 필요한 정족수라고도 할 수 있는 전당대회 대의원 숫자의 과반수인 1144명을 확보하였습니다. 지난 수개월 동안 공화당 내 주요경쟁자들이 서로를 겨누었으나 경선을 포기한 5월 초부터 사실상의 공화당 대통령 후보로 인정받아 온 상황이 계속되고 있었습니다.

하지만 Romney후보에게는 커다란 종교적 벽이라고도 할 수 있는 장애물이 존재하고 있습니다. 그것은 바로 전체 미국인 중 2% 정도에 불과한 모르몬교의 신자인 Romney후보가 어떻게 이와 같은 소수 종교지지자의 배경을 기초로 하여 (Utah주 Salt Lake City 중심) 대통령 선거에 임할 수 있겠는가 하는 것입니다. 최근 미국 내 주요 국책연구기관의 조사통계에 의하면, 여성대통령과 흑인대통령에 대한 미국인들의 거부감이 20% 내외였다는 사실을 감안하면 단순한 장애물이라고 볼 수는 없겠습니다.

왜냐하면, 전체 미국인 중의 50%에 가까운 인구가 모르몬교 신자가 대통령이 되는 것에 대하여 쉽게 찬성하지 않는 부정적 견해를 보이고 있기 때문입니다.

내일은 오랜만에 Washington D.C의 주요 명승지역을 관광할 예정입니다. 오랫동안 외교부에서 근무하는 동안 D.C에 40여 차례 가방 하나 들고 단독공무출장을 와서 2~3일 정도 단골숙박장소인 Dupon Circle Hotel(또는 Omni Shoreham Hotel)에서 숙박하였지만, 업무 끝나면 즉시 귀국하기가 바빠서 소위 '제대로 된 관광'은 한 번도 해본 적이 없었습니다.

모처럼 가족동반 즐거운 출장여행이기에 내일은 Washington D.C의 주요 명승지역을 집사람과 함께 제대로 한번 '진짜 관광'을 해볼 생각입니다.

우선, White House, Lincoln Memorial, U.S. Capitol Building, National Air & Space Museum, Smithonian National Museum of Natural History, National Gallery of Art, Korean War Veterans Memorial, National Mall, Washington Monument, National World War II Memorial, Jefferson Memorial, American Political History Museum 등, 평소에는 무심코 지나다니던 곳을 이번에는 상세히 견학하고 공부할 예정입니다.

특히 내일 저녁에는 Potomac River 강변에 있는 해산물식당 'Hogate'에서 가족과 함께 King-Crab 한 마리와 미국전통와인 Tether Chardonnay로 귀국 직전의 저녁식사를 할 예정입니다.

다음 주에는 귀국하여 이번 미국출장의 간단한 결과보고(Observations & Findings)와 아울러 당원(APPRI)의 임원 여러분들에게 건강한 모습으로 다시금 인사올리겠습니다.

재회의 날을 손꼽아 기다리겠습니다.

2012년 7월(67세의 생일을 맞이하면서)
Washington D.C.의 May Flower Hotel에서
신희석 내외 올림.

第 3 節

Oh! 나의 사랑하는 父母님

父 신병균(1914.4.26.~1990.5.9)　　母 김경춘(1917.10.8.~1996.3.29)

1. 부모님께 드리는 조시(弔詩)

여기
큰 별이 떨어졌다 땅을 치고 통곡하라!
이제 다시 못올 길 영원함께 떠나시는
우리사랑 아버님이시여! 우리사랑 아버님이시여!
학성면 미현리~~~우리 아버지 태어나시다.
그 이름도 장하여라! 통천집 삼손 신병관!!

성실하고 정직하고 올바르게 일흔 일곱 인생 살아오셨다.
삼천만동란의 잿더미 속에서는 백절불굴의 의지와 인내를
인생살아가는 거칠고 거친 파도속에서는
근검과 용기와 그리고 진실을 우리에게 가르쳐 주셨다.
포항을 출발하는 부산행 나룻배 속에서 나누어 주시던
따뜻한 사랑의 흰쌀주먹밥 한 덩어리
또한 오로지 우리들 아들딸에게만 나누어 주시던
눈물어린 사랑의 보리찐빵 한조각
부산을 출발하는 여수행 연락선에서도 항상 어루만져 주시던
다정하고도 따뜻한
아버님의 손길이여! 어머님의 손길이여!
괴로울 때나 즐거울 때나 우리를 따뜻하게 포옹해 주시고
올바른 길을 걸을 때에는 빙그레 격려해 주시고
잘못된 길을 걸을 때에는 근엄한 꾸지람 주시던
우리사랑 아버님이시여! 우리사랑 아버님이시여!

이제
아버님의 그 신념, 그 철학 그리고 그 강인한 의지는
우리모두 함께 있나이다.
그리고 우리는 결코 잊지 않을 것입니다.
바다보다 깊고 산보다 높다는 우리 어버이의 은혜를.

여기
구슬비 내리는 5월의 푸른 잔디와 함께
새소리, 물소리 그리고 바람소리 다소곳이 들려오는
우리 아버님의 영원한 안식처 앞에서
아버지가 좋아하시던 백화수복 술 한잔을 정중히 올립니다.
편히 잠드소서 고이 잠드소서!

우리들 6 남매는 사랑하는 어머니를 모시고
더욱 건강하고 더욱 슬기로운 '삶'을 약속드립니다.
그러기에 우리형제는 결코 외롭지 아니합니다.

운명은 재천인지라 천운을 슬퍼한들 무슨 소용 있으리오만
한없는 아쉬움의 뜨거운 눈물은 눈망울함께 가득합니다.

우리사랑 아버님이시여!
산좋고 공기맑은 이 기름진 대전땅 안식처에서
영원함께 잠드소서!
평안함께 잠드소서!

1990년 5월
不孝子 희석 올림

▲ 미국 & 일본 유학 떠나는 날(1970. 3. 4. 김포공항)

2. 父 신병균 母 김경춘의 인생회고록(친필유서)

〈신병균 갑인생육십평생의 회고록〉

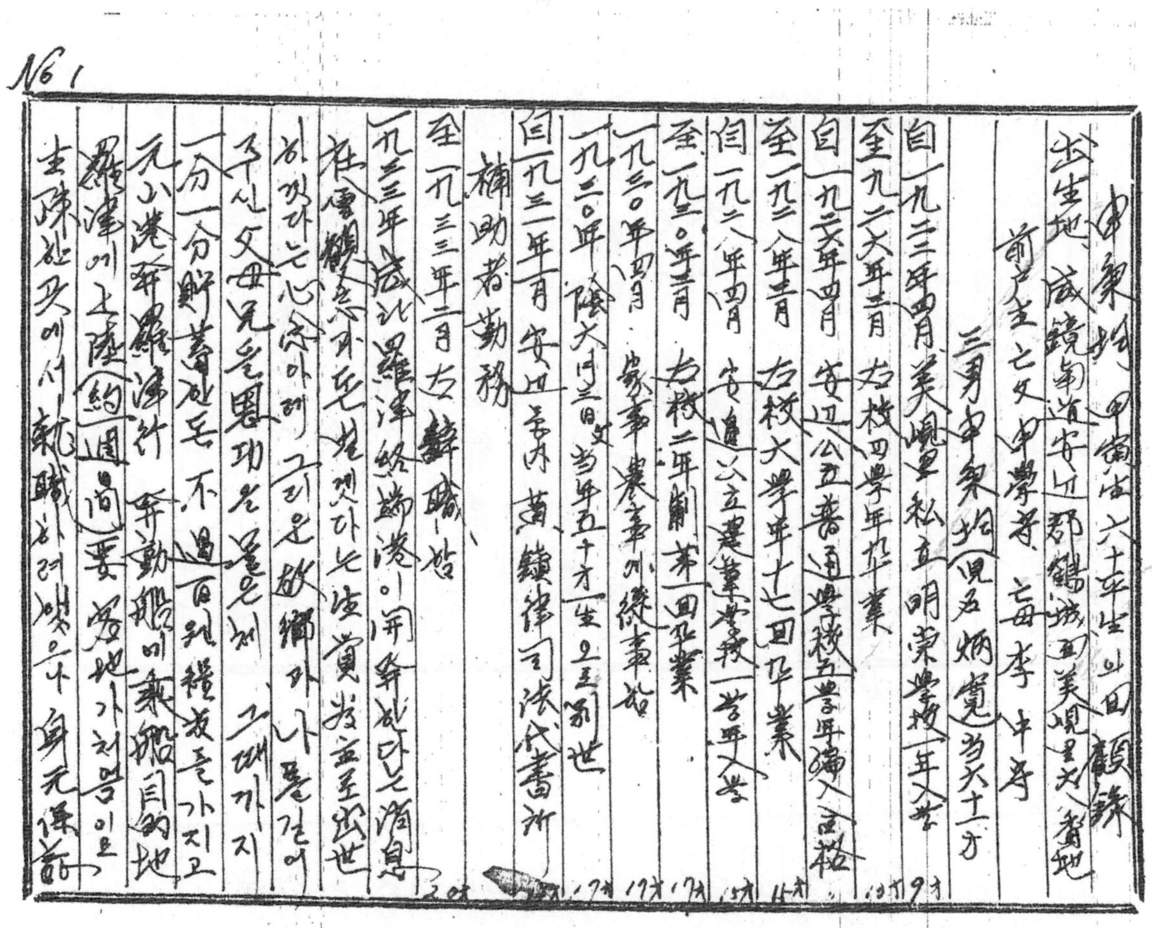

No 1

申東均 甲寅生 六十平生의 回顧錄

出生地 咸鏡南道 安邊郡 鶴城面 美峴里 [illegible]番地

前主 亡父 申學[illegible] 亡母 李中[illegible]

三男 申東均 (兒名 炳寬) 当六十才

自 一九二三年四月 美峴里 私立明榮學校 一年入学

至 一九二六年三月 右校 四學年 卒業

自 一九二六年四月 安邊 公立普通學校 五學年編入 合格

至 一九二八年三月 右校 六學年 七回 卒業

自 一九二八年四月 安邊 公立農業學校 一学年入学

至 一九三〇年三月 右校 二年制 第四回 卒業

一九三〇年四月 家事 農事에 從事함

一九三〇年 陰 六月三日 父 当年五十才 으로 別世

自 一九三一年 月 安邊 黃鎮律 司法代書所

補助者 勤務

至 一九三三年二月 右 辭職함

一九三三年 咸北 羅津 終端港이 開発된다는 消息

[illegible] 돈 벌겟다는 [illegible] 出世

하겟다는 心念아래 그리운 故鄕과 나를 길러

주신 父母兄을 恩功을 [illegible]은 채 그때까지

一分 一分 貯蓄한 돈 不過 百円 程度를 가지고

元山港 奔 羅津行 奔勤 船에 乘船 目的地

羅津에 上陸 約一週間 要 [illegible]地가 처음이요

生疎한 곳에서 就職하려 했으나 身元保證

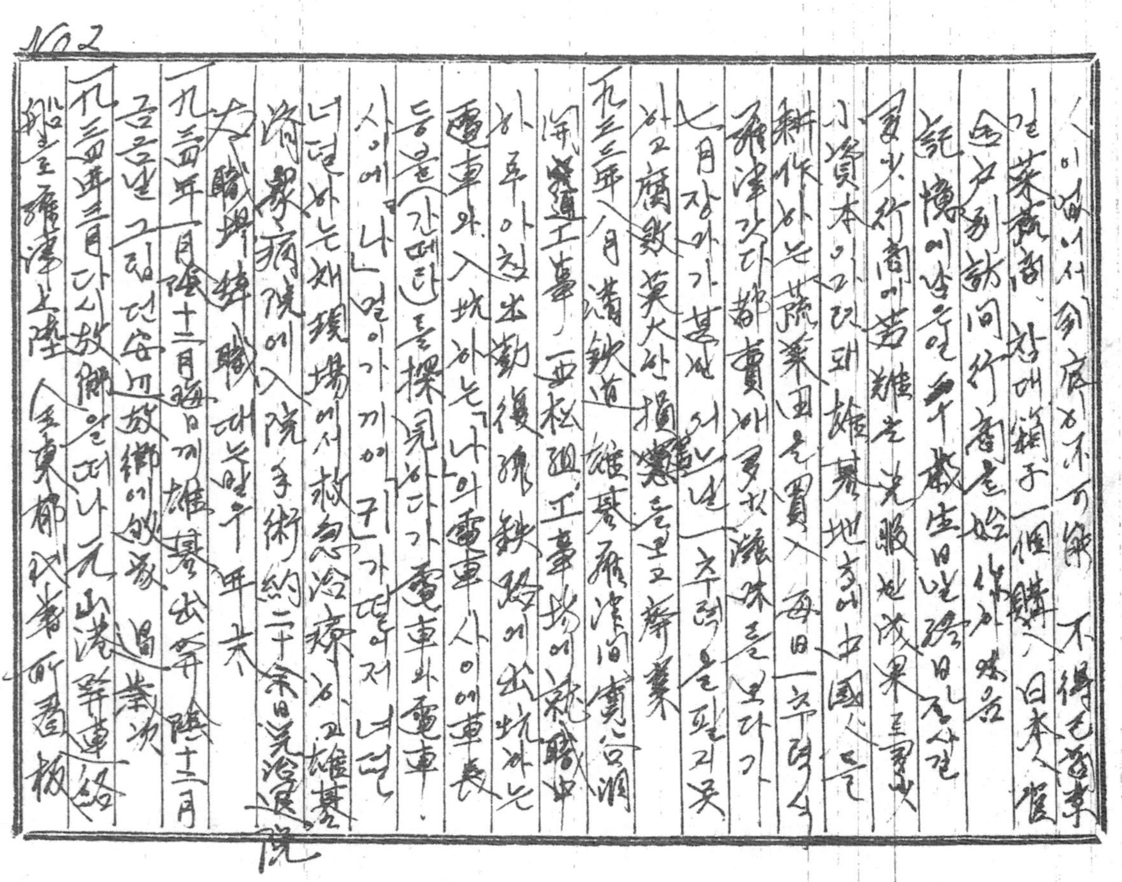

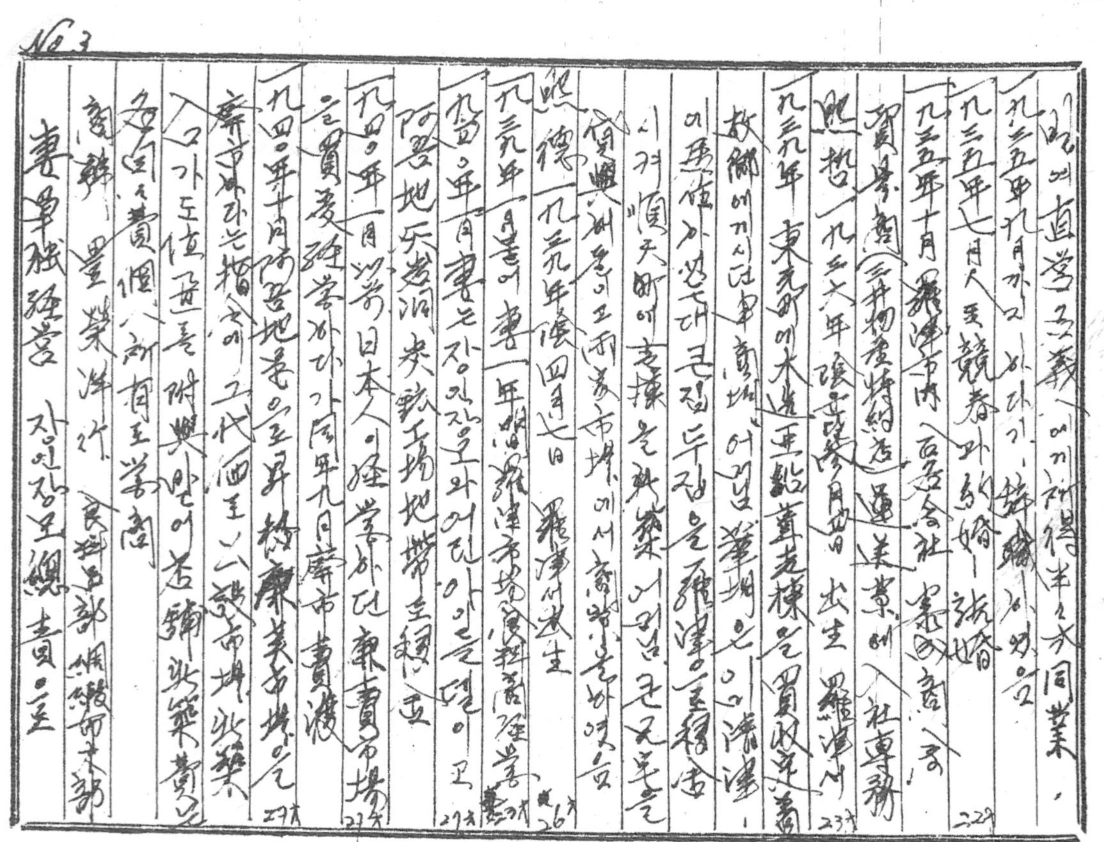

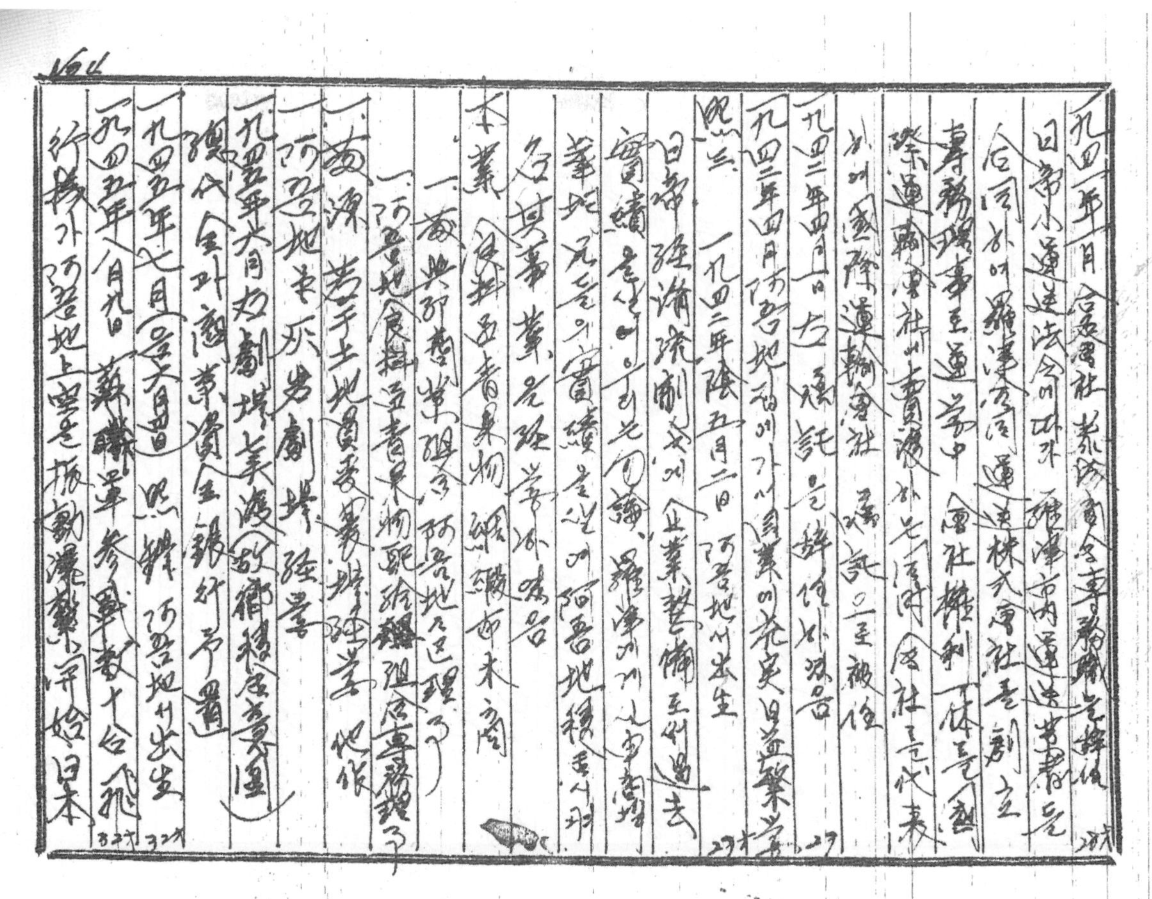

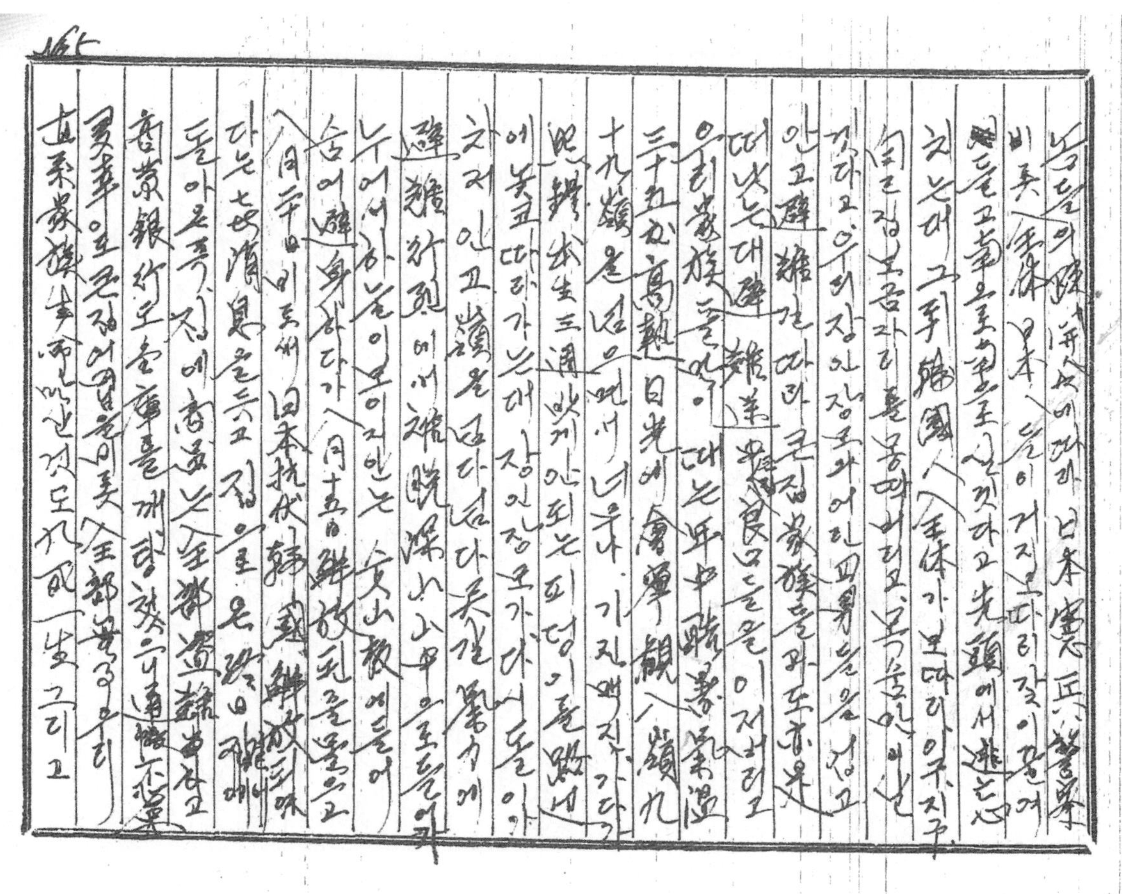

No 6

[illegible]

No 7

[illegible]

No 8

日帝 六二五 前后 文盲階은 五十才까지
强制 徵用, 徵兵에 끌려갔고 山中 사는 청년은
사이에서 家業은 全滅하다시피 避해야 될
身勢 처럼 不安條件 徵用나가기 때문에
山中 사는 땅으로 避身 逃亡하는데
따다시 人生航路 波亂曲折한 가시덤불의
불덩이 다가 目前에 부딪쳤다 발우
一九五0年 六二五 動亂이 爆發 되었다 3개
戰爭은 熾烈함에 따라 飛行機 爆擊은
生조 極甚하여 지는데 武興市內에 五七日
五0 爆彈 洗禮를 받게되 重要建物은 만
은 半焚에 불고 市內에서 約 三日千里 되는 德山
山部落에 避身하다시 安全地帶 따라 덕
山郭部落으로 移轉하자가
一九五0年 十月 下旬頃 我軍이 武興市內 入城했
消息 人民軍, 勞動黨員 勿論 家族들까지
北으로 도으로 逃亡 치는데 我軍은 기들을 소탕
作戰 進擊함에 이 전은 살았으나 하고
山中에서 집에 오니까 憲兵와 三師團 工兵隊
補給料가 入住하였기 내가 이집 主人이라고
家族들이고 山中에 避身갔다 온다고 하여
隣佑人들의 確認한 后, 後退 当時까지 同居中
一九五0年 十一月 十日 새벽에 時作戰上 後退하며

No 9

当時 나와 한친구는 軍用車에게 興南에서
下車乘船하라니 나만 갈수 없으니 내 家族을
내려와야만 乘船하겠다는 要請에 信立中
이번 軍官 領袖이 軍用車를 집에 보내 道路
家族만 모두 가게 내려다주었다고 그 恩惠 아는
說이나 잊을 수 없네 이들이 다시 돌아올 때까지
집과 家財를 돌보아 주겠다고 인원의 家主는 生離別
一九五0年 十一月 三日 武生 以來 戰亂을 드디어
다가치는 避難民 나의 家族 四男 女 때문이고
定處 없는 數十萬余名이 避難民을 부두에
이不過 兼 乘船 우리 있는 乘員 만 同乘 興南 乘航
一九五0年 十二月 五日 새벽 浦項 到着 上陸 二坪 稽文
貴房을 얻어 三 어 位房 장인장모 生活別
아이 언제 살아 生存 抱遇 하나 生死消息 없어 恨嘆
妻와 結婚 以來 小孫子 男女 五名 은 六十 자 되어
주었고 長男 十五年 기日 書夜로 돌보아 주
시던 인자하신 장인 장모와 生離別 於焉 間
拾五年 다시 한번 만나보지 못했는 切望 뿐이다
一九五0年 十二月 下旬 浦項 上陸 約 一個月 남짓 다시
作戰上 避難民 撤去令에 軍艦으로 乘船
一九五一年 一月 一日 嚴寒에 어린 兒孩들 데리고
濟州 上陸 世見房을 求해 入住
埠頭街에서 一坪짜리 하모房으로 잔 一년에 一時

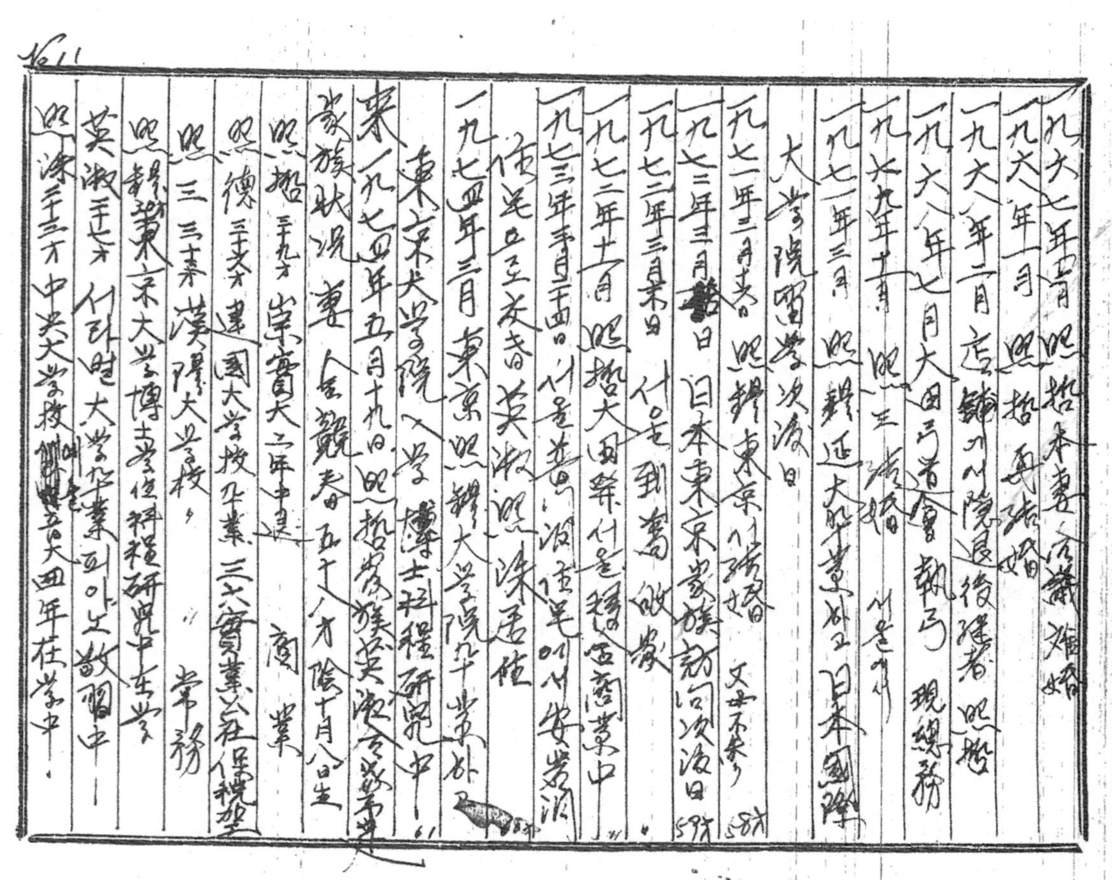

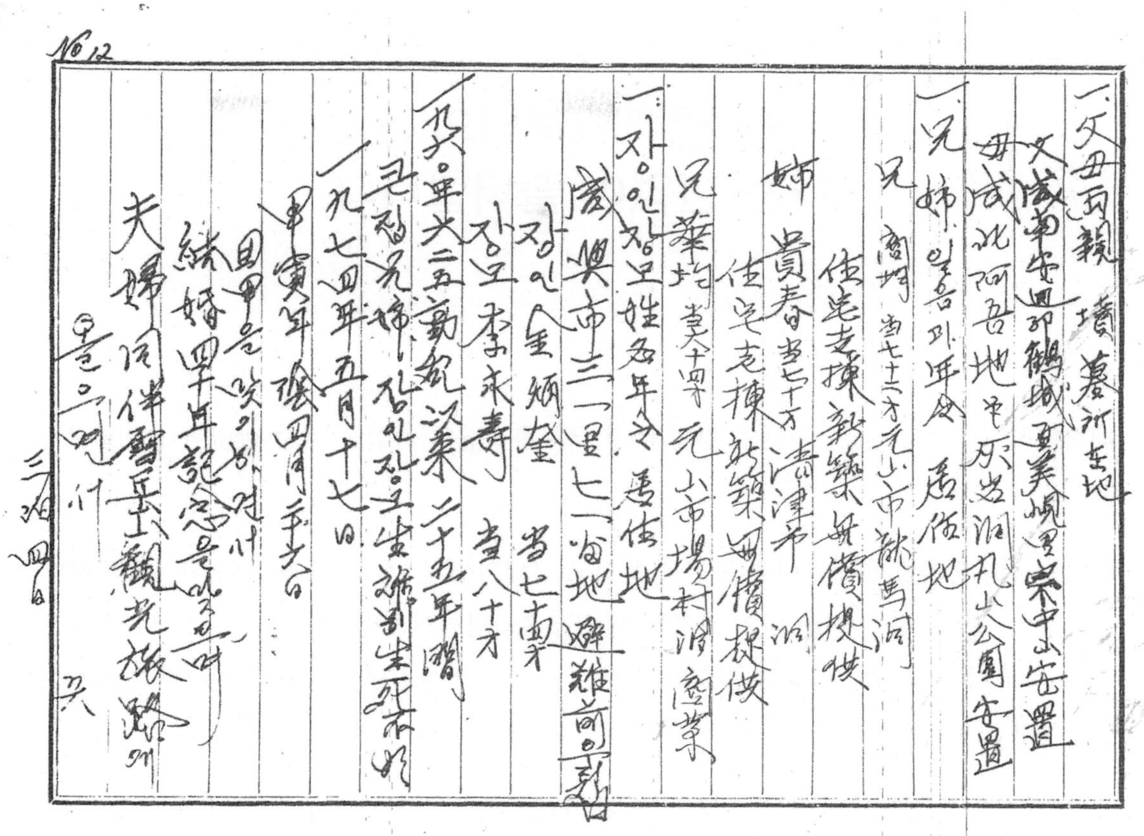

No 12

一. 父母兩親 墳墓所在地
父 咸南 安邊郡 鶴城面 美峴里 宗中山 安置
母 咸北 阿吾地 [illegible] 洞 丸山公園 安置
一. 兄 姊 이름과 年令 居住地
兄 商均 當七十二才 元山市 [illegible]馬洞
住宅建築 新築 并 價 [illegible]
姊 貴春 當七十才 清津市 洞
住宅建築 新築 并 價 [illegible]
兄 華均 當六十四才 元山市 場村洞 [illegible]業
一. 장인 장모 姓名 年令 居住地
咸興市 三一里 七一 當地 避難前의 주소
장인 金炳奎 當七十四才
장모 李永壽 當八十才
一九六〇年 六二五 動亂 以來 二十五年間
큰집 兄 姊 장인 장모 生死 [illegible] 生死不明
一九七四年 五月 十七日
甲寅年 陰四月 二十六日
回甲을 맞이하였다
結婚 四十年 記念을 [illegible]
夫婦 同伴 雪岳山 觀光 旅路에
올라 [illegible]

第 4 節

姜英勳 國務總理님의 永眠을 나는 한없이 슬퍼합니다.

대한민국현대사의 산 증인 巨木 강영훈 전 국무총리님의 가심을 나는 한없이 슬퍼하고 있습니다.

대한민국의 국가발전에 커다란 공헌을 하시고 국내외 많은 지식인들의 존경과 사랑을 받아오신 한국현대사의 산 증인 이신 巨木 강영훈 전 국무총리님께서 향년 94세를 일기로 타계하셨습니다. 오랫동안 강 총리님의 따뜻한 지도와 과분한 총애를 받아왔던 문하생의 한 사람으로서 나는 조용히 삼가 고인의 영전 앞에서 두 무릎꿇고 명복을 빌고 있습니다.

내가 강영훈 국무총리님(이하'강 총리'로 略함)을 처음 만난 것은 1975년 가을쯤으로 기억합니다.

그 당시 나는 동경대학대학원 국제관계론 연구실의 박사과정에 Ph.D. Candidate로 있으면서 Eto Shinkichi 교수의 지도하에 중국대륙을 둘러싼 미일관계에 관한 박사학위논문을 쓰고 있었습니다(제 3 장 1 절 참조). 훗날 주뉴욕 총영사를 역임한 김세진 박사의 소개로 국제문화회관(동경 Roppongi소재 International House of Japan)에서 처음 만났을 때, 나는 강 총리의 훌륭한 인품, 동북아국제관계사에 관한 해박한 지식 그리고 강직하고도 심오한 국가관을 듣고 적지 않게 감명을 받았던 때를 지금도 기억하고 있습니다. 그로부터 무려 50여년의 긴 세월이 흘렀습니다.

나는 다음과 같은 관점에서 강영훈 국무총리의 탁월한 업적과 훌륭한 인품을 높이 평가하면서 한없는 슬픔에 잠겨 있습니다.

첫째, 강 총리님께서는 보병 제 2 사단장, 6 군단장, 국방부인력차관보, 육군사관학교장, 등의 군요직과 초대 외무부외교안보연구원장, 주영대사, 국회의원, 국무총리, 대한적십자사 총재 등의 요직을 거치면서 대한민국의 국가발전에 커다란 기여를 하였습니다. 그 분이 남기신 위대한 업적과 훌륭한 인품은 오늘날 후학들에게 커다란 귀감이 되고 있으며, 특히 국무총리 재임기간 동안의 업적은 높은 평가를 받고 있습니다.

예컨대, 초대 외무부 외교안보연구원장으로 취임하신이래, 나는 직접 강 총리님의 지도와 감독하에 외교안보연구원(IFANS, Institute of Foreign Affairs & Nationl Security)교수로 강 총리님을 모시고 오랫동안 근무하였습니다. 강 총리님께서는 전환기의 동북아국제환경에 어떻게 하면 우리가 유효적절하게 대응할 수 있을까 하는 학문적 또한 정책적 문제의식과 연구관심을 갖고 부단히 고민하는 모습을 동료교수들과 외교관들에게 보여주셨습니다.

그 분의 옆모습을 항상 지켜보면서, 나는 강 총리님의 심오한 외교안보철학과 국가관에 대하여 감명을 받은 적이 한 두 번이 아니었습니다.

강 총리님께서는 수시로 나를 불러서 대한민국이 나가야 할 길에 대하여 심오한 국가철학을 피력하셨습니다. 그 당시의 근엄하고도 자상한 모습이 아직도 눈 앞에 생생합니다(김형오前 국회의장은 이 당시 수년간 강영훈 외무부 외교안보연구원장의 비서관이었으며, 고맙게도 수시로 나에게 강총리의 중요한 메시지를 전달해 주시고 면담을 주선하는 등, 강총리와 나 사이의 교량적 역할을 수행하면서 상호 우정을 돈독히 하였음).

둘째, 제 21 대 강영훈 국무총리의 나라를 사랑하는 국가철학과 공과 사를 구별하는 대쪽같은 인생관을 나는 높이 평가합니다.

국무총리 재임기간 동안 강 총리님께서는 평소의 통일철학인 남북한관계의 정상화와 한반도에서 평화정착의 중요성을 강조하였으며, 현직 국무총리로서는 최초로 평양을 방문하여 김일성 주석을 면담하고 바람직한 남북한관계의 발전방향을 제시/강조한 바 있습니다.

약 10여 년전 '한국미래연합'의 박근혜 대표(그 당시)께서 김정일 국방위원장의 초청을 받고 평양을 방문할 때 나는 박 대표의 동행요청을 받고 잠시 주저하였지만, 강 총리님의"용기를 내서 기꺼이 공부하고 오라"고 하는 격려의 말씀은 나에게 큰 힘을 주어서 박근혜 대표를 모시고 평양을 방문하여 김정일 위원장 주관 만찬간담회에 참석하게 되었습니다(제 5 장 第 5 節 참조).

뿐만 아니라, 대한적십자 총재로 재직하는 동안에도 남북한 이산가족만남의 필요성과 중요성을 강조하면서 남북한관계의 긴장완화와 평화정착을 위하여 적극적인 노력을 전개하였습니다.

5.16 군사혁명 당시 강 총리님께서는 육군중장으로 육군사관학교 교장직에 재직하고 있었습니다. 5.16 혁명의 주도세력인 박정희 소장으로부터 육군사관학교 생도로 하여금 5.16 군사혁명을 지지하는 시가행진의 실시를 요청받았지만, 그는 이를 즉시 거절하였습니다. 군부엘리뜨후보인 사관생도들을 군사혁명을 지지하는 정치적 목적으로 활용해서는 결코 아니된다고 하는 확실한 신념과 철학이 있었기 때문이었습니다.

곧 이어서 박정희 장군측으로부터 여러 차례 강경한 종용을 받았지만, 강 총리는 결코 이에 굴복하지 않고 육군사관학교장직을 떠났습니다. 그 후 강 총리께서는 미국 Washington에 망명유학의 길을 떠나서 약 15 년동안 해외연구생활을 경험하였습니다(Washington D.C.시내에 한국문제연구소를 설립하여 운영하였음).

이와 같은 강 총리님의 확실한 신념과 인생철학 그리고 정책연구활동은 후학들에게도 커다란 교훈과 시사점을 주고 있습니다.

1990년 5월 25일. 노태우 대통령께서 일본 중참양의원 본회의에서 한국대통령으로 최초의 일본국회연설을 하여 높은 평가를 받았습니다. 외람된 말씀이지만, 노태우대통령 국회연설의 초안작성에 나는 일조를 하였습니다(공동집필자, 제 4 장 4절 참조). 그 당시 나는 동경대학 법학부 정치학 연구실의 객원교수로 2 년간 근무하고 있었는데 청와대 李 모 공보수석(나중에 문화부장관 역임,)으로부터 노태우 대통령의 일본국회본회의연설의 원고작성요청을 전달받았으며, 약 10 여 일 후에 완성하여 주일대사관의 모 1 등서기관에게 Yurakucho역 앞 전기삘딩로비에서 노태우 대통령의 일본국회연설원고뭉치를 전달하였습니다.

그 원고 작성에 일본최초의 외교관이요 사상가인 Amenomori Houshyu의 철학적 개념을 도입하였는 바(제4장 4절참조), 노 대통령의 일본국회연설의 초안작성을 최종승인하고 이러한 개념의 도입에 관하여서도 나를 칭찬하시면서 수차례 격려의 말씀과 조언을 들려주신 분은 바로 '강영훈 국무총리님'이었습니다.

국무총리직을 성공적으로 종료하고 외교안보연구원 4층 연구실에 잠시 외교고문으로 와 계시는 동안에도 강 총리님께서는 나라를 사랑하는 마음과 국가발전을 위한 애국심을 도산 안창호 선생의 인생역정과 비교하시면서 수시로 나를 불러서 한국외교의 발전방향과 국가이익의 중요성을 강조하였습니다.

셋째, 나는 강영훈 국무총리의 따뜻한 온정, 온후한 인품과 외유내강의 인생관을 존경합니다.

강 총리님은 강인한 직업군인이었음에도 불구하고, 따뜻하고 부드럽게 어버이다운 온정을 주위사람들에게 베풀어 주셨으며, 항상 온후하고도 따뜻한 빙그레미소로서 많은 사람들의 존경을 받았음은 주지의 사실입니다. 뿐만 아니라, 내가 선친을 모시고 광화문 정부종합청사의 국무총리실을 인사차 방문하였을 때에도 나의 아버지를 친절하게 맞이하여 주셨습니다(1989년 10월경).

요컨대, 강 총리님께서는 '인간이 걸어가는 길'에 관하여 항상 격려의 말씀을 들려주었습니다. 나는 강영훈 총리로부터 진정 휴머니즘의 중요성과 아카데미즘의 무한대성을 아울러 배웠습니다.

언젠가 북아현동 집으로 놀러 갔을 때, 강 총리님께서는 부엌에서 맛있는 음식을 들고 나와서 와인잔을 기울이면서 "오백년 도읍지를 필마로 돌아드니, 산천은 의구한데 인걸은 간데없네, 어즈버 태평년월이 꿈이런가 하노라"라고 하는 고려말 충신 길재(吉再,1353~1419)의 옛 시조를 읊으면서 눈을 지긋이 감으시던 그 모습을 나는 결코 잊지 못하고 있습니다. 왜냐하면, 나 역시 학창시절부터 그 시를 즐겨 암송하는 습관이 있었는데, 강 총리님 덕분에 조선시대의 시조암송을 더욱 좋와하는 취미를 체득하게 되었습니다.

또한, 민관식 前 국회의장께서 '1980년 서울의 봄'이 종료되는 6월 어느 날 일본방문을 계획하고 동행자를 찾고 있었을 때, 강 총리께서는 나를 추천하면서 윗분을 성실하고 정중하게 잘 모셔야 한다고 처신술까지 가르쳐 주셨습니다(제4장 제3절 참조). 뿐만 아니라, 동경대학에서 박사학위를 취득하고 외교안보연구원교수로 귀국한 나를, 유정회 소속 국회의원후보로 민관식 前 국회의장과 더불어 청와대의 Y모 정무수석에게 추천한 분도 바로 강 총리님이셨습니다(제 4 장 제 2 절 참조).

나는 위와 같은 강 총리 님의 따뜻하고도 사랑어린 지도와 그 고마움을 아직도 평생 잊지 못하고 있습니다.

이와 같이 훌륭한 인품과 국가철학을 갖고 계신 강영훈 前 국무총리님의 먼저 가심을 나는 오늘도 외롭게 홀로 앉아 한없이 슬퍼하고 있습니다.

2016년 5월 15일
'경희궁의 아침'연구실에서 신 희 석 글

'동북아 국제정치경제와 한반도'를 주제로 한 당원의 출판기념회에서
축사를 하고 있는 강영훈 前 國務總理(當院顧問, 2005년 11월)

第 5 節

‘대전고43’ 동기생들에게 보내는 사연

1. 강화도역사탐방회동에 관한 초청안내 및 감사서신

신희석

안녕하십니까?

소생은 당분간 국가정책연구활동에 가일층 종사하고 퇴직한 이후에는 자서전(회고록)작성,독서와 국내외 여행을 하면서, 노후를 유익하게 보내기 위하여 얼마 전에 강화도 섬마을에 자그마한 小전원주택을 마련하였습니다.

늦가을의 낙엽지는 시절에 동기생 여러분들을 초청하여 역사와 자연이 함께 숨쉬고 있는 강화도 지역의 역사탐방 (운양호사건, 신미양요, 병인양요 등)과 아울러 소생의 조촐한 전원주택小서재에서 약소하게 술 한잔을 하고자 하오니 다수 참석하여 자리를 빛내주시기를 부탁드립니다(RSVP).

-------- 다　음 --------

① 일 시: 2010년 11월 14일 10시~ 20시 경

② 집합시간 및 장소: 11월 14일 10시, 광화문 소재 ‘경희궁의 아침’Officetel 3 단지 로비(지하철5호선 광회문역 1 번출구 & 지하철3호선 경복궁역)

③ 참석자: 대전고등학교 제 43 회 동기생 일동(진교준 동문안내,Escort 당번)

④ 당일의 주요일정:
오피스텔로비집합(10시)→전세버스로 출발(10시 10분)→강변북로→김포대교횡단→48번국도→강화대교횡단→강화역사기념관시찰(구한말의 정치 · 외교사료견학)→고려궁지→오찬(오리구이)→평화전망대시찰→UNESCO지정문화재’고인돌’시찰→외포리 바닷가 (또는 저수지)산책→당원 이사장의 小전원주택도착→가벼운 Cocktail→떡만두국 저녁식사→Recreation(Karaoke)→전세버스출발(20:00경)

⑤ 회 비: 무 료(신희석이가 밥 두끼와 술을 거하게 쏜다!)

⑥ 준비관계상 참석여부를 조속히 회신부탁드립니다
(Tel. 720-8784~5, 조교비서 Ms. Kim &Ms. Choi).

신희석 내외 올림 (아태정책연구원 이사장)

<강화도역사탐방행사종료에 관한 감사서신>

'대전고43'동기생 여러분!

안녕하십니까?

강화도섬마을 소재 소생의 작은 서재에서 개최된 조선역사탐방과 만찬간담회는 소생부부를 포함하여 24명의 동기생들이 참석한 가운데 대성공리에 종료되었기에 보고드립니다.

병인양요(1866년), 신미양요(1871년), 운양호사건(1875년9월) 그리고 몽고의 간섭에 대항하면서 개경환도를 반대하여 강화도에서 일으킨 고려무신정권기의 특수부대였던 삼별초(좌별초, 우별초, 신우별초)의 항쟁(1270년)유적과 평화전망대를 비롯한 역사의 현장을 탐방하고 모처럼 가족동반하여 하루종일 즐거운 시간을 가졌습니다. "유붕이 자원방래하니 불역낙호아"라고 하는 옛말은 이러한 다정한 옛친구들과의 모처럼의 만남을 의미하는 것입니다.

안덕수 강화군수(전 국회의원)가 우리들을 직접 환영하기 위하여 직접 가지고 나온 막걸리 한 박스와 760cc의 큰 소주병 4병을 모조리 비우고도 시간가는 줄 모르고 소생의 초라한 서재응접실에서 밤늦게까지 노래방을 즐겼습니다. 모처럼의 우정을 다짐하는 정말 즐거운 시간이었기에 아름다운 추억으로 장식될 것으로 확신합니다.

한국 세무행정의 발전에 평생 기여해온 동기생의 원로 박균서 전회장을 비롯하여 내실을 갖추고 꾸준함을 견지해온 군사정보전문가 진교준 님, 항상 끈기와 스마트함을 간직하고 있는 J애드대표 김기복님, 품위있는 부인을 동반한 로맨스그레이 김홍식 님, 서울시의 참신한 행정을 위하여 땀을 흘려오신 최철규 님 , 멀리 대전에서 새벽밥 먹고 5시에 출발하여 달려온 정열의 사나이 민점영 님,멋진 부인을 동반하신 '서전'회장 한진 님, 우수함과 성실함을 무기로 간직해온 차기회장 유병만 님, 구청행정보다도 더 다양한 동창회 살림을 헌신적으로 도와주시는 숨은일꾼 하충열 님, 현대건설과 더불어 인생을 살아오신 김인겸 님, 씩씩한 멋쟁이 야구선수 전종규 님, 조선근대사의 역사문제에 해박한 전문지식의 소유자 고대균 님, 대전고를 결정적인 순간에 항상 승리로 이끈 만능스포츠맨 신철세 님, 바쁘신 중에도 현지참가의 정열을 보여주신 권형신 님 뿐만 아니라 이번 모임에 커다란 성의와 우정을 보여주신 손지연 님, 김봉섭 님, 김정수 님, 김재만 님, 이동면 님 등 여러분들에도 진심으로 감사의 말씀을 드립니다.

재회의 날을 손꼽아 기다립니다. 먼 거리 왕림, 다시금 감사드립니다.

신 희 석 글(2010/11/15)

'한국검찰의 현 주소와 바람직한 검찰개혁방안'을 주제로 발표와 토론을 한 후
당원의 정책자문위원들과 포즈를 취하고 있는 유창종 서울地方檢察廳長(2003년 5월)

2. 송년회의 참석소감(a & b)

a. '대전고43' 자랑스러운 동기생 여러분들에게 드립니다.

어젯밤(12월 16일) 그동안 보고 싶었던 '대전고 43'의 그리운 얼굴들을 오랜만에 만나서 너무나도 반가왔던 나머지 나는 마음 설레임 속에서 밤잠을 설치고 말았다. 오랜만의 주말이기에 출근도 하지 않고 강화도 섬마을산촌에서 어젯밤 행사를 보고 느낀 바를 간단히 정리해 보았습니다.

지난 1년동안 동기동창회의 발전을 위하여 헌신적으로 수고해주신 유병만 회장에게 감사드림과 동시에 이제 새로이 우리 동기회를 이끌어 나갈 김의형 신임회장에게 격려와 축하의 박수를 보내 드립니다. 그 다음의 행사참석 때문에 끝가지 자리를 함께하지도 못하고 또한 나의 조기퇴석으로 발언기회를 갖지 못한 점, 매우 아쉽게 생각하면서 자리를 떴습니다. 나도 70년대 말에 회장직을 역임한 바 있었지만, 오늘날과같이 크게 발전한 모습을 보고 오히려 흐뭇한 마음을 금치 못합니다.

늦게 도착한 진교준 동문의 부인좌석을 친절하게 만들어 준 이민형 동문의 자상함, 멀리 북경에서 일부러 날아 온 '기왓장변호사' 유창종동문, 차기회장으로 우리를 위해서 봉사할 김홍식동문의 빙그레 웃는 모습, 전주에서 (이역만리?)를 자동차로 달려 온 강철규 동문, 멀리 삿뽀로(?)에서 현해탄을 건너서 날아온 이형석 동문, 마누라가 오자 돌연 희색이 만면해진 진교준 동문, 우리의 대전고졸업 50 주년행사를 크게 치뤄야 할 이정효 차차기회장, 항상 우리 카페에 좋은 글을 올려주는 박원서 동문과 '만능스포츠맨' 신철세 동문, 멀리 청주에서 단숨에 달려온 이명윤 동문, 그리고 묵묵히 우리 동창회의 발전을 위하여 오랫동안 꾸준히 일해오신 숨은 일꾼 권평채 동문과 하충렬 동문 등....... 눈앞에 아른거리는 모습을 연상하기에는 너무나도 짧은 밤이었기에 새벽까지 '홀로술잔'을 기울이다가 결국 잠을 설치고 말았습니다.

다시 한 번 유병만 회장의 노고에 감사드리고 김의형 신임회장의 취임을 축하하는 의미에서 작년도와 마찬가지로 신년회를 겸하여 2012년 초의 적당한 때에 소생이 저녁식사를 초청하고자 하오니 동문들의 많은 참석을 바랍니다.

이제 우리는 70 인생을 바라보면서 아들, 딸 시집 장가를 다 보내고 우리 주변에서 우리를 지키고 영원토록 사랑해주는 '평생 벗'은 주름살 늘어가는 '마누라'밖에 없습니다. 유 회장께서 부부동반참석을 적극 권장하였음에도 불구하고 부인들이 불과 3~4명 정도밖에 오지 않으셨음을 아쉽게 생각합니다. 모든 동창회가 그러하듯이, 우리도 가족적 분위기속에서 부부동반참석을 적극 권징드립니다.

소생이 이사장으로 근무하고 있는 아태정책연구원(APPRI)은 지난 10여 년 동안 무려 234회에 걸친 각종 국제회의, 심포지엄, 정책연구포럼을 개최하고, 외교, 안보, 경제, 통상등의 정책현안에 관한 對정부 정책건의서의 제출, 정책연구기관지 "亞太 Focus"의 延 46 회 출판은 타의 추종을 불허하고 적극적인 국책연구활동을 통하여 국내에서는 물론 이거니와 소생이 20 년가까이 살았던 미국과 일본의 주요국책연구기관에도 널리 알려져 있습니다.

당원(APPRI)주최 다음 235 차 정책연구포럼은 1월 12일 합참의장 정승조 육군대장을 초청하여 연세대동문회관 국제회의장에서 개최되오며, 2월달에는 외교통상부장관, 그리고 3월에는 Sung Kim 주한미국대사를 각각 차례로 초청하여 국책연구포럼을 개최하오니 동기생 여러분들의 많은 참석을 권장드립니다 . 재회의 날을 손꼽아 기다리면서 동기생 여러분들의 건승하심을 기원합니다. 감사합니다.

강화도섬마을 전원주택에서(2011/12/16)
신 희 석 글

b. '대전고43' 자랑스러운 동기생 여러분들에게 드립니다.

나는 어제(12/21) 사당역에서 개최된 우리 동기생들의 송년회에 잠시 다녀왔습니다. 오랜만에 보고싶은 많은 얼굴들과 악수를 나누면서 너무나도 기뻤습니다. 지난 1 년동안 우리 동기생들을 위하여 수고해 준 김의형 회장과 집행부 동문들에게 회원의 한사람으로 감사드립니다.

내년은 어쩐지 마음 설레이는 한해가 될것같습니다. 주위환경의 변화가 적지않게 우리들 모두에게 후레쉬한 기분을 줄 뿐만 아니라 성실하고도 마음 착한 우리의 일꾼 김홍식 동문이 새 회장으로 취임하였기 때문입니다. 그의 훌륭한 인품은 우리 모두가 잘 알고 있으며, 이를 기초로하여 우리 동기생모임을 잘 이끌어 나갈 것이라고 확신 합니다. 우리 모두 김 회장을 도와 드립시다. 김홍식회장 건배! 이정효 차기회장도 부라보!!!

특히 2014년에는 우리의 고교졸업 무려 50 주년을 맞이하게 됩니다. 인생 반백년 이라고 하는 기간은 결코 짧은 세월이 아닙니다. 우리 동기생들이 각자 주어진 직장에서 국가발전과 사회번영을 위하여 훌륭한 모습을 보여주고 이제는 각계의 원로로써 후진들을양성하고 있음을 자랑스럽게 생각합니다.

이 50 주년 기념행사를 우리의 호프 이정효 동문이 차기회장으로 성공적으로 치루어 줄 것을 우리함께 미리 기대합니다. 50 주년을 맞이하여 우리 다 함께 가족동반하여 주변의 가까운 나라에 해외여행이라도 같이 하면서 새로운 추억과 낭만을 창출하였으면 합니다. 이 작은 바램이 꼭 실현될 수 있기를 기원합니다.

제 18 대 대선에서의 박근혜 대통령 당선자와 나는 서로 조금 아는 사이입니다(제 5 장 참조). 하지만, 소위 요직기용가능성은 전무합니다. 제로입니다. 가끔 만나서 함께 밥먹는 정도에 불과합니다.

나는 오로지 국책연구활동을 통하여 조국과 민족의 발전에 작은 기여를 하면서 여생을 바칠 것입니다. 첫째, 자유 민주주의와 시장경제를 통한 종북세력의 척결, 둘째, 40% 이상의 반대세력을 포용하는 국민대통합의 실현, 셋째, 국내경제의 안정과 남북한관계의 발전/한반도의 평화정착을 통한 '민생대통령'의 실현......... 이 3가지야 말로 박근혜 대통령당선자에게 주어진 3대 정책과제라고 나는 생각하고 있습니다.

'경희궁의아침' 연구실에서(2012/12/22)

신 희 석 글

3. 대전고학술지 “한모”제11집게재수필(단기4294년: ‘신의와 나의 독백’)

〈信義와 나의 獨白〉

人間 社會의 生活에는 어느 團体의 一員이 되어 사는 수도 있고 친구 사이에 言約이나 約束을 맺어서 信義를 도모하는 등 여러 가지의 人的 關係를 맺어가지고 삶을 영위하여 나간다.

이러한 여러 가지 人的 關係의 원만한 解決을 爲해서는 서로가 信義를 지키고 誠實을 다하여 자기의 임무를 수행하지 않으면 안 된다. 더구나 우리의 社會 生活이 점점 復雜多端하여 가고 人智가 發達함에 反하여 信義와 誠實의 態度가 減少하여 감은 슬픈 現實의 하나가 아닐 수 없다. 勿論 無條件 때와 場所를 가리지 않고 남을 信用하라는 말은 아니다. 그래도 어느 程度는 남을 믿고 살아야지 自己自身만이 옳고 正當하다고 生覺해서는 안 될 것이다.

내가 먼저 남에게 친절과 호의를 베풀고 믿음으로 말미암아 남도 거기에 호응하여 저절로 친절과 호의를 베풀고 나를 믿게 되는 것이다. 自己가 먼저 남에게 좋은 일을 해야지 남도 내게 좋은 일을 하는 것이지 어떻게 自己는 상대를 시기하고 질투하면서 은근히 상대방이 왜 自己에게 信義나 친절을 베풀지 않나하고 얼토당토 않은 의혹을 품을 수 있겠는가? 世人은 흔히 남의 言行에 부질없는 상관을 하여 시비를 일으키므로 人的 關係를 매우 不吉한 처지로 빠뜨리는 경우가 있다. 이러한 경우는 거의가 남을 信用하지 않거나 理解하지 않는 경솔한 行動이 초래하는 結果라고 하겠다. 허나 巷間에는 요새는 눈뜨고도 코 베어가는 세상인데 어떻게 信義를 할 수 있는가 하고 反問할 사람도 있겠지만 그런 사람은 다시 한번 남을 信用해 보라고 말하고 싶다.

너무 自己類의 변설 일런지는 모르나 여하튼 우리는 우리의 아름답고 귀중한 言語가 부여되어 있으므로 그것으로 나의 마음에 간직한 뜻과 사랑을 또한 信義를 남에게 주고 남의 意思와 정의를 받아들여 바른 生活을 해야 할 것이다. 나만 잘살면 된다는 이기적인 生覺으로 서뿔리 社會的인 共同生活을 하려고 해서는 큰 코 다치는 경우가 많을 게다. 大를 爲하여 小를 버리듯이 共同生活의 集團 속에서는 내 自身은 最大로 희생되드라도 그것이 여러 사람을 爲한 일이라면 精誠스럽고 올바르게 재빨리 처리해야 할 것이다.

自故로 信義를 社會的關係에서 重要視하여 온 것은 과연 떳떳한 일이며 그로 말미암아 우리나라에는 信義와 正義를 爲하여 절개를 지키고 지조를 지켜서 목숨을 바친 이들이 청사에 길이 빛나고 원광법사의 화랑오계에도 信義를 重하게 여겼다는 것은 역사가 엄연히 증명하고 있다.

우리에게는 表面的인 發見보다 內面的인 發見이 必要했고 현상의 연구보다 本質의 탐구가 必要했음인지 우리는 항시 저속하고 졸렬한 생각은 배격하고 「아카데미즘」을 받들기에 조금도 서슴치 않았다. 비단 공부만을 하는 것이 學生이 아니다. 올바른 道理와 정서적인 면도 공부하고 닦아야만 한다.

그러기 爲해서는「信」그것을 지키고「義」그것을 行하여 信義性과 誠實感을 먼저 가슴속 깊이 깊이 새겨서 모든 일을 믿음과 精誠으로 사물(事物)을 正確한 判斷力과 이해력으로 代身하여 生活하는 것이 어떤가 하고 한가한 木요일 午後 우연히 生覺해 봤다.

<高一年>

'2002년도 한국경제전망과 과제'를 주제로 하여 개최된 정책포럼에서 기조발표를 한 강철규 腐敗防止委員長(서울市立大敎授)과 참석자일동(2002년 1월)

'2002 월드컵의 현대사적 의의와 한국의 진로'를 주제로 개최된 정책포럼종료 후 참석자 대표들과 포즈를 취하고 있는 정몽준 國會議員(2002년 2월)

第 6 節

延世大行政大學院 弟子들과의 對話

1. 김홍식 회장과의 대화(대한제면공업협동조합 이사장 & 오원면업 회장 역임)

尊敬하는 申熹錫 教授님에게 드립니다.

지금으로부터 35년 前 1989年 3月 7日(火) 연세캠퍼스 광복관 309호실에서 日本 政治外交論 강의가 始作되었습니다.

첫 시간 끝날 무렵부터 다음 주 火요일이 기다려지는 당시 미묘한 韓日 관계의 분위기도 영향이 있었겠지만 申 教授님의 열강에 전 학생이 매료되었지요.

60여 명의 학생 누구 한사람도 빠지는 즉 결석하는 학생이 없을 정도로 한 학기 동안 강의실은 가득 찼습니다.

日本의 개황과 戰 前 日本의 정치구조로부터 戰 後의 日本을 검토 비교하면서 첫 시간 강의부터 열강하시는 신 교수님의 박식함에 다들 벌려진 입을 다물지 못하였지요.

강의 내용 중 첫째로 국민 감정에서의 탈피 둘째로 자기 비하의 탈피
냉철하게 객관적으로 사회현상을 파악 과도한 경쟁의식에서의 탈피
셋째로 일본연구를 강화시키는 것(Japan Studies)

그로부터 2년 후 1991年 6月 9日부터 17일까지 7박 8일 동안 수강생대표일행은 日本 정부(外務省)의 초정으로 日本을 방문하게 되었습니다.

延申會員 15名의 막대한 비용조달까지 申 教授님 혼자서 노력하여 (日韓文化交流기금)으로 이루워진 것은 신 교수님의 日本 內 인맥과 탁월한 외교교섭의 결과로 성사되었습니다.

韓日 兩國의 국민들이 상대국에 대한 선입견을 없애고 왜곡된 역사를 바로잡고 부정적인 시각에서 긍정적인 시각으로 바로보는 계기가 되었음에 우리 연신회원은 부단한 노력이 필요할 것으로 사료됩니다.

우리 연신회원만이라도 反日의 두뇌가 7박 8일간의 다방면의 日本 지도층을 만남으로 "反日

에서 知日”의 경지에 이르게 되었음을 감사하게 생각합니다.

이 또한 한국의 국가발전을 위한 밑거름이 되어야 하겠지요.

日本에 도착한 다음 날인 6月 10日 10시부터 ‘나까소네’ 전 수상과의 간담회가 1시간 30분간 계속되었고 자민당 간사장 ‘오부찌케이조’의 도움으로 자민당 본부견학 후 ‘中會根 弘文’참의원과 통산성 정무차관과의 오찬, 이어 오후 2시부터 50분간 ‘다케시다’ 전 수상과의 간담회가 계속되는 동안 日本 政界와 관료 등 더구나 학계의 교수 등 수많은 인맥을 쌓아온 申 教授님의 능력과 활동상황에 놀라움을 금치 못할 정도 였습니다.

더구나 日本 지식인들과의 토론은 서로를 알게 되는 좋은 공통의 광장에서 호흡할 수 있는 계기가 되었다고 생각합니다.

잠시도 쉴틈도 없이 꽉 짜여진 스케줄에 의해 다음날(6/11)도 조찬간담회에 東京大 사또 세이자부로 교수와 오후엔 동경대 대학원생들과의 간담회 나까소네 야스히로 前 日本수상을 방문 약 1시간 넘게 韓日關係, 동북아 정세 신국제질서 개편과정에서 문답 내용 중 政治哲學이나 信條는?

“政治란 文化에 봉사하기 爲해 존재한다.”고 본다

“平和와 經濟文化面에서 공헌을 해야 한다.란 대답에 特히 우리나라의 政治는 탄핵정국의 연속이 정치행태와 비교해보면 정치인이 경세가가 아닌 정상배들과 범죄인들로 가득찬 집단같다고나 할까

東京大 佐藤 誠三郎 교수와 조찬 간담회에서 한국경제가 멀지 않은 장래에 日本에 근접할 것이라 했는데 그때 우리의 시각은 거리가 멀어 헛소리로 치부했고, 한국경제를 낙관하는데 대한 보충설명을 해달라는 요청에 한국이 얼마나 노력하느냐에 달려있지만 한국인의 근면성을 보면 20~30年 後 日本 수준에 근접할 것으로 본다고 했지만 우리는 그냥 ‘립서비스’로만 들었습니다.

그러나 30年 後의 우리나라는 그때 동경대 교수의 미래를 내다본 혜안임을 인정치 않을 수 없습니다.

존경하는 신희석 교수님의 노력으로 역대 일본 수상과 당정관계, 동경대와 북해도 大 북해도 신문사와 히데지 사장 면담 편집국 직원들과의 간담회 국제 일본문화센터견학과 기무라히로시 교수와 간담회, 교토 국립박물관 등 바쁜 일정을 소화하고 무사히 김포공항 도착 해산하였습니다.

※ 연신회원들간의 대화 중 신 교수님께서 새정부에 입각하여 총리나, 외무부장관, 주日本 대사 중 어디에 가장 중임될 것 같느냐는 질문에 비슷하게 3分 되었지만 國益을 봐서는 주일본대사란 답도 나왔지만 性格상 교수로 남을 확률도 없지 않아 충분히 있다는 전망이 맞아 떨어졌다는 후일담을 말씀드리고 싶습니다.

*** 김홍식 회장님께 드리는 申 교수님의 딸 신유미의 서신**

존경하는 김홍식 회장님께 드립니다.

안녕하십니까?

바로 어제 오후까지 정다운 담소와 웃음의 꽃을 함께 피웠던 신희석 교수님의 딸 신유미입니다.

저희 가족과 저는 어제저녁 너무나도 아쉬운 마음을 뒤로하고 어느새 잠시 정들었던 진주/산청에서 서울로 무사히 돌아왔습니다. 올라오는 길에 생각하여보니 역시 이번 김홍식 회장님 내외분과 함께 하였던 고택 방문일정은 고택의 역사와 문화를 이해하고 아름다운 도시 진주와 산청을 잘 견학하였다는 의미에서 정말 유익하였습니다.

이러한 좋은 기회를 주신 김 회장님과 사모님께 감사의 절을 올리고 싶습니다. 하물며 즐거운 시간만 보내고 올라온 저희 가족은 파김치처럼 녹초가 되어 돌아왔는데, 회장님과 사모님께서는 얼마나 피곤하시겠습니까?

이번 여행을 계기로 두분의 훌륭한 인품과 덕망을 배울 수 있었고, 저 또한 많이 깨우칠 수 있었습니다.

김홍식 회장님과 사모님께서 베풀어 주신 친절에 다시금 깊이 감사드리고 두분의 행복과 평안하심을 기원드리오며, 오늘은 이만 줄이겠습니다. 정말 고마웠습니다.

2011년 8월 16일
신희석 교수님의 딸 신유미 올림.

2. 신현돈 예비역육군대장의 서신(제1야전군사령관, 특전사령관, 1사단장역임, 당원 이사)

보낸사람: 신현돈 예비역육군대장
받는사람: 아태정책연구원 신희석 이사장실(사관생도신동철)
날짜: 19.02.07 12:13 GMT +0900
제목: 사관생도 신동철 군에게: 늠름하고 당당한 사관생도의 모습을 기대한다!

신동철 생도!
이제 비스트 트레이닝 이라 일컫는 기초군사훈련의 막바지 단계로 들어갈 시기로 생각되는구나!
사관생도로 탈바꿈하는 혹독한 시기이다. 최선을 다하여 잘 극복하여라.
그래야 멋진 사관생도의 길, 장교가 되는 길로 들어서는 것이다.
땀과 노력은 결코 우리를 배신하지 않는다!
혼신을 다해 준비하는 자만이 성공의 기회를 맞이하는 것이다.

나와 대화를 했던 신동철 군이 훌륭한 생도로 거듭 날 것으로 나는 믿는다.

늠름하고 당당한 사관생도의 모습을 기대한다!

화이팅!!!!!

2019.2.7일 아침에

신현돈 예비역육군대장(前 제1야전군사령관, 前 특전사령관)이 보낸다!

<원본 메일>

보낸사람: 아태정책연구원 신희석 이사장

받는사람: 신현돈 예비역육군대장

날짜: 19.02.07 17:26 GMT +0900

제목: 사관학교의 까페에 게재한 즉, 30분동안에 150 명의 회원이 판독하는 인기최고의 글이 되었기에............!

신현돈 장군에게 드립니다.

안녕하십니까?

오늘 아침 귀중한 글을 보내주신 점, 깊이 감사드립니다.

제 3 사관학교의 까페에 게재한 즉, 불과 30분동안에 150여명의 회원들이 판독하는 인기최고의 글이 되었기에 보고드립니다.

원문 그대로 게재하오니, 참고바랍니다(확인 요).

아태정책연구원 이사장 신희석 교수

신동철 생도: 만76 세의 아버지가 21세의 손자같은 아들에게 보내는 글

* 이 글은 제 3 사관학교 제4중대 2소대 3분대의 신동철 사관생도에게 보내는 아버지의 사연이지만, 모든 부모의 심정을 함께 이해하고 자식사랑의 보람을 공유한다는 차원에서 '3사 56기의 학부모님코너'에 게재하오니 윤허바랍니다. Thanks!

보고싶은 우리 동철아!

열심히 하고 있겠지!

아버지가 연세대학교 행정대학원 겸임교수시절에 아버지의 강의(동북아국제관계론, 외교정책론, 일본정치외교론)를 수강한하신 바 있는 전 제 1 야전군사령관 신현돈 예비역육군대장이 우리 동철이의 막바지 기본훈련과정을 성공적으로 수료하고 본입교식에 진출할 수 있도록 격려의 서

신을 보내오셨기에 첨부하니 읽어보고 힘을 내도록 하여라!

신현돈 예비역 육군대장은 보병제 1 사단장, 국방부 대변인, 합참 본부장(정보, 작전), 동철이가 좋아하는 특전사령관의 요직을 거쳐서 군최고의 정점이라고 할 수 있는 육군대장으로서 제 1 야전군사령관을 성공적으로 수행하신 후 육군참모총장 자리는 후배에게 양보하고 전역을 하신 Elite군인이다.

申 장군이 우리 동철이를 위하여 이와 같이 귀중한 E-mail 서신을 직접 작성하여 오늘 아침 아버지에게 전송하여 온 것은 정말 고마운 일이다. 실력과 능력을 겸비한 신 장군은 훌륭한 인품의 소유자인고로, 앞으로도 대한민국의 국가발전을 위하여 크게 기여하실 수 있는 인물이라고 판단된다. 육군소위에서 출발하여 35 년동안에 육군대장까지 진출한다는 것은 정말 대단한 일이다. 훌륭한 분이다.

자랑스러운 아버지의 문하생이시다. 신 장군의 말씀을 기억에 되새기면서 내일도 힘내거라.

"시련은 있지만 좌절은 결코 없다."

<아버지 & 어머니가>

안녕하십니까?

제3사관학교 56기 제4중대 제2소대 제3분대 신동철 생도에게 아버지가 보내오신 이 서신을 전달 부탁드립니다. 감사합니다.

신동철아! 잘 입교하여 훈련 잘 받고 있느냐? 교관님들의 말씀을 잘 듣고 훌륭한 생도후보가 되도록 하여라.

모처럼 너가 세상에 태어나서 처음으로 이 늙은 애비를 버리고 내 곁을 떠나니 한없이 외롭고 눈물이 앞을 가리는구나. 너는아버지에 대해서 잘 모른다. 좋은 기회이니 너의 성장과정부터 설명하기로 하자.

그리고 이 글을 읽으면서 지난 20 여년동안 너가 살아온 짧은 인생을 돌이켜보면서 사관생도 후보생으로 가일층 굳은 의지를 갖고 성공적인 기초과정생활을 수료할 수 있도록 하여라.

동철이는 1998년 4월 23일. 서울중구 퇴계로에 있는 제일병원에서 출생하였다. 그당시 너의 늙은 아버지는 외교안보연구원교수로 외교부에 근무하면서 (별정직 1 급공무원, 외교부 아태연구부장) 모교인 연세대학교 정치외교학과와 행정대학원에서 겸임교수로 오랫동안 강의하고 있었다. 분만실의 간호사로부터 "왕자님이 출생"하였다는 이야기를 듣고 너의 팔목에다 너의 어머니의 이름이 새겨있는 손목띠를 묶어주던 때가바로 엊그제 같은데 벌써 20 여 년의 세월이 흐르고 이제 너는 대한민국의 자랑스러운 육군소위가 되기 위한 제3사관학교 예비생도로 입교를 하다니 세월의 흐름이 꿈만 같구나. 우리 동철이가자랑스럽기도 하다.

너의 출생 직후 연세대학교 행정대학원으로 '동북아국제관계론'을 강의하러 나가던 그 당시, 이 아버지의 흐뭇한 심정은 이루 말을 할 수 없었다. 너 위는 모두 누나들 뿐이었기 때문이요, 55세의 늙은 나이에 득남을 하였기 때문이다. 그날 밤 강의 종료 후 동료 교수들로부터의 축하의 폭탄주를 나는 아직도 생생히 기억하고 있다.

거의 30년가까이 연세대학교 행정대학원 강의를 하면서 아버지의 강의를 수강하였던 문하생들 중에는 육해공군의 최고책임자도 배출되었다. 예컨대, 전도봉 해병대사령관(해병대 중장)과 박정수 백령도사령관(해병대 준장), 박춘택 공군참모총장(공군대장), 김필수 국군 기무사령관(육군중장), 신현돈 제1야전군 사령관(육군대장), 차주완 국방부 기무부대장(육군준장),이문석 보병제 52사단장(육군소장),공군에서는 김윤주 소장, 심규형 준장, 임정빈 준장, 김팔수 준장, 황희철 소령(임창현 군에 이어서 황소령의 결혼식 주례를 해 주었음) 등...., 그 분들은 한국군의 발전과 우리의 안보정책을 가일층 발전시키기 위하여 커다란 기여와 역할을 하신 분들이니 기억하고 있어라.

이 아버지는 그 훌륭한 분들이 아버지의 문하생(제자)이었음을 자랑스럽게 생각하고 있다. 너를 대한민국의 육군소위로 만들어서 군의 발전과 대한민국의 외교안보정책의 발전에 조금이라도 기여하기 위하여 대학수료 후 사관학교로 입교시킨 아버지의 뜻은 바로 여기에 있는 것이다. 그 분들을 염두에 두고 (여러차례 만났겠지만) 훌륭한 장교가 될 수 있도록 기초교육과정을 성공적으로 수료하고 본과정으로 진출할 수 있도록 분투노력하여라.

그리고 제일 중요한 것은 인성교육이다.

장교임관을 하기 전에 먼저 사람구실을 먼저 하여야 한다. 부모님을 한없이 존경하고 누나들과 화목하게 지내면서 인간으로써의 기본훈련이 되어 있는 겸손한 사람을 말하는 것이다. 타인에게 양보와 자비를 베푸는 마음씨, 주위사람들의 작은 친절에 대하여 크게 감사하는 자세, 폭력과 과격보다는 온후함과 평화, 황금만능주의에 의한 고도의 물질적 가치관보다는 정신적 가치관의 확보 그리고 외유내강의 자세와 훈훈한 마음씨로 인생을 굳세게 살아야 하느니라. 알겠느냐?

시련은 있지만 좌절은 결코 있어서는 아니된다.

힘내라! 그리고 오늘도 열심히 걷고 뛰어라! 달려라! 안되면 되게 하라!

2019년 1월 12일

경희궁의아침 연구실에서
늙은 아버지 & 어머니가.

〈아버지에게 드리는 축하의 글〉

아버지의 '팔십인생'과 자서전출판을 기리면서 ....

아버지께서는 제가 어렸을 적에 입버릇처럼 항상 하시던 말씀들이 있습니다.

그 중 하나는 "인간에게 있어서 중요한 것은 어디에서 사느냐가 아니라 무엇을 생각하면서 어떻게 사느냐이다"이었습니다. 어렸을 적에는 이 말씀이 저한테는 지루하게 느껴졌습니다. 참 학자다운 고리타분하고 재미없는 말이라고 생각하였습니다.

그러나, 여전히 희미하긴 하지만 조금씩 그리고 천천히 그 뜻을 알아가고 있는 것 같습니다. 나의 짧은 삶을 뒤돌아보면, 삶의 많은 부분에서 나는 아버지의 지대한 영향을 받았습니다.

국내외적인 거대한 이슈와 국가간의 역학을 다루는 정치외교라는 학문을 선택했을 때도, 대한민국과 국민의 더 나은 내일을 위해 국회에서 일하기를 택했을 때도, 조국의 푸른 창공을 지키는 공군 장교의 길을 택했을 때에도 제 인생의 큰 전환점마다 항상 아버지께서는 좋은 귀감이 되어 주셨습니다.

개인의 안녕보다는 국가와 국민을 위해서 일하라는 비전을 제시해 주셨습니다. 나는 지금까지 그러한 가르침을 실행해 왔으며 앞으로도 그러한 인생을 살 것입니다.

아버지께서는 지금까지 250여 편의 연구논문과 저서를 집필하셨으며, 아태정책연구원에서 무려 340회에 걸친 정책연구포럼을 개최하셨습니다.

또한 , 대한민국을 이끌어가는 사회 각계 각층의 수많은 저명인사들에게 적지 않은 가르침을 주셨습니다. 뿐만 아니라, 한국의 대표적인 국제정치학자로써 박근혜 전대통령(취임하기 전)과 함께 과거 북한의 김정일 국방위원장을 만나 남북관계의 협력과 진전을 위해서 노력하셨습니다. 그리고 미일/한일 관계를 연구하신 수많은 공로를 인정받아 한국정부와 일본정부로부터 표창장을 수상하셨습니다.

아버지의 자서전, "내가 걸어온 인생길:학문과 정책"은 이와 같이 한국을 대표하는 국제정치학자인 아버지께서 겪은 수많은 굵직한 사건들과 심지어 그 뒷이야기까지 수록되어 있는 의미있고도 광범위한 미증유의 저서입니다.

특히, 책에서 주요하게 다루는 사건들의 진행시기인 20 세기 말~21 세기 초는 국제관계에서는 매우 의미 있는 시기입니다.

독일이 통일되고 소련이 해체되었으며, 미국 주도의 일극체제에서 패권에 대한 새로운 도전인 중국의 부상처럼 수많은 격동의 시기였습니다. 아버지께서는 주로 아시아-태평양 지역을 주요 무대로 당시의 현안들을 고뇌하시며 연구하시는 모습을 엿볼 수 있습니다.

이처럼 본 저서가 아버지의 숭고한 인생을 조망하면서 동시에 학계를 포함한 여러 지도층 인사들에게도 적지 않은 신선한 충격을 줄 수 있기를 기대합니다.

2025년은 모든 것이 새롭게 다가오는 격동과 혼란의 시기입니다. 진정으로 이럴 때 일수록, 인간에게 있어서 중요한 것은 "무엇을 생각하면서 어떻게 사느냐 "입니다.

우리는 아버지께서 지난 80 년동안 고민해왔던 수많은 인생의 Know-How를 본 저서를 통해서 보고 배울 수 있기를 희망합니다. 감사합니다.

2025년 4월

아버지의 아들/대한민국 공군 중위 신동철 올림

3. 이성헌 구청장(현 서대문구청장, 국회의원 2 회역임, 당원 이사역임)

〈신희석 교수님의 자서전발간축사〉

먼저 신희석 아태정책연구원(APPRI)이사장님께서 걸어오신 길을 엮은 자서전『내가 걸어온 인생길: 학문과 정책』 출간을 충심으로 축하드리오며, 이 훌륭한 자서전에 개인적으로 신희석 교수님과의 사제 간의 그리고 故김영삼 대통령과의 인연으로 인해 감히 축사라는 타이틀로 제 이름을 올릴 수 있게 되어 큰 영광으로 생각합니다.

돌이켜 보면 제가 신희석 교수님을 연세대학교 행정대학원에서 스승님으로 만나 뵙게 된 것이 벌써 35년 전입니다. 그 세월도 짧지 않습니다만, 교수님께서 일본 동경대학에서 『근대 일본의 대외정책결정연구시론---중국대륙을 둘어싼 미일간의 협조와 대립』이라는 제목의 학술논문으로 1978년에 국제관계론연구실에서 박사학위를 취득한 뒤, 그해 말 외교부외교안보연구원에서 시작하여 오로지 학문과 동북아와 아태외교정책연구의 외길을 걸어오신 약 반세기의 기간은, 그동안 이룩하신 학문적 · 정책적 업적과 함께 그야말로 우리 동북아 및 아태외교정책사 그 자체라고 할 수 있습니다.

특히 신 교수님께서 주도하고 계신 아태정책연구원(APPRI)은 1996년 설립 이래 총 340회의 학술 및 각종 행사를 치를 정도로 활발한 정책연구활동을 해오셨습니다. 매월 한 차례 이상 정·관·재계 등의 유력 인사들을 초청하여 '정책연구포럼'을 꾸준히 개최하여왔고, 심포지움, 국제회의 참석, 방한인사초청, 외교안보현장시찰 등을 통하여 민간차원의 활발한 정책 공공외교를 펼쳐왔습니다. 이런 다양한 활동을 통하여 외교·안보·경제·통상·남북관계 등 주요 분야에서의 아태지역정세는 물론 동북아외교전반에 관한 심층적인 정보와 혜안을 역대 정부와 함께 공유해 오면서 아태정책연구원은 우리나라의 아태외교정책의 근간을 설정하고 방향을 제시해 왔던 것입니다.

작금의 대한민국이 처한 동북아 및 아태지역정세는 그 어느 때 보다 중차대한 국면을 맞이하고 있습니다. 신희석 교수님께서 자서전 <인사의 말씀>에서 제시하신 구한말 정치외교사의 현대적 교훈 세 가지는 오늘날의 우리들에게도 시사하는 바가 적지 않습니다. 즉, 국력 신장의 필요성, 국론통일의 필요성, 동북아 국제환경과 격변하는 정세에 대한 정확한 판단과 분석 그리고 적절한 정책대응의 필요성은 오늘날 대한민국이 국내외의 상황변동에 적용하여 나아가야 할 올바른 정책방향이라고 할 수 있겠습니다.

한국의 미래와 관련하여 특히 한미일 3국 동맹의 한미, 한일 관계는 그 어느 때보다 중대한 시기를 맞이하고 있습니다. 특히 미국의 트럼프 대통령당선인이 "우리는 일본을 매우 중요하게 생각한다"고 한 12월 17일의 발언은 우리에게 의미심장하게 들립니다.

이와 관련하여 우리의 대미 및 대일, 그리고 동북아 외교정책 이 어떤 방향으로 나아가서 궁극적으로 국익최우선의 가치를 어떻게 현실화할 수 있는가를 신희석 교수님의 이 자서전이 제시해 주고 있다고 생각하며, 그런 의미에서 이 자서전 자체가 갖는 무게와 우리에게 주는 의미는 각별하다고 하겠습니다.

다시금 신희석 교수님의 정책연구활동의 외길일생을 담은 이 자서전의 출간을 진심으로 축하드리며, 이 자서전이 동북아·아태 외교 현장을 누비고 있는 외교관들에게도 조타 역할을 하고 아울러 외교 및 국제 관계론을 공부하고 있는 전공자 및 학자들에게도 이론적 초석이 되기를 기대합니다.

2025년 2월 서대문구청장(현직)

이 성 헌 올림

4. 박상현 동문의 휘호(은평구청 부구청장역임, 친필휘호기증)

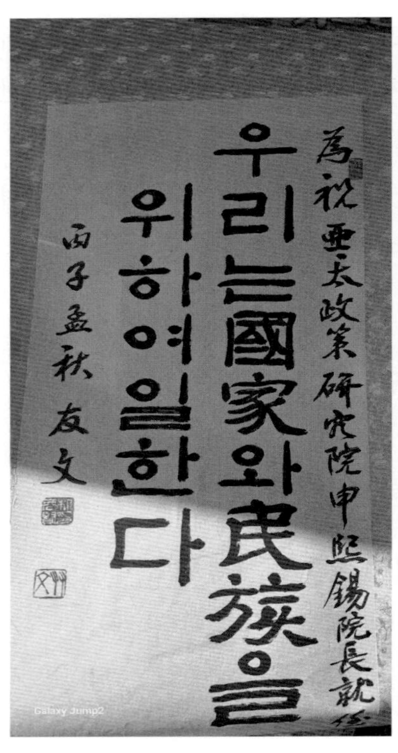

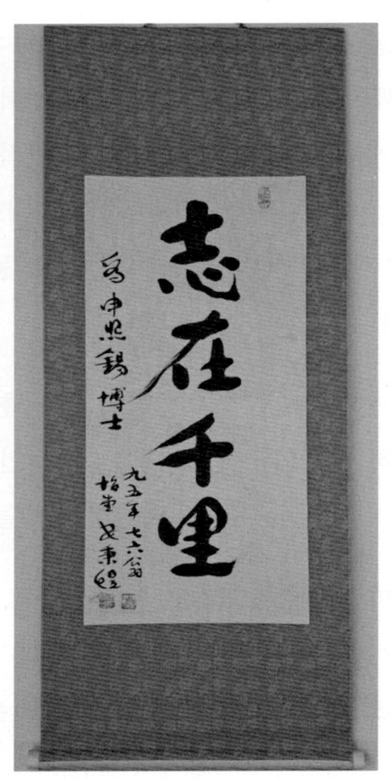

5. 최진규 세무법인 '신명'대표이사 (국세청 삼성세무서 재산세과장 역임, 당원 연구위원)

최형걸 군과 김지양 양의 결혼식 주례사(9/30)

우선 오늘 이 경사스러운 날을 맞이하는 신랑 최형걸 군과 신부 김지양 양 양가의 부모님들에게 진심으로 축하의 말씀을 드립니다. 아울러 오늘 휴일임에도 불구하고 이 자리를 빛내주신 일가

친지 그리고 오늘 참석하신 모든 하객 여러분에게도 신랑신부와 더불어 감사의 말씀을 드립니다.

신랑 최형걸 군은 현재 우리은행 본점에서 외화자금업무를 담당하고 있으며, 대학에서는 경영학을 또한 대학원에서는 경제학을 전공하였으며 금융업무의 전문성을 갖추고 성실히 근무하고 있는 숨은 인재입니다.

한편 대학에서 영문학을 전공한 신부 김지양 양은 같은 직장인 우리은행에서 기업금융업무를 담당하고 있으며, 기업금융에 관한 전문지식과 경험을 기초로 하여 탁월한 능력을 발휘하고 있어서 장래가 촉망되는 재원입니다.

또한, 신랑신부 양가집안의 부친어르신들께서도 오랫동안 공직에서 성실하게 근무하신 후, 정년퇴직하신 훌륭한 분들이십니다. 신랑의 부친인 최진규 세무사께서는 국세청에 오래 근무하시면서 한국국세행정의 발전을 위하여 커다란 기여를 하셨ㅇ며, 신부의 부친인 김상국 선생님께서는 서울특별시청에 오랫동안 근무하시면서 서울시행정의 발전을 위하여 커다란 공헌을 하신 후, 1급 공무원으로 정년퇴직하신 도시행정 전문가이십니다.

그러므로 오늘의 신랑 최형걸 군과 김지양 양의 결혼식은 우리은행에서 함께 근무하는 직장동료 간의 경사인 동시에, 신랑신부의 부친께서는 두 분 모두 고위공무원 출신으로서 국가발전을 위하여 커다란 공헌을 하신 분들이라고 하는 공통분모를 갖고 있다고 분석됩니다.

오늘 새로운 출발을 하는 두 사람이 항상 화목하고 사랑이 충만하여 행복한 가정을 꾸미는 데 조금이라도 도움이 될까 하여 그동안 저의 인생경험을 살려서 한 말씀 드릴까 합니다.

첫째, 남편과 아내와의 부부생활은 서로 인격적으로 존중하며 상호조화를 이루도록 노력해야 한다는 것입니다. 그러나 이는 결코 쉬운 일이 아닙니다. 인생의 여정은 마치 망망한 바다를 바라보는 항해와 같은 것입니다. 때로는 눈과 비가 오기도 합니다. 때로는 맑은 날도 있지만 흐린 날도 있습니다. 그러므로 행복한 결혼생활을 이루기 위하여 가장 필요한 것은 조화와 인내입니다. 신랑신부가 각자 다른 환경 속에서 성장해 왔기 때문에 서로 다른 생각과 철학 그리고 상호이질적인 생활습관을 갖고 있는 것은 당연한 일입니다. 서로 다른 점을 상호 이해하고 새로운 환경 속에서 공통적인 가치를 창출하고 또한 최대공약수를 추구하는 것이 행복한 결혼생활의 지름길이라고 저는 생각합니다.

둘째, 오늘날이 있기까지 신랑신부를 낳아주시고 길러주신 양가 부모님의 은혜를 결코 잊지 말고, 부모님을 더욱 공경하고 그 은혜에 보답하기 위하여 최대한 노력하시기를 바랍니다. 뿐만 아니라 오늘의 행복한 순간이 오기까지 주위에서 도와주신 친지, 선후배, 직장동료 등 여러분들에게도 항상 감사하는 마음을 결코 잊어서는 아니 됩니다.

셋째, 신랑신부 두 분은 한국 최고의 금융기관인 '우리나라 우리은행'의 직원으로서 각자 주어진 부서에서의 성실한 근무를 통하여 한국금융문화의 발전과 창출에 기여하시기를 바랍니다. 이

것이야말로 21세기에 살고 있는 우리들 지식인의 사회적인 역할이며, 또한 주어진 사명이라고 하겠습니다.

끝으로, 오늘 이 자리를 빛내주신 하객 여러분들에게 부탁드립니다. 오늘 부부가 되는 두 사람의 앞날을 함께 축하해주실 뿐만 아니라, 항상 지켜보시면서 아직 부족한 두 사람이 행복한 가정을 원만히 꾸려나갈 수 있도록 관심을 가지시고, 앞으로도 계속하여 따뜻한 충고와 격려로 이끌어 주시기를 간곡히 부탁드립니다.

다시 한 번 최형걸 군과 김지양 양의 결혼식을 진심으로 축하하면서, 이만 주례사에 갈음하겠습니다. 감사합니다.

* 편집자 주: 연세대행정대학원제자인 최진규 세무사의 장남 형걸군의 결혼식을 주례한 신희석 교수의 주례사전문을 게재합니다(2018년 9월 30일,우리은행 본점4층 대회의실).

6. 차주완(예비역육군준장, 국방부기무부대장,국군기무학교장, 기무사수사단장 역임, 당원 연구위원)

〈신희석 교수님과의 추억을 담은 글〉

교수님! 2025 새해 복 많이 받으십시요.

제 인생에 커다란 역할을 하신 교수님을 표현하려 하나 잘 되지를 않습니다. 졸필을 보내드립니다.

연세대학교 행정대학원 석사과정에서 교수님의 일본정치외교론 강의를 처음 들었을 때가 떠오릅니다. 교수님께서는 강의실에서 특유의 온화한 미소를 지으셨고, 와이셔츠 소매를 걷어 붙이고 오늘 이 챕터는 결판을 낸다는 자세로 강의를 시작하셨습니다. 항상 긍정적이고 적극적이며 힘이 넘치는 모습이었습니다. 교수님의 동경대학에서의 박사과정과 하버드대학에서 젊은시절 고생하시던 말씀은 아직도 생생합니다. 논리적이면서 힘이 있는 목소리로 일본학계와 정계에서의 경험들을 바탕으로 일본정치의 복잡한 흐름을 풀어 주셨습니다.

교수님께서는 단순한 지식 전달을 넘어, 학생들이 더 넓은 시야에서 사고할 수 있도록 길을 열어 주셨습니다. 강의 중 교수님께서 직접 경험하셨던 사례를 들려주실 때면, 마치 일본정치의 한 복판에 서 있는 듯한 생생함이 느껴지기도 하였습니다.

교수님은 제자들에게 힘과 용기를 주시는 분입니다. 제가 석사논문을 준비하며 방향을 잡지 못해 고민하고 있을 때, 교수님께서는 제 연구주제를 진지하게 들어주시고, 이 방향으로 논문을 쓴다면 베스트 논문이 될 것이라며 용기를 주셨습니다. 그 한마디가 저에게 큰 용기를 주었고, 덕분에 끝까지 논문을 완성할 수 있었기에 감사드립니다.

또한, 교수님께서는 학문뿐만 아니라 인생에 대한 조언도 많이 해주셨습니다. 연구자로서의 태도뿐만 아니라, 삶을 살아가는 데 있어 중요한 가치에 대해서도 이야기해 주셨던 순간들이 떠오릅니다. 강의실 안팎에서 교수님께 배운 것은 단순한 학문적 지식이 아니라, 세상을 바라보는 태도였습니다.

교수님께서는 모교이신 연세대학을 떠나신 후에도 아태정책연구원(APPRI)을 창립하시어 저를 정책연구위원으로 위촉하셔서 계속 연구하고 공부할 수 있는 기회를 주셨습니다. 340회에 걸쳐서 명사들을 초청한 이 APPRI 정책연구포럼에서 저는 수준높은 지식을 얻을 수 있었고 한국의 각계를 대표하는 분들은 물론 미국과 일본을 비롯한 주요국의 저명한 인사들과도 소중한 친교를 할 수 있는 기회를 제공하여 주셨습니다. 지금 생각하면 얼마나 감사한지 모르겠습니다.

교수님은 정이 많으신 분입니다. 한번 맺은 인연을 소중히 여기는 분입니다. 제가 현직에서 떠나게 되자 저희 부부를 초청하여 만찬을 베풀어 주셨습니다. 국가와 국민을 위해 열심히 일하고 명예롭게 은퇴함을 축하하고 멋진 제2의 인생이 열리기를 기원한다며 격려해 주시던 기억이 생생합니다.

교수님께서 팔순을 맞아 회고록을 내신다는 소식을 듣고, 다시금 교수님과 강의실에서 보냈던 시간이 떠올랐습니다. 그 시절의 배움과 졸업 후 교수님과의 만남은 제 삶의 중요한 자산이 되었고, 지금도 교수님의 가르침을 마음에 되새기면서 열심히 살아가고 있습니다.

교수님! 80회고록 자서전출간을 진심으로 축하드립니다. 그동안 수많은 제자들에게 지혜와 가르침을 전해 주신 것처럼, 앞으로도 건강하게 오래도록 우리 곁에 함께 계셔 주시기를 마음속으로 기원합니다. 다시 한 번 깊은 우리 교수님께 감사의 인사말씀을 드리면서, 신희석 교수님의 건강과 가정의 평안하심을 진심으로 기원드립니다.

2025. 1. 29. 설날 아침

제자 차주완 배상

차주완 장군!

2025 설날 아침 보내주신 정성어린 사연, 너무나도 감동적이었습니다.

인간에게 있어서 중요한것은 어디에서 사느냐가 아니라 무엇을 생각하면서 어떻게 살아가느냐 하는것입니다. 車 장군은 30여 년간을 軍에서 대한민국을 수호하고 국토방위와 국가안전을 위하여 헌신적인 노력을 해 오셨습니다.

반면에 나는 외교부에 본적을 두고 나의 영원한 친정인 연세대학교에 겸임교수로 출강하면서 정치외교학과, 대학원정치학과 그리고 행정대학원에서 20여 년동안 수많은 제자들과 함께 공부하면서 학문의 무한대성과 외교안보정책의 중요성을 재인식하면서 국책연구활동에 심혈을 기울여왔습니다. 그러므로 우리들에게는 "대한민국"이라고 하는 공통분모가 주어져 있습니다. 나는 이를 자랑스럽게 생각합니다.

나는 지금도 車 장군이 반짝이는 육군대위의 계급장을 달고 참고문헌이 적지 않게 들어있는 묵직한 가방을 들고 석사학위논문 작성을 위하여 나의 연구실에 자주 왕림하던 젊은 시절을 기억하고 있습니다. 또한 車 장군덕분에 당원(APPRI)의 이사, 연구위원, 정책자문위원 등 45명과 국군기무사령부를 견학하고 우리의 대공업무에 관하여 함께 공부하던 귀중한 경험의 시간을 잊지 않고 있습니다.

이제 우리는 고독했던 세계적 문호 Tolstoy와 같은 철학과 경륜을 갖고 또한 낭만적인 시인 Byron과 같은 로맨티시즘을 갖고 제 2 의 인생을 굳세게 살아갑시다.

변치않는 우정을 약속합니다. 고맙습니다

2025년 설날

申熙錫 教授 글

7. 이문석 장군(보병 제 52 사단장 & 육군보병학교장 역임, 예비역육군소장, 당원 연구위원)

존경하는 신희석 교수님께!

항상 정열적인 연구활동으로 각계의 주목을 받고 계시는 교수님과 아·태 정책연구원의 모습을 뵈면서 저희 제자들도 뿌듯한 자부심을 느끼고 있습니다.

부족하고 못난 제자를 끔찍하고 자상하게 아껴주시고 가르침을 주시는 교수님께 늘 죄송스럽게 생각하고 있습니다. 하늘 같은 스승의 은혜에 보답하지 못하는 무심한 제자를 꾸짖어 주십시오. 평소 전화 한 통 제대로 올리지 못하지만 제 맡은 바 소임을 완수하기 위해 최선을 다해 노무에 임하는 것이 교수님의 은혜와 기대에 다소나마 보답하는 길이라고 자위하고 있습니다.

교수님! 더욱 건강하시고 사모님께도 안부 전해 주십시오. 일간에 교수님 시간 고려해서 한 번 모시도록 노력하겠습니다. 안녕히 계십시오!

2000. 5. 15.

수도방위사령부 작전과장 중령 이문석 올림.

8. 소치형 교수(건국대 정치행정학부 교수역임, 성균관대 & 서울시립대 강사역임, 당원 연구위원)

〈신희석 교수님께 드리는 축하와 감사의 말씀〉

동양사회에서는 인생 80 을 '산수(傘壽)'라고 합니다.

먼저 신희석 교수님의 자서전 출판을 진심으로 축하드립니다.

주지하시는 바와 같이, 신 교수님께서는 일본 동경대학에서 정치학박사 학위를 취득하신 후, 귀국하셔서 당시 외무부외교안보연구원 (현 외교부국립외교원) 교수로 재임하시게 되었습니다.

이글을 쓰는 저는 대학원 박사학위 과정 첫 학기에 신 교수님을 처음 뵙게 되었고, 이후 지금까지 반세기동안 사제지간의 관계를 유지하고 있습니다. 이에 감히 감사와 축하의 말씀을 올리게 됨을 큰 영광이자 기쁨으로 여깁니다.

신 교수님은 동경대학유학시절과 하버드대학에서의 연구생활을 위하여 어려운 환경 속에서 형설의 공을 쌓으신 결과, 국제정치 부문에 탁월한 식견과 지식을 보유하셨습니다. 세계 유일의 피폭국 일본에서 공부하시고 원폭투하로 태평양전쟁을 종결시킨 미국에서 연구하신 신 교수님의 평화에 대한 열정은 실로 남다른 것이었습니다.

당시 국제적 냉전시대는 강대국 중심의 양극체제로 우리나라도 안보와 번영의 절실한 과제를 극복해야 할 처지였습니다. 한반도 지정학적인 이점은 커녕 오히려 불리한 상황에서 외교를 통한 국난 극복 또한 쉽지 않은 현실에서 국제정치연구를 선택했던 저로서는 신 교수님을 뵙게된 것은 후학으로서 큰 행운이었습니다.

이러한 국내외적 조건 아래 저는 신 교수님과 학문적으로 같은 상황인식으로 인연을 맺게 되었고, 이후 계속 많은 지도와 편달을 받는 가운데 신 교수님은 제가 학문의 길로 들어서는데 많은 조언과 격려를 아끼지 않으셨습니다.

신 교수님은 여러 대학에서 언제나 주변에 많은 후학들을 두셨습니다. 그 결과 유능한 인재들이 배출되는 도리만천하(桃李滿天下)의 성과를 거두셨습니다. 학문의 길에 왕도가 없으니 땀 흘리지 않고는 이룰 수 없다는 무한불성(無汗不成)의 가르침은 여전히 저에게도 큰 계명으로 남아 있습니다.

신 교수님께서는 학문적 이상과 현실적 과제를 분리가 아닌 융합적 테제로 인식하여 양자에 대한 성찰과 접목을 실제로 구현해 보이려는 노력을 하신 끝에 일찍이 1996년에 아태정책연구원

(亞太政策研究院)을 설립하셨습니다.

우리나라의 안전보장과 평화통일 그리고 경제발전을 통시적이며 합목적적으로 추구해야 한다는 통섭 (統攝)의 혜안은 잿더미 위의 평화보다 공존과 외교를 통한 평화의 중요성을 실제에 적용하고자 새로운 패러다임으로 남북한을 연결하는 매개체로서의 아태정책연구원(Asia-Pacific Policy Research Institute,APPRI) 설립에 착안하셨던 것입니다.

신 교수님은 연구원을 운영하심에 학술활동과 현장탐방 프로젝트를 균형 있게 운영하시고자 했습니다. 학술 활동은 국내외 저명한 학술전문가들과 국정경험이 풍부한 분들이 참가하는 국제학술회의 개최와 정기적인 학술세미나를 통해 회원들의 안목을 크게 넓혀주셨습니다.

또한 현장탐방 활동 분야에 있어서는 먼저 남북한 교류협력 현장이던 개성공단 방문에서 남북 양측의 공존가능성을, 국내 유수의 대기업 시찰에서는 우리 경제의 세계화를, 최전방 부대위문방문에서는 평화를 담보하는 자주 국방의 대계 등을 체험하는 프로그램들을 적극 준비하시어 관련 종사자들에게는 위로를, 저희 아태정책연구원(APPRI)임원들에게는 자부심을 갖는 얻기 힘든 소중한 기회를 주기적으로 마련하여 주셨습니다.

이러한 모든 성과는 오직 교수님의 학문과 현실을 통섭하시려 했던 사명감의 산물이었습니다.

신희석 교수님의 삶의 여정에서 각고의 결실로 꾸며진 자서전에 불초 저의 감사 말씀을 가름함에 앞서 김경옥 총무이사님의 헌신적 내조와 수고에 대하여 다함 없는 감사를 드리고 싶습니다.

두 분께서 부디 송무학수(松茂鶴壽)하시기를 기원합니다.

2025 년 설날

후학 소치형 올림

소치형 선생!

2025 설날에 보내주신 정성 어린 사연, 너무나도 감동적이었습니다.

인간에게 있어서 중요한 것은 어디에서 사느냐가 아니라 무엇을 생각하면서 어떻게 살아가느냐 하는 것입니다. 나는 지금도 참고문헌이 적지 않게 들어있는 묵직한 가방을 들고 나의 박사과정 강의시간에 진지한 표정으로 수업에 임하시던 소 선생의 젊은 시절을 기억하고 있습니다. 벌써 많은 세월이 흘렀습니다.

우리 함께 공부하던 그 시절 강의실에서의 귀중한 경험을 나는 잊지 않고 있습니다.

소 선생은 오랫동안 건국대학교에서 석박사 학위를 취득하고 후학을 양성해 온 전형적인 "건국맨'입니다. 그리고 한국에서의 중국정치연구(China Studies)를 위하여 헌신적인 노력을 기울여 왔습니다. 또한, 소생이 조재관 교수님의 부르심을 받고 건국대대학원 정치학과의 석박사과정 수업을 여러 차례 담당하면서 소 선생의 우수한 후배들을 만날 수 있었음을 기쁘게 생각합니다.

반면에 나는 외교부에 본적을 두고 나의 영원한 친정인 연세대학교에 겸임교수로 출강하면서 정치외교학과, 대학원정치학과 그리고 행정대학원에서 20여 년동안 수많은 제자들과 함께 공부하면서 학문의 무한대성과 외교안보정책의 중요성을 재인식하면서 국책연구활동에 심혈을 기울여왔습니다. 그러므로 우리들에게는 "학문과 정책"이라고 하는 공통분모가 주어져 있습니다. 또한 나는 이를 자랑스럽게 생각합니다.

이제 우리는 고독했던 세계적 문호 Tolstoy와 같은 철학과 경륜을 갖고 또한 낭만적인 시인 Byron과 같은 로맨티시즘을 갖고 제 2 의 인생을 굳세게 살아갑시다. 同道를 걷는 先後學으로써 변치않는 우정을 약속합니다. 고맙습니다.

2025년 설날

申熙錫 教授 글

第 7 節

사랑하는 우리딸 申美和야 (醫學博士, 日本綜合病院에서 醫師로 活動中)!

날짜: 25.02.22 18:01 GMT +0900

사랑하는 우리딸 미미야! 너의 43세 생일을 축하한다.

<總論> 여러 가지의 어려움을 극복하고 구라파와 일본을 오가는 국제적으로 유명한 의사로서 크게 성공하여 굳세게 인생을 살아가고 있는 우리딸 신미화 박사! 진실로 훌륭하다. 우리 미미가 이 아버지의 위대한 딸임을 나는 자랑스럽게 생각한다. 앞으로도 더욱 굳세게 살아다오. 기필코 大成功할 것이다. 왜? 아버지의 딸이니까!!!

〈各論〉

1. 우리 미미는 결코 異邦人이 아니다. 평범한 보통사람이다. 미미의 論理라면 Boston살때 나도 이방인이요, Tokyo살때도 이방인인데, 나는 내가 異邦人이라고 생각한적 없다. Aristotle 말대로 인간은 '사회적동물'인고로 다른 외부환경에서도 유효적절하게 살아가는 것이 順理인 것이다. 미미가 외국에서 오랫동안 살고 있다고 해서 너무 지나치게 외로워 하지 말아다오! 소녀시절의 우리 미미가 동경집근처에서 아침신문의 아르바이트 배달 중 자전거가 벽에 부딪쳐서 자빠지는 바람에 다리와 팔을 다쳤다는 소식을 들었을 때 이 아버지는 홀로 함박눈물을 하루종일 흘렸다.

2. 아버지는 너희들과의 연락을 끊은적이 없다. 그럴 이유도 전혀 없거니와, 연락을 끊은 것은 오히려 너희들이다. 얼마나 보고 싶었는 줄 아느냐! 얼마나 사랑하고 있는 줄 아느냐! 젊은 너희들은 80대 아버지의 깊은 속을 모른다. 그러기에 우리 미미를 만날 때마다 비록 소액이지만 너희들에게 아낌없이 내가 갖고 있는 모든 성의를 모아서 여러 차례 온정과 사랑을 베풀었던 것이다.

3. 너의 큰 언니MeguChyang과 작은언니KyoChyang 에 대한 아버지의 사랑도 마찬가지이다. 똑같다. 여러 가지로 너희들 상호간에 불만과 생각의 차이는 있을지도 모르지만, 언니들하고 화목하고 사이좋게 지내야 한다. 너희들은 모두가 아버지의 뱃속에서 나온 아이들이기 때문이다. 알겠느냐?

4. 미미가 포용심을 갖고 언니들에게 먼저 온정과 사랑을 베풀어라. 더구나 너는 영국, EU, 일본, Romania의 의사자격 국가시험에 합격하여 현직중견의사로 일본에서 대활약하는 성공한 의료엘리트이니 너가 먼저 언니들에게 마음의 창문을 열어야 한다. 그것이 바로 부모가 바라는 바이다. 다들 보고싶다. 언제든지 달려들 오너라.
두팔 들고 환영한다. 옛날처럼 안방에 긴 매트리스를 깔고 나란히 순서대로 드러누워서 밤새도록 정담을 나누자. 또한 너희들이 어렸을 때처럼 이 늙은 아버지와 함께 즐겁게 뛰어 놀자. 너희들이 놀던 장미아파트의 어린이놀이터에서 그네도 타고 미끄럼틀도 같이 타자꾸나. 그리고 떡볶이도 같이 먹고 금붕어아이스크림도 함께 나누어 먹자꾸나!

5. 너의 시부모 가족들이 우리 미미의 어려운 시절에 여러 가지로 도와주신 점, 감사하고 있다. 그러기에 아버지는 80세의 고령임에도 불구하고 직접 차를 운전하고 그 분들을 만나기 위하여 저 멀리 항도부산까지 다녀온 것이다(Kanshya no Sirusi). 너 남편 Catalin은 가정적이고 자상하게 처자를 잘 보살피는 성실한 청년이다. 나이를 들어도 변치 말고 미미를 사랑하고 너의 가정을 영원토록 아끼는 사위가 되기를 바란다. 또한 우리 미미도 시부모 가족의 변치 않는 사랑을 받을 수 있도록 겸손해야 한다. Catalin의 장인과 장모에 대한 자세도 그 정도면 합격이다.

6. 아이들 교육과 가정경제의 안정을 위하여는 향후 일본 땅에 뿌리를 내리고 생활의 터전을 확정시키고 가끔 구라파와 모국을 방문하는 것이 바람직하다. 아이들의 인성교육을 위해서라도 대학은 확실하게 일본에서 졸업시켜야 한다. 醫學者로서의 미미의 장래, 생활경제의 가치, 아이들의 Cultural Identity와 교육을 위해서도 일본이 가장 바람직하다. 너를 닮아서 총명하고 똑똑한 장남 신꿍이는 반드시 이 할아버지의 뜻과 경로를 받들어서 東京大學 또는 京都大學에 꼭 입학시켜야 한다. 미미와 이 할아버지를 닮아서 훌륭한 사람이 될것이라고 확신한다. 귀여운 너딸 YuYu도 마찬가지이다. 미미의 어린시절을 연상하게 하는 귀여운 손자들이다.
일본은 우리보다 앞질러가는 세계의 선진국으로 우리가 배워야 할 점이 너무나도 많은 나라이다. 역사적으로 볼 때 고이한 측면도 적지 않지만!! 일본은 폐쇄적이고 배타적이며 얄미울 정도로 Homogeneous한 나라이다. 하지만, 세계 5 대 선진국 중의 하나이다.

7. 미미가 자기를 스스로 異邦人이라고 규정하는 것은 Complex no Araware에 불과하다. 아버지도 세 차례에 걸쳐서 무려 14년간 東京에서 살았지만, 異邦人이라고 전혀 생각해 본 적이 없다. 일본인들의 문화의식을 "Given Situation"이라고 독립변수로 생각하고 그 흐름에 따라 편승하면 되는 것이다. Kangaesugiru하지 말고 병원에서도 자기 일만 충실히 하면 된다. Cool하게생각하여라. 그리고 지나치게 Nationalism을 강조하지 말고 Internationalism과 더불어 살아라. 그러면 하루가 즐거워지고 훗날에는 Global Leader가 될 수 있다. 韓國籍으로 완벽한 영어와 일본어 그리고 유창한 Romania어를 구사하면서 하늘에 별따기의 일본국가

의사면허증을 갖고 국제적으로 활약하는 사람은 일본에서 우리 미미밖에 없다는 자긍심과 명예를 갖고 열심히 일하여라. 너하고 아버지는 나이 차이가 불과 40살밖에 안 된다. 미미와 미미 가족의 장래에 반드시 서광의 햇살이 비칠 것이니라

8. 이제 우리 미미는 의사로서 구라파에서 일본에 돌아온 최초의 목적, 즉 미미가 사랑하는 사람들을 평생 지킬 수 있는 의사로서의 힘을 기르는 목적을 달성하였으니 이제 전문의 중견 의사로서 "제 2 의 도약"을 위한 본격적인 가정경제의 기반강화와 사회적으로 직장기반조성의 단계에 들어가야 한다. 인생100년은 길지만 너무나도 짧은 것이다. 여러 가지의 어려움을 극복하고 의사로서 큰 성공하여 굳세게 인생을 살아가고 있는 우리딸 申美和! 진정 훌륭하다. 또한, 나의 자랑스럽고도 위대한 우리 딸임을 아버지는 자랑스럽게 생각하고 있다. 앞으로도 더욱 굳세게 살아다오. 기필코 大成功할 것이다. 왜? 신미화는 아버지와 어머니의 우리 딸이니까!

9. <結語> 나는 언젠가 때가 오면 자서전 작업을 완료하고 全 가족 다함께 세계일주Cruise여행을 함께 하고 싶다. 그리고 여생을 오로지 국가와 민족을 생각하면서 사랑하는 손자들을 돌보면서 더욱 슬기롭고 더욱 보람찬 인생을 살고 싶다.
Oh! 눈물이 앞을 가려서 더 이상 쓸 수 없구나!

10. <追信> 그리고 주위 사람들의 심정을 상하게 하는 '공격성 발언'은 삼가하여야 한다.
너는 결코 반항적 TeenAger가 아니다. 40여 년간 공들여 쌓은 인생탑이 한순간에 무너질 수도 있다. 이제는 40대 중반을 비라 보는 어른이니 어른답게 지성인답게 言動하여야 하느니라. 나는 미미에게 하고 싶은 말의 50%만 이야기한다. 그것은 經倫이요, 德望인 것이다.

<終>

2025년 2월 22일 신미화 박사의 아버지 신희석이가 씀.

Galaxy Jump2

第 8 節

'延政19'會員님들에 대한 白頭山登攀報告

'延政19'회원님들에게 드립니다.

안녕하십니까? 소생의 백두산(중국인들은 백두산을 '장백산'이라고 부르고 있음)등반에 관심을 표명하여 주신 장규호 동문님, 정건작 동문님, 윤상림동문님을 비롯한 '延政19'동기생여러분들에게 감사드리오며, 이미 카톡으로 보내드린(2023년7월) 7 회에 걸친 보고메시지카톡을 기초로 하여 다음과 같이 종합정리하여 보았습니다.

*가족동반 10명(다섯 커플), 2023년 7/3~7/7(4박 5일간), Incentive Tour

〈제 1 일〉 밤늦은 도착과 꼭두새벽기상

CJ로 서울출발→심양도착 요녕성박물관 견학 후, 밤늦게 호텔도착 숙박. 내일 백두산등정!

나는 국제관계론을 연구, 교육하는 학자의 입장에서 전 세계 50여 개의 도시를 방문하였지만, 백두산은 지정학적으로 남북한이 동시에 걸쳐 있는 한반도평화의 상징적 의미가 있는 고로 꼭 한번 가보고 싶었습니다. 심양에서 일반 버스로 무려 5시간을 강행군하여 다음날 새벽 02:00에 호텔 Check-In, 가슴설레임속에 '자는 둥 마는 둥'! 결국 잠을 설치고 말았습니다!

〈제 2 일〉 Oh! 진정 아름다운 신천지가 眼前에 전개되도다!

역사적인 백두산등정을 위하여 가슴설레이면서 우리는 통화에 있는 Oriental Hotel에서 1 박한 후, 04:30에 기상, 버스안에서 샌드위치로 아침식사를 한 후, 天池에 도착하기 위하여 자동차를 여러 차례 바꿔탔습니다. 3-4회 자동차를 바꿔탄 후 天池에 도착하기 위한 마지막 코스인 중형 지프차를 기다리고 있습니다.

오늘은 북파코스로 그리고 내일은 서파코스로 왕복 2900개의 계단(아이고,다리야!)을 통하여 천지를 견학할 예정입니다. 지금 막 급경사를 쾌속 지프차가 달리기 시작하였습니다.

天池에 도착하기 위하여는 불가피하게 다른 자동차를 여러 차례 바꿔 타야만 합니다. 지금 이 순간 天池도착을 위한 마지막 코스인 중형 지프차를 드디어 바꿔 탔습니다.

天池에 도착하위한 마지막 코스인 중형 지프차를 10명이 함께 타고 시속 70-80km의 상당히 빠른 속도로 경사 높은 커브길을 약 20분간 쾌속주행하여 백두산 턱밑에 도착하였습니다. 마음설레임속에 하차한 우리 일행 10명은 다시금 약 200m의 비탈길을 올라갔더니,

앗! Oh! 진정 아름다운 신천지가 眼前에 전개되도다!

암흑의 시대가 去하고. 광명의 시대가 來하였도다! 쾌청한 푸른하늘과 코발트색의 天池가 어울린 대자연백두산의 모습은 실로 장관이었습니다(사진참조). 거의 무의식적으로 나는 혼자서 조용히 한시를 읊었습니다.

꿈속에 그리던 백두산天池를 두발로 돌아드니
대자연 의구한데 바람소리 부드럽네!
어즈버! 지금 이순간 꿈이런가 하노라!

또한, 나는 거의 무의식적으로 백두산 상상봉에 태극기를 휘날리는 "꽃 중의 꽃"을 조용히 부르자 적지 않은 군중들이 구경삼아 내앞에 돌연 몰려드는 눈동자들을 나는 의식하였습니다(영상참조). 하마터면 한국인 학자에 의한 아마추어가수의 콘서트장이 될 뻔 하였습니다. 다른 관광객들은 한국에서 '늙은이 가수'가 온 것으로 착각한 모양입니다. 하염없이 天池를 바라보는 순간 우리들부부는 이미 흐뭇한 마음과 아울러 조용한 전율을 거의 동시에 느끼고 있었습니다.

하산하고 싶은 마음이 돌연 사라졌습니다. 집사람과 나는 두 손을 꼭 잡고 백두산천지의 아름다운 영상을 눈동자 속에 조용히 담아두었습니다. 그리고 속삭였습니다. 이 이름다운 추억의 영상이 부디 부디 오래 가라고. 1년 중 2/3는 눈, 비, 구름, 강풍으로 천지를 보기 어려운 상황이라고 하는 데 우리일행은 정말 하늘의 도움으로 축복을 받았습니다.

하산 후의 장백폭포도 가관이었다. 우리는 이도백하에 있는 Mountain Spring Hotel에서 피곤에 지친 몸으로 조용히 여장을 풀었습니다. 하지만, 백두산천지의 아름다운 영상이 눈앞에 아른거려 엎치락 뒷치락 잠 못이루는 밤이 계속되었습니다.

〈제 3 일〉 서파코스등반의 물거품

오늘도 우리들 일행 10 명은 새벽조식을 간단히 마치고 이도백하에 있는 Mountain Spring Hotel을 출발하여 고산화원을 창문으로 바라보면서 약 두 시간 주행하여 백두산 주차장에 도착하였습니다. 하지만 아침부터 가랑비가 계속되더니 백두산 전용 지프차로 바꿔타는 순간부터 빗줄기가 돌연 굵어지기 시작하였습니다. 더욱이 순간적으로 시커먼 먹구름이 하늘을 덮어버리면서 강풍이 몰아치기 시작하였습니다. 불길한 예감이 들었습니다.

우리는 이미 1450개 계단의 중턱에서 악천후 관계로 비상대기를 하던 중, 백두산관리사무소측의 권고로 전원 U턴 下山하는 수밖에 없었습니다. 다른각도(어제는 북파코스, 오늘은 서파코스로)에서 天池를 감상할 수 있겠다고 하는 우리의 작은 소망은 마치 물거품처럼 바람과 함께 사라

지고 말았습니다.

어제의 구름 한 점 없던 맑은 날씨속에 백두산천지를 본 것이 마치 꿈만 같았습니다.

인간은 대자연의 변화무쌍함에 굴복할 수밖에 없습니다. 우리는 아쉬움을 남기면서 발길을 돌릴 수밖에 없었습니다. 하지만, 어제의 성공적 등반과 天池견학은 오늘의 아쉬움을 달래기에 충분하였습니다. 우리 일행은 용암분출시에 만들어진 금강대협곡을 바라보면서 通化로 다시 이동하여 Oriental Hotel에서 피곤한 여장을 풀었습니다.

해외여행의 추억은 진정 아름다운 것입니다.

〈제 4 일〉 압록강 유람선Cruise앞에 펼쳐지는 북중경제력의 비교

오늘은 광개토대왕비와 압록강에서 보는 북한땅 신의주를 해상크루즈에서 바라보는 것이 주요 일정이었습니다. Oriental Hotel을 출발, 오호묘와 환도산성을 바라보면서 우리는 集安으로 계속 달렸습니다.

광활한 대륙을 호령하였던 고구려유적지를 경유하여 고구려 제 19 대 광개토대왕의 업적이 기록된 陵과 碑를 견학한 후 5시간에 걸쳐서 다시금 丹東으로 이동하였습니다.

남북이 6350 km, 동서가 6500 km나 되는 중국대륙의 넓음을 실감할 수 있었습니다.

압록강 유람선에 탑승하여 펼쳐지는 전경을 감상하면서 우리는 Cruise승선을 즐겼습니다. 20층 이상의 현대식건물이 우뚝 서있는 중국땅과 사람 살지않는 유령가옥과 들판만보이는 북한땅은 너무나도 대조적이었습니다. Riverside Hotel Dandong에서 바라보이는 압록강의 도도히 흐르는 물결은 피곤에 지친 우리들에게 역사의 재조명이라고 하는 새로운 연구과제와 역사탐방의 중요성을 재인식하기에 충분하였습니다. 내일은 귀국하는 날입니다!

올때와 마찬가지로 丹東—심양의 5시간에 걸친 고속버스 이동이 우리를 기다리고 있었습니다. 진한 술한잔을 홀로 마시면서 조용히 명상을 하고 싶은 생각이 들었습니다.

내일은 영광의 조국 대한민국으로 귀국하는 날입니다!

〈제 5 일〉 최종회, Findings & Suggestions〉 소감: 한국인 관광문화의 발전을 위한 노력 필요!

1. 해외여행은 현대인의 유익한 문화적 Event: 해외여행은 즐겁다.그리고 현대인의 유익한 문화적 Event이다. 나는 이제 80 을 넘어가는 老學者이지만, 心身은 젊은고로 앞으로도 해외여행을 적극적으로 추진할 것이다.
   특히 이번 여행의 결론적 성과는 남북한관계의 상징적의미를 갖고있는 백두산天池를 가족과 함께 등반하였다고 하는 점이다.

2. 중국국제화의 한계: 예컨대, 중국에 도착하여 Immigration, Security 심지어는 Hotel직원에 이르기까지, 영어를 말하거나 알아들을 수 있는 사람은 전혀 보지못하였다. 그동안 30여 차례이상 중국출장을 다녀왔지만, 달라진 것이 전혀 없다. 오늘날 영어는 전세계가 사용하는 국제어이지 英美의 독자적 언어가 아닌 것이다. 물론 영어구사능력으로 그 나라의 국제화 정도를 측정할 수는 없다. 하지만, 가치척도의 한 요소인 것만은 사실이다.
뿐만아니라, 중국인들의 머릿속에는 국제화 내지는 세계화라고 하는 개념조차 아예 존재하지 않고 있습니다. 중국의 어느 도시를 가든지 왁자지껄하고 시끄러운 문화의식, 줄서기문화가 아직 정착되지 않은 무질서의식의 고도화, 끔찍한 화장실문화에서 볼 수 있는 청결의식의 결여, 응큼슬쩍하면서 남을 속이는 국민성(중국정부산하연구소 국제문제연구소와의 교류를 통하여 여러차례 경험하였음),소 위 금융사기에서 볼 수 있는 Voice-Fishing의 비극적 실체(이는 중국에서 비롯된 것임) 등은 우리를 슬프게 하는 아쉬운 요인들입니다.
요컨대, 중국은 별로 배울 것이 없는 나라입니다. 아쉽게 생각합니다.

3. 한중관계는 必要惡: 작년에 주한중국대사가 한국의 야당대표를 자신의 관저로 초청하여, 한국정부의 對중정책을 맹렬히 비난/질타하고 한국에 대한 내정간섭적인 발언을 서슴치 않았다고 하는 언론보도는 매우 유감스런 일입니다. 더구나 同대사는 한국을 비판하는 몇 장의 발표문을 의도적으로 사전에 작성하여 도도히 읽어 내려갔다고 하는데, 이는 오만불손과 무례함의 극치입니다. 이는 마치 舊한말에 Inoue일본공사/Hanabusa공사/Takezoe공사의 고종과 대원군에 대한 무례한 言動/태도와 전혀 다를바 없습니다.하지만 한중관계의 외교적 중요성과 점증하는 한국경제의 對中의존도를 상정하면 중국은 결코 무시할 수 없는 나라입니다. 우리는 중국이라는 존재를 극복하기 위하여 中國硏究(China Studies)를 강화해야 합니다. 동시에 향후 한국외교안보정책의 구심점은 한미관계와 한일관계이며, 이를 통하여 자유민주주의와 시장경제를 가일층 발전시켜 나가야 하는 것입니다.

4. 한반도평화정착을 통한 남북한관계의 발전: 압록강 강변에서 바라 본 중국경제와 북한경제의 격차는 나에게 적지 않은 충격을 주었습니다. 남북한 분단현실의 비극은 우리를 슬프게 합니다. 정권에 따라서 남북한 역학관계의 구조적 측면이 달라질 수밖에 없는 현실을 감안하면 더욱 가슴이 아파집니다. 남북한평화체제를 기본적으로 유지하면서 상호공존의 길을 모색할 수 밖에 없는 것이 오늘날의 현실을 직시할 필요가 있습니다.

5. 한국인 관광문화의 선진화와 발전을 위한 노력의 필요성: 선진국대열에 진입하고 있는 한국관광객들의 의식구조, 매너, 관광문화의 체질 개선이 절실히 필요합니다. 예컨대, 한국관광객을 주로 상대하는 대규모 패키지고객식당에서 "야! 밥 빨리 가져와", "야! 물도 가져와", "빨리빨리 가져와"라고 큰 목소리로 고래고래 소리지르는 일부 몰지각한 한국관광객들의 高聲추태는 주위사람들의 눈살을 찌푸리게 하기에 충분하였습니다.

나는 진정 가슴아팠습니다.

이와 같은 한국관광객들의 비신사적, 비문화적 언동은 자제/개선되어야 하며, 선진국 국민의 위상에 걸맞는 고품격자격요건을 갖추도록 노력해야 합니다. 감사합니다. <끝 >

참석자들로부터의 질문에 대하여 자신있게 답변하고 있는 이윤호 知識經濟部長官
(14개국에서 100여명의 저명인사가 참석하였음, 연세대동문회관, 2008년 6월)

海拔2620米
开心心旅游 安安全全返程

海拔2620米
北纬 42° 1' 32"
东经 128° 4' 8"
开开心心旅游 安安全全返程
HAVE FUN WITH YOUR TRIP,
RETURN HOME WITH SAFETY.

〈補論 ①: 訪中斷想〉

미국학계의 저명한 동북아한반도전문가 Glenn Paige교수는 한반도분단의 중요한 책임과 기원을 중국의 한국전쟁간섭에 초점을 두고 설명하고 있습니다. 또한, 한국전쟁전문가 Alexander George 교수도 동일한 맥락에서 중국의 책임을 지적하고 있습니다.

그렇습니다. 수나라와 당나라는 살수대첩과 패수대첩의 전투과정에서 고구려에 대하여 온갖 노략질을 자행하였습니다. 뿐만 아니라, 약관 29 세의 원세개는 北洋大臣자격으로 청일전쟁 전야에 조선을 방문, 고종황제와 대원군에게 청나라군대의 조선주둔 필요성을 오만불손한 언동과 안하무인격으로, 더구나 일방적인 요구로 협박하였습니다.

고이한지고! 오늘날도 중국의고위인사들은 舊사대주의 인식의 연장선상에서 대한민국을 평가하고 있습니다. 또한, 중국인들의 철면피함, 비위생성(특히, 화장실) 남녀노소의 시끄러움, 무질서의식, 등은 적지 않은 실망을 주고 있습니다.

요컨대,중국의 존재는 必要惡입니다. 하지만, 우리는외교적, 경제적, 안보적측면에서 중국을 필요로 하고 있습니다. 동북아의 국제환경을 조감적 시각에서 볼때, 중국은 동북아국제정치의 중요한 Actor요, Player입니다. 또한, IAEA가인정한 핵강대국이요, 군사대국이요, 나아가서는 경제대국입니다.

더구나, 조선족 또는 한족을 동원한 중국의 한국내 부동산확보 및 찬탈행위, 청도와 대련에 본거지를 둔 Voice-Fishing을 통한 한국금융질서의 교란, 중국인들의 대거한국이주를 통한 경제침략, 한국내 중국인과도 확장정책 등을 우리는 경계해야 합니다.

그러므로 우리는 대한민국의 국가이익을 수호하기 위한 근본적인 대중정책의 전환을 검토해야 할 시점에 도달하였다고 하겠습니다.

〈補論 ②:〉

고종황제에 대한 일본의 금품전달실체는 다음과 같습니다.

명성황후를 통한 일본의 금품전달은 일제의 조선침략행위의 연장선 상에서 파악될 수 있습니다. 이 역사적 사실은 임오군란이후의 경제난을 극복하고 조정의 안정을 위하여 명성황후가 Inoue Kaoru 주조선일본공사를 대궐로불러서 일화 약 300만 엔을 요구한 사실에서 출발하였습니다.

이에 대하여 호시탐탐 조선침략의 기회를 노리던 당시의 일본정부는 마지 못한척 하면서 '오히려 올것이 왔다'고 판단하고 호의적 반응을 보이기 시작하였습니다. Inoue일본공사는 명성황후의 금품요구를 오히려 "굴러온 떡"이라고 판단, Ito Hirobumi 초대수상의 내락을 받고 Okamoto육군무관과 함께 세 차례에 걸쳐서 일본돈현금과 금괴를 합하여 일화 약 150만 엔을 명성황후에게 전달하였습니다.

일화 약 300만 엔은 Inoue의 말을 빌리면, "조선땅을 전부 살 수 있는 거액"이라고 하였으며, 거액의 금전수수는 Inoue의 후임자인 Miura Koro공사부임 후에도 계속 승계되었습니다.

명성황후는 이 거액으로 주조선외교단을 다수 초청하여 손탁과 Yoshimura Michiko의 도움으로 정동구락부와 외교구락부를 설치하여 수시로 초호화판 파티행사를 개최하였습니다.

한편, 고종과 명성황후는 영의정 김홍집을 불러서 경복궁재건으로 초래된 조정의 커다란 재정적자복구를 위하여 일본자금을 충당한 결과, 무고한 백성경제의 활성화에 큰 도움을 준 것은 부인할 수 없는 사실이라고 하겠습니다.

또한, 명성황후는 대원군에게도 상당액을 전달,큰아들(전 동부승지, 고종 명복은 대원군의 둘째아들임)은 임오군란때 대원군을 지지했던 백성들에게 온정을 베푼 결과(장서방 외), 그 결과는 대원군과 민비의 관계를 정상화 하는데 크게 도움이 되었다고 하겠습니다(이하 생략).

〈연세〉 창간호에서 발췌(1966)

한국 정당정치의 분석과 그 진로

신 희 석
〈정치외교학과 3학년〉

목차

序: 민주정치와 정당

통치자 상호의 관계 또는 치자와 피치자와 관계를 정치라 한다(註1). 사회전체로서 일반적 목적을 실현하기 위하여 불가결의 표준에 비추어 공동목적을 직접 또는 간접으로 달성하기 위한 일종의 규정형태를 정치라고 정의(註2)한다면 그의 본질은 집단의 근본방침을 결정하고 이것의 실현을 촉진하여도 모순성은 없을 것 같다. (註3)

그러므로 정치란 개인과 집단의 정책결정에 있어서의 인간 상호관계에서 발생하는 일률적이고 연속성을 가진 사회현상을 의미하기 때문에 과거의 역사적 필연성과 장래의 지속적인 인간 공동체를 인정한다면 다음과 같은 이론 즉--현실의 실제적 정치는 획득가능한 가치체계를 둘러싼 엘리뜨와 이에 도전하는 반체제 엘리뜨와의 권력투쟁이라는 이론(註4)을 포촉할 수 있겠다. 그중 특히 국가의 지배권이 법적으로 한 개 혹은 수 개의 특정계급에게가 아니고 有資格사회구성원 대다수에게 부여되는 통치(지배) 형태를 민주정치라(註5) 정의한다면 그의 요체는 결국 피치자로 하여금 정책결정에 적극적 참여의식을 느끼게 하고 정치현상의 안정을 기하는 데 있다고 적겠다.

정치는 권력을 위한 투쟁이다(註6). 그러나 일반적 국민여론을 구체화 내지는 형태화하여 지배층에 반영시켜 中媒的개체역할을 하는 기관은 "정당"이라고 하는 인간의 집단이다.

즉 영국의 정치사상가요 웅변가인 Sir Edmund Burke(1729-1727)의 정당관에 서는 이념과 주의를 동일시하여 국민의 정치의식을 향상하려는 의도에서 여론의 조직화, 정부와 국민간의 교양적 역할을 하는 것이 정당의 기능이라고 한만큼 정당과 민주정치는 명시적 묵시적 양면을 통하여 필수불가분의 밀접성을 가졌다고 규정할 수도 있겠다(註7) . 더구나 黨보스만을 위주로하는 한국적 정정하에서는 정당의 기능적 분화와 이념의 통일성이 절실히 요청되기 때문에 진정한 정당정치의 구현을 위해서는 당 조정, 운영 및 기획의 면에서 재정비 강화가 필연적인 듯하다.

요컨대 민주정치는 "의사의 자율성과 행위의 자기결정성"(註8)을 근본원리로 하므로 그 논리의 당연한 귀결로써 민의와 여론을 기반으로 하는 "國民自活"과 "國民主權"을 본질로 한다. 주권재민의 정치이론은 동서고금을 막론하고 최대공약수적 政體사회에서는 적용되었으며 그 이론의 실천은 사실상 그의 정당을 통하였다. 전통적인 정치제도과 결여되어 있을 때 여론의 원천이며 조직체가 될 수 있는 것은 바로 정당이다(註9). 전통체제에는 정당이라는 것이 없다. 정당은 실로 근대 민주정치의 모체임에 틀림없다.

① 한국의 정치상황과 분포

민주주의는 모든 정치권력이 국민으로부터 淵源함을그의 근본적인 속성으로 하고 있으며 적접통치의 이념이 민주정치의 기초적인 원리로 되어 있다. 그러나 원리적 이념과는 배타적으로 동서고금을 막론하고 각국의 정치사적 배경으로 볼 때 내적, 외적 및 정신적 물리적인 諸制約으로 말미암아 언제나 소수에 의한 다수의 지배 양상을(註10) 탈피하지 않았으므로 비교후진적 사회구조로써의 한국적 유형을 (註11) 적응시켜 볼 때 근본적 기저가 되는 사회경제적 및 정치적 慣行의 양측면에서 고려할 때 불안정성과 전근대적 요소를 불인할 수는 없기 때문에 고도로 분화된 行態學的 접근이론보다는 실제적 정치체제의 규명이 더욱 타당한 듯 하다.

사회경제적 측면에서의 고찰은 전 국민의 61.5%가(註12) 제1차산업에 종사하고 산업구조 자체 내의 기형성과 미분화성을 탈피하지 못할 뿐만 아니라 政治慣行의 측면에서도 불과 20년의 헌정사를 기록하는 동안 정치권력의 불규칙적 변동과 헌정흑막은 국민의 정치의식도를 낮추고 방향감각과 목적의식마저 상실한 욕망좌절 의 상태(註13) (frustration)에서 정치적 무관심과 Ano-mie상태만을 초래케 하였다. 더구나 사회심리적 영역에서의 상황은 전근대적 후진사회의 규제원리로써 비합리성, 배타성 및 봉쇄성에 대한 의존은 집단적 이기주의 내지는 권위주의로 표현되었으며 근대화된 정당정치의 실체를 향유할 수 없었음도 사실이다. 한국적 민주정치는 특히 관료주의적 근성을 내포하므르 "정당"이라는 개념자체가 현실화 되어 국민의 정치의식 향상에 참여하여 고도화된 정치체계를 확립하기에 적지 않은 고난의 길을 걸어왔음은 공인된 바이거니와 무릇 정치적 안정과 여론형성체로써의 정당이 건전기풍을 진작하여 민의를 국정에 반영하고 정치적 이념을 구현하는 건설적 인간 집단으로 존립할 수 없던 병폐적 요인은 무엇일까?

해방이후 한국정당의 특칭은 정당의 본질과 사명인 이념체와 정책과 강령을 중심한 집합이 아니고 당보스 중심으로 운집한 범주에 불과한 점이다.

그러면 한국정당의 과거 20년간의 발생 발전 및 상황의 전면을 대개 고찰 분석함으로써 이론을 전개하려 한다.

8. 15 해방이후 처음으로 나타난 표면적 정당은 1945년 8월 17일에 결성된 「건국준비위원회」였으며 그 다음 9월 9일에 결성된 「한국민주당」이 두번째 정당으로 발족하게 되었다(註14) .

이외에 반공정당으로 발족한 「한국독립당」(김구 선생)과「국민당」(안 재홍)이며 이외에도 무려 50여 개의 군소정당이 난립하는 혼돈된 정국이었다. 그후 "독립 촉성중앙협의회"(1945.11.3.), "신탁통치 문제" 등으로 "대한독립촉성국민회"가 창설되고 1946년 6월 27일에는 "민족통일총본부"가 결성되었다. 당대의 정국은 미·소의 극심한 대립하에 놓인 국제정세의 영향을 받아 완전한 활발상을 갖지 못하고 대립붕괴만을 전개하고 있었다. 1948년 5월 10일을 계기로 하여 남한지역에 한하여 실시된 총선거에 입후보한 사람들의 정당소속은 대개 6개정당이었으며 그중 당선된 수로 본 정당소속은 대한독립촉성국민회, 한국민주당 및 대한청년단의 삼대정당으로 시간의 경과에 따라 어느 정도 안정된 정치정치의 구현체제를 갖추기 시작하였다(註15). 그후 각종의 원내교섭 단체가 생겨 결국 1948년 7월 30일에 발족한 한국민주당의 후신인 민주국민당과 1948년 9월 20일에 결성된 일민구락부 및 1948년 9월 21일에는 新政會 등으로 발족하고 또 여당으로써 발당한 대한국민당 등의 5개정당의 대두와 함께 정당정치의 發芽가 차츰 싹트기 시작하였다(註16).

당대 대통령 직선제와 상·하·양원제의 개헌에 대한 諭示를 한 것을 계기로 11월 초순경에서부터 원내외의 독립된 행동으로 두 개의 자유당이 탄생하기도 하였지만 1954년 11월 7.8일에 있었던 "민국당" 전당대회에서 "민주세력의 대동단결"을 호소하였으나 야당 연래의 숙원인 대동단결은 난항을 거듭하였다.

그후의 민주당 9개월 정권은 사회적 불안과 동요의 격심으로 정당이라는 실제자체가 확립되지 못하였으나 제3공화국에 들어서 오늘날에 이르기까지는 야당은 수차에 걸쳐 "통일" 혹은 "단결"을 구호처럼 부르짖고 있긴 하지만 여야의 정당기능이 최고도화되지 못함으로 제자리 걸음을 되풀이 한다고 보겠다.

② 한국정당정치의 형성과정과 그 시대적 배경

한국정당의 발전과정에서 타국에 비교할 수 없는 독특한 특성은 의원내각제의 첨단을 걷는 영국이나 대통령중심제인 미국과 같이 오랜 정치적 경험을 통한 여론의 산물이 아니고 돌발적인 사태로부터 출발한 당수 중심의 초급적인 조형물이라 할 수 있는 점이다.

이렇듯 압축공기의 폭발과 같이 1945년 해방직후부터 정치적 자유의 무한정으로 (실례로 당대의 군정장관 하아지씨는 "정치단체는 그 대소를 막론하고 인민을 대표한다"는 성명을 발표함에 많은 영향을 입은 듯하다) 무수한 정당의 자기난립은 정당정치 초기의 발전을 저해하는 요소가 되었다(註17). (吳炳憲 "한국의 양당제도") 더구나 신흥 군소정치집단은 그 발전 과정에서도 정책과 이념의 결핍 및 당 지도체계의 산발적 분리 등으로 연속성을 갖지 못하고 일시적 과잉정권욕자의 허황된 꿈에 불과한 점을 인정한다면 정당정치의 실현을 위해선 癌的 존재가 아닐 수 없었다. 정책빈곤이라는 전제조건하에서 한국정당정치의 형성과정을 연구한다면 —전근대적 봉건사회의 시대적 제약을 받고 식민지통치에서 해방된 한국을 통일하여 근대적 민족국가로 완성함을 정치목표로 하는 자유당시대—제일공화국—에는 정책결정의 國是는 자유민주주의로 경제제도는 혼합경제로 외교정책은 배일친방구주의로 통일방안은 북진통일론으로 고착된 방면에 이 원칙에 의하지 않는 정당은 불법화 내지는 부당성으로 간주되었다. 실례를 들어 당대의 가장 강력한 야당인 한민당은 기본권의 확보 및 자유적 호혜평등의 외교정책 수립을 시도하여 정면대립하였다.

특히 자유당의 내외적 부패상을 불가피하게 했던 요인 중의 하나는 지도계층의 대부분은 매판자본에 의한 국영 혹은 사영의 중소기업층에서 제공된 반체제 엘리뜨로 구성되었다는 점이라 하겠다. 또한 당시의 책임 있는 혁신정치, 능률 없는 계획경제체제, 민주적 평화통일을 부르짖던 혁신계열은 중요산업의 국공유, 완전고용, 외역의 국가관리, 사회보장제도, 대중립국외교의 강화, 평화통일, 비례대표제 등을 정강정책으로 부르짖으며 자유당의 보수적 체제에의 대립을 시도하고 있었다.

민주당정권 9개월의—제2공화국— 정치적 엘리뜨는 전근대적 매판자본하에서 자라난 중간계급이라고 할 수 있겠다(註18).

더구나 세력의 중심가치와 통치의 수단은 모두 재화 즉 금력에 의존하는 경향이 있었으므로 절대적 전제권력과 매판자본하에서 왜곡되었던 사회질서와 경제체제를 정당화하고 근대화 즉 자본주의화하는 것이 당정권의 정치목적이었으므로 국민의 일반의사에 거리의식을 줌은 거의 불가피하였다.

그러나 그들은 비인도적 정치노선과 편견의 과잉으로 자유당의 잔재세력과 비민주당적 독재세력--(주로 용공적 사회주의세력과 중립적 민족주의세력)--으로부터 협공을 당하게 되어 분열과 파벌의식은 몰락의 필연요인이 되었다.

현재로써 제3공화국의 諸政黨政策을 개관하기는 매우 힘들지만, 善民을 위한 선정을 기대하고 있는 것만은 여야에 차질이 없다고 하겠거니와 오늘날 한국의 諸政黨이 바라는 공동의 광장은 자유민주주의에 귀착된 듯하다. 사실 전술한 바와 같이 정당이란 주의와 정견을 같이 하는 자들의 공동노력에 의한 일반적 이익을 증진하려고 결합한 단체(註19)이긴 하나 이론과 실제의 担離度에도 한계가 있는듯하다.

현재의 정당 역시 그렇다. 여전히 고질화된 정당내의 분열의식과 파벌관행은 정당정치의 건전한 육성에 암적요소를 초래할 뿐만 아니라 이념이 대결을 최고의 목표로 하여야 할 정당이 그 본질사명을 망각함은 정당의 시대적 배경을 탓하기에 앞서 자세의 확립이 더욱 필요한 줄로 믿는다. 정당은 정권획득을 위한 투쟁적 사회집단체다. 그러나 이는 현실의 정당이요 이상은 결코 아니다. 마찬가지로 현재의 정당이 이상적인 것이 아니라고 하여 정당이 아니라고 할 수는 없지만 우리는 이상적인 정당을 기대한다.

한국정당은 특히 그의 고질화된 Boss 중심적 집결체를 탈피하지 못하고 있음은 이상의 시대적 배경에서 알 수 있다.

③ 한국정당의 병폐적 요인과 그 구제안

前述한 바와 같이 한국의 정당은 고질화된 당수(Boss) 중심의 분파적 성격을 탈피하지 못하고 있기 때문에 분리된 여론을 포괄적으로 집약하여 단일화된 민의를 영달하는 등의 건전한 의미의 정당정치의 실현은 사실상 거의 불가능하였다 해도 과언은 아니겠다(註20). 특히 민주정치는 주권재민과 권력분립을 토대로 하는 만큼 국정에 대하여 민의를 반영하기 위해서 자연히 집단을 형성하여 국가의 공공이익을 주로 하는 즉 국민과 정부의 교량적 여할 또는 여론의 정책적 반영과 정치적 이념을 구현하기 위한 여론지도 등의 사명을 띄우고 민주국가의 기본이 되어 명실상부한 정당정치가 설계되(註21)어야 함은 재론 이전의 것이라고 하겠거니와 한국정당을 일언하여 병폐요인의 결정체라 하기에 앞서 정정의 실태를 분석하려 한다.

과거의 정당이 실력자 중심의 사회조직체로 군웅할거하여 정당 본연의 임무인 국가적 여론형성체라는 의미를 무색하게 할 정도이었으며 “정당은 민주정치의 생명체”라는 Neuman의 말을 기초하여 보스정당보다는 이념정당, 계급정당보다는 대중정당, 파벌성보다는 집합성으로 全組織에 의한 인간집단이어야겠다. 구미선진제국가들이 근 2, 3백년에 걸쳐 경험했던 정치권력의 규칙적 변혁과정을 수난만을 거듭해 오는 한국의 정당사에 비교하려는 자체가 이미 불합리성을 인정한다고 해도 헌정 20년사를 기록해 온 우리에게는 다음과 같은 6대 정치교훈이 주어졌다고 하겠다(註22).

첫째, 정치의 요체는 결국 민생의 안전에 있다는 것, 둘째, 액톤경의 말대로 절대적인 권력은 절대적으로 부패하기 쉽다는 것, 셋째, 국민의 지지도와 신망을 상실한 정부의 지속은 단명하다는 것, 넷째, “때와 장소의 조건”을 고려치 않는 기계적인 제도의 이식은—특히 미성숙한 후진사회(註23)에서는—파탄을 가져오기 쉽다는 것, 다섯째, 훌륭하고 국민에게 강력한 신임을 줄 수 없는 민주정치는 그 발전을 기대키 어렵다는 것과, 여섯째 자유의 남용은 자칫 그 자체의 부정을 가져오기 쉽다는 것이다.

병적 요인과 구제안을 논하면

첫째, 정당의 구조변혁과 체질개선의 문제이다. 즉 보스정당의 중심에서 정책과 이념체의 방향으로 발전하여야 할 것이며 당내 주요 엘리뜨들의 횡적연락과 파벌에 의한 지배와 암투때문에 정책수행과정의 신속성이 결여되어 있고 당지도자들간의 이해가 상반될 때는 정책수립과 집행에 많은 차질을 가져오기 쉬우며 이런 의식은 관료적 요인도 있거니와 정책의 일원화와 당내의 주기적인 세대교체도 필요할 줄로 믿는다.

둘째, 이념선결과 정책조정의 문제다. 양대정당정치의 확립을 위하여 기존 보수정당의 근대화 및 건전화와 일반대중의 복리를 위한 진보정당이 출현하여 이념과 정책을 조정하여야겠다. Hunting교수의 이론처럼 정당이 근대화 과정에 있는 정치체제에 대하여 합법성과 안전성을 부여함에 있어서 차지하는 비중은 전통적 사회체제로부터 물려받은 제도적 유산의 多·에 逆比한다고 인정한다면 정당은 역시 정책조정을 가능하게 하는 정치제도인 것 같다.

셋째로 정책정당의 출현문제다.

정당이—(특히 한국적 정당의 근대적 사례를 들어)--그 본연의 목적과 자세를 일시적이나마 망각하고 당 주도세력 일부의 사유물로써 공공연히 대용된다거나 또는 정강과 이념에서 그릇된 방향으로 인도되어서는 안 되겠다. 일단 정책의 수립과 결정이 정리되었을 경우, 그 당은 조금도 주저치 말고 건전한 국민의 사의반영과 원시적인 정책노선의 대열에 참여하여 행동과 가치판단의 기준을 정치적 위치관념이나 일시적 감정을 떠나서 이념적이며 정책적인 기준에 의하여 집권당과 야당은 투쟁을 위한 투쟁이나 반대를 위한 반대를 떠나서 상호양보와 타협의 길을 모색하여 정국의 균형상태를 유지하여야 할 것이다. 정치는 모름지기 당위이어야 한다. 정치는 또한 피지배계급을 위한 것이어야 한다. 이러한 실현을 위해서 여야를 불문하고 治者와 被治者의 각성을 필요로 하며 정치만능주의 혹은 관료특권의식을 버리고 책임감있는 지도자상을 비쳐야 하겠다.

④ 한국정당의 나아갈 길

정당이란 James Bryce의 이론처럼 민주정치에 있어서 불가피한 존재다. 물론 이 말은 민주주의의 사회적 기초인 공동사회에서의 정당을 의미한다. 또한 정당은 정책의 실천을 목적으로 하고 정권획득을 위한 조직적인 세력으로써 이 수단은 극히 평화적으로 행하게 됨을 근본으로 한다. 고로 이런 정강정책의 실천과 정권획득을 위하여 일치된 원칙하에서 공공의 이익을 촉진시키고 이를 위해 서로 협조하는 一群의 특수진단을 정당이라 규정할 수 있다(註24). 그 특수한 정치집단은 결코 대중을 무시해서는 안 되겠다. 혹자는 한국의 정당정치는 여당의 강행과 야당의 반발만이 점철된 극한대립상을 이루고 있기 때문에 민주주의의 요체인 "토론과 동의"를 외면한 제로지대를 이루고 있으며 타협도 설득도 정책대결도 없는 오직 수와 전통적 권력에 의한 힘의 대결만이 있을 뿐이라고 한다. 국민의 집약적 의사 또는 일반의사는 현재 민주국가의 현실에 있어서 정당을 통해서 형성됨으로 정당의 매개없이는 국민이 영향을 미칠 수 없고 따라서 자신의 의사를 구체화할 수도 없다.

이런 점에서 정당은 대중정당으로서의 발전히 절실히 요청되며 국민의 정치적 의사 형성에 적극 참여하여 여론의 지도와 형성의 임무를 충실히 수행하여야 함은 명약관화한 사실이다.

정당정치의 이상형은 양당제도라고 한다. 2대정당을 유지하느냐 군소정당의 난립을 허용하느냐는 그 나라의 역사나 전통, 국민성 및 정치사적 배경 등의 제 상황에 의하지만 정치인들의 역량에 의한 타협과 관용의 한계도 적지 않은 영향을 미치는 듯하다. 최근에 와서 한국의 정치풍토에는 당제도의 이상형인 양당제도의 필요성과 장점을 강조한 나머지 다수정당제도를 죄악시 하려는 경향이 농후하매 정당간의 타협이나 조정을 거의 생각할 수 없어 완전한 승리와 영구적 집권이 아니면 완전한 패배와 영구적 야당이라는 두 길밖에 없어 정권의 평화적 교체가 궁지에 몰리기도 하였다. 정당정치에서 여야의 대립은 불가피한 것인고로 기능의 원활화를 꾀할 수 있는 요인중의 하나는 지배계급이 가져야 할 정치적 도의이다. 私를 버리는 정치적 아량, 고난과 십자가를 메고서라도 민주이념의 건설을 시도하겠다는 마음의 준비도 없어서는 결코 명실상부한 정당정치가 구현될 수는 없을 것이다.

이조 오백년의 정치사를 관찰하는 가운데 당쟁이 우리에게 주는 교훈은 「復仇에 대한 復仇」가 아니고 「개인의 자유의사를 넘어서 각각 그 자체에 부착함」이 아니라 국민적 이익의 증진을 위해서 각 정당이 노력해야 한다는 것이다. 그리고 또한 국민의 정치적 지지를 총합하여 국정에 반영하게 하는 정당의 기능을 최고도로 발휘할 수 있는 정당인이 필요한 것도 사실이다. 이와 함께 未久에 보수세력의 합치와 함께 사회민주주의적인 진보세력의 대두로서 실현될 수 있는 양대정당정치에의 길이 앞으로 한국의 정당이 걸어야 할 꾸준한 길이 아닌가 생각한다.

도표 국회(민의원)의원선거에 입후보자 및 당선자를 낸 정당의 수와 원내 교섭단체의 수의 변천(1948~1961)

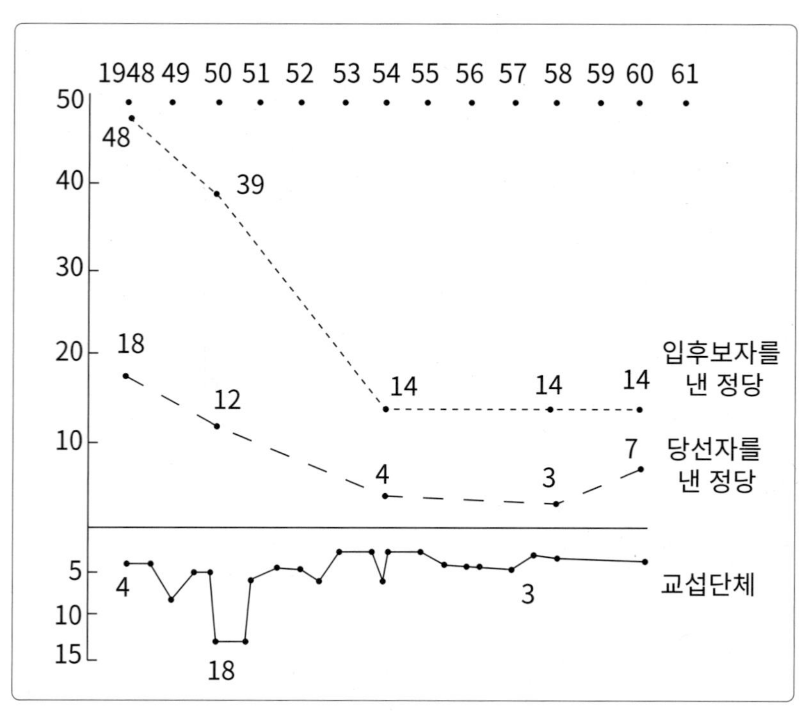

第 9 節

日本知人들로부터의 祝賀書信

APPRI註: 當院 政策諮問委員 以外에 潘基文 前 U.N.事務總長 夫婦와 當院 任員들임(李廷彬 前 外交部長官, 金泰榮 前 國防部長官, 吳在熙 前 駐日大使, 鄭泰翼 前 青瓦臺 外交安保首席, 柳浩烈 教授, 宋根浩 大使, 申熙錫 教授 夫婦).

1. Takasug Nobuya(Seoul Japan Club President&當院 政策諮問委員長 歷任, Kim&Chang 顧問歷任)

ソウル駐在時代、申錫熙 教授が主宰する 亞太政策研究院(APRI)の委員長を長らく務めた。日韓関係のみならず世界情勢を議論する有意義な研究会であった。多くの 駐在企業の幹部が集い熱い討論をしながら研鑽しあった。なかんずく 田島崇男氏(三国RK)、太田元夫氏(日本石油/Kolon油化)、島野秀教氏(電通)、帯刀盾夫氏(横河電機)、渡辺章氏(味の素)、伊豫部浩房氏(キャノン)、金子和夫氏(東芝)、高橋良巳氏(SBI)、定森悠氏(NEC)、三本木氏(東レ)、出張恵士氏(味の素)、三木雅人氏(KDDI)Sasaki氏(YKK)などとは「ソウル研究会」と命名して 日韓友好親善を主題に 食事や酒を交えながら親睦を図った。 また、これらのメンバーとは幅広く年2回の海外研修を楽しんだ。訪れた場所は数知れないが、主な場所は第1回 ロシア(モスクワ・レーニングラード)、ウズベキスタン、ベトナム、第2回ロシア(ウラジオストック・黒龍川)、中国(北京・ 上海・西京・桂林)、台湾、香港、モンゴル、サハリンなどであるが、特に北朝鮮の白頭山を中国側から観光したことは忘れがたい。

2. Hashimoto Yoshihiro(Seoul Japan Club President & Mitsui-Korea社長歷任, 當院 政策諮問委員長 歷任)

<お祝いのメッセージ>

申先生! お元気で80歳の誕生日（傘寿）を迎えられたこと心からお慶び申し上げます。

私が申先生に初めてお目に掛かったのは2001年1月韓国三井物産の社長として

ソウルに赴任して間もなくでした。

ソウルに駐在する企業人の組織ソウル・ジャパンクラブのメンバーが、申先生率いる

亜太政策研究院の政策諮問委員として活動しており、私もその一員に加えて戴きました。

当時、従軍慰安婦問題やサンマの漁獲権問題など様々な懸案事項がありましたが、

2002年韓日共催のサッカー・ワールドカップを契機に友好の機運も大いに盛り上がり

韓国の皆様にお世話になりながら大変楽しく過ごした4年間となりました。

月一回日本人メンバーを対象とした勉強会で、日本語を大変流ちょうに操られる申 先生の

講義を聴いたり、後の朴槿恵 大統領や 潘基文 国連事務総長はじめ、トップクラスの著名な方々にお話を伺い親しく意見交換をする機会も戴きました。

仲間内の会食では例の爆弾酒。10人から15人で一気飲みを回しても平気な顔をされていた

申先生の酒豪ぶりを思い出します。

座学だけではなく陸軍士官学校や警察綜合学校、板門店軍事境界線(非武裝地帶)など先生の導きが無ければ訪問することは 出来なかった施設などへ連れて行っていただき見分を広めることが出来ました。

申先生ご夫妻には家内共々親しくお付き合いいただき、美味しい韓国料理をご馳走になりながら楽しく語り合ったことなど大変懐かしい思い出になっています。ソウル駐在が私に

とって大変有意義で充実したものになったのは先生のお陰と申し上げても過言では

ありません。

昨年5月、10数年ぶりに先生ご夫妻にお会いすることが出来ました。定年後のんびりと

働いている中部地方の町に訪ねて来て下さったのです。セントレア空港で <お土産のお手製

キムチ>が入った箱を重そうに抱えて出てこられた先生は、奥様同様ちっともお変わりなく

お元気で、13年前に亡くなった家内がお会い出来たらさぞかし喜んだ事でしょう。

名古屋や犬山市内の城跡、トヨタ館、徳川美術館などをご一緒しましたが ,日本の歴史や

文化に対して変わらぬ強い探求心をお持ちであることに感心致しました。

今世界は大きく動いています。その中でアジア地域の成長は目覚ましく年々その重みを

増しおり、亜太政策研究院の研究課題,申先生の役割は益々重要性を加えていると思います。

80歳を迎えられた申先生が益々ご壮健で一層ご活躍されますこと祈念致しております。

2025年1月吉日　　　橋本芳博

* 申先生:

取り急ぎ、書いてみました。長すぎたらカットします。修正したほうが良いこと、

加える事などあれば仰ってください。拙文で 申し訳なく。

▲ Hashimoto 사장의 초정을 받고 Nagoya를 방문, 2024년 5월

申先生

寒い日が続いておりますが、お元気でお過しのことと存じます。

過日はおもいがけない贈物、誠に有難うございました。ささやかな気持だけのものですが、ゴディバーのチョコレートをお送り致します。無事にお手元に届きます様に。

先日、同封のメッセージをメール差上げましたが御覧戴けましたでしょうか。本当に有難うございました。

改めて御礼申し上げます。

コロナに負けず皆様お元気でお過し下さい。 敬具

二〇二一年二月吉日

橋本芳博

3. Iga, Hisataka(Sony-Korea 社長 & 當院 政策諮問委員 歷任 歷任)

申先生! Congratulation!

80歳のお誕生日おめでとうございます!

活動力は40歳、頭脳の回転は30歳、アグレッシブな心は20歳、先生の若さの秘訣が

遂に自叙伝で明かされる!! 一刻も早く拝読させてください。先生の御提言が世界の青年の希望となるよう、微力ながら私も務めて参りたく、今後とも

御指導のほど宜しくお願い致します。先生と奥様の御健康とお幸せを衷心よりお祈り申し上げます

伊賀久高拝

---

4. Nakajima, Takumi(Canon-Korea 前代表理事 社長&當院 政策諮問委員 歷任)

祝 傘寿

申先生

傘寿おめでとうございます。

これまでの80年の長い人生の大半を日韓の友好と発展を目指して、精力的に活動されてきたことに心から敬意を表します。

申先生と私の出会いは、亜太政策研究院の政策諮問委員に任命された15年前に遡ります。

当時私は50歳でしたが、申先生は49歳から歳を取っていないとおっしゃっており、その後もずっと年齢不詳でした。

あれから15年の月日が流れましたが,申先生だけは倍のスピードで30年間を過ごされたわけですね。これからもどうかお元気で長生きしてください。

キヤノンアネルバ株式会社

代表取締役社長 中島卓實

5. Suzuki Hidehiro(Sozitsu-Korea 社長, 當院 政策諮問委員長 歷任)

APPRI 申教授様 2025年1月1日

傘寿(80歳)を迎えられてお祝いのメッセージ

新年明けましておめでとうございます。また、傘寿（80歳）を迎えられ大変おめでとうございます。申教授はいつも永遠の49歳と言われていましたので、いつまでもお若く活動的でおられましたが、いまだにお変わりないものと思います。

小生は2010年4月から2016年3月まで丸6年韓国双日（株）の社長としてソウルに駐在しておりました。赴任早々より申教授には平山会、及びAPPRIの会合で頻繁にお会いする機会があり、韓国の政治・経済・文化含め多くのことを学ばせていただきました。

特にAPPRIの勉強会では、政府要人の講演会、韓国銀行総裁の講演会、陸海空軍の駐屯地視察など普通の駐在員では経験できないような場を提供いただき、大変勉強になりました。

また、APPRIの毎年年末の忘年会では申教授の手作りの爆弾種を飲ませていただき、大変楽しく韓国の文化も学ばせていただきました。

駐在中の6年間ほぼ毎月申教授にはお会いする機会があり、大変多くのことを学ばせていただき改めて感謝申し上げます。

80歳を迎えられてもいまだ世界を飛び回りご活躍されているようで、やはり申教授は永遠の49歳と改めて感じた次第です。

傘寿（80歳）のお祝いを申し上げるとともに、いつまでもお元気でご活躍されることを祈願しております。

元 韓国双日（株） 鈴木 秀洋

---

6. Niijima, Yuji(CANON Semi Conductor-Korea 社長,當院 政策諮問委員 歷任)

申教授:

CSEKの新島です、大変お世話になっております。

日本では80歳のご長寿のことを「傘寿」とも呼びますが、まさにその言葉

通り、これまで多くの日本人駐在員が先生の傘の下でいろいろと学んで

きたと思います。かくいう私も、APPRI時代は先生のおかげで様々な方の意見に

触れ、通常では訪れられないような場所にも連れて行っていただくことが

できました。

これからもどうぞ、ますますご健康で、ますます韓日両国の友好と発展にお力を

発揮いただければと思います。

この度は80歳のお誕生日、誠におめでとうございます。

CANON Semi Conductor-Korea(CSEK)　新島

---

7. Otani, Toru(Hitachi-Korea 社長&當院 政策諮問委員長 歴任)

申先生、この度は自叙伝のご出版、誠におめでとうございます。

記念すべきご出版に際し、先生との思い出を語らせていただきます。

申先生に初めてお目にかかったのは、2019 年春の事でした。先生とお会いした時から

早いもので 6 年が経とうとしております。私自身の韓国生活がこんなにも長くなるとは想像しておりませんでしたが、2019年 日韓関係の悪化、2020年コロナ禍、2021年コロナ収束の

中途半端な状況、2022 年の新政権の誕生、2023 年良好な日韓関係、そして 2024 年

日韓関係良好な中での衝撃の政治情勢、と変化に溢れた韓国ライフにはいつも近くで

アドバイスいただく申先生の存在がございました。

日本に戻れない、私を気にかけ「体力をつけるには山登り」と登山を教えていただきました。飲み会の席でのおちゃめな感じと打って変わって、弊社幹部との面談をお願いすると「身なり正しく紳士な学者先生」でした。様々な面を見せてくださる先生ですが、一貫して日韓関係の

充実の為に努力したいとの思いを行動に移されていらっしゃいます。

私も先生の教えを乞うて「良好な日韓関係の継続を願う」一人でありますので、引き続きの

ご指導を宜しくお願い致します。

先生が節目の自叙伝を出版された後も益々ご活躍されることを祈念しております。

先生、ありがとうございます。

韓国日立大谷徹

---

8. Sudo,Tsudomu(General-Manager,IHI-Seoul,當院 政策諮問委員長 歷任)

Dear Professor Shin, Hee-suk,

Upon your 80th birthday I would like to congratulate you on publishing your autobiog-raphy this time.

Thinking about three years after I was assigned to Seoul, I was able to spend a good time with you, playing golf three times in a year at the Tenkyukai regular gathering, and enjoying Korean traditional performing arts at the year-ending party. Thanks to you, my life in Seoul has become very fulfilling.

I sincerely hope that you will continue to support the friendly development of Japan, the United States and South Korea relationship, and that your wife and family will be more and more healthy and happiness.

May god bless the relationship between Japan & Korea for those years to come.

Sincerely yours,

Tsutomu SUDO, General Manager

IHI Corporation Korea Branch.

---

9. Higashiura, Michinao(Kanebo-Korea 社長&當院 政策諮問委員 歷任)

申先生! 出版のお祝いの言葉をお送りします。

自叙伝の完成・出版おめでとうございます。申先生がこれまで歩んで来られた道は

時に険しく時に明るいものだったと想像します。

申先生の誠実でユーモアあるお人柄、アカデミックな教養、パワフルな行動力でこれからも多くの人を魅了し益々ご活躍されることを祈念いたします。」

Kanebo Cosmetics Korea 東浦

10. Taki,Masahiko('K'Line-Korea 社長 & 當院 政策諮問委員 歷任)

Dear Shin Sensei.

Many thanks for your great message.

I dare o hope your good success, health, and fortune.

The Barriers are not erected which can say to aspiring Talents and Industry, "Thus far and No further"(Ludwig van Beethoven)

MasahikoTaki / "K"Line-Korea.

---

11. Hayashi, Yoshikatsu(明治大学名誉教授, 東京大學博士, 美國政治外交論, 美日關係論)

申熙錫先生!

80歳になられるとのこと、心よりおめでとうございま

す。昨年お会いした時の写真を見ると、80歳になられるとは思えないような元気な

ご様子ですね。

以下,私の80歳のお祝いの言葉です。

私が申熙錫先生と初めてお会いしたのは、東大の駒場キャンパスにある国際関係

論の大学院でした。非常に印象深かったのが、平野健一郎先生のゼミでGraham T.

Allison, Essence of Decision： Explaining the Cuban Missile Crisis を講読し、

その政策決定過程のモデルを使って事例研究を行ったことです。申さんはこのゼミに

参加していたただ一人の留学生でしたが、他の参加者に何ら引けを取らないどころ

か、ご自分の意見を、堂々とよどみのない日本語で主張されたことでした。英語

の文献を日本語で説明される理解力や言語能力には本当に驚かされました。

ゼミの参加者は、申さんの他は白石隆、恒川恵市、古田元夫、山影進、若林正丈、

林義勝でした。全員が (私を除いて) 後に優秀な研究者になられました。平野先生

がこの時の事例研究を論文にまとめられ、その付記に参加者の「諸君による報告と

議論から筆者が得た援助は計り知れない」と記されています、(「西原借款から

新四国借款団へ」細谷千博・斎藤眞編『ワシントン体制と日米関係』(東大出版会、

1978年に所収)

キャンパス外でも私は申さんと親しく付き合っていただきました。院生のころは

時々吉祥寺の飲み屋にご一緒していただき、結婚式にも参列して下さり、身に余る

挨拶を下さったことを覚えています。改めて心より御礼申し上げます。

これからもいつまでもお元気に第一線でご活躍されますことを心より祈念いたし

ます。

林 義勝(明治大学名誉教授)

---

12. Furuta Motoo(東京大學名譽教授, 國際關係論,東南亞政治外交論)

申熙錫 先生、80歳、おめでとうございます。

申先生との思い出で、今もよく覚えているのは、駒場での国際関係論のゼミが終わったあと、下北沢の「飲み屋」に行って、いろいろな話をしたことです。ゼミの発表で、自分の思いが十分伝わらなかったことを、申先生が飲み屋の机をたたいてくやしがったことを、今でも鮮明に記憶しています。駒場での博士論文執筆への、申先生の意気込みはたいへんなもので、時には大学院の研究室にお米の自動炊飯器をもちこんで、夜遅くまで論文執筆に集中しておられました。兵役を終えてからの論文執筆で、まわりの日本人院生よりは、一まわり年齢が上でしたが、人生体験としては、二回りも、見回りも経験が豊かな申先生の話から、私たちが学ぶことは多かったです。

古田元夫(東京大學名譽教授)

第 10 節

隨筆家/英文學者 Hirayama Mitsue 詩人의 短歌(俳句)

銀杏

銀杏よ
お前が春に冬の眠りから醒め
柔らかい若葉を見せてくれたことも
夏の暑い日ざしの下で
青々と木の葉を茂らせたことも
私は知らない

私が知っているのは
銀杏よ
秋に金色の鳥たちになったことを
そして
冬の冷たい風に吹かれて
最後の一葉になるときまで
いや裸木になるときまで一緒に居ることを
私は知っている

風の翼

風に揺れるコスモスの様に生きるなと友は言った
新しい翼をつけよと
今の私にどんな翼が残っているのだろうか？
あなたが私を見つめていた時は愛が翼だったし
未来が霧に包まれた時は希望が翼だった
孤独の中で見つけたものは
私の言葉に出会うこと
死に向かって生命の火をもやすために
私は行かなくてはならない
私の言葉を探しに

枯葉

寒い冬の夜更け
人々はコートの襟を立て家路へと急ぐ

冬の寒さは孤独な私達のためにある
私はあの人の厚い背中に顔を当てる

外では虫に喰われた枯葉が風に吹かれて
道の片隅に追いやられている

傷だらけになってしまった私達の愛も
春と共に
もう一度戻ってくるのだろうか

花からの贈物

花からの贈り物の如き休みかな
大地より冷たさ沁みる花の下
夕桜膝をまくらに子は眠る
佇めばお堀に散りし桜花
桜咲く季節にいきし吾が乳房
花を追い旅せし事を言う人も
淡雪や今日は見舞いの客もなく
病得て帰る小径に沈丁花
沈丁花香り残して男去る
病人の一人一人に桜もち

柚子茶

君のため柚子茶作りし遠き朝
忘れ物した心地して日短
勿忘草哀しきほどのあおさなり
恋猫を追い払いつつ春暮れぬ
カーネーション宅急便で子はおらず
青嵐恋の思いをなびかせて
春愁や古き写真の吾しらず
花つけぬ紫陽花の木が二本あり
連翹の花咲けば思うJamshilのこと
夜桜を一人で見しと電話あり

ソウル俳句会第4句集より

* Hirayama Mitsue Sensei의 主要學歷: 東京都青梅市出生, 立教女學院中高校卒業, 青山學院大學英文學科卒業後, 隨筆家, 詩人, 短歌(俳句)専門家로 活動.

第 8 章

各種 寫眞 및 畫報

한국외교안보력에 관한 정책심포지움의 제 1 부: 정책적 측면의 패널리스트
(사진은 왼쪽으로부터 배성동 敎授, 김부기 敎授, 이승곤 大使, 김태지 大使,
신희석 敎授, 오재희 大使, 안병준 敎授, 백진현 敎授, 김유남 敎授, 1999년 1월)

상기 한국외보안보력에 관한 정책심포지움의 제 2 부: 제도 · 기능적 측면의 패널리스트
(사진은 왼쪽으로부터 차영구 國防部政策企劃局長, 송영대 前統一部次官,
이상구 前安企部次長, 김학준 仁川大總長, 김재춘 大使, 유재건 國會議員, 1999년 1월)

'IMF이후의 한국경제발전전망'을 주제로 한 한승수 副總理와
당원 정책자문위원들과의 간담회 개최직후의 대표참석자일동(1999년 4월)

'최근 금융개혁의 현상과 바람직한 발전방향'을 주제로 한 이인호 新韓銀行長 초청
정책간담회 개최 이후의 참석자일동(1999년 6월)

상기 최근 동북아의 신국제질서에 관한 심포지움에서 개회인사를 하고 있는
當院(APPRI) 理事長 신희석 教授((Jeju KAL Hotel, 1997년 7월)

'최근 동북아의 신국제질서와 한중 관계'를 주제로 하여 제주도에서 개최된
제 23 차 심포지움에 참석한 정책자문위원과 가족일동(서귀포 KAL호텔, 1999년 7월)

'최근의 한국정국과 바람직한 정치개혁방향'을 주제로 한 당원 정책자문위원들과의
만찬간담회에 참석한 김현욱 自民聯 事務總長과 참석자일동(1999년 9월)

'21C 아태협력시대의 한일관계전망'을 주제로 개최된 심포지움에서
열변을 토하는 Ogura Kazuo 駐韓日本國大使
(토론자인 조승순 國會議員과 안병준 敎授의 모습도 보임, Grand Hyatt, 1999년 9월)

한일 관계에 관한 국제심포지움 종료 후 Ogura 日本大使에게 아태정책연구원을 대표하여 감사패를 전달하는 공로명 前外務部長官(당원고문, 1999년 9월)

이규성 財政經濟部 長官 초청 정책자문간담회 개최후의 대표참석자 일동(1999년 10월)

'동북아의 평화를 위한 국제심포지움'에 참석한
국내외 발표자, 토론자, 사회자 일동(Seoul Hilton Hotel, 2000년 4월)

'한일관계의 현상과 발전방향'을 주제로 개최된 정책간담회 개최 후의
김석규 駐日大使(2000년 5월)

'남북한정상회담 이후의 동북아정세'를 주제로 하여 개최된
심포지움 참석자일동(설악산오색 GreenYard Hotel, 2000년 7월)

당원주최 정책자문만찬간담회에 참석한 송자 敎育部長官
(주제: 21C 국제화시대의 한국교육개혁방안, 2000년 9월)

정책연구포럼 종료 후 송자 敎育部長官에게
감사패를 전달하고 있는 Okada 政策諮問委員長(2000년 9월)

당원의 新청사 이전기념Reception에 참석한 주한외교사절을
영접하고 있는 당원고문 이돈희 敎育部長官
(악수하고 있는 이는 駐韓Nigeria大使, 2000년 9월)

종로구 적선동 정부종합청사 후문앞인 KPC빌딩 이전기념Reception에
참석한 당원관계자일동(2000년 9월, 약 110명 참석)

사무실이전 기념Reception에 참석한 내빈들
(오른쪽으로부터 신敎授, 주한외교사절대표 Afanasiev러시아大使, 이돈희 敎育部長官,
Yano政策諮問委員長 등의 모습이 보임, 2000년 9월)

'변화하는 동북아 국제환경과 4강의 한반도정책'을 주제로 한
동북아국제심포지움에 참석한 기조강연자 · 발표자 · 토론자 및 사회자 일동
(가운데 있는이는 유종하 外交通商部長官, Westin Chosun, 2000년 11월)

동북아심포지움 총괄Session의 참석자 일동
(좌로부터 김병국 高麗大教授, 백진현 서울大教授, 김석규 大使, Manning美國代表,
신教授, Katori日本代表, Revere駐韓美國副大使, 이정하 教授, 송민순 外交通商部北美局長 2000년11월)

동북아심포지움에 참석한 5개국 대표단을 맞이한 이한동 國務總理
(사진은 좌로부터 Katori日本代表, Zaitsev러시아代表, Yang中國代表, 이한동 國務總理,
Manning美國代表, Okada APPRI政策諮問委員長, 신敎授, 국무총리실, 2000년 11월)

동북아국제환경에 관한 국제심포지움에서 축사를 하고 있는
S.Bosworth 駐韓美國大使(Grand Hyatt, 2000년 11월)

'최근의 한국경제와 대외통상정책전망'을 주제로 하여 주제발표 · 토론을 한 후
당원의 Okada政策諮問委員長으로부터 감사패를 증정받고 있는
신국환 産業資源部長官(2000년 12월)

당원의 정책자문위원장 Okada SJC理事長의 본국영전을 축하하기위한
송별만찬회에 참석한 당원 정책자문위원일동(2001년 1월)

'2002월드컵안전대책과 국제협력'을 주제로 하여 발표 · 토론을 한 후
감사패를 증정받고 있는 서울地方警察廳長 이팔호 治安正監(Seoul Plaza, 2001년 1월)

서울地方警察廳長 이팔호 治安正監은 당원의 정책자문위원대표단을
서울경찰청으로 초청하여 만찬간담회를 개최하였음(서울경찰청, 2001년 2월)

'미국 新행정부의 등장과 남북한관계전망-지속성과 변화-'를 주제로 한
외교안보정책심포지움의 발표자 및 토론자 (사진은 오른쪽으로부터 박용옥 前國防次官,
이상구 前安企部次長, 백진현 서울大教授, 신教授, 유석렬 外交安保研究院教授, 정진위 延世大副總長,
김영원 外交通商部北美局審議官, Koreana Hotel, 2001년 3월)

'부시 新행정부의 등장과 남북한 관계전망'을 주제로 한
심포지움 총괄Session의 발표자들
(사진은 오른쪽에서부터 박용옥 前國防次官, 장선섭 輕水爐企劃團長, 신教授,
정세현 統一部次官, 연하청 明知大教授, Koreana Hotel, 2001년 3월)

'2001동북아정세와 한국의 외교안보정책'을 주제로 하여 만찬간담회를 개최한 후
당원으로부터 감사패를 받고있는 前國家情報院長 천용택 國會國防委員長(2001년 3월)

정책자문위원들과의 간담회 개최 후 포즈를 취하고 있는 안종근 서울地方勞動廳長(2001년 4월)

심포지움에 출연한 발표자 및 토론자 일동
(사진은 좌로부터 Yano SJC理事長, 임성준 外交通商部次官補, 신희석 教授,
Terada 駐韓日本大使, 김태지 駐日大使, 안병준 延世大教授, 2001년 6월)

정책연구포럼의 개최를 위하여
제주대학을 방문한 당원관계자들과 정담을 나누고 있는 부만근 濟州大總長
(同대학총장실, 2001년 6월)

정책포럼에 참석한 제주도청 간부직원들에게 감사인사를 하고 있는
당원이사장 신敎授 (제주도청 회의실, 2001년 6월)

한국관광문화의 발전에 관한 정책자문간담회 석상에서 개회사를 하고 있는
하맹사 濟州副市長(제주시청, 2001년 6월)

'2002월드컵개최에 임하는 제주도의 치안행정'을 주제로 하여 정책포럼을 개최한 후
당원측으로부터 감사패를 증정받고 있는 濟州警察署長 고대권 總警(제주경찰서, 2001년 6월)

당원주최 외교안보정책심포지움에 참석하기 위하여
제주도를 방문한 당원의 정책자문위원 및 가족일동(서귀포KAL Hotel, 2001년 6월)

한일관계에 관한 심포지움에서 만찬사를 하고 있는 당원의 수석이사인 노창희 大使
(사진은 좌로부터 Katori 駐韓日本公使, 이상구 當院首席理事, 전여옥 女史, 김석규 前駐日大使,
경찰청 허준영治安監 및 同婦人, Yano SJC理事長, 申敎授, 2001년 10월)

심포지움의 총괄Session 출연자일동
(사진은 좌로부터 Tsutsumi JAL支店長, Hashimoto 韓國Mitsui社長, Kuroda 産經新聞支局長,
申敎授, 전여옥 女史, 김종훈 外交通商部地域通商局長, 이종훈 前中央大總長, 김호섭 中央大敎授, 2001년 10월)

한일관계 심포지움의 제 1 부 정치외교측면에 출연한 토론자 일동
(사진은 좌로부터 김호섭 中央大敎授, Katori 駐韓日本公使, 申敎授, Kuroda支局長,
신각수 外交通商部亞太局審議官, 2001년 10월)

'9 · 11미국테러이후의 동북아정치경제정세전망'을 주제로 하여 개최된
ㅁ정책포럼에 참석한 박용옥 前國防次官과 남주홍 京畿大敎授(2001년 10월)

외교안보정책포럼을 위하여 당원관계자 일동을 초청한
陸軍士官學校長 박준근 陸軍中將과 주요참모일동(육군사관학교, 2001년 11월)

한국군부엘리트의 산실인 육군사관학교를 방문, 현황을 청취 · 견학한 후
당원(APPRI)으로부터 감사패를 증정받고 있는 박준근 陸軍士官學校長(2001년 11월)

2002년도 당원의 정책연구활동에 대한 업무계획을 심의결정한 후
당원 사무국앞에서 포즈를 취하고 있는 정책자문위원일동(2001년 11월)

'국제화시대의 한국경찰과 월드컵안전대책'을 주제로 하여 개최된
포럼에 참석한 警察廳 企劃團長 김대식 警務官과 당원의 정책자문위원일동
(Chosun Hotel, 2001년 12월)

'2002 남북한관계의 전망과 대북정책의 재조명'을 주제로 하여 개최된
외교안보심포지움의 제 1 부: 정치외교안보Session의 토론자 일동

남북한관계에 관한 정책심포지움에서 기조강연을 하고 있는 박재규 統一部長官
(Koreana Hotel, 2002년 1월)

'2002 남북한관계전망과 대북정책의 재조명'을 주제로 하여 개최된
외교안보심포지움 제 2 부: 경제 · 통상 · 교류Session의 발표자 및 토론자 일동(2002년 1월)

상기 남북한관계에 관한 심포지움의 총괄Session에 참석한 발표자 및 토론자 일동
(사진은 우로부터 國防部軍費統制局長 김국헌 陸軍少將, 이종렬 統一部常勤委員,
유석렬 外交安保研究院敎授, 申敎授, 이봉조 統一部統一政策室長,
外交通商部 김영원 北美局審議官, 2002년 1월)

정책자문포럼 종료 후 당원으로부터 감사패를 전달받고 있는
WorldCup組織委員長 정몽준 國會議員(2002년 2월)

'국제화시대 서울특별시의 현황과 발전계획'을 주제로 하여 개최된 포럼에 참석한
고건 서울特別市長과 시청간부진 및 당원의 정책자문위원일동
(Seoul Press Center, 2002년 2월)

당원의 정책자문위원일동을 초청한 정책포럼에서
월드컵안전대책에 관하여 브리핑하고 있는 仁川地方警察廳長 서재관 治安監
(인천지방경찰청회의실, 2002년 2월)

당원주최 지방정책포럼에 참가한 당원 이사진 및 정책자문위원일동
(인천송도신국제도시, 2002년 2월)

'다시금 한일관계를 생각한다'를 주제로 하여 개최된 정책포럼 종료 후
당원 이사장으로부터 감사패를 증정받고 있는 최상용 前 駐日大使(2002년 5월)

'제 16 대 대선 결과와 향후의 국내 정세전망'을 주제로 한
정동영 國會議員 초청 만찬간담회에 참석한 당원 이사진일동
(오재희 前外務次官, 이상구 前安企部次長, 김재춘 大使, 오현주 女史, 박춘택 前空軍參謀總長,
전도봉 前海兵隊司令官, 윤석정 檢事, 유종현 大使, 이관희 警察大 教授의 얼굴이 보임, 2002년 6월)

한국의 과학기술정책에 관하여 정책포럼 종료 후 당원으로부터 감사패를
수여받고 있는 國會 科學技術 情報通信委員長 김형오 國會議員(後日 國會議長, 2002년 10월)

'서해안 사태이후의 남북한 정세와 한국의 안보정책'을 주제로 하여 개최된
당원 주최 정책포럼 종료 후 참석자들과 포즈를 취하고 있는
國防部 政策次官補 차영구 陸軍中將(2002년 8월)

警察廳 中央警察學校長 허준영 治安監은 당원의 이사진 및 정책자문위원일동을
중앙경찰학교로 초청하여 '국제화시대 한국경찰교육의 현장과 발전방향'을 주제로
정책포럼을 개최하였음(2002년 10월)

輕水爐企劃團長(KEDO) 장선섭 大使는 정책포럼에서
'북한 핵무기개발실체와 동북아의 국제정치'를 주제로 하여 연구발표를 한 후
당원 관계자들로부터 감사패를 전달받고 있다(2002년 11월)

한국정치문화에 관한 정책포럼종료 후
대표참석자들과 포즈를 취하고 있는 유재건 國會議員(2002년 12월)

'한국 新정권의 등장과 2003 한국경제전망'을 주제로
정책포럼 종료 후 포즈를 취하고 있는 당원 정책자문위원일동
(가운데 앉은 이는 이종훈 中央大總長, 2003년 1월)

주한미국대사초청 심포지움에서 환영사를 하고 있는 김한경 外交通商部次官
(Hotel Lotte, 2003년 2월)

Hubbard 駐韓美國大使초청 국제심포지움에서
아태정책연구원(APPRI)을 대표하여 환영사를 하고 있는 이정빈 前 外交通商部長官
(당원고문, 2003년 2월)

상기 주한미국대사초청 심포지움에서 Hubbard大使를 소개하고 있는
당원의 수석이사인 노창희 前 外務次官(2003년 2월)

국제심포지움 종료 후 당원의 수석이사인 오재희 大使로부터
감사패를 받고있는 Tomas Hubbard 駐韓美國大使(Hotel Lotte, 2003년 2월)

Hubbard 駐韓美國大使초청 심포지움에 출연한 토론참석자일동(2003년 2월)

당원주최 동북아국제심포지움의 전야제 만찬에 참석한 각국대표,
주한외교단 대표, 당원의 이사진 및 정책자문위원일동 (Seoul Plaza, 2003년 6월)

'2003 동북아의 국제정치와 4강의 한반도 정책'을 주제로 한 정책연구심포지움의 제 1 부에 참석한 출연자 일동(사진은 좌로부터 Revere 駐韓美國副大使, 김석규 前駐日大使, 백진현 서울大敎授, Yanai 前日本外務省外務次官, 신敎授, Wit 美國CSIS首席硏究員, Sugiyama 日本公使, 김호섭 中央大敎授, 심윤조 外交通商部北美局長, Seoul Plaza Hotel, 2003년 6월)

동북아 국제정치에 관한 정책포럼에서 기초강연을 한 후 당원으로부터 감사패를 수여받고 있는 大統領外交補佐官 반기문 大使(2003년 6월)

동북아국제관계에 관한 국제심포지움의 개회식 석상에서 강영훈 국무총리의 기조강연에 이어서 축사를 하고 있는 Takano 駐韓日本大使 (2003년 6월)

상기 4강의 한반도정책심포지움의 제 2 부 출연자 일동
(박영옥 明知大敎授, Timonin 駐韓러시아大使, Tao 中國現代國際關係硏究所副所長,
노창희 前外務次官, Afanaiev 러시아外務省亞太局長, 양승함 延世大敎授,
이재춘 前駐러시아大使, 徐寶康 中國人民日報서울支局長, 2003년 6월)

제 108 차 심포지움 종료 후 당원으로부터
감사패를 수여받고 있는
Joel Wit 미국대표
(美CSIS首席硏究員, 2003년 6월)

제 108 차 국제심포지움 종료 후 당원으로부터
감사패를 수여받고 있는
Evgeny Afanasiev 러시아대표
(러시아外務省亞太局長, 2003년 6월)

당원(APPRI)주최 국제심포지움 종료 후 당원의
오재희 首席理事로부터 감사패를 수여받고 있는
Tao Jian 中國代表(2003년 6월)

동북아의 국제정치에 관한 정책포럼 종료후
감사패를 수여받고 있는 일본대표
Yanai 前 일본외무차관
(駐美日本大使 歷任, 2003년 6월)

한국의 농림수산정책에 관한 정치포럼
종료 후 당원으로부터 감사패를 수여받고 있는
國會 農林海洋水產委員長 이양희 國會議員
(2003년 9월)

大統領 國家安保補佐官 라종일 博士는 '참여정부의 평화번영 정책과 남북한 관계 전망'을 주제로 연구발표와 토론을 하였음(2003년 8월)

판문점 남북한회담장을 방문 · 시찰한 당원의 오재희 首席理事와 김필수 前 國軍機務司令官을 포함한 당원 관계자 일동 판문점(2003년 11월)

당원의 정책연구활동의 일환으로 당원 관계자들은
步兵 第 1 師團長 김경덕 所長의 초청을 받고 사단사령부를 견학 · 시찰하였음
(2003년 11월)

'세계 경제 질서의 변화와 한국 경제 전망'을 주제로 한
정책포럼 종료 후의 유장희 敎授와 참석자 대표 일동(2003년 12월)

한일관계에 관한 연구발표이후
참석자 대표들과 포즈를 취하고 있는 라종일 駐日大使(2004년 1월)

2004동북아 국제환경에 대한
국제심포지움 장에서
인사의 말씀을 하고 있는 당원 이사장
(Hotel Lotte, 2004년 2월)

상기 심포지움 개회식에서 주제강연을 하고 있는
주한대만대표부의 Li,Tsai-Fang 代表
(Hotel Lotte, 2004년 2월)

'2004년 동북아 국제관계와 한 · 대만 관계의 발전방향'을 주제로 하여 개최한
당원주최 국제심포지엄의 발표자 및 토론자 일동
(가운데 등을 보이고 있는 이는 강영훈 前 國務總理와 오재희 前 外務次官임,
Hotel Lotte2004년 2월)

'변용하는 2004년 한국정치 전망'을 주제로 하여
연구발표와 토론을 한 후 감사장을 증정받고 있는 박 진 國會議員(2004년 3월)

한국정치발전에 관한 정책포럼 종료 후
당원 정책자문위원들과 포즈를 취하고 있는 박 진 議員(2004년 3월)

한국군의 완벽한 수도방위태세를 견학 · 시찰하기 위하여 수방사를 방문한
당원관계자일동과 首都防衛司令官 김태영 陸軍中將(2004년 9월)

국제화시대 한국경찰의 발전에 관한 정책연구포럼종료 후 포즈를 취하고 있는
송인동 忠南警察廳長과 당원의 임원일동(충남경찰청회의실, 2004년 10월)

국제화시대 지방자치단체의 현황을 견학 · 시찰하기 위하여
대전광역시청을 방문한 당원 임원들과 포즈를 취하는 염홍철 大田市長(2004년10월)

국제화시대 지방자치단체의 현황을 견학 · 시찰하기 위하여 충청남도청을 방문한
당원 대표단과 심대평 忠淸南道知事(2004년 10월)

서울대 황우석 敎授는 '생명공학의 미래와 국가안보'를 주제로 연구발표를 한 후
당원의 이사진 및 정책자문위원과 포즈를 취하고 있다(Hotel Lotte, 2004년 11월)

당원의 정기이사회 종료 후 포즈를 취하고 있는 當院理事陣 一同(2005년 3월)

'美 부시행정부와 동북아국제정치경제의 변용'을 주제로 한 만찬강연을 종료 한 후
포즈를 취하고 있는 반기문 外交通商部長官
(Hotel Lotte , 2005년 2월)

'한국출입국정책의 현상과 정책추진방향'을 주제로 개최된 정책포럼에 참석한
김남일 法務部 仁川國際空港出入國管理所長과 당원대표단 일동
(인천국제공항회의실, 2005년 5월)

'한국조세정책의 발전방향'을 주제로 연구발표를 한 후
당원의 참석자대표들과 포즈를 취하고 있는 윤종훈 서울地方國稅廳長과 國稅廳幹部一同
(Hotel Lotte, 2005년 6월)

만찬간담회 종료 후 당원임원들과 포즈를 취하고 있는 이태식 外務次官
(사진은 앞열 우측으로부터 정태익 大使, 이상구 前 安企部次長, 노창희 前 外務次官, 오재희 前 外務次官, 이태식 外務次官, 김재춘 大使, 오현주 女史, 신 敎授, 뒷렬 우측으로부터 조병제 北美局審議官, 김원수 政策企劃局長, 김성환 企劃管理室長, 백영옥 敎授, 박춘택 前 空軍參謀總長, 유종현 大使, 이관희 警察大敎授, 김경옥 總務理事, 윤석정 辯護士 2005년 6월)

주한중국대사관의 추천으로 당원을 방문하여 당원 이사진대표와 정책간담회를 가진 후 포즈를 취하고 있는 徐敦信 中國外務次官과 중국외무성대표단 일행(2005년 9월)

'동북아 국제정치경제와 한반도'를 주제로 한 당원의 출판기념회에서
축사를 하고 있는 강영훈 前 國務總理(當院顧問, 2005년 11월)

Mark Minton 주한 美國 副大使는 당원 理事長의 출판기념회에서 축사를 하고 있다.
(Hotel Lotte, 2005년 11월)

상기출판기념회를 종료한 후 포즈를 취하고 있는 강영훈 前 國務總理(2005년 11월)

대만정부의 초청을 받고 타이페이를 방문한 당원이사장은
陳水扁(Chen,Shui-Bian) 臺灣總統과 환담을 나누고 있다(대만총통관저, 2006년 1월)

당원 대표단과의 정책간담회 개최 후
상호 기념품을 주고받고 있는 臺灣總統과 당원이사장(총통관저, 2006년 1월)

臺灣總統과의 정책간담회를 종료한 후 陳 總統과 포즈를 취하고 있는 당원이사진 대표
(사진은 왼쪽으로부터 김필수 前 國軍機務司令官, 이팔호 前 警察廳長, 박용옥 前 國防次官,
선준영 前 外務次官, 윤석정 辯護士, 당원 이사장 및 부인일동, 2006년 01월)

대만정부의 초청을 받고 타이페이를 방문한 당원이사진 대표단과
면담 후 포즈를 취하고 있는 李登輝 前 臺灣總統(2006년 1월)

'한국전력의 현황과 과제'를 주제로 한 정책간담회 개최 후
당원관계자들과 포즈를 취하고 있는 한준호 韓電社長(2006월 3월)

리더쉽에 관한 심포지움 종료 후
당원의 오재희 首席理事로부터 감사패를 증정받고 있는 고건 前 國務總理

바람직한 정치적리더쉽에 관한 심포지움 개최에 앞서
당원의 정책자문위원들과 포즈를 취하고 있는 고건 前 國務總理(연세대동문회관, 2006년 4월)

정계, 관계, 재계, 학계 관계자들은 물론 주한외교사절과 외국특파원 등 200 여명은
바람직한 정치리더쉽에 관하여 열띤 토론을 전개하였다(2006년 4월)

당원주최 한국의 치안정책발전에 관한 정책토론회에서
열변을 토하고 있는 이택순 警察廳長(2006년 5월)

'최근의 남북한관계와 국방정책'에 관하여
자신의 소신을 피력하고 있는 윤광웅 國防部 長官(2006년 9월)

윤광웅 國防部長官은 '최근의 남북한관계와 국방정책의 추진방향'을 주제로 하여
특별강연을 종료 한 후 당원으로부터 감사패를 증정받고 있다(2006년 9월).

정책연구포럼에 참석한 당원관계자들과 일일이 악수하고 있는 이택순 警察廳長 (2006년 5월)

정창영 延世大總長은 '국제화시대 대학교육의 사명과 국가발전'을 주제로 하여 자신의 철학과 소신을 표명하였다(2006년 6월).

'한국외교정책의 바람직한 발전방향'을 주제로 하여
기조강연을 하고 있는 반기문 外交通商部長官(Hilton Hotel, 2006년 11월)

國會外交通商委員長 유재건 議員은
'한국대통령 선거와 정계구도의 재편성 전망'을 주제로 하여 기조강연을 하였다.
(오재희 前 駐日大使, 박춘택 前 空軍參謀總長, 전도봉 前 海兵隊司令官, 이상구 前 安企部次長,
정태익 前 駐러시아大使, 추성춘 前 濟州MBC文化放送社長 등 당원 이사진의 얼굴이 보임, 2006년 12월)

'한국경제는 대외무역수지전망'을 주제로 한 정책연구포럼에서 기조강연을 한
오상봉 KIET 院長과 참석자대표 일동(2007년 1월)

유명한 駐日大使는 부임에 앞서 '바람직한 한일관계와 나의 외교철학'을 주제로 하여
기조발표를 한 후 참석자 대표들과 포즈를 취하고 있다(2007년 3월).

주한미국대사 초청 정책심포지움에 참석한 토론자 일동
(사진은 좌로부터 백진현 서울대教授, 선준영 前 外務次官, Vershbow美國大使,
황진하 國會議員, Takasugi 顧問 2007년 4월)

'최근 북한의 대내외 정세와 남북한 관계전망'을 주제로 한
신언상 統一部次官초청 정책연구포럼에 참석한 당원 이사 및 정책자문위원일동(2007년 4월)

한미FTA에 관한 심포지움에서 기조강연을 한 후 감사패를 증정받고 있는
이희범 産業資源部長官(2007년 5월)

정동영 大選候補 초청 정책연구심포지움장의 전경(2007년 7월)

'제 2 차 남북한정상회담의 전망'을 주제로 한 제 172 차
정책연구포럼에 참석한 강인덕 前 統一部長官과 참석자 대표일동(2007년 7월)

'한일관계의 현상과 바람직한 발전방향'을 주제로 한 정책포럼의 토론에서
한일관계에 관한 자신의 소신을 표명하고 있는 Shigeie駐韓日本大使(연세대동문회관)

한일관계에 재조명 문제를 심층적으로 다룬
정책연구포럼에 참석한 Shigeie 日本大使와 참석자대표일동(2007년 11월)

이희범 前 산업자원부장관과 당원의 정책자문위원들을 위한
합동만찬간담회에 참석한 양측관계자일동
(이장관 우측에 앉아있는 이는 Shigeie주한일본국대사, 2007년 11월)

기조강연후 참석자대표들과 기념촬영을 하고있는 이재정 統一部長官(2007년 12월)

법률문제에 관한 정책포럼에 연사로 초청된
法務法人'世宗'의 김두식 辯護士(2008년 2월)

이명박 신정권 등장이후 한국외교의 발전방향을 주제로 한 제 178 차
연구포럼에서 기조강연을 한 유종하 前 外交通商部長官과 參席者代表 一同(2008년 1월)

이윤호 知識經濟部長官 초청 제 184 차 심포지움에서
환영사를 하고 있는 當院의 首席理事 선준영 前 外交通商部次官(2008년 6월)

한국경제에 관한 정책심포지움에 기조강연을 위하여 참석한
이윤호 知識經濟部長官, 當院首席理事 임성준 國際交流財團理事長 및 참석자대표일동
(연세대동문회관, 2008년 6월)

국방정책에 관한 제 187 차 정책연구심포지움에 참석한 당원 임원 일동
(사진은 맨 가운데 앉은이가 합참의장 김태영 陸軍大將이며
좌우에 당원이사인 박춘택 前 空軍參謀總長과 김판규 前 陸軍參謀總長의 모습도 보임, 2008년 9월)

합참의장 초청 제 187 차 정책심포지움에 참석한 당원관계자일동(국방회관, 2008년 9월)

合同參謀本部議長 김태영 陸軍大將은 '한국의 국방정책'에 관하여
탁월한 분석력을 동원하여 국방정책에 관한 소신과 철학을 피력하였다(2008년 9월).

보병 제 1 사단 장병들과 만찬간담회 후 포즈를 취하고 있는 참석자 일동
(간담회 주제: 최근의 한반도정세와 보병 제 1 사단의 위기관리체제연구, 2008년 10월)

보병 제 1 사단 사령부에 도착직후 기념촬영한 당원임원들과 사단장 및 각 연대장, 참모일동
(사단사령부, 11연대, 12연대, 15연대 외, 2008년 10월)

步兵 第 1 師團 司令部師團長 신현돈 陸軍少將은 당원의 정책자문위원, 이사진, 비상근연구위원 등 약 40 여명을 판문점과 사단사령부에 초청한 바 일행을 반갑게 맞이하고 있는 신현돈師團長夫婦
(보병 제 1 사단사령부, 2008년 10월)

판문점과 1사단을 시찰한 이후 사단간부들과 힘차게 사단구호 '전진'을 외치는 당원이사장부부
(보병 제 1 사단사령부, 2008년 10월)

의정활동의 견학 · 시찰을 위하여 국회를 방문한
당원의 참석자일동과 포즈를 취하고 있는 國會外交通商統一委員長 박 진 議員
(국회본관앞, 2008년 11월)

'미국 오바마 新대통령 당선의미와 동북아 관계전망'을 주제로 한
정책포럼에서 오바마 정권의 대외관계전망에 관하여 진지하게 의견교환을 하고 있는 참석자 일동
(국회귀빈식당, 2008년 11월)

國家安全企劃部次長을 역임한 當院 首席理事 이상구大使가
김석기 서울地方警察廳長에게 격려의 악수를 하고있다(서울지방경찰청 회의실, 2009년1월).

서울地方警察廳長 김석기 治安正監(警察廳長內定者)은
당원의 임원을 서울지방경찰청으로 초청하여 경찰행정 전반에 관하여 브리핑 하였다(2009년1월).

'한 · 미 · 일 관계의 현상과 전망'을 주제로 하여
William Stanton 주한미국대사관 부대사 관저에서 개최된 만찬간담회에
참석한 3개국 대표단 일동(2009년 1월)

인천시장의 초청으로 송도를 방문한 40 여명의 당원 임원들에게
송도신국제도시의 미래상과 비전을 제시하고 있는 안상수 仁川廣域市長(2009년 3월)

인천시장의 초청을 받고 송도신국제도시의 현장을 시찰 · 견학하기 위하여
인천을 방문한 당원의 임원 및 安相洙 仁川廣域市長(2009년 3월)

한국최고의 기업인 三星電子의 이인용 副社長은 당원임원들을 삼성전자로 초청하여 '국제화시대 삼성전자의 성공비결과 발전적 미래상'을 주제로 연구발표를 하였다.
(삼성전자 수원공장본관입구, 2009년 4월)

한국지방자치행정에 관한 제 197 차 정책연구포럼 종료 후 포즈를 취하고 있는 참석자 일동
(연세대동문회관, 2009년 6월)

한-Eu 관계에 관한 제 198 차 정책포럼에서 특별강연을 한 후
당원으로부터 감사장을 증정받고 있는 Matin Uden 英國大使(2009년 7월)

반기문 UN事務總長이(당원고문) 공무협의차 일시 귀국하여
주요행사장에서 당원이사장을 만나 반갑게 악수하고 있다(2009년 8월).

상기기념식장에서 내외귀빈들의 APPRI 발전전략에 관한
제안설명을 경청하고 있는 참석자 일동(2009년 10월)

당원의 정책연구이벤트 제 200 회를 기념하기 위하여 행사장에 참석하여
축가를 부르고 있는 테너 연세대 강무림 敎授와 소프라노 이윤숙 敎授(2009년 10월)

정책연구이벤트 200회 기념식장에서 당원의 출발당시부터 10여년간 이사로 봉사하여 온
오재희 前 外務次官 (前 駐日大使)에게 감사패가 전달되었다(2009년 10월).

이화여대 유장희 前 副總長은 당원주최 제 202 차 정책포럼에서
한국경제의 발전전략에 관하여 소신과 철학을 발표하고 있다(2009년 11월).

유장희 前 梨花女大 副總長초청 한국경제에 관한
제 201 차 정책연구포럼에 참석한 당원임원 대표일동(2009년 11월)

교육과학기술정책에 관한 정책연구포럼의 회의장전경
(앞에 앉아 있는 이는 좌로부터 當院理事 정태익 前 靑瓦臺外交安保首席,
首席理事 노창희 前 駐UN大使, Awaya Seoul Japan Club會長, 2010년 1월)

안병만 敎育科學技術部長官은 당원주최 제 205 차 정책연구포럼에서
한국교육과학기술정책의 개혁필요성과 그 중요성을 역설하였다(연세대동문회관, 2010년 1월).

교육과학기술부장관초청 제 205 차 정책연구포럼에
참석한 당원의 임원대표일동(연세대동문회관일동, 2010년 1월)

당원의 政策諮問委員長인 Nagai 서울日本人會會長은 國會外交通商統一委員長
박진議員에게 당원을 대표하여 감사패를 전달하고 있다(2010년 3월).

'2010 Global 한국의 과제와 전략'을 주제로 한 당원주최 제 208 차 정책연구포럼에 참석한 당원의 정책자문위원, 이사, 비상근연구위원 및 관계자일동 (2010년 3월)

2010한국경제에 관한 제 212 차 정책포럼에 참석한 주요인사들과 포즈를 취하고 있는 최경환 知識經濟部長官(2010년 6월)

아태정책연구원 일행분들의 함정 견학을 환영합니다. ('18. 5. 9.)
대한민국 최고의 전투함 인천함에서의 당신을 기억하겠습니다.

APPRI's 305th Foreign & Trade Policy Forum
2018東北亞國際環境의 變容과 韓國의 外交政策
2018Northeast Asian International Environment & ROK's Foreign Policy
研究發表 尹淳九 外交部 次官補
Yonsei University Alumni Hall

한국은행
THE BANK OF KOREA

亞太政策研究院主催 第 329 次 外交通商政策研究Forum
APPRI's 329th Foreign & Trade Policy Forum
最近의 北韓内外情勢와 南北韓關係展望
2021 North Korean Politics and Inter-Korea Relations
May 6(Thurs.),2021
研究發表: 崔領埈 統一部次官 討論: 李文錫 將軍
Yonsei University Alumni Hall

韓國政治文化의 發展을 爲한 나의 政治哲學
My Belief & Philosophy for the Betterment of Korean Political Culture

Professor Shin, Hee-Suk
APPRI Chairman

당원(APPRI)주최 제 306차
외교통상정책연구포럼 회의장 전경

일시:2018년 3월 27일
출연:신현돈 육군대장, 김정식 공군중장,
이기식 해군중장, 이문석 육군소장

더 나은
유엔을 위하여

치안은 과학이며 전략이다
Policing is a Science and Strategy

APPRI註: ① 潘基文 前 U.N.事務總長 招請 "國際平和를 爲한 U.N.役割의 再評價와 東北亞의 平和"를 主題로 한 亞太政策硏究院(APPRI) 主催 第 300 次 政策硏究Forum에 參席한 當院 政策諮問委員 (2017/9/8, 延世大 國際會議場), ②늦게 到着하신 분들은 寫眞撮影에 參席하지 못하였음.

APPRI註: 當院 政策諮問委員 以外에 潘基文 前 U.N.事務總長 夫婦와 當院 任員들임(李廷彬 前 外交部長官, 金泰榮 前 國防部長官, 吳在熙 前 駐日大使, 鄭泰翼 前 青瓦臺 外交安保首席, 柳浩烈 教授, 宋根浩 大使, 申熙錫 教授 夫婦).

2007.03.18

САХАЛИНСКИЙ
ХУДОЖЕСТВЕННЫЙ
МУЗЕЙ

2009. 08. 25

2009. 11. 17

2012 3 20

ソウル研究会 海外研修

第1回 ～第10回（1999年～2004年）

忠烈祠の衛兵交代儀式

尹海重駐台韓国大使と一緒に

美味しい台湾料理と青島ビールで満足そうな面々

山下駐台韓国大使と一緒に

上海の韓国領事館前で

駐中国洪韓国大使と一緒に（北京：韓国大使館）

四川料理店で日中友好親善を祝して小娘と握手

駐中国谷野日本大使と一緒に（北京：日本大使館）

前駐韓ロシア大使と一緒に（ロシア外務省）

駐露李在春韓国大使と一緒に

駐露丹波日本大使と一緒に

駐露金在春韓国大使の自宅でカラオケに興じる

ウラジオストック全景

強い風の中で

飛行場からウラジオストックの入り口

潜水軍艦の前で

森本日本領事と一緒に

極東大学でディスカション

韓国領事と一緒に

ロシア外務省の面々とディスカション

モンゴル外務省を訪問

服部日本大使と（日本大使館）

服部日本大使の講義

金芝栄韓国領事と（韓国大使館）

NIS
국가정보원
GIFT SHOP

最近의 北韓情勢와 南北韓關係展望
Recent Inter-Korea Relations and its Future
September 16 (Wed.), 2015

司令官
이사장

부 록

1. 申熙錫 教授(Professor Shin, Hee-Suk)의 簡易履歷書(學位記, 在職證明書, 美·日·英 政府招請寫眞 等)

현직: 아태정책연구원(APPRI, 외교통상부산하등록법인)이사장 겸 원장

연세대학교 정치외교학과 졸업(정치학사)

일본 ICU(International Christian University)행정대학원(GSPA) 졸업(정치학석사)

일본 동경대학대학원 국제관계론연구실에서 정치학박사학위 취득(1978)

박사학위논문제목: 近代日本의 對美外交政策決定過程硏究(1919~1920)

— 中國大陸을 둘러싼 美日間의 協調와 對立 —

외무부 외교안보연구원 조교수(1978) 및 부교수(1983) 역임

일본 동경대학객원교수(1983,국제관계론연구실: Eto, Shinkichi교수연구실)

미국 Harvard대학 국제문제연구소 객원교수(1984): Center for International Affairs(CFIA), Harvard University

미국 Harvard대학 미일관계프로그램 객원교수(1985): The Program on U.S.-Japan Relations, Harvard University

일본 동경대학객원교수(1990,정치학연구실: Sato, Seizaburo교수 연구실)

외교통상부 외교안보연구원 正교수(1991)

외교통상부 아세아태평양연구부장(1991, 외교안보연구원IFANS교수 겸직)

국방부(합참) 및 청와대(정무) 정책자문위원 역임

아태정책연구원(APPRI, 외교통상부산하등록법인)이사장겸 원장취임(1996)

법무법인 '율촌' 비상근고문역임(2011~2018)

한국미래연합총재 박근혜 대표의 요청으로 북한평양을 함께 방문하였음

※ 북한 김정일국방위원장의 초청을 받고 박근혜총재를 동행하여 평양을 방문, 김 위원장주최 동북아국제관계에관한 만찬회담에 참석하였음

한국정치학회 및 한국국제정치학회 이사 역임

연세대겸임교수 역임(1979-2010년, 정치외교학과, 본대학원 정치외교학과 및 同연세대 행정대학원(외교안보과정)에서 동북아국제관계론, 일본정치외교론, 외교정책론 등 강의

한양대국제학대학원(아태지역학대학원)겸임교수역임(1996~2006년)

중앙대 국제경영대학원 자문교수역임(JAMP, 2002년~2009년)

기타 경찰대, 고려대. 이화여대, 숙명여대, 성신여대, 건국대, 카톨릭대에서 정치학강의(담당강의 제목: 동북아국제관계론, 외교정책결정론, 미일관계론,일본정치외교론, 한국외교정책론 등)

※ 수상및 표창: 외교부장관, 내무부장관, 경찰청장(치안본부장), 일본외무성(주한일본국특명전권대사 경유)

※ 단독저서: 박영사 『동북아국제정치경제와 한반도』 (2010년)
을유문화사 「일본의 외교정책』(1994년) 「자민당정치론」 (1990년) "현대일본정치와 자민당정권』 (1988년)외 공저13권, 기타학술 및 정책연구논문 약 250여 편(한 · 영 · 일)

※ 외국정부로부터 초청받은 실적

1. 미국 (국무성 초청) International Visitor's Program의 일환):1992년의 미국대통령선거 참관을 위한 해외시찰단일원으로 미국을 방문. 2개월 동안 Washington, New York, Boston, San Francisco 등 미국의 주요도시를 다니면서 대통령선거를 둘러싼 미국의 국내정치와 그 전개과정을 견학탐방하였으며, 미국정치과정의 특징과 정책결정과정 등을 연구하고 분석하는 데 커다란 도움이 되었음. Arkansas주의 수도인 Little Rock의 대통령당선자 사저에서 주요국가의 대표단과 더불어 기념촬영을 하였음(별첨 사진참조)

2. 미국무성산하의 Japan-America Society 초청 태평양전쟁종료 50 주년기념 심포지움에서 Session-Chairman(Honolulu, 1995) 역할및 JAS(Japan-America Society)의 년차총회 AnnualConvention(Wisconsin)에서 동북아국제관계에관하여 연구발표를하였으며 Wrapping-Up Session의 Chairman으로 활동하였음. 이Convention에는 미국측에서 James Kelley, James Auer,Glenn Fukushima 등의 일본전문가들이 대거 참석하였으며, 일본측에서는 저명한 국제정치학자인 동경대학의 Eto, Shinkichi(衛藤瀋吉) 교수, 미국전문가인 Honma, Nagayo(本間長世) 교수를 비롯하여 Tanaka, Makiko외상(Tanaka Kakuei 前일본수상의 장녀임), Kuriyama, Takakazu 주미대사 등 약 1000여 명의 미국과 일본의 지식인들이 참석하여 대성황을 이루었음(Sheraton Waikiki Hotel, Honolulu). 申교수는 한국을 대표하는 유일한 참석자이었음에도 불구하고 Conference-Chairman의 역할을 수행하였음.

3. 일본정부초청 (3회): 일본 외무성의 Distinguished Opinion Leader Program의 일환으로 일본 전지역을 방문, Tokyo, Osaka, Kyoto, Fukuoka, Sapporo, Nagoya, Okinawa 등지를 방문하며 현지 주요 저명인사와 정책대담 및 주요지역을 견학, 시찰하였으며(부부동반), 특히 2019년에는 동경의 New Otani Hotel에 숙박하면서 외무성, 방위성, 문부성 등 의 일본정부관계자들로부터 한일 양국의 정책현안에 관한 업무브리핑을 청취한후 동북아국제관계에 관한 의견교환을 하면서 한국정부의 입장과 논리를 일본측에 설명하였음. 또한, The Japan Foundation 초청으로 동경대학

객원교수로 2회에 걸쳐서 근무하면서 일본정치학자들과의 지적 교류를 강화하는데 크게 기여하였음(Professional Fellow1983년, 1990년). 뿐만 아니라, 일본외무성 산하 일한문화교류기금(이사장: Maeda Toshikazu전 주한일본대사)의 초청을 받고 연세대행정대학원생 20여명과 함께 일본을 방문하여 정계, 관계, 언론계 등을 견학, 시찰하였으며 동경대학, Kyoto대학, 북해도대학 등지에서 동북아국제정세에 관하여 일본대학원생들과 한일세미나를 개최하였음.

4. 영국정부초청 British Commonwealth International Visitor's Program: 1996년8월에 영국외무성의 초청을 받고 London, Birmingham, Manchester, Lancaster, NewCastle, Belfast, Brighten 등지를 방문하여 영국의 저명인사들과 정책대담을 나눔. 또한, Wilton Park Conference국제안보회의에 3회에 걸쳐서 한국대표로 참석하여, 동북아의 국제안보환경과 한국의 정책대응 및 남북한관계에 관한 연구 발표와 토론의 기회를 가진 후, 항구도시 Brighten의 수산업문화와 도서국가 영국의 선진화 된 해양공학의 제반시설을 방문. 견학하였음.

5. 캐나다정부초청(1994): 캐나다 외무성의 초청으로 Vancouver, Toronto, Montreal, Ottawa, Quebec, NovaScotia 등의 관계기관을 방문하면서 현지 지식인들과의 토론을 통하여 캐나다의 역사, 정치구도, 경제상황, 문화와 사회 등을 광범위하게 공부할 수 있는 기회를 가졌음. 특히 Ottawa에서는 캐나다 외무성을 직접 방문하여 정책기획실장인 ShyuMaker(?) 대사를 포함한 캐나다 정부의 주요 인사들과 정책대담을 나누면서 최근의 한반도 상황에 관하여 연구발표를 함과 동시에 캐나다 정부관계자 및 지식인들에게 한국의 정책과 입장을 설명하였음.

<2025. 04월 현재>

'2010 Global 한국의 과제와 전략'을 주제로 한 당원주최 제 208 차
정책연구포럼에 참석한 당원의 정책자문위원, 이사, 비상근연구위원 및 관계자일동 (2010년 3월)

〈사진 자료 1〉 동경대학 박사학위기

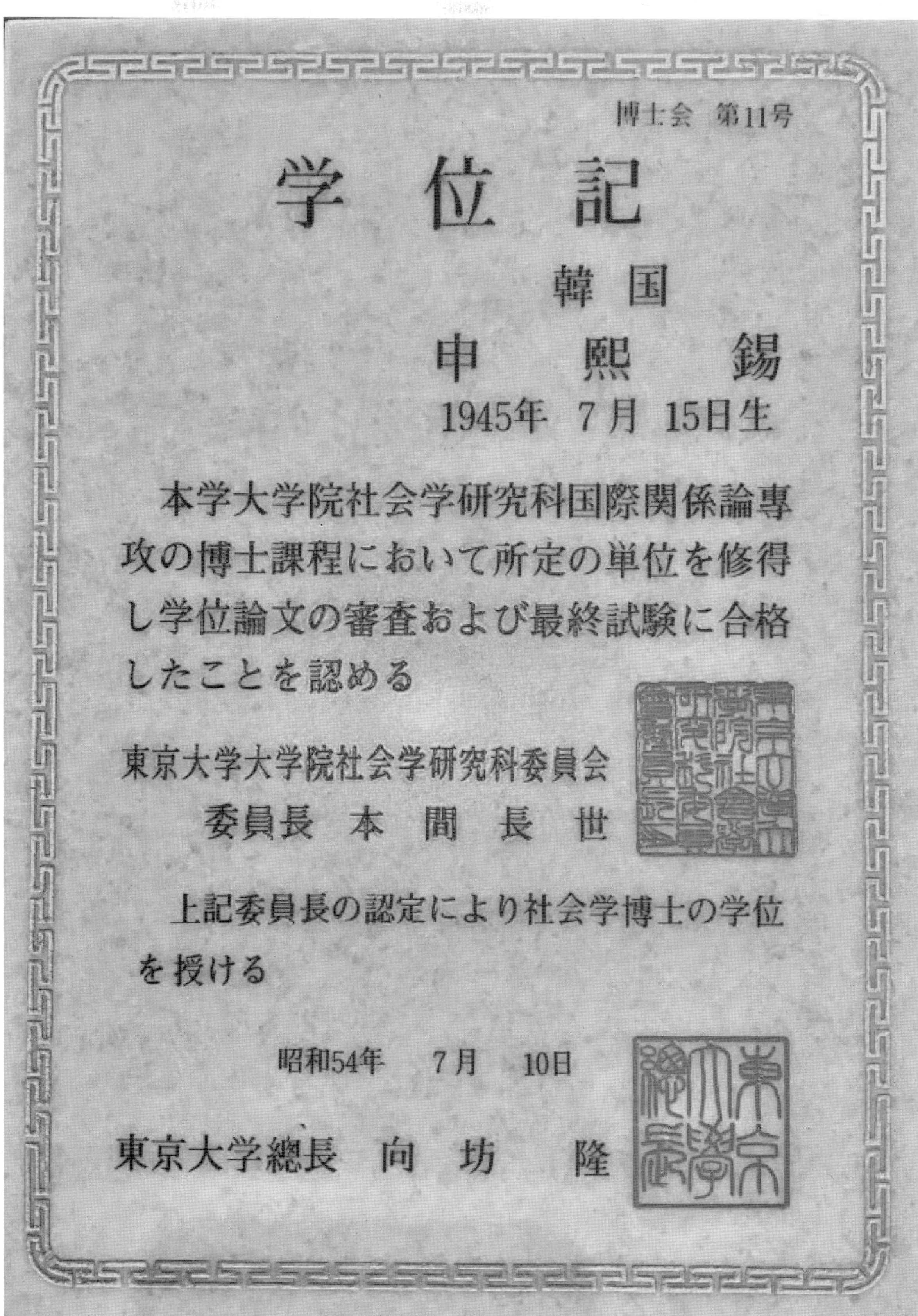

博士会 第11号

学位記

韓国

申 熙 錫

1945年 7月 15日生

本学大学院社会学研究科国際関係論専攻の博士課程において所定の単位を修得し学位論文の審査および最終試験に合格したことを認める

東京大学大学院社会学研究科委員会

委員長 本 間 長 世

上記委員長の認定により社会学博士の学位を授ける

昭和54年 7月 10日

東京大学總長 向 坊 隆

〈사진 자료 2〉 하버드대학 객원교수 임명장

HARVARD UNIVERSITY

Center for International Affairs
Program on U.S.-Japan Relations

Be it known by these presents that

Professor Hee-Suk Shin

is Visiting Scholar of the Program on U.S.-Japan Relations and has conducted advanced study and research at the Center in 1985-1986

Center Director

Program Director

HARVARD UNIVERSITY

OFFICE OF THE SECRETARY
17 QUINCY STREET

CAMBRIDGE, MASSACHUSETTS

July 17, 1985

Dr. & Professor Hee Suk Shin

SIR,

I beg to inform you on behalf of the University and the Dean of the Faculty of Arts and Sciences that you are appointed to serve as

Visiting Scholar in the Program on United States-Japan Relations in the Center for International Affairs

for one year from May 1, 1985

Third Statute of the University *(attached)*.

Your obedient servant,

Robert Shenton

Secretary to the University

Heesuk Shin

〈사진 자료 3〉 외교관 여권

DIPLOMATIC PASSPORT

여권번호 / PASSPORT NO. DR0013979

성 명 / NAME (GIVEN NAME SURNAME NÉE) 성 별 / SEX

신 희 석 M

HEE SUK SHIN

생년월일 / DATE OF BIRTH 신 장 / HEIGHT

JUL. 15, 1945 (1009131) 169 cm

여권발급일 / DATE OF ISSUE 기간만료일 / DATE OF EXPIRATION

FEB. 08, 1989 FEB. 08, 1994

직 위 / OFFICIAL STATUS

FOREIGN SERVICE OFFICER.

DR0013979>4507151009131<22301>00<57>169<
HEESUKSHIN<<<<<<<<<<890208>32<940208>00<

소지인의 서명
SIGNATURE OF BEARER

대한민국 국민인 본 여권 소지인이 아무 지장없이 통행할 수 있도록 하여 주시고 필요한 모든 편의 및 보호를 베풀어 주실 것을 관계자 여러분께 요청합니다.

대한민국 외무부장관

The Minister of Foreign Affairs of the Republic of Korea hereby requests all those whom it may concern to permit the bearer, a national of the Republic of Korea, to pass freely without delay or hindrance and, in case of need, to afford him (her) every possible assistance and protection.

1

〈재직증명서 1〉 대한민국 외무부 외교안보연구원

대 한 민 국
외 무 부
외 교 안 보 연 구 원

(재 직 증 명 서)

제 81-12호

주 소 : 서울시 송파구 잠실6동 장미APT 3동 102호

성 명 : 신 희 석

주민등록번호 : 450715 -

직 위 : 아·태연구부장

직 급 : 교 수(외교직 1급 상당)

소 속 : 연 구 부

용 도 : 자동차 신규 등록용 소정용도외 사용은 무효임

비 고 :

위와 같이 재직을 증명합니다.

1991. 9. 17.

외 무 부 외 교 안 보 연 구 원

〈재직증명서 2〉 아태정책연구원장

Asia-Pacific Policy Research Institute (APPRI) 亞太政策研究院	Suite 3-1602, King's Garden Officetel 72 Naesoo-Dong, Jongro-Gu Seoul, Korea 서울特別市 鍾路區 內需洞 72番地	Tel: (02)720-8784/5 Fax: (02)720-8786 E-mail: shinapri@hanmail.net '경희궁의 아침' 오피스텔 3團地 1602

재 직 증 명 서
(A Letter of Certificate)

※ APPRI 2024-062

성 명 : 신희석(申熙錫Shin,Hee-SukPh.D)
국 적: 대한민국
주민등록번호 : 450715-
주 소: 서울,종로구내수동72'경희궁의아침' 3단지1602호
학(경) 력 : 연세대학교 정치외교학과 졸업(1964입학)
일본 동경대학에서 정치학박사 학위 취득(1978)
미국하바드대학 객원교수 역임
연세대행정대학원 겸임교수 역임
외교부외교안보연구원교수(아태연구부장)역임
아태정책연구원 원장 재직중

상기명 인사는 외교부산하의 등록법인인 아태정책연구원 (APPRI, Asia-Pacific Policy Research Institute, since 1996, 외교부 법인허가 第 311 號)의 원장으로 재직중에 있음을 증명합니다.

2025년 3월 16일

아태정책연구원(APPRI)이사장

※ APPRI 2025-062 당원(APPRI)원장 신희석 교수의 재직증명서발행

2. 申熙錫 教授의 主要政策硏究執筆目錄(단행본 및 정책연구논문 등)

主要政策硏究執筆目錄
(單行本 및 政策硏究論文 等)

* 단독저서: 單行本 4卷(共著 11卷 除外)
* 一般硏究論文 90 編, 政策硏究論文 29 編
* 主要國際問題分析 97 編, 英語論文 20 編
* 日本語 政策硏究 및 學術論文 約 20 編
* 博士學位請求論文(東京大學, 1978年)

<政策硏究論文 合計 約 240 編>

※ 國內外新聞칼럼寄稿文 約 115 回 및
日本語 政策硏究 및 學術論文 約 20 編

I. 單獨著書: 單行本 4卷(共著11卷 除外)

1. 申熙錫『東北亞國際政治經濟와 韓半島』博英社, 2005年
2. 申熙錫『日本의 外交政策』乙酉文化社, 1992年
3. 申熙錫『自民黨 政治論』乙酉文化社, 1990年
4. 申熙錫『現代日本政治와 自民黨政權』乙酉文化社, 1989年

II. 一般論文(90編)

1. 申熙錫「近代日本의 對外政策決定機構와 外交의 一元化 - 臨時外交調査委員會 (1917-1922)를 中心으로」『國際政治論叢』第 16 號, 1976年
2. ——「近代日本의 對外政策決定硏究試論(1919-1920) - 新四國借款團과 Hara, Kei內閣의 對美政策形成」『日本硏究論叢』創刊號, 1979年
3. ——「滿蒙權益을 둘러싼 美日關係의 相剋-對中國 21個條 要求의 始末」『韓國政治學會報』第14 輯, 1980年
4. ——「日露講和交涉의 國際政治力學(1905년)-交涉過程에서 表出된 美國의 仲介(Mediation)를 中心으로」『國際政治論叢』第20號, 1980年
5. ——「現代日本 知識人의 對韓認識」韓國政治學會 發表論文, 1980年 12月

6. ——「日本에서의 共產圈 研究」『共產圈研究 現況』韓國政治學會編 第1輯, 1981 年.

7. ——「日本의 大陸進出政策과 滿蒙權益」『現代日本政治社會研究 - 國權論과 民權論』 한길社, 『日本研究論叢』1981年

8. ——「日本의 政策決定過程研究 - 戰前과 戰後의 比較」『韓國政治學會報』第15輯, 1981年

9. ——「韓日關係의 現況과 展望」『國會報』 第181號, 1981年, 9-10號

10. ——「現代日本의 外交政策決定過程의 要因分析」『各國外交政策論 - 外交의 理論과 實際』 韓國國際關係研究所, 1981년

11. ——「現代日本의 外交政策決定過程研究」『日本政策決定의 解剖』正音社, 1984年

12. ——「現代日本外交와 相互依存의 國際政治」『韓國과 國際政治』第 2 卷 1號, 1986年 봄號; 『現代日本의 政治』慶南大 極東問題研究所, 1986年

13. ——「日本自民黨의 現狀과 政策決定過程研究」『國際問題』1986年 여름號

14. ——「現代日本의 新保守主義思潮와 韓日關係」『國際問題』1987年 봄號

15. ——「日本의 衆·參兩議院 總選擧分析」『韓日協力』1987年 봄號

16. ——「日本 自民黨의 深層分析」『國際問題』1987年 9月號

17.—— 「韓日 國交正常化를 둘러싼 日本의 大衆輿論 分析」『韓國政治學會報』第2輯, 1987年

18. ——「美日貿易摩擦과 日本의 外交的 對應」『韓日協力』1987年 겨울號

19. ——「韓美日 外交安保協力의 現狀과 展望」『韓日協力』1988年

20. ——「舊韓末 外交史의 現代的 教訓」『外交』韓國外交協會編, 1987年 5月

21. ——「韓日國交正常化를 둘러싼 日本의 大衆輿論分析」『韓國政治學會報』1988年 12月

22. ——「韓日國交正常化와 日本의 大衆輿論」『韓日協力』1989年

23. ——「日本社會黨의 浮上과 日本의 外交政策」『國際情勢』1989年 1月

24. ——「北韓 · 日本關係를 照明한다」『月刊京鄉』1989年 1月

25. ——「最近日本外交政策의 性格과 方向」『國際情勢』1989年 8月

26. ——「現代日本政治와 自民黨政權」『國策研究』1989年 8月

27. ——「北方外交의 現狀과 展望」『韓日저널』1989年 9月

28. ——「派閥競爭: 黨內 民主化와 自民黨」『思想과 政策』1989年 가을號

29. ——「Kaihu首相의 登場背景과 向後의 日本政局」『展望』1989年 10月

30. ——「日本의 新國家主義와 韓半島」『月刊中央』1989年 11月

31. ——「日本의 防衛力增强과 東北亞國際環境」『外交』1989年 12月

32. ——「1990年代의 日本政治展望과 韓日關係」『國際情勢』1990年 1月

33. ——「衆議院總選以後의 日本政局과 韓日關係」『國際情勢』1990年 4月

34. —— 「Kaihu 日本總理에게 보내는 公開書翰」『國際情勢』1990年 7月
35. —— 「最近 日·北韓關係의 現狀과 展望」『行政大學院報』延世大學校 行政大學院 1990年 12月
36. —— 「大解剖: 日本의 亞細亞經濟研究」『月刊中央』1991年 1月
37. —— 「Kaihu首相의 訪韓과 韓日關係」『國際情勢』1991年 2月
38. —— 「Kaihu首相訪韓의 意味와 韓日關係展望」『外交』韓國外交協會編, 1991年 3月
39. —— 「日·北韓關係展望」『政策研究』1991年 3月
40. —— 「日本의 韓半島政策」(姜英勳 國務總理 古稀記念論文集) 凡文社, 1992年
41. —— 「宮澤 訪韓 以後의 韓日關係展望」『鄕軍』1992年
42. —— 「韓日關係 - 새로운 地平을 열어야 한다」『鄕軍』1992年 3月
43. —— 「韓日關係의 現狀과 바람직한 方向」『外交』韓國外交協會編, 1992年 9月
44. —— 「亞太 地域에서의 韓國과 日本」『韓國發展』1992年 가을號
*45. —— 「韓日關係の現狀と望ましい方向」『コリアナ』1992年 秋季號
46. —— 「美國과 日本의 韓半島政策」『90年代 韓半島 統一과 周邊情勢』 統一問題 學術 Seminar 慶尙大學校 統一問題研究所, 1992年 11月
47. —— 「外交安保的 側面에서의 提言」『國會報』1993年 2月號
48. —— 「日本의 對韓半島政策」『民族統一의 길』凡文社, 1993年
49. —— 「東北亞 多者間 安保協力體制(構想)의 實體와 韓半島」 國防部 合參報告用,1991年 3月
50. —— 「日本의 選擧政局과 韓日關係展望」『政策研究』第2輯, 28回政策懇談會, 韓國地域政策研究院, 1993年
51. —— 「日本의 總選後 政局構圖와 韓日關係」『展望』1993年 9月
52. ——「Hosokawa 內閣의 登場과 韓日關係 展望」『政策研究』『韓日저널』通卷24 第2號, 韓日協力委員會, 1993年
53. —— 「50代 파워 日本 新政權 - Hosokawa 政權의 安定度 點檢」『月刊中央』中央日報社, 1993年 9月號
54. —— 「日本人의 法秩序意識과 日本警察의 教訓」警察大學治安研究院主催 國際세미나報告用, 1993年10月
55. —— 「日本新政權 代父 Ozawa Ichiro의 野望」『新東亞』東亞日報社, 1993年 10月號
56. —— 「日本 社會黨聯立政權의 登場과 韓日關係의 展望」『韓日研究』第7輯, 1994年
57. —— 「日本의 政治改革과 韓日關係 展望」韓國文化研究院 學術大會 發表論文, 梨花女子大學校, 1994年
58. —— 「東北亞의 國際環境과 多者協力」『外交』韓國外交協會編 第31號, 1994年
59. —— 「日本의 政局變化와 韓日關係展望①」『國策研究』第2輯, 1994年

60. ——「日本의 政局變化와 韓日關係展望②」『國策研究』通卷 第31號 1994年
*61. ——「日美韓三國關係の現狀と今後の展望」『國策研究』The Kanagawa Forum 政經かなかわ 第1270 號, 1995年
62. ——「日本의 對北韓修交展望」『外交』1995年 6月
63. ——「日本의 政治改革」國際問題研究所編『國際問題』1995年 7月
64. ——「Murayama 聯立政權의 構造와 展望」『國際問題』1995年 8月
65. ——「自民黨의 單獨再執權可能性研究」大陸研究所 編『展望』通卷 107號, 1995年 11月
66. ——「韓日關係를 슬기롭게 克服하자」『國際問題』1995年 12月
67. ——「日本의 對韓半島政策」釜山外國語大學 企劃室 編『釜山國際 forum』1995年 가을號
68. ——「日本의 對北韓修交 展望」『外交』韓國外交協會編 通卷36號, 1996年 1月
69. ——「橋本政權의 登場과 韓日關係 展望」『國際問題』國際問題研究所 編 通卷 307號, 1996年 3月
70. ——「새로운 韓日關係의 照明과 展開」『韓國發展』韓國發展研究所編 通卷17號, 1996年 가을號
71. ——「日北韓修交展望과 韓國의 對應策研究」『亞太Focus』亞太政策研究院編 創刊號, 1997年 1月
72. ——「日本의 韓半島政策과 韓國의 對應」『韓半島統一 · 아시아 民主化 · 世界平和』亞太平和財團編 1998
73. ——「北韓 · 日修交展望과 韓國의 對應策研究: 修正版」亞太政策研究院 政策研究機關誌『亞太Focus』第 6 輯, 1998年
74. ——「對美政策提案: 바람직한 韓美關係를 위한 政策建議」亞太政策研究院 政策研究機關誌『亞太Focus』第 8 輯, 1998年
75. ——「對日政策提案: 바람직한 韓日關係를 위한 政策建議」『亞太Focus』第 8 輯, 1998年
76. ——「對中政策提案: 바람직한 韓中關係를 위한 政策建議」『亞太Focus』第 9 輯, 1998年
77. ——「對露政策提案: 바람직한 韓露關係를 위한 政策建議」『亞太Focus』第 9 輯, 1998年
78. ——「對日政策提案: 金大中 大統領의 訪日에 際한 政策建議」『亞太Focus』第 10 輯, 1998年
79. ——「外務當局의 人力 및 組織管理의 改善方案」『韓國의 統一外交人力 養成方案』國際平和戰略研究會 研究資料集 第 7 號, 1998年
80. ——「外交力의 提高를 위한 人事運營方式의 改善策」『韓國의 統一外交人力 養成方案』國際平和戰略研究會 研究資料集 第 7 號, 1998年
81. ——「主要政策建議-韓國外交安保力의 提高를 위한 實踐方案研究」亞太政策研究院 政策研究機關誌『亞太Focus』第 12 輯, 1999年

82. —— 「政策研究時論-南北韓頂上會談에 임하는 우리의 姿勢」『亞太Focus』第 16 輯, 1999年

83. —— 「南北韓頂上會談 以後의 東北亞情勢와 韓國의 對應戰略」『亞太Focus』第 17 輯, 2000年

84. —— 「Koizumi新內閣의 登場과 韓日關係展望」『亞太Focus』第 20 輯 2001年; 韓日協力委員會『韓日協力』2001年 夏

85. —— 「北韓의 投資環境과 南北韓 經協展望」『亞太Focus』第 22 輯, 2002年

86. —— 「小泉訪北 以後의 東北亞 國際政治」『亞太Focus』第 25 輯, 2002年

87. —— 「美國의 韓半島政策과 盧武鉉 新政權의 登場」『亞太Focus』第 26 輯, 2003年

88. —— 「美國Terror事態 以後의 東北亞情勢와 韓半島」『亞太Focus』第 27 輯, 2003年

89. —— 「6者會談의 評價와 北韓 核問題의 現住所」『亞太Focus』第 30 輯, 2004年

90. —— 「南北韓 頂上會談의 假想 씨나리오」『亞太Focus』第 33 輯, 2004年 10月

Ⅲ. 政策研究論文(外交通商部 外交安保研究院 出版, 29編)

1. 申熙錫「獨島問題에 관한 中間報告書」(78-18)

2. —— 「現代日本의 國內政治分析」(79-1)

3. —— 「韓日定期閣僚會議의 現況과 展望」(79-15)

4. —— 「現代日本의 防衛政策-防衛白書와 綜合安保研究報告書를 中心으로」(80-18)

5. —— 「對日弘報政策의 現實과 改善策」(80-7)

6. —— 「6.22日本의 總選擧의 分析과 鈴木新內閣의 登場」(80-12)

7. —— 「現代日本의 外交政策 決定過程研究-政策決定要因과 單位를 中心으로」(81-7)

8. —— 「日本教科書 檢定問題를 둘러싼 背景分析과 韓國의 對應」(82-5)

9. —— 「最近 美日間의 葛藤과 美國의 對日態度-美下院 外交委 美日關係 聽聞會 資料分析」(82-11)

10. —— 「向後 日本의 安保政策路線과 韓國의 對應策」(83-17)

11. —— 「韓日關係의 現狀과 美國의 對應: 全斗換 大統領의 訪日에 즈음한 政策提案」(84-5)

12. —— 「現代日本의 外交政策決定과 自民黨의 役割」(84-7)

13. —— 「戰後日本外交와 相互依存의 國際政治」(85-5)

14. —— 「美日 貿易葛藤의 推移와 日本의 對美外交行態」(86-13)

15. —— 「最近 日本의 新保守主義 思潮와 對外政策」(87-9)

16. —— 「現代日本政治와 韓國로비스트 研究」(89-11)

17. —— 「最近 日北韓關係의 現狀과 展望」(88-28)

18. ——「日蘇關係의 發展展望과 東北亞 情勢」(89-25)

19. ——「1990年代의 美日關係展望과 韓國의 對應」(90-18)

20. ——「東北亞에 있어서 日本의 影響力 增大와 韓國의 外交的 對應」(91-3)

21. ——「日北韓間의 修交展望과 韓國의 對應」(91-22)

22. ——「美國國際政治學會(ISA) 및 美國亞細亞學會(AAS) 參加結果報告書」(92-2)

23. ——「韓日關係의 現況과 바람직한 方向」外交安保研究院 · 朝鮮日報社共同主催 세미나 發表用, 93. 6 (세미나 시리즈 92-7)

24. ——「新保守主義 以後 日本의 對美政策展望」(92-8)

25. ——「1990年代의 美日關係 展望과 韓國의 對應」(92-13)

26. ——「Clinton 新行政府下 1990年代의 美日關係 展望」(93-補論)

27. ——「最近 日本의 政治變動과 對外政策 展望」(93-6)

28. ——「'94 日本의 政治變動과 韓美日關係 展望」(95-7)

29. ——「日本 · 北韓 修交展望과 韓國의 對應」(96)

Ⅳ. 主要國際問題分析 (外交通商部 外交安保研究院 出版, 97編)

1. 申熙錫「美日 共同聲明에 나타난 美日 安保協力의 問題點」(81-04)
2. ——「브레즈네프의 對美平和攻勢가 意味하는 것」(81-05, 共著)
3. ——「美日安保論爭과 鈴木內閣의 對應」(81-05)
4. ——「日本의 '非核3原則'을 둘러싼 自民黨의 政策方向」(81-06)
5. ——「美日安保體制의 葛藤關係 分析-韓國의 視角-」(81-08, 共著)
6. ——「全斗換 大統領의 東南亞 訪問 結果에 대한 日本言論의 反應」(81-10)
7. ——「오오무라 防衛廳長官의 '1千 海里' 發言이 意味하는 것」(81-11)
8. ——「韓日 友好體制 確立의 必要性과 重要性」(81-13)
9. ——「美國의 새로운 北西太平洋防衛線」(81-14)
10. ——「對日外交交涉方法論 研究」(81-15)
11. ——「韓日外務部長官 會談 以後의 兩國關係 展望」(81-17)
12. ——「韓日閣僚會談의 分析과 兩國關係展望」(81-23)
13. ——「韓日議員外交 强化의 日本的 論理」(81-27)
14. ——「東北亞의 安保와 日本의 政策路線分析(I)」(81-31)
15. ——「韓半島 有事時 日本의 對韓安保協力의 可能性과 限界」(82-08)
16. ——「美國의 軍事技術 移轉 禁止」(82-09, 共著)

17. ―― 「防衛費 分擔을 둘러싼 美國의 期待와 日本의 反應」(82-10)

18. ―― 「韓半島 統一問題에 관한 日本學者의 見解分析」(82-14)

19. ―― 「日本의 100億弗 對美借款 提案의 意圖 分析」(82-17)

20. ―― 「日本社會黨의 飛鳥田 新體制 分析」(82-22)

21. ―― 「中共과 蘇聯의 서울올림픽 參加 誘導 方案」-對日通路 活用의 接近: 可能性과限界-(82-27)

22. ―― 「對日 貿易障壁 撤廢 要求의 分析」(82-29)

23. ―― 「美國의 82年 中間選擧 展望」(82-30, 共著)

24. ―― 「美蘇戰略武器協商」(82-43, 共著)

25. ―― 「美日葛藤의 現狀과 日本的 論理의 問題點」(82-50)

26. ―― 「西方7個國 頂上會談에 임하는 日本의 對外戰略」(82-50)

27. ―― 「日本의 再武裝을 둘러싼 憲法改正論議」(82-68)

28. ―― 「教科書 問題를 둘러싼 日本政府 및 與黨의 態度分析」(82-72)

29. ―― 「韓半島 有事時 日本의 對韓 協調 可能性과 限界에 對한 檢討」'82年度 防衛白書를 契機로 (82-76)

30. ―― 「Suzuki日本首相의 訪中 結果 分析」(82-79)

31. ―― 「Suzuki首相의 辭任을 둘러싼 日本政治狀況 分析」(82-83)

32. ―― 「防衛白書에 나타난 80年代 日本의 東北亞 軍事戰略」(82-89)

33. ―― 「日本의 內閣 및 黨職 改編의 分析과 韓日關係의 展望」(82-95)

34. ―― 「Nakasone日本首相의 權力基盤 分析」—人脈, 金脈 및 政策브레인—(83-01)

35. ―― 「Tanaka 前首相에 對한 求刑公判 以後의 日本政局展望」(83-09)

36. ―― 「日本政府特使 Nikaido自民黨幹事長의 中共訪問 結果 分析」(83-15)

37. ―― 「太平洋 地域國家間의 協力問題에 關한 日本의 公式見解 分析」(83-19)

38. ―― 「韓日頂上會談과 關聯한 日本政府의 對國會答辯書 分析」(83-23)

39. ―― 「最近 日本의 統一地方選擧 結果와 衆·參 兩議院 同時選擧 問題를 둘러싼 政局展望」(83-29)

40. ―― 「Nakasone 首相의 自民黨總裁 再選 可能性 檢討」(84-14)

41. ―― 「Nakasone 首相의 中共訪問과 韓半島 問題」(84-25)

42. ―― 「最近 日本의 韓半島 政策」(84-30)

43. ―― 「日北韓 關係變化의 徵候」(84-60)

44. ―― 「自民黨 總裁選擧를 둘러싼 最近 日本의 國內政治 分析」(84-79)

45. ——「第2次 Nakasone 新內閣의 出帆과 對韓 政策展望」(84-90)

46. ——「Nakasone 首相의 施政方針 演說 分析」(85-12)

47. ——「最近의 日北韓 關係」(85-21)

48. ——「美日貿易摩擦을 둘러싼 日本의 外交行態 分析」(85-31)

49. ——「美日貿易摩擦 展望」(85-48)

50. ——「Nakasone 首相의 後繼競爭 分析」(85-48)

51. ——「Nakasone 首相의 執權延長을 둘러싼 最近의 日本 自民黨 政局」(86-7)

52. ——「日本의 새로운 亞細亞 政策 胎動-所謂 "安倍 Doctrine"을 中心으로」(86-20)

53. ——「最近의 美日 頂上會談 分析-日本的 視角」(86-32)

54. ——「日本의 衆·參議院 總選擧와 Nakasone政權의 向方」(86-46)

55. ——「日本의 7. 6 總選擧와 自民黨의 長期執權」(86-57)

56. ——「日本의 新保守主義 趨勢와 그 性格分析」(86-71)

57. ——「Nakasone日本首相의 訪韓과 韓日關係 展望」(86-80)

58. ——「Nakasone 日本首相의 訪中과 日中關係 展望」(86-85)

59. ——「Nakasone 日本首相의 施政方針演說分析」(87-12)

60. ——「自民黨 總裁 選擧와 關聯한 最近의 日本政局」(87-26)

61. ——「Nakasone 日本首相의 訪美와 美日關係 展望」(87-37)

62. ——「自民黨 總裁選擧를 中心으로 한 最近 日本의 政局」(87-50)

63. ——「自民黨 總裁選擧 展望」(87-63)

64. ——「1987年度의 日本의 外交青書 分析」(87-77)

65. ——「Takesida 體制下의 日本 政治와 韓日關係」(87-88)

66. ——「日本政局 展望: Takesida 日本 首相의 訪美를 契機로」(88-7)

67. ——「日本의 對北制裁措置 以後의 日北韓關係 展望」(88-21)

68. ——「日本社會黨의 韓半島 政策 變化 可能性(I)」(88-35)

69. ——「韓國의 新政府 出帆과 總選 結果에 對한 日本의 視角」(88-43)

70. ——「日本 社會黨의 韓半島 政策과 展望(II)」(88-58)

71. ——「總評의 解散을 둘러싼 最近의 日本政局」(88-72)

72. ——「最近의 日北韓關係와 그 展望」(88-89)

73. ——「最近 日本의 對北韓 接近政策 分析」(89-14)

74. ——「參議院 選擧를 둘러싼 最近 日本의 政局」(89-29)

75. ——「Kaihu 內閣의 登場과 日本의 政局」(89-34)

76. ―― 「衆議院 總選擧를 둘러싼 日本 自民黨의 動向과 展望」(89-49)

77. ―― 「第二次 海部 內閣의 出帆과 日本政局」(90-10)

78. ―― 「Kanemaru 訪北 以後의 日北韓關係 展望」(90-39)

79. ―― 「韓日頂上會談 以後의 兩國關係 展望」(91-5)

80. ―― 「自民黨 總裁選擧를 둘러싼 最近의 日本政局 - Post-Kaihu를 둘러싼 政治狀況 分析」(91-25)

81. ―― 「91 防衛白書를 通해 본 最近 日本의 防衛 動向」(91-33)

82. ―― 「Miyazawa 新內閣의 出帆과 日本의 對外政策」(91-47)

83. ―― 「美日頂上會談 以後의 兩國關係 展望」(92-7)

84. ―― 「亞·太地域에 있어서 最近 日本의 外交政策 動向」(92-28)

85. ―― 「Clinton 美行政府의 對 亞細亞 政策 展望」(92-46)

86. ―― 「93年度 美國의 亞細亞政策 展望」(93-3)

87. ―― 「Miyazawa Doctrine과 日本의 亞太地域政策 方向」(93-6)

88. ―― 「自民黨 總裁選擧를 둘러싼 最近의 日本政局(I) - 自民黨內 派閥政治를 中心으로」(93-22)

89. ―― 「Hosokawa政權 出帆 以後의 日本政局 展望」(93-39)

90. ―― 「Hosokawa政權의 改閣留保 意味 分析」(時事問題 分析報告, 94-2)

91. ―― 「政治改革方案의 妥結과 日本政局 展望」(94-3)

92. ―― 「Hata 內閣 登場 以後의 日本政局 展望」(94-15)

93. ―― 「最近 日本의 防衛政策 動向 - 社會黨 聯立政權의 政策路線 修正」(94-29)

94. ―― 「日北 修交交涉 展望과 韓國의 對應」(95-2)

95. ―― 「日本의 對北韓修交展望」(95-未刊行, 對外秘)

96. ―― 「參議院選擧 以後 日本의 政局 展望」(95-30)

97. ―― 「Hashimoto政權의 登場과 韓日關係 展望」(96-1)

V. 英語論文 (20編)

1. Shin, Hee-Suk, "Analysis of Public Opinion in the Process of Japan's Foreign Policy -Making with the Special Reference to the Normalization of Korea-Japan Relations(1965)," Korea Observer, Vol. XI, No. 2 (Summer, 1980).

2. Shin, Hee-Suk, "A Study of Foreign Policy-Making Process in Prewar Japan," Korea & World Affairs, Vol. Ⅴ, No. 3 (Fall, 1981).

3. Shin, Hee-Suk, "Determinants and Process of Foreign Policy-Making in Modern Japan,"

Korea Observer, Vol. XII, No. 2 (Summer, 1981).

4. Shin, Hee-Suk, "Prewar Japan's Foreign Policy-Making: Cooperation and Conflict with the United States on the Special Rights and Interests in China," The Journal of International Studies (Institute of International Relations, Sophia Univ. Japan) Issue No 13(July, 1984).
5. Shin, Hee-Suk, "Security of Northeast Asia and the Role of Japan," Korea & World Affairs, Vol. Ⅷ, No. 4 (Winter, 1984).
6. Shin, Hee-Suk, "Current Japanese Domestic Politics & Its Implications for Korea-Japan Relations," Asian Perspective, Vol. XI, No. 1 (Summer, 1987).
7. Shin, Hee-Suk, "International Environment in Northeast Asia and Korea's Foreign Policy," JETRO Annual Review, Tokyo, Japan (1990).
8. Shin, Hee-Suk, "Foreign Policy-Making Process in Prewar and Postwar Japan: an Analytical Framework," USJP Occasional Paper 90-18, Program on United States-Japan Relations, Center for International Affairs and the Reischauer Institute of Japanese Studies, Harvard University, Cambridge, Massachusetts (1992).
9. Shin, Hee-Suk, "Korea's Response to the Changing World Politics - Is a Power Vacuum Developing in Northeast Asia? - Korea Observer, Vol. XXIV, No. 4, A Paper delivered at Wilton Park Conference, London, United Kingdom (Winter 1993).
10. Shin, Hee-Suk, "Security in Asia-Pacific Region: Korea, U.S. & Japan," Washington-Japan Journal, Vol. III, No. 3, The Japan-America Society of Washington (October, 1994).
11. Shin, Hee-Suk, "Prospect of Korea-Japan Security Cooperation," Korea Observer, Vol. XXVI, No. 2 (1995).
12. Shin, Hee-Suk, "Korea's Relations with the United States and Japan," A Paper Prepared for the 1995 International Symposium of Japan-America Societies, Honolulu, Hawaii, June 19-21, 1995; delivered at International Symposium Sponsored by Portland State University, Oregon, May, 1995.
13. Shin, Hee-Suk, "U.S.-Japan Security Relations and the Politics of North East Asia," Washington-Japan Journal, Vol. V, No. 1, A Paper delivered at Wilton Park Conference, London, United Kingdom (August, 1996)
14. Shin, Hee-Suk, "U.S.-Japan Security Relations and the Politics of North East Asia①," Asian Perspective, Vol. 20, No. 2 (Winter, 1996), The Institute for Far East; Washington-Japan Journal, Japan-America Society of Washington D.C., Vol. V, No. 1 (Summer, 1996).

15. Shin, Hee-Suk, "U.S.-Japan Security Relations and the Politics of North East Asia②: The U.S.-Japan Joint Security Accord and Japan's Collective Defence" Asian Perspective, Vol. 20 No. 2 (Fall-Winter, 1996)

16. Shin, Hee-Suk, "Security in Northeast Asia and Korea's Policy Response①,"Delivered and Submitted to the Japan-America Society of Washington D.C. 1997; Washington-Japan Journal, published by JASW, Vol. VI, No. 1 (Spring, 1997).

17. Shin, Hee-Suk, "Security in Northeast Asia and Korea's Policy Response②,"Delivered and Submitted to the 2nd Annual Convention of Asia-Pacific Advisory Council, January, 1999.

18. Shin, Hee-Suk, "Recommendation for Success of South-North Summit," Korea Times, June 7, 2000.

19. Shin, Hee-Suk, "Security in Asia-Pacific Region: Korea's Response to the U.S. & Japan", Asia-Pacific Focus, January, 2002.

20. Shin, Hee-Suk, Huh, Joon-Young, "Current Security Environment in Northeast Asia & Korea's Policy Response", Asia-Pacific Focus, Vol. 29, November, 2003. (共著)

Ⅵ. 新聞 Column 寄稿文(約 115 回: 省略)

Boston Globe, The Japan Times,「朝日新聞」「每日新聞」「讀賣新聞」「産經新聞」

「日本經濟新聞」等 外國新聞 寄稿 約 25 回

「朝鮮日報」「東亞日報」「中央日報」「韓國日報」The Korea Herald, The Korea Times, 等 國內日刊紙 寄稿 約 90 回

Ⅶ. 日本語 論文(約 20 編: 省略)

博士學位請求論文(1978年, 東京大學), 碩士學位論文(1973年) 外

Ph. D. Dissertation: "Prewar Japan's Foreign Policy-Making: Cooperation and Conflict with the U. S on the Special Rights and Interests in China," University of Tokyo, September, 1978

M. A. Thesis: "Chara Features of Postwar Japan's Foreign Policy Decision-Making Process-as Observed in the Political Process of Making the Korea-Japan Normalization Treaty (1965) -"

3. 亞太政策硏究院(APPRI) 關聯資料(章程、法人許可證、外交部及日本外務省表彰狀 等)

3-1. 아태정책연구원 정관

아태정책연구원(APPRI)

Asia-Pacific Policy Research Institute

<외교부산하법인 제 311 호>

제 1 장 총 칙

제 1 조 : (명칭) 이 법인은 사단법인 아태정책연구원(이하 "연구원"이라 칭함)

이라고 하며, 영문으로는 "Asia-Pacific Policy Research Institute(APPRI)"라고 표기한다.

제 2 조 :(소재지) 본 연구원은 서울특별시 종로구 내수동 72, "경희궁의아침"(King's Garden Officetel) 1602호(사직로 8길 34)에 두며, 필요에 따라 국내외 연락사무소를 둘 수도 있다.

제 3 조 : (목적) 본 연구원은 정치적으로는 자유민주주의, 경제적으로는 시장경제의 정신에 입각하여 미국과 일본, 그리고 북한을 중심으로 한 아시아·태평양 지역의 주요국가에 대한 국내외 정세분석 연구활동을 추진하며 이들 국가와 한국과의 외교관계를 각 분야에서 연구검토하여 한국의 외교정책 결정과정에 기여하기 위한 정책제안을 추진함을 주목적으로 한다. 또한, 이 지역 주요국내의 국책연구기관과의 지적 교류와 상호 협력의 증진을 도모함으로써 대한민국의 국가이익 증진에 기여하기 위한 정책적 노력을 경주한다.

제 4 조 : (연구활동) 본 연구원은 전항의 목적을 달성하기 위하여 다음과 같은 정책 연구활동을 실시한다.

1. 국내의 주요 정부고위관리(장차관 또는 동급관료), 학자(교수), 지역전문가, 정책결정자, 언론인, 경제인 등을 초청한 정책 연구 포럼의 개최.
2. 미국과 일본을 중심으로 한 아·태 지역의 주요 국가들에 대한 정세분석과 한국과의 관계를 다룬 정책 연구 보고서의 출판.
3. 아·태 지역 국가의 현황과 정책제안을 포함한 정책 연구 논문집의 출간.
4. 한국을 방문 중인 외국의 지식인, 전문가 초청 연구세미나의 개최.
5. 기타 본 연구원의 목적 수행에 관련되는 부대 연구활동.

제 2 장 임 원

제 5 조 : (임원의 종류와 정수) 본 연구원은 다음 임원을 둔다.

1. 이사 및 연구위원 약 50 명
2. 수석이사 3 명(부이사장 대우)

3. 총무이사(이사장 보좌) 1 명

4. 감사 1 명

제 6 조 : (임원의 자격요건과 임기)

이사 및 연구위원의 자격요건은 외교, 안보, 경제, 통상을 포함한 국가정책에 관한 연구관심과 경력을 소유한 자로 보되, 범법자 및 금치산자는 당원임원으로 취임할 수 없으며, 임원의 임기는 7년으로 하되 이사장의 결정으로 연임할 수 있다.

제 7조 : (이사장의 선출방법과 그 임기)

이사장은 이사회에서 선출되며 이사장의 임기는 7년으로 하되, 이사회의 결의로 계속하여 연임할 수 있다.

제 8조 : (이사장 및 이사/연구위원의 직무)

1. 이사장은 이 법인을 대외적으로 대표하고 법인의 업무를 총괄적으로 관장한다.
2. 이사는 이사회에 출석하여 법인의 업무에 관한 사항을 심의·결정하며, 이사장으로부터 위임받은 정책연구업무 사항을 처리한다.

제 9 조 : (이사장 직무대행의 지명)

이사장 부재 시에는 총무이사 또는 이사장이 지명하는 수석이사의 순으로 이사장의 직무와 권한을 대행한다.

제 10 조 : (총무이사의 직무) 총무이사는 이사장을 보좌하며 다음의 직무를 수행한다.

1. 법인의 재산현황과 수입지출현황(회계보고서)
2. 이사회 및 정책자문위원회 운영과 그 업무에 관한 제반 행정사항의 처리(행정권).
3. 당원 직원의 인사, 대우 및 기타 연구원 운영에 관한 총괄적 사항(인사권).

제 3 장 이 사 회

제 11 조 : (이사회의 구성과 기능)

1. 이사회(임원회)는 이사장, 수석이사(3명), 총무이사, 평이사 및 연구위원으로 구성한다.
2. 이사회는 다음 각 호의 사항을 심의·의결한다.

   ① 정책연구활동에 관한 제반업무 계획 및 추진.

   ② 정책자문위원회를 포함한 연구원 운영에 관한 사항.

   ③ 기타 당원의 국책연구활동에 관한 주요 사항 협의.

제 12 조 : (의사 및 의결정족수)

1. 이사회는 이사정수의 과반수 출석을 원칙으로 한다.
2. 이사회의 의결은 출석이사의 과반수 찬성으로 한다.

   다만, 가부동수인 경우에는 이사장이 결정한다.

제 13 조 : (이사회의 소집)

1. 이사회는 이사장이 소집하고 그 의장이 된다.
2. 이사회를 소집하고자 할 때에는 적어도 회의 3일 전에 당원이사와 연구위원들에게 통지하여야 한다.
3. 재적이사의 과반수가 회의 목적을 제시하여 이사회의 소집을 요구할 경우 이사장은 그 소집의 필요성을 판단한 후 요구일로부터 20일 이내에 이사회를 소집하여야 한다.

제 4 장 정책자문위원회

제 14 조 : 당원의 정책자문위원회는 주한 일본기업체의 대표이사·사장단, 주한 일본 언론인, 일본 정부기관의 간부로 구성하여 정책 연구 Forum 및 각자의 Sub-Committee를 통하여 정책 연구활동에 관한 각종 행사에 적극 참여하여 발언함으로써 한국의 대외관계 특히 한일관계의 발전에 기여함을 목적으로 한다(정책자문위원들의 목소리를 한국정부고위층에 전달).

제 15 조 : 당원의 정책자문위원은 연구원이 주최하는 포럼, 국제회의, 오찬간담회, 정부기관 및 군부대 시찰 등에 적극적으로 참여한다.

제 16 조 : 정책자문위원은 포럼에 초청된 한국 정부 요인들과 인적 교류를 증진하여 정보 교환 및 자료 수령을 통해 기업 활동에 기여한다.

제 17 조 : 정책자문위원은 연 1회의 연회비를 납부해야 하며, 기 납부한 연회비는 환불되지 않는다. 이사장은 주한 일본 언론인 및 일본 정부기관 관계자를 특별회원으로 위촉할 수 있다.

제 18 조 : 정책자문위원장은 명예직이며, 정책자문위원 3인 이상의 추천으로 연구원 이사회의 심의 및 승인을 거쳐 이사장이 임명한다.

제 5 장 일반회원 (APPRI Forum 회원 포함)

제 19 조 : (회원의 자격과 권리의무) 이사장은 본 연구원의 설립취지에 찬동하고 적극 협조하는 인사를 'APPRI Forum 회원'으로 위촉한다.

제 20 조 : (회원의 탈퇴)

회원이 본 연구원을 탈퇴하고자 할 때에는 이사장에게 탈퇴서를 제출하여야 하며, 이사회의 결의에 의해 탈퇴 효력이 발생한다.

제 21 조 : (회원의 제명)

본 연구원의 회원으로서 연구원의 목적에 위배되는 행위를 하거나 명예를 훼손할 경우, 이사회의 의결을 거쳐 이사장이 제명할 수 있다.

제 6 장 재정 및 회계

제 22 조 : (재정) 이 법인의 재정은 다음의 회비로 충당한다.

1. 당원 임원 및 회원의 회비
2. 외교부를 포함한 외부 기관으로부터의 연구 보조비
3. 정책자문위원 연회비
4. 기타 수입(각종 기부금 포함)

제 23 조 : (재산)

본 연구원의 기본재산은 법인 설립 시 출연된 기초재산과 이후 추가된 보통재산으로 구성된다.

제 24 조 : (회계연도)

본 연구원의 회계연도는 한국 정부의 회계연도에 준한다.

제 25 조 : (기부금 수령)

본 연구원은 원활한 국책연구 활동을 위해 정부 기관, 개인, 법인 및 국내외 기업체로부터 연구활동에 필요한 기부금을 받을 수 있다.

제 7 장 부 칙

제 1 조 : (해산) 본 법인을 해산하고자 할 때에는 이사회에서 참석 임원의 과반수 이상의 찬성으로 결의하고, 가부동수인 경우, 이사장이 최종 결정하여 그 결과를 외교부 장관에게 보고한다.

제 2 조 : (시행) 이 정관은 외교부 장관의 허가를 받아 법인 설립 등기를 필한 날로부터 시행한다.

제 3 조 : 이 정관에 기재되어 있지 않은 사항은 외교부의 일반 관례에 의거한다.

1996년 8월 29일 (2010년 4월 1차 수정, 2019년 1월 2차 수정, 2024년 12월 3차 수정)

3-2. 법인허가증

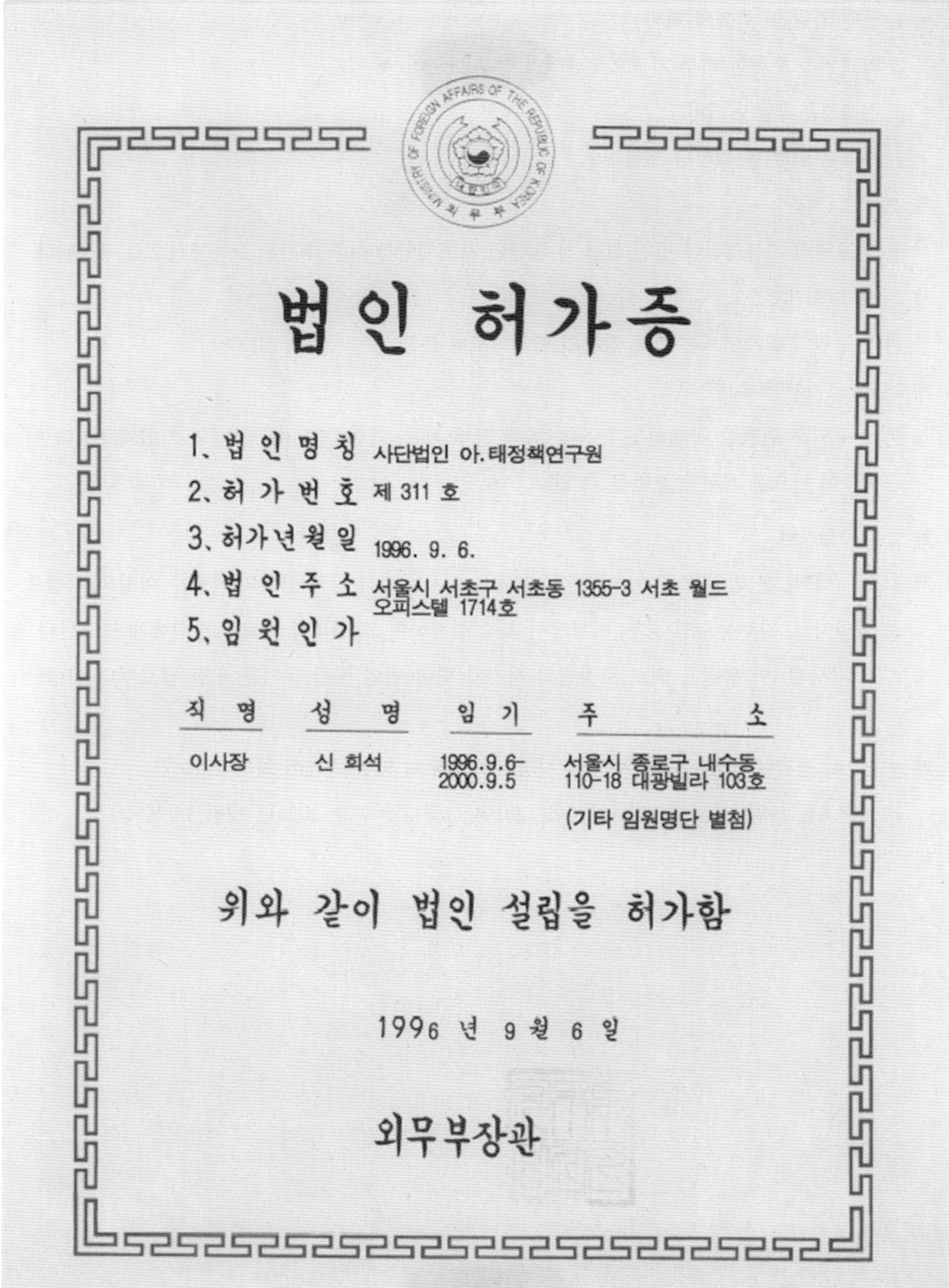

MINISTRY OF FOREIGN AFFAIRS OF THE REPUBLIC OF KOREA 외무부

법인 허가증

1. 법인명칭 사단법인 아.태정책연구원
2. 허가번호 제 311 호
3. 허가년월일 1996. 9. 6.
4. 법인주소 서울시 서초구 서초동 1355-3 서초 월드 오피스텔 1714호
5. 임원인가

직 명	성 명	임 기	주 소
이사장	신 회석	1996.9.6- 2000.9.5	서울시 종로구 내수동 110-18 대광빌라 103호

(기타 임원명단 별첨)

위와 같이 법인 설립을 허가함

1996 년 9 월 6 일

외무부장관

3–3. 표창장

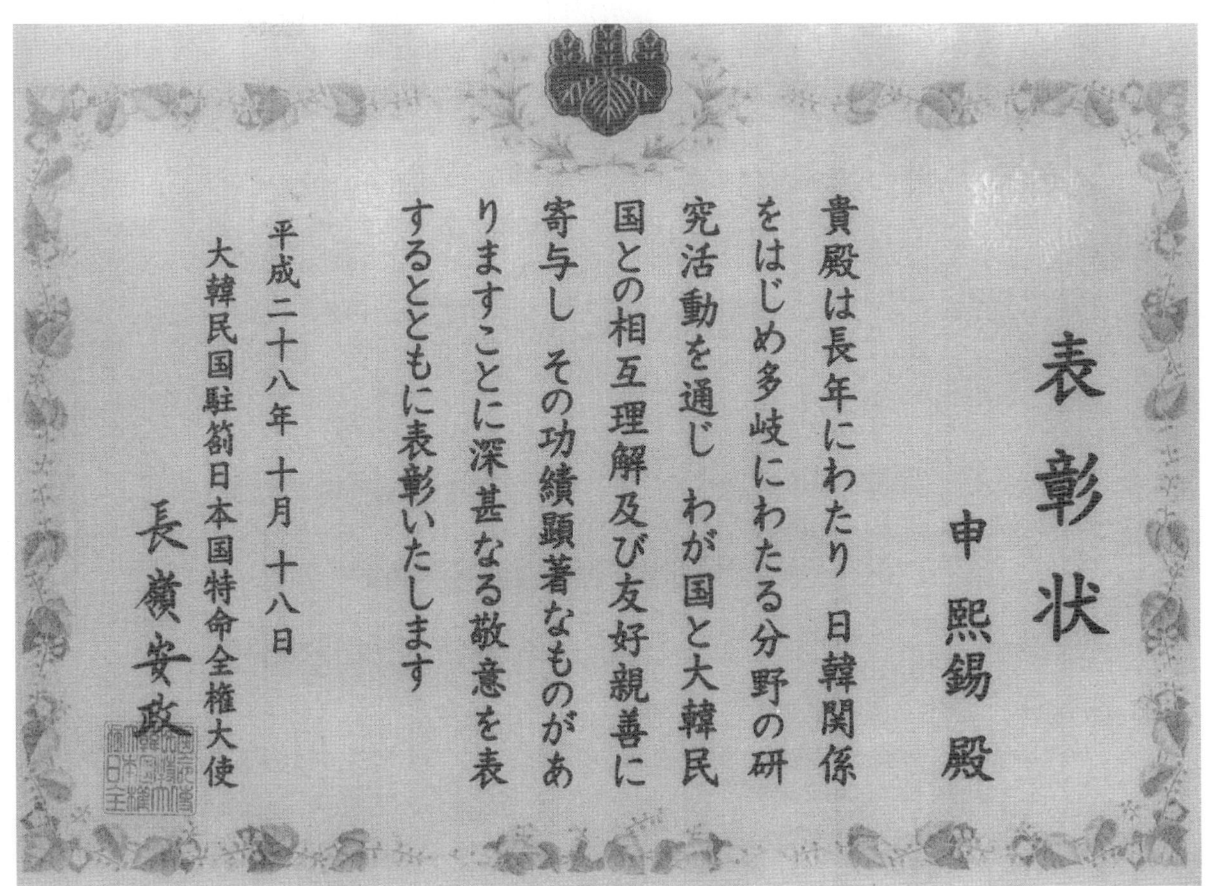

表彰状

申熙錫殿

貴殿は長年にわたり 日韓関係をはじめ多岐にわたる分野の研究活動を通じ わが国と大韓民国との相互理解及び友好親善に寄与し その功績顕著なものがありますことに深甚なる敬意を表するとともに表彰いたします

平成二十八年 十月 十八日

大韓民国駐箚日本国特命全権大使

長嶺安政

제 11836 호

표 창 장

아태정책연구원

이사장 신 희 석

귀하는 지난 40년간 외교통상부 외교안보 연구원 교수와 아태정책연구원(APPRI) 이사장 등을 역임하면서 활발한 대내외 정책연구 활동을 통하여 우리 외교의 발전에 기여한 공로가 지대하므로 이에 대한 감사의 뜻을 담아 표창장을 드립니다.

2016년 9월 22일

외교부장관 윤 병 세

4. 亞太政策硏究院(APPRI)主催 政策硏究Forum의 開催現況

외교통상정책연구포럼/국제회의의 개최현황

아태정책연구원(APPRI)2024-053

구분횟수	년월일	주제	Guest of Honor	비고
1	96.09. 발족	정책연구활동계획의 수립 및 집중협의	오재희대사 외 외교부 차관 역임자 15명(노재원대사, 신동원대사 등) 참석	워크숍
2	97.01.16	최근의 동북아정세와 한미관계 전망	Ezra Vogel 미국Harvard대학교 교수	정책포럼
3	97.02.07	최근EC의 현상과 한영관계전망	J.Bishop 영국London대학교 교수 (前 하원의원부부)	국제회의
4	97.02.20	미국출장을통해서본한미일관계의현상과 전망	아태정책연구원(APPRI) 이사장 신희석 교수	정책포럼
5	97.03.20	구한말외교사의 현대적 교훈	재일민단본부 전국사무국장 외 (Royal Hotel)	Sympo
6	97.04.02	동북아의 안전보장과 남북한관계전망	津守滋 大阪대교수 (일본외무성본부대사 역임)	정책포럼
7	97.04.18	최근 동북아의 안보환경과 한미관계전망	General J. Brown 외 (한미연합사 고위장성C-3작전 2사단장 역임, 담당: Mrs. Best)	정책포럼
8	97.02.27	최근의 영국외교와 對아태정책전망	Colin Jennings 박사 영국외무성 산하 Wilton Park 국제회의센터 이사장	정책포럼
9	97.05.29	미일관계의 시각에서본 동아세아 정치시스템	Igarashi, Takeshi 동경대 교수	정책포럼
10	97.06.26	아시아에 있어서의 비핵확산과 한반도의 핵문제	M. Khan, Pakistan 원자력장관	정책포럼
11	97.09.05	최근 영국외교정책과 21세기 한영관계	Ben Chapman 영국 하원의원	정책포럼
12	97.09.06	21세기 아태협력시대의 평화와 한일관계 전망	Nakasone Y. 前 일본수상 초청 특별강연,박동진장관, 공로명장관, 한승주장관,박태준회장 등 약 350 명 참석	정책포럼
13	97.10.09	최근의 동북아 정세와 한미관계	Richard Christenson 주한미국부대사	정책포럼
14	97.11.08	2002년 한일 WorldCup공동주최 성공을 위한 방안과 한일협력의 모색	오재희 대사, 신희석교수, World Cup 관계인사 등 참석 (수원 국제회의 Center)	Sympo
15	97.11.14	한국의 대통령 선거전망과 한미관계	주한미국대사관 J.Whitlock 정무공사 외	정책포럼

구분횟수	년월일	주제	Guest of Honor	비고
16	97.11.28	21세기를 향한 한미일관계의 전망과 바람직한 정책발전방향	노재원 대사, 오재희 대사, 영남지방학자, 미·일·러 총영사관관계자 (Paradise Beach Hotel,Busan)	국제회의
17	98.01.19	한국 신대통령하에서의 남북한 관계전망	김석규 외무부 외교안보연구원장, 주한 미·일·중·러대사관정무공사 등 (Hyatt Hotel)	국제회의
18	98.03.25	부상하는 한국과 한미관계의 장래	Stephan Bosworth 주한미국대사 (Hyatt Hotel)	국제회의
19	98.05.20	국제화시대의 기업경영과 정보전략	허동수 LG-Caltex정유 부회장	정책포럼
20	98.06.08	한반도의 평화와 한중·한러관계전망	Afanasiev 주한러시아대사 Chang, Ting-En 주한중국대사 (Grand Hyatt Hotel,Seoul)	국제회의
21	98.07.08	최근 한일관계의 현상과 전망	김태지 주일대사	정책포럼
22	98.09.10	21세기의 아태협력시대를 향한 한일협력연구	공로명 前 외무장관, 최상용 교수, 伊豆見元 日本Shizuoka大교수 등	국제회의
23	98.10.13	한미관계의 현상과 전망	Stephen Bosworth 주한미국대사	정책포럼
24	98.11.06	최근의 남북한관계와 4강의 한반도정책	오재희, 정진위, 이상구, 김태지, 조순승, 유세희 등 (제주 Grand Hotel)	심포지움
25	99.01.14	한국외교안보력의 제고방안연구	민관식유종하, 김태지, 노재원, 김재춘, 이상구, 유재건, 송영대 등 (Hyatt Hotel)	Sympo
26	99.02.03	최근의 동북아 정세와 한국의 진로	강영훈 前 국무총리	정책포럼
27	99.04.02	IMF 이후 한일양국의 경제위기극복 연구	한승수 재경부장관(국회의원)	정책포럼
28	99.04.30	21세기 아태협력시대를 향한 한미관계	공로명 前외무장관,백진현 서울대교수, 유장희 이화여대대학원장 (Hyatt Hotel)	Sympo
29	99.5.14-15	한국역사의 현장견학·시찰 (춘천시정브리핑)	한승수 前 부총리 초청(강원춘천)	정책포럼
30	99.06.08	최근금융개혁의 현상과 바람직한 방향	이인호 신한은행장	정책포럼
31	99.07.05	최근 동북아의 신국제질서와 한중관계	노재원대사, 안병준교수 등 20 명 (제주 KAL Hotel)	Sympo
32	99.07.05	최근의 남북한관계와 대외관계전망	신동원 前 외무차관, 이재춘 前 주EU대사	정책포럼
33	99.08.01	한국정치의 현상과 바람직한 정치개혁	Ogura, kazuo 주한일본국대사	정책포럼

구분횟수	년월일	주제	Guest of Honor	비고
34	99.09.29	21세기 아태협력시대와 일본의 외교정책	Nakasone Y. 前 일본수상 초청 특별강연,박동진장관, 공로명장관, 한승주장관 등 약 300 명 참석	국제회의
35	99.09.30	21세기 한일협력시대의 한일관계전망	Ogura일본대사, 김태지 前주일대사, 조순승 의원, 안병준 교수 등 (Hyatt Hotel)	Sympo
36	99.10.27	최근 한국경제의 현상과 바람직한 개혁방안	이규성 재정경제부장관	정책포럼
37	99.11.25	한반도 평화정착을 위한 6개국 국제회의① (Six Major Powers' Int'l Conference for Peace & Stability in Northeast Asia)	양성철 국회의원, Bosworth주한미국대사, Afanasiev 주한러시아대사, Kuriyama 前일본외무차관 등 (Grand Hyatt Hotel,Seoul)	국제회의
38	99.11.26	한반도 평화정착을 위한 일본의 역할	Kuriyama 前 외무차관 (前 주미일본대사)	정책포럼
39	99.11.27	최근의 일본외교와 상호의존의 국제정치	Kuriyama 前 주미일본대사 (前 외무차관)	정책포럼
40	00.01.06	국회의원 총선거를 둘러싼 2000년도의 정국전망	유재건 국회의원(민주당 부총재)	정책포럼
41	00.02.01	한국 금융개혁의 현상과 전망	양만기 수출입은행장	정책포럼
42	00.02.29	최근의 한반도정세와 남북한관계전망	박재규 통일부장관	정책포럼
43	00.03.17	한일관계에 대한 새로운 인식과 이해	최상용 주일대사	정책포럼
44	00.04.06	미북한/일북한 수교전망과 동북아의 국제정치	유종하 前외무장관, 최영진 외교부외교정책실장, 송민순 미주국장 등 20 명 출연(Hilton Hotel)	Sympo
45	00.04.19	일본의 대북한정책과 한일관계전망	Terada Terusuke 주한일본국대사	정책포럼
46	00.05.22	역사문화적 측면에서본 21세기 한국의 국제관계	이어령 前 문화부장관	정책포럼
47	00.05.22	주일대사의 경험을 통해서 본 한일관계전망	김석규 前 주일대사	정책포럼
48	00.07.07	남북한 정상회담이후의 동북아 정세와 한국의 대응전략	공로명 前장관, 김석규대사, 최동진대사, 김태지대사, 정세현 통일부차관 등 (설악산 오색 Greenyard Hotel)	Sympo
49	00.07.08	최근의 동북아 정세와 한국의 진로	공로명 前 외무부장관	정책포럼
50	00.07.31	한국노사문제의 현상과 과제	김호진 노동부장관	정책포럼

구분 횟수	년월일	주제	Guest of Honor	비고
51	00.08.30	외국기업의 한국진출현황과 분쟁해결 방안	Ombudsman 김완순 박사	정책포럼
52	00.09.27	21세기 국제화시대의 한국교육개혁방안	송 자 교육부장관	정책포럼
53	00.11.02	최근의 한국경제와 금융개혁방안	이근영 금융감독위원장	정책포럼
54	00.11.17	북한경수로의 현황과 과제 -한미일 공조-	경수로기획단장(KEDO) 장선섭대사	정책포럼
55	00.11.82	변화하는 동북아국제환경과 4강의 한반도정책② (Changing Int'l Environment in Northeast Asia & Four Major Powers' Inter-Korea Policy)	이돈희 교육부장관, 반기문 외무부차관 S. Bosworth 미국대사 등 약 20여명 출연(Chosun Hotel)	국제회의
56	00.12.21	2001년의 한국경제와 대외통상정책전망	신국환 산업자원부장관	정책포럼
57	01.01.09	2002 WorldCup 안전대책과 한일협력방안연구	이팔호 서울지방경찰청장①	방문시찰
58	01.02.20	한국경찰의 현황과 바람직한 발전방향	이팔호 서울지방경찰청장②	정책포럼
59	01.03.14	The UK's Relations with the Korean Peninsula	영국외무성 John Kerr 외무차관	Sympo
60	01.03.20	2001년의 동북아와 한국의 외교안보정책	천용택 前국가정보원장(국회의원)	정책포럼
61	01.03.28	미국신행정부의 등장과 남북한관계전망	통일부 후수, 장선섭 경수로기획단장, 박용옥 前 국방부차관, 정세현통일부차관등	Sympo
62	01.04.17	최근 노동쟁의의 현상과 한국의 신노사문화	안종근 서울지방노동청장	정책포럼
63	01.05.21	21세기 아태협력시대 한국검찰의 역할과 과제	대검찰청 유창종검사장(중수부장)	정책포럼
64	01.06.22	제주도를 통해서 본 한국의 관광문화와 국가발전	우근민 제주도지사(행정부지사)	방문포럼
65	01.06.22	한국관광문화의 창달과 제주도의 역할	김태환 제주시장(행정부시장)	방문포럼
66	01.06.23	국제화시대 대학교육의 사명과 역할	부만근 제주대총장	방문포럼
67	01.06.23	2002 WorldCup개최에 임하는 제주도의 치안행정	고대권 제주경찰서장	Forum
68	01.06.29	21세기 아태협력시대의 한일관계전망	유종하 前외무장관, 최영진 외교부외교정책실장, 송민순 미주국장 등 20 명 출연(Hilton Hotel)	Sympo

구분횟수	년월일	주제	Guest of Honor	비고
69	01.08.07	최근의 남북한관계와 한국의 군사안보적 대응	국군기무사령관 김필수 육군중장(현역)	정책포럼
70	01.08.27	정책진단; 한일관계 과연 이대로 좋을 것인가?	신현확 前 국무총리	정책포럼
71	01.09.21	21세기와 세계인의 윤리관	박세직 前 국가안전기획부장	정책포럼
72	01.10.08	정책진단; 한일관계 과연 이대로 좋을 것인가?	김석규 前 주일대사 외 한일양국의 저명인사 15 명출연	Sympo
73	01.10.16	미국Terror사건이 동북아정치경제에 미치는 영향	박용옥 前국방차관, 남주홍교수	정책포럼
74	01.11.20	2002년도 동북아국제환경전망과 한국의 대응전략	정태익 청와대 외교안보수석 (조선호텔국제회의장)	정책포럼
75	01.11.23	한국군부엘리트의 산실「육사」의 현황과 발전방향	육군사관학교장 박준근 육군중장	방문시찰
76	01.12.20	국제화시대의 한국경찰과 WorldCup 안전대책	이팔호 경찰청장(김대식경무관 동석)	정책포럼
77	02.01.14	2002년도 한국경제의 전망과 과제	강철규 서울시립대교수 (부패방지위원장)	정책포럼
78	02.01.24	2002년도 남북한관계의 전망과 대북정책의 재조명	박재규 통일부장관 외 15명출연	Sympo
79	02.02.05	국제화시대 서울특별시의 현황과 발전계획	고 건 서울특별시장	정책포럼
80	02.02.05	WorldCup의국제정치적의미와21세기한국의진로	2002 WorldCup조직위원장 정몽준 국회의원	정책포럼
81	02.02.27	국제화도시인천의치안과WorldCup 안전대책	서재관 인천지방경찰청장	방문포럼
82	02.02.27	21세기 아태협력시대에 있어서의 인천의 국제화방안	최기선 인천광역시장	방문포럼
83	02.02.28	2002 WorldCup의 준비상황과 FIFA	서울특별시 · WorldCup조직위원회	방문포럼
84	02.03.14	국제화시대 한국정보통신기술의 현상과 발전방안	양승택 정보통신부장관(Tower Hotel)	정책포럼
85	02.04.16	2002년도의 한국정치전망과 우리민족의 나아갈 길	박근혜 국회의원(한국미래연합대표)	정책포럼
86	02.05.09	다시금 한일관계를 생각한다	최상용 前주일대사(고려대교수)	정책포럼
87	02.05.21	국제화시대의 대학교육과 동북아협력	부만근 제주대총장(Lotte 제주) 정책자문위원 30명단체이동	방문포럼

구분횟수	년월일	주제	Guest of Honor	비고
88	02.05.22	내가 만난 김정일 국방위원장과 남북한관계전망	아태정책연구원이사장 신희석교수 (Lotte 제주)	정책포럼
89	02.06.12	재외동포의 현황과 바람직한 동포정책발전방향	외교통상부 후원 재외동포재단공동주최	Sympo
90	02.06.14	최근의 한국정치구도와 대통령선거전망	정동영 국회의원(대선여당경선후보)	정책포럼
91	02.07.02	한국중소기업의 현황과 발전방향	한준호 중소기업특별위원회위원장	정책포럼
92	02.08.12	서해안사태이후의 남북한정세와 한국의 안보정책	차영구 국방부정책차관보(육군중장)	정책포럼
93	02.09.02	남북장관급회담 이후의 한반도정세	외교통상부 외교안보연구원교수일동	정책포럼
94	02.09.16	최근의 남북한정세와 한국의 외교안보정책	김항경 외교통상부 차관	정책포럼
95	02.10.08	한국정보통신기술의 현주소와 국내정치	국회과학기술정통신위원장 김형오 국회의원	정책포럼
96	02.10.18	국제화시대 한국경찰교육의 현장과 발전방향	중앙경찰학교장 허준영 치안감	정책포럼
97	02.11.19	북한핵무기개발의 실체와 동북아의 국제정치	경수로기획단장(KEDO) 장선섭대사	정책포럼
98	02.12.23	제16대 대통령선거결과분석과 동북아정세전망	민주당 前부총재 류재건 의원 아태정책연구원이사장 신희석 교수	정책포럼
99	03.01.24	노무현新정권의 등장과 2003년도 한국경제전망	前 중앙대 총장 이종훈 교수	정책포럼
100	03.02.06	노무현新정권의 등장과 미국의 한반도정책 Emergence of New ROK Presidency & Dynamics of the U.S.' Korea Policy	T.Hubbard주한미국대사초청특별강연회 외교통상부 및 주한미국대사관 후원, 오재희대사, 노창희대사 박용옥 前 국방차관, 고병철교수등200명참가	국제회의
101	03.02.06	미국의 한반도정책의 현상과 전망	Thomas C. Hubbard 주한미국대사 (Hotel Lotte,Seoul)	정책포럼
102	03.03.04	미-이라크관계가 동북아안보환경에 미치는영향과 대응책	황동준 한국국방연구원장	정책포럼
103	03.04.01	최근의 이라크사태를 통해서 본 국제관계의 현상과 분석	손지애 미국CNN 서울지국장	정책포럼
104	03.04.22	한국공정거래정책의 현황과 개혁방향	강철규 공정거래위원장	정책포럼
105	03.05.28	한국검찰의 현주소와 검찰개혁방향	서울지방검찰청장 前 유창종검사장	정책포럼
106	03.06.25	전후일본외교의 전개와 바람직한 동북아정책추진방안	Yanai, Shyunji 前 주미일본대사	정책포럼

구분 횟수	년월일	주제	Guest of Honor	비고
107	03.06.26	동북아 평화정착을 위한 6개국 국제회의 ③「동북아국제환경의 변용과 4강의 한반도정책」	주한미국대사관, 외교통상부후원, 반기문청와대특보, Yanai 前 일본외무차관, Afanasiev 前 러시아대사, 강영훈 前 국무총리, 김재섭외무차관 등	국제회의
108	03.06.26	미국과 일본의 대한반도정책	강영훈 前국무총리, 반기문대사, Wit CSIS수석연구원, Revere주한미국부대사 외	국제심포
109	03.07.24	4강외교의 현주소와 바람직한 정책추진 방향	청와대 외교특별보좌관 반기문대사(Plaza Hotel)	정책포럼
110	03.08.21	참여정부의 평화번영정책과 남북한관계 전망	청와대 국가안보특별보좌관 라종일박사	정책포럼
111	03.09.15	한국농림해양수산정책의 과제와 개선책	이양희 국회농림해양수산위원장	정책포럼
112	03.10.20	최근 노사문제의 현상과 新노동정책방향	조주현 서울지방노동청장	정책포럼
113	03.11.21	최근의 남북한관계와 한국군의방위체제	제 1 보병사단장 김경덕 육군소장	방문포럼
114	03.11.22	한국관광문화의 창달을 위한 역사유적관광시찰	최기선 인천광역시장 및 강화군수	방문포럼
115	03.12.26	세계경제질서의 변화와 2004년도의 한국경제	이화여대 국제대학원장 유장희교수	정책포럼
116	04.01.27	2004 한국의 산업자원정책과 정책개혁 방향	이희범 산업자원부장관	정책포럼
117	04.02.19	2004 동북아의 국제환경과 한·대만 관계의 발전방향	한철수대사, 이재춘대사, 대만외교부 정책기획실장 등	정책포럼
118	04.02.19	동북아의 평화와 한·대만관계	주한대만대표부 Li,Tsai-Fang대표(대사) 중국전문가 등 100여명참석 (Lotte)	국제회의
119	04.01.27	국제화시대의 바람직한 한일관계의 발전방향	라종일 주일대사	정책포럼
120	04.03.24	대통령탄핵 이후 정국추이와 국회의원총선거전망	박 진 국회의원	정책포럼
121	04.04.27	최근의 동북아국제환경과 한국의 외교정책추진방향	반기문 외교통상부장관 (노창희 대사외,Hilton Hotel)	Sympo
122	04.06.04	최근의 한국경제를 보는 시각과 경제정책의 추진방향	강신호 전경련 회장	정책포럼
123	04.07.07	참여정부의 인사정책과 바람직한 행정개혁추진방향	조창현 중앙인사위원회 위원장	정책포럼
124	04.08.10	국제화시대 한국교육의 현상과 정책과제	안병영 교육인적자원부장관 겸 부총리	정책포럼
125	04.09.09	수도방위체제의 현상과 한국의 국방정책	수도방위사령관 김태영 육군중장	방문시찰

구분 횟수	년월일	주제	Guest of Honor	비고
126	04.10.06	행정수도 이전의 필요성과 도정	심대평 충청남도지사	방문시찰
127	04.10.06	행정수도 이전의 필요성과 도정	염홍철 대전광역시장	방문시찰
128	04.10.06	국제화시대 충남경찰행정의 현상과 발전 방향	충남경찰청장 송인동 치안감	방문시찰
129	04.11.12	생명공학(줄기세포)의 미래상과 국가발전	황우석 서울대 석좌교수	정책포럼
130	04.12.13	2005년도 한국의 경제전망과 산업통상 자원정책	조환익 산업자원부차관	정책포럼
131	05.01.11	2005년도 남북한관계전망과 동북아의 국제정치	정세현 통일부장관	합동포럼
132	05.02.03	2005년도 동북아정세와 한국의 정책대응	정태익 외교통상부 본부대사 (前 청와대 외교안보수석)	정책포럼
133	05.02.23	미 부시 제 2 기 행정부의 등장과 동북아의 국제정치경제	반기문장관, 유종하 前장관, 박재규 前장관, 유재건의원,박진의원, 노창희대사, 선준영대사외 25명출연	합동심포
134	05.03.11	2005 대만의 정치경제정세와 동북아정책전망	주한대만대표부 Li,Tsai-Fang 대표 (대사, Hotel Lotte)	정책포럼
135	05.04.06	국제화시대 한국과학기술의 현재와 미래	오 명 부총리 겸 과학기술부장관	합동포럼
136	05.05.12	출입국관리정책의 현상과 바람직한 정책추진방향	법무부인천공항출입국관리사무소 김남일소장	방문포럼
137	05.06.23	한국의 세제행정과 정책발전방향	윤종훈 서울지방국세청장	합동포럼
138	05.06.28	최근외교통상부의 주요현안과 정책과제	이태식 외교통상부 차관(주미대사)	정책포럼
139	05.07.13	2006년도의 한국정치전망과 과제① (여당의 입장)	김원웅 국회의원	정책포럼
140	05.08.31	국제화시대 한국경찰의 발전상과 민생치안정책	서울지방경찰청장(한진희 차장)	방문포럼
141	05.09.21	제 4 차 6자회담의 성과와 향후의 전망	서돈신 중국국제문제연구원이사장 외 중국인8명 참석	정책포럼
142	05.09.29	한국공정거래정책의 현상과 발전방향	강철규 공정거래위원장	합동포럼
143	05.10.26	국민건강을 위한 스포츠와 국가발전	최혜영 경희대객원교수 (LPGA Teaching Pro.)	합동포럼
144	05.11.16	"동북아국제정치경제와 한반도" 신희석 이사장의 출판기념회: 강영훈 前국무총리의 기조강연	강영훈 前국무총리, 유재건국회의원, Minton 주한미국부대사, 한승주 前 주미대사, 박진국회의원, 박동진 前 외무장관,등 약200명참석	국제심포
145	05.12.13	2006년도의 한국정치전망과 과제② (야당의 입장)	박 진 국회의원	합동포럼

구분 횟수	년월일	주제	Guest of Honor	비고
146	06.01.12	2006 동북아정세전망과 한국의 정책대응	대통령자문동북아시대위원회 이수훈 위원장	합동포럼
147	06.02.02	2006 한국의 대외경제정책의 과제와 추진방향	이경태 대외경제정책연구원장	정책포럼
148	06.03.16	2006년도의 경기변동전망과 한국전력의 성공비결	한준호 한국전력공사 사장	정책포럼
149	06.04.06	2006 한국외교과제와 바람직한 정책추진방향	윤병세 외교통상부 차관보 외 실국장 2 명 초청	당원 이사회
150	06.04.27	2006 한국정치구도의 재편성전망과 바람직한 정치리더십	고 건 前 국무총리	Sympo
151	06.05.24	한국경찰행정과 바람직한 치안정책의 추진방향	경찰청장 이택순 치안총감	합동포럼
152	06.06.21	국제화시대 대학교육의 사명과 국가발전	정창영 연세대학교 총장	합동포럼
153	06.07.19	4강외교의 추진방향과 남북한관계전망	외교통상부 차관 유명환 대사	합동포럼
154	06.08.30	한국대학교육정책의 현황과 연세대학	정창영 연세대학교 총장	합동포럼
155	06.09.04	최근의 남북한관계와 한국의 국방정책	윤광웅 국방부장관	합동포럼
156	06.10.17	21세기 한일문화교류의 추진방향과 역사인식	김용운 한일문화교류회의 위원장	정책포럼
157	06.11.15	아태정책연구원(APPRI)창립10 주년기념Symposium	반기문 장관, 정창영 연세대총장, 박진 의원 외	Sympo
158	06.11.21	아베정권의 등장과 한일관계의 개선방향	Oshima, Shotaro 주한일본국특명전권대사	만찬 간담회
159	06.12.12	2007 한국대통령선거와 정치구도의 재편성전망	유재건 국회의원	정책포럼
160	07.01.11	2007 한국경제와 대외무역수지전망	오상봉 산업연구원(KIET)원장	정책포럼
161	07.01.30	109·북한핵실험이후의 동북아정세와 미국의 한반도정책	Alexander R. Vershbow 주한미국대사	Sympo
162	07.02.23	현대인의 건강과 국가발전	연세대의대 오혜영 건강증진센터 소장	정책포럼
163	07.03.08	바람직한 한일협력관계와 나의외교철학	유명환 주일대사	정책포럼
164	07.04.05	한미FTA협상타결이후의 한미관계전망	Vershbow 주한미국대사, Stanton부대사	만찬 간담회
165	07.04.26	최근 북한의 대내외정세와 남북한관계 전망	신언상 통일부 차관	정책포럼
166	07.05.02	한미FTA의 의미,성과 및 향후의 추진계획	외교통상부 조태열 통상교섭조정관(차관보 외)	만찬 간담회

구분 횟수	년월일	주제	Guest of Honor	비고
167	07.05.31	한미FTA협상타결이후의 정책과제와 전망	이희범 한국무역협회 회장 (前 산자부장관)	Sympo
168	07.07.11	한국대통령선거를 둘러싼 정국재편성전망과 나의 정치철학	정동영 前 여당당의장 (前 통일부장관)	Sympo
169	07.07.20	최근의 한일관계와 바람직한 협력방안 연구	Oshima,Shotaro 주한일본국대사	송별 오찬간담회
170	07.09.14	제 2 차 남북한정상회담과 동북아국제정치경제환경의 변용	강인덕 前 통일부장관 (前 중앙정부 북한국장)	정책포럼
171	07.10.15	Washington, NewYork, Boston에서 본 최근의 동북아정세전망	아태정책연구원 이사장 신희석교수	연구발표
172	07.11.08	Fukuda신정권의 등장과 한일관계의 발전방향	Shigeie,Toshinori 주한일본국대사	정책포럼
173	07.11.16	경제적 측면에서 본 한미일협력의 추진방향	이희범 前 산자부장관 (한국무역협회 회장)	만찬 간담회
174	07.12.05	2008 동북아정세와 한미관계전망	William Stanton 주한미국 부대사	만찬 간담회
175	07.12.10	2008 남북한관계전망과 동북아국제정치경제	이재정 통일부장관	정책포럼
176	08.01.10	이명박 정권의 등장과 한미·한일관계의 정책추진방향	유종하 前외교통상부장관	정책포럼
177	08.02.13	한국의 기업경영에 영향을 미치는 주요 법률 Issue개관	김두식 변호사, 유창종 변호사(前서울지검장)	정책포럼
178	08.03.20	이명박 신대통령 취임 이후 한일협력관계의 발전방향	Shigeie,Toshinori 주한일본국대사	만찬 간담회
179	08.03.25	개성공단을 통해서 본 남북한협력관계의 추진방향연구	통일부 및 개성공단공업지구관리위원회 협찬	현장시찰
180	08.04.02	최근 북한의 對남강경정책의 배경과 전망	아태정책연구원 이사장 신희석교수	연구발표
181	08.06.12	한국통상외교의 본질과 FTA교섭(미,일,EU)의 정치역학	외교통상부 이혜민 FTA교섭수석대표	정책포럼
182	08.06.26	2008한국의 통상외교와 지식경제부의 정책추진방향	이윤호 지식경제부 장관	국제심포
183	08.08.19	이명박신정부의 환경정책방향 및 기후변화대책	이만의 환경부 장관	정책포럼
184	08.08.27	미국의 동북아정책과 한미일관계전망	William Stanton 주한미국부대사	정책포럼

구분횟수	년월일	주제	Guest of Honor	비고
185	08.09.18	최근의 남북한관계와 2008 한국의 국방안정책	국방부 합참의장 김태영 육군대장	합참방문
186	08.10.24	최근의 한반도 정세와 전방사단의 위기관리체제	보병 제 1사단장 신현돈 육군소장	국제심포
187	08.11.13	미 Obama 신 대통령 당선의 의미와 한미관계전망	박 진 국회외통위원장, 송민순 국회의원	국회시찰
188	08.12.17	회고와 2009년도의 동북아 국제정치경제전망	APPRI 全 정책자문위원(36 명)	만찬 간담회
189	09.01.07	Obama 대통령의 등장과 미국의 신 동북아정책전망	미·일·중·러 주한4강대사관 부대사	국제회의
190	09.01.16	국제화시대 한국경찰의 치안대책과 발전계획	김석기 서울지방경찰청장 (경찰청장내정자)	시찰포럼
191	09.02.12	2009한국통상교섭정책의 과제와 발전방향	김종훈 외교통상부 통상교섭본부장	정책포럼
192	09.03.18	국제화시대 인천송도신국제도시의 현상과 대외전략전망	안상수 인천광역시장외 주요시청간부	시찰포럼
193	09.04.06	삼성전자의 성공비결과 발전적 미래상	이인용 삼성전자부사장	시찰포럼
194	09.05.14	북한로케트발사 이후의 남북관계와 동북아정세전망	홍양호 통일부차관	정책포럼
195	09.06.11	한국지방자치행정의 과제와 바람직한 발전방향	이달곤 행정안전부장관	정책포럼
196	09.07.08	유럽적시각에서 본 최근의 동북아국제정세	Matin UDEN 주한영국대사	국제심포
197	09.07.24	'한국령 독도'의 지정학적·역사적 고찰	노창희대사, Takasugi위원장, 신희석교수, 김경옥총무이사 외 9 인	현장시찰
198	09.09.23	한국노동정책의 과제와 바람직한 발전방향	최준섭 서울지방노동청장	정책포럼
199	09.10.27	APPRI 정책연구포럼 200 회 기념 축하만찬 간담회	당원이사·정책자문위원·비상근연구위원 정계·관계·학계 주한외교단 등 약 250명	축하 리셉션
200	09.11.24	2010 한국경제전망과 발전방향	유장희 前이화여대부총장	정책포럼
201	09.12.16	2010 동북아국제정치경제의 전개와 전망①	당원(APPRI) 全 정책자문위원 36 명	만찬 간담회
202	09.12.29	2010 동북아국제정치경제의 전개와 전망②	당원 全 이사진 및 연구위원	정책포럼

구분 횟수	년월일	주제	Guest of Honor	비고
203	10.01.14	2010 한국교육과학기술정책의 현재와 발전방향	안병만 교육과학기술부장관	정책포럼
204	10.02.11	2010 한국경제전망과 경기부양대책	윤증현 기획재정부장관 (허경욱 차관교대)	정책포럼
205	10.02.22	한국에서의 기업경영과 각종법률서비스 연구	'율촌' 윤세리 대표변호사	간담회
206	10.03.31	2010 Global Korea의 과제와 전략	국회외교통상통일위원장 박진 국회의원	정책포럼
207	10.04.29	APPRI 정책연구활동의 회고와 발전방향	당원 全 정책자문위원	만찬 간담회
208	10.05.07	Puccini의 'La Boheme'을 통해서 본 문화외교의 발전방향	당원 이사, 정책자문위원, 비상근연구위원	Opera 감상
209	10.05.12	한일합방100년의 회고와 양국관계전망	Shigeie Toshinori주한일본국대사	만찬 간담회
210	10.06.04	2010한국경제상황과 지식경제부의 정책추진방향	최경환 지식경제부장관	정책포럼
211	10.09.16	최근의 남북한관계와 대북한정책전망	현인택 통일부장관(엄종식 차관동석)	정책포럼
212	10.10.21	최근의 동북아경제와 한국의 대외무역 정책	대한무역투자공사(KOTRA) 조환익 사장	정책포럼
213	10.10.21	한국경제와 기업의 경쟁력 ——장점과 단점——	서울대 국제대학원 문휘창 교수	정책포럼
214	10.11.18	최근의 동북아정세와 일본의 한반도정책	Muto, Masatoshi 주한일본국대사	국제심포
215	10.12.02	북한의 연평도군사공격과 동북아의 국제 정치①	신희석 교수 연구발표 (주한외신기자단 SFCC)	간급 간담회
216	10.12.03	북한의 연평도군사공격과 동북아의 국제 정치②	신희석 교수 연구발표 (정책자문위원,외신기자 32 명)	간급 간담회
217	10.12.16	2011년도의 한국경제와 산업정책전망	송병준 KIET(산업연구원)원장	정책포럼
218	11.01.19	최근의 동북아국제정세와 한국의 안보 정책	배득식 국군기무사령관(육군중장)	현장시찰
219	11.02.16	2011한국정치구도의 재편성전망과 대통령선거	이건개 前 서울중앙지검장	정책포럼
220	11.03.25	한국금융통화정책의 과제와 바람직한 발전방향	김중수 한국은행총재	오찬 간담회
221	11.05.04	최근 동북아의 국제정치경제와 남북한관계전망	현인택 통일부장관	정책포럼

구분 횟수	년월일	주제	Guest of Honor	비고
222	11.06.09	2011동북아의 평화번영과 제주도①	허향진 제주대총장(평화연구소)	지방심포
223	11.06.09	2011동북아의 평화번영과 제주도②	Matsui, Sadao 주제주일본총영사	지방심포
224	11.06.09	2011동북아의 평화번영과 제주도③	우근민 제주도지사 (국제자유도시본부장)	지방심포
225	11.06.10	2011동북아의 평화번영과 제주도④	김병립 제주시장	지방심포
226	11.06.10	2011동북아의 평화번영과 제주도⑤	고창후 서귀포시장	지방심포
227	11.07.13	최근의 동북아정세와 한국의 경제통상외교전략	민동석 외교통상부차관	국제심포
228	11.08.02	국가정보원(NIS, National Intelligence Service) 정책연구 시찰	전재만 제 1 차장(담당국장)	현장견학
229	11.09.01	삼성전자의 성공비결과 향후의 홍보·경영전략	삼성그룹 이인용 부사장	정책포럼
230	11.10.12	2012년도 한국경제전망과 국제경영전략	서울대국제대학원 문휘창 교수	정책포럼
231	11.11.10	한반도 유사시 수방사의 수도권사수전략	수방사 보병 제 52 사단장 이문석 육군소장	부대시찰
232	11.11.18	2012한일관계전망과 동북아국제정치	Muto, Masatoshi 주한일본국대사	만찬 간담회
233	12.01.12	최근 한반도의 안보정세와 2012한국의 국방정책	국방부 합참의장 정승조 육군대장	정책포럼
234	12.02.23	2012한국통상정책의 전망과 과제 (한일·한미FTA비교)	외교통상부 박태호 통상교섭본부장	정책포럼
235	12.03.15	나의 외교안보철학과 외교통상부의 발전방향	오재희 대사, 이상구 대사, 김재춘 대사	팔순기념 만찬
236	12.04.25	최근의 동북아 정세와 한미일관계전망	Sung Y. Kim 주한미국대사	국제심포
237	12.06.02	한일·일한 우호협력관계의 증진을 위한 의견교환	Muto, Masatoshi 주한일본국대사	만찬 간담회
238	12.06.15	국제화 시대 한국대학교육의 사명과 과제	정갑영 연대총장, 박용원 세브란스병원장	대학시찰
239	12.07.25	한국국방정책의 과제와 발전방향	김태영 前 국방부장관	정책포럼
240	12.08.09	한반도유사시 제 1 야전군사령부의 역할과 기능①	제 1 야전군사령관 박성규 육군대장 (육군소장 이문석 참모장 동석)	만찬 간담회
241	12.09.05	한국법무행정의 실체와 바람직한 정책발전 방향	권재진 법무부장관	정책포럼
242	12.11.01	'한국정치의 일번지' 국회견학	박병석 국회부의장초청	현장시찰

구분횟수	년월일	주제	Guest of Honor	비고
243	12.12.03	2013년도의 동북아경제및산업전망 시사점	송병준 산업연구원장(KIET)	정책포럼
244	13.01.17	한국출입국관리정책의 현상과 과제	법무부출입국관리본부 이창세본부장(검사장)	현장시찰
245	13.02.20	동북아영유권분쟁과 국제갈등관리	서울대 국제대학원장 백진현교수	정책포럼
246	13.03.28	신정치지도체제하에서의 한·미·일 관계 전망 ——Abe, Obama, 박근혜——	주한미국대사관 Leslie A. Bassett 미국부대사	국제심포
247	13.04.25	최근 북한의 대남강경정책의도와 남북한관계전망	유호열 고려대교수	정책포럼
248	13.05.30	한국외교통상정책의 이상과 현실 (제 250 회 포럼 기념축하연)	정책자문위원, 이사·연구위원, 국내외각계의 저명인사	정책 Event
249	13.06.28	박근혜 신정권의 외교정책추진방향	외교부 조태열 차관	정책포럼
250	13.07.31	한반도유사시 제 1 야전군사령부의 역할과 기능②	제 1 야전군사령관 박성규 육군대장 (이문석 참모장 현장지휘)	부대시찰
251	13.08.27	최근 한일관계의 문제점과 정책추진방향	신각수 前 주일대사 (외교부 1, 2 차관 역임)	정책포럼
252	13.10.15	최근의 동북아 정세와 한국의 외교적 대응방안연구	외교부 조태용 한반도평화교섭본부장	정책포럼
253	13.11.29	2014통상외교정책의 바람직한 발전방향	김종훈 국회의원 (前 외교부통상교섭본부장)	정책포럼
254	13.12.17	2014동북아 국제관계경제전망과 대응책 연구①	당원 정책자문위원	만찬 간담회
255	13.12.30	2014동북아 국제관계경제전망과 대응책 연구②	당원 이사 및 연구위원	만찬 간담회
256	14.01.22	최근의 남북한정세와 2014 한국의 국방정책	백승주 국방부차관, 유호열 고려대 교수	정책포럼
257	14.02.12	특전사령부의 국방태세와 한반도의 안보	특전 사령관 전인범 육군중장	부대시찰
258	14.03.11	한국외교정책의 발전을 위한 정책제안	신희석 교수 (아태정책연구원 이사장)	정책포럼
259	14.04.17	국제화시대 한국경찰의 치안정책발전방향	강신명 서울지방경찰청장 (그후 경찰청장)	정책포럼
260	14.05.22	해군 제 2 함대 사령부 및 '천안함'시찰	제 2 함대 사령관 박성배 해군소장	부대시찰
261	14.06.25	2014한국경제의 발전과 중소기업육성 정책	한정화 중소기업청장	정책포럼
262	14.07.15	2014한일기업정책의 비교연구(동반위공동개최)	유장희위원장, JETRO, TOSHIBA, SOJITZ 각 사장참석	만찬 간담회

구분횟수	년월일	주제	Guest of Honor	비고
263	14.07.24	강화도의 역사·문화 및 남북한관계시찰	안덕수 국회의원, 이상복 강화군수 오만찬제공,당원측 45 명 참석	현장시찰
264	14.09.17	경제·통상측면에서 본 동북아협력전망	유장희교수, 이일형KIEP원장, Takasagi고문 Suzuki사장	정책포럼
265	14.10.24	한일근대역사유적의 시찰과 문화체험 (여주)	원경희 여주시장 (당원임원 40 명 참석)	역사탐방
266	14.11.26	한반도유사시 한국의 대북한대응전략 연구	육군본부 지상전연구소장 성윤환 준장, 유호열 고려대 교수(토론)	정책포럼
267	14.12.22	2015동북아의 국제정치경제전망과 과제①	APPRI 全정책자문위원 (Ishiyama 前SJC이사장 외)	만찬 간담회
268	14.12.30	2015동북아의 국제정치경제전망과 과제②	APPRI 全이사 및 연구위원 (김태영 前국방부장관 외)	만찬 간담회
269	15.01.28	2015동북아국제환경과 한국의 4강외교 정책방향연구	조태용 외교부 제 1 차관, 전재성 서울대교수(토론)	정책포럼
270	15.02.26	2015동북아(한국) 경제전망과 한국의 정책대응	김준경 KDI 원장, 김정식 연세대교수(토론)	정책포럼
271	15.04.09	한국공항문화의 창달을 위한 현장시찰	한국공항공사 김석기사장 (前서울지방경찰청장)	현장견학
272	15.05.08	한국경제의 거시적 발전전망과 대책 (물가, 금리, 통화량 등)	이주열 한국은행총재	정책포럼
273	15.06.04	국제화시대 서울시정의 바람직한 발전방향	박원순 서울특별시장	현장견학
274	15.07.09	한반도의 안보정세와 공군작전사령부의 역할	공군작전사령관 김정식 공군중장	현장견학
275	15.07.24	한국외교의 과제와 바람직한 정책추진 방향	윤병세 외교부장관	만찬 간담회
276	15.09.16	최근의 북한정세와 남북한관계전망	홍용표 통일부장관	정책포럼
277	15.11.03	한국전력공사(KEPCO)의 현황과 산업개발	한국전력공사 조환익사장	산업시찰
278	15.11.26	세계경제 환경과 한국경제의 과제	현정택 청와대 정책수석	정책포럼
279	15.12.22	2016동북아의 국제환경과 4강외교 전망①	정책자문위원 Mitsubishi-Korea 사장 외	만찬 간담회
280	15.12.30	2016동북아의 국제환경과 4강외교 전망②	김태영 前국방부장관, 오재희 대사 외 21명	만찬 간담회
281	16.01.28	한국정치문화의 특징과 2016 정국재편성전망	박영선 국회의원, 길정우 국회의원	정책포럼

구분 횟수	년월일	주제	Guest of Honor	비고
282	16.02.25	국제화시대 한국경찰의 치안정책 발전방향	서울지방경찰청장 이상원 치안정감	현장시찰
283	16.03.25	최근의 한반도 안보정세와 남북한 관계전망	한홍전한국국방연구원원장(노훈부원장)	안보포럼
284	16.05.04	대한민국의 사적전개와 동북아국제관계 사연구	윤주경 독립기념관장 외	현장시찰
285	16.06.10	한국 4강외교의 바람직한 정책추진방향과 북핵문제	주철기 청와대외교안보수석	정책포럼
286	16.06.29	한일관계의 발전을 위한 나의 외교철학과 정책방향	이준규 주일대사	정책포럼
287	16.07.06	국제화시대 한국외교의 발전방향	조태열 외교부 차관	정책 간담회
288	16.09.22	동북아의 국제관계 변동과 한국외교의 진로	당원(APPRI)창립 20주년 기념 제 290 차 정책연구이벤트	창립 20주년 기념 행사
289	16.11.18	판문점&주변주요지역의 시찰과 한반도의 안보	이종화 보병 제 1 사단장 외	현장시찰
290	16.12.29	2017동북아의 국제환경과 4강 외교전망	김태영 前국방부장관, 오재희 대사 외 25명	만찬간 담회
291	17.01.11	미국Trump신정권의동북아정책과 대응책연구	김형진 외교부 차관보	정책포럼
292	17.02.23	한국은행의 금융정책연구(물가·금리·환율)	이주열 한국은행총재	한은시찰
293	17.03.21	한국정치문화의 발전을 위한 나의 정치철학 난국해결의 시대정신 'Noblesse Oblige'	강창희 前 국회의장	정책포럼
294	17.04.26	한국원자력연구의 발전방향과 북한 핵문제	하재주 한국원자력연구원장	현장시찰
295	17.05.31	최근의 남북한 관계와 바람직한 정책추진방향	김형석통일부차관	정책포럼
296	17.06.27	한국新대통령 체제 하에서의 한일협력관계전망	Nagamine,Yasumasa주한일본대사 (토론: 유흥수 前 주일대사)	국제정책 포럼
297	17.07.04.	한국금융정책의 바람직한 발전방향	윤종규 KB국민은행장 (KB금융그룹회장)	만찬간 담회
298	17.09.08.	국제평화를 위한 UN역할의 재평가와 동북아의 평화	반기문 前U.N.사무총장 (연세대 명예교수겸 글로벌사회공헌원 명예원장)	국제포럼

구분횟수	년월일	주제	Guest of Honor	비고
299	17.10.12.	한국대학교육의사명과연세대의역할①	김용학 연세대총장(박용원Severance 병원장)	현장시찰
300	17.11.24.	한반도유사시의 바람직한 정책대응방안 연구	김태영 前 국방부장관 외	정책포럼
301	17.12.21	2017동북아국제환경의회고와전망①	당원(APPRI) 全정책자문위원	만찬간 담회
302	17.12.28	2017동북아국제환경의회고와전망②	오재희대사, 정태익대사外당원임원	만찬간 담회
303	18.02.08	2018동북아국제환경의 변용과 한국의 외교정책	윤순구 외교부 차관보	정책포럼
304	18.03.27	한반도 유사시 안보위기 대응방안 연구	신현돈 육군대장(예), 김정식 공군중장(예), 이기식 해군중장(예), 이문석 육군소장(예)	정책포럼
305	18.05.09	해군제2함대사령부(천안함) 시찰	이종호 사령관&이기식 해군 前 작전사령관	연구시찰
306	18.06.11	미북한정상회담 이후의 남북한관계 전망	홍용표 전 통일부장관	정책포럼 (만찬 간담회)
307	18.07.03	미북한정상회담 이후의 한미일관계 전망	이준규 전 주일대사	정책포럼 (만찬 간담회)
308	18.07.06	인천항만청 및 한국수자원공사 연구시찰	(협찬 : 해양수산부, 한국수자원공사) 실무책임: 안희도 연구위원	현장견학
309	18.07.20	최근 동북아의 국제환경변용과 한미일 관계전망	Nagamine, Yasumasa 주한일본국특명전권대사	특별 만찬 간담회
310	18.09.14	국제화시대 동북아의 국제협력방안과 UN	반기문 前 UN사무총장	정책포럼 (만찬 간담회)
311	18.12.10	2019 동북아국제안보환경과미북한관계 전망	문정인대통령특보(연세대 명예교수)	정책포럼
312	18.12.16	동북아국제환경의회고와2019전망①	당원의全정책자문위원	만찬간 담회
313	18.12.30	동북아국제환경의회고와2019전망②	김태영 前 국방부장관, 정태익대사외 당원의임직원전원	만찬 간담회
314	19.02.21	2019동북아 국제환경의변용과 한국의 외교정책	강경화외교부장관(이태호차관)	정책포럼

구분횟수	년월일	주제	Guest of Honor	비고
315	19.05.15	보병제6사단사령부에서 본 최근의 남북한관계	보병제6 사단장 심진선육군소장	군부대 시찰
316	19.06.18	전환기를 맞이한 한일관계의 재조명과 전망	Nagamine Yasumasa 주한일본특명전권대사	국제정책 Forum
317	19.08.13	김판규 前 육군참모총장주최 오찬간담회	육군협회회장 김판규 전 육군참모총장 외 (장준규, 김용우 前참모총장)	오찬간 담회
318	19.09.26	한국 산업통상정책의 발전방향과 전망	국회 산업통상자원중소기업위원장 이종구 국회의원	정책포럼
319	19.11.07	동북아 유사시 한국해병대의 역할과 기능	해병대 제2 사단사령부 (사단장: 백경순해병소장)	방문견학
320	19.12.20	2019회고와 2020동북아정세전망①	APPRI 정책자문위원	정책간담
321	19.12.26	2019회고와 2020동북아정세전망②	당원이사 및 연구위원 일동 (정태익 前 외교안보수석, 신현돈 前육군대장, 장준규 前육군참모총장외15명 참석)	정책간담
322	20.05.28. 예정	Role of the U.S. for Peace & Stability in Northeast Asia	Harry B. Harris 주한미국대사	국제정책 Forum
323	20. 07. 예정	2020동북아 국제안보환경과 한반도	강경화외교부장관(김건외교부차관보)	정책포럼
324	20. 11 예정	한국대학교육의 사명과 연세대의 역할 (Severance병원 시찰)	서승환연세대총장 (이병석Severance 병원장)	현장시찰
325	21.01 예정	동북아국제관계의 변용과 한·러관계전망	Andrey B. KULIK 주한Russia대사	국제정책 Forum
326	21.03.18	침체된 한일관계, 무엇이 문제인가?	김석기 국회의원 (前 경찰청장)	정책포럼
328	21.05.06	최근의 남북한관계와 북한정세전망	이인영 통일부장관(최용준 통일부차관)	정책포럼
329	21.06.30	동북아의 국제환경과 한미일관계전망	박 진 국회의원(前 국회외교통상통일위원장)	정책포럼
330	21.09.29	최근의 동북아정세와 전망	반기문 前 UN사무총장 당원이사 (신희석라종일, 신현돈, 이기식, 변대호, 김경옥)	오찬간 담회
331	21.10.22	Suga Yoshihide 일본신내각의 등장과 한일관계전망②	아태정책연구원 이사장 신희석 교수	만찬간 담회
332	21.11 예정	Biden-Suga 정권의 향방과 한국외교의 진로	조태용 국회의원 (前 외교부차관)	정책포럼

구분횟수	년월일	주제	Guest of Honor	비고
333	21.12.16	2021년도의 회고와 2022동북아국제정치경제전망 (1&2)	당원(APPRI)정책자문위원 Hitachi, CANON, NIKON, Kanebo, IHI, Asahi신문, Fuji-TV,Mitsubishi Chemicals 율촌,Kim&Chang etc.	만찬간담회(정책위 종료)
334	22.06 예정	국제협력관계의 사적전개와 동북아	윤주경 국회의원 (前 독립기념관장)	만찬간담회
335	22.04 예정	2021 동북아국제정세와 한국의 외교정책	정의용 외교부장관(김 건 차관보)	정책포럼
336	21.11 예정	동북아국제분쟁의 역사적 고찰과 국제평화	박삼득 前전쟁기념관 (前 보훈처장)	국제정책 Forum
337	2021.9 예정	비무장지대에서 본 남북한분단의 현상 (판문점 시찰)	보병제1사단사령부(판문점)	부대시찰
338	2022.예정	한일관계의 발전을 위한 나의 외교철학	Aiboshi주한일본국대사	국제정책 Forum
339	2022.07	한반도유사시 일본의 대한협력의 가능성과 한계	아태정책연구원 이사장 신희석 교수	정책포럼
340	2022. 10 (終)	최근동북아의 국제환경과 UN	반기문 제 8 대 UN사무총장 정태익 대사, 윤병세 전외교부장관, 장준규 전육군참모총장,신현돈 전육군 대장 등 약 50 명 참석	정책포럼
	*	위 "예정"표기된 항목은 기획하였지만, COVID19 등의 사유로 실시불가하였음!		

5. 亞太政策硏究院의 政策硏究機關紙 〈亞太Focus〉의 總目錄索引(Focus46집)

<附錄③> 當院 政策硏究機關誌 『亞太Focus』 總目錄索引

	主 要 目 次
第 1 輯 (97. 1)	日·北韓修交展望과 韓國의 對應策硏究 – 最近의 主要 움직임과 日·北韓 修交交涉의 背景 申熙錫 – 日·北韓修交에 대한 日本의 認識과 立場 – 日本의 韓半島政策基調와 變化推移 – 向後 日本의 韓半島政策과 日·北韓 修交交涉 – 日·北韓間의 相互必要性과 主要修交爭點 – 日·北韓修交展望 <附錄> ① 第2次 橋本內閣 一覽表 ② 日本 衆·参 兩院의 政黨別 議席配分現況 ③ 自民黨의 舊派閥 現況 ④ 首相指名選擧結果 ⑤ 日·北韓修交交涉日誌
第 2 輯 (97. 3)	硏究論文 : Clinton 第2期美行政府의 對內外政策方向 金聖翰 特別寄稿 : 最近의 東北亞情勢와 韓國의 政策的 對應(英文) 申熙錫 政策資料 : W. Lord 前 美國務次官補의 告別 브리핑(韓英) William H. Maurer Jr. <附錄> 亞太政策硏究院의 設立槪要
第 3 輯 (97. 5)	硏究論文 : 最近 北韓의 對內外情勢와 南北韓關係展望 林順姬 特別寄稿 : 岐路에 서 있는 最近의 北韓狀況(韓英) Robert A. Scalapino 政策資料 : 在日韓國人의 地方参政權 問題 柳鍾玄 <附錄> 亞太政策硏究院의 設立槪要
第 4 輯 (97. 8)	政策硏究論文 : 美日安保體制의 構造的 變化와 韓國의 外交安保環境 延賢植 特別寄稿 : 日本的視角에서 본 美日安保關係와 새로운 勢力均衡展望 田久保忠衛 세미나發表論文 : 美日安保體制의 再定義와 東北亞國際政治體系의 變容 五十嵐武士 <附錄> ① 亞太政策硏究院(APPRI)의 設立槪要 ② 主要外交日誌 (1997年 1月~6月)
第 5 輯 (97. 11)	政策硏究論文 : 韓日警察制度의 比較와 韓國警察의 進路 李寬熙 特別寄稿 : 原子力의 平和的 利用에 관한 印度의 視角 B.M. Udgaonkar 세미나發表論文: 南亞細亞에서의 核問題와 韓半島의 國際政治 Nunir Ahmed Khan <附錄> ① 韓國의 原子力 協定締結 現況 ② 核武器의 非擴散에 관한 條約文(NPT) ③ 核問題에 관한 略語目錄 ④ 核非擴散 年代表 ⑤ 亞太政策硏究院(APPRI)設立槪要 ⑥ 主要外交日誌 (1997年 6月~9月)
第 6 輯 (98. 1)	北韓·日 修交展望과 韓國의 對應策硏究 申熙錫 <附錄> ① 第2次 橋本改造內閣·閣僚·次官·官房長 ② 政黨別國會勢力現況 ③ 自民黨의 舊派閥現況 ④ 首相指名選擧結果 ⑤ 日·北韓間修交交涉關聯日誌 ⑥ 亞太政策硏究院(APPRI) 設立槪要
第 7 輯 (98. 3)	韓半島情勢에 關한 國際심포지움에서의 基調演說 韓國의 새大統領下에서의 南北韓關係 展望 金庾圭 外務部 外交安保硏究院長 政策硏究論文 I 1998年度의 世界經濟 展望과 韓國의 政策對應 姜哲圭 서울市立大敎授 政策硏究論文 II 1998年度 東北亞 情勢展望과 韓國의 政策對應 金國振 外務部 外交安保硏究敎授 <附錄> ① 中曾根 康弘 前日本首相 招請 特別講演關係資料 21世紀 亞太協力時代의 平和와 韓日關係展望 中曾根 康弘 前日本首相 開會辭 宋 梓 前敎育部長官 歡迎辭 韓昇洲 前外務部長官 演士紹介 孔魯明 前外務部長官 ② 亞太政策硏究院(APPRI) 設立槪要 ③ 主要外交日誌 (1997年 10月~12月)

第 8 輯 (98. 6)	**開院 2周年 記念 政策建議 特輯** 對美政策提案 바람직한 韓美關係를 위한 政策建議 — 吳在熙·申熙錫 對日政策提案 바람직한 韓日關係를 위한 政策建議 — 李常九·柳鍾玄·申熙錫 政策研究特別寄稿 韓半島에서의 緊張終熄과 美國의 對應 — Robert A. Manning, 閔丙學 譯 駐韓美國大使招請 特別講演會 浮上하는 韓國과 韓美關係의 將來 — Stephen Bosworth 主要 인사말 — 朴東鎭, 孔魯明, 朴 槿, 吳在熙 南北韓關係에 關한 4强 國際會議 韓國의 새 大統領下에서의 南北韓關係 展望 — 金爽圭 韓半島의 情勢 展望과 美日中러의 役割 — 4强 政務公使 (James Witlock, Kokjiro Shiojiri, Sun Yuxi, G. Toloraya) <附錄> ① 亞太政策研究院(APPRI) 設立槪要 ② 當院의 지난 2年間의 발자취
第 9 輯 (98. 8)	對中政策提案 — 申熙錫 바람직한 韓中關係를 위한 政策建議 — 盧載源, 徐鎭英 監修 對러(露)政策提案 — 申熙錫 바람직한 韓러(露)關係를 위한 政策建議 — 李常九,梁勝咸 監修 駐韓 中國·러시아 大使招請 特別講演會 - 韓半島의 平和와 韓中關係展望 — 張庭延 - 韓半島의 平和와 韓러關係展望 — Evgeny Afanasiev - 開會辭 및 演士紹介 — 韓昇洲, 盧載源 - 主要討論內容 (拔萃) — 金裕南, 柳世熙 政策研究論文 最近 東南亞의 政治·經濟的 不安定이 韓國에 미치는 影響 --인도네시아의 事例를 중심으로-- — 高宇聲 政策研究特別寄稿 — Lucian W. Pye 金權政治 : 韓國과 日本의 民主主義에로의 移行 — 閔丙學 譯 <附錄> 亞太政策研究院(APPRI) 設立槪要
第 10 輯 (98. 12)	**美國과 日本** 第19次 韓國外交安保政策심포지움 21世紀의 亞太協力時代를 向한 韓日協力方案研究 - 基調講演 : 韓日關係의 現況과 展望 — 孔魯明 - 祝辭 및 人事의 말씀 — 宋錫球·申熙錫 - 政治·外交的 側面 — 崔相龍·伊豆見元 - 經濟·通商的 側面 — 李鍾燃·木村伸一 - 文化·社會的 側面 — 崔書勉·黑田勝弘 - 主要討論內容 整理 — 金惠英·高宇聲 對日政策提案 金大中 大統領의 訪日에 際한 政策建議 — 申熙錫, 申東元·金太智 監修 21世紀를 向한 韓美日關係의 展望과 바람직한 方向 - 韓美日關係의 理論과 實際 — 吳在熙 - 政策研究論文 ① 韓美關係의 展望과 方向 — 趙鏞晌 - 政策研究論文 ② 韓日關係의 展望과 方向 — 孔義植 - 政策研究論文 ③ 韓美日關係의 展望과 發展方向 — 朴鴻錫 <附錄> 亞太政策研究院(APPRI) 設立槪要 및 沿革
第 11 輯 (99. 3)	**最近의 南北韓 關係와 4强의 韓半島政策** - 祝辭 및 人事의 말씀 — 趙文富·申熙錫 - 基調講演 : 韓半島의 平和를 爲한 統一環境造成 — 吳在熙 - 最近의 南北韓 關係 — 鄭永祿·梁信炫 - 美國과 日本의 韓半島 政策 — 金太智·康根亨 - 中國과 러시아의 韓半島 政策 — 梁勝咸·高成彬 - 綜合討論 要約 — 金惠英 Russia-South Korea: How to Build Relations? — Sergey Fedorov

第 11 輯 (99. 3)	Security in Northeast Asia and Korea's Policy Response Shin, Hee-Suk IMF '99 經濟危機의 現況과 早期脫皮方案 朴鍾先 <論壇> - 韓日漁業協定을 둘러싼 韓國의 外交的 對應 申熙錫 - Koreans asking for more than semantics in Japan's apology <附錄> : 亞太政策硏究院(APPRI) 設立槪要
第 12 輯 (99. 5)	韓國外交安保力의 提高方案 <開會辭> 申熙錫 <基調講演> 柳宗夏 <第 1 部 : 政策的 側面 4强外交> 對美外交 白珍鉉·李承坤 對日外交 金太智·裵成東 對中外交 盧載源·安秉俊 對露外交 金富起·金裕南 <第 2 部 : 制度的·機能的 側面> 外交通商部 金在春 國家安全企劃部(國家情報院) 李常九 統一部 宋榮大 國防部 車榮九 國會(立法府) 柳在乾 〈프로그램 및 主要言論報道拔萃〉 主要政策建議 韓國外交安保力의 提高를 위한 實踐方案硏究 申熙錫 政策硏究特別寄稿 Japan and the United States : Partnership in Need of Repair Takakazu Kuriyama 政策硏究論文 NPT and Kim, Jung-Il's Policy Options 李正夏 <附錄> ① 亞太政策硏究院(APPRI) 設立槪要 ② 99' 北韓의 主要行事豫定表(1月～12月)
第 13 輯 (99. 8)	21世紀의 亞太協力時代를 向한 韓美關係展望 <開會辭> 申熙錫 <基調講演> 孔魯明 <午餐演說> Richard A. Christenson <祝 辭> Jeremy F. Curtin <第 1 部> 政治外交安保 部門 白珍鉉 <第 2 部> 經濟通商 部門 柳莊熙 <第 3 部> 文化社會 部門 白永玉 政策硏究特別寄稿 東北亞情勢와 韓國의 對北包容政策 洪淳瑛 著名人士特別寄稿 最近 金融改革의 現狀과 바람직한 方向 李仁鎬 政策諮問委員特別寄稿 經濟·産業·企業의 構造調整 — 日本的 視角 高杉暢也 <附錄> ① 亞太政策硏究院(APPRI)의 設立槪要 ② '99 北韓의 主要行事豫定表(1月～12月) ③ 政策硏究機關誌『亞太Focus』의 綜合目錄索引
第 14 輯 (99. 12)	最近 東北亞의 新國際秩序와 韓中關係展望 <開會辭> 申熙錫 <祝辭> 趙文富 <基調講演> 盧載源 <第 1 主題> 中國의 國內政治 安秉俊, 高成彬 <第 2 主題> 中國의 國內經濟 鄭永祿, 金汝善 <第 3 主題> 東北亞 新國際秩序와 韓中關係 吳在熙, 梁佶炫 <主要討論內容> <프로그램>

第 14 輯 (99. 12)	政策研究特別寄稿 第54次 UN總會에서의 外交通商部長官 特別演說 洪淳瑛 政策諮問委員特別寄稿 日本의 産業競爭力强化를 爲한 Action Plan의 實體와 展望 中村喜起 政策研究特別資料 美國의 東北亞安保戰略 美國國防部 在日同胞 地方參政權問題의 現住所 柳鍾玄 <附錄> ① 亞太政策研究院(APPRI)의 設立概要 ② '99북한의 權力機構(權力體系, 朝鮮勞動黨) ③ 『亞太Focus』의 綜合目錄索引(第 1 輯~第 13 輯)
第 15 輯 (00. 3)	**韓半島의 平和定着을 爲한 6個國 國際會議** <開會辭> 申熙錫 <祝 辭> Evgeny V. Afanasiev <基調演說> 梁性喆 <第 1 主題> 東北亞의 國際政治와 美國/日本 Richard A. Christenson, Takakazu Kuriyama <第 2 主題> 東北亞의 國際政治와 中國/러시아 Konstantin O. Sarkisov, Piao Jianyi <第 3 主題> 東北亞의 國際政治와 韓國/北韓 鄭鎭渭, 安秉俊 <小附錄> ① 主要參加者의 簡易履歷書 ② 主要言論報道 ③ 프로그램 政策研究特別寄稿 最近의 韓國經濟現況과 改革方向 李揆成 東北亞의 平和/安保와 韓國의 外交政策(韓·英) 宣晙英 政策諮問委員特別寄稿 數字로 본 日本企業의 對韓投資環境變化 田島崇男 政策研究特別資料 韓美關係展望: 誤解에서 相互主義에로 Stephen W. Bosworth 21世紀 亞太協力 時代의 日韓關係展望 小倉和夫 美國의 對北韓政策의 實體와 展望(韓·英) 페리報告書 要約 <附錄> ① 亞太政策研究院(APPRI)의 設立概要 ② 西紀 2000年 北韓의 主要行事豫定表 ③ 北韓의 權力機構 ④ 『亞太Focus』의 綜合目錄索引 (第 1 輯~第 14 輯)
第 16 輯 (00. 7)	**美·北韓/日·北韓 修交展望과 東北亞의 國際政治** <開會辭> 申熙錫 <基調講演> 柳宗夏 <第1主題> 美·北韓 修交展望과 東北亞 白珍鉉 <第2主題> 日·北韓 修交展望과 東北亞 柳錫烈 <第3主題> 美·北韓/日·北韓의 修交展望과 韓國外交의 對應 崔英鎭 <發表·討論要旨 및 프로그램> 高宇聲 在外公館長特別寄稿 21世紀를 向한 韓日關係의 現狀과 展望 崔相龍 駐韓外交團特別寄稿 最近의 南北韓關係와 日本의 對北韓政策 寺田揮介 政策研究特別資料 南北頂上會談의 背景과 推進狀況 李廷彬 南北韓關係와 對北政策(韓·日) 朴在圭 2000年度의 韓國經濟政策方向 李憲宰 政策研究論文 韓國經濟의 課題와 展望 李鍾爀 文化·社會的 側面에서 본 南北韓의 統合 白永玉 政策研究時論 南北韓頂上會談에 臨하는 우리의 姿勢 (韓·英) 申熙錫 <附錄> ① 亞太政策研究院(APPRI)의 設立概要 ② 西紀 2000年 北韓의 主要行事豫定表 ③ 北韓의 權力機構:北韓의 行政機關·立法機關·司法機關 ④ 『亞太 Focus』의 綜合目錄索引(第 1 輯~第 15 輯) ⑤ APPRI主催「政策諮問小懇談會」의 開催現況(22回)

第 17 輯 (00. 11)	**南北韓 頂上會談 以後의 東北亞情勢와 韓國의 對應戰略** 第 27 次 韓國外交安保政策심포지움 <開會辭> 申熙錫 <基調講演> 孔魯明 <第 1 主題> 美國/日本의 視角과 政策 盧慶秀·尹德敏 <第 2 主題> 中國/러시아의 視角과 政策 安秉俊·金裕南 <綜合討論>頂上會談에 關한 4强의 視角과 韓國의 統一政策 丁世鉉 <프로그램> 離任公館長特別寄稿 南北韓頂上會談以後 韓國外交安保政策의 바람직한 方向 金奭圭 政策研究特別寄稿 韓國勞使問題의 現狀과 바람직한 改革方案 金浩鎭 外國企業의 韓國進出現狀과 紛爭解決方案硏究 金完淳 補論: The Role of the Investment Ombudsman in Korea's FDI Regime 政策諮問委員寄稿 Observation of the Korean Economy after the IMF Crisis 枝廣泰俊 日本의 對韓投資의 過去와 未來 矢野雅英 政策研究論文 南北韓頂上會談 以後의 東北亞情勢와 韓國의 對應戰略 申熙錫 韓國政治改革의 立法的 課題 李寬熙 政策研究資料 韓國經濟의 課題와 展望(日語) 李鍾勳 <附錄> ① 亞太政策研究院(APPRI)의 設立槪要 ② 北韓의 權力機構와 主要行事豫定表 ③『亞太 Focus』의 綜合目錄索引(第 1 輯~第 17 輯) ④ APPRI主催「韓國外交安保政策심포지움」의 開催現況(28回) ⑤ APPRI主催「政策諮問Forum」의 開催現況(26回)
第 18 輯 (01. 2)	**變化하는 東北亞 國際環境과 4强의 韓半島政策** 第 28 次 韓國外交安保政策심포지움 <開 會 辭> 申熙錫 亞太政策研究院 理事長 <基調講演> 柳宗夏 前 外務部長官(當院顧問) <晩餐演說> 李敦熙 敎育部長官 <午餐演說> 潘基文 外交通商部次官 <祝 辭> Stephen Bosworth 駐韓美國大使 <第 1 主題> 東北亞 國際環境과 美/日의 韓半島政策 申熙錫 主題發表 : Robert Manning 美國外交協會 首席研究員 Katori Yoshinori 駐韓日本大使館 首席公使 白珍鉉 서울大敎授 討 論 : Evans Revere, 金奭圭, 李正夏, 宋旻淳, 金炳局 <第 2 主題> 東北亞 國際環境과 中/러의 韓半島政策 李時榮 主題發表 : Valery Zaitsev IMEMO 副所長 Yang, Cheng-Xu 中國外交部 國際關係研究所所長 安秉俊 延世大 敎授 討 論 : Alexander Timonin, 盧載源, 鄭鎭渭, 千辰煥, 金一秀 <프로그램 및 主要言論 報道 拔萃> 政策研究特別寄稿 21世紀 國際化時代의 韓國敎育改革方案 宋 梓 前 敎育部長官 最近의 韓國經濟와 바람직한 金融改革方案 李瑾榮 金融監督委員長 2001年의 韓國經濟와 對外通商政策展望 辛國煥 産業資源部長官 2002年 World Cup 安全對策과 韓日協力方案 李八浩 서울地方警察廳長 政策諮問委員寄稿 韓國勤務의 回顧와 APPRI Forum 岡田治郎 「品質國家-韓國」의 Image 創造를 爲한 提言 高杉暢也 政策研究特別資料 北韓輕水爐의 現況과 向後課題 -韓美日 共調- 張瑄燮 A Republican Foreign Policy Robert Zoellick <附錄> ① 亞太政策研究院(APPRI)의 設立槪要 ② 北韓의 權力機構와 2001年의 主要行事豫定表 ③『亞太 Focus』의 綜合目錄索引(第 1 輯~第 18 輯) ④ APPRI主催「韓國外交安保政策심포지움」의 開催現況(29 回) ⑤ APPRI主催「政策諮問Forum」의 開催現況(29 回)

第 19 輯 (01. 4)	**美國 新行政府의 登場과 南北韓 關係展望** —持續性과 變化— 第 30 次 韓國外交安保政策심포지움 <開 會 辭> 申熙錫 亞太政策研究院 理事長 <晩 餐 辭> 朴在圭 統一部長官 <主題講演> 張瑄燮 輕水爐企劃團長 <綜合討論 發表> 丁世鉉 前 統一部次官 <第 1 主題> 南北韓關係의 政治·外交·安保的 側面 主題發表 : 柳錫烈 外交安保研究院 敎授 趙淳昇 前 國會議員(美國미조리大名譽敎授) 白珍鉉 서울大敎授(當院理事) 討 論 : 李常九, 鄭鎭渭, 朴庸玉, 崔英鎭(金永元) <第 2 主題> 南北韓關係의 經濟·通商·交流의 側面 主題發表 : 延河淸 明知大敎授 曺東昊 KDI 北韓經濟研究팀長 討 論 : 崔 革, 左承昊, 趙建植, 尹德龍 <프로그램 및 主要言論 報道 拔萃> 政策研究特別寄稿 2001년 東北亞 情勢와 韓國의 外交安保政策 千容宅 前 國家情報院長(國會國防委員長) 最近 勞使關係 現狀과 新勞使文化의 發展方向 安鍾根 서울地方勞動廳長 政策諮問委員寄稿 Korea and the World(Part ① & ②) 森島英一 韓國日商岩井社長 少子社會 永宮直史 野村綜合研究所 서울支店長 政策研究特別資料 U.S.-Korean Relations After the Summit Stephen W.Bosworth <附錄> ① 亞太政策研究院(APPRI)의 設立槪要 ② 北韓의 權力機構와 2001年의 主要行事豫定表 ③『亞太 Focus』의 綜合目錄索引(第 1 輯～第 19 輯) ④ APPRI主催「韓國外交安保政策심포지움」의 開催現況(31 回) ⑤ APPRI主催「政策諮問Forum」의 開催現況(34 回)
第 20 輯 (01. 8)	**21世紀의 亞太協力時代를 向한 韓日關係展望** <卷 頭 言> 李常九 APPRI首席理事(前 國家安全企劃部次長) 第 31 次 韓國外交安保政策심포지움 <人事의 말씀> 申熙錫 亞太政策研究院 理事長 <演士紹介 및 歡迎辭> 吳在熙 前 駐日大使(APPRI首席理事) <特別晩餐講演> 寺田輝介 駐韓日本國大使 <綜合討論> 金太智 前 駐日大使 安秉俊 延世大敎授 任晟準 外交通商部 次官補 矢野雅英 Seoul Japan Club 理事長 <閉會辭> 盧昌熹 前 外務次官(APPRI首席理事) <프로그램 및 主要言論報道 拔萃> 政策研究特別寄稿 The Current Japan-Korea Relations 鹿取克章 日本大使館 公使 最近南北韓關係의 政治·外交·安保的 側面 白珍鉉 서울大敎授 美日頂上會談과 韓國의 對應戰略 金聖哲 世宗研究所研究委員 小泉新內閣의 登場과 韓日關係展望 申熙錫 亞太政策研究院長 政策諮問委員寄稿 金融面에서 본 日韓 '建議事項'의 現狀과 問題點(日語) 古賀一正 東京三菱銀行서울支店 韓日航空文化의 健全한 發展方向(日語) 堤 葵 日本航空서울支店長 政策研究特別資料 The United States and Asia in 2000 Richard H. Solomon and William M. Drennan

第 20 輯 (01. 8)	<附錄> ① 亞太政策研究院(APPRI)의 設立概要 ② 北韓의 權力機構와 2001年의 主要行事豫定表 ③『亞太 Focus』의 綜合目錄索引(第 1 輯～第 20 輯) ④ APPRI主催「韓國外交安保政策심포지움」의 開催現況(33 回) ⑤ APPRI主催「政策諮問Forum」의 開催現況(39 回)
第 21 輯 (02. 1)	**國際Terror의 防止와 世界平和의 摸索** <卷 頭 言> 盧昌熹 前 外務次官(當院首席理事) 美國Terror特別政策研究 9.11 Terror以後 美國外交政策의 變化와韓國의 對應 任晟準 外交通商部次官補 國際Terror와의 戰爭 : 意味와 評價 車榮九 國防部政策補佐官(陸軍小將) 9.11 美國Terror以後의 2002東北亞情勢展望 南柱洪 Terrorism, the Future & U.S. Foreign Policy Raphael F.Perl美議會圖書館 9.11 事態에 對한 美國의 政策對應과 向後의 展望 金旭 外交通商部 審議官 9.11 美國 國際Terror의 防止와 世界平和의 摸索 政策研究特別演說文 金大中大統領의 노벨平和賞 100周年 記念 심포지움 演說 第 32 次 韓國外交安保政策심포지움 <人事의 말씀> 申熙錫 亞太政策研究院 理事長 <基調講演> 金奭圭 , 前 駐日大使 <第1部> 外交·安保分野 發 表 : 金浩燮 中央大教授 黑田勝弘 産経新聞서울支局長 <第2部> 經濟·通商分野 發 表 : 李鍾爀 前 中央大總長(APPRI首席理事) 橋本芳博 韓國三井物産社長 <第3部> 文化·Sports 發 表 : 田麗玉 前 KBS駐日特派員 堤 婆 日本航空(JAL)서울支局長 政策研究特別寄稿 政策診斷! 韓日關係 果然 이대로 좋을 것인가? 申鉉碻 前 國務總理 21世紀에 바라는 世界人의 倫理觀 朴世直 前 WorldCup委員長 2002 WorldCup의 安全對策과 韓國警察 李八浩 警察廳長(金大植團長) 美日頂上會談과 韓國의 對應戰略 金成哲 世宗研究所研究委員 Security in Asia-Pacific Region : Korea's Response to the U.S. and Japan 政策諮問委員寄稿 韓國勤務의 感想과 바람직한 韓日關係의摸索 太田元夫 Kolon油化副社長 <附錄> ① 亞太政策研究院(APPRI)의 設立概要 ② APPRI主催「韓國外交安保政策Symposium의 開催現況(32回) ③ APPRI主催「政策諮問Forum」의 開催現況(32 回) ④ 北韓의 權力機構 (權力體系, 朝鮮勞動黨) ⑤ 2002年度 北韓의 主要行事豫定表
第 22 輯 (02. 5)	**2002年度 南北韓關係展望과 對北政策의 再照明** <卷 頭 言> 李鍾爀 博士(當院首席理事) 第 33 次 韓國外交安保政策 심포지움 <人事의 말씀> 申熙錫 亞太政策研究院 理事長 <基調講演> 朴在圭 前 統一部長官 (當院顧問) <第1部> 政治·外交·安保 發 表 : 柳錫烈 外交安保研究院 教授 白珍鉉 서울大 教授(当院理事) <第2部> 經濟·通商·交流 發 表 : 董龍昇 三星經濟研究所 北韓研究팀長 曺東昊 KDI北韓經濟研究팀長 <第3部> 우리의 바람직한 統一政策方向 發 表 : 李鳳朝 統一部 統一政策室長 政策研究論文 美国부시行政府의 東亜太戦略 金聖翰 外交安保研究院 教授 美国의 反테러戦争評価와 展望 宋大晟 世宗研究所 首席研究委員 2002年度의 国際関係와 韓半島情勢展望 李相賢 世宗研究所 研究委員 北韓의 投資環境과 南北韓経協展望 申熙錫 亜太政策研究院長 政策諮問포럼 2002 韓日WorldCup共同開催의 意味와 展望 鄭夢準WorldCup組職委員長 서울特別市의 市政現況과 発展計劃 高 建 서울特別市長 仁川広域市의 市政現況과 発展計劃 仁川廣域市 仁川地方警察廳의 現況과 WorldCup安全對策 徐載寬 仁川地方警察廳長 韓國情報通信技術의 現況과 發展方向 梁承澤 情報通信部長官 海外碩學寄稿文 U.S.-South Korean Relations Larry A. Niksch The United States, North & South Korea Joel Wit

第 22 輯 (02. 05)	在外公館長政策研究 中東平和協商에 따른 対中東外交推進方向 呉基哲 駐수단大使 政策諮問委員特別寄稿 「괜찮아요經營」과 「그래요經營」:韓日經營政策의 比較 高杉暢也 韓国FujiXerox会長 韓國交通事情은 秩序不在戰爭 帯刀楯夫 韓国Yokogawa社長 <附錄> ① 亞太政策研究院(APPRI)의 設立概要 ② APPRI主催「韓國外交安保政策Symposium」의 開催現況(33 回) ③ APPRI主催「政策諮問懇談Forum」의 開催現況(55 回) ④ 北韓의 權力機構(權力體系, 朝鮮勞動黨, 政黨團體) ⑤ 2002年度北韓의主要行事豫定表
第 23 輯 (02. 6)	第 34 次 韓國外交安保政策심포지움資料集 主題: 在外同胞의 現況과 바람직한 政策發展方向 <人事의 말씀> 申熙錫 敎授 亞太政策研究院 理事長 <基調講演> 權丙鉉大使 在外同胞財團 理事長 <第1部> : 在美·在日 同胞의 現況과 政策推進方向 發 表 : 白永玉 明知大敎授 金敬得 在日辯護士 討 論 : 金太智 前 駐日大使 崔書勉 國際韓國研究院長 柳在乾 國會議員 金慶根 外交通商部 在外國民領事局長 <第2部> : 中國 및 러시아 同胞들의 現況과 政策推進方向 發 表 : 金富起 京畿大敎授 鄭永祿 서울大敎授 討 論 : 李在春 前 駐러시아大使(外交通商部 本部大使) 千辰煥 延世大 國際學大學院敎授 李求弘 海外僑胞問題研究所長 鄭印燮 서울大敎授 綜合討論 : 發表者 및 討論者 全員參席
第 24 輯 (02. 8)	西海岸銃擊事件의 敎訓과 南北韓關係展望 <卷頭言> 亞太協力時代 韓國의 進路와 國際政治 金泳三 前 大統領 特別寄稿 西海交戰이후: 民政軍 일체를 기대하며 朴庸玉 前 國防次官(當院首席理事) 이제는 安保環境을 바로 보자 全道奉 前 海兵隊司令官(當院首席理事) 第 34 次 韓國外交安保政策 심포지움 主題: 在外同胞의 現況과 바람직한 政策發展方向 <人事의 말씀> 亞太政策研究院 理事長 申熙錫敎授 <基調講演> 權丙鉉 在外同胞財團理事長 <第 1 部> 在美·在日 同胞의 現況과 政策推進方向 發表 : 白永玉 明知大 敎授, 金敬得 在日辯護士 討論 : 金太智(前 駐日大使), 崔書勉(國際韓國研究院長) 柳在乾(國會議員), 金慶根(外交通商部 在外國民領事局長) <第 2 部> 中國 및 Russia 同胞의 現況과 政策推進方向 發表 : 金富起 京畿大敎授 鄭永祿 서울大敎授 討論 : 李在春(前駐러시아大使), 千辰煥(延世大 國際學大學院敎授) 李求弘(海外僑胞問題研究所長), 鄭印燮(서울大敎授) 政策研究論文 Achievements & Pending Issues of the 'Sunshine Policy' 朴在圭 前 統一部長官 North Korea in 2000 Samuel S. Kim 政策諮問Forum 2002年 韓國政治의 展望과 우리民族의 나아갈 길 朴槿惠 韓國未來聯合代表 2002 韓國政治構圖와 大統領選擧展望 鄭東泳 國會議員 韓國中小企業의 現況과 바람직한 發展方向 韓埈皓 中小企業特別委員長 在外公館長政策研究 日本人의 意識構造研究 鄭燦源 前 駐名古屋 總領事

第 24 輯 (02. 8)	政策諮問委員特別寄稿 好機와 計劃 三木邦夫 韓國伊藤忠 社長 始作이 半이다:日本이 韓國으로부터 배워야 할 것들 中村富安 JETRO Seoul所長 <附錄> ① 亜太政策研究院(APPRI)의 設立槪要 (韓·英·日) ② APPRI主催「韓国外交安保政策심포지움」(34回) 및「政策諮問Forum」(59回)의 開催現況 ③ APPRI 政策研究機關誌『亞太 Focus』의 目錄索引 ④ DPRK Governing System(北韓의 權力機構와 朝鮮勞動黨 ⑤ 2002年度 北韓의 主要行事豫定表
第 25 輯 (02. 12)	**小泉日本首相의 訪北과 4强의 韓半島政策** <巻頭言>小泉訪北以後의 東北亞國際政治 亞太政策研究院 理事長 申熙錫敎授 特輯 : 4强의 韓半島 政策 美国의 韓半島政策 朴鍾喆 統一研究院 先任研究委員 日本의 韓半島政策 金浩燮 中央大 敎授 中国의 韓半島政策 李泰桓 世宗研究所 研究委員 러시아의 韓半島政策 高在南 外交安保研究院敎授 前 駐韓大使 特別寄稿 The Road Not Taken : American Perspectives on Inter-Korean Relations Donald P. Gregg 海外碩學 特別寄稿 China in 2001-2002 Dali L. Yang The United States and Asia in 2001-2002 Kenneth Lieberthal Japan in 2001-2002 Edward J. Lincoln Japanese-Chinese Security Relations Reinhard Drifte 外交通商部幹部 特別寄稿 2002 WorldCup의 意義와 成果 金瓊任 外交通商部 文化外交局長 <附錄> ① 亜太政策研究院(APPRI)의 設立槪要 ② APPRI主催「韓国外交安保政策심포지움」(34回) 및「政策諮問Forum」(64回)의 開催現況 ③ APPRI 政策研究機關誌『亞太 Focus』의 目錄索引 ④ 北韓의 權力機構(權力體系, 朝鮮勞動黨, 政黨)
第 26 輯 (03. 3)	**美國의 韓半島政策과 盧武鉉 新政權의 登場** <巻頭言> 盧武鉉新政權의 政策課題와 國民統合 亞太政策研究院長 申熙錫敎授 第 35 次 韓國外交安保政策Symposium 基調演說 : 美國의 韓半島政策 Thomas C. Hubbard 駐韓美國大使 Achievement & Pending Issues of the Sunshine Policy 朴在圭 前 統一部長官 盧武鉉政權의 對美政策展望 趙淳昇 前 國會議員 北韓 核開發의 實體와 東北亞國際政治 張瑄燮 輕水爐企劃團長 韓美關係의 바람직한 發展方向 高秉喆 慶南大 極東問題研究所長 南北聯合의 槪念과 政策方向 柳錫烈 前 外交安保研究院 敎授 北韓核問題에 對한 北·美의 立場과 包括的 解決方案 朴鍾喆 統一研究院 先任研究委員 APPRI主催 第 35 次 심포지움 프로그램 美國과 韓半島關係의 特別資料 外交通商部 提供 南北韓關係의 主要日誌(2000年-2002年) 韓國의 對北政策目標와 推進現況 北韓 核問題의 現況과 展望 韓美日對北政策調整會議(TCOG) 共同言論發表文(2003.1.7) IAEA特別理事會의 北韓 核問題에 關한 決議 SOFA(駐韓美軍地位協定)에 關한 主要解說 南北韓關係에 關한 主要合議文件 政策諮問特別寄稿 朝鮮通信使의 現代史的 敎訓 高杉暢也政策諮問委員長(韓國 Fuji Xerox 會長) <附錄> ① 亞太政策研究院(APPRI)의 設立槪要 ② 當院主催「韓国外交安保政策심포지움」(35回)및「政策Forum」(66回)의 開催現況 ③ APPRI 政策研究機關誌『亞太 Focus』의 目錄索引 ④ 北韓의 權力機構(權力體系, 朝鮮勞動黨) ⑤ 2003年度 北韓의 主要行事豫定表

第 27 輯 (03. 6)	**盧武鉉 新政權의 登場과 東北亞의 國際政治** <卷頭言> 이라크戰爭의 敎訓과 北韓核問題 APPRI首席理事 吳在熙大使 盧武鉉 新政權의 登場과 對外政策展望 第 16 代 大選의 爭點과 主要候補의 選擧戰略 李賢雨 서울大敎授 盧武鉉 政府의 統一政策과 南北韓關係展望 金啓東 國家情報大學院敎授 盧武鉉 新行政府의 安保外交課題와 政策方向 全在晟 淑明女大敎授 第 35 次 韓國外交安保政策심포지움 美國大使招請特別심포지움 歡迎辭 李廷彬 前 外交通商部長官 Thomas Hubbard美國大使紹介 盧昌熹 大使(APPRI 首席理事) 主題講演(盧武鉉政權의 登場과 바람직한 韓美關係) Hubbard大使 晩餐辭 金恒經 外交通商部次官 閉會辭 吳在熙 大使(APPRI 首席理事) 主要言論報道資料 主要政策諮問Forum 韓國의 國防政策 車榮九 國防部 政策次官補 東北亞 `가로 經濟` 를 짜라 李鍾爀 前 中央大總長 科學技術投資의 浪費를 막는 길 金炯昨 國會科學技術情報委員長 Iraq戰爭이 東北亞安保環境에의 影響과 對應戰略 黃東準 韓國國防硏究院長 最近 日中間의 安全保障關係 R. Drifte英國뉴캐슬大名譽敎授 政策諮問委員寄稿 盧武鉉大統領의「東北亞中心國家建設」의 提唱에 對한 評價(韓·日) 高杉暢也 Seoul Japan Club 理事長 主要外交·統一關係政策資料 부시美國大統領의 對Iraq最後通牒 演說文 George W. Bush 最近의 中國情勢와 韓中關係現況 外交通商部 提供 바람직한 對러政策의 推進方向 外交通商部 南北韓主要合意의 評價와 政策推進方向 統一部 提供 統一方案에 關한 南北韓의 比較와 展望 統一部 南北韓頂上會談以後의 北韓變化動向 統一部 <附錄> ① 亞太政策硏究院(APPRI)의 設立槪要 ② 當院主催「韓國外交安保政策심포지움」(35回) 및 「政策諮問Forum」(69回)의 開催現況 ③ APPRI 政策硏究機關誌『亞太 Focus』의 總目錄索引 ④ 北韓의 權力機構(DPRK Governing System) ⑤ 2003年度 北韓의 主要行事豫定表
第 28 輯 (03. 8)	**2003 東北亞의 國際政治와 4强의 韓半島政策** 第 36 次 韓國外交安保政策심포지움 : 東北亞의 平和定着을 爲한 國際社會 基調講演 姜英勳 前 國務總理(APPRI 首席顧問) 祝 辭 高野紀元 駐韓日本國特命全權大使 <第 1 部> 美國·日本의 韓半島政策 主題發表 : Joel Wit 國際戰略硏究센터(CSIS)首席硏究員 柳井俊二 前 日本外務次官(前駐美大使) 白 珍 鉉 서울大 敎授(APPRI理事) 討 論 : Evans Revere 駐韓美國大使館 副大使 杉山晋輔 駐韓日本國大使館 政務公使 金 奭 圭 前 駐日大使(前 外交通商部 外交安保硏究院長) 沈 允 肇 外交通商部 北美局長 金 浩 燮 中央大 敎授 <第 2 部> 中國·러시아의 視角과 政策 主題發表 : Evgeny Afanasiev 러外務省亞太局長(前 駐韓大使) Jian Tao 中國現代國際關係硏究所(CICIR)副所長 梁 勝 咸 延世大 敎授(APPRI 理事) 討 論 : Timonin, Alexander 駐韓러시아大使館 副大使 徐 寶 康 中國人民日報 서울支局長 李 在 春 前 駐러시아大使(APPRI 首席理事) 白 永 玉 明知大 敎授(APPRI 理事) <第 3 部 > 總 括 東北亞 國際環境의 變容과 韓國의 政策對應 李 先 鎭 外交通商部 外交政策室長(次官補) 外交政策特別硏究

第 28 輯 (03. 8)	韓美關係 50年과 向後의 政策課題 沈允肇 外交通商部 北美局長 主要政策諮問Forum 韓國公正去來政策의 現況과 바람직한 改革方向 姜哲圭 公正去來委員長 韓國檢察의 現住所와 바람직한 檢察改革方向 柳昌宗 前 서울地方檢察廳長 <附錄> ① 亞太政策研究院(APPRI)의 設立槪要(韓·英) ② 當院主催「韓國外交安保政策심포지움」(35回) 및 「政策諮問Forum」(69回)의 開催現況 ③ 當院主催 第 108 次 政策研究이벤트(36次 심포지움)의 프로그램
第 29 輯 (03. 11)	**2003 頂上會談의 成果와 4强의 韓半島政策** <卷頭言>韓國外交와 周邊4國 그리고 6者會談 APPRI首席理事 李在春 大使 最近의 頂上會談과 4强外交 韓美頂上會談의 意義와 成果 外交通商部 提供 韓日頂上會談의 意義와 後續對策 韓中關係의 現況과 頂上會談 對러政策의 바람직한 推進方向 北韓核問題에 關한 韓國의 基本立場 : 平和的 解決 外交通商部 第 36 次 韓國外交安保政策Symposium <主題>: 2003東北亞의 國際政治와 4强의 韓半島政策 基調講演 姜英勳 前 國務總理(APPRI 首席顧問) 晩餐辭 潘基文 大統領 外交補佐官 祝 辭 高野紀元 駐韓日本國特命全權大使 歡迎辭 李秀赫 外交通商部 次官補 <第 1 部> 美國·日本의 韓半島政策 主題發表 Joel Wit 國際戰略研究센타(CSIS)首席研究員 柳井俊二 前 日本外務次官(前駐美大使) 白 珍 鉉 서울大 敎授(APPRI理事) 討 論 : Evans Revere, 杉山晉輔, 金 東 圭, 沈 允 肇, 金 浩 燮 <第 2 部> 中國·러시아의 視角과 政策 主題發表 Evgeny Afanasiev 러外務省亞太局長(前 駐韓大使) Jian Tao 中國現代國際關係研究所(CICIR)副所長 梁勝咸 延世大 敎授(APPRI理事) 討 論 : Alexander Timonin 徐 寶 康, 李 在 春, 白 永 玉 <第 3 部> 總括 : 東北亞 國際環境의 變容과 韓國의 政策對應 李先鎭 外交通商部 外交政策室長 政策諮問Forum 4强外交의 現況과 바람직한 政策推進方向 潘基文 大統領外交補佐官 參與政府의 平和繁榮政策과 2003 南北韓關係展望 羅鍾一 大統領國家安保補佐官 韓國農林海洋水産政策의 現狀과 改善方向 李良熙 國會農林海洋水産委員長 政策諮問委員寄稿 國民經濟諮問會議에 關한 盧武鉉大統領에의 提言 高杉暢也 Seoul Japan Club 理事長 外交政策特別寄稿 ROK-U.S. Coordination and North Korea's Nuclear Issue 尹永寬 外交通商部長官 Current Security Environment in Northeast Asia & Korea's Policy Response 申熙錫 敎授許准榮 治安監 <附錄> ① 亞太政策研究院(APPRI)의 設立槪要 ② 當院主催「韓國外交安保政策심포지움」(36回)및「政策Forum」(76回)의 開催現況 ③ APPRI 政策研究機關誌『亞太 Focus』의 總目錄索引 ④ 北韓의 權力機構(權力體系, 朝鮮勞動黨, 立法司法行政機關, 政黨, 高位層人士現況) ⑤ 2003年度 北韓의 主要行事日程表
第 30 輯 (04. 1)	**2004 東北亞國際環境 變容과 韓國의 外交安保** <卷頭言> 2004年의 새해 劈頭에서 APPRI首席理事 盧昌熹 前 外務次官 政策研究論文 世界經濟秩序의 變化와 2004年度의 韓國經濟 柳莊熙 梨花女大 國際大學院長 東北亞時代의 새로운 力學構造의 形成 金義坤 仁荷大 敎授 最近 東北亞國際關係의 變化와 韓國 延賢植 國家情報大學院 敎授 多者間 平和協力體 : 韓國의 選擇과 役割 高相斗 延世大 大學院敎授 2003日本總選擧의 分析과 政局展望 朴喆熙 外交安保研究院敎授 政策研究資料 自主國防과 韓國의 安保 國防部 對北政策의 推進現況 統一部 韓國勞動政策의 現況과 政策推進方向 서울地方勞動廳 이라크追加派兵論 One Hundred Days in the New Iraq Mark Minton 駐韓美國副大使 이라크派兵의 國際安保와 國內政治的 觀點 金在洪 京畿大 敎授

第 30 輯 (04. 1)	이라크派兵의 論点과 對應策 書敏 統一硏究院 硏究委員 政策諮問委員寄稿 國民經濟諮問會議에 關한 盧武鉉大統領에의 提言(2) 高杉暢也 Seoul Japan Club 理事長 外交通商部幹部寄稿 東北亞時代의 韓露關係 鄭泰翼 駐러시아大使 Perspective of the Republic of Korea on Northeast Asian Security 文河泳 外交通商部政策企劃局長 政策研究報告要旨 6者會談의 評價와 展望 高秉喆 慶南大極東問題硏究所長 6者會談에 臨하는 美國의 政策과 展望 李大雨 世宗硏究所 硏究委員 6者會談의 評價와 北韓核問題의 現住所 申熙錫 亞太政策硏究院長 <附錄> ① 亞太政策硏究院(APPRI)의 設立概要 ② 當院主催「韓國外交安保政策Symposium」(36回) 및「政策Forum」(81回)의 開催現況 ③ APPRI 政策硏究機關誌『亞太 Focus』의 總目錄索引 ④ 北韓의 權力機構(英文 : 權力體系, 朝鮮勞動黨, 立法司法行政機關, 政黨) ⑤ 北韓의 主要行事日程表(2003年度)
第 31 輯 (04. 2)	第 37 次 韓國外交安保政策심포지움 資料集 人事의 말씀 盧昌熹 前 外務次官(亞太政策硏究院 首席理事) 프로그램 基調講演 駐韓台北代表部 李在方代表 招請 特別講演 <主題> 2004 東北亞國際環境과 韓-台灣關係의 發展方向 討論 ① 韓哲洙 前 駐台灣韓國大使(西京大總長) ② 劉复國 台灣外交部 硏究設計委員長(局長級) ③ 高杉暢也 서울日本人會(SJC) 理事長 ④ 李在春 前 外交通商部 次官補(亞太政策硏究院 首席理事) ⑤ 洪德生 台灣經濟硏究副院長 ⑥ 朴斗福 外交通商部 外交安保硏究院 敎授 <附錄> ①亞太政策硏究院(APPRI)의 設立概要(韓·英) ②當院主催「韓國外交安保政策Symposium」(37回)및「政策Forum」(81回)의開催現況 ③APPRI 政策硏究機關誌『亞太 Focus』의 總目錄索引
第 32 輯 (04. 5)	2004 東北亞의 情勢變動과 國際經濟秩序 <卷頭言>글로벌時代 韓國外交의 課題와 政策推進方向 洪淳瑛 前外交通商部長官(當院顧問) 政策研究論文 第 2 次 北京6者會談의 評價와 展望 白鶴淳 世宗硏究所 首席硏究委員 G-7 財務長官會議와 國際通貨體制 展望 李在勝 外交安保硏究院敎授 2004年度의 美國大統領 選擧展望 李相賢 世宗硏究所 硏究委員 最近 南北韓 經濟協力의 現況과 評價 禹承芝 外交安保硏究院敎授 大統領彈劾의 背景과 國會議員總選擧 李成春 前 韓國日報 論說委員 Current Security Environment In Northeast Asia&Korea's Policy Response(Revised) 申熙錫 亞太政策硏究院長 第 37 次 韓國外交安保政策심포지움 <主題> : 2004 東北亞의 國際環境과 韓-台灣 關係의 發展方向 人事의 말씀 盧昌熹 前 外務次官(亞太政策硏究院 首席理事) 基調講演:激變하는 東北亞情勢와 台灣의 對應戰略 駐韓台灣代表部 李在方 代表(大使) 台灣經濟發展의 成功과 敎訓 韓哲洙 前 駐台灣大使 韓-台灣 關係의 發展에 關한 台灣의 視角(韓英) 台灣經濟硏究院 洪德生 副院長 심포지움자료(프로그램, 主要言論報道拔萃) 政策諮問포럼 2004 韓國의 産業資源政策과 政策改革方向 李熙範 産業資源部長官 世界經濟秩序의 變化와 2004年度의 韓國經濟 柳莊熙 梨花女大 國際大學院長 最近의 東北亞國際環境과 韓國의 外交政策推進方向 潘基文 外交通商部 長官 國際化時代의 바람직한 韓日關係의 展開 羅鍾一 駐日大使 海外碩學特別寄稿 A Better way to Reduce Nuclear Risk(韓英) Joseph S. Nye(Havard) U.S. Policy Towards a Changing World Charles Kupchan(Georgetown) Toqueville in Asia Victor Cha(Georgetown) 北韓研究特別資料

第 32 輯 (04. 5)	2004年度 北韓의 主要行事日程表 北韓의 權力機構(權力體系, 朝鮮勞動黨, 立法司法行政機關, 政黨, 北韓高位層人士現況 政策硏究資料 Taiwan in 2004 Northeast-Asian Politics Taipei Mission in Korea President Chen Shui-bian's Acceptance Speech(Mar.23) A Brief Introduction to Taiwan Government & Politics Foreign Relations Current Economy and Trade Relations with Korea <附錄>① 亞太政策硏究院(APPRI)의 設立槪要 ② 當院主催「韓國外交安保政策심포지움」(37回) 및「政策Forum」(85回)의 開催現況 ③ APPRI 政策硏究機關誌『亞太 Focus』의 總目錄索引
第 33 輯 (04. 8)	**國民과 함께하는 韓國外交政策의 推進方向** <卷頭言> 南北韓 頂上會談의 假想 씨나리오 申熙錫 當院 理事長 政策硏究論文 韓美同盟關係와 南北韓協力의 推進方向 朴在圭 前 統一部長官 小泉日本首相의 訪北과 日本修交展望 柳錫烈 外交安保硏究院名譽敎授 美日의 對北政策과 韓美日의 政策共助 金慶敏 漢陽大敎授 駐韓美軍 再配置를 통하여 본 韓美關係의 再照明 金泰孝 外交安保硏究院敎授 政策諮問포럼 2004年度 外交政策推進方向-國民과 함께하는 外交- 潘基文 外交通商部長官 韓國經濟를 보는 視角과 經濟政策의 發展方向 姜信浩 全經聯會長 參與政府의 人事政策과 바람직한 行政改革推進方向 趙昌鉉 中央人事委員會委員長 海外碩學特別寄稿 國際平和와 테러리즘(韓英) Paul Kennedy 예일大敎授 美國大選과 東아시아 (韓英) James Steinberg 브루킹스 硏究所 副所長 美國의 北韓政策再照明(韓英) Victor Cha 조지타운大敎授 安全한 世界를 創造하기 위한 共同努力(韓英) Javier Solana EU 外交安保擔當代表 北韓硏究特別資料 2004年度 對北政策의 發展方向 統一部 2004年度 北韓의 主要行事豫定表 北韓의 權力機構(權力體系, 朝鮮勞動黨 : 英文) 駐韓外交團特別寄稿 Alliance with U.S for Japan and ROK - For the Better Bilateral Relations 杉山晉輔 駐韓日本公使 새事務室 移轉記念 祝賀 메세지 亞太政策硏究院 8年의 발자취(The APPRI's Success Story, 英) 盧昌熹 當院 首席理事 APPRI의 加一層 發展을 祝賀합니다!(英) 橋本芳博 當院 政策諮問委員長 <附錄> ① 亞太政策硏究員(APPRI)의 設立槪要 ② 當院主催「韓國外交安保政策심포지움」(37回) 및「政策Forum」(88回)의 開催現況 ③ APPRI 政策硏究機關誌 『亞太 Focus』의 總目錄索引
第 34 輯 (05. 1)	**美 부시 第二期 新行政府의 登場과 東北亞의 國際政治** <卷頭言>新韓美關係의 展開와 韓國外交政策의 推進方向 朴東鎭 前 外務部長官(當院顧問) 政策硏究論文:美國特輯 議員外交의 側面에서 본 韓美關係展望 柳在乾 國會國防委員長 轉換期的 安保狀況과 韓美同盟의 意義 朴庸玉 前 國防次官 美 부시 2期 新行政府의 登場과 韓美經濟通商關係展望 蔡 旭 對外經濟政策硏究院 副院長 美國 新大統領 體制下에서의 韓美關係展望 吉炡宇 中央日報 統一文化硏究所長 美國 新行政府의 性格과 外交安保政策展望 李長勳 國際問題專門家 政策硏究포럼 敎育人的資源政策의 現狀과 바람직한 發展方向 安秉永 敎育副總理 生命工學의 未來와 國家發展 黃禹錫 서울大敎授 國際化時代 忠南警察行政의 現狀과 政策推進方向 宋寅東 忠南地方警察廳長 在外公館長特別寄稿 南北統一 問題에 對한 反省과 展望 梁性喆 前 駐美大使

第 34 輯 (05. 1)	海外碩學特別寄稿 北韓人權法에 對한 美國의 認識과 評價(韓英) Suzzanne Scholte 美Defence Forum 會長 日北協商과 韓日協定(韓英) Victor Cha 조지타운大教授 美國의 外交政策과 議會(韓英) Van Hipp 美國防研究所長 美 부시 2期 新行政府의 外交安保課題(韓英) Peter Brooks 美Heritage研究所 아시아研究所長 政策諮問委員寄稿 韓國과 日本의 勞使關係比較 高杉暢也 Seoul Japan Club理事長 北韓研究特別資料 最近의 南北韓關係와 對北政策推進方向 李鳳朝 統一部次官 2004年度 北韓의 主要行事豫定表 統一部 北韓의 權力機構(權力體系, 朝鮮勞動黨, 立法, 司法, 行政) 行政首都移轉關聯特輯 <贊>新行政首都特別法違憲決定에 따른 發表文 沈大平 忠淸南道知事 地方自治時代 大田廣域市의 都市開發計劃과 展望 廉弘喆 大田廣域市長 <反>首都移轉憲法訴願決定에 對한 서울市의 立場 李明博 서울特別市長 憲裁決定에 對한 發表文 孫鶴圭 京畿道知事 <資料>新行政首都建設特別措置法의 違憲確認判決要旨 憲法裁判所 <附錄> ① 亞太政策研究院(APPRI)의 設立概要 ② 當院主催 「韓國外交安保政策Symposium」 및 「政策Forum」의 開催現況(第 133 回) ③ APPRI 政策研究機關誌 『亞太Focus』의 總目錄索引
第 35 輯 (05. 2)	第 134 次 韓國外交安保政策심포지움 特別資料集 <主題> 美 부시 第2期 行政府의 登場과 東北亞의國際政治經濟 - 自由의 擴散을 爲한 새로운 挑戰 - <開會> 人事의 말씀 申熙錫 亞太政策研究院 理事長 基調講演 柳宗夏 前 外交通商部長官(當院顧問) <第 1 主題> : 外交安保的 側面 司會 : 申熙錫 當院理事長 發 表 柳在乾 國會議員(國會 國防委員長) 宣晙英 前 外交通商部 次官(前 駐UN大使) 安光瓚 國防部 政策室長 討 論 李常九 前 國家安全企劃部 次長(當院 理事) 鄭泰翼 外交通商部 本部大使 金容浩 仁荷大教授(次期韓國政治學會長) 朴在圭 前 統一部 長官(慶南大 總長)主催 午餐(2 層 Onyx Room) 招請의 말씀 朴在圭 慶南大 總長 <第 2 主題> : 經濟通商的 側面 司會 : 柳莊熙 梨花女大 副總長(當院 理事) 發 表 李鍾爀 前 中央大 總長(當院 理事) 李允鎬 LG經濟研究院長 趙庸鈞 外交安保研究院 教授 討 論 李啓炯 産業資源部 貿易投資室長(次官補) 安忠榮 對外經濟政策研究院長 李建泰 外交通商部 地域通商局長 休 息 <第 3 主題> : 南北韓 關係와 美國 司會 : 盧昌熹 前 駐UN大使(當院 理事) 發 表 梁性喆 前 駐美大使 朴 振 國會議員(國會國防委員會 幹事) 尹德敏 外交安保研究院 教授 討 論 朴春澤 前 空軍參謀總長(當院 理事) 金垣洙 外交通商部 政策企劃局長 盧慶秀 서울大 教授 <綜合討論> : 發表者 및 討論者 全員 ('바람직한 政策對應方向') 潘基文 外交通商部 長官 主催 歡迎 晩餐(36層 Belle-Vue Suite) 亞太政策研究院(APPRI) 主催 第 134 次 政策研究Event 終了
第 36 輯 (05. 6)	-東北亞의 國際政治經濟와 韓國의 外交安保政策- <卷頭言> 21世紀 東北亞의 平和와 繁榮을 爲하여 金泳三 前 大統領 特輯號의 出版에 즈음한 人事의 말씀 亞太政策研究院 理事長 申熙錫 教授

第 36 輯 (05. 6)	<第 I 章> 韓國의 政治外交와 南北韓關係論	
	Northeast Asian Politics & Major Powers' Inter-Korean Policies	姜英勳 前 國務總理
	21世紀 亞太協力時代의 平和와 韓日關係展望	中曾根康弘 前 日本首相
	韓國政治展望과 우리民族의 나아갈 길	朴槿惠 한나라黨代表
	南北韓頂上會談以後의 東北亞情勢와 韓國의 對應戰略	孔魯明 前 外務部長官
	바람직한 韓美關係의 政策推進方向	潘基文 外交通商部長官
	韓半島의 平和와 韓國의 役割	朴在圭 前 統一部長官
	韓國外交安保政策의 바람직한 方向	金奭圭 前 外務部外交安保硏究院長
	北韓輕水爐를 通해서 본 南北韓關係展望	張瑄燮 輕水爐企劃團長
	安保環境의 變化와 韓國의 國防政策	車榮九 前 國防部政策次官補
	南北韓關係의 政治·外交·安保的 側面	白珍鉉 서울大敎授
	<第 II 章> 韓美關係와 美國政治外交論	
	Changing International Environment in Northeast Asia and the U.S.	Stephen Bosworth 前 駐韓美國大使
	轉換期的 安保狀況과 韓美同盟의 意義	朴庸玉 前 國防次官
	Dynamics of the United States' Korean Policy	T. Hubbard 前 駐韓美國大使
	The U.S. and the Future of Northeast Asia	R. Manning 美外交協會首席硏究員
	駐韓美軍 再配置를 通하여 본 韓美關係의 再照明	金泰孝 前 外交安保硏究院敎授
	<第 III 章> 韓日關係와 日本政治外交論	
	Japanese Perspectives on Northeast Asian Politics	Shunji Yanai 前 日本外務次官
	21 世紀 韓日關係의 現狀과 展望	崔相龍 前 駐日大使
	韓日經濟關係의 現狀과 바람직한 方向	橋本芳博 前 Seoul Japan Club理事長
	The Recent Developments in Northeast Asia and the Policy of Japan	Yoshinori Katori 前 駐韓日本大使館首席公使
	韓日關係의 文化·社會的側面	田麗玉 國會議員
	Alliance with the U.S for Japan and the ROK	杉山晋輔 前 駐韓日本公使
	<第 IV 章> 韓中關係와 中國政治外交論	
	Peaceful Settlement in Northeast Asia	Yang, Cheng-Xu 中國 國際關係硏究所長
	中國의 東北亞 戰略과 韓國의 對應	安秉俊 前 延世大敎授
	<第 V 章> 韓·러 關係와 러시아政治外交論	
	Russian View on the Korean Peninsula	Evgeny Afanasiev 前 駐韓大使
	러시아의 韓半島政策	高在南 外交安保硏究院敎授
	<第 VI 章> 韓國의 公共政策과 國家發展	
	政策診斷! 韓日關係 果然 이대로 좋을 것인가?	申鉉碻 國務總理
	새로운 國家科學技術體制의 構築方向	吳明 副總理 兼 科學技術部長官
	敎育人的資源政策의 現狀과 바람직한 發展方向	安秉永 前 副總理 兼 敎育部長官
	韓國의 産業資源政策과 政策改革方向	李熙範 産業資源部長官
	最近의 韓國經濟를 보는 視角과 經濟政策 發展方向	姜信浩 全經聯 會長
	韓國檢察의 現住所와 바람직한 改革推進方向	柳昌宗 前 서울地方檢察廳長
	世界經濟秩序의 變化와 韓國經濟	柳莊熙 梨花女大副總長
	生命工學의 未來像과 國家發展	黃禹錫 서울大敎授
	韓國과 日本의 勞使關係比較	高杉暢也 SJC 理事長
	<第 VII 章> 美 부시 제 2기 行政府의 登場과 東北亞의 國際政治經濟	
	美 부시 2期 行政府의 登場과 東北亞의 國際政治	柳宗夏 前 外務部長官
	부시 2期 行政府의 登場과 東北亞의 國際政治經濟	柳在乾 國會國防委員長
	美 부시 新行政府의 登場과 東北亞의 國際政治	宣晙英 前 外務次官
	부시 2기 行政府의 登場과 韓美同盟의 發展方向	安光瓚 國防部政策室長
	美國의 對外政策變化와 韓國의 對應戰略	李鍾燻 前 中央大總長
	韓美通商懸案과 바람직한 經濟協力關係	李允鎬 LG經濟硏究院長
	第2期 부시 行政府의 出帆과 韓美經濟通商關係	趙庸鈞 外交安保硏究院敎授
	南北韓 關係와 美國	梁性喆 前 駐美大使
	美 부시 2期 行政府의 韓半島政策	朴 振 國會議員
	北韓核問題의 評價와 展望	尹德敏 外交安保硏究院敎授

第 36 輯 (05. 6)	<第Ⅷ章> 外交斷想(時論) 新韓美關係의 展開와 韓國外交政策의 推進方向 朴東鎭 前 外務部長官 21世紀에 바라는 世界人의 倫理觀 朴世直 前 서울特別市長 글로벌時代 韓國外交의 課題와 政策推進方向 洪淳瑛 前 外交通商部長官 이라크戰爭의 敎訓과 北韓核問題 吳在熙 前 外務次官 韓國人의 正確한 座標認識 李常九 前 國家安全企劃部次長 最近의 國際情勢와 韓國外交의 對應 盧昌熹 前 外務次官 韓半島 安保環境의 再認識 全道奉 前 海兵隊司令官 警察 搜査權 獨立의 必要性과 方案 李寬熙 警察大敎授 <第Ⅸ章> 申熙錫 敎授의 最近主要執筆拔萃 Prospect for North Korea-Japan Rapprochement 北韓·日本의 修交展望과 韓國의 對應策硏究 4强外交의 强化를 위한 政策建議(韓·美, 韓·日, 韓·中, 韓·露) Politics in Northeast Asia and US-Japan-Korea Relations 南北韓頂上會談에 臨하는 우리의 姿勢 南北韓頂上會談 以後의 東北亞情勢와 韓國外交安保戰略 Recommendations for Success of Summit Opening Remarks at the APPRI's International Symposium 小泉日本新內閣의 登場과 韓日關係展望 韓國外交安保力의 提高方案硏究 北韓의 投資環境과 南北韓經協展望 小泉日本首相의 訪北과 東北亞政治의 變容 盧武鉉新政權의 政策課題와 國民統合 Current Security Environment in Northeast Asia & Korea's Policy Response 6者會談의 評價와 北韓核問題의 現住所 南北韓 頂上會談의 假想 시나리오 Security in the Asia-Pacific Region : Korea's Response to the U.S. and Japan 獨島의 歷史的·地政學的 一考察 <附錄> ① 亞太政策硏究院의 設立槪要 (韓·英) ② 亞太政策硏究院의 政策硏究活動現況(136回)
第 37 輯 (05. 10)	<卷頭言> 國際化時代 外交通商部의 政策課題 柳宗夏 前 外務部長官(當院顧問) 政策硏究포럼 韓國의 稅制行政과 바람직한 政策推進方向 尹鍾勳 서울地方國稅廳長 國會議員의 倫理確立과 새로운 政治文化 金元雄 國會倫理特別委員長 韓國出入國管理政策의 現況과 課題 金南一 法務部仁川空港出入國管理事務所長 最近의 實物經濟動向과 景氣對策 全國經濟人聯合會提供 駐韓外交團政策硏究 서울 警察의 發展相과 治安政策現況 서울地方警察廳提供 東아시아 平和: 大局面의 挑戰과 機會 李在方 駐韓臺灣代表部代表 海外碩學特別寄稿 Partnership in the Future Kato, Ryozo 駐美日本大使 Security in the New Age of War Watanabe, Akio 東京大學名譽敎授 Think Tanks and U.S. Foreign Policy Richard N. Haass 美國務部 政策企劃局長 North Korea: A State Outside the NPT Fold Kongdan Oh 美부루킹스硏究所 北韓의 核威脅에 對한 韓美의 對應方案 Larry M. Wortzel 美헤리티지財團 6者會談의 成功을 위한 一考察 Chuck Downs 前 美國防部 亞太擔當副局長 靖國神社에 대한 國際社會의 關 David G. Brown 존스홉킨스大學 外交通商部幹部政策硏究 最近南北協力現況과 向後의 推進方向 金垣洙 外交通商部 政策企劃局長 北核問題와 6者會談: 現況 및 展望 趙太庸 外交通商部 北核企劃團長 韓美 頂上會談의 結果와 意義 趙炳琯 外交通商部 北美局審議官 政策諮問委員特別寄稿 韓國經濟의 兩極化現象解決을 위한 小考 高杉暢也 Seoul Japan Club 理事長 韓日FTA 政府間協商中斷의 背景 中村富安 日本貿易振興機構 Seoul Center 所長 政策硏究書評 및 外交斷想 The Right Nation(右向國家)의 主要內容과 示唆點 朴 振 國會議員 鄧小平과 21世紀 中國의 戰略 孫相賀 駐필리핀大使 東北亞均衡者論의 理想과 現實 姜天錫 朝鮮日報 論說主幹

第 37 輯 (05. 10)	<附錄> ① 亞太政策硏究院(APPRI)의 設立槪要 ② 當院主催 「韓國外交安保政策Symposium」 및 「政策Forum」의 開催現況(145 回) ③ APPRI 政策硏究機關誌 『亞太Focus』 의 總目錄索引 ④ 北韓의 權力構造(韓英)
第 38 輯 (06. 5)	**2006東北亞國際政治經濟의 變容과 平和에의 摸索** <卷頭言> Service Sector Opening Priority in ROK-US FTA — 宣晙英 當院理事(前 外務次官) 政策硏究포럼 2006年度의 東北亞情勢展望과 韓國의 政策對應 — 李洙勳 大統領諮問東北亞時代委員長 2006年度의 韓國政治展望과 外交安保政策 — 朴 振 國會議員 韓國公正去來政策의 現況과 政策推進方向 — 姜哲圭 公正去來委員長 2006韓國對外經濟政策의 課題와 推進方向 — 李景台 對外經濟政策硏究院長 2006韓國에너지産業現況과 中長期發展展望 — 韓埈皓 韓國電力公社 社長 高 建 前 國務總理의 特別記者會見要旨 — 高 建 前 國務總理(當院 顧問) 海外碩學特別寄稿 2006 韓美關係의 現狀과 展望 — Alexander Vershbow 駐韓美國大使 이라크 美軍撤收의 메커니즘(外 1) — Joseph S. Nye Harvard大 敎授 小泉政權 以後의 日本外交展望 — 田中明彦 東京大 敎授 U.S-Russian Relations and the North Koean Crisis — James Clay Moltz MIIS 敎授 韓美 FTA 協商 開始의 意味와 展望 — Tami Overby 駐韓美國商工會議所 代表 政策硏究斷想 '國軍의 날' 制定의 意味와 背景 — 朴庸玉 當院理事(前 國防次官) 國政監査·調査制度의 改革方案 — 李寬熙 當院理事(警察大 敎授) 外交安保政策硏究資料 2005年度 外交通商部의 主要 業務成果 — 外交通商部 提供 2006年度 外交通商部의 主要 業務計劃 最近 美國의 國內情勢와 韓美關係懸案 最近의 韓日關係와 日本의 國內外情勢展望 政策諮問委員特別寄稿 外國人 CEO가 본 韓國의 競爭力 — 高杉暢也 韓國 Fuji Xerox 最高顧問 當院 理事長의 出版記念會資料 激勵의 말씀 — 姜英勳 前 國務總理(當院 顧問) 祝賀의 말씀 — 韓昇洲 前 外務長官(當院 顧問)·吳在熙 前 外務次官(當院 理事) 『東北亞國際政治經濟와 韓半島』 出版의 背景과 意味 — 鄭鎭渭 當院理事(前 延世大 副總長) 祝辭 ① — Mark C. Minton 駐韓美國副大使 祝辭 ② — 柳在乾 國會國防委員長(當院 顧問) 祝辭 ③ — 朴 振 國會議員 乾杯辭 — 閔寬植 前 國會議長·安秉煜 敎授 感謝의 말씀 — 申熙錫 敎授 陳水扁 臺灣總統과 當院 理事陣代表團과의 特別面談要旨 — Chen Shui Bian 臺灣總統 <附錄> ① 亞太政策硏究院(APPRI)의 設立槪要 ② 當院主催 政策硏究포럼 및 심포지움의 開催現況 (第 150 回) ③ APPRI 政策硏究機關誌 『亞太 Focus』의 總目錄索引 ④ 2006 北韓의 主要行事 豫定表 ⑤ 當院理事長 申熙錫 敎授의 主要硏究執筆目錄
第 39 輯 (06. 10)	**北韓 미사일發射의 背景과 東北亞의 國際政治** <卷頭言> 保守主義的 觀點에서 본 韓國의 外交安保 — 朴庸玉 當院理事(前 國防次官) 政策硏究論文 North Korea Since 2000 and Prospects for Inter-Korea Relations — 朴在圭 前 統一部長官 南北韓關係의 發展과 東北亞協力增進의 相互關係 — 全在晟 서울大敎授 駐韓美軍의 戰略的 柔軟性과 韓國의 對美政策 — 金鍊鐵 高麗大 아세아問題硏究所 助敎授 外交斷想: 北韓미사일發射와 安保外交

第 39 輯 (06. 10)	北韓 미사일 發射의 損益計算(外 1) 韓昇洲 前 外務長官(當院顧問) 짝사랑 對北政策을 反省하는 契機 白珍鉉 서울大敎授(當院理事) 이제 安保不感症에서 깨어나야 玄仁澤 高麗大敎授 韓美日 安保龜裂, 國民은 不安하다 金慶敏 漢陽大敎授 安保 外面하는 異常한 外交 金泰孝 成均館大敎授 日本의 EEZ戰略과 韓國의 對應 安炳泰 韓國海洋硏究 ※ UN安保理의 對北制裁決議案要旨 및 北韓外務省의 聲名要旨 外交政策硏究資料 韓日關係의現況과日本의國內情勢 外交通商部 提供 UN安保理決議 와 韓國의 外交的 對應 政策硏究포럼 이 時代가 要求하는 國民統合의 리더쉽(韓·英) 高 建 前 國務總理(當院顧問) 韓國警察行政의 現況과 바람직한 治安政策의 推進方向 李宅淳 警察廳長 國際化時代大學敎育의使命과 國家發展 鄭暢泳 延世大總長 北韓의 미사일 發射와 UN安保理 決議 柳明桓 外交通商部次官 海外碩學特別寄稿 Foreign-Policy Advising Patrick J. Haney, Miami University Models and Mysteries from the Bush Administration Symbol and Sovereignty in North Korea Carol Medlicott, Northern Kentucky University U.S Assistance to North Korea: Fact Sheet Mark E. Manyin, Congressional Research Service George F. Kennan and the Cold War in Asia Shimotomai, Nobuo, Hosei University Proactive Diplomacy in a Changing World Kohno, Masaharu, MOFA, Japan Challenges and Opportunities 韓日의 北미사일外交 한참 멀었다(外 1) Fujiwara, Kiichi, 東京大敎授 <附錄> ① 亞太政策硏究院(APPRI)의 設立槪要 ② 當院主催 政策硏究포럼 및 심포지움의 開催現況 (第 157 回) ③ APPRI 政策硏究機關誌「亞太 Focus」의 總目錄索引 ④ 2006 北韓의 主要行事 豫定表와 權力構圖 ⑤ 當院理事長 申熙錫 敎授의 主要硏究執筆目錄
第 40 輯 (07. 05)	2007 東北亞의 國際政治經濟環境과 韓國의 對應 <卷頭言> 2007韓國政治外交安保의 跳躍을 追求하자! 申熙錫 亞太政策硏究院 理事長 政策硏究論文 北韓核實驗과 北中關係展望 朴炳光 國際問題調査硏究所 硏究委員 核實驗以後 國際社會經濟制裁의 對北韓影響 梁文秀 北韓大學院大 敎授 戰時作戰統帥權還受論難의 誤解와 眞實 趙成烈 國家安保戰略硏究所 硏究委員 安倍政權의 登場과 韓日關係展望 金容福 慶南大 敎授 Assessment of Sino-North Korean Relations Kim, Heung-Kyu, IFANS Professor 亞太政策硏究創立10週年記念行事拔萃 All about APPRI Roe, Chang-Hee, APPRI Director 創立10週年을 祝賀하면서 潘基文 前 外通部長官, 朴振議員, 柳在乾議員, 鄭暢泳 延世大總長 Congratulatory Message Nobuya Takasugi, Masatoshi Muto Thankful Greetings Professor Shin, Hee-Suk 駐韓外交團特別寄稿 Changes on the Korean Peninsula and Greater Northeast Asia ; the U.S. Perspective Alexander R. Vershbow 駐韓美國大使 海外碩學特別寄稿 The United Nations in Postwar Japanese Diplomacy Kitaoka, Shinichi 東京大敎授 Strategic Challenges for Japanese Diplomacy Tanaka, Hitoshi 前日本外務省審議官 政策硏究포럼 및 政策硏究資料 最近의 南北韓關係와 韓國의 國防政策 尹光雄 國防部長官 2007 韓國大統領選擧와 政界構圖의 再編成展望 柳在乾 國會議員 10·9韓日頂上會談以後 文化交流의 推進方向 金容雲 韓日文化交流會議 委員長 2007 韓國經濟와 對外貿易收支展望 吳相奉 産業硏究院長(KIET)

第 40 輯 (07. 05)	2007年度 外交通商部의 業務推進計劃 外交通商部 2007年度 統一部의 業務推進計劃 統一部 政策諮問委員寄稿 日韓文化交流의 現狀과 方向 :日本的視角 高杉暢也 日韓Friendship實行委員長 外交斷想 Winners & Losers in the Post 9·11 J.Nye 美Harvard大教授 A Premature Funeral for the U.S.-ROK Alliance B.Hwang 美Heritage財團硏究委員 大韓民國繁榮의 土臺는 韓美日'太平洋3角同盟' 李榮熏 서울大 教授 國家利益과 外交安保政策의 再檢討를! 金暎浩 誠信女大 教授 大選候補者 테러對策立法 時急하다 李寬熙 警察大 教授 <附錄> ① 亞太政策硏究院(APPRI)의 設立槪要 ② 當院主催 政策硏究포럼 및 심포지움의 開催現況 (總 166 回) ③ 亞太政策硏究院(APPRI)創立10週年記念行事프로그램(第 159·次 이벤트) ④ 2007 北韓의 主要行事豫定表와 權力構圖 ⑤ APPRI 政策硏究機關誌 『亞太 Focus』의 總目錄索引
第 41 輯 (07. 12)	**2008 東北亞의 國際政治經濟와 南北韓關係** <卷頭言> 東北亞安保力學構圖의 變化와 韓國의 對應 朴庸玉 前 國防部次官·當院理事 第 2 次 南北頂上會談政策硏究 2007 南北頂上會談의 成果와 課題 李在禎 統一部長官 2007 南北頂上宣言의 經濟的 效果와 履行課題 洪淳直 現代經濟硏究院硏究委員 韓半島의 平和體制構築과 民主平和 全在晟 서울大敎授(當院理事) 駐韓美國大使招請 심포지움 拔萃 Changes on the Korean Peninsula and Greater Northeast Asia : The U. S. Perspective Alexander Vershbow U. S. Ambassador to the Republic of Korea Remarks at the APPRI Symposium 柳宗夏 前 外務部長官 (當院顧問) Panelist's Comment Takasugi, Nobuya 前 서울日本人會理事長 Welcoming Remarks 盧昌熹 前 外務部次官 (當院理事) 政策硏究포럼 21世紀 '大統領'의 政治的 리더십 (韓) 鄭東泳 前 統一部長官(與圈大選候補) Politics of ROK's Presidential Election & My Political Philosophy (英) 韓美 FTA 協商 妥結 以後의 政策課題와 展望 李熙範 韓國貿易協會長 北核問題解決없이 東北亞平和는 없다 康仁德 前 統一部長官·極東問題硏究所長 最近 北韓의 國內外情勢와 南北韓關係展望 申彦祥 統一部次官 外交政策硏究資料 Speech at Luncheon hosted by UN Association of ROK 宋旻淳 外交通商部長官 東北亞의 國際政治와 韓美同盟 (韓英) 最近 韓日關係의 主要懸案 外交通商部 韓美 FTA 協商妥結의 意味와 推進現況 政策諮問委員寄稿 日本은 10年의 不況을 어떻게 이겨냈는가 高杉暢也 前 SJC理事長 外交斷想 住民召喚濫用의 制動을 爲한 補完策 必要! 李寬熙 警察大敎授 (當院理事) 南北經協, 國際社會에 세일즈 해보라! 董龍昇 三星經濟硏經濟팀長 '陽地'서 闊步한 國情院長 李炳浩 前 濟安企部次長 外國援助가 北韓經濟에 미치는 影響 오공단 美 國防硏究所責任硏究員 南北韓科學技術協力이 共同繁榮의 礎石 朴贊謨 前 포스텍總長 NLL은 現實的 海上國境線이다! 孔正植 前 海兵隊司令官 <附錄> ① 亞太政策硏究院(APPRI)의 設立槪要 ② 當院主催 政策硏究포럼 및 심포지움의 開催現況 (總 175 回) ③ 最近北韓의 權力構圖 ④ APPRI 政策硏究機關誌 『亞太 Focus』의 總目錄索引
第 42 輯 (08. 09)	**李明博 政權의 登場과 東北亞의 國際政治經濟環境** <卷頭言> 韓半島의 平和定着과 北韓의 態度變化 申熙錫 當院理事長

<table>
<tr>
<td>第 42 輯
(08. 09)</td>
<td>特別寄稿
Why Asia Must Tackle with Climate Change and How — 韓昇洙 國務總理
U.S Ambassador's Interview with the Korea Herald — Alexander Vershbow U.S Ambassador to ROK

政策研究論文
韓美關係의 現況과 向後의 課題 — 全在晟 서울大敎授
李明博 新政權과 對日 및 對러政策方向硏究 — 延賢植 國家情報大學院敎授
李明博 新政權의 對中政策展望 — 蘇致馨 建國大敎授
Design Global Diplomacy For Positive Peace — 許漫 釜山大名譽敎授

政策研究심포지움
MB實用主義 外交安保政策의 實體와 方向(韓英日) — 柳宗夏 前外交通商部長官
2008 韓國의 通商外交와 새로운 經濟政策의 推進方向(韓英日) — 李允鎬 知識經濟部 長官
通商交涉을 通해 본 韓國外交와 韓美日 FTA交涉 — 李惠民 外交通商部FTA交涉代表
韓國內의 外國企業經營에 關한 主要法律概觀(韓日) — '世宗' 金斗植·柳昌宗 辯護士

政策研究資料
2008年度 外交通商部의 主要業務報告와 活動計劃 — 外交通商部
南北頂上會談以後의 南北韓關係와 韓半島의 國際政治 — 統一部
2008年度 知識經濟部의 主要業務推進計劃 — 知識經濟部
美 民主黨 大選候補의 通商政策과 韓美關係 — 全經連
駐韓外國企業人이 본 韓國의 經濟環境展望 — 全經連

政策諮問委員寄稿
IMF以後 10年間 韓國經濟의 發展過政(韓日) — Takasugi Nobuya 前 SJC理事長

海外碩學斷想
韓美同盟關係强化의 契機 — Victor Cha Georgetown大敎授 오바마 美
大選候補의 北韓認識 — Gordon Flake 미 맨스필드財團所長
고든 플레이크씨에게 묻는다 — Steve Yates 前 美 副統領 補佐官
南北韓關係와 脫北者엘리트의 役割 — Andrei Lankov 國民大敎授
<附　　錄> ① 亞太政策研究院(APPRI)의 設立槪要
② 當院主催 政策研究포럼 및 심포지움의 開催現況 (總 185回)
③ 最近北韓의 權力構圖 및 2008年度 主要行事 豫定表
④ APPRI 政策研究機關誌 『亞太 Focus』 의 總目錄索引
⑤ 李明博大統領柳外交部長官의 就任辭 및 韓美關係演說</td>
</tr>
<tr>
<td>第 43 輯
(09. 05)</td>
<td>美오바마 新行政府의 登場과 東北亞國際環境의 變容

<감사의말씀> — 申熙錫 當院理事長
政策研究論文및資料①: 美오바마新行政府論
오바마 美行政府의 東北亞政策 — 金國新 統一研究院 先任研究委員
Barack Obama : The 44th President of the U.S. — 駐韓美國大使館 資料情報센터
오바마 行政府의 登場과 韓國의 對北政策 — 書徹 統一研政策研究센터所長
Clinton 美國務長官의 Asia Society 演說文 — 駐韓美國大使館 資料情報센터
駐韓4强副大使招請심포지움: 美오바마對外政策論
Reiichiro TAKAHASHI, Alexander A. TIMONIN, YanGuang JIN, 白珍鉉

政策研究論文및資料②: 東北亞國際政治經濟論
韓中日 후쿠오카 頂上會談의 歷史的 意味 — 吳在熙 前 駐日大使
世界經濟危機와 李明博行政府의 政治的 課題 — 金容浩 仁荷大 敎授
햇볕政策 10年의 成果와 相生共榮의 對北政策 — 具本學 翰林國際大敎授
中國의 浮上과 東北亞安保秩序 — 延賢植 國家情報大學院敎授
The (Non-) impact of UN Sanctions on North Korea — M. Noland 美 Peterson研究所研究員
政策研究심포지움
2009 韓國通商交涉政策의 課題와 發展方向 — 金宗壎 通商交涉本部長
韓國政府의 環境政策 및 氣候變化對策 — 李萬儀 環境部長官
最近의 韓半島 安保情勢와 韓國의 國防政策 — 合參議長 金泰榮 陸軍大將
2009 韓國外交의 推進方向 — 柳明桓 外交通商部長官
政策研究資料
2009 外交通商部의 主要業務計劃 — 外交通商部
知識經濟部의 主要業務推進計劃 — 知識經濟部
2009韓國警察의 治安政策과 發展方向 — 서울地方警察廳
韓中關係와 韓臺灣關係의 現況과 展望 — 外交通商部</td>
</tr>
</table>

第 43 輯 (09. 05)	政策諮問委員寄稿 "點"을 "線"으로 連結하고 "面"으로 만드는 日韓 FTA交步 高杉暢也 前 SJC理事長 海外碩學斷想 오바마 그리고 美國의 힘 Joseph S. Nye 美 Harvard大 Kennedy School 敎授 危機克服을 爲한 北韓의 選擇 Victor Cha 美 Georgetown大敎授 韓美FTA의 바람직한 推進方向 Suk-Han Kim 在美辯護士 <附 錄> ① 亞太政策硏究院(APPRI)의 設立槪要(韓·英) ② 當院主催 政策硏究포럼 및 심포지움의 開催現況 (總 195 回) ③ 最近北韓의 權力構圖 및 2009年度 主要行事豫定表 ④ APPRI 政策硏究機關誌 『亞太 Focus』의 總目錄索引 ⑤ 李明博大統領의 2009年度 新年國政演說全文 ⑥ 美 오바마大統領의 就任辭全文(韓·英)
第 44 輯 (09. 11)	最近 東北亞國際環境과 韓國의 政策對應 <感謝의말씀> 亞太政策硏究院事務局 政策硏究論文①: 日本의 政治變革特輯 日本 民主黨政權의 登場과 韓國의 政策對應 申 熙 錫 亞太政策硏究院理事長 日本의 政權交替와 韓半島政策展望 陳 昌 洙 世宗硏日本硏究센터長 日本民主黨의 對外政策實體와 展望 延 賢 植 國家情報大學院敎授 政策硏究論文②: 一般硏究論文 Possible Linkage of EU's CFSP to Security on the Korean Peninsula 許 湟 釜山大名譽敎授 '6·15 南北共同宣言' 어떻게 볼 것인가? 金 瑛 浩 誠信女大敎授 中國의 對日政策 蘇 致 馨 建國大·當院非常勤硏究委員 政策硏究論文③: 오바마外交와 韓美關係 同盟調整과 韓美問題 徐 柱 錫 韓國國防硏責任硏究委員 美國 오바마 行政府의 '스마트파워' 外交戰略과 北核問題 金 泰 炫 中央大敎授 政策硏究 심포지움 및 Forum 2009 韓國 地方自治行政의 課題와 바람직한 發展方向 李 達 坤 行政安全部長官 유럽的視角에서 본 最近의 東北亞情勢와 韓-EU關係展望 M. Uden 駐韓英國大使 2009 最近의 北韓情勢와 南北韓關係展望 洪 良 浩 統一部次官 政策硏究資料 最近 韓半島 周邊情勢와 北核問題 柳 明 桓 外交通商部長官 最近의 韓半島安保情勢와 韓國의 國防政策 國防部合同參謀會議 클린턴 美 國務長官의 美國外交協會演說 駐韓美國大使館資料情報센터 氣候變化協商動向과 展望 權 海 龍 外交通商部國際經濟局長 國內外碩學斷想 北韓의 軍事挑發徵候 제때 가려읽혀야 朴 庸 玉 前 國防部次官 오바마가 韓美FTA에 微溫的인 理由 金 錫 漢 在美辯護士 北韓이 美國에 원하는 것 Victor Cha 美 Georgetown大 敎授 北韓虐殺者들의 裁判法庭을 지금 세우라 Suzanne Scholte 2008 서울平和賞受賞者 激變을 맞은 韓日經濟 深川由起子 早稻田大敎授 <附 錄> ① 亞太政策硏究院(APPRI)의 設立槪要(韓·英) ② 當院主催 政策硏究포럼 및 심포지움의 開催現況 (總 200 回) ③ 最近北韓의 權力構圖 ④ 2009年度 北韓의 主要行事豫定表 ⑤ 當院 政策硏究機關誌『亞太 Focus』의 總目錄索引
第 45 輯 (10. 9)	最近 韓半島의 國際政治와 韓國의 對應 <感謝의 말씀> 申熙錫 亞太政策硏究院理事長 轉換期의 韓國外交와 科學技術 2010 Global Korea의 課題와 戰略 朴 振 國會外交通商統一委員長 今年度 韓國外交政策의 方向 柳明桓 外交通商部長官 韓國敎育科學技術政策의 바람직한 發展方向 安秉萬 敎育科學技術部長官 글로벌國際社會의 未來像 梁性喆 前 駐美大使 2010韓國經濟의 다이나미즘 最近의 韓國經濟와 知識經濟部의 政策推進方向 崔炅煥 知識經濟部長官 韓國經濟政策의 바람직한 發展方向 柳莊熙 梨花女大名譽敎授 韓國勞動政策의 課題와 政策方向 崔俊燮 서울地方勞動廳長 政策硏究資料

號	內容	筆者
第 45 輯 (10. 9)	2010年度의 外交通商部業務計劃	外交通商部
	韓國經濟展望과政策課題	許京旭 企劃財政部次官
	韓美頂上會談의 共同會見全文(韓·英)	駐韓美國大使館
	政策研究이벤트 200回 記念資料	
	2010東北亞의 國際政治經濟環境과 對應	吳在熙 大使(當院首席理事) 外
	APPRI의 主要政策研究活動報告	鄭泰濱 大使(當院首席理事)
	駐韓外交團招請포럼	
	유럽視角에서 본 最近의 東北亞情勢와 韓-EU關係展望	Martin Uden 駐韓英國大使
	亞太政策研究院 10年의 발자취	各種寫眞畵報
	國內外碩學斷想	
	'天安艦' 發表 以後의 美國的 視角 外	Victor Cha 美 Georgetown大 敎授
	새로운 '改革·開放'(?) 앞둔 北韓	喬禹智 北京大 朝鮮經濟研究所主任
	<附 錄> ① 美오바마 大統領의 2010國政演說 ② 亞太政策研究院(APPRI)의 設立槪要(韓·英) ③ 當院主催 政策研究포럼 및 심포지움의 開催現況 (總 212 回) ④ 當院 政策研究機關誌「亞太 Focus」의 總目錄索引 ⑤ 2010年度 北韓의 主要行事豫定表와 最近의 權力機構圖	
第 46 輯 (11. 11)	**最近 東北亞의 國際政治經濟와 韓國外交의 對應**	
	<卷頭言: 舊韓末 外交史의 現代的 敎訓>	申熙錫 亞太政策研究院理事長
	日本大地震과 韓半島	
	3.11大地震 以後의 日本經濟展望	黃淳澤 外交安保研究院 亞太 研究部長
	北韓의 統一戰線戰術 變化研究	車柱玩 前 國軍機務學校長
	Korean Winning Strategies for Foreign District Investment in China	朴鍾先 前 駐Qingdao總領事
	金正一의 訪中과 南北韓關係展望	金蓮洙國防大敎授
	日本의 大地震海溢事態와 國家安保의 課題	朴榮濬國防大敎授
	東北亞 濟州심포지움特輯	
	2010年代 東亞細亞의 變化와 韓國의 外交戰略	全在晟 서울大敎授
	21世紀 東亞細亞의 變化와 國際協力方案 摸索	尹世利 '律村'共同代表辯護士
	韓國經濟의 課題와 展望	Tagasugi Kim&Chang顧問
	韓日經濟協力에 關한 一考察	Awaya 韓國 Mitsubishi社長
	北韓의 核問題를 둘러싼 東北亞情勢	梁信炫 濟州大敎授
	東北亞의 經濟協力과 濟州島의 役割	姜起春 濟州大敎授
	APPRI政策研究포럼抄錄	
	最近의韓國外交政策推進方向	金星煥 外交通商部長官
	東北亞國際情勢와 日本의 韓半島政策	Muto, Masatoshi 駐韓日本國大使
	最近의 南北韓關係와 對北政策推進方向	嚴鍾植 統一部次官
	變化하는 世界속의 東北亞經濟動向	趙煥益KOTRA 社長
	最近의 韓國經濟와 産業政策展望	宋秉俊 KIET 院長
	政策研究資料	
	3大共同體統一構想과 統一財源論議	統一部
	最近의 韓國經濟常況과 評價	韓國銀行
	中國政治外交特輯	
	China's International Role and Future Expectations	Ralph A.Cossa
	The World and China in the Next Decade	Jin Canrong
	China's Strategic Shift and the Korean Peninsula	Oh,Seung-Yul
	國內外碩學斷想	
	平昌冬季Olympic을 通한 國家브랜드 提高方案	任晟準 前 外交通商部次官補
	韓·美 FTA를 가로막는 美 議會의 難關들	金碩漢 美에이킨검프 로펌파트너
	韓半島의 安保와 駐韓美軍增强	Victor Cha 美CSIS韓國室長
	大地震이 日本에 '第三의 開國' 가져올까	Fukagawa 日Waseda大敎授
	<附錄> ① 亞太政策研究院(APPRI)의 設立槪要(韓·英) ② 當院主催 政策研究포럼 및 심포지움의 開催現況 (總 232 回) ③ 當院 政策研究機關誌「亞太 Focus」의 總目錄索引 ④ 2011年度 北韓의 主要行事豫定表와 最近의 權力機構圖	

訪 日 報 告 書

(東京, 札幌, 大阪, 京都)

1991年 6月

延 申 會

감사의 말씀

지도교수 신 희 석

이 보고서는 연신회 회원들에 의한 일본방문 결과를 총정리한 기록이다.

연신회 회원 15명은 일본 외무성 산하의 국제문화 협력기관인 일한문화기금(Japan-Korea cultural foundation)의 초청으로 1991년 6월 9일 부터 6월 17일까지 7박 8일 동안 일본을 방문하였다.

연신회 담당교수로서의 본인은 외교안보연구원의 교수로 재직하면서 지난 수년동안 모교인 연세대학교 행정대학원에서 일반정치외교론을 담당·강의하여 왔다. 한학기 동안의 강의시간중 나는 주로 전전 일본의 정치적 배경과 아울러 , 대외관계의 실체를 살펴본후, 전후의 일본을 검토하였다. 동시에 오늘날 일본의 국내정치과정, 외교정책 결정과정, 자민당 정권을 중심으로한 전후 일본정치의 실체, 방위정책과 아울러 주요국가의 대외관계등을 강의하였다.

한 학기가 끝날때 마다 갖는 감상은 나와 일본정치를 함께 공부한 대학원생 들에게 직접 일본 정치의 현장을 견학·시찰 할수 있는 기회를 제공할 수 없을까 하는 것이었다. 자연과학에서의 생체실험과 같이 사회과학에서의 현장조사(Field Survey)를 통한 연구는 상당한 학문적 및 교육적 효과가 있다고 판단하였기 때문이다.

이번 연신회 회원들에 의한 일본 방문은 이와 같은 인식과 맥락의 연장선상에서 이루어진 것이다. 하지만, 15명이나 되는 회원들을 인솔하고 외국을 방문한다는 것은 그다지 쉬운 일이 아니었다.

우선 거대한 비용조달의 문제, 구체적인 일정작성을 위한 일본측과의 교섭등 상상 이외의 커다란 어려움에 봉착하였다. 대학원생들의 진실된 연구의욕이 하늘에 도달하였음인지 일한문화교류기금(이사장 마에따 도시가즈 전 주한 일본대사)은 여러가지 제한된 여건 속에서도 연신회 회원 15명의 방일을 쾌히 수락하였다. 진심으로 감사드리는 바이다.

방일 기간중의 구체적인 모든 일정은 지도교수의 판단과 책임 하에서 현해탄을 건너는 수백차례의 전파를 통한 외교교섭(?)에 의하여 이루어졌지만 솔직히 능력의 한계 때문에 좌절감을 느낄때가 한두번이 아니었다.

다행히 일본방문은 무사히 끝났다. 동시에 방문성과도 예상이외에 것으로 매우 컸다. 지금 생각해보면, 함께 꽉 짜여진 일정 속에서 시간에 쫓기면서 일본각지를 방문하던 것이 실로 꿈만 같다.

나는 대학원에서 나와 함께 일본 정치외교론을 함께 공부해온 대학원생들이 소위 「친일파」가 되는 것을 원치 않으며, 동시에 「반일파」가 되는 것도 전혀 원치 않는다.

오늘날의 일본을 올바로 인식하고 이해하는 「지일파」로서 한국의 국가발전을 위하여 이바지할수 있는 지적동원력을 갖기를 원할 뿐이다. 동시에 나 자신도 오로지 현대 일본의 정치와 외교를 연구하는 사회과학도로서의 정책연구와 교육에 가일층의 박차를 가할 것을 약속한다.

이번 연신회 회원들에 의한 일본방문은 오로지 회원들의 적극적인 노력과 협조에 의하여 대성공의 결실을 거두었다. 이 보고서 역시, 전 회원들의 정성어린 노력과 성원으로 이루어진 것이다.

끝으로, 이번 연신회 회원들의 방일을 가능하게 해준 일한문화교류기금의 前田 이사장님, 坂上 사무국장님, 그리고 직원 여러분들에게 진심으로 감사와 경의의 뜻을 표하는 바이다.

목 차

附 錄

1. 延申會의 組織과 主要活動狀況

연세대 행정대학원「원우신문」

1990 년 11월

최근 우리 대학원 내에는 기존의 친목위주의 모임에서 벗어나 공부하는 모임이 많이 늘어나고 있다. 이들 몇몇 모임 중에서 가장 활발히 움직이는 두 개의 모임 중 하나를 이번호에서 찾아 본다.(이하 생략)

연신회(延申會)는 지난 89년 1학기 '일본정치외교특강'을 수강했던 원우들로 결성되어, 지도교수인 신희석 교수를 중심으로 일본에 관한 제문제에 대해 매월 정례 Seminar를 가지며, 활발히 회원 상호 간의 지적교류를 행하고 있는 우리 대학원 내의 대표적인 '공부하는 모임'이다.

이들이 가져온 그간의 Seminar를 살펴보면 '참의원 선거를 둘러싼 최근의 일본 정국', '가이후 신내각의 등장과 향후 일본정국 전망', '주한미군의 철수논리와 대응', '한·미·일 삼각관계의 현상과 Image-Gap', '변화하는 동북아의 국제환경과 한국의 외교정책', '삼당통합의 논리와 자민당 정권', '중동사태에 임하는 일본의 정책결정과 방위력 증강', '金丸의 방북과 일·북한 관계 전망' 등이다.

연신회는 심규형 동문을 회장으로 김홍식, 김길홍, 박호준, 이규대 동문과 김경숙, 김의근, 박선기, 송춘석, 이은구, 정안수, 송상훈 원우 등으로 구성되어 있고 외교안보연구원 교수이신 신희석 교수께서 지도교수를 맡고 있다.

신희석 교수 연신회 발표원고 제목

1. 참의원 선거를 둘러싼 최근의 일본의 정국
2. 海部 신내각의 등장과 향후 일본정국 전망
3. 주한미군의 철수논리와 대응 - 한·미 정상회담과 관련하여 -
4. 한·미·일 삼각관계의 현상과 Image-Gap
5. 변화하는 동북아의 국제환경과 한국의 외교정책
6. 일·소 관계의 발전전망과 동북아
7. 삼당통합의 논리와 자민당 정권
8. 중동사태에 임하는 일본의 정책결정과 방위력 증강
9. 金丸의 북한방문과 일·북한 관계 전망
10. 1991년도의 국제정세진망과 한국의 외교적 대응
11. 海部首相 방한의 정치적 의미와 한일관계
12. 한반도 유사시 일본의 대한 협력의 가능성과 한계
13. 최근 일·북한 관계의 현황과 전망

-1-

2. 延申會員 訪日의 背景

1991년 6월 9일 부터 6월 16일(7박 8일)에 걸쳐 실시한 연신회의 일본방문은 일본 외무성 산하 한일 문화교류기금(Korea-Japan Cultural Foundation) 초청으로 이루어졌으며 항공비, 숙박비, 일본 국내 체제비 등 모든 비용은 동 기금에서 지급되었다.

신회석 교수를 단장으로 한 일행 15명은 그 방문 목적을 21세기를 향한 한일 양국의 지적교류추진이라는 측면과 해외연구 견학을 통한 실력배양과 회원 상호간의 인화단결에 기여하고자 하였으며, 특히 현대 일본의 정치외교 안보 및 학술 현상에 대해 현실적 감각을 익히는데 그 중점을 두었다.

방문지는 도쿄, 삿포로, 오사까, 교오토였다.

3. 目的과 意義

한·일 양국의 인적교류를 통하여 상호이해를 증진함으로써 양국의 국민들이 상대방 국민에게 갖고 있는 선입견을 없애고 왜곡된 사실들을 재인식케 하여 올바로 시정하는 계기를 마련하는데 그 목적이 있다.

다양한 사람들로 구성된 연신회의 방일은 그 어느 단체의 문화교류 보다도 파급효과가 크다고 본다. 나까소네, 다케시다, 전 수상을 비롯하여 정부인사, 교수, 학생등 일본 지식인들과의 대화와 토론은 서로를 알리고 알 수 있는 좋은 장이 되었다.

특히 한·일 무역역조 현상의 시정을 위해서도 인적교류를 통한 신뢰회복만이 점차적으로나마 적자 폭을 줄이기 위한 기술이전이 가능하다고 볼 때 이번 연신회의 방일은 그 의의가 매우 크다고 생각된다.

또한 이와 같은 지적교류는 군사적 냉전체제의 종식과 외교, 경제, 문화적 세계질서의 재편에 동북아 지역의 역할증대를 위한 협력기반을 구축하는데 기여할 것으로 판단된다.

결국 한·일 관계는 감정적 차원이 아닌 실질적 협력관계의 긴밀화로 잘못 인식된 사항들을 시정함으로써 건실한 관계를 정립할 수 있게 되리라고 믿는다.

4. 訪日 會員 名簿

단 장

① 성 명: 申 熙 錫(SHIN, HEE-SUK), 1945. 7. 15일생
소속 · 직위: 외무부 외교안보연구원 교수연세대학교 행정대학원 객원교수

단 원

② 성 명: 金 慶 淑(KIM, KYUNG-SOOK), 1965. 10. 5일생
소속 · 직위: 연세대학교 대학원생(일본항공 주식회사 서울지점직원)

③ 성 명: 金 吉 洪(KIM, KIL-HONG), 1943. 11. 2일생
소속 · 직위: 연세대학교 대학원생(민자당 부천 지구당 위원장)

④ 성 명: 金 義 根(KIM, EUI-KEUN), 1948. 12. 11일생
소속 · 직위: 연세대학교 대학원생(국제문제연구소 연구원)

⑤ 성 명: 金 昌 權(KIM, CHANG-KWON), 1952. 9. 15일생
소속 · 직위: 연세대학교 대학원생(증권감독원 근무)

⑥ 성 명: 金 炫 中(KIM, HYUN-JOONG), 1957. 2. 7일생
소속 · 직위: 연세대학교 대학원생(서울 지방 철도청)

⑦ 성 명: 金 洪 湜(KIM, HONG-SIK), 1939. 8. 2일생
소속 · 직위: 연세대학교 대학원생(오원면업 대표이사)

⑧ 성 명: 車 貴 述(PARK, GUI-SUL), 1953. 11. 24일생
소속 · 직위: 연세대학교 대학원생(경제기획원)

⑨ 성 명: 車 皓 濬(PARK, HO-JOON), 1952. 2. 10일생
소속 · 직위: 연세대학교 대학원생(다인컴 이사)

⑩ 성 명: 沈 揆 亨(SHIM, KYU-HYUNG), 1942. 3. 26일생
소속 · 직위: 연세대학교 대학원생(성신여자대학교 이사장)

⑪ 성 명: 宋 尙 勳(SONG, SANG-HOON), 1967. 1. 19일생
소속 · 직위: 연세대학교 대학원생(외무고시 준비중)

⑫ 성 명: 梁 炳 模(YANG, BYUNG-MO), 1954. 5. 26일생
소속 · 직위: 연세대학교 대학원생(대통령 경호실)

⑬ 성 명: 尹 汝 甲(YOON, YOU-KAB), 1952. 6. 28일생
소속 · 직위: 연세대학교 대학원생(대한적십자사 교육원)

⑭ 성 명: 李 性 憲(LEE, SUNG-HUN), 1958. 5. 30일생
소속 · 직위: 연세대학교 대학원생(민자당 대표최고위원 비서관)

⑮ 성 명: 洪 源 善(HONG, WON-SUN), 1955. 5. 30일생
소속 · 직위: 연세대학교 대학원생(중앙경제신문 기자)

5. 訪日 日程

일정	시 간	내 용	교통및숙박
6. 9 (일)	12:00 13:40 15:30 18:30 19:30-21:30	° 김포공항 집결(JAL VIP ROOM) ° 김포공항 출발 ° 나리타 공항 도착 - 안내원 2 명(하라타니, 가마다) ° 동경 신쥬꾸 Sun Route 호텔 도착 ° 저녁식사(Working Dinner)	JAL 952편 東京 Sun Route호텔
6.10 (월)	10:00-11:20 11:30-12:10 12:15-13:00 14:00-14:50 15:30-17:00 19:00-21:00	° 나까소네 전수상과의 간담회 ° 자민당 본부 견학 - 오부찌 케이조 자민당 간사장 ° 점심식사(中會根弘文참의원, 통산성 정무차관) ° 다케시다 전수상과의 간담회 ° 국회견학(중의원 및 참의원) ° 저녁식사 - 일·한 문화교류기금 주최 (전 주한일본 대사 마에다 도시가즈 이사장 주최)	東京 Sun Route호텔
6.11 (화)	08:00-09:30 10:20-12:00 12:10-13:00 15:00-16:20 17:20 19:00-21:00	° 조찬간담회 - 동경대 사또 세이자부로 교수 ° 외무성 견학 - 북동아시아 과장으로 부터의 브리핑 및 간담회 ° 점심(Hiliya Park) ° 동경 대학원생들과의 간담회 - 와다나베 아끼오 교수외 30명 출석(유학생 포함) ° 주일 한국대사관 방문 - 오재희 대사 ° 저녁식사(한국관) - 주일 한국대사 주최(남홍우 공사외 5명 참석)	東京 Sun Route호텔

일정	시 간	내 용	교통및숙박
6.12 (수)	09:30-10:20 11:20-13:00 15:20 17:00 17:40 19:00-21:00	° 방위청 견학 - 우찌다 가쓰히사 국제국장 브리핑 및 간담회 ° 후지 가즈오 방위연구소장 방문 및 간담회 - 간담회(동북아의 안보환경) ° 하네다 공항 출발 ° 삿뽀로 치도세 공항 도착 ° 삿뽀로 Quality Inn 호텔 도착 ° 강신무 삿뽀로 총영사 주최 저녁 식사(Sapporo Beer Garden)	 JAL 517편 Quality Inn Sapporo
6.13 (목)	10:00-13:00 14:10-16:00 16:30-18:00 19:00-21:00	° 북해도대 견학(하라테루유끼 교수 접견) - 슬라브 연구소장·직원 간담회 ° 북해도 신문사 견학(기타가와 히데지 사장 면담) - 편집국 간부직원들과의 간담회 ° 시내견학 - 삿뽀로 동계올림픽 스키장 (스타디움) ° 저녁식사 - 북해도 신문사 주최	 Quality Inn Sapporo
6.14 (금)	08:00 11:45 12:00-13:00 15:00-16:00 17:40-20:00 21:00	° 삿뽀로 출발(치도세 공항) - 동경 경유(하네다 공항) ° 오사까 공항 도착 ° 점심 ° 국제일본 문화센터 견학 - 기무라 히로시 교수와 간담회 ° 저녁식사 - 박노수 오사까 총영사 주최 ° 교토 신미야꼬 호텔 도착	JAL 500편 JAL 109편 New Miyako Hotel, Kyoto

일정	시　　간	내　　　　　　　　　　　용	교통및숙박
6.15 (토)	09:00-17:00 11:20-13:00 19:00-21:00	° 교토 시내명소 관광 1)二條城　　2)견직물 센터 3)龍安寺　　4)金閣寺 * 점심(교토식 스끼야끼) 5)平安神宮　　6)淸水寺 7)국립박물관　8)三十三間堂 ° 사요나라 저녁식사 (교토식 샤부샤부)	New Miyako Hotel, Kyoto
6.16 (일)	09:30 10:30-11:40 12:00-13:00 15:40 17:10	° 호텔 출발 오사까성 견학 (임진왜란의 흔적 연구검토) ° 점심(뉴오따니 호텔) ° 오사까공항 출발 ° 김포공항 도착. 해산	KAL 723편

방 일 소 감

김 홍 식

무한한 잠재력과 근면과 성실성은 보리고개를 겨우 넘기고나니 찾아 보기 어려워졌고 자만과 착각, 오만과 거드름으로 샴페인을 일찍 터뜨렸다는 조롱을 받으며 중진국의 문턱에서 휘청거리고 있는가 하며 현해탄 건너 세계 제1의 경제대국이 되고도 성장을 멈추지 않은 일본을 조금이라도 알기 위해, 보기 위해, 배우기 위해 일본을 찾았다.

그들의 강한 결속력, 실질존중, 철저한 완벽성 등 패전국인 그들이 오늘의 일본이 있기까지의 피나는 노력의 면면들을 일주일간의 체일 기간 동안 곳곳에서 읽을 수가 있었다. 일본도착 다음날 부터 우리 일행은 잠시의 휴식시간도 없었다.

인상 깊었던 몇가지를 적어본다. 그 중 하나는 전 수상 나까소네를 방문하여 그분의 정치철학을 물었다. "정치는 문화와 봉사를 위해 존재하는 것이다."라는 답변을 들었다.

다음 다께시타 전 총리께 청했다. 한국 정치인에게 한마디 격려와 충고(?)를 부탁했다. "정치가는 안심하고 안주하면 안되며 개혁과 무한한 전진이 요구되고 있다."며 자세한 얘기는 내정간섭이 될 수도 있다며 조심스럽게 말을 맺었다.

6월 12일 국방연구소를 방문하여 도시락을 들면서 현역 대령들과 각 부서 책임자들과의 진지한 토론을 가졌다.

엄청난 예산으로 자위대 대원의 생활개선과 연구개발에 투자하므로써 자위대의 전수방위를 갖게 하며 자위대 해외파병(그들은 파병이 아니라 파견이라고 주장)은 전쟁을 하기 위함이 아니라 인도적이고 정전의 감시와 난민구조를 위하고 세계안정평화에 공헌하는 것이므로 일본의 내각총리 이하 정치의 힘이 절대적으로 필요하다는 그들의 주장에 쉽게 수긍을 하지 못하고 돌아나온 것도 하나의 아쉬움이다.

세계는 탈 냉전 시대에 접어들었다. 독일 서부지역에 위치한 군사기지와 병력은 1/3이 폐쇄되어 가고 있는데 같은 2차대전 패전국으로서 세계 제1의 부국이 된 일본의 군사기지는 나날이 늘어나고 있고 일본 최대의 군수공장 밀집지대인 나고야 항공기 제작소는 땅을 계속 매입하고 넓혀가고 있다.

고성능 미사일 전투기들은 양산해도 모자라 세계 제2의 무기수입국이 되고 있다.

한국이 소련에 무방비로 접근하고 있으며 급속한 스피드로 다가가는 것은 위험하지 않을까 하는 일본 방위청의 한 교수가 말한 것이 지금도 여운이 남게 되는 이유는 무엇일까.

"북방영토가 반환되는 날이 평화의 날이다."라고 삿뽀로 시청 현관 높이 크게 써붙인 현수막을 보았을 때 한반도의 군사 분계선에서 느끼는 것과 또 다른 느낌을 받았다. 언젠가는 우리도 독일 통일과 같이 "2+4"가 한반도에서 조금씩 일어나고 있으며 앞으로 이루어져 갈 것이기에 그에 대한 대비책도 우리는 강구해야 할 것이다.

짧은 기간이지만 우리는 많은 것을 보았고, 배웠지만 일본을 알기에는 아직 요원하다는 것을…… 그들의 친절성과 겸손을 피부로 느끼며 감사한다.

끝으로 이번 일주일간의 방일이 완벽하게 이루어지게 노력하신 신희석 교수님께 깊이 감사와 존경을 보낸다.

내가 걸어온 인생길: 學問과 政策

초판발행 2025년 4월 29일

지은이 신희석
펴낸이 안종만

편 집 장유나
기획/마케팅 조성호
표지디자인 BEN STORY
제 작 고철민·김원표

펴낸곳 **도서출판 박영사**
경기도 파주시 회동길 37-9(문발동)
등록 1952.11.18. 제406-3000000251001952000002호(倫)
전 화 02)733-6771
f a x 02)736-4818
e-mail pys@pybook.co.kr
homepage www.pybook.co.kr
ISBN 978-89-10-98052-0 93340

정 가 58,000원